U0153928

西方文明之初——古希臘城邦

目次

第十章　十五年和平

第十一章　伯羅奔尼撒戰爭

第十二章　伯羅奔尼撒戰爭的第二階段

第十三章　斯巴達的霸權

第十四章　斯巴達的獨裁統治

第十五章　群強的衰敗

前 言

西元前八世紀至前四世紀古代希臘的城市國家，我們稱之為希臘城邦。當時有數百個城邦並存，在政治上的合縱連橫也因而出現過許多城邦聯盟。古代希臘最強大的的城邦有雅典和斯巴達，它的特色是小國寡民。是故，所有希臘城邦都是小國。一般而言，希臘城邦的居民按照政治地位可以分為三大類：首先是擁有公民權因而能夠參加政治活動的自由人。其次是沒有公民權的自由人。他們或是來自外邦的移民（例如雅典的「異邦人」），或是由於特定的歷史原因而與當權的公民集體處於不平等地位者（例如斯巴達的「邊民」），或是因貧困而失去公民資格者，或是因違法而被剝奪了公民權者，或是被釋放的奴隸。第三是處於被剝削、奴役地位的奴隸。奴隸多係非希臘人，但也有一部分是希臘人，例如斯巴達的「希洛人」。

所有城邦在形成時期，農業都是最主要的生產部門，作為主要生產資源的土地只有公民才有權占有。除斯巴達在「平等者公社」形成後公民完全不從事生產勞動外，大多數城邦中多數公民從事農業生產。在雅典、科林斯等工商業一度頗為發達的城邦中，從事手工業、航海業和商業的公民也在經濟和政治生活中起重要作用。

城邦的重要任務是保衛國家的獨立和內部安全。在城邦中，全體成年男性公民組成一個軍人團體，每個公民有隨時應徵參戰的義務，而且在一般情況下由應徵者自己負擔軍需和武器裝備。

一般說來，每個城邦都有三種政治機構：由成年男子組成的公民大會、議事會（如斯巴達的長老會議、雅典的五百人會議）和經選舉產生的（或至少需得到公民大會確認的）公職人員，首先是負責軍事指揮的公職人員。在希臘城邦的歷史上有過君主制，也有過具有個人獨裁色彩的僭主政治；但在城邦制度發達時期，以共和政體居多。共和政體中又有民主共和與貴族共和之別。長期實行民主共和政治的主要是雅典等少數城邦。在古代希臘，任何社會組織，無論家庭、氏族、胞族、部落或國家，同時也是宗教聯合體，有各自的祭祀偶像。當時沒有獨立的祭司階層，族長和各種公職人員兼起祭司作用。祭神和組織各種節慶活動是城邦政權機構的重要職責。

而以斯巴達和雅典爲代表的希臘城邦，在西元前五世紀經歷了繁榮時期。從西元前四世紀起逐漸衰落。由於公民中貧富分化加劇，公民權與土地的關係日趨鬆弛，公民集體內部矛盾增加，公民兵制開始瓦解。西元前三三八年馬其頓國王亞歷山大的征服以及西元前三二三年的希臘化時代許多國王對希臘的奴役，剝奪了希臘絕大多數城邦的政治獨立，瓦解了原有的公民集體，使這些城邦演變成在龐大的中央集權管轄下的地方自治單位。

其中斯巴達的政治制度實行貴族寡頭政體，由國王、公民大會、長老會議和監察官組成國家機構。國王有二個，分別由二個家族世襲。二個國王權力平等，也互相牽制。國王平時主持國家祭祀，處理有關家族法案件；戰時，一個國王坐鎮國內，一個國王帶兵出外作戰。公民大會的實際權力不大，只是一個表決機關。凡是年滿三十歲以上的男性公民都有權參加公民大會，選舉長老會議成員和監察官，通過長老會議的提案。長老會議是實際上最高權力機關，討論和決定一切國家大事，然後交公民大會表決，如不能通過，長老會議有權宣布公民大會休會。長老會議成員有三十人，除二個國王爲當然成員外，其餘二十八人都是年逾六旬的貴族，任職終身，如有缺額仍須從年過六十的貴族中補選產生。監察官有五人，由公民大會從貴族中選出。他們有監督和審理國王的不法行爲、監督公民生活和鎮壓希洛人（即被斯巴達征服的部落居民）的反抗等權力。由於監察官的權力不斷擴大，後來竟能代替國王主持長老會議和公民大會，成爲國家的中樞機關。鎮壓希洛人是斯巴達首要和經常的任務，監察官上任時要舉行「宣戰」儀式，進行集體搜捕和屠殺，並由此形成一套軍事訓練制度。男童七歲起就集中訓練，十八到二十歲的男性青年須受軍事教育，二十歲起成爲正式軍人，直到六十歲退伍。斯巴達憑藉強大的軍事力量，於西元前六世紀中葉組成了伯羅奔尼撒同盟，控制了半島上的各邦，成爲維護希臘貴族政治的堡壘。

雅典的政治制度以實行民主政治著稱。這種政治是經過平民與氏族貴族的長期鬥爭而逐步形成的。相傳西元前八世紀氏族貴族執掌政權，公民分成貴族、農民、手工業者三個等級，唯有貴族才能擔任官職。此後，設立執政官、貴族會議和公民大會等機構。執政官初爲一人，後改爲三人（西元前七世紀中葉擴大到九人），由公民大會從貴族中選舉產生，一年一任，分掌內政、宗教、司法和軍事。貴族會議是最高權力機關，其成員均出身於貴族，任職終身，決定國家大事，推薦和制裁執政官，審判刑事案件。

西元前六世紀初，平民與氏族貴族矛盾尖銳。西元前五九四年，首席執政官梭倫實行改革，除頒布「廢除債務法令」，並規定按財產多寡把公民畫分爲四個等級。第一、二等級的公民有資格當選爲執政官，第三等級的公民可擔任普通官吏，第四等級的公民無權擔任官職，只有參加公民大會的權利。此外，設立四百人會議和陪審團，由四個部落各選舉一百人組成四百人會議，爲公民大會準備和提出議案並貫徹決議。陪審團的成員從四個等級的公民中選舉產生，享有監督權和表決權，遂成爲雅典的最高司法機關。按四個等級組織軍隊。第一、二等級提供騎兵，第三等級提供重裝步兵，第四等級提供輕裝步兵或在海軍服役。梭倫改革也奠定了雅典民主政治的基礎。

西元前五六〇年，庇西特拉圖用武力奪取政權，建立僭主政治。西元前五二七年，庇西特拉圖之子希庇亞斯繼位，因驕奢和暴政被驅逐，從而結束僭主政治。西元前五〇八年，在平民與貴族的鬥爭中，首席執政官克里斯提尼在梭倫改革的基礎上又一次改革：用地籍代替族籍，取消原有四個血緣部落，把雅典畫分爲十個地區部落（選區）和一百個村莊；用五百人會議代替四百人會議，五百人會議由十個選區各推五十名代表組成，負責管理國家日常行政事務，爲公民大會準備議案和執行決議，後來成爲雅典最重要的行政機關；創立十將軍制，由十個選區各選一人組成，一年一任，輪流統率軍隊（其中一人爲首席將軍）；實行貝殼流放法，規定公民大會可以通過投票決定放逐危害國家的人，以防僭主再起。克里斯提尼的改革確立了雅典的民主政治。

自希波戰爭（西元前五〇〇—四四九年）以後，伯利克里斯連任首席將軍十五年（西元前四四三—四二九年），再次實行改革：將執政官及其他所有官職對每個等級的公民開放，用抽籤的辦法產生執政官；凡年滿二十歲的男性公民均可出席享有最高行政權和立法權的公民大會，討論和決定國家大事，選舉和罷免國家官吏，大會每隔九到十天召開一次；將陪審團擴大到六千人，提高陪審團的地位和作用，使之成爲雅典的最高司法和監察機關；制訂「公職津貼」制，爲貧困公民擔任公職提供條件，發給公民「觀劇津貼」，以吸引他們參加社會活動。伯利克里斯時代，雅典的民主政治臻於極盛，獲得高度的發展。

西元前三三六年亞歷山大繼其父腓力二世王位成爲馬其頓國王，並掌握王國的實際權力，因此有能力實現其父的擴張領土計劃。西元前三三四年，他向波斯帝國統治的小亞細亞地區發起進攻，開始長達十年的東征。他打敗波斯，並推翻其統治者大流士三世，征服整個波斯帝國。爲了尋找並抵達「世界的盡頭和大外海」，亞歷山大在西元前三二六年進攻印度，但最後應軍隊要求不得不撤軍。西元前三二三年，亞歷山大在巴比倫去世，因此沒能來得及實現他入侵阿拉伯的計劃。在他死後，由於無繼承人，他的將領們互相不服，最後引發內戰，亞歷山大帝國也就迅速瓦解。

第一章

黑暗時代之後的希臘

地理、氣候和希臘人的來源

古希臘的歐洲部分位於巴爾幹山脈的南部，山脈一直延伸到海裡，有些山峰露出水面，形成了各種各樣的島嶼。希臘的大陸部分被海灣分成三部分。最南邊的那部分稱爲「伯羅奔尼撒」半島。兩個緊靠著大陸橋的海灣，西邊的是柯林斯灣（Gulf of Corinth），東邊的則是薩倫尼灣（Gulf of Saronic）。從這兩個海灣向北，直到馬里斯灣（Gulf of Malis）的這個部分稱爲希臘中部，它的最東端就是阿提卡半島——雅典的控制區。希臘中部的東北海岸外有一個叫優卑亞（Euboea）的大島嶼，與大陸僅以一個優卑亞海峽相望。馬里斯灣以北的地區是一片山脈環繞的大平原，稱爲色薩利（Thessaly）[1]。

希臘大陸的大部分地區是一些不規則的高地，陸上的聯繫是很困難的，在那時，山脈是天然的屏障，因此這一地區很適合各自獨立的社會組織或者城邦的發展[2]。從馬其頓向南到色薩利有多處的關口。穿過色薩利平原後，不久就可以見到德摩比利峽谷（Thermopylae）了，過了溫泉關以後，如果能夠來到柯林斯地峽，將發現又一次面對一個山海相夾的一個關隘。到了柯林斯之後，可以西南而行，穿過伯羅奔尼撒中部的阿卡迪亞（Archadia）高地來到斯巴達，然後繼續南行就到了海邊。希臘百分之八十的地方是山區，全國大部分地區都十分乾燥；只有百分之二十八的土地是可耕種的。西部有溼地和湖泊。中部山區平均海拔在二千六百五十公尺左右。傳奇性的奧林匹克山爲希臘最高點，海拔二千九百十七公尺。

我們可以把希臘島嶼畫分成三類：(1)伯羅奔尼撒南邊的一個大島—克里特島。(2)大量分布在愛琴海中心的島嶼。(3)小亞細亞的西海岸外有一些較大的島嶼[3]。我們常說：歐洲文明的發源地是希

圖 1-1 希臘地圖 葉景榕繪製

臘；但希臘的文明卻是源自於星羅棋布的愛琴海島嶼。

簡而言之，希臘的氣候就是溫和的冬季，炎熱的夏季。這種氣溫和降水的組合形成了一種被稱爲「地中海式的」氣候。此氣候最大特徵是幾乎不會下雨。全境日照充足，各地區每年平均日照超過三千小時[4]。在古代這種氣候促使農民去種植果樹，特別是葡萄和橄欖。

早在西元前二萬年，希臘就有人類的活動。舊石器時代的人靠漁獵遊歷四方而生活。西元前六〇〇〇年時期，新石器時代的村落在希臘開始出現了；這標誌著出現雛形的政治組織，定居的生活方式開始了[5]。希臘在西元前三〇〇〇年時期進入銅器時代，但這並不標誌著希臘的文化有什麼變化。

西元前二〇〇〇年時期，希臘大陸發生了重要的變化。從北面來的入侵者們毀掉了大部分過去的定居點，他們帶來了另一種陶器，而房屋的結構也大相逕庭。可能這些入侵者就是最早定居希臘又說希臘語的人。他們的到來，標誌著青銅時代中期的開端[6]。在青銅時代的中期（西元前一六〇〇年—一一〇〇年），希臘受克里特島上繁榮的米諾安文化（Minoan Civilization）強烈的影響。青銅時代晚期，希臘已有了高度發展的青銅武器；大多數的定居點是以宮殿爲中心的城鎮。但西元前一二〇〇年，希臘一連串的移民和外族入侵持續了相當長的一段時間，它影響到整個近東，包括希臘、小亞細亞和地中海東部的許多島嶼和地區，我們簡單地叫他們「陸海襲擊者」[7]。西元前九〇〇年，他們開始定居下來了。後來希臘將這些入侵者叫做多利安人（Dorian）。

我們可以把希臘語歸爲兩大類：東部方言，主要有埃奧利方言（Aeolian）、愛奧尼亞方言（Ionian）和塞普勒斯方言（Cyprus）。西部方言，其主要分支是多利安方言和西北方言[8]。這種古時方言的分布情況，說明說西部方言的人來自北方，然後繼續向南方和東方推進。

絕大多數基克拉澤斯群島（Cyclades）由講愛奧尼亞方言的人占據著。而在小亞細亞海岸和鄰近的島嶼則由上述的三種人各自控制。在北面，講愛埃奧利方言的人占領著萊斯博斯島（Lesbos）和以賽姆（Cyme）為中心的部分大陸地區。在中部，講愛奧尼亞方言的人擁有基奧斯島、薩摩斯島和一條長長的海岸[9]。南邊講多利安方言的人則居住在羅德島和一些如寇斯班的小島上[10]。

古代希臘人有較強的族群意識，例如我是多利安人，而你為愛奧尼亞人。每一個族群的成員都相信自己和其他族群成員出自於同一源頭，事實上他們也有著共同的風俗習慣。這和中國的地域文化一樣，分為南方人、北方人，再細分為浙江人、山東人等，然而無論來自於哪一個行省，大家都是炎黃子孫。

希臘的絕大部分地區在西元前一二〇〇年時就遭到了毀滅性的損害，此後，它又帶來了漫長而複雜的移民時期。像這種情況，政治制度要延續下去是很困難的。在緊接著被稱為希臘黑暗時代的那段時間（西元前一一五〇年—七五〇年前），雅典依然比較繁榮。但是雅典不可能不受希臘其他地方混亂情況之影響。當到了西元前七世紀和西元前六世紀時期，雅典的政治局勢明朗時，它一點也不具有青銅時代的特點，根本不能說明它有政治延續性[11]。因此，就歷史而言，希臘歷史並不像中國歷史般有它的延續性，它每隔一斷時期就會出現一次歷史斷層。

古代大陸希臘和政治制度

希臘字母最早出現在西元前八世紀，在此之後，希臘歷史才真正展開，以與先前的「黑暗時代」相對。爲了方便研究起見，我們把剛開始有希臘文字到西元前六世紀末期的這一段時間稱爲古希臘早期；這以後到亞歷山大大帝（西元前三三六年—三二三年）的一段時間，我們稱之爲古典時期[12]。以此做爲希臘歷史的斷限，對於了解整個歐洲文明有一定的助益。

希臘的伯羅奔尼撒半島是文明薈粹的地方，當時多利安人的城市阿哥斯（Argos），是最爲強盛的城邦。阿哥斯把鄰近的城邦變成了自己的附庸，並企圖取得伯羅奔尼撒的領導權。不久之後，隨著斯巴達的崛起，阿哥斯衰落了。從此，阿哥斯成了斯巴達的宿敵，但它卻沒能戰勝斯巴達[13]。西元前五〇〇年，阿哥斯約有三萬居民，市內有完整的下水道系統。阿哥斯的劇院可以容納二萬觀眾，它完全是從山上岩石中鑿出來的。

在南伯羅奔尼撒，泰華托斯山（Mount Taygetus）從阿卡狄亞高地向南延伸，把這一地區分做兩部分，東邊叫拉科尼亞（Laconia），西邊叫麥西尼亞（Messinia）。大移民時期，多利安人占據了這兩個地區，許多城鎮也隨之而建立起來。斯巴達在開始就擁有拉科尼亞地區的霸權，它建立了一個城邦國家稱爲拉西第夢（Lacedaemon）。不久，斯巴達著手去征服麥西尼亞。到了西元前六〇〇年，麥西尼亞最後被征服並合併到拉西第夢城邦[14]。西元前六世紀時期，拉西第夢通過建立同盟來擴大它在伯羅奔尼撒的影響；在這個世紀的中期，它還擊敗了阿哥斯。

伯羅奔尼撒中部是一片稱爲阿卡狄亞的山區。顯然地，多利安入侵者對它不感興趣。儘管這有些森林和高地草場，但自然的條件因素還是使它相對貧瘠。斯巴達正北的鐵該亞（Tegea）是這一地區很強大的一個城邦，再往北一些的曼丁尼亞（Mantinea）也很強盛[15]。阿卡狄亞西邊是伊利斯（Elis），它擁有一片廣大區域，這片地區由丘陵和海岸平原組成，兩條河流自東向西流經這片土地。延伸在伯羅奔尼撒北部海岸的一片狹窄的海岸平原被稱做亞該亞（Achaea）。

西元前五世時期，亞該亞地區的城鎮就已是有組織的聯盟。在地理上，亞該亞與它東邊的港口城市西錫安（Sicyon）則被阿卡狄亞高地伸出的一截給隔開了。科林斯是一個多利安人的城市，它擁有一大片地區，包括薩倫尼灣的港口。占據著地峽最窄的部分，這種地理位置使它註定要控制海上的交通[16]。在古希臘早期，科林斯的陶器出口地區之廣泛，是任何一個希臘城邦所無法比擬的。

科林西亞（Corinthia）東面連結希臘中部陸橋的麥迦拉。西元前八世紀和西元前七世紀時期，麥迦拉強大到可以建立殖民地了，不過後來它還是被富庶的鄰邦科林斯統治著。西元前五世紀雅典強盛之後，科林斯和雅典互相爭奪在麥迦拉的勢力；總之，在希臘世界，麥迦拉從未能夠占據重要的地位[17]。

阿提卡半島是雅典控制的地區。在西元前六世紀時期，它開始走向繁榮，到了僭主庇西特拉圖（Peisistratus）統治時期（西元前五四六年—五二八年），它才可以說有了外交。在西元前五世紀，它抓住機會擴建了它的艦隊，成爲希臘的領導力量。阿提卡的西南和北面是彼俄提亞，它由十二個城市組成，這片地區主要有兩個河谷盆地，且南邊是阿索帕斯河（Asopus），北邊是基菲索斯河（Cephisus）。相應彼俄提亞最強大的城市，一個是基菲索斯河邊的奧爾霍邁諾斯（Orchomenus），另一個就是阿索帕斯河北的底比斯[18]。這兩座城市總是相互爭伐。

彼俄提亞西面和北面是一片從科林斯灣到優卑亞海峽的長條形區域。這一區域由福基斯人（Phocians）和洛克里人（Locrians）分而占之。東洛克里是優卑亞海峽邊的一塊海岸，它發展成一個很有組織的聯盟，首府奧帕斯（Opus）是最主要的城市。西洛克里則是在諸如安菲薩（Amphissa）、諾派克都（Naupactus）和卡利烏姆等鬆散的聯盟。東西洛克里有較強的族群意識，它們之間關係密切，至少到西元前五世紀都還是這樣[19]。福基斯的心臟部分在基菲索斯河上游的河谷裡，它還包括向南延伸到科林斯灣的一小片地區；德爾斐（Delphi）就在這地區裡。

色薩利是希臘北部潛在的霸權力量。它位於一個三面環山的平原上，皮尼俄斯河（Peneus）和其支流流經這個平原。當「黑暗時代」結束時，色薩利是一個有許多莊園的地方，幾個富有的家族都擁有一大片土地和許多奴隸。在西元前六世紀開始時，一種類似於聯盟的組織在色薩利產生了，其標誌是出現了經過選舉產生的君主，成爲泰哥斯（Tagos）。傳說第一個「泰哥斯」是色薩利的主要貴族家族之一——拉里薩人的阿雷烏阿斯（Aleuas the Red of Larisa）。他是色薩利國王佩琉斯與海洋女神忒提斯的兒子，荷馬在《伊利亞特》中花了很大的篇幅對之進行描寫[20]。他歷來以其勇氣、俊美和體力著稱。他對雅典娜和希拉非常尊敬。在西元前五世紀期間，色薩利的城邦繼續發展，聯盟的權力開始減弱，「泰哥斯」也消失了。

希臘黑暗時代結束之後，其定居點形成兩種型態：城邦（Polis）和部落聯盟（Etlnos）。和現代的城市一樣，那時的城邦包括一群定居的人，但它也有自己不同的特點。第一，它有依附於它的一定地域。在那時，人們通常白天到田間工作，夜裡則回到比較安全的城鎮。在希臘早期和古典時期，部落聯盟的政治發展總不及城邦的政治發展。而希臘是由一百多個城邦組成，每個希臘人都是城邦一員[21]。

希臘早期的城邦，公民的權力還很弱小，行政組織的發展剛剛起步，尚未完善。荷馬史詩《奧德賽》中有關伊薩卡島（Ithaca）的描述就是一個例證：奧德修斯知道海神波塞頓原諒自己後，按照提瑞西阿斯的指點，來到靠海的地方，祭殺了一頭野豬、一頭公羊和一頭母羊給海神。他的使命終於告成，和妻子幸福終老[22]。然而，當他們的最高首領奧德修斯在外作戰和航行時，公民大會已經有二十年沒有召開過。

氏族（Genos）是由一個或一群聲稱有著共同祖先的家族所組成的，共同的宗教信仰和儀式把他們聯繫在一起。胞族（Phratria）在很早期就發展起來，當時人們把自己和某一個氏族聯繫起來。「胞族」這個名字是從印歐語系中「兄弟」（Brother）這個詞演變來的，初始，它就可能被用來描述人們之間的一種相互聯繫的關係。和氏族的成員資格一樣，族盟的成員資格也是世襲的。此外，更大的一種社會組織單位，部落（Phybe）的成員資格亦是世襲的。在每一個希臘城邦裡，公民分屬於幾個部落，而有的部落的成員分布在好幾個城邦裡。在幾個多利安人的城邦裡，包括斯巴達、阿哥斯和西錫安，都有叫海里斯（Hylleis）、潘菲里（Pamphyli）和戴馬納塔伊（Dymanatae）同樣名稱的氏族。很顯然，在他們定居下來以前，這些部落都是多利安族的一員[23]。

因此，希臘早期城邦的社會結構是從幾個世襲群體的基礎上建立起來的；到了西元前四世紀，如果一個人有屬於雅典某個胞族的成員資格，他自然而然地就成爲了雅典的公民。城邦的中心機構是國王、議事會或委員會，及公民大會。不難理解這是從移民時期發展來的。荷馬史詩中有幾段對這些機構的表述。在荷馬的史詩中，國王的顧問叫「長老」（Elders）或「王公」（Kings），有時候他們會稱爲「長老議事會」。史詩中描繪的這些機構最值得注意的是它們的靈活性。有時國王先同議事會商議，然後再召開大會，但有時這個次序會顛倒過來。議事會和大會都不投票，不過大會裡會響起一片贊同掌聲[24]，再由國王做出決定的。

在城邦的社會裡，國王、議事會和公民大會之間的關係也逐漸發生了變化。雖然議事會一開始是作爲國王的顧問而出現，但它卻比國王更有活力。國王有可能是未成年的孩子或生性軟弱，或者關於繼承權的問題會發生爭論，儘管在一些城邦裡國王的職位保留了下來，但他的權力亦逐漸的縮小，有時候這個職位用選舉產生，任期爲一年[25]。

《伊利亞特》中有一段章節對我們了解希臘公民大會的發展有所幫助。這是對鍛冶之神赫菲斯托斯（Heplaestus）爲阿基里斯（Achilles）設計製造的盾牌的記敘中的一段。這個場景表現的是兩派人馬，就一個被殺的人的賠償金而發生的爭執。一方願意全部賠償，另一方卻拒絕接受任何東西。長老們圍成一圈坐在打磨過的石頭上，每個人輪流說出他們的意見和裁決。作爲最公平合理裁決的長老將得到兩塔倫（Talent）的金子（古希臘和羅馬的重量單位）；毫無疑問，所謂最公平合理的裁決被定爲兩派都願意接受的裁決[26]。此外，公眾站在四周高聲叫嚷著，有的贊同這一派，有的支持那一派。然而最後的裁決勝利一方則是人數上較多的一方，在這種情況下所有相關的人都會同意強大一方的意見，此與公民大會的投票制度就相去不遠了。

正如色諾芬（Xenophon）撰寫的《希臘史》，在西元前三七〇年的鐵該亞，卡利地比烏斯和普羅克塞魯斯（Callibius and Proxenus）領導的黨派試圖通過一項提案，以建立一個阿卡狄亞聯盟，但他們卻沒能在由官員組成的議事會裡取得多數人的贊同[27]。因此，爲了在公民大會中獲得壓倒多數的支持，他們攜帶了武器，隨即斯塔西普斯（Stasippus）領導的反對派也武裝了自己，並證明支持自己的人也不少。

把《伊利亞特》裡所記敘的那一幕和鐵該亞所發生的事件聯繫起來看，我們可以了解公民大會的職能是如何發生了變化。在荷馬史詩中，儘管人們也可以發表一些贊同和反對的意見，公民大會從本質上看是接受國王命令的一種儀式。而在古典時期的雅典城邦裡，最後的決定基本上是由公民大會投票決定的。也就是說，公民大會擁有最高權力[28]。但公民大會擁有最高權力的這個變化，並不是平民和貴族鬥爭的結果，而是政治人物向那些各自支持自己的公民求取幫助，這是他們之間矛盾衝突的結果。換句話說，公民大會擁有最高權力這一變化並不暗示希臘公民有了階級意識。

是故，城邦是理解希臘文明的基礎。它決定了希臘政治、經濟、軍事的各方面。在政治上，希臘人開創了多種多樣的政體，有民主制、貴族制和僭主制等。其中雅典是民主制的典型，斯巴達則是貴族制的典型[29]。

東方的影響與泛希臘主義

黑暗時代的希臘又慢慢產生了定居點，這些定居人們的思想觀點都是非常的保守，人們按一定的「方式」去做某件事，因為他們確信以前這件事就是按這樣的「方式」去做的。在《奧德賽》中有一段時常出現的情節能表明人們的這種態度。當奧德修斯喚起死人的靈魂並徒勞地想去擁抱他母親時，他說：「這就是凡人的「方式」(Dike)，當一個人死去時，他再也沒有血肉和骨頭了，這些在生命停息時就被強大炫目的命運之火化為灰燼，但靈魂如夢飛遁[30]。」「方式」這個詞已有了不可抗拒的弦外之意，暗示著良好的制度和公平。

西元前七五〇年以後的一百年間，隨著殖民運動的蓬勃開展而來的，是希臘人對東方文化的汲取和接受[31]。希臘的保守主義被好些變化打亂了。這些變化大部分是由於東方的影響而引起的。例如，陶器上的圖案發生了變化。在黑暗時期，陶器上的裝飾圖案是幾何形的，這些圖案包括高度形象化的人和動物，除此之外，還有諸如三角形、圓形和螺旋型等幾何圖形。而世界各處的農業文明都使用著類似的裝飾圖案。

另一個來自東方的舶來品是字母。最早的希臘銘刻可以追溯到西元前七〇〇年。有些特點表明希臘字母來源於閃米特人的閃語系（Semitic）。字母在希臘語中沒有具體意思，但它在其來源——閃語中有具體的意思。例如，「阿爾法」（Alpha）和「貝塔」（Beta）在希臘文中僅是字母，而在閃語中，除了所指示的字母外，分別是「牛」和「房子」的意思[32]。

希臘字母表和閃語字母表的字母順序是一樣的。只是不知道具體哪一支閃米特人是希臘字母表的直接源頭；有可能是腓尼基人，因爲他們以海上貿易爲生。希臘可能在一開始是出於貿易上的目的而借用閃語字母，但它爲文學提供了新的發展[33]。在此之前，文學欣賞的最高形式是口頭創作的史詩，保存下來最好的樣本是荷馬史詩。

圖 1-2　小亞細亞—黑色馬的圖案（540-530B.C.）　劉庭芳攝

我們所知最早用書寫來創作的希臘詩人是帕洛斯島（Paros）的阿爾基洛科斯（Archilochus）。因爲他提到過西元前六四八年的一次日食，所以我們對他活動的大致年限有了一個了解。帕洛斯島是基克拉澤斯群島中的一個，阿爾基洛科斯參加了帕洛斯島對愛情海北部薩索斯島（Thasos）的遠征，戰鬥中阿爾基洛科斯扔掉了他的盾牌逃離了戰場，但扔掉盾牌是一件恥辱的事，是儒夫的標誌[34]。然而他卻自誇道：

一個薩索斯人以我放在灌木叢邊的盾牌自誇……而我卻能得到一個同樣好的盾牌[35]。

除了荷馬的史詩外，另一些口頭詩作也保存了下來；它們被認爲是彼俄提亞詩人海西奧德（Hesiodos）的作品，其中最廣爲流傳的是《勞作和日子》（Works and Days）。它以詩人與他的兄弟的爭執爲形式，蒐集有關一個好的農夫應有的道德涵養和實踐知識。在這裡，海西奧德的另一首詩《神譜》（Theogony）對我們更有意義。這首詩試圖追溯每一位神祇的來歷，其中有部分敘述天上接連三代的統治神祇[36]。實際上，《神譜》把古代希臘眾多的神祇做了有系統的整理，當然也充滿神話性野蠻色彩。例如：第二代主神克洛諾斯（Cronus）閹割了他的父親，把他的孩子一個個吞掉了，直到他被幼子宙斯推翻。

《神譜》創作的時間並不清楚，應該在西元前八世紀或七世紀時期。由於它是用口頭創作的，所以它何時編輯成現在這種形式倒也不重要了。它介紹了來自東方的思想觀念，這種思想觀念可能早在陶器出現時，希臘就已經接觸到了[37]。也就是有關接連幾代神祇的故事，早在青銅時期就引進了。

在西元前六世紀和西元前五世紀，典型的希臘作戰方式是重裝步兵戰術，備有用以投擲的矛和用於砍殺的劍，其裝備特點是盔甲、手套和一個全封閉式的頭盔、一個帶臂箍和手把的大圓盾牌。但在西元前八世紀時，戰爭卻是以另一種的方式進行，我們從荷馬史詩以及阿爾基洛科斯的作品裡知悉此時戰爭的形態，在描繪瓶子上的圖案中，我們可以了解這種戰爭的方式。人們步行作戰，不過戰爭總是在少數幾個戰士之間進行[38]。他們的裝備是一塊盾牌、一隻劍和一隻用以投擲的矛。這些士兵大都是各自為戰，所以荷馬史詩描繪的戰爭看上去像一場決鬥。此與希臘的密集方陣迥然不同。

以前人們認為在西元前七〇〇年時期，東方重裝步兵的裝備和密集方陣是同時被希臘引進；換言之，只要有一個城邦接受採用了這種作戰方式，為了生存其他的城邦也同樣採用這種方式作戰。但新近被發掘出的瓶子圖案卻得出不同結論[39]。現在看來，重裝步兵裝備是一件件逐漸被引進採用的，到了西元前七〇〇年，它們已全部出現在希臘的戰場上了。

重裝步兵戰術把戰爭的承受者擴展到一個更廣泛的階層，主要是大量的農民，因此這個階層要求分享政治權力，僭主做為這階層的首領也興起了。此外，重裝步兵的兵源——大量的農民，很可能是一支保守力量；他們厭惡戰爭，因為這會威脅到他們的土地和農作物[40]。所以他們極有可能是穩定的力量而不是變革的力量。

重裝步兵的一些裝備，表明了希臘人對城邦之外的手工技藝有一些了解。胸甲製造是受中歐和義大利金屬冶鍊文化的影響，不過全封閉式的頭盔和帶臂箍和手把的大圓盾牌是從東方的樣式發展而來的。因為在提革拉沙爾三世（Tiglath-Pileser III）統治期間（西元前七四五—七二七年），亞述軍隊侵入到了地中海東部的敘利亞海岸，這樣希臘旅行者和商人有可能見到亞述人的裝備[41]。

西元前七五〇年，希臘城邦開始在海外建立了殖民地，它說明希臘社會的經濟產生了變化。希臘的殖民地和近代的殖民地是有區別的。希臘的殖民地是一群有組織的定居者，他們是由某一個城邦派到遠方（大多是海外）去建立新的城邦。新的城邦政治生活和行政機構完備，因此它可以按獨立城邦的形式運轉，不過殖民地也常保持與母邦的關係，我們可以說西元前七五〇年—西元前五五〇年是希臘的殖民時代，希臘人遠離了他們的祖國，定居於黑海沿岸和地中海的大部分海岸[42]。

而在大多數情況下，尋求殖民地的原因是出於對土地的需求，對土地渴望的產生是由於母邦的經濟已不能滿足人口增長的需要。例如：北非殖民地昔蘭尼（Cyrene，位於利比亞）的建立（西元前六三〇年）就是一個例證。此時由於錫拉島（Thera）發生了長時間的飢荒，於是錫拉島的第一批殖民者乘坐兩艘船前往昔蘭尼[43]。究竟要誰去還得靠抽籤決定，抽到壞籤的人被迫出征，最初一批抵達昔蘭尼的人，大約有二百人。但它很快就成爲了古利比亞重要的城市之一，經濟蓬勃發展。

事實上，希臘殖民地多半選擇了適合農業發展的平原，這也是對「土地渴望者」的一個誘因。即使是這樣，仍有一些殖民地是出於貿易上的目的而建立的，例如：埃及的瑙克拉提斯（Naucratis）。希羅多德說希臘人在那裡建造了一座希臘神殿，這些希臘人來自好幾個城邦，這些城邦分別是開俄斯島（Chios）、提俄斯（Teos）、弗西亞（Phocaea）、羅德島、尼多斯（Knidos）、哈利卡納蘇斯（Halicarnassus）和米蒂利尼。另外一個例子是敘利亞北部的移民點埃爾·米納（Al Mina）。現在我們只能從古老挖掘中了解它的一些情況，它的歷史可以追溯到西元前八世紀下半葉[44]。它是一個小型貿易中心，正好處在前往肥沃月灣的交通要道上。

由於古代資料的欠缺，因此，希臘海外殖民的歷史最頭疼的問題是史實問題。修昔底得對西西里島大多數希臘殖民地的建立時間做了註解，但還是不夠詳實。實際上，西元後四世紀早期，巴勒斯坦地區的該撒利亞的一個主教優西比烏斯（Eusebius）在這方面做了不少工作，只是他所提出的殖民時間似乎太早了些，比如他說義大利南部的庫邁（Cumae）是西元前一〇五一年建立殖民地的，這讓人難以置信。在殖民地的遺址上，我們通過挖掘所得到的考古證據，反而是比較明確可靠的，但使用這些證據又遇到了麻煩，因爲具有希臘風格的陶器，特別是科林斯風格陶器的層次是很有次序的，但這個次序本身並沒有註明具體時間[45]。如果要給這一層層的陶器標上時間，我們首先得假設修昔底得訂出的西西里各殖民地建立的時間是正確的，然後把從西西里各殖民地遺址發掘出的最底層陶器與修昔底得所定的時間一一對號入座。由此時間年代問題便可以解決，進而歷史眞相也就不言可喻了。

在西西里島，希臘人得到了東部的大部分地區，包括平原耕作區，並沿著海岸向西發展。那裡最早的希臘殖民地是納克索斯（Naxos），是優卑亞島的哈爾基斯城邦（Chalcis）於西元前七三四年建立的。第二年，科林斯在西西里島又建立了敘拉古（Syracuse）。此外，通向亞得里亞海（Adriatic）交通要道上的克基拉島（Corcyra）亦被科林斯所占領。據斯塔蓬（Strabo）的記載：這是發生在建立敘拉古殖民地的同一年。然而，希臘人在西西里島的殖民也爲日後與迦太基（羅馬）埋下了衝突的導火線。

另一方面，傳說庫邁是希臘人在義大利最早的殖民地；西元前七五〇年，優卑亞島的希臘人在此建立殖民地。另一些殖民地則緊跟著出現在這一地區，直到希臘人占據了「義大利鞋跟」的整個海岸。有幾個殖民地是由來自伯羅奔尼撒北部亞該亞地區的希臘人建立的，包括錫巴里斯（Sybaris）和克羅托（Croton）。然而比較特殊的是塔倫特城邦，這是斯巴達人唯一在海外建立的殖民地。

到了西元前六〇〇年，西西里島以西的地中海西岸盆地，被來自愛奧尼亞的弗西亞人納入了希臘的殖民地；他們建立了馬西利亞（Massilia），即現在的法國馬賽。馬西利亞人又出於貿易上的原因，在遠及西班牙北海岸的地方建立了他們自己的定居點[46]。

大陸希臘的北面和東面三個尖叉狀的半島上，許許多多殖民地建立起來了。這三個半島後來被稱爲哈爾基季基（Chalkidiki），因爲這裡的許多殖民者來自哈爾基斯（Chalcis）。不過也有一些殖民者來自優卑亞島附近的安多羅斯島（Andros）的希臘人[47]。在很多情況下，哈爾基斯充當了殖民遠征的領導角色，而同時它又從其他城邦招募許多的殖民者。

三個半島中最西邊的那個叫波提狄亞（Potidaea）的半島上有一座殖民城—帕利涅（Pellene）則是個例外，它占據著重要的地理位置，是由科林斯在西元前七世紀晚期時建立的。再往東，在博斯普魯斯海峽的小亞細亞海岸有一片肥沃的可耕作土地，麥迦拉人在此建立了加爾西頓（Calchedon）。十七年後在海峽對面的歐洲海岸，麥迦拉人又建立了拜占庭（Byzantium）。這個地方農業條件並不好，但不久它變得繁榮了，因爲它掌握著通往黑海的關口。普羅龐提斯（Propontis）即馬爾馬拉海和黑海沿岸的殖民地都是米利都人創建的[48]，這可能是因米利都領導了殖民遠征而同時又從愛奧尼亞城邦招募殖民者。

在《伯羅奔尼撒戰爭史》的導言中，修昔底得說早先希臘的戰爭是小規模的戰爭。兩個鄰近的城邦也會發生邊界衝突，但城邦間並沒有訂立盟約以擴張自己的力量。在古希臘早期，城邦政治是軟弱且不完善的，因此城邦之間的關係錯綜複雜，由此發展了朋友、婚姻或敵對的關係；古希臘抒情詩人品達（Pindar，西元前五一八年—四三八年）的許多詩歌就是爲這些家族創作的。可以這麼說，這些詩歌表明：在希臘的大部分地區出現了一個上層階級[49]，這些居住在不同城邦裡的權貴家族間關係，可能影響這些城邦的命運，但這些關係並不一定會影響到他們的政策。

在同一篇導言中，修昔底得說哈爾吉斯和埃雷特里亞（Eretria）之間的一場戰爭，幾乎把整個希臘世界都捲入衝突。許多城邦必須選邊站。哈爾吉斯和埃雷特里亞是優卑亞島上的兩個主要城邦，這場戰爭後來被稱作「利蘭丁平原戰爭」（Lelantine），對利蘭丁平原的控制權是兩個城邦爭執的原因[50]。

利蘭丁戰爭發生在西元前八世紀末，戰爭和殖民的衝突有關。西元前五世紀，哈爾基斯比埃雷特里亞強大。戰爭中，哈爾基斯依靠法薩盧斯（Pharsalus）的幫忙打贏了一次戰爭，但這並不能說明它就贏得了這場戰爭[51]。也由於利蘭丁戰爭的原因，使得哈爾基斯在西元前七世紀初期就已衰弱了。

雖然古希臘的地方特殊神祇問題很尖銳，但能使人們團結聚集起來的主要動力卻是來自於宗教，有時宗教也會產生政治的功能。例如：小亞細亞的愛奧尼亞城邦在米卡利山（Mycale）北坡的潘尼歐烏姆（Panionium）建造了一座波塞頓（Poseidon）的神廟。而小亞細亞十二個城邦的人民則定期在那裡舉行慶典活動，這十二個城郡包括薩摩斯島、開俄斯島和十個大陸上的城邦[52]。西元前五四四年，當愛奧尼亞人感受到波斯帝國擴張的威脅時，他們就在這個神廟裡討論政治上的事情。

此外宗教聯盟也是「近鄰同盟」（Amphictyones），它是一個由雅典、色薩利等十二個相互毗鄰的城邦構築成的宗教性組織，盟員是部落群體而不是城邦，如色薩利人、彼俄提亞人、洛克里人和福基斯人（Phocians）。入盟誓約包括發誓不摧毀同盟中任何一個城邦，不切斷盟友的水源[53]。同盟會議有時變成色薩利人、彼俄提亞人和福基斯人對立的場所。

在青銅器時代晚期，德爾斐就有了一個神諭宣示所，不過那時是地神而非阿波羅，且只有附近的人來這裡祈求神諭指示。在西元前八世紀中期的時候，這裡才出現有關阿波羅的宗教儀式[54]。某個城市要建立一塊殖民地之前，總要祈求神的同意，而這個神在大部分情況下就是德爾斐的阿波羅。

奧林匹克的宙斯神殿是神諭宣示所在，它的慶典包括幾項運動的競技活動。奧林匹克運動開始於西元前七七六年；參賽者來自麥西尼亞地區，但西元前七三六年以後，參賽的地區越來越多。西元前五八〇年，奧林匹克運動會被重新組織起來，幾年之後，西錫安的僭主克里斯提尼（Cleisthenes of Sicyon，克里斯提尼的外祖父）要找一位全希臘最好的男子給他女兒作丈夫，他把奧林匹克競技活動作爲選擇標準[55]。顯然地，這個慶典已成爲全希臘人所共同慶祝的節日。

另外幾個主要的泛希臘慶典活動是在西元前六世紀上半葉形成的，諸如：西元前五八二年德爾斐的皮媞亞運動會（Pythian，皮媞亞是古希臘的阿波羅神女祭司），西元前五七三年在西錫安和阿哥斯之間的克里奧姆（Kleones）

圖 1-3 德爾斐神殿 王惠玲攝

舉行的尼米亞運動會（Nemea），西元前五八二年在科林斯地峽舉行的地峽運動會（Isthmian）[56]。這些慶典活動的建立反映了泛希臘意識的增強，同時也是早期僭主政治統治下財富增長的標誌。

第二章

伯羅奔尼撒早期的僭主政治

僭主及立法者

修昔底得對古希臘早期的歷史作了回顧，他是這樣評論僭主政治的崛起：「**隨著希臘變得強盛、財富的增長，僭主政治在大部分城邦建立起來，其收入可觀。**」這裡，我們應當避免用現代意義上的暴君（Tyranny）來理解僭主政治這個詞[1]。在希臘語中，僭主（τύραννος）這個詞有著微妙的含義。總的說來，這個詞是用來指一些統治者，他們沒有世襲權，也沒有合法的權力來統治一個城邦，但他們是城邦的實際統治者；說到這裡，有一個現代與之相應的詞出現在我們腦海中：幕後操縱者。實際上，僭主政治是由幕後操縱者掌握了實權，文藝復興時期的麥第奇家族是佛羅倫斯政治幕後操縱者；換言之，我們也可以稱麥第奇是佛羅倫斯的僭主。

然而，僭主政治並不一定就暴虐且不受歡迎，因爲早期的一些僭主給人們帶來了諸多好處[2]。有一些僭主是作爲民眾運動的領導人而崛起的，他們有堅強的意志，在掌權之前往往僅是一個平民領袖，並參預一些政治活動。在當政之後便開始打擊貴族勢力，爭取平民的支持，這些政策受到工商業和領主們的歡迎。但僭主的獨裁統治卻是建立在貴族與平民脆弱的平衡基礎上，隨著平民力量的增加，這一政治形式就不可避免的被拋棄。而且，後代僭主多屬驕奢殘暴之徒[3]。是故，僭主政治很快就爲人們所厭惡。

在西元前七世紀和西元前六世紀時期，伯羅奔尼撒的許多城邦紛紛建立了僭主政治，原因有二：其一有些僭主是作爲非多利安人反抗多利安貴族的運動領導人而崛起的。其二是重裝步兵戰術的引入產生了重大的社會後果。這種戰術使城邦的軍事力量產生變化，農民成爲城邦軍事的主要依靠力量[4]。到了西元前六世紀中期，這些農民也開始要求參與城邦事務的管理，僭主則利用了這樣的形勢，順水推舟的支持他們這種政治要求，從而獲得政治上的優勢，進一步掌握了實權。因此，我們可以這樣說：僭主是那些用不合法的暴力手段取得權力的人。但弔詭的是他們並未因此而遭到普遍的非難。僭主之中，有些是掌權較久的行政官員，然而更常見的則是一些擁有武器的權勢者。當然僭主有很多暴政，但也存在某些方面的差別。

例如菲頓（Pheidon）是阿哥斯的國王。亞里斯多德《政體論》對他有一個令人好奇的評論，他說菲頓成爲一位僭主是因爲他是一個國王。亞里斯多德沒有具體論證這個觀點，相反地，他反而用他的這個評論作爲例證來證明他的另一個觀點，僭主有時產生於國王[5]。

希羅多德有一次簡短地提及菲頓，他說菲頓的「**一次暴行是任何一個希臘人都無法比擬的；他趕走了伊里安人的官員而自己來主持在奧林匹克的競技。**」伊里斯地區（Elis）的人分爲兩個族群。一是伊里安人（Elean），他們是有特權的族群。西元前七七六年開始，在比薩的奧林匹克運動會每四年舉辦一次。伊里斯城邦與比薩長期爭奪運動會的舉辦權，在古典時期，只有他們才可以充當奧林匹克慶典的主持官員。另一個族群是比薩坦人（Pisatans），他們屬於非特權階層，居住在農村地區，而奧林匹克的宙斯神殿和旁邊的比薩（Pisa）城，則座落於這一地區阿爾菲奧斯河（Alpheus）附近。西元前七七六年伊里安人從一開始就控制了整個慶典活動。但後來在很長的一段時間裡，比薩坦人控制著奧林匹克慶典活動，在將近一個半世紀的時間裡，雙方各有勝出，最後伊里安人在西元前五八○年完全控制了整個慶典活動[6]。不過菲頓的干預可能也有非宗教性的後果，它使比薩坦人在僭主統治下獲得了一定程度的自治權。

如果菲頓干預奧林匹克慶典之事的確發生在西元前六六八年，保薩尼阿斯敘述的另一事件就變得重要起來了，因爲發生在幾乎同一時間。保薩尼阿斯並沒有提到菲頓，但他說在西元前六六九年阿哥斯人在希西亞（Hysiae）打敗了拉西第夢人（斯巴達）。拉西第夢和阿哥斯之間是錫里亞平原（Thyrea），希西亞就在這塊平原上。戰爭就是為了爭奪這塊平原的控制權。也就是說，阿哥斯和拉西第夢的勢力均膨脹發展，直到他們之間就錫里亞平原的歸屬發生了衝突[7]。這一段阿哥斯勢力膨脹期應該是菲頓統治時期，但拉西第夢人喪失了這麼多土地是令人難以置信的；因此希羅多德採用的口頭傳說資料很有可能言過其實；實際上，菲頓向南發展最遠只比錫里亞平原稍南一點。如果菲頓的確獲取了錫里亞平原，那麼埃福洛斯的《希臘通史》讓人覺得更為可信，他說阿哥斯僭主菲頓恢復了海克力斯的玄孫忒墨諾斯（Temenus）所統治地區的控制權，儘管這只是口頭傳說，但邏輯上較為合理。

根據海克力斯子孫回歸的故事記載；這些海克力斯的後裔分三群回到伯羅奔尼撒半島，他們各自占領了一部分地區；一群擁有麥西尼亞，另一群占據了拉西第夢，而忒墨諾斯率領的一群人則控制了阿哥斯[8]。埃福洛斯認為忒墨諾斯死後，阿哥斯王國分崩離散，最後菲頓把它們統一了起來。至此，菲頓看來是這樣一個人：他擁有阿哥斯周圍的大片土地，在西元前六六九年在希西亞之戰中擊敗了拉西第夢人，在西元前六六八年又插手奧林匹克慶典活動。阿哥斯王國實際上也成為這一地區的霸主。而菲頓本人既是國王也是僭主。

另一方面，西元前八世紀，麥迦拉和許多城邦一起派人到西西里東部建立殖民地，當時那裡最好的地方已被查爾西斯和科林斯城邦占領了，因而麥迦拉只能占領較為次要的地方，他們挑選了麥迦拉、希布拉埃（Megara Hyblaea）這塊土地做為殖民地。到了西元前七世紀時期，麥迦拉又在大陸希臘東北方占領了迦克墩（Calchedon）和拜占庭這兩個最好的地方。而麥迦拉的崛起也可以反映出它對科林斯的勝利[9]。這次占領迦克墩（Calchedon）和拜占庭的勝利可能就發生在菲頓統治阿哥斯時期。

我們完全有理由說菲頓在伯羅奔尼撒東北部建立了強大的政權，但要說他與科林斯、麥迦拉、埃吉納、埃皮達魯斯所發生的事件都有關係，仍證據不足。對菲頓「僭主政治」情況的描述，即希羅多德提到他時所說的一些活動，也就是他統一度量衡和對奧林匹克事務的干涉。這說明了菲頓的影響力[10]。前述菲頓對奧林匹克事務的干涉，我們也可以理解到，何以菲頓會被稱爲僭主的原因。

其實有一個更具可能性的情況。奧林匹克所發生之事不僅證明菲頓有強大的權力，也表明他對這種權力的一種炫耀。這種炫耀，有時被稱作華而不實的暗示，此在早期的僭主活動中可以找到。如果西元前六六八年是菲頓統治期間，那麼他與呂底亞建王朝的創建者蓋吉茲大致同時代。把菲頓描繪成一個僭主，有可能是從他的那個時代就開始了，也可能之後才把他說成一個僭主[11]。即便是後來的故事，也只能說明菲頓的行爲使人們想起了呂底亞的統治者。

此外，對西元前六世紀西錫安的僭主克里斯提尼，希羅多德有兩段描述。其中一段，希羅多德具體記敘了克里斯提尼對他的城邦組織所進行的改革。他寫道：克里斯提尼正在向阿哥斯進行一場戰爭，爲了表明他對阿哥斯的敵意，他調整了政策：停止了西錫安的吟詩比賽，因爲行吟詩人所吟唱的「荷馬史詩」不斷地讚頌阿哥斯人[12]。（這說明西錫安所知的「荷馬史詩」是屬於底比斯神話系列，而不是特洛伊神話系列）。希羅多德繼續寫道：克里斯提尼消除了阿哥斯英雄阿德拉斯托斯（Adrastus）在西錫安的影響；（阿哥斯國王是七雄進攻底比斯的主帥，亦是唯一的生還者），因此西錫安的阿德拉斯托斯神殿也刻意的被冷落。

隨後，克里斯提尼求救於德爾斐的神諭，得到的回答卻不是他所想的。他不顧神諭，仍然在西錫安建造了一座供奉底比斯英雄墨蘭尼波斯（Melampus）神殿，而他正是阿德拉斯托斯的宿敵。

在西錫安原本爲阿德拉斯托斯舉行的宗教儀式，克里斯提尼也都改爲替墨蘭尼波斯舉行，而原來爲阿德拉斯托斯表演的悲劇合唱則改成爲酒神狄奧尼索斯（Dionysus）而表演（墨蘭尼波斯崇拜酒神）[13]。最後，克里斯提尼還改變了西錫安部落的名稱，使之與阿哥斯的部落相區別。

在克里斯提尼統治之前，西錫安顯然有一些多利安人；多利安人在西錫安處於劣勢。這時克里斯提尼變革了部落體系，從而提高他的部落埃吉阿勒斯（Aegialeis）的地位。在另一段中希羅多德講述的是：克里斯提尼如何把他的女兒阿加麗絲嫁出去。在奧林匹克，當他贏得了一場競技勝利之後，克里斯提尼要求看向他女兒求婚者的名單。隨著他做出決定日子的臨近，他對兩個來自雅典的求婚者很滿意，一個是提山德（Teisander）的兒子希派克利蒂斯（Hippocleides），另一個則是麥加勒斯（Megaeles）的兒子阿克曼翁（Alcmaeon），在這兩個人之中，克里斯提尼又更爲喜歡希派克利蒂斯[14]。

但是，在這一年行將結束時，一次宴會上，希派克利蒂斯開始跳舞；他叫人擺了一張桌子，然後跳上桌子，在桌上跳拉哥尼亞舞和阿提卡舞，最後他在桌子上倒立著，頭支撐著身體，雙腳在空中舞蹈。剛開始時，克里斯提尼還能壓住心中的怒火，但當看到希派克利蒂斯倒立著跳舞時，他再也按捺不住了。「**哦！提山德的兒子呀，**」他感嘆道：「**你跳舞把你的婚禮斷送了。**」希派克利蒂斯卻反駁說：「**希派克利蒂斯不在乎。**」所以克里斯提尼把自己的女兒嫁給了阿克曼翁[15]。這個故事也十足的表現了希羅多德的幽默感。

希派克利蒂斯是雅典的名門貴族，他的祖先可以追溯到傳說中的英雄費拉奧斯（Philaeus）。希羅多德說，克里斯提尼的出身並不是非常高貴，因此只好向上追溯三代[16]。也就是說，希派克利蒂斯不需要通過婚姻與一個暴發戶結盟。而克里斯提尼要炫耀自己，僅僅靠奧林匹克運動會的競技勝利似乎還是不夠的，因而一個誇張的聲明和對求婚者奢華的宴會和好客態度，可以讓他的女兒與任何一個希臘人相匹配。

克里斯提尼最後的選擇可能也帶有政治因素。在希羅多德提供的求婚者名單中，雅典是唯一有兩名求婚者的城邦。兩個求婚者都來自雅典地區，而費拉奧斯家族的希派克利蒂斯來自阿提卡東部的布勞隆（Brauron），布勞隆與雅典被山區阻隔著。由於掌管阿提卡事務的政治機構都設在雅典城，所以雅典城裡的強大家族與之相比之下較有優勢；如果克里斯提尼考慮過政治因素，那麼他選擇雅典城裡的阿克曼翁則是明智之舉[17]。

要用何種理論來解釋克里斯提尼的僭主政治呢？這個問題並不難。通常僭主為某些具體的目標而採取的行動，相對的也會使這城邦的威望在這地區大為增長，從克里斯提尼在戰車競技中獲勝的史實中，我們知道他為招一個乘龍快婿所下的苦心，我們也可以看到他對這種威望和權勢獨出新裁的炫耀。克里斯提尼以鎮壓等方式削弱多利安人的地位[18]。之後，他又憑藉城邦之間的戰爭獲取了一定的聲譽。

然而僭主的子嗣大都不如父輩成功。在古典時期，僭主之所以在奪權以後受到人民廣泛的支持，是因為他們本人的魅力和濟弱扶貧的成就。但他們始終沒有正式的官職，且繼承人的位置也很不牢靠。部分僭主是依靠個人能力維持政權，但大部分都採用「專制」手段，此時又站在人民的對立面，自然人民的不滿日益加劇。事實說明僭主被百姓推翻只是早晚的問題，僭主及其家人不是被殺就是遭遇流放。而之前被僭主流放的貴族則又重新回來建立寡頭統治。當然，歷經僭主政治以後，貴族統治方式有所變化，如果當權者不負責任，重裝步兵不再願意支持他，也就是垮臺的時候。在決定公共事務時，貴族們也不能把重裝步兵排除在外，他們也不能剝奪僭主們賦予窮人的權益[19]。實際上，貴族的寡頭統治在古代希臘城邦政治扮演了很重要的角色。

科林斯僭主政治

希羅多德對科林斯僭主政治的崛起有兩段敘述，其中一段是一篇公開的演說辭；當時斯巴達人建議要在雅典恢復前僭主希庇亞斯（Hippias）的統治，科林斯代表爲了使斯巴達放棄這個想法，細說了僭主政治的弊病，並舉出庫普賽羅斯（Cypselu）作爲例證[20]。在僭主政治之前，科林斯是由巴齊雅達伊人（Barchiadae）掌握權力。巴齊雅達伊人只和自己的族群通婚，但有一次一位叫拉布達（Labda）的巴齊雅達伊女子（是個跛子），她嫁給了一個非巴齊雅達伊人埃愛提昂（Eëtion）。她在生下庫普賽羅斯之前，德爾斐的神諭暗示他會在將來掌大權。巴齊雅達伊人知道了這個神諭，就派人去殺死甫出世的嬰兒，但拉布達把孩子藏在一個櫃子裡（Kypsele）[21]，因而躲過了一劫。後來長大成人的庫普賽羅斯果然成爲科林斯的僭主；隨後他放逐了一些科林斯人，並剝奪了他們的財產，還殺死了一些人。

實際上，把嬰兒藏進櫃子這個故事是別出心裁設計的，爲的是解釋庫普賽羅斯名字的源由，而其餘敘述則是可信的。在多利安貴族階層中，巴齊雅達伊人是個極端排外的民族；他們的名字表明了埃愛提昂和拉布達來自同一個祖先的後裔[22]。埃愛提昂聲稱自己的祖先是拉披塔伊人，他屬於前多利安人的一支。而庫普賽羅斯就是作爲前多利安人的領袖而崛起的。

希羅多德的敘述繼續寫道，庫普賽羅斯統治科林斯三十年，他把僭主的位子傳給了他的兒子佩里安德（Periander）。據說佩里安德曾派人到智者特拉敘布洛斯那裡請教鞏固政權的方法。特拉敘布洛斯把使者帶到一塊穀地，然後把長得比別的穗子高的穗子都剪掉，使者回到了科林斯並報告了這一切，佩里安德理解了這個行爲的含義；於是他開始殺害那些傑出的公民[23]。因爲他們就像長高的穗子一樣，需要一一的除去。

佩里安德在位期間，他的城邦非常的繁榮。他對科林斯的工商業做了許多改革，並修築了道路，開鑿了運河。他不僅是一位偉大的政治家，同時也是一位熱心於科學和藝術的學者。

希羅多德也提到僭主和科林斯殖民地之間的關係。西元前五二五年斯巴達人對薩摩斯島的遠征，科林斯也加入了，雙方關係趨於平穩，最後佩里安德娶了斯巴達僭主普洛克列斯（Procles）的女兒梅里莎。但不幸的是他因故殺害了梅里莎，普洛克列斯大怒，要回了他的外孫，並試圖讓這兩個孩子反對他們的父親。這一戰略在次子呂柯普隆（Lycophron）身上產生了一些效果，佩里安德與次子呂柯普隆發生了爭吵，並把他送到臣屬科林斯的克基拉島上（Corcyra）。不久之後佩里安德發動了對普洛克列斯的戰爭，他打敗了斯巴達，而且生俘了普洛克列斯[24]。時光流逝，佩里安德開始人老力衰，是故他決定召回呂柯普隆以繼承他在科林斯的職位。

剛開始時呂柯普隆拒絕了，後來父子達成了協議，佩里安德搬到克基拉島，而呂柯普隆回科林斯繼任僭主。但克基拉島居民不願佩里安德到他們那裡去，於是他們殺掉了呂柯普隆。爲了報復，佩里安德抓到三百個克基拉名門子弟，並把他們作爲禮物送給呂底亞國王阿利亞特（Alyattes）。當這三百人押送呂底亞途經薩摩斯島時，薩摩斯人乘機放走了這三百人[25]。佩里安德死後，科林斯與克基拉島的緊張氣氛仍沒有緩解，所以在薩摩斯人冒犯科林斯的事件發生經過一代人以後，科林斯對薩摩斯依然懷恨在心。

實際上，科林斯人參加遠征的動機大部分是虛構的，佩里安德的家庭生活史料並無記載。但故事中有關公眾政治生活的部分是可信的。它們表示佩里安德與普洛克列斯複雜的關係和他想與呂底亞友好的渴望。此外，還表現了佩里安德是如何對待科林斯的殖民地克基拉島的：他控制了克基拉島，派他的兒子呂柯普隆去統治這個島，當克基拉人反抗並殺死呂柯普隆之後，佩里安德襲擊了這個島，並抓了三百個人質[26]。與殖民地的關係也是佩里安德十分注意的一個問題。

有關科林斯殖民地的史料記載可能是不完整的，特別是對於那些失敗的建立殖民地的嘗試，這些嘗試也許被遺忘了。但現存的史料已足夠我們作出一個結論，它對我們理解僭主政治有著重要的作用。科林斯的殖民事業在僭主政治的統治下繼續發展[27]。也就是說，僭主政治並不標誌著科林斯的發展方向有任何的改變，它僅表明對原有政策的繼續和加強。考古發掘工作也證實了這個觀點。

另一方面，佩里安德本來就有「賢人」之譽，被奉爲「古希臘七賢之一」。在他的時代，科林斯空前繁榮[28]。在外交方面，他與米利都等僭主國家建立同盟，與雅典、呂底亞和埃及建立了友好關係。換言之，他與近東非希臘民族的政權都保持著良好的關係。佩里安德所採取的一些政策實際上促進了貿易的發展。

例如，把三百個克基拉人俘虜作爲禮物，送給呂底亞的阿利亞特這個例子就能說明這一點。此外，佩里安德與古埃及法老普薩美提克一世（Psammetichus I，西元前六六三年至六一〇年在位）關係良好，他藉助希臘僱傭軍趕走了埃及第二十五王朝末期征服埃及的亞述人。他做的一件大事就是修建了橫跨科林斯地峽的石造拖運船舶專線，古稱曳道「迪歐柯斯」（Diolkos），全長六．五公里，這是一條用石頭鋪砌，中有兩條平行凹槽的道路，凹槽是適應安放小船的車子在石道上行駛而構築的[29]。行船在石子鋪面道路上（船隻經由陸路橫跨科林斯地峽），可能也是部分出於貿易上的考量。過去我們不知道它修建的時間，但一九五六年發掘出了一些道路上的石頭，上有石道修建者所刻的字母，用以指示石道的正確方位，這些字母明顯是古典時期的字母，因此也對「石道是科林斯僭主所建」這個觀點是個有力的證據。

貿易動機可能也是科林斯僭主們的殖民和外交政策的一個因素，但很難說它達到何種程度的重要性。有些時候僭主們所採取的行為並非出於增進貿易之故，而是為了炫耀自己的權勢。這可以從他們修造的一些建築上看得出來。希羅多德指出德爾斐有一座被當時人們稱之為科林斯人寶庫的建築，事實上是僭主庫普賽羅斯私人的作品[30]。希臘一些城邦的僭主們還是詩人們的庇護人：希羅多德記載詩人阿利昂（Arion）大半輩子生活在佩里安德的宮廷裡，他發揚了酒神的讚美詩歌。

希羅多德記載說，僭主政治持續了七十三年零六個月。他還具體說，庫普賽羅斯的統治是三十年，佩里安德是四十四年，而戈爾古斯的兒子薩姆提克的統治只有三年[31]。由於這三個數字加起來超過七十三，於是人們把亞里斯多德所說的佩里安德的統治時間修訂為「四十年又六個月」。

大多數現代的歷史學家採用尤西比烏斯（Eusebius，西元前二六〇年—三四〇年，教會史之父和拜占庭的第一位歷史學家）所提供的時間斷代。尤西比烏斯在三處提及科林斯的僭主政治。第一，在西元前六五八年的條文裡，他說庫普賽羅斯統治科林斯人二十八年；而聖哲羅姆則把相同的內容放在西元前六五九年的條款裡。第二，在西元前六三〇年的條文裡尤西比烏斯說佩里安德統治科林斯人；而聖哲羅姆（Jerome，西元前三四〇年至四二〇年）則把這個內容放在西元前六二八年的條文中。第三，在西元前五七八年的條文中尤西比烏斯說科林斯的僭主政治結束了[32]。綜合亞里斯多德和尤西比烏斯的記載，多數歷史學家認為庫普賽羅斯的統治時間約為西元前六五八年—

六二八年，佩里安德約爲西元前六二八年—五八八年，而薩姆提克約爲西元前五八八年—五八五年。以尤西比烏斯的時序表爲基礎，有些歷史學家對另一個問題提出了質疑。修昔底得說他所知的最早的海戰發生在科林斯人和克基拉人之間，是爆發於他要寫的那場戰爭結束之前的二〇六年。他最後決定要寫的歷史是伯羅奔尼撒戰爭史，而伯羅奔尼撒戰爭結束於西元前四〇四年[33]。由此有些人認爲西元前六六四年時科林斯在與克基拉人的那場戰爭中遭到重創，以致削弱了巴齊亞達伊人的統治地位，因此幾年之後的西元前六五八年，庫普賽羅斯得以藉機推翻他們的統治。

對希羅多德西元前六世紀的年表的可靠性，我們可以提出一些質疑。至少有一處他出了錯：他記敘道，雅典人阿爾克美昂（Alcmaeon）去見過呂底亞國王克洛伊棠斯，但實際上阿爾克美昂生活在那一代人之前。對尤西比烏斯的年表也有不小的分歧。一方面，除了希羅多德蒐集的口頭傳說外，我們很難想像有關年代問題的其他證據能保存下來；而另一方面，西元前四世紀以後，口頭傳說也成了人爲的臆測。希羅多德有關佩利安多洛斯活動的年表並不是某一個理論系統的產物；它們（指希羅多德提供的時間）出現於希羅多德蒐集的故事之中[34]。這就是爲什麼有些人傾向於希羅多德年表的緣故。

有關科林斯僭主的記載同樣使「前多利安人」理論的支持者們失望。庫普賽羅斯不屬巴齊亞達伊貴族，他父系的祖先可以追溯到多利安人以前的希臘居民。但我們在劃出他這出身不同的同時，也能輕易地鑑別出他與先前的統治者在地區上的差異；他是佩特拉人，反對的是科林斯城中的人[35]。此外，就現存資料而言，他和他的兒子佩里安德都沒有發動如西錫安的克里斯提尼那樣的社會改革；不論是把他們劃歸前多利安人成分還是村落居民成分，他們絲毫沒有提高他們所屬的那一群體地位的行爲。

而有關他們的史料記載，亦提出了對僭主政治的另一種解釋。在巴齊亞達伊人統治下的科林斯也確實建立起更多的殖民地。從西元前八世紀的最後二十五年，科林斯的商業貿易繁榮起來；雖然庫普賽羅斯家族的政策動機是複雜的，但商業貿易顯然是其中之一[36]。這不是一個革命的故事，而是對先前統治的繼續；庫普賽羅斯採取了與巴齊亞達伊相同的政策，只是僭主能更有效地執行政策。

伯羅奔尼撒其他的僭主政治

對古典時期伯羅奔尼撒其他的僭主政治，我們已提到過，斯巴達的僭主普洛克列斯與佩里安德的關係；他與佩里安德複雜的關係，至少表明伯羅奔尼撒的僭主沒有一個永久的同盟，以反對他們共同的敵人。從地理位置上講，麥迦拉不屬於伯羅奔尼撒，但科林斯對它的命運影響頗大。麥迦拉僭主特阿眞尼（Theagenes）支持他的女婿希倫（Cylon）（雅典的反叛者）；在西元前六三二年，當希倫企圖攻占雅典衛城時，特阿眞尼派軍隊幫助他[37]。後來希倫遭到鎮壓並被拘捕，根據古羅馬歷史學家普魯塔克的記載，他於同年被處決。從麥迦拉人的觀點來看，這是一次冒險，他們想在雅典扶植一個僭主，以獲取在雅典城邦的影響力，但冒險失敗了，特阿眞尼後來也被逐出麥迦拉。此外，我們還可以看到特阿眞尼民主政策的記載；據亞里斯多德說（《政體論》），特阿眞尼把河岸邊富人的牲畜抓起來全部宰殺了。因此僭主是獨裁的一種政體。到了西元前五世紀，麥迦拉出口大量羊毛[38]。傳說他還曾襲擊過羊毛商人，亞里斯多德的記載可能帶有個人色彩；只是不清楚這些富人是傳統貴族還是新富起來的暴發戶。總之，僭主的統治完全是一種人治，政治清明與否端看僭主的才能與野心了。

米蒂利尼也有一個叫皮塔科斯的僭主，有關他的材料很少[39]。他同時代的詩人阿爾凱奧斯在詩中對他作了一些建言；傳說他給米蒂利尼制定了政治制度和律法，因此，在他統治十年後，退位了。

在伯羅奔尼撒的城邦國家中，可能確實存在多利安人與非多利安人之間的矛盾和衝突，但多利安人並沒有征服雅典、米利都和米蒂利尼。此外，早期的僭主們都喜歡炫耀：這在公共建築物上，在參加泛希臘慶典活動中，在議事會，在供養詩人等，都大事張揚。理論上「前多利安人」只能爲伯羅奔尼撒的一些僭主政治做些解釋。但由於在同一時期伯羅奔尼撒以外也出現過僭主政治的現象，人們可能要找一個更具有普遍性的原因來解釋這個現象，但這並非要貶低「前多利安人」理論的價值。多利安與非多利安人之間的矛盾在伊里安人與比薩坦人之間的衝突中，則完全的體現出來，而在西錫安僭主克里斯提尼所採取的政策中有更明確的表現[40]。

對「重裝步兵」理論的支持者而言，他們沒有能夠從僭主政治中得到更多的證據而感到失望，如果菲頓統治確在西元前七世紀的第二個二十五年中的話，那麼他的崛起比瓶畫中出現的重裝步兵密集方陣還要早。如果把菲頓列入較晚的時代是正確的話，那麼他在軍事上也的確有重視重裝步兵的戰術[41]。但這也並不意味著他利用了那些農民的不滿情緒。克里斯提尼確實是因爲作爲「前多利安人」的領袖在西錫安崛起的，但要把這種「前多利安人」成分和組成重裝步兵方陣的農民聯繫起來，我們是既缺乏證據，又不具有可能性，材料顯示，有關庫普賽羅斯和佩里安德的記載也與重裝步兵階層沒有任何關係[42]。有關伯羅奔尼撒僭主政治的資料也的確很少，這種史料的緘默使人懷疑前面假設的「重裝步兵」理論；也就是說，我們懷疑這樣一種假想的正確性，即重裝步兵戰術的引進把沉重的兵役推到了農民階層的肩上，並導致這個階層要求分享政治權力。

對重裝步兵戰術的採用可能導致了另一種與上述不同的社會後果。重裝步兵的兵源是大量的農民，他們可能渴望穩定而不是變革，因爲他們最關心的是種植收穫物和莊稼[43]。在西元前八世紀和西元前七世紀的時候，當時的權力還不集中，一個城邦的軍事力量只是一些私人軍隊的組合，這些私人軍隊是由這個城邦強盛的家族控制。

事實上，重裝步兵的戰術是由地區豪族私人軍隊的將領創造。另一方面，僭主政治也強加了城邦的權力。然而當具有野心的豪族掃除了他的對手並鞏固他的控制權時，民眾自然的把這種權力和城邦的權力等同起來。理論上豪族的軍權是私人的，並超越法律之外。但隨後人們的城邦意識加強了，覺得自己應是某一城邦的居民而不是某一小地區的居民。

同時，採用重裝步兵戰術也有利於城邦中央權力的加強，因爲它把軍隊培養成一個服從和合作的組織。儘管有關細節已不可知了，但歷史學家們仍應看到僭主們爲加強統治而實行的內政，與他們採取的外交政策之間的複雜聯繫，看到重裝步兵戰術的流行與城邦集權之間的複雜聯繫。

另一方面，希臘人對呂底亞王國的富裕感到驚嘆；希臘城邦中一些崛起的富人炫富，因而希臘人從呂底亞借來「僭主」這個詞稱呼這些人，而解釋希臘僭主政治何以是在西元前七世紀首先出現的問題，其實也就解釋了爲什麼到那時期對富有的誇耀能達到如此的規模；其答案顯然可以從經濟的繁榮中找到；西元前八世紀末，在東方的影響下，希臘繁榮起來了。在這個大的背景下，由於地區情況的差異，僭主之間的情況也有差別；正如希羅多德所說：「**僭主政治是一個感情無常的情**

婦，愛他的男人有很多[44]。」

而庫普賽羅斯的出身能說明更多的東西。他的父親，埃愛提昂（Eëtion），確定是很富有，並在他那個地方擁有一定權力的人，否則巴齊亞達伊人也不會挑選他作爲拉布達的丈夫。此外，有關殖民和貿易活動的記載表明，科林斯在巴齊亞達伊人的統治之下，其勢力和經濟都有發展；因此我們可以想像，巴齊亞達伊人是第一個利用經濟增長所提供的政治機遇爬上統治地位的，換個說法來論述這個問題，可以設想在衰落時代，科林斯是一個缺乏凝聚力的地區；不同的地區由不同的家族統治[45]。

古典時期的僭主所存資料最豐富的是雅典的皮西特拉圖斯和他的兒子們的。那時的觀點是，雅典僭主政治的崛起是阿提卡地區不同地方有權勢家族之間鬥爭的結果。因此，無論選擇哪種方式，僭主都需懷柔與暴力微妙地結合在一起[46]。絕大多數僭主統治歷經一兩代便垮臺了，一般而言，僭主統治的創建者堅韌，大膽且才智過人，而他們的兒孫輩卻鮮有如此才幹者。特阿眞尼和普洛克列斯這些名字，連同上面提及的更有名氣的僭主，表明公元前七世紀末和公元前六世紀時期的伯羅奔尼撒僭主政治是很普遍的。

但在同一時間，伯羅奔尼撒以外的一些城邦也建立了僭主政治，而它們的社會情況與伯羅奔尼撒是不同的。我們已經提到那個據說向佩利安多洛斯提過建議的米利都僭主特拉敘布洛斯，在他統治期間米利都人結束了抗擊呂底亞國王的戰爭，並同呂底亞人結盟。這場戰爭可能是特拉敘布洛斯崛起的起點，也可能是他加強統治的良機[47]。

在西元前八世紀末和七世紀經濟增長的時期，巴齊亞達伊人取得了比其他強盛家族更優越的地位。隨著他們的崛起，中央權力變得更清晰有效一些。他們地位的上升引起了其他野心勃勃的家族的怨恨，這些家族都擁有財富和地方權力；庫普賽羅斯作爲這些家族的代表奪取了最高權力。也就是說，庫普賽羅斯同巴齊亞達伊人的矛盾衝突不是上層階級同一個相對卑微階級之間的鬥爭，而是上層階級內部不同群體派別的鬥爭；這每一個群體派別在社會下層階級中都有追隨者[48]。以上論述並非否定這樣一個觀點，即在假想的上層階級中，巴齊亞達伊這個群體比他的對手們強盛，直到庫普賽羅斯發現怎樣有效利用其他人對他們的怨恨。

我們必須承認，正如其他理論一樣，有關科林斯僭主政治這樣一個假想也有許多推測的成分；不過在巴齊亞達伊和庫普賽羅斯家族時代，科林斯的政策是有顯著的連續性。用這個假想解釋這種現象最爲合適。這個假想是否具有普遍意義呢？儘管這個假想沒有把地區因素，地區差異排除在外，但顯然忽略了這種因素。

第三章

早期的斯巴達歷史

斯巴達人

儘管斯巴達人激起了其同時代人的強烈興趣，但令人詫異的是，要書寫斯巴達及其周邊拉哥尼亞地區的歷史卻相當的困難。問題不在於缺乏史料，因爲所有史料都聚集於上層社會和斯巴達貴族，關於拉哥尼亞地區大部分百姓的生活資訊少之又少，而關於斯巴達的古代文本數量還是相當的多[1]。西羅多德和修昔底得這兩位古希臘歷史學家詳細描述了斯巴達的歷史，此外，色諾芬和普魯塔克他們留下的資料也爲我們提供了斯巴達歷史的另一扇窗。

中部伯羅奔尼撒高地以南有兩塊平原——拉哥尼亞和麥西尼亞；在大移民時期，多利安人入侵者來到了這兩塊平原，許多城鎮出現了。在拉哥尼亞的城鎮中，斯巴達成爲最強大的力量並把其他城鎮變成自己的附庸，稱爲拉西第夢（Lacedaemon）；一開始拉西第夢只包括拉哥尼亞及臨近的馬累亞角和基西拉島。

初始的情況，拉西第夢是一個人口迅速增長的大城邦。它僅建立了一個殖民地，即義大利南部的塔拉斯（Taras）；那裡出土的陶器可以追溯到西元前七〇〇年至六五〇年期間。而這個孤懸海外之殖民地是極爲動蕩的國內政治形勢的結果。但現代學者卻寧願把它的建立與斯巴達當時所極力要征服麥西尼亞人視爲相關[2]。總之，拉西第夢人企圖通過征服鄰近地區來解決人口過多的問題。

西元前八世紀，正好科林斯陶瓶盛銷希臘世界的時侯，斯巴達征服了它的鄰邦麥西尼亞。當地居民全部淪爲農奴，這就是人們所共知的希洛人。在此後二、三個世紀之內，斯巴達沉溺於和平富裕的生活中，以致於德爾斐神廟的一次神諭中，把斯巴達貴婦風姿和阿哥斯的勇武戰士並列爲世界第一流之事物中。但這種奢靡的生活只是曇花一現，因爲斯巴達的這種「繁榮」是建立在對麥西尼亞人殘酷奴役之上。西元前七世紀中期，麥西尼亞發生了革命，斯巴達人也投入了這場戰爭[3]。

西元前四世紀歷史學家卡利斯尼斯（Callisthenes）在他的著作《希臘史》（Hellenic History）中，對早期的一場麥西尼亞戰爭和麥西尼亞英雄阿里斯托梅尼（Aristomenes）都有所記載[4]。同時代的埃福羅斯把早期的兩次麥西尼亞戰爭區分開來；第一次戰爭延續了二十年，結果拉西第夢人占領了麥西尼亞；一部分麥西尼亞居民逃亡他處，其餘淪爲斯巴達的希洛人。這場戰爭緩解了斯巴達公民之間的矛盾，斯巴達在這裡建立起穩固的土地占有制，但卻加劇了征服者和被征服者之間的仇恨[5]。一段時間後（西元前六四〇年至西元前六二〇年），麥西尼亞人的反抗激發了第二次戰爭。這次戰爭中湧現了麥西尼亞英雄人物阿里斯托梅尼。他給予斯巴達人以沉重打擊。

可以確定的是斯巴達對麥西尼亞徹底地征服完成於西元前六〇〇年；這之後，拉西第夢控制了除伊里斯、阿卡狄亞和阿哥斯以外伯羅奔尼撒的其餘地區，也就是整個南伯羅奔尼撒。西元前七世紀斯巴達「國家」即已完全形成。城邦裡的居民被分爲三個階層，即斯巴達公民、皮里阿西人和希洛人。斯巴達城崛起於相鄰村莊的聯盟，這四個村莊是庇塔涅（Pitana）、米索亞（Mesoa）、里納埃（Limnae）和科魯奧拉（Conooura）；此外，它還包括幾英里以南歐洛托斯河（Eurotas）河谷的阿米克拉埃（Amyclae）城[6]。在希臘主義時代，這四個村莊建起了一道圍牆。斯巴達的行政機構管理斯巴達的行政事務，並控制拉西第夢的其他城鎮；它們可以決定外交政策。

其他城鎮的自由居民被稱爲皮里阿西人，或「邊區居民」；在拉哥尼亞有許多這樣的「邊區城鎮」，麥西尼亞也有一些。每一個邊區城鎮都有自己的機構管理內部事務。希洛人則是束縛於土地上的農奴。每一個成年的男性斯巴達公民都有一塊「份地」（Kleros），也就是分配給他們的土地，「份地」分布在拉哥尼亞和麥西尼亞地區。份地由希洛人爲主人耕種，因而他們的主人可以自由地投入到公眾和軍事事務中去[7]。但希洛人不是私人的奴隸；斯巴達主人的土地由一群希洛人耕種，在一些方面斯巴達主人控制著他們，但主人不可以改變他們與這塊土地的關係，即主人允許他們耕種特定的這塊土地。

希洛人的境況慘到什麼程度？他們的不滿情緒又發展到何種程度？西元前七世紀蒂耳泰奧斯的一些詩詞可以透露一些情況，在這些詩詞中，把希洛人比作一群不堪沉重負擔的驢子，並說他們必須上繳土地二分之一的收成。其他證據表明詩詞誇大了事實，至少情況並不如此嚴重[8]。普魯塔克記載說，每一塊份地上的希洛人必須向這塊份地的主人納貢，其納貢的數量是固定而且統一的；顯然希洛人可以保留所餘的收成。

在西元前四七九年的普拉提亞戰役（Plataea）中[9]，斯巴達的軍事力量由五千名斯巴達公民的重裝步兵，和配備給每個斯巴達重裝步兵的七個希洛人組成。這些希洛人沒有重裝步兵裝備；他們是後勤部隊，而不是戰鬥部隊。儘管如此，在槍械發明以前，把七個沒有武裝的人配備給他們所憎恨的主人是件愚蠢的事[10]。從西元前五世紀六十年代起，爆發了一系列麥西尼亞人的反抗，但都沒有成功，這種情況持續了很長的一段時間，就在這反抗與鎮壓的過程中，斯巴達人和希洛人的關係當然會緊張起來[11]。

還有一個相關聯的問題，牽扯到拉西第夢的藝術和貿易方面。有些當代作家覺得，在吞併麥西尼亞之後，斯巴達全力維持一隻軍隊用於鎮壓對政府不滿的希洛人，所以在這樣一種不信任和恐懼的氛圍中，再也沒有產生有創意的藝術和貿易方面的成就了。但是生活於西元前五世紀上半葉的詩人品達，把斯巴達描繪成這樣的地方：**「那兒老年人睿智，年輕人武勇，詩詞和舞蹈盛行，一片美好的景象」**[12]。據推測，藝術和貿易工作是皮里阿西人的事情。吞併麥西尼亞事件並沒有使藝術和貿易下降；西元前六世紀，拉哥尼亞的瓶器和青銅器還是繼續向外出口。

正如許多古代城邦一樣，在斯巴達，爲了方便起見首先察看以下三個方面：國王、長老會議和公民大會。前述斯巴達不只一個國王；他有兩個世襲的國王，他們分別來自兩個王室家族。

斯巴達人中流傳著一個傳說，可以把兩個王室家族追溯到一對兄弟。現在人們多數認爲王權是從早期兩個地區居民的融合演變而來的。在修昔底得和色諾芬時代，宣戰的決定是由公民大會做出的，在這之後，五位監察委員可以召集軍隊對外宣戰。這並不意味著國王宣戰的特權就被廢除了；隨著公眾權力變得更爲明確具體，其他機構分享權力也變成了一種慣例，最後，國王有權力，就戰爭還是和平的問題做出選擇[13]。國王作爲軍事長官，在戰場上指揮軍隊，不過有時斯巴達人也會挑選其他的人作爲戰爭的指揮者。

修昔底得記載說，監察委員們有權關押、監禁國王。就上下文來看，這種權力是指逮捕權，而不是司法審判權。西元前六世紀中期，阿納克桑·德里戴斯（Anaxandrides）國王與妻子沒有生育孩子，所以監察委員們敦促他與妻子離婚並再娶一個，但他憤怒地拒絕了。他們警告他說，如果他拒絕的話，斯巴達公民可能考慮採取必要手段來對付他[14]。阿納克桑·德里戴斯最後只好按他們的建議去做了。這一事件表明，監察委員們不可以脅迫國王按他們的要求去做；國王接受的是監察委員們和長老會議的聯合決定；可能在人們對國王不滿時，監察委員們僅行使控訴權，而長老們行使司法裁判權[15]。

例如：三個世紀後發生的類似事件。行政官亞基斯四世的改革建議，引發了西元前二四一年的騷亂和暴力：有一個監察委員安菲瑞斯（Amphares）爲了把國王帶到監察委員會的面前，逮捕了亞基斯，並在其他斯巴達公民的幫助下把他關進了監獄。另一個國王萊奧尼達斯（Leonides）帶領軍隊包圍了監獄。於是監察委員們來到了監獄，並召集了一部分長老在監獄里對亞基斯進行了審判，亞基斯被宣告判處死刑[16]。

監獄外亞基斯的親屬要求在斯巴達公民面前審判他。然而，安菲瑞斯處死了亞基斯，而後允許他的親屬進到監獄並殺死了他們。這個事件是普魯塔克記載的。騷亂是如此嚴重，以至於這個事件不能反映多少合法的程式；雖然監察委員們和長老們一起對亞基斯進行了審判，但對他公開審理的要求卻拒絕了[17]。至少這一案例也和阿納克桑·德里戴斯的一樣，監察委員們不能單獨做出最後決定，非得有一些長老們的配合。

過去有種觀點曾十分流行，就是認爲監察委員們總採取聯合統一的政策，並在相當長的一段時期內採用一致的政策，因而導致他們與國王們不斷的鬥爭。監察委員有權抑制國王的擅權越分，同時也負責司法的執行[18]。但這種觀點是令人難以置信的；因爲每年都要選舉新的監察委員，而且總共有五個監察委員，更可能的情況是監察委員們都有各自的政策主張。每個政治上野心勃勃的群體都努力把他們的代言人選進監察委員會。

總的說來，古典時期斯巴達社會中，監察委員的重要地位不應該被看作是與國王們長期鬥爭的結果。一個較好的的解釋是，隨著公眾權力在社會生活各方面的確立，監察委員們也獲得了一系列的權力和行政職能。

社會制度

斯巴達社會形成了一套複雜的公民公教育和紀律體系。僅存的有關這套體系的完整記載是普魯塔克提供的。這些就是傳統被稱道的來庫古的立法，其時間是在西元前七世紀末。來庫古的口傳規章規定，新生的嬰兒要由「同部落中的長老」檢查，以決定是養育他還是把他拋棄掉。七歲以下的兒童由母親和保姆養育。七歲之後，男孩們便組成「團隊」；每個團隊的成員都在一起生活和鍛鍊。到了十二歲，他們以新的組織方式開始了更嚴峻的鍛鍊生活；每個男孩每年只有一套短袖束腰外衣，沒有外套[19]。教育的內容包括體能和競技，還有音樂和詩歌。整個教育體系是在一個稱爲「佩多諾莫斯」（Paidonomos）的官方機構的指導下進行的。

斯巴達教育最後兩年則有嚴格的軍事訓練。在這之後，也就是當一個男孩到了二十歲時，他被認爲已成年了，但他沒有自由。他必須加入某一個「儉樸餐隊」（Phiditia），這是一種一起生活和進餐的組織單位；每個「儉樸餐隊」約有十五個成員，每個成員每日必須提供一定數量的食物以作公用，在軍事戰役中，每個「儉樸餐隊」又變成了軍事單位；在斯巴達，「儉樸餐隊」的成員已形成了相互幫助的習慣，這被認爲會培養他們在戰場上相互之間的忠誠[20]。

當有人申請要加入某一個「儉樸餐隊」時，這個隊的成員將進行投票表決，一張反對票就足以把申請人拒之於門外，而沒有參加「儉樸餐隊」的人會喪失某些公民權利。如果申請人被接納了，他會在大部分時間裡與「儉樸餐隊」生活在一起，直到三十歲，而在這一段時期，他時刻都有被徵召作戰的可能。三十歲以後，他有了更多的自由，但他還有可能被徵召去作戰，當然這是在情況危急之時才會出現的事[21]。對於女孩，也有公共教育，包括體能鍛鍊，但當她們成年之後就不再受公共紀律的約束了。

此外，色諾芬對斯巴達公共教育有一番描述；他的描述不是很有系統化，但他提及了一些很有意義的細節，如他提及「佩多諾莫斯」。他也記載了「儉樸餐隊」共同進餐這一史實，不過他還是沒有普魯塔克那樣善於提供資料，且沒有提到申請加入「儉樸餐隊」的程序問題。色諾芬在《希臘史》中，他對軍事動員徵召有幾處細節描寫；據其描寫看來，當戰役開始時，首先參戰的是二十到三十歲的拉西第夢人，不過參戰的部隊經常還包括其他年齡；當男人到了六十歲之後，他就不再參加拉西第夢境外的戰鬥了[22]。

雖然到了普魯塔克時代（西元四六年──一二五年），歷史的細節會有添油加醋的成分，文學作品也會對它加以修飾，但關於西元前五世紀和西元前四世紀斯巴達公共教育和紀律體系的基本情況，我們還是可以確定的。這一體系的淵源必須從古希臘早期時代中去考察。確實「儉樸餐隊」儀式是從很早時期發展而來的，但更重要的一個問題是：公共紀律體系的全盤框架是何時建立起來的呢？這一體系把斯巴達公民按重裝步兵的方式進行訓練；它強調相互間的合作和忠誠，而這些在重裝步兵戰術引進以前是不被重視的[23]。所以這一體系不可能是在西元前七世紀中期之前建立的。

普魯塔克曾對一份文件做了全文引用，以期說明長老會議和公民大會之間的關係；或更廣泛些，對斯巴達的政治機構做一清晰的闡述。他曾引用這一檔案是要表明，來庫古[24]（Lycurgus）設立長老會議時曾賦予長老會議一些重要權力。普魯塔克說，這一文件是來庫古從德爾斐帶回的神諭，它被斯巴達人稱爲「瑞特拉」（Rhetra）。實際上，「瑞特拉」這個詞對斯巴達人來說有「法律」、「法規」、「條例」的意思[25]。檔案的內容有些地方不確定，但下面的譯述不會與原意有很大出入：

在人們建立起宙斯和雅典娜神殿之後，人們按部落和「俄巴」在組織行政區之後，並創建了三十人長老會議，此包括國王「Archagetai」在內，且讓他們在貝比卡和克納錫翁之間的阿貝萊慶典中，不時地聚集起來，並讓長老行使建議的權力；但最後由公衆做出最後的決定」。

在對這一行文作評論時，普魯塔克說後來有兩個國王，波呂多洛斯[26]（Polydorus）和鐵奧彭波斯[27]（Theopompus）要他對這一段加了一句話：**「但如果公衆們作了不正當的決定，長老們和國王有權否決它」**。

對文件的一些條款，普魯塔克的解釋明顯源出亞里斯多德；這表明，他所引用的檔案是從亞里斯多德論述拉西第夢政體的專著中找來的。「瑞特拉」的內容，如果不考慮附文的話，看上去是用一些關鍵的話來制定法律和政策必須遵循的程序。這個程序分爲兩個階段：首先，長老會議決定是否提出某種建議或拒絕提出某種建議。然後，利用阿貝萊慶典（阿波羅的節日）每日召開的公民大會對這些建議作最後的決定[28]。

此外，「瑞特拉」有些遣詞造句對一篇文學作品來說很合適，卻不適合作法律檔案。例如，開頭的那段從句（見上文中的「在……之後，在……之後，在……之後」）沒有用連接虛詞；提到部落和「俄巴」行政區別的短語所用的兩個名詞和兩個動詞押韻；短語「不時地」「from season to season」是詩意化的語言[29]。

就這最低限度的詮釋，我們已可以看到，「瑞特拉」對以下理論很重要，即有關希臘政體的發展和採用重裝步兵戰術帶來的社會後果的理論。這種理論聲稱，重裝步兵戰術的採用帶來了重大的社會後果；城邦的軍事力量由農民所組成，他們要求分享政治權力，並和控制城邦事務的貴族發生衝突。有些城邦的衝突導致了僭主政治的崛起，但斯巴達在「瑞特拉」的條文中就找到了解決辦法。

上述的程序，即長老會議有提案權而公民大會可以決定最後是否採納意見，被證明是一個雙方都感到滿意的妥協[30]。這個理論最後作出結論說，有些城邦採用了斯巴達模式作爲解決辦法；例如西元前六世紀初雅典的梭倫，他創建了四百人會議爲公民大會作準備工作。

「瑞特拉」有幾個令人難以理解的地方。除了主句述及公民大會及其權力外，條文的開頭有一系列從句，內容論及以下三項：建造起宙斯和雅典娜神殿，把人們按部落和「俄巴」行政規劃組織起來，建立三十人的長老會議，「瑞特拉」首先創立了這三條規定，他是指原來的立法已創立好了的事物。如果是前一種情況，「瑞特拉」的行文還顯得不完備；需要作出更具體的規定，例如，規定部落和「俄巴」行政區畫分如何組成，規定怎麼挑選長老[31]。如果是後一種情況，即它指的是已設立好了的政治機構，那麼長老會議是和立法程序有關，但其他兩個從句與如何立法的主要條文沒有絲毫聯繫；當修昔底得記載斯巴達公民大會的辯論與投票情況時，他所描述的程序使我們看到部落和「俄巴」行政區畫分對立法沒有什麼作用。

如果對「瑞特拉」的遣詞造句進行認眞研究，就會出現更多的疑問和難題。它用「Archagetai」來表示斯巴達國王們，但這個詞的意義並不是「國王」的意思，是「創建者」、「奠基人」，並經常指一種宗教或一塊殖民地的創建人。有些人爭辯說「瑞特拉」裡的「Archagetai」是指當時在位的兩個國王，他們是依照法規所創立的新的政治體制的奠基人，也是主神宙斯神殿和女神雅典娜神殿的奠基人[32]。但「瑞特拉」並不會單指那個在位的國王的；它所規定的是一項必須永久遵循的程序。

內容詮釋之困難，特別是語言，都有力的表明「瑞特拉」不是貨眞價實的原裝產品。許多學者認爲「瑞特拉」是眞實的，因爲他們覺得自己找到了證據：狄奧多羅斯（Diodorus）有六行詩間接地提及「瑞特拉」，普魯塔克也曾引用過這六行詩[33]。這六行詩至少有一個很不確定的地方，但我們還是作了如下與原意相去不遠的翻譯：

在聆聽了波伊勃司之言後，它們從巨蟒培冬守護的德爾斐神殿帶回了神諭，神祇箴言如下：「讓那些照管著美麗的斯巴達城的神……所鍾愛的國王，讓那些高壽的長老有權審議提案，然後讓公衆對提案作出正確的選擇……」[34]。

普魯塔克認爲，開頭那句是指兩位斯巴達國王。在普魯塔克的版本中，詩文在第六行之末結束了。這時還缺一個動詞。西元前七世紀蒂耳泰奧斯保存下來的另一個殘缺的版本有三個動詞，但整個行文不像首詩。詩的大意是清楚的。狄奧多羅斯的這一段詩比「瑞特拉」的君主意味要濃得多；如果他在寫詩時不僅想到了「瑞特拉」原文，還想到了附文，那麼他僅用了「正確的」這一詞就暗示了附文。儘管是這樣，蒂耳泰奧斯還是把這一程序描述成首先由國王和長老審議，而後公眾作決定。這種程序是「瑞特拉」通過關鍵的句子決定下來的[35]。所以許多人認爲西元前七世紀蒂耳泰奧斯的這段詩詞有力的證明「瑞特拉」是很早的時候就存在的。

但這個問題可能有一個完全不同的答案。立法程式分爲兩個階段，即由長老會議提案而後送交擁有最高權力的一個大會，這是在其他社會中也能找到的現象。塔西佗（Tacitus）說，這種程序在他那個時代的日耳曼部落中是一種慣例；《日耳曼尼亞志》記載道：**對小的事務，由首領們審定，對相對重大的事務則由整個部落成員決定，但附加一點，那些由全部部落成員才能決定的事務必須**

先經首領們討論。[36]在羅馬的中期和後期共和國時代，立法慣例是，先由元老院提出政令，也就是審議提案；而後，一項包含政令內容的提案送交公民大會。日耳曼部落裡的兩階段立法程序可能是從習俗演變而來的，而羅馬的這種立法程序則確定是從習俗演化來的，它並不是產生於某一法規的具體規定。

同樣，希臘城邦的這種兩階段立法程序也是源於習俗而非具體法規，這從《伊利亞特》中的一段可以找到證據。特洛伊作戰的希臘軍隊之最高統帥阿伽曼農（Agamemnon）想採取一次行動。首先，他召集了「長老議事會」，並將他的計畫告訴他們；他們聽了他的計畫之後，其中一個長老作了一番評論。然後阿伽曼農向所有參加戰鬥的人講述了他的計畫[37]；之後就開始按計畫行動了。

如果果真是這樣，西元前七世紀蒂耳泰奧斯這段詩詞的描述，可能是約定俗成的程序，儘管它帶有親君主；它就不能說明「瑞特拉」或建立在「瑞特拉」基礎上的法規在很早的時期就業已存在了。「瑞特拉」內容中的疑難點導致了這樣一個假想：它是僞造的。修昔底得和色諾芬提供了長老會議並不能支配公民大會；而普魯塔克引用「瑞特拉」是爲了表明來庫古曾給了長老會議很大的權力，且附文還授予長老會議否決公民大會以通過決議的權力，如果人們注意到了上述事實，會更加重他們的懷疑[38]。如果「瑞特拉」是僞造的，它必須是在亞里斯多德以前就已經僞造了，也就是說，僞造它的時間應不晚於西元前四世紀初。

另一方面，在一紙草文獻上保存了西元前七世紀蒂耳泰奧斯的一首殘作，講的是去參加戰鬥的人們；他稱他們「分別是潘菲里人（Pamphyli）、海勒斯人（Hylleis）和戴馬尼斯人（Dymanes）」詩行的內容已模糊了，不過看上去這一段似海勒斯人一些勸戒之言，所以很可能西元前七世紀蒂耳泰奧斯是爲他同時代的斯巴達人而作了這首詩[39]。這三個名稱都是早期多利安部落的名稱。蒂耳泰奧斯的這首詩是唯一能表明斯巴達人曾一度分爲三個多利安部落的證據，但這個證據已足以說明問題。

羅馬時代的銘刻卻表明了對公民一種不同的畫分方法。有些銘刻記載了競技運動的勝利者和幾個令人尊敬的地方長官。那些贏得勝利或榮譽的單位被稱爲「俄巴」（obe，拉丁文爲 oba）。這個名稱被用在里納埃[40]（Limnae）和阿米克拉埃[41]（Amyclae）身上。此外，另一些銘刻稱科魯奧拉隊（Conooura）、底塔涅隊（Pitana）和涅阿波里斯隊（Neapolis）曾贏得了「俄巴」之間競賽的勝利。最後，在阿米克拉埃發現的一篇銘刻上，對一個被稱爲「米索亞[42]（Mesoa）之子」的人大加讚譽了一番[43]。

前述古斯巴達是由四個村莊、一個小鎮組成的。涅阿波里斯這個名稱的意思是「新的市鎮」，所以它可能是希臘化時代或羅馬時代出現的[44]。因此，古斯巴達可能由五個「俄巴」行政區畫分組成，而「俄巴」的成員是由居住地決定的，即他居住在哪個村莊或鎮，他就屬於哪個「俄巴」。

然而在十九世紀時期，斯巴達法典被複製下來，報告認爲法典的原文很早就被刻在石頭上，可能是西元前五世紀或西元前六世紀，法典主要針對的是宗教問題，大部分內容已不清楚了；比較確定的只有幾段，其中一段提到了「阿卡洛伊」（Arkaloi）俄巴區[45]，因此，即使涅阿波里斯（Neapolis）是希臘化時代或更晚的時候建立的，羅馬時代所記載的五個俄巴區再加上阿卡洛伊（Arkalia）俄巴區，總共應該有六個俄巴區。

此外，赫克利斯（Huxley）提出了一個有獨創性的理論。他認爲在斯巴達，人們一直保留著三個多利安部落的畫分方法，但隨著斯巴達公民居住地區不斷的擴大，這些地區就被劃成俄巴區，並且俄巴區的數目不斷增加[46]。在某一個時期，俄巴區發展到了五個，這時候監察委員的數目爲五個，這一制度也就確定下來了。後來，到了西元前六七六年，俄巴區發展到了九個。

在西元前六七六年，人們才改革卡爾耐亞慶典（Karneia），塞蒲賽斯的迪米特里（Demetrius of Scepsis）描述了這次變革。他說爲了這次慶典，斯巴達人立起了九個帳蓬式的建築，每個這種建築裡住著三個不同胞族（Phratries）的代表[47]。共有二十七個族盟，而赫利克斯認爲這是把傳統的三個部落的畫分同九個俄巴地區的畫分相結合的一種辦法；最小的畫分單位是族盟，要確定族盟的成員必須同時確定部落和俄巴區兩個方面。迪米特里沒有提到部落和俄巴區，而且他使用「胞族」這個詞可能是不嚴謹的。史料記載也從來沒有提到過任何一個其他古代城邦採用赫克利斯假想的方式，即把世襲原則和地區原則相結合的畫分方式。

此外，採用如此複雜的畫分方法是沒有理由的。如果把公民純粹按地區畫分，城邦就可以平等的分配兵役負擔，從而更充分地利用公民的軍事潛能；但如果在這新的畫分體系中又插入世襲畫分原則，那麼胞族便得由三個世襲部落中來承擔兵役的不平等情況，仍然沒有改變。

由於這個原因，我們應當放棄赫克利斯（Huxley）的假想理論[48]。實際上，在斯巴達的機構中，「五」這個數字有著重要的意義。每年有五個監察委員。希羅多德提到過，一個任期爲一年的群體，五個阿伽托埃爾戈伊（Agatroergoi，意思是善行者）；他們是在剛從王室衛隊成員中挑選出來的（王室衛隊成員被稱爲「騎士」，其實他們是步兵），這五個被挑選出來的人要爲國家當一個信使。還應考慮到下面這個資料，即亞里斯多德曾提到過五個「古老的群體」，這表明斯巴達曾一度把他的公民分爲五個部分以分配兵役[49]。這五個部分可能是以地區畫分的，並被稱作「部落」，每個部落又畫分爲若干「俄巴區」。

如果這個假設正確，還有一個需要回答的問題：這種按地域把公民分成五個新的部落的畫分方法是何時建立起來的呢？有兩個史料可以說明他的上下限。首先，當西元前七世紀蒂耳泰奧斯（Tyrtaeus）描寫軍隊是按三個多利安部落組織起來時，他應該說明的是他所處的那個時代的事。在新的畫分體系建立起來之後，老的多利安部落的畫分方法由於宗教的原因可能還是必須得到人們的認可，但在軍事方面則採用五個新部落的畫分方法[50]。其次，希羅多德是在描述斯巴達與鐵該亞（Tegua）的戰爭結束之時，提到五個阿伽托埃爾戈伊的；那場戰爭是在約西元前五六〇—五五〇年間結束的。

西元前六世紀斯巴達的外交政策

希羅多德所提供的資料，使我們能清晰地重現西元前六世紀時期斯巴達的外交情況，斯巴達對麥西尼亞的征服，大約到了西元前六〇〇年時已完成。因此斯巴達已成功的把統治延伸到西部，下一步行動，它看準了北方；當它沿歐洛托斯（Eurotas）河谷向上游挺進到阿卡狄亞（Arcadia）時，就必不可免的要與鐵該亞發生衝突了[51]。

希羅多德對鐵該亞戰爭的描述表明，對斯巴達來說，這是一場漫長而艱苦的戰爭。戰爭是在列昂（Leon）和阿伽西克列斯（Agesicles）這兩個國王統治時期爆發的，直到後兩個國王，即阿納克桑・德里戴斯（Anaxandrides）和阿里司通（Ariston）統治期間才結束[52]。根據他們後裔的活動時間，可以推測戰爭大約發生在西元前五九〇年至五五〇期間，希羅多德在開始的敘述中，他說在鐵該亞的戰爭中，斯巴達已取得了很大的勝利，但隨著他的敘述發展，我們可以發現一些很微妙的事情。

在戰爭的最後階段，斯巴達人接受了德爾斐神諭的建議，派人尋找神話傳說中的英雄奧瑞斯忒斯（Orestes）的遺骨並運回了斯巴達；希羅多德加了一句說，從此以後，拉西第夢人在和鐵該亞作戰時是每戰必勝[53]。這裡我們還應該注意到西元前四七九年在布拉底（Plataea）進行的一場戰役，鐵該亞人聲稱，在拉西第夢的盟友中，他們向來擁有列陣時占據陣地一翼的榮譽。

總而言之，戰爭並沒有導致鐵該亞的屈服，而是促成這個城市與拉西第夢的結盟。當戰爭剛爆發時，斯巴達人可能還期望對待麥西尼亞那樣對付鐵該亞；他們想要吞併鐵該亞的土地，並把它的居民變成下等人。但事實證明鐵該亞太難以征服了，這可能是由於戰爭必須在阿卡狄亞高原上進行的緣故[54]；而另一方面，對鐵該亞人來說，拉西第夢人是如此令人生畏以致於不可斷絕同他們的一切關係[55]。最後結果他們結盟了。

斯巴達人通過這一結盟，還闡明自己一個新的立場。奧瑞斯忒斯（Orestes）不僅在阿卡狄亞地區受到崇拜，而且得到了整個伯羅奔尼撒的非多利安人的尊敬。前述，在伯羅奔尼撒的一些地區裡，多利安人和非多利安人之間的矛盾直到西元前六世紀還是一個敏感的問題。斯巴達雖是一個多利安人城邦國家，但它通過如此聲勢浩大地建立對奧瑞斯忒斯的崇拜，擺出非多利安人保護者的姿態[56]。在緊接著的半個世紀，斯巴達之所以贏得那麼多永久性的盟友，至少與這個立場有部分的關係。

但在斯巴達可能贏得許多盟友之前，還必須對付它在伯羅奔尼撒最主要的對手阿哥斯（Argos）。希羅多德記述了西元前五四四年，兩個城邦的矛盾如何發展到危急關頭，最後雙方爲爭奪錫里亞（Thyrea）平原而打了一仗，此仗對後來的形勢都具有決定性關係[57]。

這一仗可以稱爲「精兵之戰」；雙方各選出三百個精兵強將作戰，而其他人就不用打了；但這一仗雙方的倖存者都認爲自己獲勝了，於是雙方的軍隊又打了一仗[58]。我們不清楚在斯巴達取勝之後，是否簽置了和平條約，但這個問題並不重要；直到西元前四九四年，史料中再也沒有記載拉西第夢和阿哥斯發生過戰爭。

另一個重要的問題是，在「精兵之戰」以前，阿哥斯的勢力究竟有多大？在西元前七世紀，菲頓（Pheidon）使阿哥斯成爲伯羅奔尼撒很強盛的城邦；在西元前六世紀早期，阿哥斯和西錫安（Sicyon）之間有一場戰爭，戰爭的結果也許並不利於阿哥斯，在菲頓死後到「精兵之戰」之前的這一段時間裡，阿哥斯的情況，我們所知的也就只有這麼多[59]。所以我們不清楚在「精兵之戰」時，斯巴達面對的究竟是一個如菲頓時期那麼強大的阿哥斯呢？還是一個已喪失了大部分領土和影響力的阿哥斯。

在緊接著的下一代人的時間裡，許多伯羅奔尼撒城邦成爲斯巴達的盟友。希羅多德在記敘鐵該亞戰爭以後又加說了一句，到了西元前五四六年，斯巴達在伯羅奔尼撒的大部分地區建立起自己的領導地位；不過這是他的推測。斯巴達盟友的增長可以從下面一個史實中看出，西元前五一〇年斯巴達國王克列歐美涅斯（Cleomenes）發動了一場戰爭；他帶領著軍隊穿過科林斯地峽去推翻雅典僭主希庇亞斯（Hippias）。這暗示出斯巴達和科林斯和麥迦拉之間的良好關係。很可能到了西元前五一〇年，它的盟友包括了伊利斯（Elis）和西錫安、鐵該亞和阿卡狄亞地區的另一些城鎮[60]。此外，一些臨近阿哥斯的小城鎮，如邁錫尼和提雲斯（Tiryns），遠在東邊的一些城市如埃皮達魯斯（Epidaurus）、特羅伊眞（Troezen），和埃吉納（Aegina）島，也是斯巴達盟友。

西元前六世紀，斯巴達想通過把非多利安英雄提薩梅努斯（Teisamenus）的遺骨從赫利斯（Helice）運到斯巴達，它用這一行動來與亞該亞（Achaea）結盟；傳說提薩梅努斯是奧瑞斯忒斯（Orestes）的兒子，斯巴達的這一行動是採用了當年對付鐵該亞的方法，但赫利斯對斯巴達卻置之不理[61]。

這一系列盟友關係的結果就是我們常說的伯羅奔尼撒同盟。這是現代的名稱，古時候的名稱是「拉西第夢人和他們的盟友們」。它是由斯巴達與其他城邦的一系列雙邊條約構成的；鐵該亞可能是斯巴達的第一個盟友，此外，科林斯地峽的多利安人城邦科林斯、麥迦拉和西基昂也包括在同盟之列[62]。斯巴達由此走上了與其他城邦結盟的道路，而不是像它在西元前七世紀那樣去吞併別的地區。但後來，這些雙邊條約被一個多邊協定所取代；它規定同盟的每一個成員都必須執行同盟會議多數通過的決議，同盟會議由幾個同盟國的代表組成。

可能由雙邊條約到多邊協定這一段變化，是在西元前六世紀末於斯巴達召開的一次同盟大會上實現的，儘管希羅多德對這次會議的敘述有些問題，但無論如何，這次會議對於同盟的發展是很重要的。在此前不久，克列歐美涅斯帶領著伯羅奔尼撒軍隊攻打雅典，但在埃列烏西斯（Eleusis）屬科林斯的部分發生兵變，他們返回了家鄉[63]。而後，另一個斯巴達國王德瑪拉托斯（Demaratus）離開了遠征軍；所以克列歐美涅斯只好撤退並解散了伯羅奔尼撒同盟軍。

希羅多德記述說，看到這一次克列歐美涅斯與德瑪拉托斯之間的分歧，斯巴達人制定了一條法規，規定從此以後，任何一次遠征只能由一個國王率領；他還記載了在斯巴達召開的這次會議上，斯巴達人提出了對雅典新的政策，卻遭到了它的盟友們的反對[64]。但當希羅多德記述十年後發生的另一事件時難題產生了。

西元前四九一年，克列歐美涅斯到埃吉納島去抓一批遭到控訴的人，但有一個埃吉納首領對他進行反抗，並斷言其他埃吉納人是不會答應克列歐美涅斯抓人的，因爲這只是一個斯巴達國王的命令[65]。所以克列歐美涅斯只好回國，在平息了一些政治陰謀之後，他和另外一個斯巴達國王再次來到埃吉納島；這一次，埃吉納人把他們所要的人交了出去。

西元前四九一年發生的這一事件，對在埃列烏西斯的德瑪拉托斯的行爲也是個註解。可能有這樣一條規定：盟友們必須遵守執行兩個國王同時發出的命令。當科林斯人拒絕繼續攻打雅典時，由於德瑪拉托斯退出，軍中只有一個國王，盟國不必要再聽從他的命令了；解決這個問題的一種方法是規定「一個國王的命令也必須遵守」[66]。但如果在西元前四九一年，兩個國王最後還是都到埃吉納島去了的話，十年前就不可能產生了這樣一條規定，即一次遠征只應由一個國王率領，我們還應當注意到，西元前四九一年在埃吉納島發生的這一事件是最後一次兩個國王爲了一個目的同時出現在國外。

堅持用一種詮釋來解釋西元前六世紀末伯羅奔尼撒同盟的這一次組織變革，它是一種魯莽的行爲。我們可以確定的只是在這一時期，斯巴達人和他們的盟友們對這個同盟的組織形式有過很多考慮，並至少召開了一次會議。可以確定的是這些情況都很重要。伯羅奔尼撒同盟維繫了很長時間；直到西元前三六五年才解散，但它並不是由於地域相鄰的關係而產生的，也沒有因爲相信有一個共同的祖先而關係得到加強；它是一個人爲的產物，是政治力量聯合的產物[67]。希臘城邦中產生了這樣一個同盟是開天闢地頭一回；後來有許多建立這種同盟的嘗試，都從伯羅奔尼撒同盟那裡學到了不少東西。

另一方面，西元前六世紀，斯巴達外交政策也値得我們注意，它與東方一些非希臘族的政治力量發生了關係。希羅多德記述了它與呂底亞（Lydia）之間的關係。他記載道，當克洛伊索斯（Croesus）準備對波斯的居魯士（Cyrus）發動戰爭時（西元前五四四年），克洛伊索斯派人到斯巴達去，想和斯巴達人結盟。斯巴達人還記得從前克洛伊索斯曾給過他們好處；當斯巴達人需要金子建造一座阿波羅神像時，他們跑到撒迪斯（Sardis）去購買金子[68]，而克洛伊索斯無償地把金子送給了他們[69]。所以斯巴達人同意與他結盟，並且還把一個裝飾性的青銅酒鉢作爲禮物送給他。

希羅多德接著記述說，當與居魯士的戰爭越打越不利，克洛伊索斯被圍困在撒迪斯時，他向他的盟友請求幫助。這時斯巴達人正忙於同阿哥斯的戰爭，但據說他們還是組建了一隻艦隊作爲援軍；可是艦隊還沒有拔錨啓航，就傳來了撒迪斯城陷落，克洛伊索斯被俘的消息。在這個故事中，人們可能會注意到有關那沒有成行的援軍的敘述[70]。實際上，就斯巴達和呂底亞之間的關係來說，派遣軍事或海上援軍的考慮是不太可能的。但交換禮物的記載是可信的。

那個將要送給克洛伊索斯的青銅酒鉢運到薩摩斯（Samos）就丟失了。希羅多德在講述薩摩斯人的海盜行徑時，提及了斯巴達與埃及的關係。埃及國王阿摩西斯二世（Amasis）把一件亞麻胸甲作爲禮物送給斯巴達人，這件胸甲上有金子繡的圖案，鑲邊也是金的[71]。薩摩斯人在掠奪走青銅酒鉢的前一年偷了這件胸甲。

這樣，希羅多德的記載表明，斯巴達人開闢了與埃及和呂底亞的關係。這些關係是他在敘述其他主要事件時順便提及的，所以可能有很多次禮物交換的行爲他沒提到[72]。是故，他們之間關係中的這種禮貌性的行爲是有政治涵義的。

實際上，科林斯的僭主佩里安德（Periander）也曾與呂底亞和埃及有過交往；這種交往有助於擴大這個科林斯僭主的權勢。從西錫安的克里斯提尼這樣的僭主中，斯巴達人學會了把自己打扮成伯羅奔尼撒非多利安人的支持者；他們還學會了有關權勢的一些東西，也許這是從僭主們那裡抄襲來的，或許這些東西就是一種希臘人共有的特點，到了西元前六世紀末，斯巴達成爲希臘最強盛的政治力量，這一地位主要是靠他的軍隊和外交贏得的[73]。但斯巴達與東方勢力的這種交往所表現的虛張聲勢的手法給人深刻的印象，也爲它贏得了政治上的優勢。這種虛飾和炫耀是歷史的一個組成部分。

第四章

雅典城邦

文學史料來源

雅典史料的豐富，是希臘其他城邦所不能比擬的。我們可以就西元前五世紀末和西元前四世紀的雅典社會勾勒出一幅比較清晰的圖畫。這應該歸功於保存下來的歷史作品，如修昔底得和色諾芬保存下來的演說辭，和呂西亞斯（Lysias）、狄摩西尼（Demosthenes）、埃斯基涅斯（Aeschines）的演講詞；還要歸功於那些儘管殘缺不全，卻數量龐大的銘文發現[1]。可惜的是，在這些豐富的史料證據出現以前，雅典城邦的政治組織機構大部分就已完善固定下來了：要解答是什麼政治力量促成這些機構的形成這個問題，是可望而不可及的。

第一個記敘雅典歷史的人是萊斯博斯島（Lesbos）的赫蘭尼科斯（Hellanicus）。西元前五世紀，他對七個城邦發生的事件，按時間順序做有系統的編輯。他對雅典的敘述有部分殘存下來[2]。其他雅典歷史散文作家則是雅典公民。最早的一個是克萊蒂馬斯（Cleidemus）或克萊托蒂馬斯（Cleitodemus）。

圖 4-1　雅典彩陶酒杯（530-520B.C）　劉庭芳攝

他的名字寫法還不能確定下來，克萊蒂馬斯所寫的「阿提斯」（Atthis）出現在西元前四世紀中期。緊接著另一個雅典歷史散文作家是安德羅提恩（Androtion），他在政治活動上也留下了足印，西元前三四四年，他離開了雅典來到了麥迦拉，他的「阿提斯」就是在被驅逐之後撰寫的[3]。

對於後來的雅典史散文作家—帕羅蒂莫斯（Phanodemus）、戴蒙（Demon）和美蘭提歐斯（Melanthius）我們知之甚少；至於菲洛克羅斯（Philochorus），他的作品有許多殘存的部分保留下來，這個作家生活於西元前三世紀，他敘述的歷史一直持續到西元前二六三年，也就是克里門尼丹戰爭（Chremonidean）結束的那一年[4]。菲洛克羅斯的「阿提斯」成爲古代一本權威性的參考書，且時常被後來的作家引用。對於西元前四世紀的歷史，保存下來的部分是一個很有價值的史料來源；而對於西元前四世紀以前的歷史來說，其價值就不那麼大了。

與雅典史散文傳統關係很近的一個作家是亞里斯多德。在他對政治進行研究的過程中，他編寫了對一百五十八個希臘城邦政體的評論，這個工作也許是在他學生的幫助下完成的，他對雅典的評述部分保存在紙草文獻上，此紙草文獻於一八九一年公諸於世。這篇作品即《雅典政體論》，分爲兩個部分，第一部分是敘述，第二部分則是對亞里斯多德時代的雅典政體的評論[5]。敘述的部分時好時差，而且削弱了亞里斯多德有關政治發展的理論影響。

亞里斯多德的專著導致了這個理論的流行，而這個理論又反過來增加了亞里斯多德著作作爲史料的價值。這個理論認爲，從很早的時候起，雅典的宗教官員就開始撰寫官方編年史了；這個編年史就可能是亞里斯多德作品的資料來源，亞里斯多德也許是直接翻閱了編年史，但也有可能通過赫蘭尼科斯、克萊蒂馬斯或安德羅提恩的作品了解這部編年史的[6]。

雖然對早期雅典歷史散文作家的作品我們所知不多，但他們與亞里斯多德有時觀點不同。亞里斯多德的專著是在安德羅提恩的作品出版之後不久編寫的，他們對梭倫（Solon）經濟改革的論述也不相同。再如，亞里斯多德記述西元前四八〇年，當雅典人面臨波斯人的進攻準備從雅典撤離時，是阿雷奧帕果斯（Areopagite）議事會提供的資金，這樣才能安全撤退；或許雅典歷史散文作家與亞里斯多德之間觀點不一，但所表明的也僅僅是文學和學術上的不同意見而已[7]。至少，他們的作品有臆測的因素，而且受西元前四世紀社會結構的影響。

對於雅典史散文作家來說，儘管他們沒有一部官方編年史作爲資料來源，但他們有一個記載每年有九執政官（Archons）的名單作爲資料。柏拉圖（Plato）說，紀錄九執政官名字的傳統可以追溯到梭倫時代（西元前五九四年）；他並沒有說在此之前，人們是否也記錄過九執政官的名字[8]。西元前四二五年考古發掘出四片銘文，記述關於一個執政官的事蹟，我們研究這四個碎片的結論：如果這些碎片所組成石刻的銘文與西元前五世紀其他銘文相類似的話，那麼這一石刻的銘文所提供的名單可以追溯到梭倫以前，直到克里昂（Creon）時代（西元前六八二年），克里昂據說是雅典最早的執政官之一。

但在《雅典政體論》的敘述部分，從西元前五九四年起到西元前四〇一年止，亞里斯多德試圖指明兩件相臨歷史事件之間所隔的年代；敘述部分在西元前四〇一年就結束了。這部專著的第一部分，也就是敘述部分基本保存了下來，但它表明對西元前五九四年以前發生的歷史事件，亞里斯多德沒有採用同樣的方法去指明年代，至少在大部分情況下他沒有這樣做[9]。如果名單可以追溯到克里昂（Creon）時代，人們將要懷疑亞里斯多德爲何不利用西元前五九四年以前的那部分名單作爲資料，也許他認爲那一部分不可靠。

雅典史散文作家們和亞里斯多德都喜歡做臆測，而且他們想要標新立異。因爲，他們之前就已完成的文學作品，作爲史料證據有著特殊的重要性。這些文學作品之一，梭倫的詩歌卻是令人失望，他的詩歌有許多殘缺不全的作品被保存下來，很多是亞里斯多德的《雅典政體論》中已出現的；但從他的詩歌中，我們了解不到政治力量的情況，如下篇第五號殘存作品（《雅典政體論》12.1）：

我給予民衆以足夠的榮譽，即不剝奪他們已有的權力，也不鼓勵他們去爭取更多的權力。對於那些已有權勢並因爲他們的財富而被人羨慕的人們，我確保他們不遭受任何不公正的待遇。我保護兩方面的權益，並公正無私，不讓任何一方不公正的贏得勝利[10]。

即使是在極端主義的觀點被引入政治生活之後，所有的政治人物都聲稱自己溫和公正。此外，由於與梭倫同時代的文學作品十分稀少，他詩歌中的一些關鍵字的意思我們還不敢確定。特別是上文中出現的「民眾」（Demos）這個詞，意義就不明確，大部分情況下，它指的是「普通的人」，這個意思在後來的政治文學中經常出現，而這個意思還可以追溯到荷馬史詩的時代。但在荷馬史詩中，「民眾」除了這個意思外，它還有一個意思，即指城邦中遠離城鎮居住區的鄉村地區；這個特殊的意思在克里斯提尼（Cleisthenes）改革之後就被阿提卡所接受了，那時阿提卡被分爲幾個村落或地區，而這個詞被用作來指示這地區[11]。因此，當梭倫在他的詩詞中用到「民眾」這個詞時，他可能是指那些居住在鄉村的人們，或是居住於鄉村某一部分的人們，而不是居住於城鎮中的人。

另一方面，可以作爲史料證據的其他著作，完成於雅典史散文作家時代之前的文學作品，還包括希羅多德和修昔底得的一些段落。後者對阿提卡地區的統一，希倫（Cylon）的和庇西特拉圖家

圖 4-2 雅典酒盞（700-600B.C） 劉庭芳攝

圖 4-3 雅典陶製酒罈（550-525 B.C） 劉庭芳攝

族（Pisistratus）的情況，提供了一些很有價值的資料。希羅多德講述了庇西特拉圖的崛起，並在他那本著作的其他地方談及了庇西特拉圖兒子們的衰落。這些作家的資料又是從何而來的呢？我們只能說他們主要的資料來源是口頭傳說，特別是西元前六世紀曾顯赫一時的家族的人所作的敘述[12]。

毫無疑問，口頭傳說在代代相傳的過程中難免出錯，所以他們得到的口頭傳說資料與史實會有出入。偶爾，讀者可能認爲他發現了一個有疑點的地方；例如，當希羅多德描述庇西特拉圖的崛起，並說他作了三次建立僭主政權的嘗試時，人們可能感到這一過程的程序化、公式化令人生疑。儘管是這樣，希羅多德和修昔底得的一些相關資料仍是保存下來有關早期雅典情況中最好的史料[13]。

在晚些時候的史料來源中，我們應提到的是普魯塔克（Plutarch）（西元四六年至一二〇年）。他所著的有關**忒修斯**（Theseus）和梭倫的傳說，對研究早期雅典的情況十分有用；他的資料來源於亞里斯多德和其他一些現已不知姓名的作家[14]。其史料特別有價值的一點是：紀錄下了當時還保留著的一些古代雅典的制度。

阿提卡地區的統一

在希臘的城邦中，古典時期的雅典連同它所轄的阿提卡地區，算的上是一個大城邦國家。它可與彼俄提亞（Boeotia）相比，彼俄提亞是一個聯邦式的城邦國家；也可與拉西第夢相比，而斯巴達的權威因鄰近一些城鎮且擁有地方權力而削弱了。但雅典在西元前五世紀以後成爲一個中央集權的城邦國家，在那裡，地方機構，被稱作「蒂姆」（Demes）的村莊或地區，僅有微不足道的權力。所以這樣一個問題是值得一提的；如此大的一片地區如何會被一個中央機構牢牢控制住呢？這是一系列複雜的發展過程所導致的結果，最後是由克里斯提尼（Cltisthenes）完成的[15]。

從地理意義上來講，阿提卡地區，面積有二千五百多平方公里，可以畫分爲三或四個平原。中間一片平原擁有雅典城和一長條海岸，包括帕列隆（Phalerum）。西邊則是特里亞平原（Thria）；，海岸線曲折，擁有優良港口[16]。這裡最大的定居點是埃列烏西斯（Eleusis）。阿提卡東部包括部分的丘陵地，這裡有幾個定居點，最著名的是布勞隆（Brauron）和馬拉松（Marathon）。在銅器時代晚期，雅典就是一個重要城市，但那時它所控制的地區範圍我們不清楚。

雅典是僅有幾個在銅器時代結束之時，定居歷史沒有被打斷的城市之一。實際上，在前幾何圖案時代和幾何圖案時代（The Protogeometric and Geometric Periods）[17]，雅典相對比較繁榮。但在此之後，雅典很可能失去了霸權地位，在衰落時代，阿提卡地區遍布獨立的城鎮和村莊。對雅典早期的歷史，我們也只能做這些推斷[18]。

相傳，西元前九世紀，雅典王子提修斯（Theseus）殺死米諾陶斯之後繼承了王位，統一阿提卡半島，建立起以雅典爲中心的城邦。但是根據考證，提修斯勇敢殺死米諾陶斯是在克里特時代，距離雅典建城有數百年之遙[19]。

修昔底得記載到，在傳說中的國王提修斯統治之前，阿提卡地區存在幾個獨立的城邦，它們之間不時爆發戰爭，例如，雅典和埃列烏西斯（Eleusis）之間就曾有過戰爭[20]。

荷馬所作的《迪米特頌歌》（地母神）（Hymn to Demeter）——詩歌講述迪米特（Demeter）曾在埃列烏西斯逗留過，而這首詩中卻沒有表示過埃列烏西斯人臣服於雅典人。後來保存下來的一些習俗和制度也反映出先前這種各自獨立的狀態。普魯塔克發覺到帕列涅（Pallene）地區和哈格洛斯（Hagnous）地區之間不通婚[21]。這兩個地區都位在中央的那塊平原上，這個不通婚的習俗顯示有一段時間雅典連中央這塊平原都沒有統一。

應該推斷得出來，雅典首先是統一了中間那塊平原上的村莊；而這時，埃列烏西斯也統一了阿提卡西部，東部則出現了一兩個強大的中心。然後是統一的第二個階段，雅典取得了對偏遠平原的控制權。對第二階段的時間，我們還可以做些研究。西部平原的考古發掘能說明一些問題。在埃列烏西斯，幾何圖案時代墳墓的標誌可能是一些小石頭，有時候也偶爾會是一塊平而厚的大石塊或一瓶器；在幾何圖案時代晚期，雅典墳墓的標誌是碩大的迪皮隆瓶器（Dipylon Vases），而在埃列烏西斯則見不到這種東西或類似的東西[22]。對這一現象，我們認爲，在西元前八世紀時埃列烏西斯和雅典之間聯繫甚少。

此外，在幾何圖案時代晚期，埃列烏西斯人把一座用以祭奠祖先的建築物稱爲「聖屋」（Sacred House）。西元前七世紀初，這座建築物被摧毀了；西元前六世紀初，在過去「聖屋」的牆前，人們建造了一座有聖壇的小房子[23]。這座「聖屋」的摧毀是否反映了在統一的最後階段，一個地方強權家族遭到推翻呢？換言之，即中央平原與埃列烏西斯和東部地區統一起來的時間，不晚於西元前七世紀上半葉。即使在西元前六世紀，雅典城邦的邊界也沒有長期的固定下來，因爭取薩拉米斯（Salamis）的控制權，雅典與麥迦拉之間有衝突，可能還是長時間的衝突；這應被看作是雅典吞併埃列烏西斯之後其擴張行爲的延續[24]。

阿提卡地區是在比較晚的時候才統一的，這個史實值得我們注意，同樣值得注意的是，地方主義和分離主義的傳統保留了下來。對此我們上面已提到一些例子，這裡再談及其他的一些情況。

傳說阿提卡北部的戴凱列阿村（Deceleia）反抗過雅典國王提修斯的統治；因此，當泰恩達里達伊（Tyndaridae）帶領一支軍隊來到阿提卡尋找海倫（Helen）時，戴凱列阿村的人歡迎他的到來，並把這支軍隊帶到了阿菲德納村（Aphidna），因爲阿菲德納人曾矇騙過泰恩達里達伊，在早期伯羅奔尼撒戰爭時，阿提卡地區除了戴凱列阿外，都遭到了斯巴達人的劫掠；斯巴達人聲稱他們依然記得這個傳說，並說這就是他們爲何不侵擾戴凱列阿的原因。當要探討他們這樣做的眞實原因時，人們也許還記得到了戰爭的晚期，即西元前四一三年，斯巴達人曾設防並派兵駐紮戴凱列阿[25]。因此，分離主義的傳說可以出於政治目的。有些地方主義的傳說可以鞏固某些強權家族的地位。

如果在統一的過程中，北部諸如戴凱列阿、阿菲德納、拉姆諾斯（Rhamnous）和馬拉松這樣的地區歸屬雅典，而不是埃列烏西斯或塔那格拉（Tanagra）的話，那僅僅是歷史的偶然而非由於地理上的原因。學習研究早期雅典歷史的人可能對這以後發生的事感到迷惑；他會以爲阿提卡所有自由居民最主要的忠誠是奉獻給雅典了。其實不然，在阿提卡的許多地區都有地方性的傳統習俗，有自己的宗教儀式和強權家族，這些因素致使他們最主要的忠誠是地方性[26]。就政治權勢方面來說，這種地方性的後果是阿提卡不同的地區掌握在不同家族手中，他們要求所控制地區的人民忠誠於他們。

統一前，阿提卡地區的幾個城市都有各自的議事會和行政機構；在統一的過程中，其他所有的議事會和行政機構都被取消了，只留下雅典的議事會和行政機構；這樣，雅典的議事會和行政機構就擁有在整個阿提卡地區獨一無二的權利，但統一並不意味著人口的集中，大部分居民仍繼續散布在阿提卡廣闊的地區上[27]。

要研究這些政治機構，先查看下面三項：國王、議事會、公民大會。在雅典，到了希倫（Cylon）時代，也就是西元前七世紀下半葉，國王被一個任期一年的行政機構所取代，這個機構就是九執政官。亞里斯多德的記載《雅典政體論》是這樣的，雅典曾有過任期終身的國王。然後，設立了一個職位叫「波利馬斯」（Polemarch）或稱將軍，它擁有原本屬於國王的軍事權力；這以後，又設立了執政官，執行其他的職務[28]。同時，任期也由終身改爲十年，而後又減至一年。在這些職位的任期變爲一年後，又設立了六個稱爲「塔斯莫提泰」（Thesmothetai）（意爲評判裁決的官員）的職位，一開始這六個人被看作是司法官員。

圖 4-4 雅典墓葬石雕（墓碑）（380B.C） 劉庭芳攝

雅典的議事會後來被稱爲亞略巴古議事會（Areopagus），因爲議事會的會議有時在亞略巴古山上召開。後來，這個議事會是由曾擔任過九執政官之一的人組成的；可能在九執政官設立之初，議事會的組成方式就是這樣了，這一點亞里斯多德在《雅典政體論》曾提及過。同時，類似公民大會的制度也早已存在；實際上，當一大群雅典人反對希倫的叛亂，並把叛亂份子交給九執政官處理時，這個事件可能召開了公民大會的非常會議[29]。此外，九執政官是由公民大會選舉產生的。

在早期的政治機構中，亞略巴古議事會從人員上來說是優秀和強大的。想當執政官的人必須達到一定的年齡。西元前五世紀時期，法庭陪審員和一個新的機構，即五百人議事會的成員必須年滿三十；也許這個年齡限制不僅適用於所有職位，還可以在亞略巴古議事會待三十年或三十年以上；梭倫在一首詩裡是這樣評論人的年齡；他說人到了七十歲之時，就應該死去了[30]。九執政官委員會的成員任期只有一年，這個時間對長遠的計畫來說是太短了；執政官在議事會裡還有各自的顧問，他必須與他們保持接觸，因爲他是他們當中的一員。然而，要羅列出亞略巴古議事會早期的具體職能是很困難的。據後來的雅典口頭傳說稱；議事會一度是城邦的最高權力機構，但要列出它早期的權力只是一個合理化的空想。如果議事會一開始是作爲國王的顧問機構而產生的，那麼後來它對於九執政官來說，也應主要是一個顧問機構，但沒有幾個執政官膽敢違抗議事會的決定的[31]。因此，雅典早期亞略巴古議事會的突出地位是因爲其成員地位的因素，及其成員們與執政官們千絲萬縷的關係。

但城邦裡的這些政治機構並不是政治權力和力量的源泉，他們只是爲眞正的政治力量發揮作用提供一個框架和場所。在亞略巴古議事會裡，各式各樣的利益之間總要有衝突的，有時候可能是指更極端的例子，衝突也發生在公民大會上。在黑暗時代，眞正的權力中心是強盛的家族。如果一個家庭或一群家庭幾代都保持著一定的經濟和社會優勢，它就形成了「氏族」（Genos），一些卑微者會來依附他們，以其爲中心形成了一個世襲的組織，稱作「胞族」（Phratria）。我們知道一些氏族的名字，如攸摩爾匹底（Eumolpidae）、塞利西斯（Ceryces）、厄特歐鮑塔底（Eteoboutadae）、鮑茲蓋斯（Bouzyges）和來康米德（Lycomidae）[32]。有關氏族和胞族的資料多來自於西元前四世紀的銘刻和演說辭，而那時他們已不再有政治意義了，但氏族的威望可以給他的成員帶來社會威信。

從雅典的公民權問題中，我們可以看到胞族的重要性。所有的雅典公民都有自己隸屬的胞族；在古典時期，當某個人的公民身分受到懷疑時，他可以表明自己隸屬哪一個「蒂姆」（Deme）行政區或哪一個胞族以證明自己的公民身分。西元前六世紀後期克里斯提尼（Cleisthenes）的改革首先確認「蒂姆」區這一概念。而胞族則在更早的時候就可以說明某人的公民身分。這個問題可以追溯到西元前七世紀時，那時公眾權力還很脆弱，公民權的明確概念還未出現；而一個人的地位取決於他與某一個家族的關係，早期的阿提卡社會是由一些強大的家族所構成的團體，每一個家族都有各種各樣的依附者。如果某個人與任何一個強大的家族都沒有聯繫，他就會勢單力薄，且易受攻擊[33]。因此可以想見，早期的政治鬥爭是氏族之間的鬥爭。

西元前七世紀雅典的危機

貴族政體建立之後，雅典迎來了一段短暫繁榮期。然而當權的貴族依然占有大量土地，貧困的農民被剝削和奴役的處境並沒有改變。有些平民透過商業貿易成了暴發戶，可是在政治上仍然遭受欺壓，他們急欲爭取相應的政治地位。貴族、平民、富人之間存在著深刻的分歧和矛盾[34]。希倫意識到了貴族與平民之間不可調和的矛盾，於是想借此發難，發動政變，讓自己當上僭主。

希倫的反叛活動就是這種鬥爭的一個極端的例子。希倫曾贏得過奧林匹克競技的桂冠，這給他帶來榮譽；他娶了麥迦拉僭主特阿貞尼（Theagenes）的女兒，這成了他權勢的來源。在他贏得桂冠後的第一個奧林匹克慶典時，他集結了他的朋友和從岳父那裡得到的一支軍隊攻占了雅典衛城。但雅典人從四面八方群集而來，把希倫黨人包圍在衛城裡。不久，這些雅典人把處置希倫黨羽的權力交給了九執政官[35]。希倫和他的兄弟逃走了，但他的追隨者們卻斷了食物和水；於是，他們與九執政官達成協議，九執政官同意饒了他們的性命。但後來又違背諾言殺掉他的追隨者。

人們多認爲希倫的反叛發生在西元前六三二年，推測的時間點取決於奧林匹克競技獲勝者的名單中，希倫的反叛也可能發生在稍晚的某一個時間點。不幸的是，這個時間問題並非是一個微不足道的問題；如果希倫的反叛的確發生在西元前六三二年，那麼緊接下來的仇恨與復仇活動可能是促使德拉古（Dracon）在西元前六二一年進行立法的一個原因，但如果希倫的反叛晚於西元前六二一年，則兩者之間就不存在這種因果關係[36]。

圖 4-5　雅典攪拌缸（450B.C）　劉庭芳攝

可能希倫的反叛並不是一個特別具有啓發性意義的課題。把他說成是一個大家都痛恨的人物是不能令人信服的。毫無疑問，他個人的野心是他反叛的主要動機；史料記載只能證實這一點。至於希倫的敵人，也就是違背諾言殺掉他的追隨者，並因此而受到神的懲罰的人，我們所知甚少。但其矛頭都只指向阿克曼翁家族（Alemaeonidae）和他們的同黨。這表明，在希倫反叛的那一年，當政的九執政官中，阿克曼翁家族及其同黨的勢力很大[37]。阿克曼翁家族可能是中部平原的一個家族。

另一方面，在古典時期，許多希臘城邦都聲稱自己的法律是古時代的某一個法典奠基人創建的。這樣的法典奠基人包括斯巴達的來庫古（Lycurgus）、洛克里的紮勒烏庫斯（Zaleucus at Locri）、義大利的埃皮澤菲里（Epizephyrii in Italy）和西西里島上坎塔里的卡隆達司（Charondas at Catane in Sicily）。很難說這些人有多少眞實的成分，又有多少傳說的成分。然而雅典人則是一個例外，他們聲稱他們的法律是由德拉古（Dracon）和梭倫（Solon）共同創建的[38]。據說德拉古制定了法律，但後來梭倫修改了除了有關殺人罪條款以外的所有法律；也就是說，古典時期的雅典人把他們有關殺人罪條款的規定歸於德拉古筆下，其餘的全歸於梭倫名下。

德拉古從法律上確立了債權人可以將欠債不還的人及其家屬變爲奴隸。該法在社會治安問題上則量刑過重，殺人、縱火、搶劫、盜竊一律處死。德拉古的刑罰如此嚴酷，以至有人說他的法律不是用墨水而是用鮮血寫成的[39]。

亞里斯多德記載，德拉古是在阿里斯塔克斯（Aristaechmus）當執政官時制定了法律。羅馬時代和拜占庭時代的作家們則認爲法律制定時間爲西元前六二一年；然而這個時間分歧的原因或許是人們在抄寫資料時出錯，而過去傳說的時間是統一的[40]。雖然對西元前五九四年以前的執政官名單人們總存懷疑態度，但距西元前五九四年如此近的一個年代不太可能出錯。

述及雅典早期對殺人刑法條文的資料是令人興奮的。首先，有一塊西元前四〇九年的銘刻；這是某個委員會作品，他們被命令去重新出版「德拉古法典中有關殺人罪的條文」，法律條文的開頭和重要的部分都保存了下來。條文中有些內容與西元前四世紀演說稿的一些引用相吻合（這些演說稿中值得一提的是德摩斯梯尼作品的第四十三號演說稿）[41]。其他演說家的作品，以及像波呂克斯

（Pollux）這樣能見到許多現已失傳的演說稿詞典編輯者的作品，又提供了一些資料，這樣有可能找到過去關於殺人罪統一的觀點。

有些讀者會感到驚訝，因爲法律正文的第一條款是有關過失殺人罪的規定，而通常的情況是把有關蓄意殺人罪的條款放在前面；這也許是我們用現代法律條文順序來看待這些古代法律檔，才會感到訝異。更令人驚訝不已的是，條款開首第一個詞是「並且」（and），「並且如果誰殺死了一個人卻不具有殺人動機……」顯然「並且」這個詞暗示此前還有一句話，但在西元前四〇九年重新雕刻法律條文時卻沒有刻那句話。就這個問題，也常被譯爲「並且如果」（and if）的那幾個希臘字同樣可以被譯作「即使是」（even if）。從語言學的角度來說，這一點是有道理的，但這個暗示依然存在[42]。以「即使是」開頭的一個讓步從句暗示，讀者已了解前面的句子提及的另一種情況。

因此開首的幾個字，不管它們是「並且如果」還是「即使是」，都表明法條原文有關於蓄意殺人的規定在這前面。普魯塔克可能見到德拉古法條的完整原文，他說德拉古在他制定的法律中從未提到過亞略巴古議事會，只提「厄菲泰」（Ephetai）[43]。在古典時期的雅典，蓄意殺人案件是由亞略巴古議事會審理的。這裡，還應該介紹一下另兩個對法律條文更深入的詮釋。西元前四〇九年刻錄的法條說：一個犯有過失殺人罪的人應當被放逐。德摩斯梯尼引用了一條早期關於過失殺人的法條規定，不過沒有說這條款是否爲德拉古制定的，他說當某人被確認犯有過失殺人罪時，他必須在一定時間內，沿一定的路徑離開阿提卡，他的放逐期直到被害人的親屬同意赦免他時才結束[44]。

另外一個詮釋是有關贖罪金的，也就是殺人者給被害人的親屬一定的財物作爲補償，使可能成爲世仇的血腥事件停止在萌芽狀態。荷馬史詩對此也有記載，荷馬用處罰「Poine」一詞代表贖罪金[45]。

在這些詮釋的基礎上，魯斯岑布赫（E. Ruschenbusch）作出了下面這樣一個假設。在德拉古時代以前，任何一個殺人行爲都要交給被害人的親屬處置，除非殺人者交給被害人親屬一筆贖罪金並因而得到他們的寬恕，否則沒有例外。但德拉古又以殺人者有無犯罪動機爲標準，把殺人行爲分爲兩類。他設立的一個法庭，即「厄菲泰」（Ephetai）確認殺人行爲是過失性的，根據德拉古法條，雅典城邦保證犯罪人安全地離開城邦。通過這種心照不宣的暗示，德拉古頒布了有關不法行爲的一整套法條，即他讓已存在的殺人者交給被害人親屬處置和贖罪金制度繼續有效，只是作了一點修改，就是畫分出了過失殺人[46]。他對法律作的實質性修改不多，但對以後具有深遠的影響。

這個假設是很富有吸引力的；他把各式各樣的史料證據僅僅用一個理論就詮釋清楚了。人們可說，在西元前六二一年，德拉古對法律作了一個小小的，但意義深遠的修改，而後就認爲這個問題已說明白了。但後來保留下去的一些制度代表了更深層的事物，保存的事物是五個可以審判殺人案件的法庭，這些法庭在西元前四世紀的雅典人所共知的，並被亞里斯多德記錄了下來。亞里斯多德並沒有明確說這些法庭是德拉古創建的，但顯然，他們大多是更早時候流傳下來的[47]。

亞里斯多德列出了五個法庭；這五個法庭是在九執政官中被稱作國王的執政官單獨而分別領導之下的。(1)亞略巴古議事會（the Council of the Areopagus）：歸它審理的案件有蓄意殺人案、蓄意傷害案、投毒致死案和縱火案。(2)帕拉蒂烏姆（Palladium）的法庭：審理的案件是過失殺人案，對計畫殺人並請別人代爲殺人行爲的人的控訴案件，對被害人是奴隸或外地人、外國人的殺人行爲的控訴。(3)德爾斐尼安（Delphnium）的法庭受理案件是：當某人承認自己的殺人行爲但聲稱這個行爲合法時；例如，殺人者聲稱當時發現被害人正在逼害他，或在戰場上在未認出被害人的情況下殺了他，或是在體育競技中殺了他。(4)設在弗里阿托（Phreatto）海岸法庭審理的案件是：當某人處於流放期而被寬恕了，卻又遭到指控說他又犯有殺人或傷害罪時，這種案件是在離岸不遠的一艘船上審理的。(5)審理因動物或不明物體造成死亡之案件的法庭是由被稱作國王的那個執政官與四個「部落首領」（Tribal Kings）組成的；這四個部落就是組成雅典公民的那四個部落[48]。

從上面所列舉的來看，各個法庭有權審理的案件的畫分標準是各式各樣的，但實際上有些畫分原則是相互衝突的。某人計畫殺人，並請人代爲殺人，這種案件與過失殺人案幾乎是完全相對的兩種案件，但兩類案件都是在帕拉蒂烏姆（Palladium）法庭審理的。畫分五個法庭審理案件範圍的標準並沒有一個原則[49]。所以，有可能雅典法律是在不同的時間，因爲不同的原因而慢慢形成不同的標準並認可了這些標準的。其中有一個標準就是犯罪動機。

也就是說，他的行爲是蓄意的還是過失性的，這個標準對於以後法理學的發展很重要，但它可能不是第一個被認可的標準。按被害人的地位畫分的標準（即看他是自由人還是奴隸）在很早的時候就出現了[50]。因此很可能這五個法庭和這一系列不同的管轄權畫分標準是在很長的一段時間裡，經歷了幾個階段才完善發展起來的。

上述有關德拉古法條的討論說明了，有些過去很受歡迎的史料證據被證明是沒有根據的。人們不再認爲希倫的反叛導致了西元前六二一年德拉古法條的制定；人們也不再自信地認爲梭倫修改了西元前六二一年的法條，因爲這法條太嚴厲了。與那些強大的家族相比，早期阿提卡的公眾權力（城邦權力）是脆弱的；即使是這樣，在很早的時候，雅典城邦仍然企圖制定懲罰殺人罪的程序；城邦認爲當家族間的世仇發展成殺人事件時，它有權干預。城邦的這個立場，在爲被流放過失殺人者提供離境安全保證時，顯得更爲明顯。德拉古法典是雅典第一部成文法，在法律史上具有重要意義[51]。然而這部法典旨在維護貴族利益，完全漠視了平民的權利。

第五章

梭倫的改革

債務減免令與政治措施

梭倫出身於沒落貴族家庭，青年時期曾兼營貿易，與商旅爲伍，因而致富，並且旅遊過希臘和小亞細亞許多名勝，成爲飽學之士，被時人譽爲希臘七賢之一。他常在詩中抨擊貴族，同情平民，又曾在雅典與麥迦拉的戰役中勇立戰功，率眾收復薩拉米斯島，因此他在群眾中頗有聲望，即是詩人，又是一位善察民情的革新派政治家[1]。當時雅典貴族和平民之間的尖銳衝突，政局動盪。不滿的平民群眾已準備鋌而走險，雙方衝突一觸即發，而貴族統治階級仍頑固不化。梭倫主張以改革的方式來解決平民的問題。西元前五九四年，他當選爲首席執政官，並被指定爲「調停人」、「仲裁者」，擁有立法全權，進行憲改革[2]。

希羅多德記載的梭倫是一個爲雅典制定法律，然後作了十年旅行的智者。但他對庇西特拉圖（Peisistratus）的記載則比較多，在一百年之後，當亞里斯多德所編寫的《雅典政體論》時，關於梭倫的傳說已經增加不少[3]。亞里斯多德對梭倫著作的論述相對來說比較全面和有價值，其中部分原因是因爲亞里斯多德記錄了梭倫詩歌中的不少段落，然而在雅典的歷史學家眼中，梭倫是一個有爭議的政客。

梭倫有一首詩歌對政府工作做了一番描述。它總共有二十七行，描述在阿提卡面臨了經濟危機時，他所採取的措施政策。梭倫宣稱當他「聚集所有的民眾」之後，他實現了他想達到的目的。他說大地是這一切的見證，因爲他移走了先前許多地方豎在地上的界石（Marking-stone），因此以前受奴役的土地現在自由了[4]。他讓許多過去被賣爲奴的雅典人重新回到他們的故土，他們之中有一些是被合法販賣，另一些是非法販賣，還有一些人爲了逃避嚴重的債務，逃跑流亡，他們流浪如此之遠，以致他們再也不會說阿提卡方言了。

亞里斯多德對雅典經濟危機和梭倫著作的評述，包含了一些看上去眞實可靠的原因，但其中也有一些是推測。他說窮人是「富人的奴隸」，他們被叫做「農奴」或是 **Hektemoroi**（意即六分之一者），因爲他們就是按這樣的租金在富人的土地上工作的[5]。少數人控制了所有的土地，如果窮人付不了他們租金，他們和他們的孩子就要失去人身自由，一直到梭倫時期債務合約只有在借債人的人身擔保的基礎上才能簽訂。

亞里斯多德提供一些史實情況是無可置疑的。「債務減免令」（Seisachtheia）這個術語是眞實存在的，但它對我們要更深入地了解梭倫的舉措幫助不大。Hektemoroi「六分之一者」這個詞倒是更有用一些。這個詞我們認爲應該是眞實存在的。因爲在以後的雅典歷史中，根據我們所知，再也沒有出現這個詞的歷史條件。事實上在希臘語中它絕不是一個普通的詞，按照它實際的意義「六分之一者」，農奴（Hektemoroi）把他們收成的六分之一交給主人；或是他們付六分之五，自己留下六分之一[6]。對亞里斯多德來說，這個詞的意思很清楚，他評論道：**他們以這樣的租金耕種富人的土地**。

上面我們所概括的梭倫詩歌中，有兩點應該能和農奴聯繫起來。當梭倫提到阿提卡遭受「不公正的奴役」的人，他們在主人的鞭下膽顫心驚地度日，並且說他已經使他們獲得了自由，「奴隸制」這個詞不一定是一個技術性的詞，他可能是指那些不是奴隸但差不多處於農奴地位的那些人，因爲他把這些人和那些被販賣爲奴的人區分開來。同樣他所提到的「界石」（Marking-stone）也可與農奴或 **Hektemoroi**（六分之一者）聯繫起來[7]。他說他拿走了界石，由此先前受奴役的土地獲得了自由，他對用詞的選擇，比如「奴隸制」和「自由」顯示了他解放土地的做法是與解放農奴的行動一起進行的。

如果把這些說明綜合起來，我們可以看到許多雅典農民處於一種依附的地位，這從 Hektemoroi 這個詞可以看出來。他們受制於他們的主人，這種依附關係影響到他們的土地，這些土地都用界石標明他們的主人對土地的所有權[8]。此外，梭倫詩中的用詞還顯示了處於這種依附地位的農民受到沉重的負擔。

他們的這種地位是如何上升的呢？在西元前四世紀，人們都認爲這是取消了債務的結果。記載梭倫取消了公共和個人的債務，這個命令被稱爲「債務減免令」。安德羅提恩（Androtion）記載梭倫的「債務減免令」沒有取消債務，只是限制了利息率，並改變了度量單位和貨幣[9]。許多現代的作者都把債務問題作爲他們理論的中心，以此來解釋梭倫所面臨危機的源由和性質。

亞里斯多德認爲一直到梭倫改革，債務合約都是建立在人身擔保的基礎上，這代表土地不能抵押作爲擔保品，也就是說該土地是不可轉讓的，但還沒有直接的證據，能夠證明或推翻在早期的阿提卡土地是可以轉讓的論點，不過間接的證據顯示土地是可以轉讓的。特別是海西奧德（Hesoid）規勸他的兄弟要用祭獻來獲取神的好感，**「這樣你就可以買進別人的土地，而不讓你的土地被買走」**。雖然這是在貝奧提亞（Boeotia）而不是阿提卡，海西奧德《工作與時日》寫成的時間也可能不像一般所認爲的那麼確定，但這些話顯示在阿提卡的周邊地區在早期土地是可以轉讓的[10]。但即使土地能夠買賣，當時對這種把土地轉讓給家族以外的人的做法，可是會受到歧視。

但是，經濟發展的情況並沒有那麼簡單。在西元前七世紀可能是非常貧困和落後，這可以通過雅典無力建立殖民地這一點看出來。但是後來阿提卡黑色花瓶的大量輸出顯示它的經濟得到了復甦。這種復甦可以上溯到大約西元前六一〇年，以後每二十年都有大規模的輸出，到了西元前五二〇年，這些陶器輸出到了更遠的地區[11]，直到在地中海和黑海沿岸的大多數地區都有了這種物件。

梭倫現有的詩作中並沒有明確地提到債務問題，也許那種試圖以債務問題來解釋農奴的起源和「債務減免令」的性質的嘗試是站不住腳的。他們可能是建立在雅典散文歷史學家時期，流行的那些不穩固的假設之上[12]。

亞里斯多德說阿提卡的少數人占有了全部土地。他認爲除了少數人之外其他所有人都是農奴，他還說他們都在富人的土地上勞作。毫無疑問，他誇大了梭倫所面臨情況的危急性；而且像阿提卡那麼大的地區，各地的情況可能非常不一樣[13]。但是他認爲大量土地不屬於他們自己，而屬於他們所依附的地主，這幾點亞里斯多德是正確的，當我們研究梭倫爲農奴所作的一切時，我們必須記住以上幾點。可以確定他廢除了這種等級，但是他們所耕種的土地成爲他們的財產還是依舊歸地主所有？如果梭倫把這些土地分給農奴，那麼他的改革就帶有社會革命的性質了。如果贊同這種觀點，那麼我們可以斷定後來阿提卡有了各種面積大小不一的地產，在演說家時期沒有少數人擁有大批地產而形成的統治地位，儘管有一些人擁有大片土地，也通常是分散的[14]。在梭倫的詩中他控訴了富人的貪婪，並說他自己在各衝突的勢力之間立場非常堅定，在希臘，這樣的語言適於那些社會革命者。

就阿提卡地區的廣闊面積和複雜多樣的情況而言，那些付租金的依附農民，在阿提卡各地，在每個地主的地產上的狀況都不盡相同。換言之，如果一些雇農交付他們產品的六分之一（或是六分之五），另一些人可能付不同數目的租金。在西元前六世紀有沒有跡象顯示，阿提卡有的農民不是付六分之一的租金呢？一百年以後庇西特拉圖對所有的作物徵二十分之一的稅，這是我們知道最早的雅典政府的稅收[15]，在此之前沒有先例，也沒有緊接著隨後的稅收例子。但是很少有制度措施是全新的。

可以推測這種二十分之一的稅收，可能是從庇西特拉圖對自己土地上的農民開始的，他將其擴展到了整個阿提卡。一個僭主把自己領土上的私人制度擴展到整個國家，這並不是不可能的[16]。這種假想引出了以下結論：那就是在西元前六世紀早期農民一般向地主付租金，但是租金率因地方和莊園的不同而不同。

儘管對於「債務減免令」的準確性仍有爭議，那麼有一點是毫無疑問的，那就是這項措施造成很大的影響。由於梭倫的變革，從那以後雅典城中沒有任何一個階層的公民處於依附或半奴隸的地位。梭倫把法律都用書面文字記錄下來[17]。

我們要注意的是後來的法律編纂工作；在西元前三世紀雅典人發現他們的法律需要修訂，在西元前四一〇年政府指派了專門的官員檢查法律。這項工作曾被打斷，但在西元前四〇三年繼續進行，終於在西元前三九九年完成。它的結果是那些被認爲有效的法律被銘刻在石頭上，一些法律被銘刻在碑上，我們唯一知道的是關於殺人罪的德拉古法條[18]。但是大部分的法律條文被銘刻在至少是三塊獨立的牆上，這些牆有很大的牆面可以用來銘刻法令。這些牆的十一塊斷片已經找到了，它們加起來只是原文很少一部分，但是因爲它們是比較隨意的樣品，總體上來說應該具有代表性。

對現有梭倫制定的法律殘片所作的研究當中，一些學者認爲當時的刑法都是消極的。國家會把觸犯法律者宣稱爲罪犯，這就是說國家不再對罪犯實行法律保護，讓他的那些仇敵去對付他，或是對他實行詛咒。其他的刑罰可以從這兩個最基本的處罰發展起來。比如，一個被控過失的殺人犯，實際上必須流亡，因爲如果他留在阿提卡，政府將不對他實行法律保護。一個受指控的罪犯可以通過一定的財物免於受刑，這樣政府可以間接強行罰款[19]。但是在梭倫的法律中沒有積極的刑罰，諸如死刑、坐牢、或沒收財產。這些刑罰消極的性質顯示出在西元前六世紀時期，國家權力的不振。

由梭倫制定的法律措施似乎都是爲了促進經濟繁榮，但是現在我們很難估計它們的效果和影響。把一部分的法律歸到梭倫名下可能沒有多少根據，因爲後來雅典人把所有的法律不管是眞還是傳聞都歸到他的名下。當我們讀到普盧塔克的記載：**根據梭倫的法律如果一個父親不教給他兒子一項手藝的話，他就無權從他的兒子那裡尋求幫助和支持**。對於另外一條法律：**那些舉家在雅典定居從事一項手藝的外國人可以獲得公民權**。普魯塔克還進一步斷定，梭倫讓亞略巴古[20]（Areopagus）的協商會議對每個人的生活資料來源進行了調查，並處罰了那些閒賦不做事的人。

對於貨幣，也存在著問題。安德羅提恩說「債務減免令」涉及到削減利率，提高貨幣的質量，還有一條改革貨幣的法令。他所提到的法令是什麼我們不清楚，因爲當時法律條文可能已經殘缺不全了。早期的雅典人使用的是在柯林斯和優卑亞（Euboea）流行的重量單位，第一種雅典貨幣是在大約西元前五七〇年時候鑄造的[21]。很可能是梭倫把它引入雅典的，因爲梭倫的政治活動主要在西元前五八〇年至西元前五七〇年。

總之，除了「債務減免令」之外，在傳說中許多經濟措施都和梭倫聯繫在一起，儘管我們無法估計它們的效力，有一點還是可以確定的，就是梭倫的目的是要促進經濟繁榮[22]。梭倫試圖全面地出版雅典的法律。許多現代史家在關於他的傳說中，選取了一些最實質性、最清楚明白的措施，試圖解釋其性質和目的。至少有兩項與他有關的措施，那就是「債務減免令」和把雅典居民按財產分成等級的做法，這是研究分析他的改革和他面臨情況的最好出發點[23]。通過對這兩個出發點的選擇，人們已經對梭倫的活動作出了合理的解釋。

一直到最近，梭倫所面臨的危機被解釋成是一種階級鬥爭。歷史學家們試圖從「債務減免令」中推測出那些存在利益衝突的階級。一些學者提出一個更爲成熟的看法，擁護這種觀點的人指出，如果這種鬥爭只是簡單的窮人和富人之間的矛盾衝突，那些富有的土地擁有者絕不會把自己美好的未來，葬送在梭倫這樣一個廉潔的人手中，因爲他們在武器上以及所受的軍事訓練和財富等方面遠比窮人要優越得多[24]。

除此之外，在梭倫以前，雅典的政治衝突，比如希倫（Cylon）的反叛和緊接著導致阿爾克馬埃翁[25]（Alcmaeonidae）被驅逐的事件，大都是強大的家族之間的鬥爭。社會中的政治畫分不是水平階層畫分而是垂直的畫分，即把多個強大的家族或家族聯合，與他們的依附者同其他強大的家族區分開來。在梭倫以後的政治鬥爭也是如此，特別是導致庇西特拉圖崛起的衝突鬥爭[26]。如果在梭倫時期出現那種純粹的階級鬥爭，而在這以前或以後的的政治鬥爭的性質都與此截然不同，那麼事情會變得非常奇怪。

關於梭倫對他的工作任務看法，我們至少可以得出一個合理的假設：他把他的工作主要是看作一項將習慣轉換成書面形式的任務。這可以從他的法律全面綜合的特徵和他所處的時代中看出來。當時國家還不是很強大，無法對法律作大規模的改動，所以立法者最多只能希望當他把那些長期實行的法律編纂成書面形式時，人們能夠接受它。這並不是說梭倫不能在法律中作一些法定性的改動。德拉古關於殺人的法條中有一條追溯的條款，代表其中至少有一些是創新的[27]。但是把存在的法令用書面形式固定下來，至少對不確定的習慣和人們的記憶來說是一個進步。

梭倫對自己的立法工作進行了論述：**「我編寫法律，對好人壞人一視同仁，把正義寫進每一律令。」**這個句子共兩行零一個字。詩歌剩下的那部分，差不多有八行敘述，如果是另一個人處在梭倫的位置他一定無法控制住群眾，如果梭倫一開始偏向一方，過了一會兒又偏向於另一方，那麼許多人將失去生命。但是，相反地，他像豹群中的一隻狼堅定地站立著[28]。如果除了「債務減免令」之外，梭倫還實行了其他重大的變革，他一定會記得更多，而不只是兩行零一個字。

此外，在政治體制改革中有兩項改革經常歸到梭倫的名下，即是將雅典公民的財產在基礎上分成幾個等級，還有就是四百人會議。亞里斯多德提供了關於財產等級的關鍵性情況。他說他把雅典公民分成四個等級，他們是五百麥斗級（Pentakosiomedimnoi）、騎士級（Hippeis）、雙牛級（Zeu Yi Tai，公民第三類）和雇工級（Thetes）。那些每年生產至少五百麥斗穀物、酒或橄欖油的人屬於五百麥斗級[29]。那些每年收穫三百麥斗的人有資格進入騎士階層；擁有每年生產二百麥斗產品的人屬於雙牛級，剩下的那些公民組成了雇工級。

這種畫分方式的意義是它使財產成爲政治特權的資格標準。雅典財政官員的候選人都是從第一個等級，五百麥斗級中產生的九執政官的候選人，只有從前兩個階層產生的才有資格，這種特權範圍一直是如此[30]。

以前只有世襲貴族，才能成爲執政官，而這是取得政治特權的一個途徑。但是隨著新的經濟機會出現，從世襲貴族以外的家族出身的人獲取了大量財富，並且有了政治野心。而梭倫滿足了他們的要求，用財富取代了出身，作爲取得政治權力的資格。根據這種觀點，梭倫把雅典從一個封閉的社會轉變成了一個開放的社會[31]。要驗證這個觀點正確與否，我們必須對所謂的世襲貴族這個證據進行檢驗，並重新檢視財產等級。

世襲貴族和四百人會議

對世襲貴族的研究，可以從保存下來的亞里斯多德的著作《雅典政體論》開頭幾部分開始。其中一個，一般標爲斷片三號，說雅典曾經被分成兩個等級：農民和工匠。普魯塔克（Plutarch）《提修斯的一生》中的一節經常作爲論著的第二塊殘片，他很可能屬於那篇論著，儘管沒有提到亞里斯多德的名字，這段文字中敘述提修斯統一阿提卡之後，就把公民分成了三等，貴族、土地所有者和工匠，其中貴族執政掌握了神和世俗法律的知識。因爲第二號殘片中是兩個階層，它應該指的是更早的一個時期，很可能是神話英雄伊昂（Ion）的時代。由此亞里斯多德認爲提修斯把貴族（Eupatridai）當作世襲貴族中一個世襲的階層[32]。這可以跟修昔底得關於阿提卡統一的論述聯繫起來。他記載提修斯廢除了一些城市會議的長官，只留下雅典的議會和行政官員。

但是亞里斯多德論著的第三塊斷片並不能激起我們的信心。他又說雅典人被分成了四個部落，每個部落被分成三個單位，叫胞族和部落（Trittyes），他們當中每一個由三十個家族（Gene）組成，每個家族由三十個男人組成。這四個世襲的部落的確存在，胞族和家族也存在過，但是胞族（Phratries）被叫做部落（Trittyes），這似乎不太可能，因爲這個詞是在克里斯提尼改革時才產生的；而且亞里斯多德那些系統的數字（顯然是憑想像寫出來的），是建立在把一年畫分成季節、月分、時間，這種方式的基礎上的[33]。難道他宣稱的那種把公民畫分成世襲貴族和其他兩個等級的畫分方式，是建立在比憑空想像更牢固的基礎上嗎？貴族（Eupatrides）這個詞在詩歌中除了貴族以外沒有別的涵義。在散文中它有時有一些技術上的涵義。一些在西元前五世紀末期和西元前四世紀比較活躍的人也使用這個詞。

色諾芬（Xenophon）在《會飲篇》中記載道，蘇格拉底說加利阿斯是世襲貴族，加利阿斯（Callias）在西元前三七一年是赴斯巴達的使節，他屬於一個叫做塞里西斯（Ceryces）的家族。伊索克拉底（Isocrates）說，阿爾西巴德（Alcibiades）在父親那一邊是貴族的後代，而在母親那一支是貴族阿克墨奧德（Alcmaeonidae）的後代[34]。伊索克拉底把這兩個詞並排放在一起，說明世襲貴族是一個家族的名字，而不是一個階層，這可能是正確的，據記載，安佐西澤斯（Andocicles）屬於世襲貴族，他也是當時的一個活躍人物，所以我們無法根據上下文來推定這裡指的是一個家族還是階層。

波呂克斯（Pollux）爲此提供了一點暗示，他說部落的國王是從世襲貴族中選出來的。他又作出系統的公民畫分方式，這與亞里斯多德論著的三號殘片上說的一樣[35]。這並不能使我們相信，但是他所說的關於部落統治的情況可能是正確的，因爲他的《詞類總編》（Lexicon）是阿提卡演說家們的指導手冊，這種統治可能是在西元前五世紀和西元前四世紀確立的，部落國王是四個世襲部落的首領，到西元前四世紀，他們的職能很少，除了在一些獻祭的時候收取小筆錢財外就沒別的作用了。

一些地區強大的利益集團在與雅典的談判中取得了一定的成功，在一定程度上維持政權的延續性。一個守舊固執的世襲統治階層很少有機會從這種調和過程中生存下來。當然，由此得出結論，那種用財富代替出身作爲官員資格的做法，並不是梭倫的改革目地的，而是阿提卡漫長統一過程中長期影響的結果[36]。

亞里斯多德還有一處提到了世襲貴族，它的意義又是一個棘手的問題。亞里斯多德追溯了梭倫執政（西元前五九四年）以後的政治動盪，在他以後四年一直平安無事，第五年出現了無首領

（Anarchia）的狀態，就是說由於矛盾衝突沒有選出執政官（西元前五九〇年）。另一次沒有選出執政官是在西元前五八六年。在西元前五八二年達馬西亞斯（Damasias）是執政官，他在西元前五八一年和西元前五八〇年的前兩個月留任[37]。然後被人使用武力趕下台，又選出了十個執政官，其中五個來自世襲貴族，三個來自鄉下或農民，還有兩個是工匠。

亞里斯多德在關於兩年無執政官的情況和他了解的一些達馬西亞斯的情況，可能是直接或間接地從執政官名單上推斷出來的，但是執政官名單上不會顯示出達馬西亞斯是被別人用武力趕下臺的[38]。

我們也無法確定，執政官名單就是如亞里斯多德推論的名單。

如果對於十個執政官的記載可靠，那麼有三個名詞值得我們注意。他們與亞里斯多德所用的術語有些相似之處，但是Agroikoi與Geomoroi（都是「農民」的意思）並不相同。農民（Agroikoi）不是一個用來稱呼農民和鄉下人的中性詞語，它是一個用來罵鄉下佬的詞彙。所以我們不能把它當作對一個受到承認的階層的法定稱呼，世襲貴族和工匠（Clemiourgi）這兩個詞也是如此。當它們出現在對西元前五八〇年執政官的紀錄中時，它們並不是對這兩個受到承認的階層的合法稱呼[39]。唯一使這份西元前五八〇年的紀錄顯得可信的方式，是把這三個名字解釋爲三個政治集團或黨派名稱。

我們還無法找到一種令人滿意的對世襲貴族這個詞的解釋和分析。各種證據實在是太不牢靠了。但是我們不能說前面這種理論是錯誤的，在很早的時候，當阿提卡統一的進程還沒有開始的時候，雅典存在一個世襲的統治階層，叫做世襲貴族，但是在隨後幾百年的統一過程中，各地區的制度互相調和[40]。當統一過程結束時，這一系列讓步的結果是，財富成了當選政府官員的一種資格標準。那些生存下來的世襲貴族只保留了一些宗教和禮儀方面的特權。

我們上面所提出的理論暗示在梭倫以前等級就以某種形式存在了。從這些等級名字的考察中我們可以得出更有力的結論。他們中的第一個（Pentakosior Medimhoi）或「五百麥斗級」是直接通過產品的數量來提出標準，但是從詞源上看（Hippeis）意思是「騎馬者」或騎士，（Zeugitai）「雙牛級」意思是那些能用一頭牛耕地的人[41]。儘管對雇工級（Thetes）的詞源已很難查清，但在荷馬史詩中它是用來形容那些雇傭勞動者。

即使沒有亞里斯多德的這條引文我們也能猜到雅典曾經只有三個等級，要進入三個等級中的最高一級——騎士階層，該公民必須能供養馬匹；第二等級，雙牛級的標準是能用一頭牛耕地的人，剩下的人就是雇工級。在早期階段以後，有兩件事發生了，這三個等級的資格標準被重新以年收成的形式規定了，分界線設在三百麥斗之間，騎士是富有的那部分人，他被分成了一個單獨的階層即「五百麥斗級」[42]。不論哪種情況我們都可以得出結論：在梭倫開始改革以前，那種財產等級制度，不管是四個等級還是三個等級，早已存在了。

現在歸到梭倫名下的另一個創舉是四百人會議。亞里斯多德記載，梭倫創立了一個協商會議，他從每個部落選取一百名成員；普魯塔克補充說，他的任務是作公民大會的預備工作。兩個作家都沒有提出他們相信是梭倫創立四百人會議的理由[43]。普魯塔克在提到這一點的那段文字中，還說梭倫創立了元老院會議，這當然是不正確的。兩個人都沒有說明四百人會議成員的在職任期和他們被選上的方式。看起來他們兩人對這個機構的性質都不了解。如果是梭倫創立了四百人會議，那的確是一個重大的創舉，但是在他現存的詩歌殘片中，特別是我們上面概括說明他描述自己的改革並提出了理由的那些詩歌中，他沒有提到這件事，那就比較奇怪了[44]。在四百人會議被克里斯提尼的五百人會議取代以前，沒有史料明確地提到過他的活動。

人們在一塊大約西元前五七五年至西元前五五〇年間的開俄斯（Chios）的銘文上，找到了一些能夠支持亞里斯多德觀點的證據。那上面提到了一個（Boule he demosie），從每個部落選取了五十名成員。他們認爲如果在西元前六世紀的上半葉開俄斯有這麼一個民主的機構，那麼雅典也應該有一個。在取得這個結論後，歷史學家就產生了分歧：到底哪個城市模仿哪一個城市。這個觀點認爲（Boule he demosie）一定是「公民協商會議」的意思。但是 Olemos 這個詞的意思非常不明確。在荷馬史詩中他經常指那些依附城市的鄉村，所以在開俄斯（Boule he demosie）可能是一個鄉村[45]。但是從它每個部落選出來的人數來看這又不太可能。至少開俄斯有比較廣的地域，這樣才可能出現有自己政治組織的村莊。所以很可能（Boule he demosie）不是「公民議會」的意思，而是「與鄉村議會不同的國家議會」的意思。

我們必須說明我們對所謂四百人會議的討論也是沒有定論的。最簡單的假設是：這個會議是在雅典散文歷史家時期出現的，在西元前三五六年以後，梭倫被看作是民主制的奠基人，虛構出四百人會議可能是爲了替克里斯提尼的五百人會議提供一個先例[46]。

梭倫的改革

德拉古立法之後，雅典社會的動盪絲毫沒有得到緩解，平民爭取權利的運動此起彼伏，貴族與

圖 5-1　雅典水灌（475-425B.C）
劉庭芳攝

平民之間的鬥爭越演越烈。無論是貴族還是平民，都迫切地希望能改變現狀，於是共同選擇了德高望重的梭倫作爲他們的代言人，因爲他具有誠實勇敢的美德[47]。

梭倫在西元前五九四年被選爲首席執政官。亞里斯多德認爲在這一年他實行了政治改革。普魯塔克把歸到梭倫名下的兩項工作區分開來，首先他說梭倫**「被選爲執政官，同時他又成爲立法者和調解者」**。接下來他描述了「債務減免令」及其所引起的評論，然後他說雅典人把梭倫選爲「政治體制的改革者和立法者」。普魯塔克描述梭倫改革的說法並不精確。「立法者」這個詞在兩段文字中都出現了；而且普魯塔克沒有說出他改革的時間，他這樣明顯地區分兩項改革，可能是採用了前人簡單的猜測和錯誤的結論[48]。如果梭倫只受一個任命的話，那麼「債務減免令」可能是轉爲書面形式法律的一部分，就是說，當梭倫移走界石，廢除了農奴（Hektemoroi）這個階層時，他可能想到他只是在實行古老而眞實的法律而已。

我們有兩個理由能說明梭倫他主要是在西元前五九四年以後實行改革的。第一、他後來雲遊四方十年，在他旅行過程中，他訪問了菲羅基普洛斯（Philocyprus）[49]。他是塞普勒斯（Cyprus）的索羅伊（Solii）僭主。當時，菲羅基普洛斯（Philocyprus）的兒子，已經於西元前四九七年戰死於愛奧尼亞叛亂（Ionian Rerolt），一個死於戰場的人不可能老於六十歲，一個父親在生他最大兒子時也至多三十多歲。當菲羅基普洛斯（Philocyprus）成爲索羅伊（Solii）僭主時至少已經二十歲[50]。這些數字顯示梭倫是在西元前五六七年前不久去訪問菲羅基普洛斯，他從雅典出發的時候不會比西元前五一七年早多少。第二、是亞里斯多德紀錄的一些政治動盪的情況，這些他是從西元前三九四年以後的執政官名冊上得到的。在西元前五九〇年出現了執政官空缺的情況，在西元前五八六年又出現了這種情況。在西元前五八二年至五八〇年達馬西亞斯（Damasias）試圖想成爲一個僭主[51]。

根據這兩個理由，所以梭倫改革的日期可以確定爲在大約西元前五八〇—五七〇年之間。除此之外，許多歷史學家都沒有提出多少有意義的觀點。許多人都對這個問題視而不見，那些不同意上述觀點的人也沒有提出更合理的意見，他們都是同意古代作家，認爲梭倫是在他當選執政官時推行改革的[52]。

梭倫改革中有一項提到了他當執政官的年代。普普塔克從十三條中引用了大赦令說：

（該法律）涉及那些梭倫成爲執政官以前的罪犯，他們將恢復他們的權力。但是那些因爲以謀殺、屠殺僭主的罪名被元老院會議判爲有罪，而在此法頒布時，在流放中的罪犯除外[53]。

法律的形式很古老，這條法律絕對是眞實存在的，這條法律可以把在希倫（Cylon）叛亂奪權時及以後被逐的阿克墨奧尼德（Alcmaeonidae）和其他人召回[54]。如果梭倫是在西元前五八〇年至五七〇年推行他的改革，我們不清楚他爲什麼要選擇西元前五九四年，也就是他當選執政官那一年作爲大赦年。

如果我們把梭倫改革的時間確定爲西元前五八〇年至五七〇年，我們就可以知道一些背景情況。到這個時候，對希倫叛亂的爭議已經平息了，雅典政府可以毫無畏懼的把阿克墨奧尼德召回。雅典經濟的再次繁榮已近在眼前，農民階層也變得越來越難以控制，那些貪婪的地主變得非常活躍[55]。執政官的空缺和達馬西亞斯（Damasias）的統治正是這種政治動盪的反映。

梭倫通過把法律轉成書面形式和改革土地占有方式解決了這些問題。這樣的改革可能與創立四百人會議或憑空發明一個財產等級制度的創舉比較起來不算什麼。但是他的這種成就比較實際而且效益比較好[56]。隨後的二十年間雅典相對來說比較平靜，當庇西特拉圖試圖整治混亂局面時，他作了很大的努力並用去十二年的時間才控制了局面。

希羅多德爲西元前六世紀中期的雅典歷史提供了不少資料，這些是了解當時政治鬥爭的一個可靠依據。他記述了庇西特拉圖崛起的問題，他說當時有兩個敵對的派別，一個「來自平原的人」，由呂庫爾戈斯（Lycurgus）領導，另一個是由阿克墨恩（Alcmaeon）的兒子美伽克列斯（Megaces）領導的「來自海岸的人」，但是庇西特拉圖建立第三個派別「來自山那邊的人」。

庇西特拉圖在東部港口美加拉（Megara），擊敗了麥迦拉人（Megarians），並控制住了尼塞亞（Nisaea）[57]，由此聲名赫赫。不久以後，他把自己弄傷，坐在一輛馬車上進入雅典。稱自己受到了敵人的攻擊，就這樣他說服了公民大會給他一批帶武器的護衛，並用他們控制了雅典衛城。梭倫當眾揭穿了他的騙局。可是雅典人還是選擇相信庇西特拉圖，當梭倫發現一部分人已深受庇西特拉圖迷惑，而另一部分人懾於庇西特拉圖的淫威不敢反抗時，他嘆了一口氣，說道：**「我比前一類人聰明，比後一類的人勇敢。」**隨即離開了廣場[58]。但隨後不久，海岸派的領袖美伽克例斯和呂庫爾戈斯聯合起來推翻了他的統治。

庇西特拉圖企圖成爲僭主的嘗試是在西元前五六一年進行的，可是只延續了幾個月。那三個派別的名字值得我們注意，亞里斯多德主要依據希羅多德的史料對庇西特拉圖的奪權作了描述。亞里斯多德把庇西特拉圖那派稱爲「山裡來的人」，而希羅多德把他叫做「從山那邊來的人」[59]。在這一點上，希羅多德的說法更可靠一些。事實上，希羅多德記載的庇西特拉圖黨派的名字「從山那邊來的人」是講得通的。庇西特拉圖是布勞隆人（Brauron），布勞隆在阿提卡東部，它和雅典之間有許多山把兩個城市分開了[60]。從雅典城的角度來看，庇西特拉圖是一個山那邊來的人。

對這個三個黨派亞里斯多德作了評論：「**每一個派別的名字，都是從他們從事勞作耕種的地區而來**」。應該可以確定這三個黨派中每一個都是以地域爲基礎而形成的，每一個黨派都有一個或幾個有權勢的家族充當領導者並有一大批地位不同的依附者[61]。

平原黨確定是來自城市平原。「海岸黨」發展的地區可能向東南延伸一直到拉烏利昂（Laureum），正如修昔底得所用的名詞那樣。他是西元前五世紀阿克麥奧尼德族的所在區域，此顯示這派別活動區域在城市的周邊地區[62]。如果這是正確的話，在庇西特拉圖創立第三個派別以前，雅典政治只是兩個對立派別間比較溫和的對立和矛盾，這兩個派別都是建立在城市平原上的。

這說明了阿提卡統一所造成的影響，城市中的權力人物與城外遠方平原的人相比有很大優勢。庇西特拉圖的野心說明了遠方平原的那些人最後進行了反抗[63]。他把他的追隨者和依附者帶入雅典並用武力占領了衛城。

希羅多德描述庇西特拉圖第二次試圖成爲僭主的嘗試，在一些方面能夠爲我們這種分析提供證據。在庇西特拉圖被逐以後，美伽克列斯發現自己在與呂庫爾戈斯的對抗中處於劣勢，於是他與庇西特拉圖達成了同盟，並且準備把女兒嫁給他。他們把雅典北部城鎮派奧尼亞（Paeania）的一個婦女裝扮成雅典娜女神的模樣，引導著庇西特拉圖進入雅典城，在那兒他受到人們的歡迎，又重新成爲僭主，然後他娶了美伽克列斯的女兒，但是庇西特拉圖早有了子女，所以不打算在和他的新婚妻子生育兒女[64]；於是他和美伽克列斯發生爭吵，後者收回了對他的支持，於是庇西特拉圖離開了阿提卡，去了優卑亞島（Euboea）的埃雷特里亞（Eretria）。

在這個記述中有兩個我們應於重視的問題：第一、鬥爭衝突主要是各個首領之間個人的衝突，這個關於庇西特拉圖的婚姻故事可能在流傳過程中被人添加了不少東西。但即使是這樣，希羅多德的記載還是顯示了當時的首領可以隨意的建立和打破同盟關係。他們的跟隨者非常忠誠，但是這種忠誠是對實際的領導者和他們的家族，而不是爲了一些與個人無關的事業比如階級利益等[65]。第二，當庇西特拉圖第二次失去雅典衛城時，希羅多德說他「從那個地區完全撤了出來」，他補充說庇西特拉圖去了埃雷特里亞，並與他的兒子們開了一次協商會。

總之，希羅多德的敘述向我們顯示當時的政治鬥爭是個人之間的權力鬥爭。庇西特拉圖在鬥爭中加入「地方性」因素而使鬥爭惡化了。但是現在讓我們看一下有關這些鬥爭的另一些觀點。亞里斯多德認爲三個派別都提出自己的政體方案，根據他著作中的記載，海岸地區的人希望建立一個「中間」體制，而平原地區的人則希望建立寡頭制，庇西特拉圖看起來是最民主的，他又進一步說有兩個群體加入了庇西特拉圖的派別，他們當中的第一批是梭倫解決債務問題時失去財產的人，第二批是那些出身不純的人，他們害怕別人對他們的公民身分提出疑問，亞里斯多德提出他認爲存在後一個群體的理由[66]。在僭主被推翻後政府對公民名單進行了審核，似乎有許多人以不正當的手段獲取了公民權。

然而我們還是應該承認，就現在所作研究的情況而言，那種通過外交政策的差異來解釋西元前六五〇年至西元前五五〇年雅典政治的理論，對這種「地區性」理論提出了最嚴峻的挑戰[67]。這兩種理論都有大量推測和臆想的因素，但是他們都成功地解釋了一些歷史現象。

根據這種觀點，庇西特拉圖兩次試圖成爲僭主的嘗試，主要是起源於地方性的原因，政治權利的天秤傾向於城市平原上的家族一方，因此，庇西特拉圖試圖通過占領衛城以占領政治權力的所在地，甚至可以確定他在城市平原中獲取了一些支持者，公民大會投票決定給他配備隨身護衛就顯示了這一點，而且，他先前曾攻打尼賽亞（Nisaea），這給他帶來了知名度[68]。

但是他前兩次成爲僭主的失敗，說明他在雅典的號召力還不夠大。很可能是在西元前五五六年，他離開了阿提卡，在隨後的十年中，他得到了各種不同形式的外國勢力的幫助和支持。他首先在薩洛尼卡灣（Themaic Gulf）的雷色盧斯（Rhaecelus）居住，後來又去了色雷斯的龐伽伊昂山（Mount Pangaeum）的周邊地區。在那裡他開始聚資，可能是通過採礦和傭兵的方式。在幾個城市中，底比斯（Thebes）出資最多，可能底比斯正在組建一個彼俄提亞城市（Boeotian Cities）的聯盟，所以對阿提卡的事務比較感興趣[69]。伊雷特里亞（Eretria）允許他使用他的一些地區，作爲他計畫回到雅典的一個基地。一支來自阿哥斯的部隊加入了他的隊伍，還有一個來自納克索斯（Naxos）名叫呂戈達米斯（Lygdamis）的野心勃勃的公民，當然還有許多冒險家。

最後在西元前五四六年，庇西特拉圖率兵到了馬拉松。他登陸時沒有受到抵抗，事實上，許多雅典人包括一些城市居民，來到馬拉松加入了他的陣營。當他朝雅典進軍時，他的敵人率領軍隊出來迎擊，但被他打敗了。戰場是在帕列涅（Pallene），以後他再也沒有受到抵抗；這場戰鬥之後，他讓他的兒子在前面行進，安撫逃跑者，他讓他們都回到自己的家中。一些雅典人開始流亡，但是這樣的人並不多[70]。

西元前五四六年，當庇西特拉圖在雅典建立了長久的統治之後，他不僅僅是阿提卡東部利益集團的代表人了，這時他也已有了一個比這更廣泛的支持者群體。顯然在帕列涅（Pallene）戰役之後，雅典公民對抵抗庇西特拉圖已不再那麼熱心[71]。但是歷史記述表明，在西元前五四六年他的主要力量來源是一支私人軍隊和外國的支持。

綜上所述，西元前五九四年，雅典的梭倫被選爲行政長官，他制訂法律有利於雅典更民主發展，農民的狀況得到了改善，土地抵押被廢除，關於債令苛刻的法律得到減輕，所有自由公民都在公民會議上行使表決權，但是只有富裕的公民才有資格被選入最高職位。

梭倫的改革雖然沒有解決雅典城邦的政治紛亂局面，但是改革爲自由居民參加國家事務開拓了道路，中產階級在好幾個城邦裡把以前的慣例編成了法典[72]。

第六章

庇西特拉圖和克里斯提尼的改革

庇西特拉圖的對內政策

西元前七世紀和西元前六世紀雅典政體的發展有時被稱爲「民主進程」。這種名稱是不確切的，因爲雅典人正忙著做更緊迫的事情，那就是建立同盟國家。在西元前七世紀中葉，阿提卡聯盟對強大的雅典整體來說簡直微不足道[1]。中央機構像執政官和議會只與那些追求權利與榮譽的人在一起；處理殺人和其他暴力案件的法律對全體雅典人適用，但在大多數情況下，雅典平民意識到，他的保護人或主人所在的家族在當地有無勢力比較重要。

梭倫的工作代表著增強國家權力具有一定的意義，他的法典盡量作到公平，儘管關於「農奴」（Hiktemoroi）的問題含糊不清，並在阿提卡某些地區有可能比其他地方更爲敏感，梭倫的解決方式仍適用於整個地區，因此在某種程度上講，所有雅典人都經歷著一次不大不小的政治危機[2]。

西元前五四六年庇西特拉圖徹底消滅了反對力量，建立起持久的僭主統治。西元前五二八年他去世時，仍然大權在握，並在死前把權力移交給了自己的子孫，西元前五四六年以後，他制定了自己的政策，人們無法完全預料未來的發展，庇西特拉圖本應採取破壞聯盟的方式，並以布勞隆（Brauron）爲中心，建立一個獨立的城邦[3]；但他並沒有這麼做，因爲作爲阿提卡的僭主，他給予布勞隆的統治者有著更多的發展機會。

後來雅典人對庇西特拉圖的統治給予很高的評價。希羅多德提到第一次僭主統治時說：「**他不打亂先前已有的各種官職，也不改變任何法律；他根據既定的制度治理城邦，他的措施是高明的**[4]。」修昔底得對他的後代們的統治同樣也給予很高的評價：「**就權力而言，希帕爾科斯給予大多數人的不是負擔；他們擁有權力，就不會叛亂了。實際上這些僭主們非常重視美德和智慧。雅**

典人的收入中，只有二十分之一作爲稅金上繳，但僭主們不僅把城邦國家修建的高雅美麗，還有財力發動戰爭和進行祭祀活動。就大部分來說，雅典人始終執行既定法律，但僭主們要保證的一點就是，他們親信中的一員必須成爲執政官[5]。」此外，亞里斯多德對庇西特拉圖統治的評價也是很高的。

如果可以確保自己的一個親信成爲每年的執政官中一員，關鍵是世襲制。雅典共有九名執政官，假如庇西特拉圖及其子孫的一個支持者當選爲執政官，就意味著每年至少有一個執政官會按僭主的意思行事。這裡面還有更深一層的涵義，任何控制了九名執政官中之一的人將成爲亞略巴古會議（Areopagite Council）成員[6]。

一塊大約西元前四二五年執政官名單殘片，提供了解僭主對執政官的政策的依據，上面刻有六個連續多年當選的著名執政官的姓名，第四個名字是米太亞得（Miltiades）[7]，他被證實是西元前五二四年的執政官（哈利卡爾那索斯）狄奧尼索斯，他極有可能是庇西特拉圖家族的寵臣，西元前五一六年他被派去管理切爾松尼斯（Chersonese）。殘片上的最後一個名字只剩下一個音節，即「希特拉」（strat），我們可以假設這是庇西特拉圖——僭主統治創立者的孫子。殘片上第二和第三個名字最爲著名，他們分別是希庇亞斯（Hippias）和克里斯提尼。希庇亞斯是庇西特拉圖的長子，他在西元前五二八年庇西特拉圖死後成爲家族的首領。值得注意的是，希庇亞斯直到西元前五二六年才當選爲執政官，而在雅典執政官的最小法定年齡爲三十歲。作爲一代僭主的長子，在到了法定年齡之後，應該盡快掌權才合乎情理。希羅多德曾指出，當庇西特拉圖第二次僭主統治失敗後，便逃到埃雷特里亞（Eretria），和他的兒子們商議對策，希庇亞斯建議奪回統治權，最後他們取得了勝利[8]。

關於希庇亞斯年齡一個更爲可信的資料，是他的父親在西元前五六〇年以前就到了率兵和麥迦拉人（Megarians）作戰的年齡，因此作爲庇西特拉圖的親生長子，他有可能出生於西元前五六五年而非西元前五五六年[9]。而且如果希庇亞斯的兒子小庇西特拉圖曾在西元前五二二年擔任執政官，而他又嚴格遵守了年齡限制的話，希庇亞斯不會晚於西元前五七〇年出生。

就史料所載，較早的出生年月是比較有根據的。西元前四九〇年，希庇亞斯曾引導波斯軍隊進入馬拉松，如果希庇亞斯生於西元前五七〇年，並在其父健在的時候當選爲九名執政官之一，那麼他在西元前五二六年的當政生涯大概已是他的第二次掌權了[10]。他可能無視庇西特拉圖的去世，在任職期間就宣布了自己將就任的消息。庇西特拉圖在西元前五二八年去世時，第二年的九個執政官名單大概早已確定下來，因此，認爲他當政的時期最早在西元前五二六年是合理的。

殘片上最有意思的是克里斯提尼的名字，他是西元前五二五年的執政官。毫無疑問，這個克里斯提尼和西元前六世紀下半葉阿克麥奧尼德家族（Alcmaeonidae）的領袖是同一個人，這個名字在雅典並不常見，而是阿克麥奧尼德家族的克里斯提尼從西錫安的僭主——他的外祖父那裡承襲下來的。但希羅多德指出：阿克麥奧尼德家族在帕列涅（Pallenis）戰役後離開雅典，在僭主統治時期一直都在流亡[11]。阿克麥奧尼德家族的確是在帕列涅戰役之後離開雅典的；他們在戰役之後一直逃亡，但後來他們曾試圖向庇西特拉圖求和。

我們可以將這個情況與西門（Cimon）的情況進行比較。西門由於與庇西特拉圖不合而流亡在外，流亡期間，他的馬車在奧林匹克的馬車競賽上獲得勝利，在下屆奧林匹克競技中，他使用原班人馬再次獲勝，於是他宣布勝利屬於庇西特拉圖而非他自己[12]，因此他獲得了與庇西特拉圖講和的機會，他不但重新回到了雅典，還得到原屬於自己的財產。

西元前五二六年至西元前五二四年，雅典執政官的名單中包括庇西特拉圖的兒子希庇亞斯、阿克麥奧尼德家族的克里斯提尼和西門家族的米太亞德。如果名單上其他執政官的名字也能保存下來就好了。不過，這些有限、粗略的紀錄至少證明了一點，即庇西特拉圖的統治是建立在那些有權有勢的家族聯盟基礎之上的[13]。後人對庇西特拉圖及其後代統治的良好評價也足以證明，他們十分清楚該如何調整與那些野心勃勃的家族之間的關係。

關於早期僭主文化生活方面的記載，在庇西特拉圖及其子孫的史料中可以看到，詩人受到僭主的保護，如提奧斯（Teos）的阿那克列昂（Anacreon）[14]曾應邀去過希帕爾科斯（Hipparchus）的宮廷，赫爾米昂涅（Hermione）的拉索司（Lasus）[15]和凱歐斯（Ceos）的西蒙尼戴斯（Simonides）[16]也在那裡度過了一段時間。一座石砌的雅典娜神廟在雅典衛城北部修建起來，阿提卡居民對雅典娜的崇拜逐漸演變爲全國性的節日「泛雅典娜節（Panathenaea）」。公共設施的修建和泛雅典娜節規模的擴大，證明了僭主統治的成就，庇西特拉圖及其後代的眞正目的只不過是想使家族地位更爲顯赫，但他們採取的措施無疑促進了阿提卡半島居民的團結[17]。

西元前四世紀的一項習俗顯示，在「泛雅典娜節」上吟唱詩人要按固定的順序朗頌荷馬史詩中的部分章節。西塞羅指出，後來的習俗是庇西特拉圖第一個把該史詩的不同章節按固定順序排列[18]。對於這個習俗的價值，人們有不同的看法，但至少可以證明庇西特拉圖及其後代對泛雅典娜節詩歌朗誦競賽作出了一定的貢獻。

亞里斯多德指出，庇西特拉圖設置了市區審理官（Dikastai Kata Demous），即在阿提卡四處巡察以解決爭端的法官。市區審理官存在於西元前四世紀，當時共有四十名，他們有權處理價值十個德拉克瑪（Drachmas）以內的刑事案件[19]。如果這段話是可信的，那麼庇西特拉圖及其後代使法制的完善向前邁進了一大步。

我們對僭主統治的財政和經濟方面的情況了解有限。修昔底得指出，僭主們只徵收公民收入的二十分之一作爲稅款，而亞里斯多德則認爲是十分之一。和亞里斯多德相比，修昔底得更爲一絲不苟，認眞謹愼，因此他的觀點比較可信。有人認爲，庇西特拉圖重新畫分了土地，從敵人手中奪回一部分土地並分給農民，這個觀點是一種現代的猜想，並無直接的歷史依據，但或眞有其事，因爲有跡象顯示，在西元前六世紀的雅典，人們曾經討論過重新分配土地的問題[20]。爲了解決社會危機，梭倫也確實提出過重新畫分土地的設想，僭主統治期間，雅典陶器的出口不斷增長，其他商品貿易活動也呈上升趨勢。庇西特拉圖的外交政策目標之一，就在於保護商品的暢通無阻。

希羅多德關於雅典人在色雷斯的切爾松尼斯（Chersonese）定居一事的記載，揭示了庇西特拉圖與其他家族間的關係。色雷斯的多隆科伊（Dolonci）部落擁有切爾松尼斯（Chersonese）。而他們經常受到阿普辛提歐伊（Apsinthil）人的攻擊，於是他們到德爾斐乞求神諭，後來又到雅典，請菲萊德（Philaid）的米太亞德（Miltiades）給予保護[21]。米太亞德參加了雅典人組成的志願軍，在切爾松尼斯定居下來，並在半島的地狹處修建了一道城牆，以抵抗阿普辛提歐伊人的入侵。

希羅多德的記載還談到，米太亞德沒有子嗣，他死後，切爾松尼斯的統治全由他的同父異母兄弟西門（Cimon）的兒子司鐵薩哥拉斯（Stesagoras）繼承。他在米太亞德去世之前就住在切爾松尼斯了。他繼續和拉姆普薩卡斯（Lampsacus）作戰，直到後來拉姆普薩卡斯的一個部下扮成逃兵，被允許在切爾松尼斯避難；這個部下找機會暗殺了司鐵薩哥拉斯。司鐵薩哥拉斯沒有孩子，於是庇西特拉圖將司鐵薩哥拉斯的兄弟——米太亞德二世（Miltiades II）派往切爾松尼斯。米太亞德二世約在西元前五一六年到達切爾松尼斯，他採取強硬統治，逮捕了幾個首領，並擁有一支五百人的雇傭軍。他娶了色雷斯國王歐羅洛司（Olorus）的女兒爲妻，使鄰近的色雷斯成爲自己的同盟[22]。西元前四九三年，波斯艦隊向北穿過愛琴海到達提涅多斯（Tenedos），於是米太亞德二世逃回雅典。

米太亞德一世（Miltiades Ⅰ）到達切爾松尼斯的時間約在庇西特拉圖（Peisitratus）第三次僭主統治開始之後，希羅多德的記載試圖說明切爾松尼斯（Chersonese）統治者與雅典之間的關係比較緊張。他指出，米太亞德一世離開雅典，是因爲他對庇西特拉圖的統治感到失望；他認爲庇西特拉圖家族應對西門的死負責。但是，庇西特拉圖家族能把他派到切爾松尼斯這麼重要的地方，說明他們仍然信任他，作者有可能誇大了雅典與切爾松尼斯之間的關係。西元前四九三年米太亞德二世逃回雅典後，他的敵人以在切爾松尼斯實行僭主統治爲由控告他[23]。在這一年裡庇西特拉圖家族的僭主統治被推翻，那些曾爲此出過力的人都被看成是解放者。

普魯塔克的《梭倫傳》中提到，在布勞隆有一個區叫菲萊德。西門及其後代通過一個女人與米太亞德一世發生關係，因此他們應叫西門尼家族（Cimonidae）而不是菲萊德家族（Philaidae）。西元前五世紀，米太亞德二世的兒子西門二世（Cimon Ⅱ）由於在雅典軍隊中屢建戰功，於是拉基亞達伊區（Laciadae）遂成爲他的封地[24]。拉基亞達伊（Laciadae）在雅典以西，地處朝聖者往德爾菲的「聖道」上。

西元前六世紀末，克里斯提尼（Cleisthenes）改革時期把封賞制度作爲世襲制確定下來。這些制度確立的時候米太亞德二世恰好不在阿提卡，因此關於西門尼家族的來源有兩種可能，第一種可能是，西門一世在西元前六世紀時已擁有拉基亞達伊，而米太亞德二世在西元前四九三年回到自己的故鄉。另一種可能是，在西元前六世紀，西門尼家族擁有阿提卡的另一部分地區，而米太亞德二世在西元前四九三年獲得許可選擇自己的領地，他選擇了拉基亞達伊。以下關於菲萊德家族的米太亞德一世的事實證明第一種情況的可能性較大；據希羅多德稱，當多隆科伊人（Dolonci）到德爾斐乞求神諭時，他們沿著「聖道」向雅典前進。曾見到米太亞德一世坐在他家的門廊上[25]。他顯然是在拉基亞達伊或其附近擁有自己的房子。

西元前四世紀，雅典穀物絕大部分靠進口，進口產品總量的一半左右是從黑海北岸運來的。希羅多德曾提到進口的穀物被運送到希臘各地的事。他指出，在西元前四八○年，薛西斯一世（Xerxes）從阿洛多斯（Aloydos）動身前往希臘時曾見過滿載穀物的船隻由黑海駛向埃吉那（Aegina）和伯羅奔尼撒。梭倫關於限制農產品進口的規定中說，阿提卡有充足的穀物，雅典的黑色人像器皿早在西元前六○○年至五八○年就到達黑海沿岸地區了。此外，陶器的熔燒技術出現了重大創新：紅色人像陶罐取代比較簡單的黑色人像陶罐[26]。因此，到西元前五四六年，雅典重視通過赫勒斯滂（Hellespont）的穀物運輸路線的說法是可信的。換言之，由於庇西特拉圖大力推行發展航海業和商業政策，加強對外貿易關係，產品暢銷於地中海東西各地，也深入了黑海沿岸[27]。

圖 6-1 雅典墓葬石雕（330B.C） 劉庭芳攝

庇西特拉圖的對外政策

庇西特拉圖以前的雅典幾乎談不上什麼對外政策。爲了爭奪對薩拉米斯（Salamis）的控制權，雅典斷斷續續地和麥迦拉進行長期戰爭，梭倫還作詩鼓勵雅典人奪取薩拉米斯。其實，這場戰爭不過是正式聯盟的延續，而非蓄意挑起的，希倫的起義使事態嚴重化了。雅典人後來參加了第一次聖戰。以後的跡象顯示出，雅典是按梭倫的建議宣戰的，帶領軍隊的是阿爾克美昂（Alcmaeon）[28]。這些細節無非是「名人效應」的表現罷了，但是雅典的參戰得到了證實。自此以後，雅典在阿姆菲克圖昂會議中占據一席之地。

庇西特拉圖企圖控制赫勒斯滂和中愛琴海，他在外交事務的處理方法體現了這個欲望。這種處理方法，也是與希臘眾多城邦建立良好關係的唯一途徑。除切爾松尼斯之外，庇西特拉圖還擁有亞細亞海岸位於赫勒斯滂入海口處的西錫安。它原是米提列奈在小亞細亞半島上田產的一部分[29]。如希羅多德所說，庇西特拉圖奪取西錫安後，把它賜給了他的兒子海該西斯特拉（Hegesistratus）。庇西特拉圖與米提列奈人之間進行了一場長時間的戰爭，最後雙方請佩里安德（Periander）[30]進行調解。佩里安德要求雙方只能擁有既得土地，於是雅典保留了西錫安。庇西特拉圖及其後代因此能在赫勒斯滂擁有兩個雅典人定居地——切爾松尼斯和西錫安；這樣，對糧道的控制就有了雙倍的保證。

在愛琴海中部，庇西特拉圖採取了維護雅典控制權的第一步措施。呂戈達米斯（Lygdamis）是納克索斯（Naxos）一個野心勃勃的投機份子。他在庇西特拉圖最後一次復辟中加入了他的軍隊，很快地，庇西特拉圖在戰爭中占領了納克索斯，並把這個島委託給呂戈達米斯進行管理[31]。較晚期的一種說法是呂戈達米斯幫助波律克拉鐵斯（Polycrates）成爲薩摩斯（Samas）的僭主，這種說法較爲可信。波律克拉鐵斯亦建立了全愛琴海最強大的艦隊。

於是出現了一個問題；雅典、納克索斯和薩摩斯的僭主們是否曾試圖保持密切的關係？西元前五二五年，斯巴達人和科林斯人遠征薩摩斯時，沒有跡象顯示出希庇亞斯曾出兵援助。波律克拉鐵斯成功地抗擊了敵人的進攻，但是斯巴達人在這次遠征中征服了呂戈達米斯。毫無疑問，出於對伯羅奔尼撒勢力的尊重，希庇亞斯沒有出兵干涉[32]。由此可見，三位僭主之間的關係沒有發展到牢不可破的地步，也沒有建立有效的同盟。

雅典、納克索斯和薩摩斯都是愛奧尼亞人聚居的地方。西元前五世紀雅典被稱爲「所有愛奧尼亞城邦之母」。梭倫早就提到過這種稱謂，他還把阿提卡叫做愛奧尼亞最古老的土地，由此我們就不難理解庇西特拉圖淨化提洛島（Delos）的舉動了。提洛島是愛奧尼亞人的聖地，每年人們在此處舉行宗教儀式，庇西特拉圖就把埋在寺廟周圍的墳墓全部移到別處去了。在淨化島嶼的過程中，庇西特拉圖像所有新掌權人一樣，將儀式辦得格外隆重莊嚴[33]。

在位於大陸部分的希臘地區，庇西特拉圖贏得了許多城邦的好感。庇西特拉圖流亡期間，與部分城邦建立了聯繫。他們認爲庇西特拉圖是個值得信賴和支持的朋友。庇西特拉圖還從阿哥斯借了一支軍隊，亞里斯多德認爲這支軍隊有一千人。庇西特拉圖通過與一個阿哥斯公主蒂莫娜薩（Timonassa）結婚而與該地建立了友好的關係。他與色薩利（Thessaly）也有聯繫，西元前五一二年的事件就充分證明了這一點。當時斯巴達人派出遠征軍，試圖推翻庇西特拉圖家族，但由於這個家族與色薩利已經結盟，色薩利就派兵支援[34]。其實早在西元前五一二年以前，自庇西特拉圖給一個兒子起名叫色薩勒斯（Thessalus）之後，兩地之間的友好關係就建立起來了。

有證據指出，雅典的僭主們曾試圖與斯巴達建立友好關係。西元前六世紀末，斯巴達人推翻了庇西特拉圖家族的統治之後十分後悔，因爲他們意識到這個家族曾是自己的盟友。於是他們制定了一個幫助希庇亞斯復辟的計畫。儘管沒有成功，但這個事件證明斯巴達人與庇西特拉圖家族之間曾有過友誼[35]。

西元前五四六年庇西特拉圖的復辟依靠了國外的支援，而阿提卡外部環境的改變，導致了他的子孫們被逐的下場，西元前六世紀二十年代，阿提卡的政治發展引起了愛琴海同盟的不滿。西元前五二五年，斯巴達人進攻波律克拉鐵斯遭到失敗，但是在同一次的遠征中，他們征服了呂戈達米斯管轄的納克索斯[36]。西元前五二二年左右，波斯的薩迪斯（Sardeis）總督奧洛伊鐵司到大陸希臘參加會議，斯巴達乘機除掉他。

西元前五一九年，庇西特拉圖家族的力量被嚴重地削弱了。這一年普拉鐵阿人（Plataeans）受到底比斯人襲擊，他們被迫到克列歐美涅斯（Cleomenes）管轄的拉西第夢地區搬救兵[37]，但是拉西第夢人拒絕給予援助，他們指出從自己的家鄉出發給予普拉迅速的軍事援助是不可能的，因爲兩地距離太遠。拉西第夢人還建議他們到雅典去求援[38]。普拉鐵阿人眞的去了雅典，並與他們結成同盟，雅典也派了一支軍隊，幫助普拉鐵阿維護其獨立。

希羅多德說，這個事件裡面，拉西第夢人的建議如此奇怪，他們的動機是想使雅典人與貝奧提亞人之間產生糾紛。這個觀點值得推敲，因爲他與希羅多德寫作時的時代背景有一定的關係。他於西元前四三〇年左右寫完了《歷史》一書，在西元前四三一年的早些時候，底比斯人突襲了普拉鐵阿並開始圍城，一直到西元前四二七年才結束。出於和普拉鐵阿之間的長久結盟，雅典派兵援助，因此希羅多德對西元前五一九年拉西第夢人動機的看法認爲是不可能的[39]。而斯巴達擴張勢力的方法是擴大伯羅奔尼撒聯盟。

西元前五一九年，斯巴達人向北推進的目的可能是想讓麥迦拉加入聯盟。而鄰近麥迦拉的則是雅典和貝奧提亞（Boeotia）。此時底比斯人與貝奧提亞正在結盟。拉西第夢人向普拉鐵阿人推薦雅典，使普拉鐵阿成爲戰爭的導火線，這樣斯巴達人有可能同時削弱底比斯和雅典的力量[40]。在西元前六世紀末，斯巴達人的行動表明，他們希望具有超過雅典的優勢，因此，他們需要的是一個不像庇西特拉圖當政時那麼自行其事、獨斷專行的雅典。

如果希羅多德關於西元前五一九年拉西第夢人的動機猜測是正確的話，那麼這個事情對希庇亞斯就很不利了。希臘大陸上與庇西特拉圖結爲同盟的城邦之中，底比斯漸漸變得不友善起來。在爭霸之後，阿哥斯不再重要，斯巴達儘管與庇西特拉圖家族簽過友好條約，但是兩者的關係處理的並不好。剩下的就是埃雷特里亞（Eretria）和色薩利了[41]。色薩利對希庇亞斯的態度始終如一，而西元前五一四年發生在雅典的一樁陰謀，這可能會間接地對埃雷特里亞與雅典的關係產生影響。

當時希帕爾科斯（Hipparchus）與兩個雅典人哈爾摩狄奧斯（Harmodius）[42]和阿里斯托革頓（Aristogeiton）商議，準備在西元前五一四年的泛雅典娜節祭典上推翻僭主統治。由於內部的誤會，哈爾摩狄奧斯在混戰中被殺，阿里斯托革頓被逮捕後遭嚴刑逼供。接下來的調查使希庇亞斯相信一定還存在許多同謀，於是他的統治更爲嚴厲，許多市民被殺掉了。修昔底得還指出，爲了保證自己的安全，希庇亞斯在對外政策上也採取了措施，他把女兒嫁給了拉姆普薩卡（Lampsacus）的僭主希波克洛斯（Hippoclus）[43]。這可以說是他對一個失敗的陰謀作出的過度反應，其實陰謀早就輕易地被他的軍隊推翻了。

希庇亞斯對這個陰謀作出的反應就是與拉姆普薩卡斯的希波克洛斯結盟。這個城市位於小亞細亞，屬於波斯帝國管轄，在西徐亞（Scythia）遠征中，希波克洛斯忠誠地伴隨在大流士左右。伯羅奔尼撒同盟變得如此強大，連希庇亞斯這樣的僭主也不得不考慮尋求斯巴達或波斯的保護了。與希波克洛斯結盟之後，希庇亞斯對切爾松尼斯的米太亞德採取了試探性的侵略行動，但並沒有傷害他的意思。希庇亞斯到底想與波斯結成什麼樣的同盟，目前尚不知曉，其實大流士早就有入侵希臘的企圖，而希庇亞斯知不知道這一點就是另外一個問題了[44]。後來希庇亞斯從雅典出走後，波斯帝國提供他避難所。

阿克麥奧尼德家族（Alcmaeonidae）失敗後的流亡，可能是因爲哈爾摩狄奧斯（Harmodius）和阿里斯托革頓（Aristogeiton）的去世和隨之而來的調查緣故。他們和希庇亞斯一樣，無疑早就注意到雅典與其他城邦的關係問題。但是，他們最初的想法是不藉助外國力量的幫助，自己就可以推翻僭主。西元前五一三年，他們帶領一幫亡命者進入阿提卡，並在帕歐尼亞（Paeonia）上方的里普敘德里昂（Leipsydrium）建立了工事。雅典的一些市民也加入了這個隊伍，但後來希庇亞斯的軍隊攻破了里普敘德里昂[45]。很明顯地，即使在最困難、形式最嚴峻的幾年裡，希庇亞斯的僭主統治依然是很強大的。

按希羅多德所述，雅典人一般認爲阿克麥奧尼德家族爲最後推翻希庇亞斯邁出了第一步。據說他們打算重修被火焚毀的德爾斐神殿，並且想把它修建得更加富麗堂皇。於是他們得到神諭的許諾，當斯巴達人前來協助的時候，他們就提出請斯巴達人解放雅典的要求[46]。斯巴達人就派出由安啓莫里歐斯（Anchimolius）率領的艦隊在帕列隆（Phalerum）海岸登陸，但是庇西特拉圖家族被困在雅典衛城。後來斯巴達人的一些子弟被俘，他們只好同意在五天之內離開阿提卡並退回到西錫安。

儘管根據雅典人的說法，推翻僭主的功勞歸於阿克麥奧尼德家族，但是眞正的功勞屬於斯巴達，這個事實是掩蓋不了的。德爾斐神諭雖然具有一定的效力，不過斯巴達人仍需要一個有力的宗教藉口，來解除與庇西特拉圖家族之間的正式友誼。斯巴達推翻希庇亞斯的客觀目的是把雅典列入斯巴達的影響範圍。

經常有人猜測，在西元前五一〇年希庇亞斯流亡以後，雅典遂加入了伯羅奔尼撒聯盟。斯巴達局勢的複雜性，以及斯巴達政策的成功，與麥迦拉有三方面的聯繫。第一，在西元前六世紀末，大概是在西元前五一〇年前後，雅典通過了一項保護薩拉米斯的法案。很明顯，他們感到對薩拉米斯的擁有權受到了威脅。第二，斯巴達第一次攻打希庇亞斯的遠征是走海路的，說明他們不能使用通過麥迦拉的陸上通道[47]。如果像前文所說，斯巴達把麥迦拉於西元前五一九年歸入伯羅奔尼撒同盟，幾年以後，希庇亞斯給麥迦拉帶來了一系列觀念上的變化，這個情況是可以想見的。西元前五世紀，斯巴達和雅典對麥迦拉爭奪控制權，兩家的爭鬥十分頻繁。西元前五一二年安啓莫里歐斯帶兵遠征，第二年，斯巴達人盡全力恢復他們在麥迦拉的勢力。第三，普魯塔克在《梭倫傳》中說，斯巴達的一個五人仲裁委員會在制定薩拉米斯的歸屬問題時，決定把這個島嶼歸雅典管轄。普魯塔克把這件事置於梭倫的時代，但是五人仲裁委員會的最後一個卻是克列歐美涅斯。斯巴達關於雅典占有薩拉米斯的聲明可能是西元前五一〇年所作結論的一部分[48]。在後來的十年裡，斯巴達人終於把麥迦拉劃入自己的勢力範圍，而雅典也成功地維護了自己的獨立。

克里斯提尼改革

希羅多德講述了希庇亞斯被驅逐之後發生在雅典的一系列複雜的事件。克里斯提尼與伊薩格拉（Isagoras）之間的爭鬥日趨激烈。最初，伊薩格拉占了上風。克里斯提尼於是發動了一場部族改革，贏得了威信【49】。伊薩格拉就向克列歐美涅斯求情說，自己曾在庇西特拉圖家族被斯巴達人圍困的時候與這個家族建立過友誼。斯巴達國王克列歐美涅斯（Cleomenes）派一個信使到雅典，傳話求克里斯提尼和七百個家庭流放出去。這七百個家庭的先人們從前曾因殺害了希倫的追隨者而招致詛咒。克里斯提尼流亡了，克列歐美涅斯就帶領了一支小隊伍來到雅典，驅逐那七百個家庭。甚至他還解散了亞略巴古會議，把權力移交給伊薩格拉的三百個黨羽。但是會議拒絕交出權力，於是克列歐美涅斯和伊薩格拉就把雅典衛城控制起來。雅典人團結起來保衛會議，他們將克列歐美涅斯和伊薩格拉包圍了兩天。到第三天，雙方簽訂了條約，克列歐美涅斯等人離開雅典【50】。克里斯提尼和七百個家庭得以回來。

克列歐美涅斯不死心，繼續幫助伊薩格拉，使他能夠控制雅典，克列歐美涅斯兵分三路進攻阿提卡比俄提亞人（the Boeotians）從北方進攻，卡爾奇底亞人（Chalcidains）從東北方向進攻，克列歐美涅斯率領伯羅奔尼撒同盟軍從西面進攻。但是正當伯羅奔尼撒同盟軍隊在埃列烏西斯（Eleusis）和雅典軍隊相遇的時候，科林斯軍隊卻突然拒絕出戰回國去了。接著斯巴達的第二個國王戴瑪萊托斯（Demaretus）也退出了同盟，其他還有一些城邦的軍隊也撤軍了。雅典人繼續戰鬥，接連打敗了比俄提亞人和哈爾基斯人（the Chalcidians）。於是斯巴達人又作出了新的部署。他們召開伯羅奔尼撒同盟會議，商討準備幫助希庇亞斯復辟，當時希庇亞斯也參加了這個會議。斯巴達人已經感覺到伊薩格拉不再是一個合適的人選了[51]。可是科林斯和其他一些伯羅奔尼撒同盟的成員不贊成希庇亞斯復辟這個計畫，於是斯巴達人只好放棄了他們對雅典的企圖。

克里斯提尼和伊薩格拉之間爭鬥的原因可以從他們兩人的地區淵源中尋求答案，克里斯提尼是阿克麥奧尼德家族的首領，是這個城市的居民。伊薩格拉有人說他是菲萊德家族的人，因爲他父親的名字叫做鐵依桑德（Teisander），這個名字被證實是菲萊德家族的。不過，只憑鐵依桑德這個名字是不足以證明以上推斷的。希羅多德說，他不清楚伊薩格拉的身世，不過他補充說伊薩格拉和他的家族是宙斯．卡里亞（Zeus Carius）的崇拜者。

如果伊薩格拉來自城市外面的平原，他可能還是最早支持庇西特拉圖家族的東部家族首領。這種地方主義的觀點，對於他與克里斯提尼的爭鬥是一種合理的解釋。伊薩格拉是西元前五〇八年的執政官，後來他成了亞略巴古會議的成員，這個會議中有一個支持庇西特拉圖的小群體，它也是維護東阿提卡的利益的。從西元前五四六年至西元前五一〇年，僭主們都要讓九名執政官中有他們的支持者。希庇亞斯被推翻時候，有一些支持者離開了他。但是在亞略巴古這個會議（Areopagite Council）裡面，確實還存在一些維護東阿提卡利益的實權核心人物，在伊薩格拉與克里斯提尼的早期競爭中，這個群體也是使伊薩格拉占上風的力量源泉。亞略巴古大權在握最主要原因，它是由全雅典一百五十位最富有、經驗最老到的人組成[52]。

克列歐美涅斯曾帶了一小支部隊到雅典。通過以上的分析，我們也可以理解他的行動了，直到他決定解散亞略巴古會議之前，每件事都進行的很順利。由於他要解散會議，雅典團結起來反對他。希羅多德沒有說明他要解散的是哪個會議。梭倫創建的四百人會議是否眞的存在是令人懷疑的，儘管克里斯提尼曾經創立了五百人會議，但是在克列歐美涅斯到達之前，他是否眞的有足夠的時間來做這件事？除去亞略巴古會議（Council of the Areopagus），應該還存在另一個會議，也就是被克列歐美涅斯解散的那個[53]。

進一步的研究也指出了這個結論。克列歐美涅斯解散會議時，他同時準備把權力移交到伊薩格拉的三百個黨羽。這個數字比較接近亞略巴古會議每年接納九個新成員，而這九個人都得有近三十年或更長的活躍時期。如果克列歐美涅斯想解散的是亞略巴古會議的話，他就錯誤地估計了雅典的形勢了。他沒有注意到，伊薩格拉從這個會議裡能夠獲得有力的支持[54]。

對克列歐美涅斯來說，有伊薩格拉爲他出謀策劃，他還犯這樣的錯誤，簡直是不可思議。很有可能是傳說誇大了實際的情況。他可能只是試圖而沒有眞正解散會議，其目的是想變更會議的構成，他應該注意到，伊薩格拉的追隨者在會議中只占小部分，雖然這一小部分人是實力派；還應該注意到，克列歐美涅斯攻擊會議犯了一個大錯誤。直到這一事件以前，他在雅典的干涉一直是成功的。不過在這以前伊薩格拉就沒有其他的政治企圖了[55]。亞略巴古會議在雅典擁有極高的聲望，克列歐美涅斯進攻它的時候，首先面對的就是由此而造成的嚴重後果。

希羅多德對克里斯提尼的經歷講了很多，但卻沒有講述他改革的內容。他談到，雅典原來有四個部落，後來克里斯提尼把它們重新畫分爲十個部落。希羅多德還說，克里斯提尼設立了十個部落首領，並把十個區畫分給各個部落。亞里斯多德講述克里斯提尼的經歷是建立在希羅多德著作的基礎上，但是他提到了克里斯提尼改革的內容[56]。他描述了十個部落的構成，還提到克里斯提尼用五百人代替了梭倫的四百人會議。

我們不能證實希羅多德或亞里斯多德關於克里斯提尼改革的描述是有文獻基礎的，但儘管如此，他們的觀點仍是可以接受的。希羅多德證實了一個獨立於雅典史散文作品（Atthidographic）推測之外的傳說，那就是克里斯提尼設置了十個部落的體制，這個制度是永久強制實行的，於是，亞里斯多德在描述他的時候，用了一些他自己可以蒐集到的資料[57]。克里斯提尼建立了五百人會議這一事實就是由亞里斯多德的深入研究而確定的。

假設五百人會議第一次宣誓是在西元前五〇一年，那麼這個會議應該是在這一年第一次行使權力，而克里斯提尼的改革也就發生在這個階段前後。一般人認爲改革是在西元前五〇八年開始的。亞里斯多德認爲改革開始於伊薩格拉成爲著名執政官的那一年，而那一年就是在西元前五〇八年。改革無疑是要經過一段時間來進行的。進行部落改革需要掌握阿提卡的土地和人口情況，但由於五百人會議是從十個部落各選出五十名成員，他們預先設計了改革方案。有趣的是，如果計算由城市、沿海與內陸地區特里提選出的代表人數，可得出以下數字，城市：一百三十，沿海：一百九十六，內陸：一百七十四[58]。依照克里斯提尼的定義，廣義的「城市地區」，人口還是比其他二個地區少。

由於亞里斯多德的功勞，克里斯提尼設計的新部落體系得以清楚地保存下來，雅典原來有四個部落，部落成員是世襲的。這些部落由於某些宗教原因得以持續下去，但是克里斯提尼把所有的市民分爲十個部落。這種劃分的方法和以前的四個部落沒有任何關係，新部落是以地區爲基礎進行畫分的，例如：某個市民住在阿提卡的某個地區，改革之後，他就成爲這個地區的部落成員，在把阿提卡的土地分配給十個部落的時候，採取了一種比較複雜的方法。基本的行政單位是蒂姆（demos），阿提卡的土地被畫分成約一百四十個區[59]。每個蒂姆看作是一個村莊或教區，有最基本的地方行政機構。

在阿提卡實行改革以前，很多地區的地方組織擴大了，但是克里斯提尼把全部的土地都畫分成蒂姆，也包括把雅典畫分成蒂姆，可能還把本地的居民組織移到其他地方去了。克里斯提尼把阿提卡畫分成三個大區，作爲建立十個新部落的第一步。他把這三個大區分別叫做「城市」（Asty）、「海濱」（Paralia）和「內地」（Mesogeios）[60]。接著，他把每個大區又分成十部分，叫做「特里堤」（Trittyes）。每個「特里堤」由若干蒂姆組成。克里斯提尼分給每個新部落一個「城市特里堤」。

部落與蒂姆一樣起著重要的作用。每個部落都有自己的神壇和祭司，也有各自的部落議事會，選舉部落的官員。在西元前四世紀，掌管部落事務的官員被叫做「部落監督」（Overseers of the Tribes）。每個部落也是軍事單位。雅典招募軍隊的時候，部落會貼出一張名單，應徵者被編成十個團，每個團由部落指揮官率領。部落還有提名選舉國家領導者的權力，在西元前五〇一年頒布的法令規定，每年公眾要選舉出十名將軍（Strategoi）每個部落產生一名[61]。對其他官員的選舉也有類似的規定。

特里堤，與區和部落相比，其作用並不很大。有些特里堤擁有自己的地產和祭祀法規，說明他們已經有一點相對獨立的意味了，克里斯提尼是否想讓特里堤發揮更積極的作用值得商榷。但是很難說他到底希望它們發揮什麼樣的作用[62]。一般都認爲，特里堤最基本的作用是用來衡量分配給部落的土地。

新的部落制度用地區畫分代替了世襲制。其他古代共和國也曾經歷過理論基礎類似的變革，例如古羅馬，傳統上認爲是早期的國王塞維魯·圖里阿（Servius Tullius）開始實施變革的。與古羅馬情況相比較，我們就可以猜測出克里斯提尼改革的目的了。西元前六世紀，阿提卡可能是一個吸引移民的地方，從阿提卡的陶器可以看出，這是由於阿提卡財富增加的原因。亞里斯多德在《政治學》中指出，克里斯提尼釋放了很多外國人和奴隸。另一方面，他指出，推翻僭主統治之後，雅典人通過投票剝奪了很多採取不正當手段獲得特權的人的公民權[63]。這個記載的眞實性值得懷疑，不過如果它是正確的，我們可以猜測，克里斯提尼維護了那些公民權受到懷疑的人。

以上的因素雖然說明了一定的問題，但是它們不能對克里斯提尼部落制度的特殊之處作出解釋。在古羅馬每個部落擁有一片集中的地區；而在雅典，每個部落擁有三個不在一處的地區。吸引移民和分擔國家義務在一片集中的地區進行要更好一些，那麼爲什麼克里斯提尼要採取複雜的方式呢？有的部落擁有的海濱特里堤與內地特里堤離的很近。例如，埃該伊斯（Aegeis）部落的海濱特里堤北起布勞隆，與內地特里堤接壤，這個部落的大部分土地位於彭太利卡姆山（Mount Penteli-cum）。此外，伊安提斯（Aeantis）部落的海濱特里堤包括馬拉松和附近的居民點，內地特里堤與海濱特里堤相鄰，人口聚居地在阿菲德納（Aphidna）。潘岱歐尼斯（Pandionis）部落的情況則沒有這麼突出了[64]。其海濱特里堤位在布勞隆南部，一直延伸到西部地區，並與海濱特里堤形成了一個角度。

亞里斯多德指出，克里斯提尼設立十個新部落的目的是「將雅典人融爲一體」。一些現代學者贊同這個觀點，把不同地方的人團結在一起——也許這些學者對分析克里斯提尼莫名其妙的分劃方式已感到絕望了。但是，克里斯提尼這麼做一定有他的理由。改革措施的提出時間是在克里斯提尼與伊薩格拉爭權的時候，這些措施的實行使克里斯提尼占了上風[65]。因此，任何一種關於改革而沒提到的黨羽因素的假設都是很值得懷疑的。

換言之，部落改革涉及到市區畫分的問題，我們不能忘記阿克麥奧尼德家族是屬於該行政區的，伊薩格拉的故鄉則不在該地。那麼，可不可以把這個改革理解是爲了把一個地區的領袖與其他地區的領袖分隔開呢？至今尚未有準確的答案，但是至少有兩個線索。其中一個線索與十個部落的政治經濟中心有關。除了希波通提斯（Hippothontis）部落的中心在埃利烏西斯（Eleusis）之外，其他幾個部落都在雅典有自己的中心[66]。這樣，九個部落的議事會能在雅典集會，城裡的人們也會比在特里堤時有更多的見面機會。如果每個部落擁有一片集中的土地，這樣的安排就不可能了，而且其中一些部落也不可能在城裡擁有自己的手下了。第二個線索與官員選舉制有關。從西元前五〇一年開始，雅典每年選舉十個將軍，他們分別來自十個部落。候選人是從全雅典的公民中產生的，但是他必須要保證每個部落都有一名將軍。有時人們認爲這些將軍原先是部落指揮官，但是這種猜測沒有根據，在希羅多德關於馬拉松戰役的記載中，他們是以參謀的身分出現的，而不是帶兵的將領。他們是作爲軍事專家被選舉出來的，但是在雅典人看來，軍事和政治活動之間沒有什麼區別[67]。我們不清楚這種將軍制是不是西元前五〇一年的創新，還是從前就有的；他們是每年都要重選，還是隔一段時間選舉一次；以及選舉制與舊的四個部落是否相關，這些都是無法回答的問題。

西元前五〇一年實施的選舉制度從表面上看來是非常公平的。每個部落都將產生一個將軍，因此阿提卡每一個夠標準的男性公民，不論他是哪個部落的，都有機會當選。可是，因爲每個部落在雅典城裡都有自己的地盤，所以城裡家族的人有機會塡補所有的十個空缺。又因爲選舉人與被選舉人同住在城裡，城裡的部落首領擁有足夠數量的侍從和食客，他們獲選的機會比外區的首領要大得多[68]。

此外，對於九名執政官來說，可能也存在類似的情況，儘管「九名執政官」的稱謂保留下來了，實際上成員的名額擴大到十個，多出來的那個被叫做「提斯莫提塔伊祕書」（the Secretary of

Thesmothetae）。法律規定執政官需從十個部落中選出，這個制度直到西元前四世紀還存在。我們對制度更改的時間上不是很清楚，但最早的猜測認爲這是克里斯提尼改革的一個結果或一個部分[69]。由於實行了這種表面公平的選舉制，城裡的人將有更多的機會當選執政官。

克里斯提尼制定的另一項新制度就是「五百人會議」。每個部落選出五十人組成每年的會議，每一個區的會議成員人數與這個區的人口成正比。會議成員是按抽籤的方式選出的，連選連任則受到限制，在西元前四世紀，每個成年男性公民只允許連任兩屆，在更早些的時候，可能只允許擔任一屆，在足夠的志願者沒有面臨經濟困難的時候，這一規定可能會放寬限制，例如在西元前四世紀早期。會議的作用是執行法律：爲公眾集會作準備工作[70]。沒有會議的批准，任何集會前的活動都是不允許的[71]。西元前五世紀中期，雅典政府著手處理的公務比以前要多，因此又增設許多其他的機構。會議是除集會以外的獨立機關，且會議的責任是處理所有的公眾事務。

按雅典人的說法，他們談論部落改革要比評論克里斯提尼的五百人會議多。希羅多德只講了兩者中的一個，而亞里斯多德講述了部落的構成並逐一解釋，關於五百人會議他卻只寫了一句話。可以看出，人們對部落改革的記憶更爲深刻，此後，每個雅典人所在的蒂姆成了其官方稱謂的一部分[72]。他在某一個蒂姆，就標誌著他是某一部落的成員，在與法律或政府機關發生關係時，這是一個識別的標誌，但只有在他對政治感興趣時，他才會與會議打交道。

於是又產生了一個問題：在五百人會議創建之前，公眾集會的準備工作是由誰來完成的呢？目前沒有確鑿的證據，但是這裡可以提供兩種可能的答案。第一種是這種準備工作是由非正式的群體完成的，其成員都是有權有野心的人。第二種是這種準備工作是由亞略巴古會議完成的。無論是何種情況，這兩個組織都試圖對最後的決議施加影響[73]。亞略巴古會議的成員都是野心勃勃的人士，他們通過選舉而擔任執政官，富有政治經驗，而且是這個會議的終身成員。五百人會議的創建具有十分重要的意義，不僅由於它是執行法律的機構，它還阻止那些企圖自我發展的團體取代它的功能。

克里斯提尼領導雅典人結束了庇西特拉圖家族統治，隨後他對雅典政治制度進行改革，由全體雅典公民參加的公民大會是最高權力機構，五百人會議是它的常設機構，陪審法庭相當於雅典的最高法院。克里斯提尼對選區畫分進行的改革給了貴族最後一擊。至此，雅典也擺脫了氏族制度的束縛[74]。

對於雅典城裡的家族，例如阿克麥奧尼德家族（Alcmaeonidae），有效的決議能夠在公眾集會中通過而不會受到強大團體的損害，無疑是很有利的。公眾集會在雅典城裡舉行，因此那些住在城裡或住在雅典附近的大家族能夠帶很多的朋友和侍從參加集會[75]。那些住的離雅典較遠的家族就沒有這種便利條件了。據說在西元前五世紀下半葉，克里斯提尼創建了雅典的民主政治。希羅多德將克里斯提尼形容爲「**創建了部落並開創了雅典的民主政治。**」

克里斯提尼時期流行的政治口號不是「民主政治」，而是與「平等」有關的內容。希羅多德把新的秩序叫做 Isegoria，其原意是言論平等，一首爲了紀念哈爾摩狄奧斯（Harmodius）和阿里斯托革頓（Aristogeiton）而作的祝酒歌中唱道：「**殺了僭主，雅典人有了平等法律。**」Isonomoi 一詞的意思與「**法律之前人人平等**」相似，這是一種所有公民都有平等的政治機會的局面，與庇西特拉圖及其子孫統治時的獨斷專行截然不同[76]。

雅典的僭主並不是特別獨斷專行的。他們不過是用強制手段保證既定法律的執行罷了。有些人猜測庇西特拉圖曾經重新分配過一部分土地，特別是屬於已經流亡的那些反對者的土地。如果真有其事，那麼這可以說是庇西特拉圖最獨斷專行的一個舉動了，希庇亞斯被推翻之後，出於同樣的原因，土地又被重新分配過一次，至少希羅多德曾說過，庇西特拉圖被逐出雅典之後，卡里亞斯（Callias）曾在庇西特拉圖的財產拍賣上買了東西[77]。對卡里亞斯的研究顯示，他在庇西特拉圖時期都十分活躍。毫無疑問，希庇亞斯流亡時，他也購買了希庇亞斯的財產。

雅典的傳統對庇西特拉圖及其子孫的評價是模稜兩可的；希羅多德、修昔底得和亞里斯多德對他們的統治都持正面態度。另一方面，關於他們的記載又試圖說明，阿克麥奧尼德家族將雅典人從希庇亞斯的暴政下解救出來[78]。有的傳統強調哈爾摩狄奧斯與阿里斯托革頓所起的作用，他們二人的雕像屹立在雅典衛城裡，他們的後代也得到人們的尊重，是故克里斯提尼時代以後，雅典的各種利益衝突需要調解。

從更遠的角度來看，庇西特拉圖家族和阿克麥奧尼德家族之間的關係還有著更深一層的含義。雅典人的選擇不是在僭主統治與解放之間作出的，實際上選擇的餘地很小。庇西特拉圖和克里斯提尼各有目的，但他們的活動導致雅典形成了更強的整體觀念。庇西特拉圖運用更多的內部調解手段來加強雅典人的公民意識，像稅制、節日和建築以及建立自我防範的外交政策。克里斯提尼在對地方主義者的爭鬥中，通過城市行政區的畫分而取得了勝利，並大大地削弱了地方集團的勢力，這些地方集團原是效忠克里斯提尼的政敵[79]。自從西元前七世紀雅典統一之後，這個城市就有其得天獨厚之處，因爲這裡是政府機關所在地。這樣「地方主義者」鬥爭的結果就在預料之中了。

綜上所述，克里斯提尼改革是繼梭倫改革之後另一具有重大歷史意義事件。克里斯提尼改革使得由梭倫奠定基礎的民主政治趨於鞏固[80]。克里斯提尼除了結束了僭主政治的局面，他一改舊日愛奧尼亞四個部落的傳統，而建立以「蒂姆」爲基礎的新的十個部落的制度，並重建五百人議會的權威。而陶片流放制則是爭論最多的改革[81]。此後，雅典的民主洪流便不可逆轉地向前邁進，因此亞里斯多德說這一改革「比梭倫憲法要民主得多」[82]。在將近百年的時間內，雅典由於一系列民主改革而一躍成爲希臘世界中居領導地位的城邦，其經濟、政治和文化實力已可使它面臨即將到來的波斯入侵。

第七章

波斯帝國

波斯和希臘的緊張關係

波斯帝國，是雅利安人中的波斯居魯士二世（Cyrus）於西元前五五〇年建立的。雅利安人這個名稱是從雅利安語系而來的。屬於雅利安語系的人有印度人、希臘人、羅馬人、日耳曼人、克爾特人以及斯拉夫人等。在語言方面，波斯人雖屬雅利安語系，但他們的骨骼、血緣、髮式、眼睛等與其他雅利安民族並不完全相同。在短短半個世紀時間裡，這個由游牧民族建立的國家征服了西起愛琴海、東迄印度、北達高加索、南至尼羅河的廣大區域，包括巴爾幹半島的色雷斯地區，成爲地跨歐亞非三洲的帝國，而小亞細亞由希臘人殖民建立的城邦亦落入波斯人手中[1]。

西元前六一二年，米底亞人（Medes）和巴比倫人攻陷了亞述的首都尼尼微。這是古代一次決定性的軍事行動。最初，亞述人建立起第一個有系統組織的帝國是爲了統治近東地區，但隨著尼尼微的陷落，帝國的勢力也一再削弱，並且在此後的半個世紀裡，對近東的控制權落到四股勢力的手裡。其中的呂底亞（Lydia）控制了哈利斯河（Halys）以西的大部分小亞細亞，並且與希臘的城邦交往頻繁。另一股勢力是埃及在沉默了幾個世紀之後於塞伊斯（Saite）王朝再度復興。美索不達米亞南部被新巴比倫或伽爾底亞（Chaldean）帝國控制[2]。另一股勢力是米底亞把伊朗境內的許多部落統一起來，組成了一個窮兵黷武的王國。亞述衰落以後，米底亞人除了控制伊朗，還一度控制了美索不達米亞和敘利亞，他們的行動亦產生決定性的影響。

伊朗境內的部落之一就是波斯人。他們繼承了在安善（Anshan）的領土，並且在語言上和米底亞人極其相似。西元前五五九年在阿契美尼德（Achaemenid）王朝時期，居魯士成爲波斯國王。西元前五五〇年，居魯士打敗米底亞的國王阿斯蒂吉斯（Asttages），並因此使波斯人占有了米底

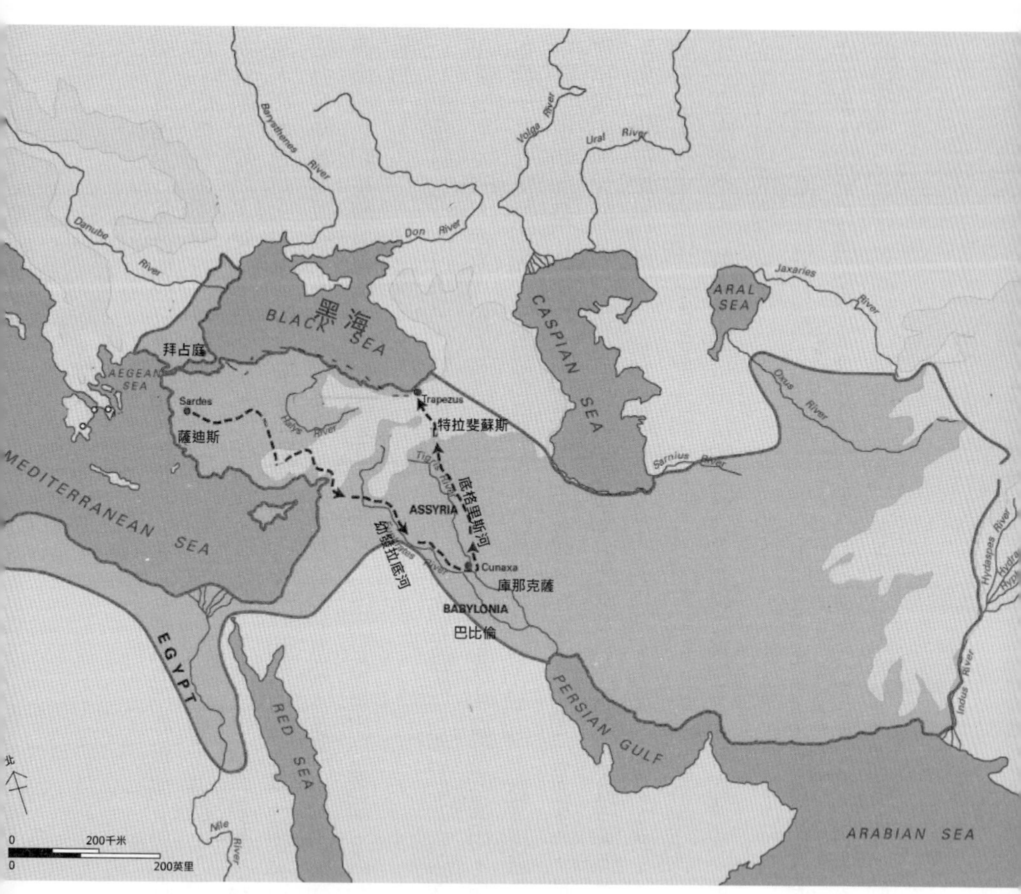

Borysthenes River
Volga River
Ural River
Danube River
Don River
BLACK SEA
黑海
CASPIAN SEA
ARAL SEA
Jaxartes River
Oxus River
拜占庭
AEGEAN SEA
Sardes
薩迪斯
Halys River
Trapezus
特拉斐蘇斯
Sarnius River
MEDITERRANEAN SEA
Tigris River
底格里斯河
ASSYRIA
幼發拉底河
Cunaxa
庫那克薩
BABYLONIA
巴比倫
Hydaspes River
Indus River
EGYPT
RED SEA
PERSIAN GULF
ARABIAN SEA
Nile River
北
0
200千米
0
200英里

圖 7-1　波斯帝國

亞。他還有許多其他的征服事蹟，特別是在西元前五五四年征服了呂底亞，又於西元前五三九年占領了巴比倫（那裡的人民奮起反抗巴比倫王朝，並歡迎居魯士進城），由此而產生的勢力就稱爲波斯帝國。雖然這是一個波斯王朝，但高級執政官、省長、部長官員和軍隊主要將領卻都是同時從波斯人和米底亞人中選取的。波斯帝國是由米底亞人和波斯人主政。通過對呂底亞的征服，波斯人開始與希臘城邦接觸。他們的關係進一步發展，直到波斯人試圖去征服歐洲的希臘。波希戰爭是以雅典爲核心的希臘城邦與波斯帝國之間的戰爭，這場戰爭是由於波斯帝國的軍事擴張和蓄意西侵而引起的[3]。

西元前七世紀和西元前六世紀，愛奧尼亞比希臘的大部分地區還要繁榮，發展程度還要高。在愛奧尼亞的大陸部分和近海的一些島嶼上，都是肥沃和廣闊的農田。荷馬史詩中的方言，儘管也包括一些在史詩創作技巧發展前期帶來的其他方言形式，但主要還是愛奧尼亞的方言[4]。而且，其中許多很明顯是在愛奧尼亞形成的。古希臘科學家泰勒斯（Thales），他是米利都（Miletus）人，曾預測出西元前五八五年日蝕，他的後繼者阿那克西曼德（Anaximander）和阿那克西米斯（Anaximes）也都是米利都人。米利都由專制君主泰拉西布勒斯（Thrasybnlus）統治。但是對於他，人們除了他與皮里安德（Periander）的友誼及其與呂底亞的戰爭以外幾乎一無所知了[5]。在此以後，米利一直內亂不止，但最後還是由自帕羅斯（Paros）來的人調解而達成一項協議，接著米利都出現了從來沒有過的高度繁榮。

人們一直認爲米利都人在黑海沿岸的定居是在西西里島的最初幾個主要殖民地建立以後很多年的事。由此推論愛奧尼亞的經濟發展在哈爾基斯（Chalcis）和科林斯之後很久才達到去開拓殖民的程度[6]。必須承認的是，從考古證據上看黑海地區的殖民地都是開始於西元前七世紀末期以後。

呂底亞王國的資源包括金、銀以及這兩種金屬的自然合金——銀金礦。之後，蓋吉茲（Gyges）通過推翻前任統治者後自立爲君主（西元前六八五年至西元前六五二年）他使整個王國比以前更有效地運轉；他所建立的莫姆納德（Mermnad）王朝明顯地塡補了一個權力眞空。這個王國和希臘及亞細亞大陸的關係在一定程度上不是友善的。蓋吉茲自己就搶劫了米利都和士麥那（Snyrna），並占領了科洛豐（Colophon），他的後繼者承續了這種政策[7]。最後這種洗劫被另一種更爲持久的貢賦方式所代替（即希臘城邦每年要向呂底亞國王交納一定的貢賦），這種協議最遲也是在克羅伊斯（Croesus）（第五位也是該王朝最後一位君主）在位時期達成的，並且對雙方都極爲方便。

但在許多方面，呂底亞王國對希臘人是有益的。好幾位國王對希臘王室作過貢獻，傳統觀點認爲蓋吉茲就在德爾斐（Delphi）作過這樣的供奉，而克羅伊斯（Croesus）在德爾斐（Delphi）的貢奉是極其珍貴的。這些活動說明一種普遍親希臘的態度[8]。後來故事中講到的一些著名的希臘人如雅典的梭倫和阿克墨奧尼德對克羅伊斯的訪問，儘管其中的一些故事是誇大的甚至是全部虛構的，但我們也可以從中推定希臘人在呂底亞是可以自由旅行的。

由此，最能帶給希臘人想像的王國財富在商業上提供機會是很重要的，基於同樣的原因，王國的擴張也對希臘人相當重要。西元前五八五年開始阿利亞特（Alyattes）與米底亞人進行了六年的戰爭，那時在更早以前，哈利斯河（Halys）被認爲是米底亞王國和呂底亞王國的國界。或許哈利斯河以西的所有大陸地區並未全部臣服，但到克羅伊斯時期，這一過程終於完成了[9]。在西元前六世紀前期，愛奧尼亞的財富就是部分來自於戰爭與貿易，部分來自與呂底亞王國的交往。

西元前五四四年，克羅伊斯與居魯士之間的戰爭爆發了。在哈利斯河以東的一場戰役之後，克羅伊斯退守薩迪斯，想把戰爭推遲到來年。但居魯士尾隨至薩迪斯，並在那裡擊敗了克羅伊斯的軍隊，又在圍困十四天後攻陷了該城，所以，波斯人取得了對呂底亞的正式控制[10]。此後幾年的行動使他們又與希臘城邦有了接觸。在居魯士向克羅伊斯發起進攻之初，他派使者離間克羅伊斯的愛奧尼亞臣民，鼓勵他們造反，至少希羅多德是這麼說的，而且這是可信的，推翻克羅伊斯之後，愛奧尼亞人和伊奧利斯人派特使到仍在薩迪斯的居魯士那裡去。他們要求居魯士用克羅伊斯曾經對待他們的同樣方法，接受他們爲臣民[11]。居魯士延續了呂底亞國王給予米利都的特殊地位，但他拒絕對其他城邦作出任何承諾，居魯士只在薩迪斯作了短暫停駐，接著移師梅狄亞（Media）的埃克巴坦那（Ecbatana）。他派一個波斯人塔巴勒斯（Tabalus）管理薩迪斯，但他把前呂底亞王國的財產託付給一個呂底亞人派克塔斯（Pactyes）掌管。派克塔斯很快發起了一場呂底亞人的暴亂，他還拜訪了海岸附近的希臘城邦，並且取得了他們的幫助。聯合軍隊圍困了薩迪斯的塔巴勒斯[12]。居魯士得到這個消息時正在向內地進軍，於是派另外的軍隊去鎮壓叛亂；最後波斯人收復了呂底亞。

接著他們猛攻大陸部分的愛奧尼亞城邦。在普里耶涅（Priene），他們殺死了所有的男人，把婦女和孩子變爲奴隸。他們搶劫了邁安德（Maeander）河平原和馬格尼西亞（Magnesia）。他們通過圍困和修建工事毀壞了大部分城市[13]。弗西亞（Phocaea）的一半居民通過海路逃走，並在科西嘉島定居下來。

這一系列的軍事行動有好幾年的時間。西元前五四〇年以前，波斯人使小亞細亞的原有城邦減少了很多，但米利都卻一直有其特殊地位。就像在上面提到的那樣，在征服過程中許多城邦不可避免地遭到了殘暴的攻擊，但並不是所有的城邦都是如此[14]。波斯人通常在希臘各城邦中都有一個他們所支持的專制統治者。這樣，他們就能通過所控制的傀儡知曉城邦的一切事情。

西元前五三〇年，居魯士去世。他的兒子和繼承人岡比西斯（Cambyses）集中全力去征服埃及，並在西元前五二五年成功地侵占了埃及。穩固地占有了埃及之後，他又把目光對準了進一步的侵略目標——迦太基和其他地區。爲了達到目的，他依靠腓尼基人航行。腓尼基人是自願臣服於波斯統治，或許他們是向岡比西斯臣服，而不是居魯士。他們的艦隊是波斯帝國最好的分遣艦隊，這一點在軍事行動中具有很大的戰略意義[15]。波斯人曾不用任何艦隊征服了小亞細亞，而他們得到了腓尼基的幫助，對愛琴海地區的征服具有重要意義。

西元前五二二年，岡比西斯去世，而在伊朗地區一系列的叛亂接踵而來，大流士也開始掌握政權。他來自於阿契美尼德（Achaemenid）王朝的一個旁系分支。大流士通過進一步的運動和一系列行政管理措施，鞏固了王朝的統治地位，並且在他的統治之下，波斯帝國達到了前所未有的遼闊版圖，疆域一直延伸到印度西北部。這些運動中的其一就是邀約各國照會，因爲這與大流士對希臘的企圖有關[16]。西元前五一四年大流士發動了一次對西徐亞人（Sythian）的遠征，爲此目的他在博斯普魯斯（Bosporus）海峽上架起了一座橋。

除此之外，從小亞細亞調來的希臘城邦海軍分遣艦隊，在各自專制統治者的率領下穿過黑海到達多瑙河（Danube），並在河上架起了一座橋梁。大流士率領他的遠征軍穿過色雷斯到達多瑙河，通過了事先在河上架好的橋梁，接著，他穿過西徐亞人居住的地區。但西徐亞人在他到達之前就已經撤退了，並且他們邊撤退邊毀壞牲畜飼料，把國家境內的井水弄臭。他們通過游擊戰術騷擾襲擊波斯軍隊和糧草[17]。大流士被迫撤退到多瑙河進而完全撤軍。

希羅多德指出，當波斯人平定派克塔斯（Pactyes）叛亂之後，征服了愛奧尼亞，他們因受驚嚇而主動向居魯士投降。這種觀點是錯誤的，有可能愛奧尼亞人與居魯士或他的軍官建立起了友好的關係，但他們並沒有必要使自己臣服於波斯，直到波斯擁有一支足夠能在愛琴海活動的艦隊[18]。有關資料記載，其中薩摩斯（Samos）島的許多的細節被保留下來，我們從這些細節中可以清楚地看到他們複雜的發展過程。

大約在西元前五四〇年，薩摩斯島處在一個專制者波呂克拉特斯（Polycrates）的統治下，他推行了一種激進政策，進行海上掠奪並對許多島嶼和大陸的城邦進行攻擊。他進行了一次對米利都人的戰爭，並且在海上重創了米利都人的盟友萊斯博斯人（Lesbos）[19]。在長時期內，他保持著與埃及的阿美西斯（Amasis）友好關係。

在波呂克拉特斯時期，薩摩斯的海軍力量成爲愛情海地區最強的。或許他這一優勢得益於航海的發展。在他的時代發明了三層槳的戰船。三層槳的戰船比一直爲各國海軍主要裝備的五十槳大船快捷且有力[20]。希羅多德曾在一處說，波呂克拉特斯擁有一支有一百艘五十槳大船的艦隊，而在另一處他又說，波呂克拉特斯曾派一支四十艘三層槳戰船的艦隊幫助岡比西

圖 7-2　希臘薩摩斯島獅身鷹首獸（625-575 B.C）　劉庭芳攝

斯遠征埃及。

波斯力量增長或許成爲他們可怕的威脅。也許波呂克拉特斯意識到了這一點，這可以解釋他們爲什麼派艦隊幫助岡比西斯征討埃及。到西元前五二二年，呂底亞的地方總督奧羅伊迪斯（Oroetes）決定征服薩摩斯，以此來擴大帝國的版圖，他得到了岡比西斯的賞識，因此，他誘使波呂克拉特斯到大陸與他商談，接著，他殺死了波呂克拉特斯並將其屍體釘在十字架上[21]。

波呂克拉特斯死後，薩摩斯的統治權落到了美安德伊斯（Maeandrius）手裡。不久之後，大流士計畫要征服薩摩斯，並派一支部隊去完成這項使命。與此同時島上又爆發了接二連三的內亂，因此波斯軍隊未遇到什麼抵抗就登上了薩摩斯島。許多薩摩斯人起來反抗波斯人的入侵，波斯軍隊也以牙還牙[22]。最後，波斯人決定把該島交給波呂克拉特斯的弟弟西勒森（Syloson）代爲管理，在此以前，西勒森曾被其哥哥放逐過，就是在放逐過程中，他結識了當時還在埃及岡比西斯手下任職的大流士。

對薩摩斯島的征服並不是一件輕而易舉的事。波斯人爲此目的專門派遣一支部隊外，還乘島上政權更替及內鬨不斷之際，進行征服，並且他們還幸運得到一個被流放的薩摩斯人作爲嚮導。波斯人也用相似的辦法得到了愛奧尼亞附近海上島嶼，其中有一些則是自願臣服於波斯[23]。在對埃及的軍事行動中，岡比西斯至少從米蒂利尼（Mitileme）派遣了一艘由他支配的船隻。也許米蒂利尼人派出這支船是基於當年波呂克拉特斯幫助岡比西斯同樣的原因。

我們可以推測波斯人在征服西徐亞人期間對希臘人的統治程度，因爲希羅多德爲我們提供保護架在多瑙河上橋梁的統治者名單。他們當中有來自小亞細亞的米利都、福凱亞（Phocaea）和賽姆（Cyme）的君主。還有的統治者是來自小亞細亞的普羅旁提斯（Propontis）和赫勒斯滂（Hellespont）幾個城邦，即基齊庫斯（Cyzicus）、普羅克尼斯（Proconnesus）、帕里姆（Parium）、蘭普薩庫斯（Lampsacus）和阿拜多斯（Abydus）[24]。

據記載，從歐洲海岸來參與多瑙河橋梁事件的統治者僅有拜占庭的阿里斯頓（Ariston）和切爾索尼斯（Chersonese）來的米太亞德（Miltiades）。名單中近海參戰島嶼有開俄斯（Chios）和薩摩斯（Samos）。在另一處，希羅多德像謎一般地指出，在多瑙河橋梁上寇伊斯（Coes）曾在場指揮一支米蒂利尼人的軍隊。大流士爲了回報他在這次遠征中的服務，就把他扶上了米蒂利尼的王位，這也許暗示著這次遠征的後果，波斯人在萊斯博斯（Lesbos）島的影響因此有所增長[25]。至少，薩摩斯、開俄斯、萊斯博斯三個島嶼標誌著西元前五一四年波斯帝國在西方向的權勢已達到的極限。

大流士的遠征希臘

在對西徐亞人（Scythian）遠征後的十二年內，波斯勢力向西方擴張，其間並沒有發動過新的大規模軍事行動。大流士把色雷斯成功地變爲自己的一塊轄地。首任總督邁加布茲（Megabazus）對離拜占庭不遠的佩林蘇斯（Perinthus）發動了一次攻擊，在斯特門（Strymon）河的峽谷中他征服了帕伊奧尼（Paeones）人的部落[26]。但不久之後，邁加布茲被奧特尼斯所取代，後者對海峽兩岸發起了進攻。並攻陷了拜占庭，或許是因爲其反叛了，或許是波斯人開始對其統治者阿里斯頓（Ariston）不滿意了；他還攻陷了卡爾奇頓（Calchedon）、特羅德（Troad）的安坦多斯（Antandrus）和蘭

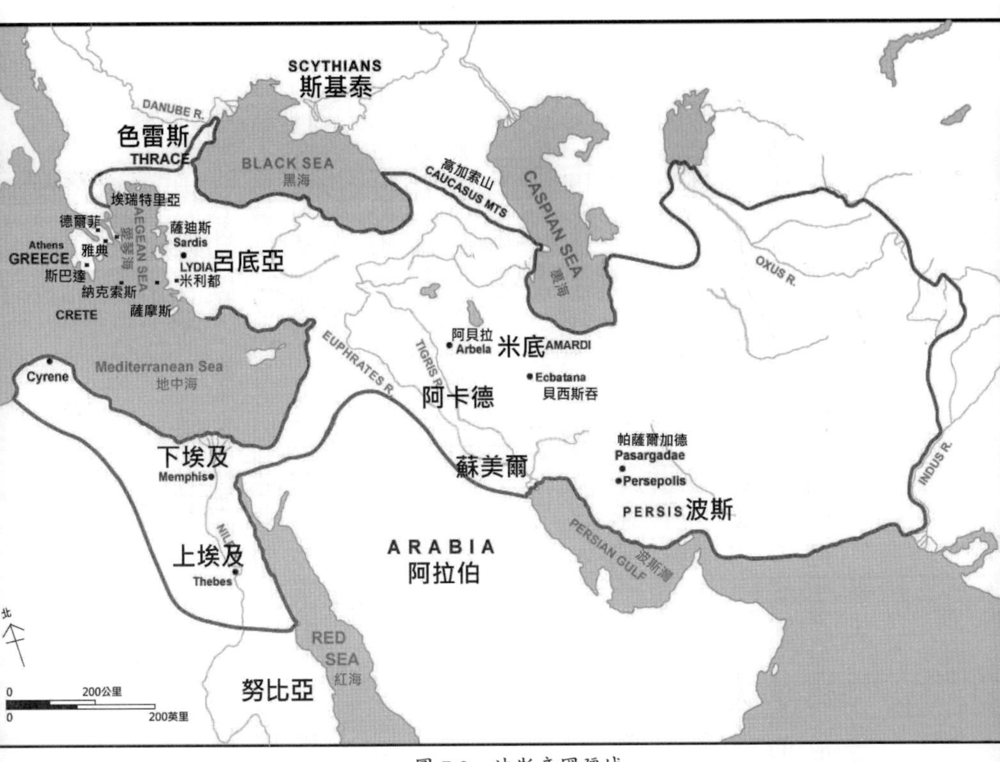

圖 7-3　波斯帝國疆域

姆波尼姆（Lamponium）〔27〕。不僅如此，他還從萊斯博斯那裡得到了戰船，並利用這些戰船攻取了利姆諾斯（Lemnos）和印布洛斯（Imbros）島嶼。

與此類似的一些軍事行動，儘管規模小而不顯聲威，但著實幫助波斯鞏固了在愛琴海北部的地位。這些征戰或許是一個綜合戰略計畫的一部分，而對西徐亞人的征服則是這項偉大計畫的第一步。與此同時，波斯還通過外交途徑得到了許多領地和權益。在麥加布茲（Megabazus）當政期間，馬其頓王朝與波斯結成了聯盟關係〔28〕。後來，波斯人又與希臘心臟地區的幾個城邦取得了聯繫。

在西元前六世紀後期，斯巴達的克利奧莫涅斯（Cleomenes）率領一小支軍隊到達雅典並試圖驅逐在那裡的七百戶居民。雅典人在稍作猶豫之後，重新起來反抗並將他趕了出去。接著，雅典與拉西第夢人結爲仇敵，他們派特使到薩迪斯和總督阿塔斐涅斯談和（Artaphernes），並與他結爲盟友。阿塔斐涅斯要求使節們要進奉土和水以表示臣服[29]，特使們也這樣做了。

西元前四九九年，波斯的政策到了一個新階段。這一年，波斯派一支軍隊由海路進攻處在愛琴海域中心位置的納克索斯（Naxos）。這是波斯想把勢力延伸到基克拉德斯（Cyclades）的第一次嘗試[30]。希羅多德在講到這一點時是站在希臘人的立場上說話的。

當過米利都君主的希斯提埃烏斯（Histaeus），曾在斯特門（Strymon）山谷中接納了麥爾辛尼斯（Myrcinus），作爲他在遠征西徐亞人時的忠誠回報。但後來，大流士請他作了蘇薩（Susa）的軍師，並把他留在那裡。於是，希斯提埃烏斯就把米利都交給他的女婿艾瑞斯泰戈拉斯（Aristagoras）掌管。由於後者受到了一些被流放的納克索斯人的請求，而制定了一個攻擊納克索斯的計畫，他得到了阿塔斐涅斯的支持[31]。阿塔斐涅斯將這一計畫提交給大流士以得到王室的支持，大流士同意了，很快地一支兩百艘戰船組成的艦隊集結起來，主要是從小亞細亞的希臘城邦裡抽調的。

這支艦隊的指揮權交給了大流士的表弟麥革巴特斯（Megabates）。而且，波斯的艦隊在納克索斯島登陸以後，島上的城邦成功地頂住了波斯軍隊長達四個月的圍困，波斯軍隊只得撤軍[32]。艾瑞斯泰戈拉斯由於害怕被拿去問罪，開始發動愛奧尼亞人城邦的反叛。

講述這段故事是爲了解釋愛奧尼亞叛亂爆發的原因。但我們也完全可以改變一下看問題的角度，從波斯人的立場來審視這一系列事件的發生。兩百艘戰船組成的艦隊已經是一支龐大的軍隊，這就表明事件的最初發起者並不是艾瑞斯泰戈拉斯，而是在薩迪斯（Sardis），也許是在蘇薩（Susa）的某個人[33]。換句話來說，最初決定要制定計畫攻擊納克索斯（Naxos）的是波斯當局的權威人物。

根據希羅多德的說法，進攻納克索斯失敗的最直接後果就是愛奧尼亞的叛亂。艾瑞斯泰戈拉斯回到米利都後和他的支持者們經過深思謀劃，決定發動叛亂，當艦隊從納克索斯撤回並在米烏斯（Myus）停泊時，他們派特使到達那裡，特使將希臘來的將領們抓住，這些將領都是各城邦的領袖，帶領各城邦的分遣艦隊來參加這次波斯海軍的遠征。這樣，艾瑞斯泰戈拉斯正式交出了他在米利都的統治權，這並沒有帶來任何變動，因爲他們仍然繼續掌握著局勢[34]。他把那些金錢交給了各城邦的人民。

希羅多德說這場叛亂是由於艾瑞斯泰戈拉斯的受挫和恐懼而引起的。至於對各城邦領袖處置的變動，在當時城邦內部與相互之間派系鬥爭與內鬨相當普遍的情況下是很正常的，這些說法是可信的。波斯人的統治並不嚴酷[35]，一個現存的雕刻遺跡中保存一封大流士給愛奧尼亞總督加德提斯（Gedates）的書信副本。在信中，國王對地方總督在其轄域區內大力發展農業做出了表揚，而且還可以看出，在叛亂最後的解決措施中，波斯人決定採取一些比較溫和的步驟。

西元前四九八年，雅典和埃雷特里亞（Eretrian）的戰艦航行到以弗所（Ephesus），和那裡的愛奧尼亞人會師。聯合軍隊向內地的薩迪斯推進，並攻陷這座城市。該城在一片混亂之中失火，但他們卻無法占領這座要塞。當他們退到以弗所時，波斯軍隊追上並擊敗了希臘軍隊。接著，雅典人撤回他們的分遣艦隊。儘管如此，愛奧尼亞人還是能夠進一步擴大他們的行動；他們在卡里亞（Caria）的赫勒斯滂（Hellespot）地區發動了攻擊。塞普勒斯（Cyprus）多數的城邦參加了叛亂。

一支愛奧尼亞人的艦隊被派去進攻西普里奧提斯（Cypriotes），並攻陷了該島[36]。接著，他們在小亞細亞將軍隊分成幾部分，分別進攻各個希臘城邦。

在這場叛亂中和波斯人作戰的不僅有愛奧尼亞的城邦，還有塞姆（Cyme）及海島上的薩摩斯、開俄斯（Chios）和萊斯博斯。波斯採取了軍事和行政步驟來解決這場叛亂。米利都陷落後不久，波斯艦隊的腓尼基人分遣艦隊把西勒森（Syloson）的兒子埃伊西斯（Aeaces）重新扶上了薩摩斯君主的寶座，並不再干預他們的內部事務；埃伊西斯曾在雷德（Lade）之戰中勸說薩摩斯人放棄以愛奧尼亞人爲目標[37]。波斯的艦隊在米利都度過嚴冬後，於西元前四九三年開始向北航行，依此收復了開俄斯、萊斯博斯和特內多斯（Tenedos），艦隊航行入海峽之中，攻陷了切爾索尼斯（Chersonese）的城邦和歐洲海岸的一些地方，如佩林蘇斯（Perinthus）、塞里布里亞（Selybria）和拜占庭。

圖 7-4　愛奧尼亞地區地毯工作坊——靠近以弗所　劉增泉攝

與此同時，阿塔斐涅斯召集愛奧尼亞城邦的特使，並使他們接受調整他們關係的條件；也就是

圖 7-5 以弗所 王惠玲攝

從此以後，他們的爭議應該通過仲裁加以解決，而不應當訴諸武力[38]。

西元前四九二年，馬多尼烏斯（Mardonius），大流士的女婿，向小亞細亞派遣了新的陸軍和海軍。這也許表明波斯人的計畫已經達到了一個新階段。馬多尼烏斯控制了愛奧尼亞，希羅多德說他在各城邦中推翻專制君主制度，建立起民主（Demckratiai）政治。這種說法讓人感到困惑不解，因爲在那之後許多年愛奧尼亞仍存在著專制君主[39]。但實際的問題是：希羅多德在此處上下文中的「民主」是什麼意思？也許，他指的是法制政治，以區別於由一個專制君主專斷的仲裁政體。

馬多尼烏斯將他的軍隊繼續推進，跨過了赫勒斯滂（Hellespot）。薩索斯（Thasos）未作任何抵抗，就被他降服了。他指揮陸軍在馬其頓境內行動的時候，色雷斯人的一支布里吉（Brygi）部落出奇不意地把他打敗了[40]。但他不久還是征服了這個部落。同時，他的艦隊由薩索斯繼續挺進到阿堪色斯（Acanthus），並試圖繞過位於哈爾基季基（Chalcidice）三個海角最東端的亞陀斯（Athos）峰。但是天有不測風雲，一場風暴驟起，使艦隊受到嚴重的損失。據說，有三百艘戰船被風暴颼起撞碎在岩壁上[41]。儘管如此，馬多尼烏斯的遠征還是鞏固了愛琴海北海岸波斯帝國的地位。

大流士時代，波斯朝廷開始學會把希臘人當作工程師、建築師和其他專家看待。在他遠征西徐亞時，特意在博斯普魯斯海峽上橫架起一座橋梁，而當時負責這項任務的工程師就是曼多克里斯（Mandrocles），一個來自薩摩斯的希臘人。大流士在蘇薩建有一座宮殿，那裡的銘文在記敘建築過程時有許多愛奧尼亞的石匠。此外，克羅托（Croton）的德莫西德斯（Democedes）曾做過大流士的家庭醫生，並受到這位國王的極高尊重[42]。這種來往和交流並不能解釋爲什麼大流士著手要征服希臘，但有助於解釋爲什麼波斯人對希臘人產生濃厚興趣並給予相當的關注。

希羅多德試圖將波斯最後侵犯希臘，解釋爲一系列不友善的行動和反擊的結果，而這些行動帶來了相互之間日益積深的不滿和敵意。其文章前面的一個觀點中，他特意選出克羅伊斯（Croesus）是「第一個不公正對待希臘的人」；在接下來的敘述中，他追溯波斯怎樣取代了克羅伊斯又如何征服了其他國家[43]。不知爲何，他沒有能夠緊接著這條線一直敘述到波斯對希臘的侵略，所以他在艾瑞斯泰戈拉斯和麥革巴特斯（Megabates）對納克索斯的進攻亦表明了這是一個新的開始。

按照希羅多德的觀點，正是這次行動激起了愛奧尼亞人的叛亂，從雅典和埃雷特里亞來的軍隊支持愛奧尼亞人並參加了對薩迪斯的進攻。因此，大流士對雅典和埃雷特里亞人懷有不滿；希羅多德指出當大流士接到薩迪斯被焚的消息時，他告訴一位僕人每天在吃晚飯時要對他重複說三遍：「主人，請記住雅典人[44]。」這便是希羅多德這條不經意線索的基本輪廓。即便在他自己也會認爲這種解釋也是不完善的。在西元前四八〇年和西元前四七九年的軍事行動，大流士接到薩迪斯被焚的消息後，他對雅典和埃雷特里亞，以及希臘各城邦心懷怨恨，當然其中一些主動臣服的城邦除外[45]。但是，我們從這裡看到希羅多德的思維方式，這一點是很重要的，習慣上，他總是將一場暴力衝突解釋成在此之前的暴力報復。

希羅多德對波斯人進攻希臘的解釋，也許可以披上現代色彩的外衣。那就是，他可以表明波斯帝國對希臘的不滿積怨日深，直到國王再也不能容忍對方，決定通過一場大規模的遠征去消滅他們。但是，這樣的一種解釋並不能令人滿意[46]。然而大流士兩次進攻希臘，他不但寸土未得，反倒白白送了幾萬人的性命，他雖有心禦駕親征，但無奈天不遂人願，馬拉松戰役失敗後五年，他就去世了[47]。

從西元前四八〇年薛西斯（Xerxes）對希臘遠征的規模來看，這絕不是僅爲了造成破壞的懲罰式行動，行動的眞正目的是征服希臘。波斯這次入侵的眞正原因只能用一些簡單的理由來解釋，人們可以說這是爲了擴張波斯帝國的版圖，也可說是波斯帝國的統治階級非常熱中於征服[48]。波斯對希臘發動戰爭，如果我們去問入侵是爲什麼？也許會更貼切一些。那麼大流士對西徐亞人的遠征可以爲我們提供一個線索。

希羅多德設想遠征的目的是爲了征服西徐亞，但是，一系列事件也代表了另一種解釋。這次遠征的一個結果就是在色雷斯建立了一個轄區，而波斯派到那裡的統治者通過攻占鄰近地區，進一步鞏固了這片領土。也許對西徐亞人的遠征就是一個擴張的行爲，也就是對希臘的入侵計畫一部分[49]。色雷斯轄區的建立確保了陸地上入侵路線的第一步，接下去就要經過哈爾基季基（Chalcidice）往南到帖薩利（Thessaly）甚至更遠。

按照這種解釋，對西徐亞人的遠征也可預測到一個一直延伸到希臘的遠大計畫。到西元前五一四年，這項計畫也許仍處在萌芽狀態，最直接的前景只不過是要在海峽（土耳其海峽）對岸進一步擴張。只要通過對色雷斯轄區的鞏固和與馬其頓的結盟就可以達到這一目的，波斯的計畫制定者亦會把眼光投向更廣闊的地區。此外，他們也可以考慮兩條路線[50]。愛琴海北岸的通道，最後由薛西斯在西元前四八〇年打通了，但它帶來了一個軍糧供應的問題，因爲陸路交通很慢，如果能夠把遠征軍隊由海上愛奧尼亞直接經過愛琴海域運輸，那就會既迅速又節省開支。

波斯的高層很明顯地在考慮這條海上交通線。這一點可以解釋爲什麼波斯在西元前四九九年發動了對納克索斯的征討；如果要把一支軍隊送到歐洲大陸去，在海上交通線上占有一些島嶼無疑是會很有利的。據說，艾瑞斯泰戈拉斯（Aristagoras）向阿塔斐涅斯（Artaphernes）指出，如果波斯人一旦占有了納克索斯，他們就會很容易得到基克拉德斯（Cyclades）的其他島嶼並最後占領優卑亞（Euboea）[51]。而後面的優卑亞島可以爲在希臘登陸提供一個上岸的基地。

然而對納克索斯的遠征失敗以及愛奧尼亞人的叛亂皆妨礙了波斯的計畫實施。鎮壓這場叛亂以後，波斯的高層在選擇陸路還是海路上舉棋不定。到西元前四九二年，波斯人能夠繼續在軍事行動方面占有主導權了；馬多尼烏斯增派軍隊到小亞細亞，直接向愛琴海北部前進，這次遠征波斯占領了許多島嶼，其中包括納克索斯和其他地區，但它的目標卻是雅典和埃雷特里亞[52]。

這些行動被理解爲征服希臘的第一步。如果在小亞細亞有一股勢力要想進入希臘，它就必須確保在愛琴海西岸的占有基地，以保證其遠征軍的登陸。當安條克（Antiochus）三世在西元前一九二年想削弱羅馬帝國在希臘的影響時，也碰到了同樣的問題，他只有在埃托利亞城邦聯盟（Aetolian League）占領了帖薩利（Thessaly）的德墨特利亞斯（Demetrias）並將其提供給他做基地時，才能將他的軍隊渡過愛琴海[53]。在西元前四九〇年，波斯人想占領雅典和埃雷特里亞是因爲他們需要這兩個地方做基地，以便接納更多的後續遠征部隊在希臘登陸。

馬拉松戰役

西元前四九一年，大流士發動了他對希臘的計畫，派使者到希臘各個城邦去索取土和水。有一些城邦提供了這些作爲臣服標誌的土和水，但有的城邦沒有這樣做，當一群波斯使臣到達雅典時，雅典人把他們扔到了平常用來關押罪犯的井坑裡。爲什麼雅典的政策發展到如此一個極端反波斯的

圖 7-6 雅典頸式雙耳罐（520-500B.C） 劉庭芳攝

圖 7-7 雅典油罐（490-480B.C） 劉庭芳攝

圖 7-8　馬拉松戰役　葉景榕繪製

地步？這個問題很難回答，因爲在克里斯提尼的行動和馬拉松戰役之間，只有爲數極少的雅典人事件被記錄下來了[54]。

歷史學家則把雅典劃爲不同的派別，這倒很像現代政治黨派那樣。例如，有人將雅典畫分爲親波斯派和反波斯派或親斯巴達派和反斯巴達派，也有人以憲政問題上的分歧來畫分，有的主張貴族政治而有的主張民主政治，但同時也有的希望恢復君主制[55]。如果以上的觀點對克里斯提尼改革的分析是正確的，從那以後雅典事務的管理權就落到貴族的手裡，而且克麥奧尼德家族（Alcmaeonidae）就很可能是其中傑出的一個。

希庇亞斯（Hippias）則已在西基昂（Sigeum）找到了避難所，並贏得了呂底亞總督阿塔斐涅斯的保護，他希望在波斯的支持下重返雅典。西元前四九〇年，當他隨著一支波斯海上遠征軍去征服阿提卡時，他指引這支艦隊在馬拉松登陸。這個地方也是西元前五四六年他的父親庇西特拉圖登陸過的口岸。很明顯地，希庇亞斯仍然有望在阿提卡東部獲得同情[56]。因此，當阿塔斐涅斯一旦給予希庇亞斯協助的時候，雅典和波斯的和解就意味著阿提卡貴族支配地位的終結。但雅典不可能接受這樣一種現實，因爲自從克里斯提尼改革以來一直是由城邦貴族占著統治地位。

西元前六世紀末期，雅典發動對埃吉那（Aegina）的戰爭[57]。埃吉那戰爭斷斷續續，一直打到西元前四八一年。這實際上是一場搶劫與反搶劫的鬥爭。希羅多德的記載大部分是關於雅典人失敗的情況。因此，這場戰爭經常被用以提醒雅典人所面臨的危機[58]。但是，他們仍然有餘力去從事別的事情。

西元前四九八年，他們派遣了一支由二十艘三層槳戰船組成的艦隊去幫助愛奧尼亞人[59]。對這樣的長途遠征來說，這已經是一支大部隊了，因爲當時雅典人的兵源有限，幾年以後，當他們想派遣七十艘三層槳戰船跟埃吉那人作戰時，他只能通過名義上向科林斯借二十艘戰船才達到了這個數目。在西元前四九八年派去支援愛奧尼亞人的雅典軍隊參予了對薩迪斯的征伐，在戰爭的後期，這支部隊被召回了。有一些歷史學家將派遣軍隊和召回軍隊看作是雅典政策的改變[60]。

在西元前四世紀後半葉，有關雅典內部事務的證據很少被保留下來，但有幾件發生在西元前四九三年的事情被記錄下來。在前一年（西元前四九四年）波斯人搶劫了米利都，同年初戲劇家福里尼庫斯（Phrynichus）寫了一部劇本《米利都的陷落》，當時的觀眾都被劇情感染得熱淚橫流，爲此，雅典人對福里尼庫斯罰款一千銀幣，並下令今後此劇再也不能上演。有人認爲這戲劇提倡的是反波斯的立場，因而一個親波斯的團體在法庭上提出對福里尼庫斯的譴責。[61]記錄下這件事的希羅多德所提供的福里尼庫斯被罰款的原因也許是正確的：**「因爲他使雅典人想起了自己的不幸」**。

提米斯托克利在西元前四九三年擔任執政官。他屬於蘇尼姆（Sunium）區。在當時貴族占有絕對的優勢，因此一個人想要在政界出人頭地必須有良好的社會關係和背景，提米斯托克利做到了這一點。他娶了阿勒匹西（Alopece）地區的來山得（Lysander）的女兒。他在米利提（Melite）又買了一間房子，那裡住著幾位著名的政治家[62]，毫無疑問，那是當時很富裕的地區。

他是一個很有爭議的人物[63]。他強調了他是一個稱爲利克米德（Lycomidae）宗派的成員，他們在斐爾亞（Phlya）的聖所於西元前四八〇年被波斯人燒毀後，他又將其重建起來。實際上，將提米斯托克利（Themistocles）劃爲一個民主主義者的做法不能追溯到亞里斯多德之前，更早一些的作者也是非常頻繁地提到他，而且將他看作是一個卓越的政治家，但他們沒有在一些憲法的問題上對他作任何評價，提米斯托克利擔任執政官時力主提高雅典海軍力量。在西元前四八三年至四八二年，他說服雅典人從事一項長達兩到三年的造船計畫。[64]在西元前六世紀，雅典人使用的主要港口是斐勒拉姆（Phalerum）港，但從西元前五世紀早期開始，他們在更西邊的佩拉伊烏斯（Peiraeus）進一步擴建這個港口。

西元前四七九年，提米斯托克利說服雅典人完成了佩拉伊烏斯（Peiraeus）港口的建設。修昔底得（Thucyaides）在記述這件事的時候補充說：**「早在他擔任雅典的執政官剛剛開始一年，修建佩拉伊烏斯港就著手進行了**[65]**」**。至少修昔底得的語句經常被這樣理解，古典典籍注釋者和許多現代的歷史學家就是這樣理解的。

據此，他們相信，在西元前四七九年，修建佩拉伊烏斯的工作是在西元前四九三年至四九二年開始的，那時提米斯托克利擔任雅典的執政官，根據修昔底得的話語措辭，是否是提米斯托克利自己開始的這項修建工作仍然不能確定[66]。儘管他的任期和港口修建開始的巧合也許會說明一些什麼。

還有兩點可以幫助證明第二種可能。第一，如果佩拉伊烏斯港的建設是開始於西元前四九三年至四九二年，那麼經過十四年甚至是更多年以後才建成是很奇怪的，拖延這麼長的時間是很難解釋的，特別是和埃吉那人的戰爭應該使雅典人更清楚地意識到建設海港的必要。第二，希羅多德在記述提米斯托克利在西元前四八一年的活動時，把他描述爲**「一個新近開始起重要作用的人物」**。如果佩拉伊烏斯港的建設是開始於西元前四九三年至西元前四九二年，並且提米斯托克利是這項工程的發起人，這種觀念就會是錯的。但是，如果擔任雅典執政官只是他政治事業的初期階段，而且他在西元前四九三年至西元前四九二年的任職期間，並沒有做什麼重要的事，那麼希羅多德的話就會是可信的。提米斯托克利接下去就會在西元前五世紀八十年代起重要作用。

如果提米斯托克利在西元前四九三年至西元前四九二年任執政官期間還是一個相對並不重要的人物，那麼在揣測他與另一個雅典人（米太亞德）的關係時就應該記住這一點。米太亞德（Miltiades）在波斯艦隊到達切爾索斯尼斯（Chersonese）時便從那裡逃走了，並於西元前四九三年返回到雅典。到達雅典時，米太亞得受到了他的政敵迫害，但卻被宣布無罪。有一些歷史學家就假設在他和提米斯托克利之間形成了一種政治聯繫[67]。這種假設是建立在將兩人都歸類違反波斯派的基礎上。米太亞德於西元前四九三年從波斯軍隊逃走，而提米斯托克利在西元前四八〇年抵抗波斯軍隊入侵的鬥爭中嶄露頭角。

希羅多德說米太亞德回到雅典後，是以其「在切爾索尼斯的專制統治」的罪名而受到迫害的。很難相信這種情況會在阿提卡法律中成爲一項罪名，但是希羅多德的話也許詳細說明了米太亞德之所以受到憎惡的癥結所在。作爲一名在一個遙遠的海島上統治了二十多年的長官，並且在愛奧尼亞人的叛亂中他又有攻擊波斯人的舉動，米太亞德的這種頗具浪漫傳奇色彩的感染力有可能引起了其他政客的妒忌[68]。他的被宣判無罪也許就證明了他在那個年代中受歡迎的程度。

那些別的政客們又是誰呢？西元前四九三年的案件中，是誰在法庭上迫害了米太亞德還不爲人知。一些在西元前五世紀八十年代中以其富有而著稱的人物，很可能在上一個十年中相當活躍，他們屬於城邦市區。阿克麥奧尼德家族（Alcmaeonidae）的克里斯提尼自從其改革以後就從有關紀錄中消失了，除了後來的一個不太可信的說法認爲他的代表隊在波錫奧斯（Pythian）的節日上贏得了一場馬車比賽的勝利[69]。阿里弗勒恩（Arriphron）的兒子桑提普斯（Xanthippus），來自克拉吉伊斯（Cholargeis）城邦，並不是阿克麥奧尼德家族的人，但他娶了該家族中的阿伽里斯蒂（Agariste）爲妻，也許他在西元前五世紀九〇年代升到了顯赫地位，因爲他在西元前四八九年迫害了米太亞德

（Mitiades）並贏得了那場指控，儘管法庭拒絕照他的要求將米太亞德處以死刑，而是讓米太亞德交納一筆很重的罰金來代替[70]。除了阿克麥奧尼德家族的人和他們的親戚之外，還可以推定一些當時其他城邦家族的情況。

而克利尼西斯在阿特米西翁的服役，完整地說明了當時雅典政治的社會結構。一個能夠自己出錢購買武器裝備並爲一艘三層槳戰船配備水手的人，就可以指揮二百個身體健全的人。當然，他也能在公共集會上讓他們全部投自己的票。有錢而有創造力的克利尼西斯家族幾個成員，便能控制好幾百名的投票者，如果他們是把這些選民從城邦附近帶來，而每一個城區的投票都一樣，那麼就會對整個選舉結果有很大的影響，特別是這些選舉通常是用舉手的投票方式進行的[71]。

從已知的西元前五世紀九〇年代的事件來看，它們顯示當時雅典的事務都是由一些短期政策所指導，而不是長期持久的計畫起主導作用。由此而帶來的頻繁人事更替也就不足爲奇了。雅典與埃吉那的敵對是很嚴重的，但卻總是時斷時續，他們派艦隊參加了愛奧尼亞人的叛亂，但在一場戰爭之後又把部隊召回了。福里尼庫斯（Phrynichus）因爲大眾激憤的爆發而被宣布有罪，米太亞德受到迫害，但又被宣布無罪，隨後又被選爲將軍[72]。因此，西元前四九一年雅典人拒絕波斯人索取土和水的要求的原因，也應當從當時的具體狀況中尋找，而不應當從雅典的長期政策裡找理由。

有可能城邦家族的一些領導人物，想起了阿塔斐涅斯以前要求他們恢復希庇亞斯在雅典的地位，於是相信——有足夠的理由這是他們與波斯人和解所必須付出的代價。但是，我們還應考慮一個更直接的原因。當一群波斯使者到達埃吉那時，埃吉那人按要求給了土和水，雅典人派使者到斯巴達去，抱怨埃吉那人的行爲。在西元前五世紀的前兩個十年裡，雅典人將埃吉那人當做他們刻骨仇恨的敵人[73]。也許西元前四九一年，雅典人採取了堅定反對波斯人的立場態度，不僅僅是拒絕提供土和水，而且很不友好地對待了波斯人的使者，因爲他們把波斯看作是埃吉那的朋友。

西元前四九〇年，波斯人的一支遠征部隊在西利西亞（Cilicia）集結，部隊的兩名指揮官是達提斯（Datis）和阿塔斐涅斯（Artaphen），而後者是薩迪斯（Sardis）總督的兒子[74]。步兵和騎兵在西利西亞上船後，部隊由海路直取愛奧尼亞。艦隊從薩摩斯向西航行穿過基克拉德斯（Cyclades），途中在幾座島上停靠過。在納克索斯，大部分的居民都躲到山裡去避難；波斯軍隊放火燒了寺廟和這座城邦。但是波斯的軍隊表達對島提洛（Delos）格外的尊重，因爲達提斯（Datis）在那裡貢奉了大量的香火。他們在一些島上向當地居民索要人質和壯丁[75]。優卑亞的卡里斯圖斯（Carystus）起初進行了抵抗，因此波斯軍隊就圍困了優卑亞，並在這座島上大肆擄掠，直到當地的居民屈服。

波斯軍隊大約總共有二萬人。其中包括一支相對較小但卻非常重要的騎兵部隊，大約有八百人。西元前五世紀初期的波斯騎兵是由騎馬的弓箭手組成的，他們在遠距離上能重創重裝步兵，但是，在近距離的戰爭中，他們卻處於不利的地位。征服埃雷特里亞幾天後，波斯人開始向阿提卡半島航行，最後在馬拉松海岸登陸。有好幾項原因促使波斯人選擇了這一著陸點[76]。馬拉松灣距埃雷特里亞（Eretria）最近，而且在陸地上，那裡有一條通往雅典較佳的道路，它還是阿提卡半島上，爲數不多的能夠在秋天爲馬匹提供草料場的地方之一。

雅典的指揮官們決定不要讓波斯人打到雅典，相反地，他們開始向馬拉松推進。這一決定對整個戰爭形勢的發展具有決定性的影響，但是之所以採取這樣行動的原因就只能靠猜測了。這是一個很大膽的決定。達提斯和阿塔斐涅斯也許是想盡力把雅典的主要軍隊放在馬拉松，而同時又可以把部分軍隊從海上經斐勒拉姆（Phalerum）海灣運往雅典[77]。而且如果雅典人在馬拉松正面撞上波斯軍隊，他們就得冒險去打一次布好陣勢的會戰。

雅典軍隊選取了從雅典到馬拉松的那條主要道路，因此他們可以從南面穿過艾哥瑞里奇峰（Agrieliki）和大海之間的平地走廊，到達海岸平原。這支雅典軍隊總共約有一萬人，其中包括一支普拉泰西（Plataeans）的小部隊，總數是六百人[78]。希臘的重裝步兵要比波斯的軍隊來得好。他們在高地上選取了一個正對平原的位置，因爲山峰可以作爲掩護以抵抗波斯軍隊的進攻，除非雅典選擇進攻，否則他們能保住這個位置，無限期地守下去。

他們所處的地理位置距現在一座叫做索洛斯（Soros）的人工大土堆有一英里遠。這個土堆是雅典人在戰役之後建起來的，作爲他們在戰鬥中陣亡的全體將士的墳墓，它當初的高度最少是十二米[79]。可以推斷，這個土堆建起的地點就是大多數雅典士兵戰死的地方，所以它也就表明了戰爭開始以前波斯軍隊所在的大概位置。

希羅多德說雅典的軍隊當時是由十位將軍和第三執政官卡利馬科斯（Callimachus）來掌管的，並且他講述了一個關於雅典人如何決定攻擊的故事。他說，那時將軍們持兩種意見，各占一半。但是，米太亞德說服卡利馬科斯投票贊成攻擊，這樣才使主張攻擊的人占多數。而且，這些將軍每天輪流著掌管大軍，那些主張進攻的將軍，放棄了他們當天的指揮權以支持米太亞德。即使這樣，米太亞德一直等到他執掌指揮權的那一天才發起攻擊。很清楚，這個故事中多只是些軼事[80]。但是，它卻暗示了在雅典軍隊到達和戰爭發起之間有幾天的間隔，這種暗示是可以被接受的，因爲另一件事的發展確認了這種說法。

在離開雅典之前，將軍派了一名使者菲利庇迪斯（Philippides）到斯巴達那裡尋求幫助。菲利庇迪斯第二天就到達了斯巴達，斯巴達人表示他們願意幫助，但那一天是農曆的初九，他們要等到滿月時才能出兵。最後，一支由二千人組成的拉西第夢人（Lacedaemonian）的軍隊匆匆奔赴阿提卡，在離開斯巴達後第三天到達了戰場，那時戰鬥才剛剛開始[81]。所以，拉西第夢人是農曆的十八到達阿提卡的，而戰鬥是農曆十七才開始的。這樣，戰鬥發起之日和將軍們在初九派菲利庇迪斯出發之間就有好幾天的間隔。

因爲雅典人是集結在一個強固的位置上，那麼他們等幾天以後才進攻就不足爲奇了。對戰役的研究者來說，眞正的問題是如何解釋爲什麼雅典人最後放棄了他們堅固的防守位置而主動進攻。遇到這個問題的時候，有些歷史學家就去依靠那本叫做《蘇達（Suda）》的拜占庭字典中的證據。字典中有一段大標題叫做「騎兵撤走」（Choris Hippeis），正文中說：「當達提斯在阿提卡登陸以後，愛奧尼亞人爬到樹上向雅典人示意說波斯騎兵已經走了」[82]，米太亞德得知波斯騎兵撤走後便乘勢進攻，取得了這場勝利。

《蘇達（Suda）》中的這篇短文看上去是一篇詳細文章的壓縮版，而且是一個比較含糊的版本。字典編纂者引用它是爲了解釋一個諺語的用法，很難說這種解釋是否是恰當的。也許，這些解釋就是虛構出來用以解釋這個諺語。而那些接受這個證據的人就不得不假想這是來自於一個愛奧尼亞傳統說法，但卻不知怎麼在古代記述這次戰爭的資料中都沒有提到[83]。我們很難想像有一套普遍認同的暗號系統能夠使愛奧尼亞人在一英里的距離外，把一些特定的沒有意料到的資訊傳達給雅典人。

因此，最好是不去接受蘇達提出的傳統說法，而到希羅多德的記述中去尋找雅典人決定進攻的原因。希羅多德在其記述中暗示過是米太亞德說服了卡利馬科斯。這種說法應該不是這位歷史學家杜撰的，但是，這一點必須是與他對戰略和政治形勢的認識相應的。在希羅多德的描述中，米太亞德說：「**如果我們不去進攻的話，我以爲在雅典人中間可能會產生一些很大的衝突而擾亂他們的想**

法，以致他們會去參加波斯人一邊的行動」[84]。

用另一種方式解釋就是，雅典人做出這樣的決定是出於政治的原因，而不是從軍事上考慮，指揮官們害怕如果戰爭拖延的很久，雅典人中間可能會有人要搞陰謀。就在幾天前，埃雷特里亞（Eretria）不是剛剛被出賣給波斯人嗎？即使是在勝利之後，根據庇西特拉圖的記載可以斷言在接下來的好幾年裡，部分雅典人仍然很忠心[85]。

戰爭的戰術是很清楚的。波斯的指揮官把他們最好的部隊——那些從波斯人中間和薩奇（Sacae）調來的部隊放在中間。雅典人和普拉泰西人（Plataeans）的部隊雖然在數量上處於劣勢，但是，他們在武器裝備和士兵訓練素質方面處於優勢。通過將中路削弱，他們將戰線拉的跟敵人一樣長，但是他們加強了兩翼的力量。根據希羅多德的說法，他們穿過大約合一英里長的距離時「快速前進」[86]。但人們很難相信即使是受過相當好的訓練士兵，會在夏天穿著全副鎧甲跑步至一英里，然後接著戰鬥。

也許雅典人在大部分距離上是用行車步行前進的，當他們到達敵軍的射程之內時突然加速跑了起來。波斯軍隊衝破了雅典軍隊的中陣，但是雅典軍隊在兩翼上打敗了波斯軍隊，接著，雅典人沒有繼續追擊，而是由兩翼向波斯軍隊中部夾擊，逼迫其應戰[87]。波斯軍隊的倖存者向沼澤地和斯奇尼亞（Sohinia）撤退，重新登上等在那裡的船隻；他們僅僅把七艘船丟給了從後面追上來的雅典人。

重新登船以後，波斯軍隊轉過蘇尼姆（Sunimm）海角，向斐勒拉姆（Phalerum）海灣進軍，想在雅典軍隊返回之前攻擊雅典城；他們這一段行程大約有七英里，要花十二到十四小時的時間[88]；同時，雅典的軍隊也從馬拉松趕回雅典，他們還是能用八個小時或更短的時間趕回去，毫無疑問，是雅典人先趕到了雅典，當波斯人在海上航行的時候，他們也許還在寄望於雅典人的內部有人搞陰謀。

希羅多德說，在蘇尼姆有人在陽光下向他們晃盾牌做信號，但對這個事件的解釋是很困難的，不管怎麼說，波斯人是在斐勒拉姆以外靠岸的。但是，他們發現雅典的軍隊早已到達雅典城，能夠保衛那座城市，他們希望有人搞陰謀也不可能實現了[89]；所以他們只得返航回小亞細亞。

對波斯軍隊來說，經過基克拉德斯（Cyclades）的海路比沿愛琴海北岸的陸上路線不僅要短，而且運輸費用也要少的多。但是，爲了能利用海上路線，大流士必須在歐洲大陸那一端控制一個基地，以使他的軍隊能靠岸登陸。馬拉松之役的失敗使大流士對希臘的占領希望落空了。十年之後，薛西斯也入侵了歐洲，但他所利用的是陸上通道。這場軍事鬥爭對於雅典城邦的發展具有非常重要的意義。當大流士和阿塔斐涅斯把希庇亞斯一同帶上航程時，他們選擇的是一個不僅對希臘領土相當了解的人，而且是一個仍然有希望在阿提卡找到追隨者的人[90]。雅典的將軍也許是更清楚地看到了發生陰謀的可能性，這一點不僅僅爲他們當初從雅典進軍到馬拉松，提供了最好的解釋，而且也最好地說明了他們爲什麼選擇主動進攻。

因此，有兩個人在希波戰爭中起了特殊作用，一是因政治鬥爭失敗離開雅典到克諾尼索斯去當蠻族人君王的貴族米太亞德。前述西元前四九三年，當波斯進犯希臘本土時，他回到雅典，爲國效命，成爲馬拉松之役的雅典軍隊統帥，擊敗了波斯大軍。這是希波戰爭中希臘第一個勝仗。一是雅典著名的僭主庇西特拉圖的兒子希庇亞斯，他引導波斯軍隊從海上經基克拉德斯群島直接進犯雅典[91]。

第八章

希臘同盟

斯巴達的政策

馬拉松戰役失敗之後，波斯的高層指揮官們，不得不決定重新再採用他們從陸路進攻希臘的計畫。但西元前四八六年在埃及爆發的叛亂，分散了大流士的精力。埃及，一塊富裕的轄區，一個有著輝煌古代文明的地方，對波斯人來說要比對希臘重要的多。西元前四八六年大流士去世，他的兒子薛西斯繼承政權。波斯人一直在為入侵希臘做準備[1]。他們從阿拜多斯（Abydus）到塞斯托斯（Sestos），穿過赫勒斯滂（Hellespont），建造了一座橋；這座橋是由許多船隻排成的浮橋建起來的，但是一場風暴將他們所建的第一座橋摧毀了，波斯人接著又建起了第二座。此外，波斯人在斯特門（Strymon）河也建起了一座浮橋。

波斯的備戰消息很快傳到希臘各城邦，因此在西元前四八一年，許多希臘城邦聯合起來組成一個同盟，以抵抗既將來臨的波斯入侵[2]。而這種共同抵抗波斯的入侵，是否喚起了他們對希臘作為一個國家整體的認識，還不太清楚。

有關這種聯繫，有時人們引用一篇希羅多德的文章，那是在西元前四八〇年的冬天，雅典拒絕了波斯的一次外交建議，雅典派特使告訴他們不會做背叛希臘的事，因為他們意識到作為希臘人，他們具有「**相同的血脈和相同的語言，共同的敬奉神靈和風俗習慣**」。但這些東西可以說是外交語言和宣傳材料，它並不能表明這些就是使希臘城邦聯合起來的眞正動機。而且，希羅多德寫這篇文章的時候是事件發生以後好幾十年了[3]。也就是說，是在打敗波斯的入侵之後，希臘人才逐漸培養起來要保持希臘團結的觀念。

簡而言之，過去大多數希臘人並不認為和波斯友好或結盟是一件恥辱的事，直到他們抗拒了薛

圖 8-1　希臘城邦　葉景榕繪製

西斯的入侵之後，形勢才有所改觀。西元前四八一年，許多希臘城邦結盟的原因，必須從這些城邦的具體情況中找答案，而不能簡單地說他們會認為波斯是全希臘的敵人[4]。

西元前四八一年，希臘的同盟是一些有主權的城邦結成的同盟以抵抗暫時的危機。在這個同盟進行活動的過程中，它的各個成員之間不同的觀點容易使關係緊張起來[5]。但儘管有這些緊張和各種困難，希臘同盟還是達到了相當程度的成功；西元前四七九年末，希臘同盟已經決定性的打敗了波斯人。

在西元前四八一年結成的希臘同盟中，斯巴達是主導力量，因此就必須有這樣的疑問：斯巴達人是怎樣反抗薛西斯入侵的呢？在西元前六世紀的中期，呂底亞（Lydia）的克羅休斯（Croesus）（斯巴達人）以及埃及的阿美西斯（Amasis）保持著友好的關係，儘管這些關係無非是相互之間交換一些贈送的禮物[6]。因此，居魯士對呂底亞的征服和岡比西斯對埃及的征服，對斯巴達人來說是不幸的，但這並不是說斯巴達的物質利益會受到任何影響。

希羅多德講述了一個故事，是關於克羅休斯剛剛被推翻以後，小亞細亞希臘對斯巴達所作的請求，當愛奧尼亞人和伊奧利亞人（Aeolian）請求居魯士繼續按照克羅休斯曾經對待他們的方法接納他們為臣民，但居魯士除了米利都以外，拒絕對任何別的城邦給予特別照顧，據稱，呂底亞就派使者到斯巴達那裡尋求幫助[7]。最後，雖然斯巴達人對波斯人征服呂底亞並沒有採取任何行動，但並不表明斯巴達對抗波斯的政策有任何變化。

西元前五二五年，斯巴達對東愛琴海事務的興趣達到了頂峰，那時薩摩斯（Samian）的難民說服斯巴達和科林斯（Corinthian），他們派遣了一支軍隊去攻擊波呂克拉特斯（Polycrates）。希羅多德把這一行動描述為：「一次偉大的遠征」[8]。這支軍隊在薩摩斯島登陸，在城牆外面打敗了許多敵人，然後開始圍困這座城市。但是，圍攻到了第四十天，拉西第夢人發現離實現他們的目標並沒有任何進展，所以他們就撤軍了。也許，在他們的撤軍途中，他們在納克索斯（Naxos）島停靠過，並且推翻了那裡的專制統治者呂格達米斯（Lygdamis）[9]。但那只是一個小小的勝利。而他們大規模入侵愛琴海東部的企圖失敗了。

與此同時，波斯統治地位的鞏固，也就意味著在薩迪斯的當權者不會像莫內德（Mermnad）王朝那樣願意發展和希臘的關係。從那以後，在接下去的年代裡會產生一個新的斯巴達政策也就不足爲奇了。新政策中的兩條原則：首先，斯巴達會繼續將自己作爲一個伯羅奔尼撒的陸上勢力，並且盡力向北擴展它在那裡的影響；第二，它不會試圖過分要求自己去跨越愛琴海進行海上遠征。實際上，在西元前四二一年之前，斯巴達幾乎沒有作任何的努力以加強他在小亞細亞或愛琴海域的影響[10]。這項新政策有可能在發展改善和波斯的關係方面取得了一些結果。

斯巴達人的新政策。可能是因爲大流士和薛西斯侵略行動而決定的，即在每個問題出現的時候才去採取相應的措施，而不是參考任何的長期目標。這可以從斯巴達國王克里奧墨涅斯（Cleomenes）在位時（西元前五二〇年至四九〇年）的行動中看出來[11]。關於這位國王，希羅多德提供了大量的資料。

有好幾個行動可以說明，克里奧墨涅斯在愛琴海之外不阻礙波斯利益的原則。在他統治的早期，當波斯人征服薩摩斯，美安德伊斯（Maeandrius）來到斯巴達尋求幫助，他們給克里奧墨涅斯（Cleomenes）成船的金子和銀子作爲禮物[12]。但斯巴達國王拒絕了，並且由於擔憂美安德伊斯會用同樣的方法賄賂其他斯巴達人而取得成功，他向元老院建議驅逐這位外國人。

希羅多德又述說另一個斯巴達人的故事，說大流士進行對西徐亞人（Scythian）的遠征之後，西徐亞人就計畫要復仇。他們派特使到斯巴達，建議與斯巴達聯合對波斯進行一次偉大的軍事攻擊：西徐亞人將越過斐西斯（Phasis）河，從高加索地區向米底亞（Media）進軍，而斯巴達人要航行到以弗所（Ephesus），然後北上與西徐亞人的軍隊會合[13]。據稱，克里奧墨涅斯曾與西徐亞人有過關係，並從他們那裡學到了飲用不混合酒的習慣。

這個故事可能是虛構的，也可能是誇張的，很難相信有人會很嚴肅地對待一個如此狂妄的計畫，或者西徐亞人在整體上能有效地組織起來而派大使到斯巴達去。也許，一小群西徐亞人到達了斯巴達，並提出了對波斯進行一次搶劫的可行性建議[14]。無論如何，沒有任何紀錄可以說明這項建議帶來了什麼結果。

克里奧墨涅斯意欲在伯羅奔尼撒地區延伸其霸權。西元前五一九年，他接近普拉泰西（Plataea）並接受其請求；他也許曾積極使麥迦拉參加伯羅奔尼撒同盟。在他和雅典的交往過程中，他盡力讓雅典處在斯巴達的影響之下。當他在西元前五一〇年驅逐了希庇亞斯時，他和伊薩戈拉斯（Isagoras）締結了友好的關係[15]。幾年後，當克里斯提尼開始爭取雅典的統治權時，克里奧墨涅斯答應了伊薩戈拉斯的請求，不斷努力想建立起他在那裡的統治地位。

此外，他精心策劃從三面進攻阿提卡半島，雖沒有成功，卻因而促使伯羅奔尼撒同盟內部產生了一場危機。這時斯巴達召開了一場同盟會議，會議上，斯巴達建議恢復希庇亞斯在雅典的地位；但是科林斯反對這項建議，於是同盟拒絕了這項建議[16]。從此，克里奧墨涅斯和斯巴達人放棄了試圖干涉雅典的努力。

在伯羅奔尼撒內部，克里奧墨涅斯努力提高斯巴達地位，以對抗阿哥斯（Argos）。除了冠軍之爭（西元前五四四年）以外，根據已知的情況，沒有城邦之間發生過武裝衝突。直到西元前四九四年，也許是那次爭鬥之後，各城邦決定簽訂一項時限爲五十年的和平協定[17]。

舊有的戰爭在西元前四九四年再度爆發。那一年，克里奧墨涅斯侵入了阿戈里德（Argolid），並且在提雲斯（Tiryns）附近的西匹亞（Sepeia）重創了阿哥斯人。在這次戰役之後，他率領一支由一千人組成的精銳部隊到達了赫拉（Hera）神廟，並堅持要在那裡作貢奉。廟裡的祭司抗議一個外國人在那裡作貢奉，克里奧墨涅斯便命人鞭打這位祭司[18]。當克里奧墨涅斯返回斯巴達以後，他被傳召要在元老院面前對他的行爲進行解釋，他的仇家抱怨說，克里奧墨涅斯應該能攻下阿哥斯城，他們聲稱他是接受了賄賂才不去那樣做的。

在克里奧墨涅斯統治的大部分時期，波斯的勢力影響有限，所以並不存在克里奧墨涅斯及斯巴達人如何回應波斯入侵問題。在克里奧墨涅斯被驅逐出衛城之後，雅典和薩迪斯（Sardis）的阿塔斐涅斯（Artaphernes）所結成的同盟也沒有維持很久。在西元前四九一年問題終於出現了，如前所述，那時大流士派使者到希臘各地去索土和水[19]。有一些城邦，其中包括埃吉那人（Aeginetan），提供了這些作爲臣服標誌的土和水，於是克里奧墨涅斯（Cleomenes）作出了強烈的反應，他趕到埃吉那，並試圖逮捕那些提供土和水的人。

但是，他遭到了一個領頭的埃吉那人克里烏斯（Crius）的反對。克里烏斯是按照另一位斯巴達國王德馬拉圖斯（Damaratus）的授意行事。克里烏斯引用規章說，斯巴達的盟友只有在兩位國王共同發布命令的時候才必須去執行，因爲克里奧墨涅斯並非同德馬拉圖斯一起到埃吉那的，所以他沒有權力去逮捕埃吉那人。因此，克里奧墨涅斯返回斯巴達，試圖通過對德馬拉圖斯的身分是否出於正宗嫡系提出質疑，以此來廢除他的王位。這種疑問便由德爾斐（Delphic）的神諭來解決，神諭宣稱德馬拉圖斯並非斯巴達前任國王阿里斯頓（Ariston）的兒子，因此，他從王位被廢除下來[20]。稍後不久他逃亡到波斯。

與此同時，克里奧墨涅斯又把里奧提奇達斯（Leotychides）挾上國王的寶座，來填補德馬拉圖斯走後的空缺。然後，這兩位國王一起來到埃吉那，逮捕了島上最有勢力的人，把他們交給雅典——他們最仇視的敵人看管和處理[21]。

克里奧墨涅斯的事業，現代的歷史學家各有不同的觀點。他的政策按照上面概括的原則來看是合理的，他不會派海軍跨過愛琴海去侵犯波斯在那裡的勢力範圍。但是，他積極在陸地上擴大斯巴達的勢力。因此，他抵抗任何波斯想將其勢力擴張到希臘腹地的活動[22]。埃吉那雖然是一個海上城邦，卻離海岸很近以致於引起他的關注。

在大部分情況下，斯巴達城邦接受了克里奧墨涅斯的政策，他亦積極努力在陸地上擴大斯巴達的勢力。因此，他抵抗任何波斯欲將其勢力擴張到希臘腹地的活動[23]。在大部分情況下，斯巴達都接受了克里奧墨涅斯實行的政策。

在他統治的早些年裡，他與他同父異母的兄弟多里歐斯（Dorieus）發生衝突，最後多里歐斯離開了斯巴達。在西元前五一〇年，他帶人遠征西西里（Sicily）的西部，想在那裡建立一塊殖民地，卻沒有成功，他自己也在那裡被殺死。在克里奧墨涅斯統治的最後時間裡，對他的反抗變得更加激烈，德馬拉圖斯（Damaratus）試圖挫敗他到埃吉那的行動，派人去授意克里烏斯（Crius），德馬拉圖斯被廢除之後，他在斯巴達也許仍然有很多的同情者[24]，毫無疑問的是，一場危機緊接著來臨。

克里奧墨涅斯和德馬拉圖斯之間的衝突起初也許是純粹個人性的，但是，當德馬拉圖斯派人授意克里烏斯來反對克里奧墨涅斯時，這裡面就至少表明了一個有關政策的問題。克里奧墨涅斯進行干預埃吉那的活動，因爲埃吉那人向波斯使者提供了以示臣服的土和水[25]；如果德馬拉圖斯和他的同情者要幫助那些領頭的埃吉那人，他們就不能堅持克里奧墨涅斯對待波斯的態度。

當德馬拉圖斯逃到波斯時，這個政策問題就更突顯出來。德馬拉圖斯贏得了大流士的好感，後來他又在西元前四八〇年陪同薛西斯到了希臘。因此，在斯巴達內部任何想召回德馬拉圖斯的努力，就意味著是在某種程度上對波斯的遷就。當然德馬拉圖斯的朋友應對那些關於德爾斐女祭司的報告負責，是這些報告導致克里奧墨涅斯撤退到塞拉西亞（Sellasia）[26]，他們也許還應對他後來的不幸負部分責任。

在克里奧墨涅斯去世後不久，又出現了斯巴達對波斯的政策問題。這些可以從希羅多德講述的故事中推論出來。他說，因爲斯巴達曾虐待大流士的使者，他們在敬奉神的時候便不能從神那裡得到有利於他們的回答[27]。所以，最後兩個斯巴達人斯皮西亞斯（Sperthias）和布里斯（Boulis）志願到蘇薩（Susa）去，把自己交給薛西斯，作爲對波斯使者的補償。

故事繼續說，在他們到達蘇薩的時候，這兩個斯巴達人拒絕按照當時波斯的習慣跪在國王面前，即使這樣，薛西斯也沒有給他們任何傷害，他把他們打發回家了，因爲他不想使拉西第夢人（Lacedaemohnian）從罪疚中解脫出來。此外，在西元前六世紀和西元前五世紀的國家之間，外交上的往來通常是通過宗教性的語言來表達的。而且當這個故事傳到希羅多德那個時代，一個世代（大約三十年）已經過去了，也就是從薛西斯被希臘人打敗以後起，親波斯的態度早已成爲一種恥辱[28]。所以，斯巴達人也許想在他們的紀錄中，掩蓋任何能代表與波斯接觸的東西。

薛西斯很明顯拒絕了斯皮西亞斯和布里斯的奉獻，他未傷他們一根寒毛，讓他們兩手空空地回去了。如果他想征服歐洲希臘，很重要的一點就是他應當擊敗那裡最強的勢力，也就是伯羅奔尼撒同盟的領導者。是故，斯巴達必須顯示他的軍隊在軍事行動中的優勢[29]。因此，斯巴達開始執行新的抵制波斯入侵的政策。

從這部分來說，這也是斯巴達人自由選擇的結果，如果是在克里奧墨涅斯（Cleomenes）統治時期出現這些事，斯巴達也許會做出不同的選擇。但是從大局來說，他們對薛西斯的抵抗是由他們在地緣政治中所處的地理位置決定的[30]。作爲希臘最強的勢力，斯巴達仇視任何即將到來的入侵者；同樣地，波斯的侵入者也想征服斯巴達。

泛希臘聯盟

在馬拉松軍事行動之後，雅典人和波斯的關係其選擇是很有限的。當一個城邦打贏了強大外敵的決定性戰役之後，不大可能對其政策作一次徹底的改變，勝利給公眾帶來了很大程度的滿意。但是在下一個十年裡，個人之間激烈的衝突一直持續著，也許部分是由於馬拉松戰役勝利的緣故，與波斯之間互相攻擊及有陰謀往來的伎倆經常被使用[31]。亞里斯多德說；西元前四八七年至四八五年的三年時間裡，雅典人利用貝殼流放法放逐了「專制統治者」，而希帕庫斯（Hipparchus）是三個犧牲品之首。希帕庫斯曾在西元前四九六年至四九五年擔任雅典的執政官，並且是庇西特拉圖家族的一名親戚。

一些對親波斯派進行的指控則是利用在馬拉松戰役當日所發生的一個事件。當波斯的軍隊航行到斐勒拉姆（Phalerum）途中經過蘇尼姆（Sunium）的時候，陽光下有一張盾牌從陸地上向他們晃動，給他們一個信號。直到希羅多德時代的傳統觀點認爲這個信號是阿克麥奥尼德家族（Alcmaeonidae）的人所給的，希羅多德很義憤地否認這一點，並指出阿克麥奥尼德家族一直是反對庇西特拉圖家族的，但是，他堅持說當時發出了一個信號。確實，在西元前四九〇年，阿克麥奥尼德家族（Alcmaeonidae）不可能做出一些和波斯人陰謀聯繫的事來，如果克里斯提尼的努力確保了城邦家族的統治地位，要恢復庇西特拉圖家族的地位勢必會傷害他們的利益[32]。如果阿克麥奥尼德家族能夠被開脫的話，有關出示盾牌的人的身分問題就有了很大的猜測範圍。

人們也許會問，這個信號會傳達什麼樣的信息？但是，另一種可能性也應當被考慮到，在馬拉松戰役進行的那一天，一支拉西第夢人（Lacedaemonian）的軍隊正在全速前進，他們的路線是穿過埃格里奥斯（Aegaleos）山和帕尼斯（Parnes）山之間的空隙，經過阿伽尼（Acharnae），在蘇尼姆（Sunium）高處晃動的盾牌也許正是傳遞消息給他們，告訴他們怎樣向雅典城或者馬拉松平原行進[33]。如果政治上的怨恨便將盾牌曲解爲打給波斯人的信號，並譴責阿克麥奥尼德家族，這一點也許只是表明了這個家族，已經相當顯赫並且是令人嫉妒的地位。

西元前四八九年，在馬拉松戰役之後，米太亞德率領一支不少於七十艘戰船組成的雅典遠征軍進發帕洛斯（Paros）島。他率軍蹂躪了帕洛斯的領土，並且圍攻城市達二十六天，但是無法攻陷那座城市[34]。有人爲這次進攻找到一個藉口。在西元前四九〇年，帕洛斯人曾爲當時進軍馬拉松途中的波斯軍隊提供了一艘三層槳的戰船。但希羅多德說明了這次遠征的眞正動機，米太亞德說服雅典人派遣這支軍隊是因爲他告訴他們，他將使每一個跟隨他的人富裕起來。

在西元前五世紀的早期，戰利品的爭奪自然是人們熟知的一項政策目標。在西元前四九九年，艾瑞斯泰戈拉斯（Aristagoras）說服雅典人去支持愛奧尼亞人（Ionian）的叛亂，就是因爲他告訴他們在波斯帝國境內可以搶劫到很多好東西[35]。米太亞德從帕洛斯返回之後，受到了桑提普斯（Xanthippus）的迫害。桑提普斯指責他欺騙了雅典人民，要求對他處以死刑，法院判決米太亞德交納五十塔倫（Talent）的罰款並送進監獄，他死於腿部所受的傷，這個傷是他在對帕洛斯（Paros）的攻擊過程中負傷的。這場桑提普斯和米太亞德的衝突中，實際上也不是什麼政策性的分歧。因爲通過馬拉松戰役的勝利，米太亞德聲名顯赫，成了眾人嫉妒的目標。

桑提普斯的政治生涯全靠他娶了一個阿克麥奧尼德家族（Alcmaeonidae）的女人；他在一場聳人聽聞的審判中獲得的成功，又使他在政壇上平步青雲[36]。西元前四八五至四八四年，他顯赫的地位達到了顛峰，最後雅典人用貝殼流放法放逐了他。

西元前四八八年，雅典人採用拈龜法選出他們的九名執政官。根據亞里斯多德的說法，西元前四八七年第一屆議事是用拈龜法選出來的，而之前的執政官都是通過選舉產生的。首先每個部落通過選舉選出十名候選人，然後在一百名候選人中，用拈龜法從中選出十名來[37]。希羅多德在記述中說，馬拉松戰役時，雅典的第三執政官卡利馬科斯（Callimachus）就是用拈龜法選出來的，也許在西元前四九〇年，議事會的成員都是通過選舉產生的；但是，在由雅典擔任執政官、國王、第三執政官、議事長及議事長秘書時，他們是通過拈龜來決定的。

西元前四八七年選舉辦法改變的原因，令現代史家百思未解，但是，一個簡單的解釋早已明白了。亞里斯多德提供了一個線索；他說，在伯羅奔尼撒的赫拉伊（Heraea），之所以採用拈龜法來選出行政長官，是因爲有些候選人在競選時採取一些卑鄙過分的手段[38]。如果在任命一個很重要的職務時，選擇的權力要是給了幸運之神，誰也不會感到不服氣，這個原因同樣可以解釋爲什麼人們有時靠拋擲硬幣來決定事情。

從西元前五世紀八十年代時期，在雅典被用貝殼流放法放逐的政客非常頻繁，雅典人也習以爲常，但最使雅典人擔心的是和埃吉那人的戰爭了[39]。儘管希羅多德在敘述這一場戰事的時候，相關的年代已模糊，戰爭也許一直打到西元前五世紀八十年代。在理解雅典人在西元前四八三年採取的一項決定時，這一點一定要考慮在內。那一年，在勞里烏姆（Laureum）發現了一條異常豐富的銀礦脈。起初，雅典人考慮把這些收益按人頭平分，接著，按照提米斯托克利（Themistocles）的建議，他們用這筆錢來建造戰船。這個造船計畫一直延續到第二年，這樣到西元前四八〇年，雅典人已建造好二百艘可以服役的三層槳戰船。希羅多德敘述在說服雅典建造戰船的過程中，提米斯托克利已經在考慮和埃吉那（Aegina）的戰爭了。一些現代的歷史學家們傾向於假設提米斯托克利是預見到要用戰船來抵抗波斯的入侵[40]，但是，沒有更好的理由去懷疑希羅多德的觀點或者去否認歷史的嘲弄。

西元前四八三到西元前四八二年，阿里斯提得斯（Aristeides）被貝殼流放法放逐了。事實上，早在希羅多德時代，提米斯托克利和阿里斯提得斯之間的敵意就已是眾所皆知。根據紀錄有關他們的活動來看，他們之間並沒有明顯的政策不同。對阿里斯提得斯的放逐也許是個人衝突發展的結果，衝突的焦點就是關於勞里烏姆銀礦的不同用途。最後決定建造戰船在很大程度上提高了提米斯托克利的政治地位[41]。儘管阿里斯提得斯不是很傑出的政治家，卻顯示他是一個很有競爭力的政客，儘管他在天賦上不能與提米斯托克利相比。

也許在西元前四八二年，雅典人召回了那些曾被貝殼放逐法放逐的人。亞里斯多德在記述這一點時候說，他們這樣做是因爲薛西斯的入侵。或許雅典人的感情是非常複雜的，有些雅典人期望被流放的人能和同胞們達成諒解，同仇敵愾抵抗入侵的野蠻人，另一些雅典人也許認爲把這些人召回阿提卡可以使他們變得稍微安全一點，因爲在阿提卡可以有人守望著他們[42]。除了召回被放逐的人之外，沒有什麼跡象可以表明雅典人爲抵抗波斯的入侵而進行政治上的準備。雅典人未參加在西元前四八一年組成的同盟，以抵抗波斯的入侵。就像上面講述的那樣，馬拉松戰役的結果在一定程度上決定了雅典人對隨後的波斯攻擊的反應。而且，通過加入同盟，雅典人馬上就收到了利益[43]。他的成員們使他們從一個麻煩且有警覺性的威脅中解脫出來，因爲希臘同盟結束了埃吉那戰爭。

在西元前四八一年，許多希臘城邦組成了一個同盟，以抵抗即將到來的波斯攻擊。有關這個組織的情況幾乎沒有什麼資料被保留下來。希羅多德提到了同盟曾召開過的兩次大會，一次是西元前四八一年在一個沒有命名的地方召開的成立大會，另一次是西元前四八〇年戰事的早期，在科林斯的伊斯加默斯（Isthmus）召開的大會[44]。（科林斯地峽）

在這兩次大會上，各城邦都是派特使或是代表參加，希羅多德將第二次大會上的那些人稱爲專員（Probouloi），在第一次大會上，所有成員國都宣誓，產生了希臘同盟。很明顯地，這次誓言永久地將各同盟城邦聯繫在一起[45]，大約西元前四六二年雅典才正式解除了他們和斯巴達的聯繫，也就是說直到解除同盟之前他們仍然認爲當時的誓言是有約束力的。

關於這次同盟的名稱沒有被保留下來，它可以被稱做「西元前四八一年的希臘同盟」，但在普拉泰亞（Plataea）戰役之後，勝利者們在德爾斐的阿波羅做了一次貢奉，那是一個在青銅柱子上的金三角祭壇，其形狀是由三條相互纏繞的蛇組成的。銅柱後來被君士坦丁大帝移到了君士坦丁堡，在那裡被保存了下來。在這條蛇柱上，勝利者在「參加的戰爭」標題下雕刻上所有參加戰鬥的城邦名稱，在蛇柱上所銘記的城邦裡，伯羅奔尼撒地區的成員占有很大的比例[46]。在三十一個城邦中，伯羅奔尼撒就有十三個。

此外，在第一次泛希臘聯盟大會中做出了幾項決定，首先他們結束了與其他城邦之間的戰爭，而這些戰爭中最值得一提的便是雅典和埃吉那之間的戰爭。其次派出了三名偵查員前往小亞細亞，薛西斯則早已率領他的部隊到達薩迪斯，當薛西斯得知這些人的到來時，他讓他們參觀了他的步兵和騎兵部隊，然後讓他們返回希臘，他想讓希臘人對強大的軍隊產生驚恐【47】。另外，第一次泛希臘同盟大會還派特使到阿哥斯，敘拉古，克基拉，克里特等城邦。

從戰略意義上說，最重要的地方應該是阿哥斯，阿哥斯人一直與斯巴達長期的敵對，也沒有忘記克里奧墨涅斯（Cleomenes）在塞佩亞（Sepeia）使他們遭到的嚴重失敗恥辱，所以，他們不願意參加一個由斯巴達爲首的希臘同盟。而且一直到希羅多德時代，希臘的觀點認爲，薛西斯曾經和阿哥斯人進行過談判，並且和他們達成一定程度上的諒解。阿哥斯人的軍隊沒有參加西元前四八〇年至四七九年的戰鬥，因爲波斯軍隊還沒有到達科林斯的伊斯加默斯地峽【48】，但是，希臘聯盟的戰略必須考慮阿哥斯在伯羅奔尼撒境內爲波斯提供了一個基地的可能性。

實際上，希臘同盟尋求幫助的請求也是不成功的。敘拉古的革隆（Gelon）正在與迦太基人進行一場戰爭，根本不能分出軍隊來參加反對波斯軍事行動。克基拉人保證會提供協助，但是，他們的六十艘戰船最多僅能行駛到拉塞得門（Lacedaemon）的西海岸，因爲逆向的海風使他們不能繞過馬萊阿角（Cape Maleea）。此外，他們認爲波斯人最終會勝利。當希臘同盟的特使到達克里特時，克里特人則拒絕了他們的請求【49】。

西元前四八〇年，色薩利是由拉里薩（Larisa）家族的阿琉阿德（Aleuadae）統治。西元前四九二年波斯將領馬多尼烏斯（Mardonius）對色薩利的軍事行動中，曾經迫使色薩利與波斯結成同盟[50]，但是，在色薩利也有反對阿琉阿德的力量，這股反對力量是由法薩盧斯（Pharsalus）的伊奇克拉蒂德（Echecratidae）家族所帶領。到了西元前四八〇年，這些持不同意見的希臘人派特使到達伊斯加默斯地峽，邀請希臘同盟派遣一支軍隊，以控制從馬拉松到色薩利之間的通道。一支由一萬個重裝步兵組成的部隊在拉西第夢人（Lacedaemonian）指揮官尤埃尼圖斯（Euaenetus）的率領下被派前往，雅典分遣部隊的指揮官是提米斯托克利（Themistocles）[51]。部隊航行到哈勒斯（Halus）；接著，他們繼續由陸路前往騰比（Tempe）河谷，在那裡他們可以守衛從馬其頓南部（Lower Macedon）到奧林匹克（Olympus）山和奧薩（Ossa）山之間沿佩尼烏斯（Penens）河的通道。

綜合上述，雖然希羅多德提供的數據有誤，但是即便不像他寫的那麼懸殊，波斯士兵至少還是要比希臘士兵多出一倍來。波斯軍隊形式多樣，有騎兵、射手以及適合小規模戰鬥的步兵。而雅典士兵全部由重裝步兵構成，裝備完整。希臘士兵面臨的最大問題是缺乏一個統帥，因爲所有決議都是由「十將軍」共同協商產生的[52]。而雙方的交戰卻迫在眉睫。

因此有些人建議等待斯巴達人滿月以後再來救援，另有一些人認爲等待即冒險，雅典軍隊停滯不前可能會讓波斯人占上風，希臘人會被打敗。之後雅典聽說部分波斯士兵和騎兵不見了蹤影，於是懷疑波斯軍隊已經前往法勒隆（Phaleron）。其中有些將領認爲必須馬上採取行動。儘管滿月期已到，斯巴達援軍隨時會到達，但任何遲疑都可能導致戰爭的失敗[53]。確實，將軍之一米太亞德在拯救雅典的戰鬥中起了重要的作用。

溫泉關戰役與薩拉米斯海戰

溫泉關戰役

西元前四八一年，薛西斯將他的遠征部隊集結在薩迪斯。到第二年的春天，他們進軍到了赫勒斯滂，並通過了他們早已在那裡建好的橋梁繼續前行。接著，波斯軍隊行進到多里斯克斯（Doriscus），多里斯克斯位於希布洛斯河（Hebrus）的岸邊，這個地段有一處海灘，還有一個大平原，在那裡波斯人建造一處要塞並派駐一支防守部隊，希羅多德記述有關波斯陸上部隊的數字是驚人的[54]，他估計多里斯克斯就有步兵八萬到十萬人。

關於多里斯克斯的海軍，希羅多德記下了一個精確的數字：一千零七艘三層槳的戰船。埃斯庫羅斯（Aeschylus）的《波斯人》一書中，在敘述薩拉米斯海戰中波斯艦隊的規模時，也得出了同樣的一個數字。從多里斯克斯起，波斯人的陸軍和海軍就一直肩並肩地沿著色雷斯海岸往前推進，一直到達哈爾基季基（Chalcidis）半島東海岸的阿肯色斯（Acanthus）[55]。在阿肯色斯，波斯的陸軍和海軍分道而行了，艦隊通過運河向前航行，這條運河是波斯人曾在亞陀斯（Athos）海角的瓶頸處修好的，繼續繞過哈爾基季基的其他幾處海角，海軍艦隊推進到瑟馬（Therma）一帶。

與此同時，陸上部隊也通過陸路進軍到了瑟馬，在那裡波斯軍隊又重新匯合。從瑟馬開始，薛西斯親自帶領陸軍前進，穿過馬其頓南部和色薩利到達馬利安海灣馬利斯（Malis）的領土。希羅多德指出：陸軍出發以後，海軍艦隊在瑟馬等了十一天，接著只用一天的時間便趕到了馬革尼西亞（Magnesia）[56]。艦隊在馬革尼西亞的塞佩亞（Sepias）角和鄰近的海灘拋錨。

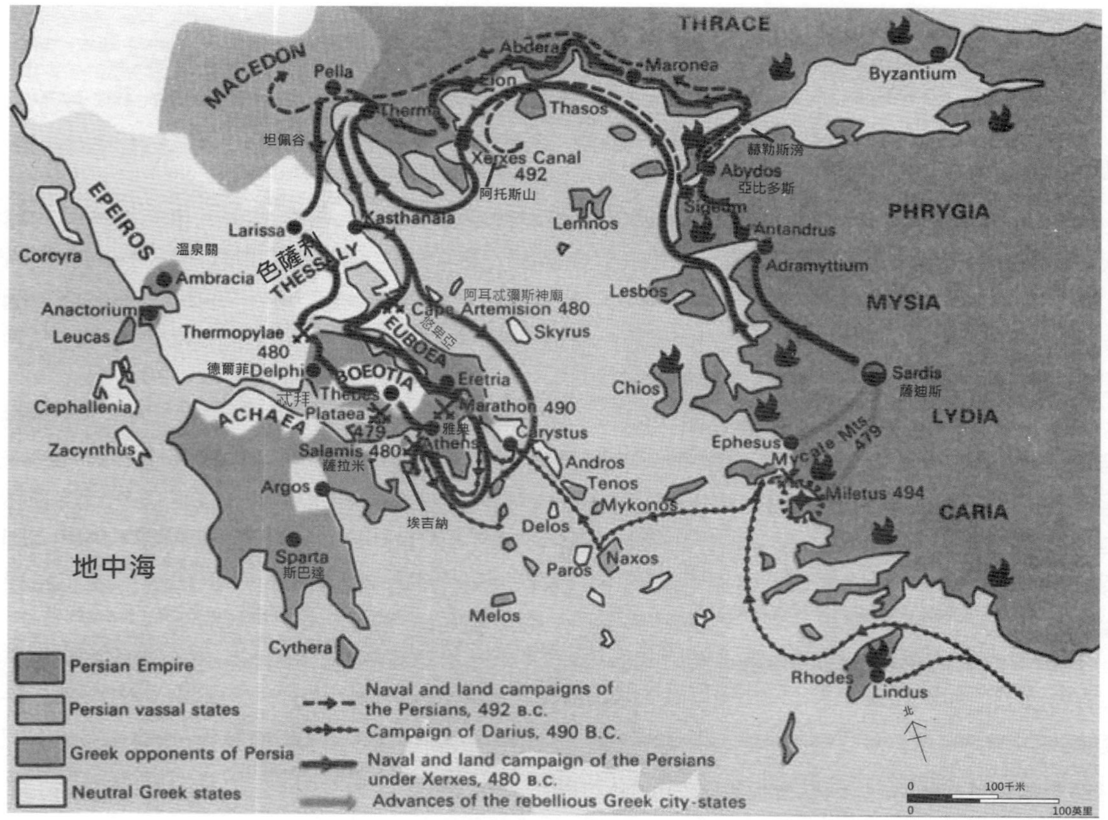

圖 8-2 溫泉關戰役與薩拉米斯海戰

同樣地，雅典的軍隊也在爲他們的陸軍和海軍尋求一些結合點，以便使陸軍和海軍之間的聯絡不是那麼困難，他們在陸地上的選擇點便是溫泉關。溫泉關座落在群山和大海之間狹窄的隘道上，處於馬利安海灣的南岸，這裡從色薩利進入希臘中部的路線向東經過這段海岸。在溫泉關的狹窄處，地理學家已習慣上稱之爲「中門」（The Middle Gate），峽谷的寬度只有五十英尺，在中門不遠處的兩側便是西門（West Gate）和東門（East Gate），那裡的道路寬度只能容得下一輛馬車通行[57]。

雅典悲劇作家埃斯庫羅斯在他的《波斯人》一劇中唱出了值此存亡之秋希臘人的戰鬥決心：

前進啊！希臘的男兒，
解救你們的城邦，你們的妻兒，
解救你們祖先神殿與墳墓！
起來，爲解救你們這一切而戰鬥！[58]

希臘同盟派遣了一支由七千名重裝步兵組成的部隊，由斯巴達國王李奧尼達（Leonidas）率領到達溫泉關，李奧尼達決心要守住中門。在那裡，南面的山峰特別的高而且險峻。希臘艦隊被派往阿提密喜安（Artemisinm），那裡是優卑亞（Euboea）的北部海岸[59]。這支希臘艦隊由一個斯巴達人歐里庇得斯（Eurybiades）指揮，艦隊是由二百七十一艘三層槳戰船組成。

關於希臘的戰略目標，不只一種敘述。直到最近，通常情況下都是設想希臘人會把他們的希望寄託在海軍的勝利上，因爲在海上他們不像陸軍那般，在數量上被敵人超出很多。根據這種觀點，推論李奧尼達的任務就只是拖住波斯陸軍，不讓他們前進，同時希臘的海軍可以趁機打一次決定性的戰爭[60]。在同一年的晚些時候，薛西斯的部隊在薩拉米斯（Salamis）海戰中被擊敗了。但是從結果去推論原來的動機是危險的，這種理論受到了後人的挑戰，伊文斯（Evans）指出，希臘人在海軍獲勝的方面幾乎沒有什麼信心，因爲他們大部分是新組織起來的，沒有經過什麼實戰經驗。雅典參加阿提密喜安（Artemisinm）最後戰鬥的分遣隊總共有一百八十艘船，大部分是西元前四八三年以後新招募的兵員[61]。波斯的艦隊中包括來自腓尼基和埃及的艦隊，並且在波斯和希臘之間的雷德（Lade）海戰中，擊敗了希臘人。

希臘艦隊在阿提密喜安的行動不像是在搜尋或攻擊敵軍的狀態，他們的艦隊盡量地避免暴露自己，當他們得知陸上的部隊被擊敗之後就馬上撤走了。駐守在溫泉關的部隊大約有七千名士兵。在同一年的早些時候，派往滕比（Tempe）河谷的部隊比這個人還要多；可以預想，派往溫泉關的可能是一支規模更大的部隊[62]，換句話說，希臘的戰略家認爲實際上派到溫泉關的軍隊已經足夠了。

如果需要的話，接防的部隊和物資都可以派到那邊去。而且在到達溫泉關之前，李奧尼達並不知道群山之中哪一條是可以攻擊他所在位置的小路。因此，有人建議說在阿提密喜安的艦隊，其目的只是保衛陸地上的據點，而希臘人將希望寄託在陸上的戰鬥，在溫泉關的隘道是如此狹窄，李奧尼達完全可以在那裡無限期地阻止波斯軍隊的前進，直到薛西斯的後備供應不足以維持他的軍隊[63]。

另一方面，波斯軍隊所選擇的停泊地點塞佩亞角（Capesepias）及鄰近的海灘是很不合適的，希羅多德說第一批到達的戰艦都衝上了海灘，其餘的船隻則成排集結在海面上，橫向多達八艘船，一直深入海中。在這個位置上，他們特別容易受到海上風暴的襲擊[64]。他們到達馬革尼西亞海岸的第二天就起了一場風暴，據稱，這場風暴一直持續了三天。

在風暴過去的第二天，波斯艦隊繞過馬革尼西亞的東南角，在阿費泰（Aphetae）拋錨。關於阿費泰的具體位置尚有爭議。但是，最清楚的說明是希羅多德的表述。他說，阿費泰距離阿提密喜安的海灘有四十英里，阿費泰的位置處於馬革尼西亞的南海岸。關於波斯命運的下一步發展是頗有疑問的。希羅多德的描述使我們清楚了波斯人的軍事情況，薛西斯離開瑟馬後就在阿提密喜安和溫泉關進行爲期三天的戰鬥[65]。看上去，雙方海上戰鬥是波斯艦隊到達阿費泰兩天之後開始的。

在這裡，希羅多德說，在到達阿費泰之後，波斯人分遣一支二百艘戰船組成的部隊繞道抵達優卑亞的東部，直取優卑亞和南部大陸之間的海峽，阻止希臘艦隊從攸里帕斯（Euripns）海峽撤退[66]；但是，在戰鬥開始的當天晚上突然來了一場暴雨，因而把這一戰艦中隊吹到一片多岩石、稱爲優卑亞空洞（Hollows of Euboea）的海岸上，艦隊亦被摧毀了。

由於好幾個原因，有一些歷史學家懷疑關於這支二百艘戰船組成的艦隊眞實性。最能說明問題的原因是考慮到戰略上有沒有這種可能性。如果希羅多德在多里斯克斯（Doriscns）戰船的數目誇大了，或者這支艦隊在馬革尼西亞以外的海面上因風暴而損失慘重，波斯人就不會分遣一支二百戰艦的海上中隊去阿費泰（Aphetae），因爲那樣會進一步削弱他們的艦隊[67]。

但是，如果二百艘戰船這個數字是誇大的，分遣的艦隊規模要小一些，那麼這支艦隊就會更容易受到在埃吉那或雅典等希臘分遣部隊的攻擊。且這支艦隊需要有地方能靠岸加水[68]，優卑亞和雅典部分海岸幾乎沒有什麼港口，也不是由親近波斯的勢力所占領。

希羅多德認爲，在海上和陸上進行的戰役是在三天內進行的。這一點有人提出過懷疑，卻不能證明它是錯誤的，而且它還有戰略戰術的可信分析。李奧尼達一到溫泉關就得知敵人可從那條稱爲阿諾匹亞（Anopaea）的道路包抄他的部隊，於是他派駐了一支由一千人組成的福西亞人（Phocian）分遣部隊，來守備這條路。

另一方面，薛西斯在他的艦隊到達阿費泰兩天以後就開始對溫泉關進行正面攻擊。狹窄的隘道使原本在數量上占優勢的波斯軍隊無法發揮其長處，在開始兩天的戰鬥中，他們沒能夠取得任何進展[69]。在戰鬥開始的第二個晚上，薛西斯派出了他的精銳部隊。此時，李奧尼達提前幾個小時就從偵查兵口中得知海達尼斯的迫近。而希臘聯軍下一個動作我們不甚了解，以希羅多德爲代表的傳統看法認爲希臘隊伍中的幾個軍團逃跑，或被李奧尼達驅逐，但這兩個回答都引起疑問，爲什麼李奧尼達自己不帶領他的斯巴達三百壯士一起撤退呢？希羅多德的解釋是：李奧尼達企圖實現神諭的指示，神諭上說，若不是拉西第夢軍隊會被波斯人擊潰就是帶兵的斯巴達國王會被殺害[70]。

因此，最後留下的只有四百名由底比斯人派遣的泰斯庇斯（Thespian）戰士和三百名斯巴達戰士，李奧尼達帶領勇士奮勇抵抗，死守關隘，殺死了眾多「不朽者」，其中包括薛西斯的二個兄弟。但最後寡不敵眾，李奧尼達的三百壯士全部犧牲，薛西斯下令割下戰死的斯巴達國王的首級，並且把屍體釘在十字架上[71]。

同時，在阿提密喜安的海戰打得難分難解。到了第三天雙方都損失慘重，在戰鬥的間隙，希臘海軍接到從溫泉關傳來李奧尼達失敗的消息。於是希臘海軍航向攸里帕斯（Euvipus）[72]。雅典人勸說他們駐守薩拉米斯灣，以確保阿提卡地區居民進行安全的疏散；而阿提卡人也將婦女和兒童疏散到特洛溱（Troezen）、埃吉那（Aegina）以及薩拉米斯。

希臘海軍從阿提密喜安（Artemisium）的撤退表明希臘陸地與海上的軍事行動相互依賴的關係。他們防禦計畫是嚴密而謹慎的。他們的海軍撤退並不意味著戰敗，而且他們給敵人造成相當慘重的損失。在溫泉關，希臘陸軍成功地阻止了波斯人從正面的進攻，如果敵人不從後面包抄，他們將可以堅持更長的時間[73]。

而這個防禦計畫的失敗，是因為把守山道的福西亞軍隊（Phocian）數量不足又不可靠之故。從波斯人的角度來看，海達尼斯（Hydarnes）連夜出擊是一次大冒險，那條山路不是輕易就可以奪取的，在不徵求謀士的意見情況下，海達尼斯仍然可能會遇到抵抗。但李奧尼達解散了大部分士兵，也使得「不朽者」的首領海達尼斯乘機率兵直插山後[74]。溫泉關之役不僅為希臘人贏得時間，英雄的壯舉還被載入了史冊，永世長存。

薩拉米斯海戰

波斯人在溫泉關所取得的勝利是希臘人始料未及的。當李奧尼達帶領部隊到達溫泉關之後，希臘同盟隨即派遣使者向東羅克里斯人（East Locrians）與福西亞人（Phocians）尋求支援，並說聯軍即將派兵援助。但是，由於波斯軍隊以迅雷不及掩耳之勢通過溫泉關，以至於希臘聯軍根本來不及派兵支援，從而使希臘軍隊在向薩拉米斯戰場集結時處於盲目與被動地位，完全沒有像在溫泉關戰役時有一整套清晰一致的計畫，這表示在協商中他們曾出現分歧[75]。另一方面，波斯攻占溫泉關後，波斯大軍長驅深入希臘腹地，並撲向雅典城，隨後焚毀衛城的大火衝天而起[76]。

當希臘人獲悉李奧尼達的死訊之後，許多伯羅奔尼撒城市的軍隊開始在科林斯的（伊斯加默斯）地峽構築防禦工事。它被選擇為第二道防線是合情合理的，因為如同在溫泉關一樣，通過科林斯（伊斯加默斯）地峽的道路非常狹窄，但是，他作為防禦地點並不像以前那樣有利[77]。因為薛西斯有可能派艦隊在伯羅奔尼撒半島登陸，進而對該地峽的防禦要塞進行包抄。

就波斯人的觀點來看，雅典人在阿提密喜安戰役之後，已經取得了新的重要地位；在這次戰役中，雅典爲希臘同盟提供了數量龐大的戰艦，據希羅多德的記載；在三百二十四艘戰艦組成的艦隊中，由雅典人提供的三層槳戰艦總數多達一百八十艘[78]。這時期，雅典也成爲希臘聯軍中流砥柱的力量。

從波斯海軍的移動可以推測出，在阿提密喜安與溫泉關戰役結束的當日黃昏，波斯艦隊就開始向阿提密喜安集結，並在那裡逗留到第三天中午。然後他們占領了優卑亞最北的城市——赫斯替亞（Histiaea）。第二天，在薛西斯的邀請下，全體船員前往溫泉關，並接受了檢閱，接著他們回到赫斯替亞。之後，艦隊原地休整了三天，然後又用了三天時間穿越埃夫里布斯（Euvipus）海峽到達法勒隆灣（Bay of Phalerum）[79]。就這樣，從阿提密喜安戰役結束到波斯艦隊集結到法勒隆（Phalerum），他們一共用了九天時間。顯然薛西斯企圖派遣他的陸上部隊牽制雅典，以保證其海軍能夠在法勒隆找到一個安全的港灣停靠，這也就解釋了爲什麼波斯海軍在赫斯替亞逗留了三天之久[80]。在這期間，波斯軍隊從溫泉關戰場直接向阿提卡推進，雖然前進速度不是很快，但是途中並沒有做停留。

如果薛西斯期望用武力震懾雅典人民，那麼事實會使他失望，當希臘海軍從阿提密喜安撤退時，雅典成功地勸說他們同意在薩拉米斯布防，與此同時，他們將妻兒撤離阿提卡半島[81]。雅典曾建議市民盡量把他們的家人疏散到其他地方。

至少在希羅多德的記載中；當時情況是這樣的。如果他說的情況屬實，那麼由此可推斷出，在阿提密喜安戰役結束與薩拉米斯戰役爆發期間，希臘人所採取的行動並非出於一個事先制定的精密計畫結果[82]，而與此恰恰相反，海軍應雅典的要求布防於薩拉米斯以及雅典人的疏散這些行動，都是在最後關頭所採取的應急措施；而雅典幾乎無力做任何組織工作，且是完全依靠市民的主動配合。

一九六〇年代，在特洛溱（Troezen），發現一塊碑文，人們對希臘的戰略進行了新的推測，這塊碑文篆刻於西元前三世紀，但其內容不過是提米斯托克利（Themistocles）於西元前四八〇年頒布的法令翻版，該法律要求無戰鬥能力的人從阿提卡疏散到特洛溱與薩拉米斯地帶[83]。神廟的司庫（Treasurers）和女祭司將留在雅典衛城，士兵則登上近二百艘的戰船上。而那些認爲其內容有一定可信性度的人也不得不承認，在流傳過程中，法令在文字方面確實起了一定的作用。因此，史學家所要解決的問題則爲：這塊碑文中是否包含著某些我們無法從其他途徑獲取的眞實資訊，除了一些細節外，它提供了一條非常重要的新資訊，就該法令的內容表明，甚至在阿提密喜安戰役爆發之前，雅典人已經爲以後的行動制定了某些計畫，並在戰役結束後按照原計畫採取行動[84]。他們的計畫初步已經涉及到疏散阿提卡市民以及將艦隊集結於薩拉米斯等問題。

所有這些對希臘戰略的重新推測，完全是基於這個被稱爲「提米斯托克利法令」以及有關神諭的第二次回答這種說法基礎上，針對這些推測仍存在激烈的爭論。如果上述對希臘在溫泉關戰役與阿提密喜安戰役中的目標所做的新論斷是正確的，那麼反映在「提米斯托克利法令」中的那一套計畫，則並非是希臘上層領導人共同意志的體現，因爲在對下一步戰略部署的討論過程中，希臘同盟希望派人偵查波斯軍隊在溫泉關地區的情況[85]。

而那些接受提米斯托克利法令以及有關第二次神諭說法的人，一定認爲在西元前四八〇年的希臘存在著兩套戰略，一套是希臘同盟作爲一個整體所提出的，而另一套是雅典人的戰略。希羅多德描寫，溫泉關戰役之後阿提卡的疏散工作是雅典驚人的一步，這是希臘同盟通力合作所取得的一項偉大勝利。一般認爲，如果一個希臘城邦不能保衛其領土的完整，那只有面對投降的厄運[86]。並且，當溫泉關失守後，中部希臘的大多數城邦都向薛西斯妥協投降。希臘海軍在雅典的勸說下集結於薩拉米斯，主要是爲了保障阿提卡的疏散。根據希羅多德的敘述，在希臘將領到達薩拉米斯之後，他們就戰略問題召開了議事會，其中大多數人主張退守科林斯的（伊斯加默斯）地峽從而與敵人在海上作戰以保衛伯羅奔尼撒。然而，波斯占領阿提卡和雅典衛城的消息完全打亂了他們的計畫。這個消息引起了一片恐慌，一些將領不等會議作出決議就擅自匆忙地逃之夭夭了，其餘的將領決定撤退到科林斯的（伊斯加默斯）地峽並在那裡與波斯在海上決戰[87]。但是，就在當天晚上，提米斯托克利說服歐里庇亞得斯（Eurybiades）召集第二次議事會，會議上將領之間展開了激烈的爭論，但最後歐里庇亞得斯被提米斯托克利說服了，他決定在薩拉米斯反擊波斯的進攻。

希羅多德在對議事會的敘述中，他一度把話題轉到了波斯人對雅典衛城的圍攻上面。很明顯地，這場戰爭持續了相當長一段時間。因此，他所說的第一次議事會被看作是兩次會議的重疊，其一是當將領們初到薩拉米斯時召開的，其二則是在得知雅典衛城失陷的消息後召開的。據希羅多德說，守衛雅典衛城的軍隊數量非常有限，而且其中包括雅典神廟的司庫和許多窮人[88]，然而他又說，即便如此，圍攻仍持續了「很長時間」，同時他對波斯圍攻衛城所採取的軍事行動的描述也爲人留下了深刻的印象。

據他記載：波斯士兵在衛城對面的亞略巴古山上（Areopagns）構築了陣地，並從那裡向雅典衛城發射「火箭」，他們派遣庇西特拉圖的後代向雅典人遞交談判合約，卻遭到雅典嚴厲的拒絕[89]。當他們開始向衛城進攻時，雅典軍隊將巨石沿著斜坡滾下，造成波斯人大量的傷亡。如此複雜的軍事行動描述可以說明，雅典衛城可能是由數量可觀的軍隊守衛的，而並不是希羅多德所說的那樣。一些史學家證明爲了保衛雅典衛城，雅典派駐了一支軍隊。希羅多德指出的「經過長時間的戰鬥」，這個觀點部分地成爲他們得出以上結論的依據[90]。因爲就希羅多德對戰鬥複雜性的描寫可以得知：這個「很長時間」並非是幾個小時，而是幾天，幾個星期或更久。

另一些史學家在雅典衛城防守這個問題上，則持相反的意見。因爲，據希羅多德的記載：衛城的守軍只不過是雅典神廟的司庫和一些老弱殘兵。不過，由此他們又不得不對另外一些敘述的眞實性產生懷疑，這些敘述指出雅典衛城的失陷消息，造成了駐紮在薩拉米斯的希臘將領恐慌。希臘人在伊斯加默斯修築了防禦工事。但是，科林斯的伊斯加默斯地峽與薩拉米斯並不處在相互聯繫的位置上[91]。因此希臘將領的戰略仍然讓人難以理解。

在記述了希臘將領們連夜召開的議事會以及他們的最後決定之後，希羅多德又把注意力轉移到波斯軍營之中。據他說，薛西斯同樣召集海軍將領開了一次戰略會議，並通過馬多尼俄斯（Mardonius）徵求每個人的意見。其他人鼓動他派兵襲擊希臘海軍並將其殲滅在其集結地[92]。但阿爾特米西亞（Artemisid）提出了反對意見，然而薛西斯還是接受了多數人的意見。因爲他認爲：在他直接督促下的海軍，在這一次戰鬥中表現將比在阿提密喜安戰役（battle of Artemisium）中更出色。這就是希羅多德認爲的原因。他絲毫沒有提及任何在戰略方面的考量。顯然地，他可能無法對波斯戰略會議的情況進行深入的了解，像對希臘戰略會議那樣，而他賦予阿爾特米西亞的角色則是一個民間傳說中的形象——一位告誡者。希羅多德不無得意地敘述道：阿爾特米西亞曾向薛西斯指出，若他按兵不動，一切跡象顯示波斯人將會贏得最後勝利，因此不宜出兵，但他的規勸毫無用處[93]。

如此，希羅多德認爲敵對雙方決定在薩拉米斯的決戰，是各自所作的愼重考慮。而他在後面敘述的內容卻引起了人們的懷疑。他說，波斯人召集議事會後的當日晚間，驚恐再次席捲薩拉米斯的希臘軍營，他們懼怕在海上戰敗從而被困於島嶼上。於是他們再次召集了緊急會議，其中一些人仍希望退守伯羅奔尼撒半島。正在其爭論之時，提米斯托克利悄無聲息地離開了他的會場，然後派他的奴隸西息奴斯（Sicinnus）帶著一封信去見薛西斯，在信中提米斯托克利聲稱他致力於促成波斯人的偉大事業[94]，同時他還透露希臘海軍在驚恐中欲逃離薩拉米斯，但如果薛西斯不給希臘人逃脫的時間，他就可以在原地殲滅他們。

顯然這一段敘述帶有濃厚的奇文軼事色彩。阿里斯泰德（Aristeides）和特諾斯（Teros）戰艦兩者都在這個戲劇性的時刻出現；薛西斯則被描繪成一位非常天眞的人，他接到信後所採取的措施恰恰是對方這個狡詐的信件所要達到的目的[95]。

然而在希羅多德值得懷疑的敘述中，有一條是可以接受的，那就是在薩拉米斯海戰爆發的前一晚，薛西斯曾對他的艦隊進行了一些調動。但不幸的是希羅多德對這次艦隊調動方向的說明卻讓人很難理解[96]。一般認爲薛西斯派遣了一個海軍中隊繞過薩拉米斯的南端，然後在西面封鎖了該島與麥加里德（Megarid）之間的海峽。

在波斯軍隊完成調動的第二天凌晨，希臘海軍駛出停泊地點迎擊波斯的進攻。這場戰鬥爆發於薩拉米斯與阿提卡之間的海域，但是對於戰鬥的確切位置迄今爲止仍存在著爭議，這一點可以確定：戰鬥是在相對狹窄的水域中進行的，這遏制了波斯海軍在相對數量上以及駕駛輕便船隻的熟練程度上的優勢[97]。戰鬥以波斯人始料未及的失敗而告終。

埃斯庫羅斯親歷薩拉米斯戰役，在《波斯人》中，他借波斯士兵之口吻，生動描述了這場海戰：

初時，龐大的波斯艦隊還能夠支持；
一旦許多艦隊都擠在狹港裡的時候，
我方的船艦不但不能顧及彼此，
而且每個銅船頭都碰到另一艘，
就把全船的橈撞得支離破碎。
希臘的艦隊則抓緊良機，
圍著我們攻打，弄得船翻艦沒，
汪洋大海上，一時看不見波濤，
只見破船的碎片和死者的屍體，
海灘上，礁石上都堆滿了死屍。
其餘的波斯戰艦就一艘跟著一艘，
在混亂中遁逃……[98]

薩拉米斯海戰之後，繼有較小規模的戰役發生，希臘人乘勝追擊，波斯人節節敗退[99]。波斯在這次戰役的失敗，造成了波斯將領在翌年刻意避免與希臘海軍相遇，對希臘人來說，這場戰爭的勝利頗有深遠的意義。波斯海軍是由數支訓練有素而且經驗豐富的腓尼基和埃及的軍團所組成。波斯預想薛西斯依靠他精銳的海軍在西元前四八〇年的戰爭中所取得勝利，進而由陸軍協助海軍在海上尋求一個立足之地，但這個計畫因爲希臘海軍在薩拉米斯戰役的勝利而被迫放棄。西元前四七九年薛西斯又率領他的部隊試圖從陸路再次嘗試入侵希臘。

普拉蒂亞戰役

希羅多德在另一段評述薩拉米斯戰役中得出的結論：斯巴達國王克勒翁布羅圖斯（Cleombrotus）是科林斯的伊斯加默斯地峽（Isthmus）的統帥，爲了探明對波斯的攻擊是否成功，他向神貢獻祭品以求得先兆。但是此儀式進行的過程中，天空出現了日蝕，這次日蝕發生在西元前四八〇年十月二日。而克勒翁布羅圖斯所要採取的從科林斯的伊斯加默斯地峽（Isthmus）向波斯軍隊發動襲擊的計畫，因此可能定於薩拉米斯海戰之後不久。相對的，薛西斯在薩拉米斯慘敗後旋即將軍隊撤退到冬季駐地[100]，因爲中部希臘地區不能爲波斯人提供足夠的補給品。

此時薛西斯和其餘部隊從原路返回。當軍隊行至赫勒斯滂（Hellespont）時，他發現這裡的橋梁因風暴而損壞。於是他轉而走海路，而他的軍隊則取道阿拜多斯（Abydus）。薛西斯留下馬多尼俄斯（Mardonius）用以保證赫勒斯滂海峽的安全[101]。除了冬季供給問題以外，波斯軍隊調動方面還有一些其他問題困擾著他，問題之一就是位於馬多尼俄斯（Mardonius）部隊後方的希臘城市，在薩拉米斯大捷的鼓舞之下紛紛醞釀起義。事實上，波蒂迪亞（Poteidaea）已於冬季起義，儘管阿塔培紮斯（Artabazns）率部圍困該城長達三個月之久，但是該城仍然堅守不怠[102]。特別令他焦慮的是小亞細亞愛奧尼亞地區的城邦有可能發動起義，他們將破壞波斯西北部地區的通訊聯絡，重蹈西元前四九九年的起義覆轍。

隨著暖季的臨近，馬多尼俄斯的戰略還是相當樂觀的，他可以看到占領中部希臘，並且，他的軍隊在陸路推進的過程無需面臨任何的抵抗，直到逼近由伯羅奔尼撒軍隊防守科林斯的伊斯加默斯地峽。在那裡，一支數量較少的部隊就可以遏制大規模部隊的進攻[103]。爲了扭轉希臘在科林斯的伊斯加默斯地峽的優勢地位，馬多尼俄斯需要一支海上部隊支援，這樣他的一個小分隊就可以藉此直插入伯羅奔尼撒腹地。

馬多尼俄斯對雅典所抱的野心成爲了希臘同盟凝聚力的最嚴厲考驗。首先他派遣馬其頓國王亞歷山大去雅典謀求結盟，因爲亞歷山大曾經被雅典視爲朋友和恩人，是談判的最佳人選[104]。做爲交換條件，馬多尼俄斯的許諾非常慷慨，以國王的贊同爲保證，確保雅典秋毫無損，並重修在西元前四八〇年的戰爭中被損毀的神廟[105]，並保證雅典得到任何他們所要求的土地。對隨之舉行的談判，希羅多德的敘述可能在流傳過程中已經被加以潤色。

其中包括雅典人發表的宣言，它洋溢著愛國主義精神，並充滿對泛希臘事業的無限忠誠。但這段敘述的絕大部分還是可信的，希羅多德指出在此事發生的同時，斯巴達也派使者阻止雅典接受波斯的建議。在這一點上，希羅多德很可能是正確的。雅典的確拒絕了這項建議，但是據希羅多德的記載；他們對斯巴達人的回答歸結如下的要求：希望他們在波斯軍隊到達阿提卡之前調兵支援彼俄提亞[106]。這一要求揭示了希臘在西元前四七九年戰爭所制定的計畫中出現的緊張狀態。從希臘同盟的角度來看，退守科林斯的伊斯加默斯地峽的防禦陣地是一項有利的戰略，因而放棄該線以北的所有地區。

在西元前四七九年的戰爭初期，希臘同盟內部的緊張狀態同樣在海軍的變化上有所反映。是年春季，希臘海軍在埃吉那集中，據希羅多德的記載，當時戰艦的數量是一百一十艘。同上一年相比，這個數字少的驚人。在阿提密喜安戰役爆發初期，希羅多德曾指出，希臘海軍的規模是二百七十一艘戰艦。戰役的第二天。五十三艘阿提卡船隻的加入使艦隊的規模擴大到三百二十四艘[107]。據他說，參與薩拉米斯海戰的希臘海軍總數是四百八十艘三層槳戰船。另一方面，《波斯人》作者埃斯基涅斯（Aeschylus）（西元前三三八—三四〇年）則指出在薩拉米斯一役中，希臘海軍的數量是三百一十艘三層槳戰船，所以希羅多德所透露的四百八十這個數字值得懷疑。

西元前四七九年夏季，馬多尼俄斯率部從色薩利南下進入中部希臘。當他到達彼俄提亞的時候，雅典才發現伯羅奔尼撒軍隊並未長途北上來保衛雅典，於是他們被迫再次將沒有戰鬥力的人疏散到薩拉米斯。因此馬多尼俄斯在未遇到任何抵抗的情況下占領阿提卡，這時他再次嘗試說服雅典。這一次的使者是來自赫勒斯滂的謨里吉德斯（Murychides）。他帶著與亞歷山大相同的條件前往薩拉米斯[108]。這個條件是意味深長的，因爲馬多尼俄斯在占領阿提卡之後，並未採取任何破壞活動。但薩拉米斯的雅典人也沒有接受馬多尼俄斯的條件。

在拉西第夢人的部隊到達科林斯的伊斯加默斯地峽之前，馬多尼俄斯掠奪了阿提卡城並向北退守彼俄提亞南部。在這裡，底比斯（Thebes）爲他們提供了一個安全的根據地[109]。此外，在阿索帕斯河（Asopus river）的沖積平原，馬多尼俄斯可以最大限度地發揮騎兵的優勢。雖然他未能說服雅典與之結盟從而達到支配雅典海軍的目的，但是通過利用雅典與斯巴達之間的意見分歧，他已經頗有收穫。他成功地使希臘軍隊放棄設防於科林斯的伊斯加默斯狹窄谷地的優勢地位，而北上彼俄提亞（Boeotia），在由他選擇的戰場作戰[110]。從戰略上考慮，希臘軍隊從科林斯的伊斯加默斯地峽北上迎敵是非常冒險的行動，這意味著放棄一個有利的陣地，但隨之而來戰鬥的結果卻是令人意想不到的。

指揮拉西第夢軍隊的將領是保薩尼阿斯（Pausanias），他是未成年的斯巴達國王普雷斯太庫斯（Pleistarchus）的攝政王。而組成這支部隊的士兵則來自雅典和其他盟國，其中大部分來自伯羅奔尼撒半島。根據希羅多德的記載，希臘重裝步兵的數量多達三萬八千七百名，其中最大的三支軍團分別來自拉西第夢、雅典和科林斯[111]。雖然波斯軍隊在數量上也許超過了希臘聯軍，但並不懸殊。

希臘軍隊到達彼俄提亞後發生一些小規模戰鬥和軍隊調動，馬多尼俄斯首先把他的部隊駐守在阿索帕斯河（Asopus River）以北，這裡的廣闊地帶有利於騎兵作戰。而保薩尼亞斯在南面較遠的地方把陣地設置在西薩隆山脈（Cithaeron Range）的山腳之下，在此後的幾天裡，對方軍隊都以防禦為主，因為他們各自占據了對自己有利的地形[112]。但是馬多尼俄斯迫切的要與希臘開戰。他之所以如此急迫不是出於對希臘的戰略考慮，而是因為愛奧尼亞的不安定因素已經向波斯示警。

前述波斯由於薩拉米斯的失敗，他們領導階層對海軍失去了信心。如果馬多尼俄斯能夠在希臘戰場取得一次勝利，那麼這次勝利將作為一種威攝力量以阻止小亞細亞的希臘城邦起義[113]。馬多尼俄斯通過調兵布陣，企圖迫使保薩尼亞斯陷入不得不宣戰的地位，他派遣騎兵繞過希臘陣地，向著其補給部隊所必經的山口迂迴，途中與正在進入平原的一支希臘補給部隊遭遇，並將該部隊掠奪一空。四天以後，波斯騎兵襲擊了希臘人作為水源的溪流，並玷汙了水質使其無法飲用[114]；於是保薩尼亞斯決定撤退到更靠近普拉蒂亞（Plataea）的陣地去，他決定在夜間調動部隊，但是這個預期的行動是相當複雜的；一些分支軍團未能按著命令行事。次日破曉後，馬多尼俄斯急速調兵南下阿索帕斯河（Asopus River）進行反擊，戰鬥持續了一段時間[115]。隨後，斯巴達人和提吉亞人（Tegeans）從右側突破波斯人的側翼，而馬多尼俄斯的陣亡也標誌著波斯軍隊的失敗。

波斯人戰敗後，希臘占領了波斯軍營，分配了戰利品並埋葬了死者。十一天以後，他們到達底比斯，並將該城圍困了二十天，直到底比斯人被迫交出了忠於波斯的那一部分人民為止[116]。隨即來自同盟的軍隊將底比斯的囚徒押往科林斯，並在那裡將他們處死。自從底比斯在溫泉關戰役之後加入波斯聯盟以來，該城始終是波斯人有利的據點。希臘人奪取底比斯的支配地位的目的，在於阻止波斯人在希臘的心臟地帶擁有陣地[117]。

希臘同盟在普拉蒂亞戰役後，對底比斯的高度重視，也可以作進一步的解釋，同盟的策略是使阿塔培作斯能夠安全地率領殘餘部隊從色薩利和馬其頓一帶撤退。

密卡爾

與此同時，傳統認爲正是普拉蒂亞決戰的那天，向西追擊的希臘艦隊在小亞細亞密卡爾大敗波斯艦隊。而波斯的愛奧尼亞希臘人從軍中棄逃是希臘獲勝的原因之一[118]。西元前四七九年春，希臘同盟的海軍遵照斯巴達國王利俄提吉德（Leotychides）的命令集結於埃吉那[119]。兩班信使的先後到達埃吉那，第一班信使來自開俄斯（Chios），在這個島嶼上有七人曾經策劃了一起反抗暴軍斯特拉蒂斯（Strattis）的行動，但是七人之一背叛了他們，於是其餘六人逃至斯巴達尋求幫助，繼而來到埃吉那，在他們的懇求之下，海軍向東前進到提洛島海域。

不久以後，從薩摩斯來的三名信使到達提洛島，薩摩斯曾經在薩拉米斯海戰中站在波斯一方作戰，他們的一位艦長底奧米斯特還贏得薛西斯的器重，被封爲薩摩斯（Samos）的君主。不到一年的時間，一些薩摩斯人密謀推翻底奧米斯特（Theomestor）的統治，並派使者求助於希臘同盟的海軍[120]。三名使者向利俄提吉德（Leotychides）提出請求，並明確地表示如果他出動艦隊援助薩摩斯，那麼愛奧尼亞即將發動起義。利俄提吉德最後被說服了，於是艦隊駛向薩摩斯，而這兩件事件也揭示了愛奧尼亞黨派林立的特徵。

薛西斯將海軍撤出歐洲後在塞姆（Cyme）和薩摩斯度過了冬天，並在西元前四七九年早春，將部隊集結於薩摩斯。當利俄提吉德的海軍逼近時，他們派出了最精銳的腓尼基海軍，而波斯將領的反應也說明了薩拉米斯戰略失敗所造成的影響[121]。

此外，波斯將餘部撤退到密卡爾，這是一座從大陸延伸入海的海角，與薩摩斯相對，在這裡波斯海軍可以受到此地的陸軍保護，在密卡爾他們將戰船拖上岸，然後用木條和石塊在周圍修築了防禦圍牆[122]。

此時，利俄提吉德率部來到薩摩斯發現波斯人已經離開，接著將領們也考慮過返回希臘或進兵赫勒斯滂，但最後他們決定去密卡爾並在那裡攻擊敵人[123]。當他的艦隊駛過波斯領地時，利俄提吉德指揮艦隊靠近岸邊，藉以暗示愛奧尼亞人擺脫波斯人統治的時機已到[124]，然後他將艦隊停泊在波斯陣地以東的岸邊，而此刻波斯人正忙於對付軍隊中的愛奧尼亞人。

旋即利俄提吉德率部在登陸，便向西進攻波斯軍營，戰爭在波斯軍營的防禦圍欄外展開並持續了很長時間。最後，希臘人突破圍欄，波斯官兵逃往薩迪斯（Sandis），其餘則被分別殲滅[125]。這場戰爭又以波斯人的失敗告終。但愛奧尼亞在軍事及政治上的影響，尤其在戰爭中所起的作用卻是不容忽視的。

在西元前四七九年，小亞細亞的希臘國家起義嚴重影響了波斯將領的戰略，其中也包括對馬多尼俄斯的影響。據希羅多德的記載；在密卡爾戰役中，被解除武裝的薩摩斯人首先起義，其他愛奧尼亞軍團相繼加入了反抗波斯[126]。他指出，駐守在通往密卡爾高地的米利都人，將撤退的波斯人引入了歧途而再次進入希臘軍隊的包圍圈，他把這看作是愛奧尼亞人的第二次起義，這些記述可能被誇大了。對波斯人來說，來自愛奧尼亞的士兵比薩摩斯人更可信賴，因爲那時他們已經將腓尼基人的艦隊撤回國，而且放棄了在愛琴海的主要海岸行動[127]。

戰役結束之後，利俄提吉德面臨著愛奧尼亞問題，他們率部退守薩摩斯，在那裡召開了一次戰略議事會。而希羅多德對此的記述道；討論的焦點是，在希臘同盟的控制區域內，愛奧尼亞如何被安置，因爲同盟軍隊不可能爲了防止波斯的報復而永遠駐守在該地，所以愛奧尼亞必須被放棄[128]。他接著指出，伯羅奔尼撒將領提議從保持中立的希臘人手中奪取城市，然後將愛奧尼亞人遷移到那裡居住。

在這段敘述中我們必須把結論與審議區別開來，有關這些未能實施的方案，任何書面的或官方的記載都未必可能保存下來。對於史學家來講，他們應該有能力在大體上識別那些未能實現的意圖斷言[129]。而關於伯羅奔尼撒人計畫改編愛奧尼亞人以及在雅典人的反對下被迫放棄的故事，很可能是後來的雅典宣傳機構的捏造；在後來的半個世紀裡，雅典曾經不只一次地藉機強調愛奧尼亞人眞正的朋友不是伯羅奔尼撒人而是雅典人。

之後，同盟海軍在利俄提吉德的率領下從薩摩斯向赫勒斯滂轉移，期望破壞薛西斯軍隊必經的橋梁。當到達阿拜多斯時，他們發現這座橋梁已經毀於一場風暴[130]。此後，伯羅奔尼撒軍團與到利俄提吉德的隊伍會合後返回故鄉。但是雅典軍團和他們的統帥桑提普斯（Xanthippus）決定暫留一段時間，企圖在切爾尼斯（Chersonese）作另一番嘗試。

在相繼而來的冬季，他們圍攻並占領了塞斯托斯（Sestos）。這次嘗試被認爲是希臘同盟傳奇故事的一個新開端，在西元前四八〇年的戰爭過程中，除了密卡爾戰役外，希臘同盟始終處於防守地位[131]。總的來說，它的主要成員有效地做到了相互間的配合。

眾所皆知，在普拉蒂亞戰役爆發前，馬多尼俄斯通過外交手段激化了雅典與伯羅奔尼撒之間的矛盾，並以此成功地將聯盟陸軍向北牽制到彼俄提亞，但同盟的軍事合作經受了最後的考驗，並在西元前四七九年取得了防禦戰爭的最後勝利[132]，隨著雅典對塞斯托斯的圍攻開始，在雅典人與伯羅奔尼撒人各自所追求的利益之間亦出現了另一次決定性的分歧。

第九章

雅典帝國主義

民主改革

西元前四六五年薛西斯被暗殺後的一連串事件和歐律墨冬河（Eurymedon）之戰的勝利，減低了波斯入侵希臘的危險，波斯繼任者，阿塔薛西斯忙於應付帝國裡的叛亂。一個新的時期到來，雅典的民主派開始行動，他們廢除了元老院，使盟國聽命於雅典，然而這一切最後皆毀於斯巴達[1]。在以後的六十年中，斯巴達的政策主宰了希臘城邦的歷史。

薩拉米斯戰役後，雅典元老院更加地依賴於傳統勢力。隨著歲月的流逝，他們的權勢逐步削弱，對國家的作用也消失了，其成員的權力也喪失了。他們的特權遭致腐化的嫌疑，這是希臘政治中的普遍問題。西元前四六六年，德米斯托克利和亞里斯

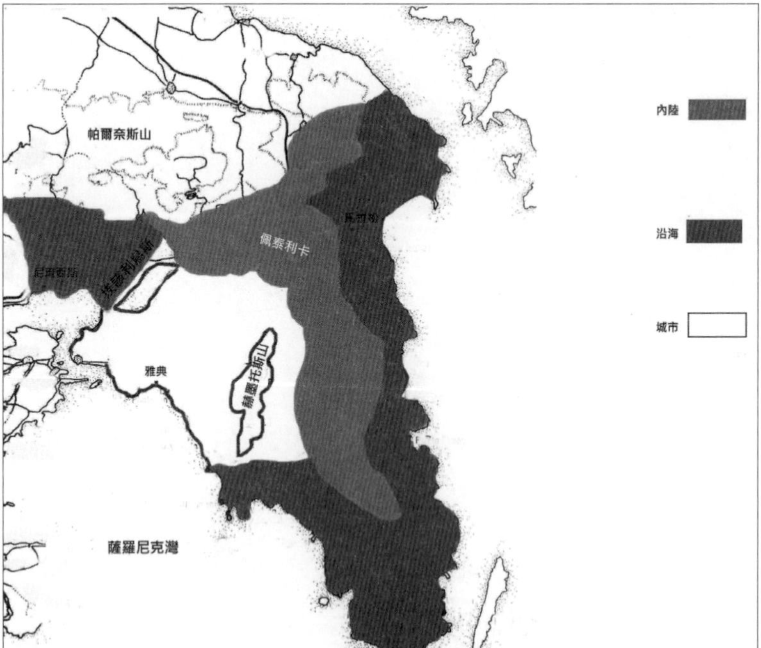

圖 9-1　雅典周圍山區和海邊圖　葉景榕繪製

提德（Aristides）領導的反對派被厄非阿爾特（Ephialtes）和伯利克里斯（Pericles）所取代，他們依靠清廉的名聲在人民中樹立了良好的形象[2]。厄非阿爾特是一個能幹的法律專家和演說家，伯利克里斯則是一個年輕有爲的青年，他們攻擊元老院成員腐敗和濫用權力，以及在眾多事件中逃脫罪責。

西元前四六五年至四六三年期間，他們曾做過一次首席執政官，這顯示出他們力量的增長。西元前四六二年，他們控告雅典最有影響力的人西蒙貪汙腐化，但西蒙有清廉的名聲，最後被判無罪[3]。不久之後，西蒙離開了雅典，厄非阿爾特和伯利克里斯認爲此時元老院的勢力已充分削弱，因此他們透過公民大會開始了民主改革。改革的詳細內容無從而知，但其效果是明顯的。元老院被剝奪了一切政治權力，在他們眼中，這些權力是傳統和世襲的。元老院裁判權被減少，以後又被伯利克里斯進一步削弱，它僅能處理一些宗教等案件，例如謀殺和損毀神聖的橄欖樹等[4]。作爲改革的一步，公民大會和陪審法庭制度，使克里斯提尼憲法中所提出的「權利平等」得到充分發展，它清除了通向「民主」之路的障礙，即主權歸於人民所有。

元老院的權力被分配到五百人議會、公民大會和陪審法庭。對於地區官員的監督權、叛國罪的聽證權、當場逮捕權、處罰權和在某些情況下的執行權，則賦予了議會，因此議會成爲了人民的主要執行機構。此後，國家所有法令都由「議會和民主機構」頒布。元老院作爲法庭的權利則轉移到陪審法庭，元老院的監督權和任意處理權也被取消，公民大會僅受制於自我約束。西元前四六二年以後，如果一個提案或法令是非法的，公民大會就把它束之高閣，而且這個提案會在陪審法庭被控告爲非法[5]。因此，柏拉圖說，厄非阿爾特**「使人民沐浴了充分民主的陽光。」**

實際上，厄非阿爾特和伯利克里斯的改革也獲得不同黨派的同意。某些人認爲改革把人民從

「壓迫和寡頭政治」中解放出來，另一些人（包括亞里斯多德）認爲他們「像獨裁者一般」侍奉人民。當西蒙從海外歸來時，他曾徒勞地試圖廢除改革，恢復克里斯提尼改革。不久，厄非阿爾特被塔納格拉（Tanagra）來的貝奧提亞人刺殺，而幕後指使者一直是個謎。西元前四五八年的《奧瑞斯提亞》的悲劇中，埃斯庫羅斯（Aeschylus）強調了元老院的權威，警告希臘人需防止混亂和衝突的危險[6]。正如眾多事件所證明的那樣，人民在法治中安定地生活，雅典得以用勇氣去處理外交事務。

西元前四七七年，雅典大大地增強了它的實力。在**德米斯托克利**和西蒙的提議下，雅典保持著戰時二百艘戰船的力量，並且每年建造二十艘新船。雅典聯盟透過戰爭得來的財富，使其霸權擴張到前所未有的程度，由於越來越多的盟國進貢，雅典艦隊的維持費用也不再依賴自己的財富。當波斯入侵的威脅消失後，雅典和盟國在利益上隨即產生分歧，雅典從盟國不斷進貢的財富中獲益[7]。而另一方面也引起盟國的不滿和厭惡。

但主動權在雅典人手中，它可以修改聯盟進貢數目和分享勝利果實，也可以維持原狀。西元前四六五年，雅典處於一個十字路口，北愛琴地區最富有的島嶼、擁有一支艦隊的薩索斯（Thasos）退出了雅典聯盟，因爲他拒絕了雅典提出的分享薩索斯的色雷斯海岸貿易和開礦權利的要求。此時，雅典有二條路可走：同意其離開聯盟，或號召其他城邦進攻薩索斯[8]。而後，雅典選擇了後者。在西蒙的指揮下，雅典艦隊擊敗了薩索斯艦隊，並俘獲三十三艘戰船，占領了該島嶼。

與此同時，西元前四六五年晚期，從雅典和盟國來的一萬多名移民，他們定居在色雷斯的斯特賴蒙河谷（Strymon），在那裡，他們占據了以「九道」著稱的且具有戰略意義的厄尼亞荷多依（Enneahodoi），即以後控制斯特賴蒙河，聯繫西部河口和內陸的安菲波利斯（Amphipolis）[9]。很明顯地，雅典志在占有色雷斯沿岸富庶的資源，包括礦藏、木材和食品等。

西元前四六四年早期，色雷斯在德拉比斯卡（Drabescus）擊敗了雅典軍隊，並攻占了厄尼亞荷多依和移民區，雅典及其盟國傷亡慘重。然而，雅典軍隊卻在薩索斯獲勝，並在西元前四六四年初夏包圍了城區，於是色雷斯與斯巴達人進行了交易，他們幫助薩索斯入侵阿提加[10]。斯巴達雖然沒有幫助薩索斯的義務，但作爲斯巴達聯盟的領袖，它完全有理由認爲有朝一日雅典的力量和野心將會威脅他的鄰海島嶼薩索斯盟國。作爲希波戰爭中公認的領袖，斯巴達可以譴責雅典的帝國主義作風，也可以透過戰爭來保衛薩索斯的自由，然而美塞尼亞的叛亂仍然此起彼伏，也許因爲這個原因，斯巴達聯盟沒有討論薩索斯的請求，但其權威人士卻祕密承諾斯巴達將入侵阿提加[11]。這個祕密保持了好幾年，然而他們的行動卻被西元前四六四年夏季的自然災害阻止了。

當時一次強烈的地震摧毀了斯巴達城，遇難人數超過兩萬人。城裡的人傷亡慘重，許多在室內訓練的年輕人因爲房屋倒塌而死亡。此時，歐羅達河（Eurotas）平原的希洛人（Helots）更趁機進攻斯巴達的領主。在危機中，阿希達穆斯國王（Archidanius）吹起了武裝的號角，公民停止了尋找廢墟中的親屬和家產，團結在他周圍，最後平定了暴亂[12]。但不久之後，美塞尼亞奴隸的後裔又起來反叛，他們獲得了皮里阿西人（Perioeci）的支持，占領了拉科尼亞（Laconia），並威脅到了斯巴達的統治。

於是斯巴達派伯里克萊底（Pericleidas）來到雅典求援，雅典公民大會討論了這件事情。厄非阿爾特將斯巴達視爲雅典的敵人，故他建議對其請求不予理睬，而任其傾覆。雙重霸權的倡導者西蒙主張不能讓希臘一邊倒，因爲那樣會使雅典失去了依託。最後公民大會採納了後者溫和的政策，因此西蒙在市民中徵召了四千名重裝步兵。斯巴達的盟友普拉蒂亞也派出了三分之一的軍隊，阿基那、門丁提尼（Mantinea）以及其他盟國都紛紛響應，而他們也眞的拯救了斯巴達[13]。西元前四六三年，斯巴達開始反攻，把美塞尼亞軍隊圍困在伊索米山區（Ithome）。

前述斯巴達的天災打破了希臘世界的平衡關係，此時阿哥斯已經把它的觸角伸向了阿哥里德地區（Argolid）的小城邦，科林斯也開始壓迫他的鄰邦麥迦拉和克列奧尼（Cleonae）[14]。此時西蒙從拉科尼亞回到雅典的路上，因爲未經允許進入了科林斯疆域而遇到了麻煩，這件事讓雅典聯盟意識到他們不能再指望斯巴達的保護。

西元前四六二年夏末，西蒙攻下了薩索斯，其城牆被摧毀，艦隊被沒收，造幣廠被關閉，薩索斯在斯卡特海勒（Scaptehyle）的金礦和其他財產也讓給了雅典，且以現金進貢雅典聯盟[15]。此後，薩索斯就成爲了依靠雅典的附屬國。

當西蒙從薩索斯勝利歸來時，他被伯利克里斯控告收受馬其頓國王的賄賂，因此他被禁止參與馬其頓戰爭。這項指控顯示了雅典民主派的野心，也就是吞併馬其頓的部分領土。而後西蒙的無罪釋放，證明了他在雅典個人的影響力和廉潔的名聲，也是元老院對民主派的反擊。西元前四六二年夏季，斯巴達再次求援於雅典，公民大會派極力倡導與斯巴達結盟的西蒙去指揮軍隊[16]。在他離開雅典期間，厄非阿爾特和伯利克里斯進行了改革，並廢除了元老院，最後控制了公民大會。

前述，在向盟國求援之前，斯巴達人在伊索米山構築了防線，他們希望雅典能肅清角落裡的美塞尼亞人。這時西蒙的軍隊受到斯巴達人的歡迎，因爲雅典人以猛攻戰術聞名[17]。但此次，他們沒有顯示出驍勇姿態，當他們在美塞尼亞時，聽說民主派領袖在雅典的勝利，他們意識到爲之而戰的理由不會再得到公民大會的認可。

與此同時，斯巴達領袖一樣獲知了這個消息，他們懷疑雅典的劇變將導致對斯巴達政策的變化，並懷疑雅典人是美塞尼亞激進思想的幕後黑手和擁護美塞尼亞和希洛的代理人。他們毫不掩飾自己的不信任，粗魯地通知雅典人他們已不再受歡迎，必須立刻離開。如果斯巴達人能夠注意到雅典人正以全新的、富於遠見的方式改造世界，那麼他們就會意識到驅逐雅典人實非明智[18]。雅典人沒有反對，在斯巴達人的監視下，雅典人很快集合，帶著怒氣回國了。在那個新的民主派國度裡，人們仇視主張與斯巴達友好的西蒙。冬季，雅典、阿哥斯和色薩利結成了三國同盟，共同對付斯巴達。西元前四六一年春，西蒙遭受貝殼流放法放逐，希臘也結束了二大城邦合作的時代。而西蒙的垮臺更標誌著雅典進入全面民族主義時期。

雅典和鄰邦的衝突

雅典民主派利用斯巴達和波斯同時削弱的機會，開始推行其雄心勃勃的對外政策。西元前四六〇年夏，伊索米的叛敵份子以保證美塞尼亞人安全爲條件投降雅典。根據新政策，雅典人爲他們提供了庇護所，不久之後，深受科林斯壓榨的麥迦拉脫離了斯巴達同盟，他們加入已在麥迦拉和培加（Pegae）的雅典駐軍，並修建了從麥迦拉到尼塞亞（Nisaea）的長城[19]。因此雅典在科林斯

圖 9-2 雅典攪拌缸（520-500B.C） 劉庭芳攝

海灣獲得了一個防衛港口，並在薩羅尼加灣爲麥迦拉提供保護，此外，雅典還在從伊斯茅斯到希臘中部的道路上駐軍，以控制陸上交通。

然而與麥迦拉的結盟卻也造成了雅典與科林斯更深的仇恨。當斯巴達疲於內耗而無法保護斯巴達同盟時，科林斯、阿基那和埃皮達魯斯（Epidaurus）就夾在了阿哥斯和雅典同盟之間，左右爲難[20]。

然而，此時雅典及其盟國還不能向實力強大的波斯挑戰，但他們卻可以摧毀腓尼基人的艦隊，或在塞普勒斯、黎巴嫩、巴勒斯坦的水域裡和波斯進行海戰。西元前四六〇年，雅典同盟二百艘戰船對塞普勒斯進行了打擊；不久之後，在下埃及又故技重施，而這裡，利比亞國王伊納羅斯（Inaros）曾組織一支埃及軍隊和僱傭軍在陸地和海上擊敗了波斯人[21]。利比亞人求助於雅典及其盟國，許諾如果他們解放了埃及，將會得到巨大的好處。

於是雅典同盟艦隊奉命離開塞普勒斯，順尼羅河而上，與伊納羅斯的軍隊會合，他們最後贏得了對波斯的勝利。在這場戰役中，大流士的兒子阿塔美尼斯（Achaemenes）被殺，波斯五十艘戰艦沉沒或被繳獲；但這不是決定性的戰爭，波斯和埃及軍隊的殘部還據守在拉貢泰哥斯（Leukonteichos）的要塞裡[22]。雅典在埃及的戰爭進行了六年，但也同時蠶食著雅典同盟的資源。

西元前四五八年，雅典進攻薩羅尼加灣，但在哈利依斯（Halieis）登陸卻被科林斯和埃皮達魯斯擊退，而在阿基那附近的西魯克菲利亞島（Cecryphalea）海面擊敗了腓尼基艦隊，雅典與阿基那也就此開戰。此時雅典同盟城邦都參與了這一次戰爭，雅典繳獲了阿基那七十艘戰船，並在島上登陸，包圍了阿基那的城鎮。爲了幫助阿基那人，科林斯和埃皮達魯斯向島上派出了三百名士兵。然後，科林斯及其盟軍進攻邁加里德（Megarid），以期逼迫雅典從島上撤軍，從而拯救阿基那，或占領麥迦拉，再進攻阿提卡[23]。但雅典的將軍邁隆尼德斯（Myronides），把敵人阻止在邁加里德，十二天後，他的軍隊又在麥迦拉擊敗科林斯。

科林斯軍隊開始撤退，當他們退到了卡爾德薩克（Culdesac），科林斯又被雅典輕裝步兵擊潰。西元前四五八——四五七年，雅典與西西里西部的塞吉斯塔（Segesta）結盟，但實際上，雅典與各城邦之間的戰爭，對雅典損傷很大，西元前四五七年三月，官方記載了雅典在前十二個月的傷亡損失慘重，且雅典還沒有眞正面對斯巴達和波斯的軍事實力[24]。

西元前四五七年，包括一千五百名拉西第夢人和一萬名斯巴達同盟軍隊開始進攻希臘中部，也許斯巴達不想開戰，因此在北上途中也盡量避免與雅典正面交鋒，以期用大軍把雅典壓到談判桌前，從而和平地解決爭端[25]。

另一方面，當斯巴達軍隊通過邁加里德進入中立的貝奧提亞之後，與多利亞人（Doris）和福基斯人（Phocis）發生了戰爭。而斯巴達軍隊還遠在貝奧提亞時，雅典就已派出五十艘戰船包圍了從伯羅奔尼撒到培加的地區，他們的任務是襲擊交通設施和錫拉灣（Cirrha）的軍事基地，以阻止伯羅奔尼撒軍隊從海上撤退。再者，由於雅典軍隊占據了培加和麥迦拉，在通向伊斯茅斯的哲朗尼亞山上（Gerania）設崗，由於得到了培加軍隊的支持，此也擋住了伯羅奔尼撒軍隊從陸上的撤退[26]。這也逼使斯巴達將軍尼科美德（Nicomedes）決定在貝奧提亞停止前進。在這裡，他可以徵召貝奧提亞軍隊，並與主張推翻雅典民主派政府人士密謀，而後，在法勒隆（Phalerum）和比雷埃夫斯（Peiraeus）的長城已接近完成，這座城市很快就可以抵禦雅典從陸上來的進攻了[27]。

當雅典人決定不願意談判時，在阿基那解圍和長城完工前，尼科美德準備一場陣地戰。此時，雅典召集了全副武裝的軍隊，包括一千名阿哥斯人、盟國來的分遣隊、色薩利騎兵，共一萬四千

圖 9-3 愛琴海 葉景榕繪製

人，他們在貝奧提亞的塔納格拉（Tanagra）進攻斯巴達軍隊，但戰爭期間色薩利人卻離開了雅典軍隊，僅是斯巴達人獲勝，僅雙方都損失慘重[28]。伯羅奔尼撒同盟軍隊的戰力，此時已喪失殆盡，也無力進攻雅典。

不久之後，斯巴達軍隊進入邁加里德後摧毀了這座城市，這是自西元前四六四年斯巴達地震以後，在拉科尼亞和美塞尼亞以外的第一次軍事行動，斯巴達及其盟國重新證實了自己的實力。

二個月後，大約在西元前四五七年八月，邁隆尼德率雅典軍隊進入貝奧提亞，在恩諾斐塔（Oenophyta）擊敗了貝奧提亞軍隊，並拆毀了阿提卡前線塔納格拉附近的城牆，控制了貝奧提亞和福基斯大部分地區。另一方面，斯巴達將軍尼科美德重新組織了底比斯寡頭政府領導下的貝奧提亞聯盟，而後雅典的邁隆尼德解散了原組織，在所有除底比斯以外的城邦建立了民主派政府，但他很快就被推翻了。此外，斯巴達的尼科美德在福基斯和奧朋梯亞（Opuntian）的洛克里（Locris），從富人家帶走了人質，因而取悅了民主派領袖。到了西元前四五七年末，雅典長城完工，阿基那也投降了，且還不得不加入雅典同盟，並按雅典所要求的進貢。雅典駐軍將確保它的忠誠，希臘中部大半已被雅典控制。是故，斯巴達決定與雅典作戰，這一決定卻帶給他們更多的傷害。在貝奧提亞地區作戰時，斯巴達唯一做到的是讓雅典人參與了貝奧提亞的統治[29]。

西元前四五六年，雅典在伯羅奔尼撒海岸發起攻勢，托爾米德（Tolmides）指揮五十艘戰船和一千名士兵摧毀了錫西拉島（Cythera）以及貝奧提亞和美敦尼（Methone）的城鎮，並焚毀了拉西第夢艦隊在伊西翁（Gytheum）的造船廠，此後，他又奪取了紮金索斯島（Zacynthos）和塞法倫尼亞島（Cephallenia），還深入到了科林斯灣[30]。在那裡，他還占領了賴昂姆峽谷（Rhium）以外科林斯的一塊殖民地哈爾基斯。

西元前四五五年，托爾米德進攻貝奧提亞，伯利克里斯受命指揮由一千名士兵組成的西部艦隊，他橫掃了伯羅奔尼撒北岸，戰勝了阿卡納尼亞（Acarnania）的大部分城市，因此除了阿基洛斯河（Achelous）口的伊尼亞第（Oeniadae）之外，他扼住從西北進入海灣的咽喉。隨著雅典人對薩羅尼加灣的控制，托爾米德和伯利克里斯也開始從西部進攻伯羅奔尼撒，因而也構成科林斯和西錫安的巨大壓力，並有引起拉科尼亞和美塞尼亞奴隸暴亂的危險[31]。而雅典在希臘的海上實力也得到了證實。

這時期，雅典盟國在埃及保留了數量可觀的軍隊，西元前四五九年，波斯派出一個特使邁加培紮斯（Megabazus）到斯巴達談判，他提出雅典從埃及撤軍的意見，以及入侵阿提卡的計畫，然而，斯巴達拒絕了提議。西元前四五五年春，波斯的阿塔薛西斯調進入侵埃及的大軍擊敗了埃及、希臘聯軍，把希臘軍隊壓縮在普羅斯匹提斯島（Prosopitis）的一條運河和尼羅河二條支流之間，希臘人在這裡處於危險境地[32]。希臘遠征軍盡最大努力堅守了十八個月，但到了西元前四五四年夏季中旬，波斯軍隊使運河改道，水淹了陣地，只有少數希臘人穿過沙漠到達了昔蘭尼的殖民地，希臘士兵有六千人投降，其餘被殺死。

在對這個災難一無所知的情況下，雅典由新選出的一名將領率五十艘戰船去救援那些在普羅斯匹提斯（Prosopitis）的軍隊，他們從尼羅河東口岸而入，卻遭遇了波斯和腓尼基軍隊，雅典軍隊大部分被殲，在二次失敗中，他們損失的戰船超過了一百艘，雅典及其盟國在埃及的遠征至此結束[33]。

同時，在大陸希臘部分，雅典受到其盟國貝奧提亞和福基斯的分遣隊增援，因而進入了色薩利，並要求恢復（塔納格拉戰役後）被色薩利人放逐的雅典支持者的地位[34]。但色薩利的法賽魯（Pharsalus）卻拒絕了這個要求，此時，雅典軍隊的行動也被色薩利的騎兵所阻擋。不久，更由於一場風暴，致使雅典未能打敗法賽魯。在這種情況之下，伯利克里斯又率領一千名士兵去培加，在那裡他布署了由一百艘戰船組成的艦隊。當他通過科林斯海灣時，顯示了自己的實力，他擊敗了西錫安軍隊，橫掃了伊尼亞第。

西元前四五四年至四五三年冬，當雅典艦隊在愛琴海集結時，雅典人在與盟國關係上採取了一個決定性的步驟，將盟國設在提洛的金庫轉移到了雅典衛城，置於雅典娜和埃克爾斯亞（Ecclesia）的保護和控制之下[35]。在埃及的慘敗使雅典轉入防禦，因而需要資金來恢復元氣。換言之，西元前四六一年至四五四年的雅典政策，是使提洛同盟的金庫成爲雅典的金庫，此舉是讓雅典成爲希臘城邦中最富有的城邦。

圖 9-4　雅典油罐（490-480B.C）　劉庭芳攝

當希臘諸邦自由地授予公民權時，希臘諸邦男性人數，從希波戰爭時的三萬名增加到四萬名。此時雅典軍隊除了本地人之外，還有外國人，而雅典人在海外工作的也很多。雅典前線部隊擁有一萬至一萬二千人，也許還包括三百名騎兵、大批輕裝步兵、弓箭手、投槍手和偵察兵[36]。它把輕裝步兵作爲水兵，且裝備有近二百艘戰船的艦隊，這些軍隊在雅典一直保持著戰力，因爲阿提卡實行生育自由，雖然在多利安人的多數城邦裡，奴隸占多數，但雅典公民在戰爭中多是菁英。而希臘諸邦的人力明顯不足，海軍人數中的比例比雅典低，繁榮的商業城邦科林斯在薩拉米斯戰役中僅能提供四十艘戰艦，而在普拉蒂亞戰役中科林斯勉強提供了五千名士兵，西錫安也只提供了十五艘戰船和三千兵員，斯巴達提供了十六艘戰船和五千士兵[37]。

綜觀雅典的海軍力量不論在人員，還是在戰船的數量上，都絕對高於對手伯羅奔尼撒各城邦，西元前四六〇年，雅典的艦隊人數和船數比科林斯、西錫安和斯巴達加起來的總數還多。作爲一個軍事強國，它的人口數更多於伯羅奔尼撒任何一個城邦，這也是它成爲大國的基本條件[38]。因此，伯羅奔尼撒城邦的薩索斯、阿基那、科林斯、西錫安、斯巴達等艦隊，在西元前四五五年都遭到雅典的重創或被摧毀。作爲薩羅尼加和科林斯灣的主人，雅典偷襲了伯羅奔尼撒海岸，迫使亞該亞和特洛溱投靠雅典，如果雅典願意與波斯和平相處，那麼他就更可以輕易破壞斯巴達同盟，並左右了伯羅奔尼撒的政局[39]。然而他卻選擇了同時與波斯作戰的策略；二線作戰的結果，也讓雅典倍感吃力。

即便如此，雅典擁有巨大的海軍資源仍然是它的優勢所在，在萊德戰役中，僅愛奧尼亞地區，雅典就集結了三百五十艘戰船。何況雅典還擁有眾多的盟國，因爲雅典強迫盟國出資維持它的艦隊，因而，希俄斯、萊斯博斯（Lesbos）和薩摩斯在過去幾年中，也已進貢了二百三十艘戰船，而其他城邦也提供了大批水兵[40]。

西元前四五五年，雅典同盟的艦隊與西里西亞、塞普勒斯、腓尼基和埃及在內的波斯海軍展開海戰。在這次海戰中，雅典同盟取得了勝利。他們的艦隊控制了埃及和尼羅河三角洲的通道。在這場戰爭中，雅典僅派出了四十艘戰船，因爲它的艦隊主力正忙於殲滅伯羅奔尼撒海軍[41]。然而，只要盟國對它忠誠，波斯艦隊就不可能對雅典形成挑戰。

因而雅典必須拉攏同盟中的三個軍事強國：阿哥斯、色薩利、麥迦拉。然而，雅典入侵伯羅奔尼撒和尋求決戰的企圖卻失敗了。艦隊和駐在邁加里德的軍隊對斯巴達作戰沒有信心。因此，只好透過在雅典和麥迦拉修築長城來提高自己的防禦力[42]。另一方面，斯巴達軍隊也許僅三千人，美塞尼亞的暴亂仍未底定。因而推遲了宣戰的時間。

在東面部分，雅典陸軍在海軍的配合下擊敗了波斯軍隊。在《波斯人》一書中，埃斯庫羅斯描繪了這場傾覆波斯帝國的災難，他說雅典在歐呂墨冬河的勝利和西元前四六〇年埃及的反抗，既顯示出波斯帝國終將被支解。但後來證明這是錯誤的。在最後的較量中，埃及軍隊遭到波斯很大的打擊，於是他與波斯單獨講和[43]。雅典作爲雅典同盟的領袖，損失也不小，但並沒有撤出軍隊，此後在西拉卡斯堅守中雅典也付出了慘痛的代價。

在對外戰爭中，我們發現，雅典不僅依賴其海上的軍事力量和強大的陸上武力，民主也成爲其政治作戰中的武器。例如，西元前四六一年，阿哥斯從貴族政治轉向民主政治。這時阿哥斯新的公民大會和宗教議會（八人議會的延續）、法院、五個當地的黨派（四個民族黨派的延續）和放逐機構等，都與雅典憲法非常相似。同時麥迦拉也成立了民主政府，也一樣實行放逐制度[44]。但在貝奧提亞、福基斯和洛克里，民主政府卻不是以自由選舉方式產生，而是雅典軍隊干涉的結果，在底比斯，民主派政府也以同樣的方式上臺，是故所謂的政治作戰早在西元前五世紀既已展開。

西元前四五四年，雅典人了解到不能再在二線作戰。因爲色薩利對雅典持敵視態度，阿哥斯則持消極態度，同盟的麥迦拉、貝奧提亞和福基斯向心力也不夠。值得雅典慶幸的是斯巴達仍堅守陣地。然而雅典在愛琴海地區的危險更大，雅典雖然仍處於領導地位，但它也增加了對同盟的依賴。儘管這場大陸上的戰爭，被視爲雅典和斯巴達利益上的「愛奧尼亞人和伯羅奔尼撒人」的戰爭，但雅典同盟並沒從阿基那、科林斯、西錫安和斯巴達艦隊的覆滅，也沒有在希臘中部的擴張中得到任何好處[45]。尤其薩索斯的命運更暴露了雅典的野心，盟國也意識到雅典的勝利可能會侵害雅典同盟。

這時期，在埃及的災難更嚴重的損害了雅典的領導地位，此時勝利的波斯軍隊，卻也增強了一些盟國爲自由而戰的呼聲。西元前四五四年至四五三年冬季，雖然希臘東部城邦在波斯的支持下起來反叛雅典[46]，但雅典還是憑藉著商業財富和天才領袖——伯利克里斯的領導使雅典成爲當時最強大的國家。

伯利克里斯的外交政策

伯利克里斯是雅典擴張主義的核心人物，他之所以享有這麼高的地位，一方面跟他連年當選

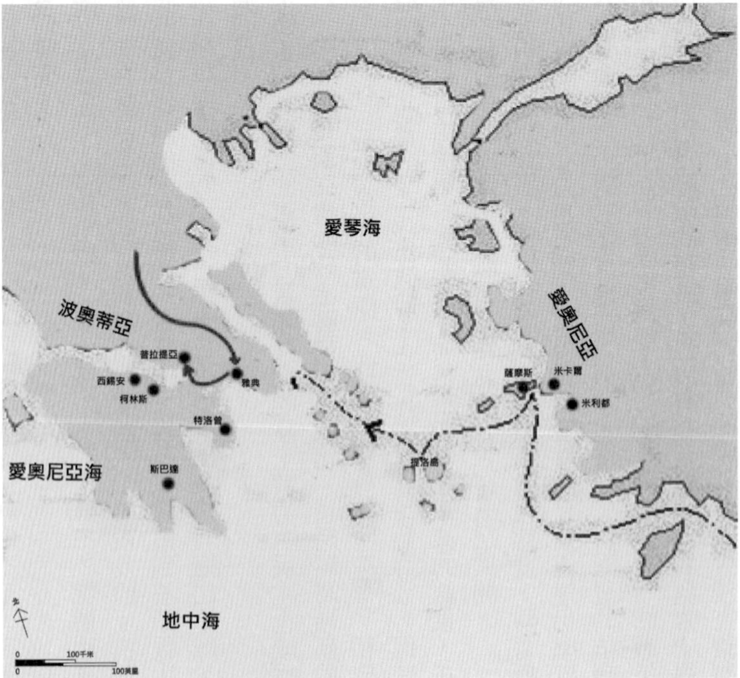

圖 9-5　提洛島　葉景榕繪製

「十將軍」有關，另一方面是雅典人對他懷有深深的敬意[47]。

西元前四六〇年至四五五年，是雅典勝利和擴張的年代，軍事指揮的榮譽落到了邁隆尼德（Myronides）、托爾米德、利俄克拉特（Leocrates）、哈里提米德（Charitimides）以及其他人身上[48]。當時伯利克里斯並不是最高指揮官，西元前四五五年他也只是托爾米德的下屬。

不久之後，他繼厄非阿爾特成爲民主派領袖，他進一步剝奪了元老院的權力，並監督了修築長城的防衛計畫。這時期，雅典民主派的權勢開始增長。西元前四五八年，他們把執政官的選舉區擴大到徵召重裝步兵的地區，因而得到了中產階級的支持。西元前四五七年，當雅典寡頭派與斯巴達密謀失敗，以及民主派把他們的力量擴張到希臘中部時，伯利克里斯就立刻把西蒙從放逐中召回[49]。他推估，如果西蒙在雅典出現，斯巴達就會傾向於和平解決雙方之間的歧見，西蒙也將抑制住雅典的極端主義者。但不論他是怎樣盤算的，伯利克里斯對前對手的出現仍充滿自信[50]。當埃及陷入災難和各城邦欲脫離雅典同盟的運動開始時，伯利克里斯被民主派賦予了重要使命，在以後的幾年中，他負責國家重要政策。

伯利克里斯擁有貴族血統的天生優勢，這給了他一張進入雅典最高層政治圈的通行證。他父親是贊提帕斯（Xanthippus），也許是布澤基（Buzygae）家族成員，曾在密卡爾山丘（Mycale）指揮雅典軍隊打敗波斯，他母親阿加利斯特（Agariste）是雅典貴族阿克密尼德（Alcmeonid）的女兒，由於家族的餘蔭，他在政治生涯上可謂一帆風順。在擔任執政官期間，他不遺餘力地反對斯巴達，他視雅典同盟爲強大雅典的基石，他把國家和人民的利益視爲高於一切。內政方面，他採取對元老院以及政敵西蒙強烈的攻擊以保證民主改革[51]。人們並不懷疑他會提米斯托克利（Themistocles）那樣的獨裁，但他剛直的性格，以及在處理公款上完美的聲譽，使他有別於一般的政治家。

此外，他具有傑出的才智，也是勇敢的士兵、能幹的將領、還是一個能激勵人心的演說家，他精確的用詞與豐富的表情和他堅忍不拔的精神力量相配合。他對軍事、外交和雅典未來發展都有相當大的影響力[52]。透過教育和經驗讓他具有了高度的判斷力，他師從思想家達莫（Damon）、芝諾（Zeno）和安納克薩哥拉（Anaxagoras），他的才智不會被任何偏見、世俗或宗教所遮掩，尤其他豐富的行政和處事經驗使其追隨者能夠安心和泰然自若。是故，人們相信他的人格和政治上的作爲都是可靠的[53]。作爲一個將領和一個政治家，他首先想到的是市民的安全，而且，他使市民充滿了希望，他也盡其所能去實現這些希望。

在政治方面，伯利克里斯必須面對著由西蒙領導的強大反對派的壓力，因而其內政和外交的困難也緊緊地交織在一起。如果他進一步實行民主，就有必要幫助下層階級，其財政費用必須以其雅典同盟領導的地位向其盟國徵收，這就需要抵抗斯巴達，從而使斯巴達不能插手於雅典同盟之間的事[54]。然而，他如果改變了民主政策，就有可能重新實現與斯巴達的合作關係，同時和同盟國之間矛盾也將改善。

西元前四五四年，由於雅典遭遇一連串的災難，因而很多人提議在盟國中實行合作和重新接近斯巴達。爲了抵制這項提議，於是伯利克里斯擴大公共工程的建設，並幫助佃農取得更多的利益，這些政策也增加了他在各階層中的威望。之後，他又推行了更加民主的改革，元老院被剝奪了大部分的權力，並轉交給了陪審法庭，各種案件由法官處理，並由國家發給法官報酬[55]。陪審法庭則分成好幾個法院，陪審員從六千位市民中選出，而這六千人是從所有自願者中，每六百人爲一組挑選出來的。這給了市民，不論貧富，在人民法院供職的公平機會。然而，他只是拉攏貧民階層的一種政治手段。同時，也加強了民主派領袖的地位，因爲六千名陪審員在物質利益的驅使下，會支持付給他們報酬的人。當然，在老人和窮人居多的陪審員中民主派也占一定的優勢[56]。再者，一旦這項原則確立了，報酬也同時提供給其他各方，從而越來越多的市民在民主政策的延續中受益。

在西元前四五四年至四四〇年之間，得到各種形式國家報酬的人數達到二萬人。陪審法庭的改革，導致了西元前四五三年重新建立三十人法官到各地巡視的制度，國家報酬的推出也給伯利克里斯提供了一項重要法律依據。過去，雅典人與外國婦女所生的孩子都有資格取得公民權。但從西元前四五一年以後，公民權只給予父母雙方都是雅典人者。因此，國家就能控制有資格獲得國家報酬的人[57]。實際上，他是利用國家的資源來賄賂選民。

伯利克里斯推出國家報酬和限制公民權的法律，受到後人尖銳的批評。例如，柏拉圖相信國家報酬使雅典人變得「懶惰、膽小、誇誇其談和貪婪」，現代史學家認為限制公民權的法律，阻礙了雅典發展為一個大的國家。然而，我們認為只要伯利克里斯活著，第一項批評就不是事實，第二項則點到了實質問題[58]。但這二個法律不能分開來看，它們與雅典的對外政策密切相關，因為國家只能透過向盟國徵稅的方式來付給報酬，對非雅典母親的歧視很有可能適用於盟國大多數婦女。

由於伯利克里斯企圖把雅典同盟變成雅典帝國，因此帝國的收入將投入到兩方面：雅典民主的運轉和保持雅典的軍事實力。由此，雅典更會成為像多利安一樣的城邦國家，市民將成為菁英主體，由附屬城邦人民供養著，一些身強力壯的人將從尋常事務中走出來，接受訓練，參加戰爭，從而最後證明雅典比斯巴達更強大。伯利克里斯的政策也在海軍實戰的議案中表達了出來，從而把整個形勢控制在民主派手中[59]。正如其他政策一樣，他的政策也有缺陷，但從結果來看，雖然他沒有摧毀斯巴達或統一希臘，但卻成功地保衛了帝國，使雅典國勢走上了巔峰。

這時期，伯利克里斯設想過雅典未來的發展趨勢。是故，他必須抵抗斯巴達、戰勝西蒙、減少叛亂的盟國。他的民主改革實現了第一個目標，在三年裡斯巴達和雅典在陸地上沒有發生衝突，西元前四五一年至四四六年他們簽訂了有效的五年停戰協定。與此同時，阿哥斯也與斯巴達簽訂了三十年停戰協定，並回到了雅典同盟。這些協定推遲了第二個問題的解決，在這個領域伯利克里斯與西蒙合作，因爲西蒙負責這些協定簽署的談判，並且在西元前四五〇年他受命抗擊斯巴達，但此時伯利克里斯及其支持者還是保持相當的優勢[60]。第三個問題，也由於雅典軍隊可以自由地出現在愛琴海地區，也達成了減少叛亂的盟國的目標。

西元前四五四年至四四九年間，進貢的盟國數目從一百三十五個城邦增加到一百五十五至一百七十三個城邦之間。到西元前四五〇年，雅典及其盟國艦隊有能力對波斯進而採取攻擊行動，此時西蒙指揮的二百艘戰艦是爲了重新確立雅典在東地中海的優勢[61]。

西元前四五四年，波斯人已降服了塞普勒斯，把伊納羅斯、阿密爾塔阿斯（Amyrtaens）的繼承人限制在德爾塔（Delta）的沼澤地，並在塞普勒斯和西利西亞駐紮軍隊。此時西蒙打敗了波斯艦隊，他還派遣一支由六十艘戰船組成的軍隊，去幫助德爾塔的阿密爾塔阿斯，並圍困了塞普勒斯和息提昂姆（Citium）的腓尼基人基地[62]。冬季，西蒙死於一場疾病，雅典也因饑荒解除了對腓尼基人的包圍，但他們的軍隊在距塞普勒斯不遠的薩拉米斯和西利西亞海岸又戰勝了波斯。

西元前四四九年後期，雙方開始講和，希臘軍隊撤出了塞普勒斯和埃及；四五四年，在埃及被俘的六百名希臘人在談判期間被遣返，波希之間的緊張關係也開始緩和下來[63]。

西元前四四八年早期，雙方簽署的和平協議以卡里阿斯（Callias）命名，他是雅典的全權代表、希臘軍隊的統帥。一方面和平協議是與波斯簽訂的，另一方面是雅典和盟國之間的協議。主要章節如下：**「所有在亞洲的希臘城邦都將享有自治權。波斯總督三天後才能上任，波斯戰船不能**

在法西利斯和息安尼之間航行，雅典不侵犯波斯領土。」這項條約保護了亞洲處在波斯之中的希臘人，結束了與波斯的戰爭，標誌著西元前四七七年雅典與愛奧尼亞人協定的勝利，也結束了雙方宣稱的緊張關係。此外，還確認了波斯對塞普勒斯和埃及的統治，避免了雅典的干涉，雅典的海上霸權得到承認，在龐菲利亞（Pamphylia）的法西利斯（Phaselis）和博斯普魯斯海峽之間，雅典人亦避免了波斯的干涉，海洋對所有城邦的商人開放[64]。這項條約更標誌著希波戰爭的結束和雅典帝國的鞏固。

從雅典同盟到雅典帝國是一個漸進的過程。因此，越來越多的城邦失去了自由，成爲雅典的附屬國，到西元前四五四年，大多數城邦已陷於此，如卡里斯都（Carystus）、納克索斯（Naxos）、薩索斯、阿基那等城邦，他們都已失去抵抗能力，他們不得不服從雅典。一些城邦把錢交給了盟國金庫，而不是給雅典艦隊。但由於受到威脅，在同盟會議上，他們也不得不遵照雅典的意願投票[65]。另一些城邦仍然保持著自己艦隊的獨立，雖然它們隨時會被同盟徵用，然而它們也可以無視雅典的意願。

西元前四六〇年至四五四年所發生的事件，它標誌著從雅典同盟到雅典帝國的一個重要時代。同盟與阿基那的戰爭和反對塔納格拉的勢力，僅是爲了雅典的利益而不是同盟的利益，同盟的參戰證明了同盟會議爲雅典所左右。這時期，也顯示出雅典海軍力量的增長和同盟力量的削弱[66]。當雅典摧毀或俘虜阿基那和伯羅奔尼撒艦隊時，同盟也同時承受著在埃及的戰爭和在災難中的損失壓力。

在西元前四五四年至四五三年冬季，在提洛的阿波羅保護下，同盟金庫被轉移到了雅典的雅典娜保護之下。在同盟會議早期，那是由薩摩斯在會議裡提出的，但在目前的情況下，雅典也許是自作主張[67]。這次轉移本身可以被認爲是由於提洛處在受攻擊的危險之下，因爲腓尼基艦隊受到在埃及的勝利鼓舞，並且欲脫離同盟的城邦也爲腓尼基提供了良好的基地。

但轉移眞正的意義是政治上的。此後，雅典獨霸了同盟金庫的控制權，「同盟金庫」作爲獨立資金已不存在，它成爲了雅典財政的一部分，也許在西元前四五〇年至四五九年，共有五千泰倫從那裡轉移出來，用於雅典的帕德嫩神殿建築工程。而同盟會議也停止召開，因此，雅典和盟國事務的法令，此後也由雅典頒布。雅典把所有權力都抓在手中，還拋棄表面形式上徵求盟國的意見。是故，歷史學家在談及西元前四五四年以後的希臘相關城邦時，通常不在使用「提洛同盟」一詞，取而代之的是「雅典帝國」[68]。

在斯巴達方面，幾年來它一蹶不振，這給了雅典在愛琴地區呼風喚雨機會，前述，西元前四五四年至四四九年，向雅典進貢城邦的數目，從一百三十五個增加到一百七十五個城邦之間。此外，在米利都和厄立特利亞，雅典都有駐軍，它們的存在可以被認爲是戰爭期間的一種軍事措施，但它們同時也有政治目的。雅典向這些城邦和科洛豐派出高級代表[69]，他們關心的是建立傀儡政府或至少是遵從雅典法令的順從政府。

例如：在厄立特利亞，代表和駐軍指揮官由眾多人中挑出，在新時期的第一年，由他們決定議會成員名單，離任的議員和指揮官又定出他們的繼承者。於是那裡的城邦就被冠以民主的美名，議員要宣誓不作僞證，如果作僞證，議員和兒子都要受到懲罰，他們要對厄立特利亞的民主、雅典及其盟國保持忠誠，在沒得到雅典和厄立特利亞民主政府同意的情況下，不能驅逐或撤銷任何得到波斯庇護的人[70]。透過這些誓言，雅典和厄立特利亞的民主派結合在一起，雅典發言是以自己和同盟的名義，透過政治放逐和撤銷的誓言，雅典控制了厄立特利亞的政策。

又如，在米利都，一個由五名雅典法官組成的委員會與執政官員進行「合作」，在西元前四四七年，他們也由從前的寡頭政治轉爲民主形式，並且也有類似表示忠誠的誓詞[71]。換言之，駐軍、代表和宣誓效忠政府，是雅典強加於欲脫離同盟城邦身上的作爲，但個別情況還有許多特別的步驟。諸如雅典代表有時會成爲城邦永久性的政治委員，人民和議會有時會被強制宣讀效忠的誓詞。在米利都，也許授意於雅典，二千戶的家庭及其後代被剝奪了法律權利，一些案子也必須送交雅典法院審判。此外，在厄立特利亞，任何因謀殺而被放逐的人都將從雅典及其盟國的領土上被放逐，任何不忠於城邦的人的處罰都將連累他的下一代[72]。更不合理的是雅典還規定厄立特利亞應派使者帶著不低於規定價値的貢品，參加每四年在雅典舉行的泛雅典娜節慶。

縱觀雅典從同盟轉向帝國的過程中，它在愛琴海地區所占據的戰略要地起了重大作用。例如西基昂人（Sigeum）在西元前四五一年受到雅典的保護以抵抗東方的敵人，並爲之提供服務。其他如西羅斯（Scyros）、印不洛斯（Imbros）、雷姆諾斯（Lemnos）和刻索尼蘇斯（Chersonese）也一樣。在西元前四五〇年至四四六年間，雅典第一次在盟國土地上的安德羅斯（Andros）、納克索斯和埃維亞的赫斯替亞（Histiaea）建立了殖民區，而且增強了在雷姆諾斯、印不洛斯和刻索尼蘇斯的殖民區管理[73]。這是因爲殖民者都要求軍事職務，以防止鄰居反叛，這些殖民區也曾爲帝國的哨兵，且還可以給雅典艦隊提供補給點。

在設置殖民區時，雅典把最好的土地分成許多塊，每位殖民者一塊。在安德羅斯、納克索斯和赫斯提亞，他們趕走了多於自己三至四倍的當地人，此也導致很多人因此窮困潦倒，是故雅典的殖民者他們不得不面對當地的饑民[74]。最好的土地被國家徵用了，此亦激起附屬城邦的憤怒，雅典同盟的瓦解也就不難理解了。

雅典的野心不僅於此，西元前四五〇年至四四七年，雅典強制聯盟城邦流通雅典銀幣和使用雅典度量衡。而且所有當地銀制流通貨幣，從流通領域收回並銷毀，發行了阿提卡貨幣。此外，雅典還關閉了盟國的銀礦，雅典的銀礦業也因此受益。雅典貿易在愛琴海地區變得更爲方便，這不僅限於雅典和附屬城邦之間[75]。由此，盟國的自治亦被公開的限制了。

建立雅典帝國的人是伯利克里斯，他被選爲同盟金庫轉移到雅典的監督人，他還提議從中提出五千泰倫用於建設基金。他倡議了殖民政策和領導了對刻索尼蘇斯的遠征。他在建立帝國的危險進程中，運用外交手腕，把敵人擋在國門之外[76]。雅典憑藉以上的優勢，以及伯利克里斯的天才領導，進而成爲了一個霸權國家。

西元前四五四年，在遠方的西部，雅典與哈利賽伊（Halicyae）、萊昂蒂尼（Leontini）、利吉姆（Rhegium）結盟。這些結盟是雅典外交的勝利。它們象徵著雅典在西西里與西拉卡斯海軍力量的抗衡，並抑制了西拉卡斯求助於科林斯[77]。但這些勝利的光芒卻被在埃及的災難性後果所掩蓋了。

在伯羅奔尼撒，雅典在亞該亞和特洛溱繼續插手內政，並與赫邁俄勒（Hermione）結盟，但當阿哥斯在西元前四五一年與斯巴達簽訂了三十年和平條約，並背棄了雅典同盟時，雅典就丟失了主要的支持者。西元前四五四年在希臘中部，雅典與斯巴達的敵人福基斯結盟，底比斯和色薩利也保持和雅典的關係[78]。此時，雅典急於幫助福基斯對德爾斐的控制，希望因此拉攏德爾斐的近鄰同盟會議（宗教權威），幫助其對貝奧提亞和洛克里的統治。然而，斯巴達在西元前四四九年卻摧毀了這些夢想。他發動了聖戰，把福基斯從其控制中趕走，使德爾斐獨立。因此，斯巴達將自己視爲宗教和政治自由的鬥士，且他的行動並沒有違反與雅典的五年和平協議。但與此同時，他對雅典在中希臘的勢力提出了挑戰。雅典在西元前四四七年夏也接受了挑戰，旋即，雅典恢復了德爾斐對福基斯的控制，並鞏固了與福基斯的聯盟[79]。但斯巴達和雅典雙方都宣稱自己是神的代表。

西元前四四八年，在斯巴達對德爾斐干涉之後，伯利克里斯對斯巴達發動了外交攻勢。二十名雅典使者被派往希臘各城邦，從色薩利和北方的安布累喜阿（Ambracia）到南方的斯巴達，及愛琴海諸島。從萊斯博斯到羅德島，到色雷斯和赫勒斯澎（Hellespontine），遠至拜占庭和亞洲海岸，以及愛奧尼亞和多利亞（Dorian）[80]。他們邀請這些城邦參加雅典的泛希臘大會，討論被波斯人焚燬的廟宇恢復辦法，敬奉戰爭中許諾過的祭品，保障海洋的自由和建立希臘和平。

此時雅典似乎占了上風，然而卻不然，這時波斯剛承認在小亞細亞的希臘城邦自由，希波戰爭將以和平協議告終，因此雅典人以和平締造者的姿態出現的時機已經過去，同時接受雅典領導的同盟諸國，驀然回首，發現在他們的國家有雅典駐軍，更有民主派和施以暴政的執政官[81]。

另一方面，希臘大陸也因雅典發動的幾次大戰而痛苦不堪。在同盟之前，雅典展示他的強大力量，因此同盟的和平更直接依賴於雅典的好惡。如果伯羅奔尼撒一些城邦屈從於雅典，雅典就可以施加其影響力，孤立斯巴達[82]。但當雅典使者遞交邀請後，伯羅奔尼撒各城邦卻沒有答覆，斯巴達同盟固若金湯，因而雅典邀請其他國家加入同盟也取消了。

西元前四四七年秋，伯利克里斯贏得了對雅典反對派的勝利，並在愛琴海地區戰勝了波斯；形成了雅典帝國，並在戰略據點設關卡。此時，他還擁有雅典盟國的支持和財富，且雅典軍隊能夠抵禦斯巴達同盟[83]。但在西元前四四七年的冬季，形勢開始變化，奧科美那斯（Orchomenus）、喀羅尼亞（Chaeronea）及貝奧提亞等城邦，出現了亂局。西元前四四六年，托爾米德率領一千名雅典重裝步兵占領了喀羅尼亞，並在城市裡駐軍，他把城邦裡的男人賣作奴隸，但當他撤退時在喀羅尼亞遭到貝奧提亞、洛克里和埃維亞殘部的進攻，很多雅典人，包括托爾米德都被殺死，其餘的人被俘。雅典要求和談，於是雅典人被釋放，雅典軍隊也被清除出貝奧提亞。

這時期的貝奧提亞，寡頭派又重新上臺，他們切斷了雅典與福基斯和洛克里的聯繫，很快地，優卑亞島上所有城邦都反叛了雅典。伯利克里斯帶領雅典軍隊到島上，在那裡他了解到麥迦拉在科林斯、西錫安和埃皮達魯斯的幫助下反叛了雅典，殺死了所有雅典哨兵，拯救了尼塞亞（Nisaea）的難民，且伯羅奔尼撒人將入侵阿提卡[84]。於是伯利克里斯趕忙回師保衛雅典，而雅典也幾乎被包圍了。

到了西元前四四六年秋，斯巴達同盟在年輕國王普雷斯托安那克斯（Pleistoanax）的率領下，突襲邁加里德。他占領了埃萊夫斯（Eleusis）。雅典軍隊被擊敗了，在邁加里德的培加，雅典十個軍團中的三個被殲滅，因此不得不迂迴自貝奧提亞進入阿提卡。斯巴達蹂躪了色雷斯平原，但普雷斯托安那克斯並沒有進攻雅典，而是突然撤退了。伯利克里斯立即率五千名士兵和五十五艘戰船到達優卑亞島，並橫掃了整個島嶼[85]。由於他的勝利，亦阻止了愛琴海地區進一步的反叛，進而加強了雅典與斯巴達談判的分量。

西元前四四六年，雅典與斯巴達簽訂了三十年的休戰條約，終於結束了戰爭。條約中，雅典放棄了亞該亞、特洛溱和邁加里德，但保留了諾派克都的軍事基地。阿基那繼續成爲雅典聯盟中的一員，雅典也保證它將享有自治權。德爾斐也許成爲一個獨立城邦[86]。而三十年條約規定，和平期爲三十年。換言之，三十年之後，「和平期」就不復存在。

談判由雅典（普拉蒂亞在和約上簽了名，但並不作爲主持方）和斯巴達及其盟國主持。因而雅典人單勢孤，斯巴達及其盟國卻表現出主權國家的聲勢，他們有時被勉強稱爲「伯羅奔尼撒人」。簽約雙方——雅典、斯巴達和其盟國承諾在三十年內不進攻對方。條約內容已不得而知，但其中的要旨可從以後的事件中看出，所有參加者都對海上自由貿易的開放而興喜，雖然它只是提綱性的、不具體，假如某些城邦提出了有關條約的遵守議案，雅典和斯巴達及其盟國亦同意提交仲裁[87]。簽約國以宗教誓詞將自己約束起來以遵守條約，在奧林匹克、德爾斐和伊斯茅斯、雅典、斯巴達中，這個條約都被刻在石碑上。

因此希臘各城邦又恢復了斯巴達和雅典同盟領導的均衡之勢，然而，戰爭已經帶來了巨大的變化。最初由二大城邦所領導的同盟以反對波斯的共同利益，確保了雙方勢力均衡。現在他建立在敵對和誰也不能消滅對方的和平協議基礎之上。雅典不再是同盟領袖，但作爲帝國的首腦，雅典便以強硬手腕來處理它和同盟之間的關係。這時期它在財富、戰船和海軍的資源上更爲豐富，它的軍事實力也並沒有因爲戰爭損失而過分削弱。然而，它的擴張能力被削弱；因此轉移了希臘中部的勢力均衡，也因而損傷了在愛琴海地區盟國的自信[88]。雅典在對抗波斯戰爭中所贏得的戰果，被希臘的內戰所抵銷，而雅典民主派的聲譽也被其帝國主義的擴張所玷汙。

在斯巴達方面，他失去了自西元前五五〇年作爲斯巴達同盟領袖以來一直享有的優勢，它的盟國被雅典占領或嚴重損害了，特別是阿基那、貝奧提亞和科林斯灣的海軍國家，軍隊在希臘中部只取得了很小的勝利[89]。西元前四四六年斯巴達入侵阿提卡的失敗，對其盟國產生極大的影響。

斯巴達同盟的城邦普雷斯托安那克斯國王受到懲罰，他的謀士克里安得里達（Cleandridas）被缺席審判並被判處死刑，罪名是接受雅典人賄賂，於是可以從多方面解釋此後斯巴達選擇了和談的原因，也許是受到地震和希洛人叛亂的影響，或者他對能否突破雅典的城牆不抱希望[90]。也許斯巴達爲了自己的利益而不去摧毀雅典，其動機是，因爲雅典海軍的力量使斯巴達同盟必須團結在一起，而雅典的軍事力量對希臘中部城邦所構成的威脅，自然有利於雅典。

然而，三十年條約也確實恢復了斯巴達的聲譽。此時希臘大陸各城邦亦擁有了更強的自主權，諸如紮金索斯（Zacynthos）和凱法利尼亞（Cephallenia）的每一個城邦，都可以決定自己對二個強國的態度。一些保持了中立，另一些加入了斯巴達同盟，只有普拉蒂亞和諾派克都選擇留在雅典同盟[91]。換言之，斯巴達同盟的力量不在於斯巴達一個國家，而在於反對雅典侵略的多國聯合力量。

事實上，斯巴達作爲同盟軍事領袖，並不是透過強迫盟邦獲得領導權，而在政治上雖然熱中於寡頭政治，但並沒有把寡頭政治體制強加於盟國身上，由此可證，斯巴達是以強大的道德力量來領導對雅典的戰爭。

縱觀上述，三十年條約促使這兩個城邦在希臘實行眞正的共同管理，斯巴達管理陸上，雅典管理海上[92]。因此雙方之間的和平持續了十五年。

第十章

十五年和平

雅典的霸權

修昔底德稱，十五年和平的時間是從西元前四四五至四三一年。但也是雅典與斯巴達備戰階段。西元前四四五年還沒有發生戰爭的徵兆。如果這個三十年條約，雙方都能夠遵守，這個互不侵犯條約將成爲持久和平的基礎[1]。阿哥斯被認爲可能會破壞兩大同盟的勢力均衡，因此被故意排除在三十年和平條約和阿哥斯與斯巴達三十年停戰協定之外。

在愛琴海地區，雅典爲所欲爲，它可以任意地殘暴處置他的盟國。然而此時斯巴達同盟卻排除了雅典的干預，任意吸引中立城邦加入其同盟。尤其伯羅奔尼撒諸城邦不但可以在大陸希臘而且還可以在愛琴海地區進行貿易。例如，科林斯與波提狄亞（Potidaea），或麥迦拉與拜占庭都可以進行自由貿易，阿基那也恢復其作爲伯羅奔尼撒貨物交換中心的地位[2]。甚至在海上方面，在戰爭中遭到重創的伯羅奔尼撒艦隊也能重組艦隊，並在西部發展制海權且與東面的雅典相抗衡。

實際上，在條約簽訂的十四年中，雙方都忠實地遵守條約。諸如條約簽署不久，當貝奧提亞、洛克里和福基斯加入斯巴達同盟時，雅典沒有進行干預。而伯羅奔尼撒人既沒干預薩索斯和拜占庭脫離雅典同盟，也沒有干預阿卡納尼亞人（Acarnania）對安布累喜阿的戰爭中得到雅典幫助，並加入雅典同盟。和

圖 10-1　雅典酒盞（550-525 B.C）　劉庭芳攝

平給雙方帶來了國家富強繁榮。斯巴達從地震和希洛人叛亂中恢復[3]。殖民城邦忠於他們，除了擁有西拉卡斯艦隊之外，科林斯和斯巴達同盟中其他的海軍城邦，也能迅速地集合一支三百艘戰船的聯合艦隊，並向雅典發起進攻。

另一方面，雅典牢牢地掌握了帝國，在黑海地區贏得了新的城邦支持。在財富、人力資源、戰船也大幅度地增加，帝國可估量資產也增多了。

到了西元前四三五年，雅典和伯羅奔尼撒各自的潛在戰爭，比西元前四六一年還要高。而當時戰爭之所以沒有爆發的原因，很可能是雙方內部的問題[4]。當一方被蓄意的政策破壞和平時，戰爭的導火線也就被引開了。

表面上，雅典從多年征戰中獲益不少，然而雅典在希臘中部勢力的擴張卻受挫。修昔底得說，西蒙死後，反對伯利克里斯的政策又重新復活了，並成爲一股強大的力量。當伯利克里斯熱中於帝國野心和雅典人民物質的利益，如建殖民區和以同盟基金重修雅典神廟時，修昔底得卻提倡與斯巴達保持和平和調整對盟國的政策。他維持雅典人民的道德力量，他譴責把同盟金庫轉移到雅典和挪用那筆錢裝飾城市，**「就像一個擁有寶石和一千泰倫的娼妓」**，他還譴責與波斯保持和平的關係，由此，雅典也失去了在同盟中的威信和公正。修昔底得的追隨者主要是貴族和社會顯貴，他們團結起來支持他[5]。他的個人聲譽很高，本人也因爲忠實的愛國主義而受到人們的尊敬，但他的呼籲並沒有得到太多的回應。

在伯利克里斯方面，即使國內有反對他的聲音，但他還是把他的計畫付諸實施：他提高國家節慶規模，給六十艘戰船上的水兵提供一年中八個月的津貼，並設置殖民區。爲了給雅典找到一個道德上的藉口，伯利克里斯堅持既然同盟付給安全費，雅典將保護他們的安全，這筆資金理所當然應歸屬於雅典。這引起了把城邦關係的道德標準，降低到現實物質主義水準的爭論[6]。西元前四四三年，修昔底得被貝殼流放放逐了，他的支持者各奔東西，伯利克里斯的權力也到了無法挑戰的頂峰。

此時，他的對外政策是鞏固和擴張雅典帝國，並繼續反對斯巴達。西元前四四五年，他在優卑亞建立了殖民區。他嚴酷地對待赫斯替亞（Histiaea），因爲他驅逐了殖民者，殺死了雅典水兵。也因此赫斯替亞人全部都被放逐，一千名雅典殖民者把赫斯替亞變爲其殖民地。此外，哈爾基斯（Chalcis）的富有階級海波特人（Hippobotae）被放逐，他們在優卑亞最肥沃的土地也遭雅典沒收。另外，哈爾基斯、埃雷特里亞（Eretria）和其他一些城市的男人和小孩被作爲人質留在雅典。而且在哈爾基斯和埃雷特里亞，每個成人都必須在財產被剝奪後宣誓效忠雅典的民主派。此外，在哈爾基斯，任何被判處死刑或放逐的人，都有權上訴雅典法庭[7]。雅典以軍事的強硬措施來阻止優卑亞島上的叛亂，優卑亞實際上已被伯利克里斯和雅典徹底毀滅了。

在色雷斯地區，雅典則與奧德里西（Odrysians）城邦的建立者特瑞俄斯（Tereus）友好，並於西元前四四五年在布雷亞（Brea）簽訂條約。這個條約規定雅典必須保護鄰國，並建立殖民區。因而伯利克里斯在這個海岸上建立了一千個雅典人和本地俾薩爾提亞人（Bisaltae）的殖民區[8]。在南方，雅典與埃及國王薩美提卡斯（Psammetichus）保持著友善關係，西元前四四五年，雅典收到埃及玉米的禮物，此也表示雙方互補的關係。

三十年和平條約簽署不久，雅典和斯巴達接到南義大利錫巴里斯（Sybaris）的邀請，希望能幫忙重建他們的城市。斯巴達拒絕了他們的請求，雅典則接受了。西元前四四三年，他們建立一座新城，命名爲圖里（Thurii）。爲了這次城市重建，雅典還在希臘召募自願者，圖里被分爲十個族：

三個來自阿卡迪亞、愛麗斯和亞該亞，三個來自中部希臘地區，四個是愛奧尼亞人，包括重建者雅典人、蘭本人（Lampon）和色諾克拉底人（Xenocritus）[9]。圖里很快成爲一個繁榮的城市，他戰勝了塔拉斯城邦。西元前四三三年，圖里又聯合了塔拉斯在赫拉克里亞（Heraclea）建立的殖民區，此時，雅典的影響力也達到了義大利南部地區。

伯利克里斯認爲，雅典是各城邦優秀的領導者，在政治上，雅典第一部憲法是民主的，在宗教上，雅典娜是城市的保護神，雅典的優越性，同盟城邦根本不能相比。因此，伯利克里斯計畫建立一種模式，也就是希臘思想家被灌以雅典文化，如城市規畫者阿比德拉（Abdera）的普羅塔哥拉（Protagoras），以及讚賞泛雅典精神的哈利卡納蘇斯（Halicarnassus）的希羅多德[10]。然而圖里事件，顯示雅典的領導地位不能讓人接受，除了部分因爲希臘人分成相互對立的派系外，最根本的原因還在於雅典在愛琴海地區未能給予城邦自由。

西元前四四一年，雅典的影響力越來越大。利吉姆（Rhegium）和萊昂蒂尼（Leontim）成爲它的盟國，加上圖里的殖民區很興盛，而優卑亞也被壓制住，進而雅典在色雷斯海岸建立起殖民區[11]。雅典與伯羅奔尼撒人也保持著和平關係。雖然他與埃及薩美提卡斯的友好關係，可能會引起波斯國王的懷疑，但東面他還是與波斯保持和平。

此時，薩摩斯和米利都卻因爲普賴伊尼歸屬問題而爆發戰爭。最後米利都慘敗，米利都與薩摩斯尋求雅典的支持。因此雅典也自然地被盟國視爲共同的霸主。西元前四七八年的條約規定，雅典同盟可以自治，因此各盟國有權進行戰爭，雅典無權干預[12]。然而，雅典卻不願意尊重西元前四七八年的條約，它命令薩摩斯結束敵對，接受調解，薩摩斯面臨著拋棄自治或接受不公正的調解，後來以極大的勇氣拒絕了雅典。而雅典也早就料到它會拒絕，與波斯以及伯羅奔尼撒和平相處，因而沒有了後顧之憂。西元前四四〇年春，伯利克里斯並未因薩摩斯的反抗而猶豫不決，它立即對薩摩斯宣戰，並派出四十艘戰船，以突襲的戰術占領了該島，此後便派駐代表和駐軍，建立民主派政府，薩摩斯需付戰爭賠款八十泰倫[13]。爲了進一步控制薩摩斯，他把上層社會一百名男子和孩童作爲人質，把他們安置在利姆諾斯（Lemnos），然後撤走軍隊。實際上，這就給了擅自利用自治權的城邦敲了一記警鐘。

但薩摩斯人並未因此而屈服，一些領袖逃到希臘大陸，此外，波斯總督皮松勒斯（Pissuthnes）更支持薩摩斯人組織一支七百人的傭傭軍。夜晚，他們潛回薩摩斯，推翻民主派政府，解救利姆諾斯的人質，並準備進攻米利都。同時，他們把雅典俘虜交給皮松勒斯。而拜占庭此際發生了叛亂，且控制了博斯普魯斯海峽。於是伯利克里斯立即出動六十艘戰船，另外十六艘在卡里亞（Caria）待命以提防腓尼基艦隊，並在薩摩斯進攻前打擊其艦隊。剩下的派往特累基亞島（Tragia）。在薩摩斯人從米利都返回時，伯利克里斯攔截並擊潰五十艘薩摩斯戰船、二十艘運輸船[14]。他的果斷行動減少了各同盟的叛亂活動。

四十艘戰船從雅典出發之後，二十五艘從萊斯博斯出發的戰艦也緊跟在後，伯利克里斯旋即在島上登陸，擊敗敵軍，並包圍了城市。由於接到報告說，腓尼基艦隊應薩摩斯之邀請出發增援，於是伯利克里斯再向南派出六十艘戰船，此時的緊要關頭，薩摩斯人出擊，擊敗包圍它的雅典軍隊。在短短的兩個星期裡，薩摩斯控制了自己的海域。爾後伯利克里斯又帶著增援他的六十艘雅典戰船，三十艘希俄斯和萊斯博斯戰船，在海上他們大敗薩摩斯人，並重新包圍其城市。圍城從西元前四四〇年八月一直持續到西元前四三九年五月，在第九個月中薩摩斯人終於接受了雅典提出的條件：拆毀城牆，提供人質，艦隊投降，賠償一千二百七十六泰倫[15]，同時拜占庭也跟著投降並繼續對雅典進貢。

薩摩斯戰爭給希臘諸國留下深刻的印象，它們比過去更清楚地意識到雅典帝國是實行僭主政治，爲了滿足其權力欲望，會不惜冒巨大風險。各同盟成員也意識到薩摩斯的命運，此似乎關閉了他們自由進出同盟的大門，因爲薩摩斯的海軍力量和皮松勒斯的支持也無法阻止雅典艦隊。連薩摩斯都失敗，其他城邦更不可能取勝。然而雅典也因這場戰爭而受到影響，薩摩斯在海上和被圍時表現出的勇氣，加上波斯的干預，對雅典海上霸權著實構成很大威脅[16]。而它的恐懼則透過對薩摩斯的殘暴表現出來。

雅典在薩摩斯的成功，在於六十艘準備充足的戰船的增援和閃電戰。在波斯（如果他們想干預的話）或伯羅奔尼撒人決定他們的行動之前，薩摩斯就被擊敗了，因而他們危險的行動被壓制住，即使這樣，雅典還是動用了二百艘戰船，包括希俄斯和萊斯博斯派出的戰船，以九個月的時間圍城削弱了薩摩斯抵抗力[17]。在圍城期間，伯羅奔尼撒諸國可能在陸地和海上攻擊雅典，但他們在伯羅奔尼撒議會上就爲了如何行動而爭吵不休，贊成與反對的人數幾乎一樣。不久，大多數人受科林斯影響，決定按兵不動。

西元前四四〇年，伯利克里斯明白雅典受到薩摩斯、拜占庭、波斯和斯巴達等同時進攻的危險，但這種危險暫時消失，只是在於波斯和伯羅奔尼撒的條約限制，以及雅典有充分的準備和領導才能。然而將來這些條約也許不會被遵守，在軍事強國中，伯利克里斯更害怕斯巴達同盟。此後幾年他加強對雅典帝國的控制，增強雅典的備戰。雅典人亦充分支持他的政策，他們把「**城邦進貢與否**、**自由或限制**、**修建或拆毀城牆**、**條約**、**規則**、**和平與繁榮的決定權**」都交給他。換言之，他掌握了雅典行政大權[18]。他被選爲在葬禮發言人，他稱那些在薩摩斯、拜占庭和切爾松尼斯犧牲的年輕人就像逝去的春天一般，而雅典人民已經擁有這個春天，並且以他們爲力量。

西元前四三九年雅典與薩摩斯簽署條約，薩摩斯人被迫發誓效忠雅典，並開始償還一千二百七十六泰倫的賠款。此後，西元前四三七年，伯利克里斯又率一支裝備精良的艦隊進入黑海以保衛雅典的利益，後來他獲得了尼姆斐安（Nymphaeum）地角的優良港口，並與克里米亞王國的斯巴托拉斯（Spartocus）結成商業同盟[19]。與此同時，他在黑海的錫諾普（Sinope）南方海岸，留下了十三艘戰船以幫助當地居民趕走他們的僭主。而後，又派六百名雅典「自願者」占領該地。

除此之外，在黑海的其他殖民區還包括阿密蘇斯（Amisus）、錫諾普和特拉布宗（Trapezus）等城邦。雅典海上霸權的擴張給雅典人和各城邦帶來好處，雅典鞏固擁有黑海海岸的希臘殖民區。在錫諾普和阿密蘇斯，雅典可能侵犯了波斯名義上的宗主權，但卡利亞斯（Callias）和平條約規定黑海水域對雙方都開放[20]，而阿塔薛西斯也沒有出兵的打算。

西元前四三六年，雅典又在色雷斯的厄多亞荷多依（Ennea Hodoi）地區擊敗伊東尼亞人（Edonians），並在山上建立重要的安菲波利斯（Amphilochian）殖民區，該地三面環繞著斯特賴孟河（Strymon）。城市的建立者哈格濃（Hadnon）在面向陸地的一側修築了城牆以保護城市，並很快在河上修建一座橋，安菲波利斯後來成爲一座非常繁榮的城市，它掌

圖 10-2　雅典攪拌缸（510B.C）　劉庭芳攝

控了馬其頓到色雷斯的道路以及造船材料、礦石和穀物的出口。雅典人在城市裡雖占少數，但雅典人得到愛昂（Eïon）駐軍的保證，因而雅典對北愛琴海水域的控制也大爲加強。與此同時，雅典也給予他的盟國馬其頓國王佩爾狄卡斯（Perdiccas）很大的壓力，而科林斯的殖民地波提狄亞（Potidaea）也敲了警鐘[21]。西元前四三二年波提狄亞終於起兵反抗雅典，由於伯利克里斯的野心，因而這些城邦之間的競爭通常是殘酷的，而雅典的野心更是伯羅奔尼撒戰爭爆發的原因。

雅典和斯巴達的競爭

西元前四三九——四三六年，雅典進行一次遠征，福爾米翁（Phormion）統率的艦隊封鎖了科林斯灣。不久之後，雅典和阿卡納尼亞人便結成同盟。由於當時安布累喜阿、安菲波利斯和阿卡納尼亞並不是斯巴達的同盟，因此雅典的這次行動亦沒有違反三十年和平條約[22]。但安布累喜阿卻是科林斯的殖民地，雅典艦隊在希臘西部的任何行動會引起科林斯的不安，由於這個原因，科林斯及其殖民地的艦隊對愛奧尼亞海的控制更爲加強。

西元前四三五年，科林斯與殖民地科基拉（Corcyra）之間發生戰爭，因而情勢有了新發展，科林斯與科基拉之間的主要紛爭在伊利里亞（Illyria）、科基拉以北的殖民地埃皮達魯斯（Epidamnus），而他們的紛爭後來也演變成一場內戰，埃皮達魯斯民主派雖然控制城市，卻被寡頭派壓制著，他們向科基拉求援，但被從科林斯、萊夫卡斯（Leucas）和安布累喜阿派出的人所攔截。科基拉抓住這個藉口包圍了埃皮達魯斯[23]。此時科林斯也採取激烈的對抗行動，給自願殖民者提供一塊在埃皮達魯斯的土地，並要求其他國家幫助護送自願殖民者。

當科林斯在積極備戰時，科基拉向斯巴達和西錫安徵求意見，他們希望避免衝突。所以，他們支持科基拉以仲裁的方式來解決與科林斯的衝突。但遭到科林斯的拒絕，西元前四三五年夏，科林斯和盟國的七十五艘戰船遭到科基拉八十艘戰船的攻擊，結果科林斯大敗。在同一天埃皮達魯斯也投降。此後整個科基拉的一百二十艘戰船向南猛攻，遠至愛麗斯[24]。在科基拉，一些科林斯戰俘被戴上腳鐐，另一些則被處死，科林斯派到埃皮達魯斯的殖民者被賣爲奴隸，而科基拉與很多伯羅奔尼撒城邦一起投入對科林斯和盟國的戰爭。然而，讓人料想不到的是科林斯在短短的二年時間裡，竟然建立了一支強大艦隊，到了西元前四三五年，他已向同盟艦隊捐出三十艘戰船，既使在戰爭中科林斯還損失十五艘戰船，但科林斯的海上力量仍不容小覷。

西元前四三三年八月，科林斯從伯羅奔尼撒、愛琴海地區所僱來的水兵在九十艘戰船上服役。而斯巴達和西錫安並不打算干預，他們比較偏向伯羅奔尼撒。西元前四三三年六月，科基拉派出使者到雅典，請求結盟，同時科林斯也派人去，力圖阻止他們結盟[25]。根據三十年和平條約，雅典可以與科基拉結成防禦性聯盟，而不是進攻性聯盟，因爲科基拉不屬於斯巴達同盟，雅典和科基拉的防禦性聯盟不會破壞雅典與斯巴達同盟成員科林斯的互不侵犯協定[26]。

另一方面，雅典畢竟對科基拉沒有義務，對希臘西部也沒有興趣（因爲阿卡納尼亞和諾派克都拒絕參與）。如果雅典希望維護三十年和平條約，他的態度很清楚，他將拒絕科基拉的請求。科基拉和科林斯使者都各自作出自己的解釋。雅典公民大會也爲此爭論二天。第一天，大多數人傾向於拒絕科基拉，第二天，在伯利克里斯的建議下，大會決定與科基拉結成防禦性聯盟。然而雅典與科基拉結成防禦性聯盟會造成二種可能性[27]。其一：如果雅典盡力援助盟國，並且以龐大的艦隊加強科基拉一百二十艘戰船的力量，那麼科林斯及伯羅奔尼撒支持者就會進攻科基拉。在那種情況下，他們就會得到斯巴達同盟的幫助，如此一來，三十年和平條約的現實基礎——雅典和伯羅奔尼撒海軍力量平衡將被徹底打破。其二：如果雅典只在名義上支持科基拉，實際上是坐山觀虎鬥，那麼海軍力量的平衡將會朝有利於雅典方面發展，斯巴達作爲斯巴達同盟的領袖也不會感到其安全受到直接威脅，只有當科林斯踏上科基拉領土時他們才會進攻反擊[28]。

西元前四三三年八月，一支由九十艘科林斯戰船和六十艘伯羅奔尼撒盟軍戰船所組成的艦隊，於西勃達海域（Sybota）進攻科基拉的一百一十艘戰船，並殲滅了七十艘戰船。戰爭期間雅典和科林斯沒有相互進攻，但當科基拉開始全面潰敗，科林斯踏上科基拉的領土近在眼前時，雅典和科林斯之間的戰爭就爆發了，這是雅典的底線。科林斯因此而撤退，以便從海上攻擊科基拉人，當他們返回時已是傍晚。這時，從南方駛來一批船隻，他們判斷是雅典增援部隊，因而立即回舵後撤，夜幕降臨時，另外二十艘雅典戰船加入他們的隊伍。第二天清晨，雅典人、科基拉人與科林斯展開一場激烈的海戰，此時科林斯人更關心的是如何撤離。緊接著是雅典同意與科基拉組成防禦性聯盟，科林斯亦譴責雅典侵略的行爲[29]。而後雅典表示科林斯可以將戰船駛到任何地方，而不是與雅典的盟國作戰。於是科林斯人絕望地離開科基拉。在他們曾交替控制的海域上，更留下一百艘戰船的殘骸和幾千名士兵的屍體。根據修昔底得的說法，這是那時期希臘城邦之間最大的一場海戰。這是直接催化伯羅奔尼撒戰爭的原因之一。而智慧和幸運的結合使伯利克里斯的政策大獲全勝。雅典海軍所向披靡。如果戰爭爆發，雅典也不必擔心希臘西面的對手[30]。此時，它在科基拉已有向伯羅奔尼撒進攻的強大基地，更有通向義大利和西西里的補給站。

在冒全面戰爭的危險情況下，伯利克里斯終於在西勃達之戰獲得勝利。在科基拉請求與雅典建立聯盟時，伯利克里斯隨時在考慮著一些可能的意外。科基拉堅持他的艦隊和基地會對打擊伯羅奔尼撒人有用，也許在他們激烈辯論的第二天，伯利克里斯就預見伯羅奔尼撒戰爭的烏雲，人民也相信戰爭必將到來的預言。另一方面，伯羅奔尼撒卻不一樣，科林斯認爲如果三十年和平條約締約各方繼續尊重相互的勢力範圍，希臘同盟戰爭還是很遙遠。西勃達戰爭結束後，雅典從科基拉撤出了艦隊，而科林斯及其盟國此時對戰爭也很消極。在斯巴達方面，更運用他的影響力避免科基拉和科林斯再次衝突[31]。斯巴達也沒有進一步反對雅典，戰後幾個月他仍然對戰爭持消極態度。伯羅奔尼撒同盟仍然把自己限制在三十年和平條約的條款裡，尊重條約精神。

然而在西勃達戰役後十二個月裡，雅典頒布了二項命令使希臘局勢惡化。第一個法令是由伯利克里斯提出的「麥迦拉法案」，加強對科基拉的盟國麥迦拉的經濟制裁。實際上，西元前四三三年底，伯利克里斯就已經對麥迦拉採取貿易上的管制措施，但現在麥迦拉被全面從經貿市場上逐出。第二個法令是對科林斯殖民地波提狄亞的最後通牒[32]。根據傳統，科林斯每年向波提狄亞派出行政司法長官。但在西元前四三三年冬季，伯利克里斯限令波提狄亞拆毀海上防禦設施，並給雅典提供人質，解散科林斯的司法機構，且以後不准再接收科林斯人。波提狄亞派使者到雅典，請求重新考慮這些事宜，並舉行漫長的談判。夏季來臨時，雅典密令防備馬其頓的海軍指揮官阿撒斯特拉圖（Archestratus）從波提狄亞抓走人質，並夷平城市南面防線[33]。

上述這些作爲更激起波提狄亞人對雅典的不信任，於是他們向伯羅奔尼撒派出使者，在科林斯使者的支持下，他們得到斯巴達元老會議和執政官的保證，如果雅典進攻波提狄亞，斯巴達將進攻阿提加。在這段談判期間，波提狄亞內部的形勢迅速發展。主要是因爲馬其頓國王佩爾狄卡斯

（Perdiccas）在雅典離間下與他的祭司菲利浦和得達斯（Derdas）分道揚鑣。此時，雅典海軍指揮官阿撒斯特拉圖也加入了菲利浦和得達斯陣營，他們共同抵抗馬其頓國王佩爾狄卡斯的軍隊，在雅典的幫助下，大軍強迫佩爾狄卡斯與雅典結成聯盟，因此馬其頓就更偏向雅典[34]。

同時，科林斯也派了二千名「自願者」進入殖民地波提狄亞，一部分是科林斯人，其餘部分是伯羅奔尼撒僱傭軍。他們的指揮官阿利斯提阿斯（Aristeus）代表科林斯，與波提狄亞和哈爾基季基簽署祕密聯盟協定。他受命協同保衛波提狄亞和奧林索斯。但到了西元前四三二年九月末，阿利斯提阿斯的軍隊在伊斯茅斯被雅典人擊敗，此後，他在南方被圍，海上也被封鎖。波提狄亞亦不可避免地參與所有雅典和科林斯之間的衝突[35]。最後也起兵反對雅典人，於是導致了西元前四三〇年波提狄亞戰爭的暴發，爲伯羅奔尼撒戰爭拉開了序幕。

科林斯一聽說波提狄亞的戰敗，就向斯巴達控告雅典侵略和破壞三十年和平條約，阿基那也抱怨雅典沒有尊重條約規定給他們自治權。然後，斯巴達召集所有結盟或不結盟的城邦，聲討雅典的行徑。他們召開公民大會，會上科林斯、麥迦拉和其他城邦譴責雅典的侵略，希望斯巴達參戰[36]。一些在斯巴達處理其他事務的雅典使者，也被允許參加這次大會，他們強調雅典的戰爭潛力和實力，警告斯巴達不要以戰爭破壞條約，宜透過仲裁解決爭端。

雅典使者此後退出，斯巴達公民大會開始討論這個爭端事件，在國王阿希達穆斯（Archidamus）和執政官斯提尼拉伊達（Sthenelaïdas）的影響下，會議意見搖擺不定。前者提議將爭端提交仲裁，同時緊急準備可能持續幾年的戰爭。後者認爲雅典已明顯地進行侵略，踐踏和平條約，斯巴達如果履行對盟國的義務，抵抗入侵者，神將會站在斯巴達這一邊。之後，由斯提尼拉伊達把議案交付表決，他不以往常說「是」或「不是」的方式表決，而是透過代表席位來表決。這時與會的人都認爲雅典粗暴地破壞和平條約並進行侵略[37]。表決結果將通知各城邦代表，並告訴他們斯巴達將很快召開同盟大會。但首先必須先祈求德爾菲神諭。

雖然斯巴達沒有表決宣戰，但他們實際上已在進行戰爭的準備。另一方面，雅典公民大會也同意開戰。然而斯巴達作出的決定是勉強的，當波提狄亞請求幫助時，元老院議會和執政官已確認雅典是侵略的行爲，必須被制止，因此，斯巴達與雅典開戰是不可避免的。但他們並不是專制政府，必須等到斯巴達人民和同盟議會的表決後才能做決定，所以元老院議會和執政官希望科林斯和其他國家在這個問題上施加他們的影響力，至此，大多數斯巴達人都同意戰爭。然而斯巴達元老院議會和公民大會決定戰爭的動機，是因爲對雅典不斷增加的力量感到恐懼。此時雅典不但擴軍備戰，而且支持科基拉，壓迫麥迦拉，且給波提狄亞下最後通牒。透過這些行動，雅典也打破了希臘海軍力量的平衡，並且威脅斯巴達同盟的凝聚力。在過去的三十年中，雅典的霸權目的已經很清楚[38]。斯巴達方面決定宣戰理由是：光榮、敵視、憎恨和一絲正義以及對盟國的義務，但也有懦弱的理由，如果不參戰，斯巴達將被徹底擊敗。

西元前四三二年十月斯巴達召開同盟會議，科林斯代表最爲慷慨激昂，他們宣稱雅典希望透過這種侵略行徑逐步蠶食伯羅奔尼撒諸國，把自己的制度強加於他們身上，他們應當團結抵抗侵略者，完成德爾斐神祇的旨意。斯巴達人對這個問題進行表決，大多數人同意戰爭[39]。在西元前四三一年戰爭開始時，斯巴達和斯巴達同盟在保衛自由和正義的旗號下團結一致。

於是伯羅奔尼撒人積極備戰，並對雅典展開外交攻勢；如果外交攻勢勝利，戰爭也許會避免，如果不成功，他們也有更好的宣戰藉口。於是，斯巴達要求雅典驅逐雅典娜所詛咒的阿爾克邁翁家族成員，因爲在馬拉松戰役中這個家族暗中幫助波斯人。而伯里克利斯卻是這個家族母系的後裔。

斯巴達人希望以此削弱他的影響力。雅典的回答是要求斯巴達履行神的旨意，禁止希洛人進入波塞頓神殿，也禁止波桑尼阿斯人（Pausanias）進入雅典娜神殿。但雙方沒有交集，斯巴達又提出避免戰爭的條件，廢除麥迦拉條例，解除對波提迪亞的包圍，恢復阿基那的自治[40]。當雅典拒絕在這些條件上進行談判時，三個斯巴達使者以斯巴達同盟的名義遞交針對公眾的最後通牒：**「斯巴達渴望和平，如果你們尊重希臘各城邦的獨立，就會有和平。」**

接到這份最後通牒，雅典就召開公民大會，進行最後抉擇，他們認爲伯羅奔尼撒人進行侵略的理由是：科林斯進攻西勃達，鼓勵波提狄亞造反，伯羅奔尼撒殖民「自願者」在當地收留了麥迦拉逃亡的奴隸。與此同時，部分雅典人也意識到這些行動都是由於他們自己的挑釁引起的。在雅典公民大會上一些發言者建議取消麥迦拉條例，那將滿足於斯巴達人，從而避免戰爭。此時，在那些認爲戰爭不可避免

圖 10-3　伯利克里斯挪用提洛同盟基金修建帕德嫩神殿——少女列柱　王惠玲攝

圖 10-4　德爾菲神殿　王惠玲攝

圖 10-5　雅典水罐（520-500 B.C）
劉庭芳攝

的人中，無疑伯利克里斯最具影響力，他沒有因為提高雅典的地位而洋洋自得，他注意到斯巴達的虛張聲勢和一如既往地堅持雅典不應當屈從於伯羅奔尼撒人。雅典曾認為任何爭議都應提交仲裁，現在仍這麼認為，如果斯巴達拒絕，戰爭的責任在斯巴達[41]。如果現在接受斯巴達的任何一個條件，此後也將遭致更多的條件，由此做出選擇應當是戰爭，而且雅典對伯羅奔尼撒還占據著很大的優勢。

由於人們對伯利克里斯的領導能力充滿信心，因而大多數雅典人表決贊成戰爭。他們當中的一些人相信斯巴達和斯巴達同盟在進行侵略。大多數人意識到雅典可以透過打敗斯巴達同盟以增加他們的財富【42】。道德因素和盟國異意的聲音雖然弱小，但有影響力的少數派，仍然堅持西蒙及其繼承者修昔底得的觀點，也就是用和平的手段來解決雙方的歧見，但他們的聲音將在戰爭中被吞沒。

從一開始雅典盟國就不如斯巴達盟國堅固，他的盟國是靠強迫，而不是誠心聚集的。是故，雅典盟邦也不是堅如磐石，而斯巴達似乎也早已看清這個局勢，故能好整以暇等待雅典發動戰爭。正如劇本一樣，伯利克里斯回應了斯巴達的通牒，雅典不接受斯巴達的要求，但隨時準備根據三十年和平條約規定的程序將紛爭提交仲裁【43】。對這個答覆斯巴達沒有回音，外交關係就此結束。雙方都在等待，直到第一個戰爭到來。

伯利克里斯和雅典民主制度的發展

當同盟金庫從提洛轉移到雅典時，雅典同盟的財產組織開始一個新時期。過去同盟議會控制著金庫，但從西元前四五四年冬季以後，雅典就奪取了同盟金庫控制權，雅典因此成為帝國的金融中心。公民大會有時會以貸款的形式提供金錢給雅典，而沒有詢問所謂盟國的意見。議會以下列方式監督和檢查其餘收入：每個上貢城邦把錢放在由信使帶來的封蠟匣裡。在雅典，這個匣子當著議會的議員開封，由議會的接收官清點數目，然後，這筆錢被送到同盟金庫出納員那裡，他們從中抽出六分之一（相當於一泰倫中抽一米納），送到雅典聖幣金庫。移送過程由三十個審核員核查。金額通常刻在木板上，但份額數目在西元前四五四年到四一五年則刻在石頭上，現存很多這些殘片，被簡稱爲「份額單」或「貢單」[44]。但有一年的數目遺失了，也許是西元前四四九年或四四七年，即使如此，也不太可能出現進貢的空白。因爲雅典沒有理由放棄到手的收入。

西元前四五四年之後，議會確定每個國家的進貢份額，它依據每個國家資源的調查做爲進貢份額的參考，在阿里斯提得（Aristides）的監督下，訂立了各成員籌款的份額，爲同盟的發展奠定了基礎。份額數目在泛雅典娜節上當著各國代表的面公布，有效期爲四年，直到下一次泛雅典娜節。如果對份額數目持有異議，將由特別法庭或陪審法庭進行裁決，如必要，將回饋到議會[45]。貢金由上貢城邦自己徵收，如果鄰近城邦都很小，由幾個小城邦中指定的一個城邦負責徵收貢金。

這些事務的調整由議會決定。例如，在西元前四五三至四四九年，克索尼蘇斯與幾個切爾松尼斯的小城邦付十八泰倫，但伯利克里斯在當地建立殖民區後，份額數目就按比例縮小，以適應其減少的資源，每個成員都付各自的份額。所有涉及進貢的案子，無論是由雅典官員還是由進貢城邦人員預先審查過，最後都必須在雅典再審查一次。

在每年三月舉行狄奧尼索斯慶典時，各城邦就把貢金交給了雅典，並記下已付和未付國家。在節日期間，雅典年輕人舉行遊行，每人抱著裝在罈子裡的一泰倫銀幣，他們的人數象徵前一年貢金的收支餘額。後面跟著一批僱來的參加者，拿著寫有根據每個城邦資源狀況而確定的貢金價值的公告牌[46]。節日後的夏季，任何拖欠的貢金都會被追徵。

此外，雅典還會徵收其他名目的款項。他從反叛的國家勒索賠款，如薩摩斯，盟國的案子在雅典的法庭上審理時，法庭可以沒收當事人的財產。租借土地的人有時要繳交相當於土地產量十分之一的稅，如在西勃達和哈爾基斯、安菲波利斯的殖民地還要向雅典繳納貢金以外的金錢。另一方面，所謂的戰爭財，包括販賣俘虜和贖金，特別是在進攻波斯時，更是無情的搜刮了他們的財產[47]。前述，西元前四三四年，提洛的阿波羅和阿特米斯神殿基金即由近鄰同盟會議代表的雅典官員所掌管，資金更是由雅典支配。

提洛同盟基金轉移到雅典的總金額是八千泰倫，它代表二十三年貢金的收支餘額，其中第一年估計爲四百六十泰倫，以及戰爭勝利的盈利。實際上被雅典據爲己有的總金額爲九千七百泰倫，在伯利克里斯時代，這些資金成爲了建築雅典衛城最大的一筆基金。雅典從中獲得貸款，西元前四三四年雅典償還了其中的三千泰倫。到西元前四三一年，基金徘徊在六千泰倫左右，因爲二千零十二泰倫花在普洛匹利亞（Propylaea）（衛城正門）和其他建築上，一千泰倫花在圍困波提狄亞初期的戰爭經費上。西元前四八三年，一泰倫可以建造一艘戰船船殼，在西元前五世紀中葉，三泰倫就能支付一艘戰船在戰爭中的全部費用[48]。由此，我們可以知道提洛同盟基金是一筆不小的款項，雅典何以在同盟中要主導基金用途，也就不言可喻。

作爲同盟的領袖，雅典要用基金的經費建造和保養戰船、防禦工事、付給軍隊和官員薪金以及補助在狄奧尼索斯節日上遊行的孤兒。在和平時期，收入會超過支出，但在戰爭中，這種狀況就消失了。在伯利克里斯時代，無論是群體還是個人，皆從帝國國庫中得到極大的好處。政府機構、艦隊、防禦系統、廟宇和節日費用，主要都由帝國提供資金。國家還透過其他方式增加基金的收入，例如出租勞里厄姆（Laurium）的礦藏、向居住在雅典的外國人、解放的奴隸徵收商業稅等[49]。西元前四三一年，伯利克里斯在雅典財政資源中並沒有包括上述這筆國內收入，阿里斯托芬認爲他們與西元前四二二年帝國收入相比無足輕重，但一年的收入也有四百泰倫，還是相當的可觀。

隨著雅典帝國不斷的擴張，雅典在海外又獲得新的殖民區，雅典的軍事裝備亦由各城邦提供，雅典的盛況可以說是空前的。西元前四四〇年以前，雅典有二萬個公民可以從帝國收入或對非公民的稅收中得到好處。雅典海外六十艘戰船，共一萬名士兵、七百名雅典官員和不同數目的駐軍都能得到國家的薪金。在國內，六千名審理官員、五百名議員、五百五十名衛兵、七百名國家官員、弓箭手、騎兵和海軍都領到薪金[50]。並且因西元前四四七至四三二年修建帕德嫩神廟，更提供了眾多的就業機會，也因此手工業者、外國人、奴隸人數迅速增加，這個時期，雅典無論在政治、經濟和文化方面都非常繁榮。

帝國的附屬城邦可能有三百個。從西元前四五四至四三二年，就有一百八十個城邦名列在份額單上，剩下的一些城邦作爲幾個小國的代理而上繳貢金。西元前四二五年，當本都（Pontus）地區併入時，超過三百個城邦向雅典進貢。這些城邦在面積、利益上都不一樣，他們與雅典的政治、法律、商業關係上受各自的條約控制。萊斯博斯和希俄斯仍然進貢戰船，他們保持著自己的憲法，保留著在大陸上的財產。遙遠的城邦，如法西利斯亦上繳貢金，在商業和其他方面則享受優惠待遇[51]。通常雅典對待亞洲小城邦較溫和，以減少其投入鄰近的波斯危險，因此在他們的領土上不設殖民區，而貢金數目也低於其他地方，但處於帝國中心的島嶼和造船材料、貴重金屬的主要來源地之愛琴海北部沿岸各城邦，其政策則特別嚴厲。

此外，附屬國也從帝國得到可觀的好處。他們受到保護，免遭波斯和海盜的襲擊，在和平時期他們的商業更是一片繁榮。鼎盛時期雅典放寬對貨幣流通領域的控制，例如允許薩索斯和薩摩斯製作銀幣，部分恢復薩索斯在希臘大陸的財產[52]。然而，在大多數希臘國家，經濟利益與政治獨立相比並不重要。而伯利克里斯以雅典的文化爲口號，他把希臘文化推向了高峰。這時期「希臘學校」更遍布各城邦。

同盟代表出席酒神狄奧尼索斯和其他節慶，觀賞雅典衛城上宏偉的神殿，但他們的欽佩卻被恥辱所吞沒。他們抱怨雅典的殘暴，雅典以強迫手段進行統治，且剝奪他們的自治權利。附屬國人民憎恨雅典對民主派政府的支持、對告密者的鼓勵和強迫的誓詞、謀殺和政治案件轉到雅典法庭、強制駐軍、派代表和抓人質。作爲城邦國家，他們在泛雅典節慶上向雅典娜、狄蜜特（Demeter）進獻貢物[53]。他們的居民在進入雅典時需要繳交一筆費用，將案子上訴到雅典法庭時也要繳押金。伯利克里斯並不幻想他們會放棄對雅典的仇恨，因爲他知道放寬政治已太晚了。

隨著帝國的發展，雅典不但成爲愛琴海地區的政治、商業中心，而且是東西方貿易市場，它進口西西里、義大利、塞普勒斯、埃及、呂底亞、本都和伯羅奔尼撒的貨物，並由國家控制造船材料、銅、鐵、錫等軍事材料的出口，但在迅速擴展自由貿易上則沒有受限制。在西元前四四六至四三一年期間，地中海地區一片繁榮和平景象，希臘產品供不應求[54]。因此無論在公共場合和私下裡，雅典人認爲其繁榮已超過青銅時代的克諾索斯、邁錫尼。換言之，其全盛期也遠遠超過當代的希臘各城邦。

在伯利克里斯英明領導下，公共財產被保護著。國家報酬、節日和建築的花費都限制在國庫現有資源內，

圖 10-6　留鬍子的男人頭像（塞普勒斯——西元前五世紀）　劉庭芳攝

貧窮階層分布在法庭和艦隊裡，貴族擁有在阿提加最好的土地，他們擁有雄厚的資本進行高利率投資，富商在商業、礦藏、合約上都有一定優勢。從這一階層中，伯利克里斯還招收了一千名騎兵、四百名海軍和無償義務公務員。更有意義的是中產階級的增長，西元前四三一年，雅典已擁有二萬三千名士兵，而西元前四九〇年則僅有一萬名，他們中的中產階級有來自阿提加的自耕農，比雷埃夫斯的貿易商、小作坊主、手工業者、造船工、石匠、建築師、鐵匠等[55]。西元前四四五年，下層階級人數爲一萬四千二百四十人，他們從國家得到的報酬不多，因此要靠零售、揀油橄欖、穀物收割、擺渡和釣魚來增加收入。

此外，雅典公民享有許多的權利，對非公民往往有很多的限制，例如外僑不能在阿提加擁有土地，且必須繳交額外的稅款（對抗稅者的懲罰是被賣爲奴隸），他們也沒有政治權利[56]。但在經濟和社會上，他們與普通公民一樣享有同等機會，被看作社會重要的一員。他們中的很多人爲雅典帶來巨大財富，他們投身於手工業、海上貿易，因而繁榮了雅典商業。

隨著國家的繁榮，奴隸的數目增加，奴隸參與技術性或勞動，奴隸在勞里厄姆的礦場做工，例如富有的泥西亞斯就擁有一千名奴隸，他們以一人一天一歐布魯斯的價格將奴隸租給色雷斯礦場承包商。奴隸也在各行業部門工作，國家讓奴隸擔任員警、祕書、職員等。除了在阿提加或其他地方的礦坑裡，一般而言，雅典對奴隸還算人道。此外，奴隸擁有法律權利，不以服飾做區別，他們與公民和外國人一起工作。奴隸被解放的人數很少，被解放的奴隸也沒有被隔離[57]。奴隸逃亡非常普遍，針對奴隸的逃亡，雅典的衛城也加強了防禦，雅典還控告麥迦拉藏匿逃亡的奴隸，在狄西里亞戰爭期間，有二萬名奴隸逃亡，大部分是技術工人。而阿提加地區大約有二萬名奴隸，包括男人、女人、小孩，而這個數目和拉科尼亞、美塞尼亞的人口總數相差不遠。

西元前四三一年，阿提加半島約爲四十萬人，雅典爲十六萬八千人，定居的外國人三萬，沒定居的流動人口有二千人，奴隸二十萬人。其中四千人爲上層階級，十萬人爲中產階級，六萬四千人屬於下層社會。在城市裡，居民生於斯，長於斯，埋葬逝者、承襲家族的光榮。他們中有超過一半居民住在雅典和比雷埃夫斯郊外，外國人和半數的奴隸住在城市裡。與斯巴達和大陸上的其他城邦相比，雅典算是人口眾多的城邦。在這一點上，雅典的規模已超出居民可以相互了解的城邦範圍[58]。爲了限制這種膨脹趨勢，於是伯利克里斯把公民權限制於必須父母雙方都是阿提加人，才能獲公民權，因爲小國寡民利於管理，小而美的城邦政治正是希臘人追求的一種制度。

繁榮成爲雅典民主派勝利的標誌。甚至寡頭派，在西元前四三一年出版的小冊子中也認爲，民主派在理論和實踐上都不可動搖。平民階層對雅典的繁榮負有一定的責任，他們有權改變自己的政策，以民主體系實現其目的。城邦裡人民有至高無上的地位，而雅典對附屬國的統治，和長期積累的行政經驗讓民主政府的統治更爲順暢，並提高民主的完美性[59]。此外，一年改選一次的五百名議員，他們負責處理日常的事務，並準備會議日程，管理國家財產、建築、節日、船塢、海軍和陸軍設備、審核法官、選擇禮拜儀式、估價和徵收貢金，對緊急事件做初步判斷等。當然他們在會議期間也會得到法官和優秀書記的幫助。

雅典有一千四百名法官。他們常常在司法委員會裡工作，但每人負責一項責任，期滿時接受核查，法庭上的六千名陪審員，則處理影響雅典及其盟國的案子[60]。因而，雅典居民擁有參與政治和法律具體管理的經驗，而這在古代或現代都從未有過。再者，這些經驗透過選舉、官員的轉換、對財產資格的檢視，使這些經驗在社會各階層得到了傳播。這些廣爲傳播的經驗，使公民大會可以在戰時與平時，在國內和國外實行適度政策的控制。至於政策辯論、判決政治案件都非常嚴格，做出重要決定的法定人數是六千人，會議前選出的主持官員如果認爲人數太少，不足以在重要事件上做出決斷，他可以拖延或中止會議。參加公民大會的居民可以擔任議員、陪審員或法官，也可以在海外任法官、士兵或水手。他們了解自己的責任和榮譽[61]。西元前四三一年，雅典公民給雅典帶來強大和繁榮，這是他們政治制度優越的證明。

在雅典民主政治有一個情況，掌握實權的人都是有影響力的貴族。這能使政治家樹立起他們的威信，施展領導才能。最重要的官員（首席將軍）要經過普選，而不必徵詢氏族的意見，他必須是全國最得人心的人。而伯利克里斯就是這樣一個官員。其他九個將軍的選舉要參照氏族的意見，從而使選出的人是他們氏族裡最得人心的人[62]。選出的十個將軍權利平等，但首席將軍擁有最高的威望，伯利克里斯一次又一次地負起這個特殊的責任：他管理帝國金庫和雅典娜神像基金，發布進攻薩摩斯的命令、以國家的名義在葬禮上致詞等。

雅典的政局在伯利克里斯時代也相對的穩定，在勝利時他約束人民，災難時他鼓舞人民。他堅信自己的權位，並以愛國主義、尊嚴，抵制了人民的不切實際的作爲、控制了他們的激進行動。他的威望使他能夠在危機時安定政局，在這個意義上，「民主」是有保留的[63]，而不是唯一的，在他以前的提米斯托克利和西蒙，德摩斯提尼（Demosthenes）和來庫古（Lycurgus）都把自己的願望強加於雅典人民身上，並贏得他們的忠心，他們都是經過自由選舉，如果需要，會自由解職，發誓忠誠也是自願的。

當中產階級興起，生活條件也因經濟繁榮而變得舒適時，政治人物通常沒有好下場。而伯利克里斯可以掌握多年的政權，此應歸功於他的性格和人民的信任。然而他最親密的朋友就沒有如此幸運，諸如：達蒙（Damon）和安那克薩哥拉（Anaxagoras），他們被控不敬神祇，名建築師菲迪亞斯（Phidias）則被控侵吞公款，他們最後都被放逐，唯獨伯利克里斯可以全身而退[64]。

伯利克里斯的影響不但來自他的行政天才，還來自他的政治理想，前述在西元前四三〇年春，他受委託在伯羅奔尼撒戰爭第一年陣亡將士的葬禮上發表演說。在聽眾面前，他談到雅典的偉大，他的憲法不是用來保衛一個階級的利益，而是保衛公民在法庭、在國家行政管理上的平等權利。他的原則是避免偏見，判斷一個人端看他的個性而不是家庭環境[65]。另一方面，在這個時期，言論、思想和教育自由都非常的普遍。自由的社會了解自己的局限和職責，他尊重選出的官員、頒布的法律和未成文的規範。在決定一項事務時，他相信每個公民的智慧，他的行動也是建立在人民的意願之上。

在雅典，公民的智慧和行動、深思熟慮和敢作敢當、私人利益和公共職責都是和諧的，人民追求美和知識的精神，由此孕育了雅典輝煌的文明，那就是伯利克里斯要呈現在國人面前的理想，當他們俯瞰城市時，就會湧起對他的熱愛，沒有比爲他服

圖 10-7　帕德嫩神殿　王惠玲攝

務、爲他犧牲更光榮的了。是故，西元前四四三年，伯利克里斯當選首席將軍，成爲雅典政府的領袖，接下來的十五年中，他連選連任，直至西元前四二九年因瘟疫而去世。雅典在他的領導下臻於鼎盛。這個伯利克里斯時代是雅典的黃金時代，也是整個古希臘文明的黃金時代[66]。

第十一章

伯羅奔尼撒戰爭

阿希達穆斯戰爭

伯羅奔尼撒戰爭的原因雖是斯巴達對雅典的猜忌，但招致戰爭爆發的導火線僅屬一些雞毛蒜皮之事。斯巴達的主要盟國科林斯，是長於通商殖民而與雅典競逐甚激的城邦，西元前四三三年，其所建立的殖民地科西拉竟因與母國偶生爭執而逕自與雅典結盟，與此同時，科林斯在帕提地亞的另一殖民地也受雅典的干擾，科林斯乃起而抗議，警告雅典收手。伯利克里斯感到戰爭即將到來，乃將麥迦拉與雅典之間的貿易全部切斷以爲報復。由於麥迦拉扼制科林斯地峽戰略要衝，伯利克里斯視之對雅典嚴重的威脅。至是，斯巴達在科林斯的敦促之下，終向雅典宣戰，伯利克里斯也立即起而應戰[1]。

對於那時代的希臘人而言，從西元前四三一年到西元前四二一年的十年戰爭，是不連貫的，實際上這場戰爭也有自己的名字——阿希達穆斯戰爭，此得名於斯巴達國王（Archidamus）[2]。至此，希臘世界分裂爲兩大陣營，一邊是民主制度的雅典，並爲提洛同盟盟主，一邊是伯羅奔尼撒貴族制度的城邦，惟斯巴達馬首是瞻[3]。

西元前四三一年，斯巴達在幾年的和平時間裡，達到前所未有的繁榮，他們的軍隊已超過雅典，並且支配著同盟的步兵，包含了伯羅奔尼撒城邦（中立的阿哥斯和亞該亞除外）、安布累喜阿、萊夫卡斯和安那克托里安（Anactorium）、麥迦拉、貝奧提亞、洛克里和福基斯的部隊，而且後三國還提供騎兵。

這時期，斯巴達大約有五萬重裝步兵和輕裝步兵[4]。此外，在斯巴達同盟中的科林斯及其殖民地、麥迦拉、西錫安、亞該亞的培林尼（Pellene）和愛麗斯則擁有一百艘船艦，他們還有儲備金用於建造和裝備一支大的艦隊。因此雅典必須要有更傑出的領袖，才能在兩雄相爭中脫穎而出。西元前四二九年，伯利克里斯死於一場瘟疫，後繼無人，此將敲響了雅典的喪鐘。

斯巴達在戰爭時最大的困難就是造船的木材和訓練有素的船員，因為這方面的供應被雅典完全控制。資金方面，儘管斯巴達他們可以從奧林匹克和德爾斐的神廟中獲得財源，但其財政還是遠遠不如雅典[5]。因此在小規模戰爭中還無關痛癢，但在大規模戰爭上就耗資巨大，財政問題讓斯巴達陷入了外強中乾的窘境。

斯巴達在同盟中是最強大的城邦。修昔底得曾總結斯巴達軍隊的素質，即有穩定的憲法、團結的民心，而決策者也很有判斷力，且不會被勝利或失敗所動搖。從過去的成就中斯巴達繼承了高度的自信，有秩序、守紀律、勇敢、對自己的宗教忠誠[6]。因此，表面上看來自由、民主的雅典，在此時所代表的卻是一個殘暴、窮兵黷武的帝國。

科林斯在斯巴達同盟中的海軍和財力是首屈一指的，他指揮希臘西北部除科西拉以外所有的殖民地。包括哈爾基斯、阿斯塔卡斯（Astacus）、琉卡斯（Leucas）、安那克托里安、安布累喜阿和伊利里亞的阿波倫泥亞（Apollonia）等城邦，而他們皆按時向科林斯進貢。此外，科林斯還從埃皮魯斯和伊利里亞進口銀、造船木材、獸皮等重要資源[7]。科林斯在西西里島上，也有忠實的敘拉古殖民地，他把西西里除卡馬林那（Camarina）以外的所有希臘城邦都帶往伯羅奔尼撒同盟這一邊。

另一方面，在希臘中部，最為強大的同盟是底比斯的貝奧提亞。同盟的領袖是底比斯，同盟議會和同盟金庫都設在他的衛城卡德密（Cadmea）。同盟領地畫分為十一個區，每個區選出一名將軍，給同盟政府提供一名議員或法官，或派一支分遣隊到同盟政府，或給同盟金庫提供基金。同盟城邦各區平等，每個區包括幾個小城邦[8]。戰爭爆發時，一些無防禦的小城邦依靠底比斯的保護，同時實行「相同的政體」，小城邦國民保留他們自己的公民權，也接受底比斯的公民權。底比斯由二個區組成，要選出二個貝奧提亞地區執政官，因此它在同盟內部有絕大的影響力。

同盟議會分成四個獨立的機構，一個機構準備議事日程，其他三個機構進行公共會議。在會議上投票通過的決議對成員國具有約束力。同盟金幣在底比斯鑄造，西元前四四六年以後，以底比斯金幣命名[9]。每個成員國由寡頭政府統治，士兵都享有平等的政治權力。在伯羅奔尼撒戰爭中底比斯的崛起也顯現希臘城邦之間只有利害關係，沒有眞正的朋友。

這時期，雅典擁有一千二百名騎兵，其中包括山地弓箭手、一萬三千名重裝步兵、一萬六千名後備重裝步兵。它還能從其附屬城邦、殖民區及盟國中徵召重裝步兵和輕裝步兵，包括色雷斯的精銳騎兵。然而，伯利克里斯不與伯羅奔尼撒同盟進行正面交戰，他的計畫是放棄阿提卡半島，把居民和牲畜遷到島嶼上[10]。後備重裝步兵在雅典和比雷埃夫斯以及法勒隆的城牆布防，這些城牆圍繞著城市和郊區，只有一條通道通向海上。他的一線重裝步兵則從海上進攻敵人。

在西元前四三一年，雅典擁有三百艘戰船，戰術遠勝於伯羅奔尼撒人。西元前四五八至四五四年，雅典海軍迫使斯巴達決戰，他們在伯羅奔尼撒海岸登陸，然雅典不能長期進行戰爭，因爲雅典沒有後備部隊，相反地，敵人卻有無限的兵員。再者，雅典不能用全部軍力打擊伯羅奔尼撒同盟，必須留守一部分軍力防衛雅典、防備波斯和任何海上城邦的侵襲[11]。西元前四五四年，雅典在埃及的災難說明投入戰爭是愚蠢的。雅典憑藉其海上的強大力量，以戰逼和斯巴達。

是故，伯利克里斯的戰略是現實的，他認識到雅典陸軍的劣勢和海軍的優勢。由於哪一方都不可能給對方致命的一擊，因此，在一場可能發生的消耗戰中，伯利克里斯的戰略是避免持久戰，從而保證戰爭最後的勝利，後來雖然一場意想不到的災難降臨這座城市，但修昔底得認爲那是一項正確的戰略[12]。

西元前四三一年三月一個漆黑的深夜，普拉蒂亞的城門被人打開，三百名底比斯士兵湧進，最後有一百八十人被俘，其餘戰死。底比斯軍隊兵臨城下，於是，普拉蒂亞派出使者宣稱二國仍然可以保持和平，如果底比斯軍隊撤退，在普拉蒂亞的戰俘將被釋放，如果不撤退，他們將被處死。然而當底比斯軍隊撤走之後，普拉蒂亞人仍處死戰俘，然後又聲稱協議未被正式批准，同時向雅典求援[13]。雅典向普拉蒂亞派駐軍隊，非戰鬥人員被撤走，運進軍事裝備，普拉蒂亞從而做好抵抗圍城的準備。

伯羅奔尼撒戰爭，是希臘兩大城邦集團長期以來政治、經濟矛盾發展的結果[14]。普拉蒂亞事件是伯羅奔尼撒戰爭的導火線，於是雙方頻頻與中立的城邦、波斯和非希臘強國進行接觸，並爭取加盟。五月，斯巴達國王阿希達穆斯（Archidamus）率大軍從伊斯茅斯北上，占其總兵力三分之二的重裝步兵人數遠勝於雅典。然而，他故意緩慢前進，以期拉緊雅典人的神經，迫使雅典人進行決戰。在到達阿提卡前，他向城裡派出使者，但被逐回，因為伯利克里斯規定，一旦斯巴達軍隊從伊斯茅斯北上，就不與斯巴達人接觸[15]。當使者回來時，說了一句令人無法忘懷的話：**「今天將是希臘巨大災難的開始。」**

在戰爭的第一個階段，雅典做好了充分準備。西元前四三三年，衛城上的施工停止，以便把錢用於軍事和防禦工事上。西元前四三一年，當伯羅奔尼撒人從阿提卡撤軍時，雅典將一千泰倫和一百艘戰船作為預備力量，並且設立由陸、海軍擔任的崗哨。這個時期，伯羅奔尼撒同盟沒有展開行動，因為他們仍在準備之中，只在冬季，雅典艦隊撤走後，科林斯艦隊才出海灣。後來他們動用四十艘戰船和一千五百名重裝步兵，再次奪取了阿斯塔卡斯（Astacus），但倫尼亞的突襲則沒有成功[16]。在陸地上，伯羅奔尼撒人未能把雅典引入決戰關頭，從入侵阿提卡後，他們對戰爭就比較消極，斯巴達所做的也無非是把阿基那難民安置在拉科尼亞，戰爭的主動權牢牢掌握在雅典手中。

西元前四三〇年夏，伯羅奔尼撒軍隊再次入侵並掠奪阿提卡四十天。與此同時，在比雷埃夫斯和雅典人口密集的城市裡，爆發一場可怕的瘟疫。從農村來的難民聚居在荒地上的小窩棚裡，以及神廟和附近堡壘裡。由於水源不足，特別是在比雷埃夫斯，人們所依賴的水源很快地就發臭了。在那樣的條件下，傳染病迅速蔓延開來。醫療技術也毫無用處，連看護病人的人也被傳染。人們的眼睛、喉嚨、肺部等都受到感染，而且咳嗽不止、噁心和口渴。很多人死在發病後的第六天或第八天，他們多半死於胃部潰爛或腹瀉。人就像羊一樣的死去，屍體堆積得像山一樣[17]。倖存者很多也成爲瞎子，智能障礙和殘廢。沒人能抵擋傳染病的進攻，身強體壯者、孝子、富人都一個個倒下，只有那些從疾病中掙脫出來的人才有希望生存。

在黑暗的日子裡，伯利克里斯號召人民在苦難前更要忠於國家。雅典的偉大不但是在過去和現在，還在未來。他的精神將再次戰勝痛苦和不幸，他無敵的海上力量將征服世界盡頭。人民響應他的號召，積極投入戰爭，但他們的個人怨恨並未消失，最後把他送上法庭並懲罰他[18]。後來，他們又重新選舉他爲將軍，並讓他領導對斯巴達的戰爭。西元前四二九年秋，伯利克里斯死了，他是一次鼠疫的犧牲品。他的死亡使國家遭受巨大的損失。

當伯羅奔尼撒人攻打阿提卡時，瘟疫正肆虐雅典，一支由一百艘雅典戰船、五十五艘列斯保（Lesbian）和亞基納（Chian）戰船在伯羅奔尼撒東岸登陸，他們以四千重裝步兵和三百騎兵摧毀農村[19]。而後又攻打波提迪亞但失敗；往返雅典的信使又帶來了瘟疫，致使伯羅奔尼撒在四十天裡死了四分之一的人。

此時，雅典移民占領了波提迪亞。西元前四二九年，雅典以此做爲進攻基地，雅典的二千重裝步兵、二百騎兵以及輕裝步兵攻打斯巴托拉斯（Spartolus）。但在開闊地帶，雅典人被哈爾基季基騎兵和投擲兵擊敗。戰爭中，移動緩慢的雅典人無處可藏，在恐慌中被擊敗，於是撤回到波提迪亞，在戰場上他們留下四百多名士官兵的屍體，西元前四二九年秋，色雷斯的西塔爾西斯（Sitalces）派出一支大軍幫助雅典，估計有十五萬人[20]。最後色雷斯人橫掃哈爾基季基、貝奧提亞和馬其頓。

西元前四三〇年，當雅典在瘟疫中掙扎，並集中全力進攻哈爾基季基時，伯羅奔尼撒人掌握一次主動權的機會，他們在西部攻打雅典，西元前四三〇年，又派一百艘伯羅奔尼撒戰船和一千重裝步兵攻打紮金索斯，此後還派安布累喜阿城邦攻打阿哥斯的安菲波利安城，但都宣告失敗[21]。

到了西元前四三〇年的冬季，雅典也派出由福爾米翁指揮的二十艘戰船去到諾派克都，他們進攻通過賴昂姆海峽的商船。西元前四二九年，安布累喜阿和斯巴達也在這裡發動聯合進攻。他們意欲征服阿卡納尼亞、塞法倫尼亞、紮金索斯和諾派克都，以奪取雅典在西部的中轉機地，孤立其盟國科基拉。出於這個目的，斯巴達指揮官納謨斯（Cnemus）率一千名伯羅奔尼撒重裝步兵跨過科林斯海灣，進入安布累喜阿的領土[22]。他指揮著安布累喜阿、萊夫卡斯和安那克托里安的重裝步兵、還有大批從內陸徵召的輕裝步兵、一千名查俄尼亞人和埃皮魯斯水手和一千名本都地區馬其頓方面的奧瑞斯特人。

此時安布累喜阿、萊夫卡斯和安那克托里安的軍隊已在萊夫卡斯整隊，準備從海上進攻雅典，他們在那裡等待從科林斯、西錫安和科林斯海灣和其他地方來的伯羅奔尼撒主力艦隊。納謨斯魯莽地要立即開戰。他率軍奔向阿卡納尼亞首都斯特拉托斯，一座防守堅固的城市。他的大軍以三路獨立縱隊前進，常常左右不顧，查俄尼亞人的魯莽使埃皮魯斯人中了埋伏，全軍潰敗[23]。他們的失敗給納謨斯軍隊潑了冷水，他們那天待在營區裡受到阿卡納尼亞軍隊的襲擊，因而後撤到盟軍伊尼亞第的城牆下，之後就一哄而散，各自回家。

與此同時，福爾米翁正在等待著伯羅奔尼撒艦隊主力的出現。當五十七艘戰船和很多小船沿海灣南面進入視野時，福爾米翁率領他的二十艘戰船沿北海岸封鎖通向阿卡納尼亞的要道。當天夜裡，伯羅奔尼撒人從派特雷（Patrae）出發，希望不被發現，但他們在賴昂姆的西部公海被攔截[24]。拂曉前的微光下，他們組成圓形戰鬥隊形，船頭向外，船尾向內，水兵在靜海中休息，圓圈裡，他們最好的船用作外圍的增援部隊，小船連在中心。

福爾米翁深知自己戰船數量上處於劣勢，並且知道敵人的戰船上載有重兵。他命令戰船等候他進攻的旗號，同時，以一隊戰船在敵人戰船外環繞，逐步接近，佯裝進攻，然後伯羅奔尼撒人迅速向前航行，縮小他們的圈子。當福爾米翁所期待的風勢從海灣生起，太陽光開始降臨海面，水面蕩漾，而此時在有限空間裡停靠的伯羅奔尼撒戰船開始互撞[25]。人們不斷地散跳以避開近鄰有旗杆的小船，空中充滿叫罵聲和水手長的命令聲，在他們休息的地方，他們發現很難在洶湧的海面上再舉起船槳，戰船也很難按命令行事。

在此關頭，福爾米翁放出信號，雅典人開始猛衝敵人側翼。在進攻中，他們重創敵人，並把殘敵追到派特雷和岱米（Dyme）。在自己毫髮無損的情況下，雅典繳獲了十二艘戰船，然後回到諾派克都，而伯羅奔尼撒的殘餘軍隊則北到愛麗斯的西林尼（Cyllene），這次海戰也證實了雅典的海上力量[26]。

另一方面，斯巴達領袖在知道海上的慘敗後，派了三個指揮官去徵集更多的船隻，以進攻福爾米翁艦隊，其中包括了布拉西達斯。他們同時向雅典方向派出增援部隊，在他們抵達之前，七十七艘伯羅奔尼撒戰船早就前進到賴昂姆海峽，停泊在近海以支援陸軍。這時福爾米翁把他的二十艘戰船停泊在諾派克都附近的海岸，船頭向西，對著海峽，以便在開闊的水域部署。在幾天拖延之後，伯羅奔尼撒指揮官認爲他們比雅典人更靠近諾派克都不設防的海軍基地，因而決定北上，以期福爾米翁會穿過海峽，保衛諾派克都。拂曉時，伯羅奔尼撒艦隊以四路縱隊向諾派克都進發，每艘船二十個快槳水手[27]。福爾米翁集忙調動兵力，以一路縱隊沿海岸穿過海峽，日夜兼程到諾派克都。

此時，伯羅奔尼撒戰船一字排開，在前面全速穿過狹窄的水域，以誘使雅典的艦隊靠近海岸，進而失去調動的餘地。此時福爾米翁的九艘船受到攻擊而失去戰鬥力，另外十一艘逃進開闊水域，但受到了伯羅奔尼撒艦隊二十艘快船的追擊。在這十一艘戰船中，十艘到達諾派克都，然後又調轉船頭對著敵人。第十一艘受到敵人主力艦「萊夫卡斯」號的緊逼。在靠近諾派克都時，偶然出海的一艘商船繞過來，撞向「萊夫卡斯」號的腹部[28]。這個精彩的演出使伯羅奔尼撒戰船停止他們爭先恐後的追擊，他們的戰船一些在海灘上擱淺，另一些迷航，船員不得不停止划槳，在近海，他們如此做非常愚蠢。雅典戰船立即進行反攻，把伯羅奔尼撒戰船趕向賴昂姆，並繳獲六艘戰船，且還修復了戰爭初期受損的九艘戰船。但此時伯羅奔尼撒艦隊早已潰不成軍。

福爾米翁的海上大捷，鞏固了雅典在西北部的地位。冬季福爾米翁又到阿卡納尼亞，驅逐那些被懷疑爲伯羅奔尼撒的同情者，西元前四二八年春，他勝利返回雅典[29]。他的勝利鼓舞了深受瘟疫之苦的雅典，同時毀滅了斯巴達在海上的希望，因爲如果伯羅奔尼撒人不能在自己的水域形成一支有效的艦隊，在愛琴海地區他們就更沒機會了。

斯巴達同盟在第二次被福爾米翁擊敗後，爲了恢復士兵的信心，於是納謨斯、伯拉西達等將領，策劃攻擊比雷埃夫斯以振軍心。水兵帶著一些物品跨過伊斯茅斯，晚上他們出發到麥迦拉一處有四十艘戰船的乾船塢，但隨著戰船的下水，伯羅奔尼撒人的勇氣也消失了[30]。他們沒有進攻比雷埃夫斯，反而轉去攻打薩拉米斯。當戰爭的烈焰在島上升起時，比雷埃夫斯和雅典出現一片恐慌，然他們沒有採取進一步行動。拂曉時，伯羅奔尼撒人帶著戰利品和戰俘返回麥迦拉。雅典人在比雷埃夫斯港口設置了橫江鐵索，並派崗哨以防備任何敵人的突擊。

西元前四二九年夏，斯巴達利用其陸上的優勢兵力向普拉蒂亞出發，這個小國曾在希波戰爭中進行英勇奮戰，因此希臘同盟各邦曾承諾在任何時候都要保護他，使其免遭攻擊。斯巴達的阿希達穆斯提出，如果他放棄與雅典的結盟，退出戰爭，就尊重普拉蒂亞的中立[31]。普拉蒂亞徵求雅典的意見，但雅典鼓勵他們留在同盟裡，並保證將盡最大可能幫助他們。此後普拉蒂亞拒絕了阿希達穆斯，因此阿希達穆斯攻擊普拉蒂亞。

西元前四二九年秋，普拉蒂亞被伯羅奔尼撒和貝奧提亞軍隊包圍。但雅典並未去解圍。然而，如果雅典不能拯救自己的鄰邦，更不能指望它去救普拉蒂亞[32]。另一方面，去解救這個預估要被圍困二年的城邦，要耗費巨大的人力、物力，此與這城邦的戰略價值不相稱。

西元前四二八年，伯羅奔尼撒人仍然沒有恢復對西部的

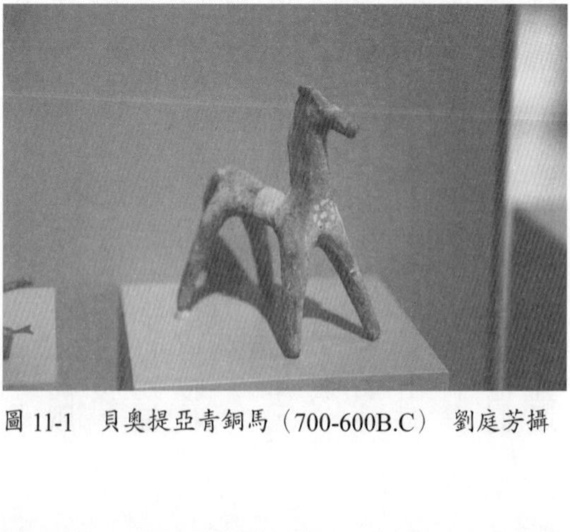

圖 11-1　貝奧提亞青銅馬（700-600B.C）　劉庭芳攝

進攻。雅典艦隊摧毀了拉科尼亞的海軍，同時，雅典一支十二艘戰船的艦隊駛向諾派克都，加入阿卡納尼亞人對伊尼亞第的進攻，但在對內里卡斯的襲擊中卻遭受了重大損失。於是雙方形成僵局，伯羅奔尼撒不能趕走雅典人，此時雅典只有十二艘船，又不得不分散海上兵力，至梨金索斯、塞法倫尼亞和科西拉協同作戰，因此雅典不能封鎖商船進出伯羅奔尼撒[33]。西元前四二八年，伯羅奔尼撒人再次洗劫阿提卡，繼續包圍普拉蒂亞，這些行動對雅典人的士氣打擊很大。

雅典的勝利

西元前四二八年六月，各個戰場的僵持局面由於萊斯博斯的叛亂而被打破。叛亂是以米提勒納城邦（Mitylene）爲首。他們計畫建造更多的戰船，加強防禦能力，引進糧食和僱用弓箭手。由於對薩摩斯叛亂記憶猶新，雅典迅速採取行動拯救泰提姆那，他是這個島上唯一忠誠於雅典的城邦，雅典封鎖了其二個港口[34]。同時，米提勒納城邦二次派使者到斯巴達，要求緊急加入同盟，並強調米提勒納艦隊的實力。

西元前四二八年八月的奧林匹克節，他們接待斯巴達同盟代表。並表示這是伯羅奔尼撒人唯一的機會。萊斯博斯和希俄斯是雅典帝國唯一擁有艦隊的城邦。如果伯羅奔尼撒幫助米提勒納，同時從陸地和海上進攻雅典，他們將利用雅典瘟疫後的虛弱和沉重的財政負擔掀起一場叛亂。因此斯巴達同盟接受萊斯博斯爲同盟成員，依米提勒納使者的建議行動。斯巴達命令其三分之二的盟國準備對阿提卡進行第二次入侵，並開始準備把戰船從科林斯移到薩羅尼加灣[35]。伯羅奔尼撒人在沒有希洛人的情況下，仍然把糧食帶到高地上，但人們對年年征戰已經感到厭煩。

斯巴達同盟的厭戰和雅典的活力決定了米提勒納的命運。因爲當斯巴達放棄他們的計畫時，雅典已派出一千名重裝步兵到島上，從陸地和海上封鎖米提勒納。在補給逐漸短缺，伯羅奔尼撒那邊也沒有什麼希望時，米提勒納的寡頭政府發現他們處在一個孤立無援的環境中，在拉西第夢人薩利修斯的建議下，他們武裝一般市民，以期突圍[36]。但擁有武器的人聚集起來，威脅政府要投降雅典，寡頭政府不得不向雅典指揮官帕撤斯（Paches）投降。

另一方面，斯巴達人阿爾息達（Alcidas）指揮的四十二艘戰船，在帕撤斯未察覺的情況下抵達恩巴敦（Embatum）的亞洲海岸。從那以後，阿爾息達就後撤到以弗所，且在帕撤斯的緊追下向西南退往伯羅奔尼撒。他透過屠殺和抓住一些水兵來掩飾他的怯戰，直到薩摩斯人警告他：他是向所有對伯羅奔尼撒友好的城邦樹敵，阿爾息達才有所收斂[37]。

此時在雅典，人民則被伯羅奔尼撒艦隊已駛出愛琴海地區的消息所震動。危險過去後，他們倍感憤怒。公民大會召開以決定萊斯博斯的命運。克里昂爲了順應民心決定處死米提勒納的每一位成年男子，其餘的賣作奴隸。於是一艘戰船啓航去命令帕撤斯立即執行，不得延誤。第二天，人們的心情發生變化，他們對自己的決定感到後悔。公民大會再次召開。克里昂爲前一天的決定進行辯護，認爲戰時的帝國不能進行妥協，必須處死叛亂份子[38]。他的政治對手狄奧多托斯（Diodotus）認爲那種恐怖方法並不能阻止附屬城邦的叛亂，只會增強他們的反抗，直到悲慘的結局，而且米提勒納的毀滅還會減少雅典的稅收。投票結果幾乎相等，但最後，狄奧多托斯撤銷前一天命令的提案還是以些微差距通過，米提勒納也逃過被摧毀的命運。

而在希臘大陸上，雅典的盟邦普拉蒂亞的供養很快就用光了。除了女人，現在只剩下二百名普拉蒂亞人和二十五個雅典人，其他的人在冬季中期一個風雪交加的夜晚成功地逃了出去。由於不能進一步抵抗，於是駐軍向斯巴達指揮官投降，條件是他們在斯巴達法庭接受公正的審判。從斯巴達派來了五個法官。他們傳喚普拉蒂亞人，只問一個問題：是否他們在戰爭中給斯巴達同盟提供任何形式的服務。經過了激烈辯論後，他們最後不得不回答「不」[39]。因此，斯巴達人處死二百名普拉蒂亞人和二十五個雅典人，根據修昔底得的說法，連最後普拉蒂亞也被夷爲平地了。

在普拉蒂亞殺俘事件之後，希臘各城邦對戰俘的屠殺與傳統背道而馳。對被征服城邦的處理也有差別，斯巴達除了在美塞尼亞戰爭以外則沒有把敵人賣作奴隸，然而阿哥斯和雅典卻這麼做。而且戰俘交換、販賣或監禁直到簽署了和平條約才停止。因此，從一開始，伯羅奔尼撒戰爭就被打上了殘暴的印記。諸如：普拉蒂亞戰俘被殺害，斯巴達人屠殺敵人和中立國船員，雅典處死西塔爾西斯派來的伯羅奔尼撒使者[40]。他們都是在公正面具下做出冷血動物的勾當。

西元前四二七年，科林斯的殖民地科基拉爆發了可怕的內亂，由於他是西部海軍力量平衡的要素，因此對雅典和斯巴達都很重要。當科林斯戰船載著斯巴達使者抵達時，寡頭派已經控制政權。在他們的鼓舞下，寡頭派向民主派進攻。在戰鬥中，雙方都開始武裝奴隸，城市一半被焚燬，而後民主派占上風[41]。在此關頭，雅典的十二艘戰船和美塞尼亞的五百名重裝步兵抵達了科基拉，他們成功地阻止這場內戰。但內亂平息之後，科基拉就加入了雅典的提洛同盟。

西元前四二八年秋，由於伯羅奔尼撒糧食供應的短缺，致使斯巴達第二次入侵阿提卡受到影響。阿提卡糧食亦由於戰爭和瘟疫而減產。另一方面，他們從富人處索要了高達二百泰倫富人稅，並且開始增加附屬城邦的貢賦。此時雅典的財政開始空虛，但仍然對斯巴達進行海上攻擊，並阻斷敵人一切的供給和增援。西元前四二七年夏，雅典的尼西亞斯（Nicias）有效地封鎖麥迦拉港口尼薩（Nisaea），西元前四二六年夏，他更摧毀了貝奧提亞的塔納格拉和洛克里海岸。在該年夏天尼西亞斯以六十艘戰船和二千名重裝步兵攻擊斯巴達的盟友米洛斯[42]。而且雅典還派出二十艘戰船到西西里，幫助其盟國林地尼和利吉姆與斯巴達的盟國西拉卡斯和多利安的戰爭。西元前四二六年夏，雅典終於占領了邁利和麥散那，控制義大利與西西里之間的海峽。

此外，雅典狄摩西尼還有一個雄心勃勃的計畫，他企圖征服中部希臘，直到貝奧提亞邊境。這個計畫標誌著雅典離開伯利克里斯的戰略。因而雅典軍隊發動對貝奧提亞的進攻。在這個事件上，他可以獲得雅典人民的支持，因爲在西元前四二六年夏，尼西亞斯從海上登陸中部希臘並襲擊塔納格拉。然而狄摩西尼的計畫卻在埃托利亞（Aetolian）悲慘地失敗了[43]。科基拉人和阿卡納尼亞人拒絕參加他的輕裝步兵，奧佐利亞（Ozolian）的羅克里也意欲欄珊，然而埃托利亞卻伴裝支持狄摩西尼的計畫，在侵入一些非武裝的村子之後，狄摩西尼發現他們被包圍在廣闊的鄉村，等弓箭手一射完他們的箭後，此時埃托利亞人就乘機攻擊重負的裝甲步兵，雅典及其盟國很快就崩潰逃走了。

狄摩西尼的失敗鼓勵了斯巴達同盟埃托利亞與雅典在西北部的作戰。西元前四二六年夏，斯巴達在離溫泉關不遠處的特累啓斯（Trachis）的赫拉克里亞（Heraclea）建立一個殖民地。斯巴達關閉了溫泉關（Thermopylae）通道，他的盟國把守著二條道路，一條從科林斯灣經阿姆菲薩（Amphissa），另一條從貝奧提亞經福基斯，他們在多利安連接錫丁尼昂（Cytinium）後通向馬里（Malian）平原[44]。如果斯巴達緊緊掌握住錫丁尼昂和赫拉克里亞，他就能阻斷雅典盟國色薩利與南方的聯絡，而且還可以與北方的哈爾基季基以及波提亞聯手對付雅典。

到了冬季時期，此時有三千名安布累喜阿的重裝步兵占領了奧爾匹（Olpae）。雅典盟國阿卡納尼亞則增援了阿哥斯駐軍，占領克勒尼（Crenae），以期攸利洛卡斯軍隊從南方過來時進行攔截。然而，他們卻在晚上迂迴繞過了阿卡納尼亞陣地，與安布累喜阿軍隊會合。由六千名重裝步兵和一些輕裝步兵組成的聯軍，他們在阿哥斯南面的麥特羅玻里紮營，並等待著安布累喜阿援軍的到來。很快地，二十艘雅典戰船駛入安布累喜阿海灣，狄摩西尼也率領二百名美塞尼亞重裝步兵和六十名雅典弓箭手趕來。在狄摩西尼指揮下，美塞尼亞人、雅典人和阿卡納尼亞人從背後進攻並殺死了攸利洛卡斯[45]。同時，右翼的安布累喜阿人和伯羅奔尼撒人也擊敗對手，並進攻到阿哥斯，但此後他們發現自己被狄摩西尼的軍隊包圍住，並被趕到海岸附近的奧爾匹。

不久之後，斯巴達的門尼達里斯（Menedaïus）將軍開始與狄摩西尼和阿卡納尼亞指揮官談判。此時，斯巴達已落入窮途末路。他的軍隊殘餘被圍困在無水的山上，陸地和海上也都被阻斷退路。因此斯巴達與雅典人達成了一項祕密協議，他和伯羅奔尼撒人被允許通過雅典控制的區域，讓安布累喜阿人和僱傭軍自生自滅[46]。同時，狄摩西尼了解到安布累喜阿的援軍正在途中，他向北派部隊占領大道，在愛多美尼（Idomene）附近設下埋伏，雅典離間斯巴達和安布累喜阿的關係也損害了斯巴達的聲望，但卻加強了狄摩西尼的聲望。在他的領導下，一支由重裝步兵組成的軍隊，使伯羅奔尼撒和安布累喜阿重裝步兵遭到失敗。

最後，斯巴達只好放棄了在中部希臘的主動權，在赫拉克里亞的殖民地，和斯巴達法官的暴政及色薩利人的進攻下困苦不堪。在西元前四二五年春，赫拉克里亞曾以入侵阿提加爲榮，並派六十艘伯羅奔尼撒戰船到科基拉，以期推翻當地的民主派政府，如今卻被盟國斯巴達放棄，但這也是強國處於弱勢時沒有選擇的行爲[47]。

在雅典，人們決定減少給雅典娜神殿基金，以便把錢用在戰爭上，並把附屬城邦的貢金增加到一年一千泰倫，還有二百泰倫的補償金。用這些錢，他們裝備了四十艘戰船並航行在科基拉周圍，而後又加強了西西里海域的艦隊。當時已經卸職的狄摩西尼又被雅典重新任用並跟隨這次西西里的遠征。然而艦隊離開美塞尼亞海岸時卻遇上風暴，於是戰艦在派勒斯（Pylus）海邊這個多岩石的避風港停泊。此時，狄摩西尼希望在這個海角上修築防禦工事，但所有的將領都拒絕。由於壞天氣持續著，軍隊用石牆來解除這種困境，並以黏土來加強石牆。六天後天氣轉好，艦隊駛往科基拉和西西里，但卻留下狄摩西尼和五艘戰船。當這四十艘戰船停泊在派勒斯時，斯巴達沒有採取行動，因爲他們在家裡慶賀節日，他們的軍隊仍留在阿提卡[48]。但是，當狄摩西尼和他的五艘戰船留在原地時，斯巴達就召回阿提卡的軍隊和科基拉的艦隊，並把一些步兵派到斯法克特利亞島（Sphacteria）上防守進入港口的通道，計畫封鎖雅典的戰船。在執行這些計畫前，他們小試一番，占領了狄摩西尼的陣地。

值此，狄摩西尼的兩艘戰船到紮金索斯召回了雅典艦隊，同時，他還有三十艘美塞尼亞小船的增援。狄摩西尼有著極大的地理優勢，他的軍隊有一千多人，包括重裝步兵、弓箭手、水兵，他們打退了每一次進攻，並擊傷斯巴達最傑出的指揮官布拉西達斯（Brasidas）。第三天雅典艦隊趕來，戰船穿過斯巴達沒有封鎖的兩個入口，攻擊沒有準備的敵艦，使他們失去戰鬥力[49]。然後，他們艦隊沿斯法克特利亞航行，進逼該島。

於是斯巴達謀求議和，最後雙方達成了停戰協定，主要條件是：雅典允許斯巴達將糧食送給島上的人，斯巴達把他們戰船全部送到雅典人手上。另一方面，斯巴達派遣使者趕往雅典，尋求和平結盟，以使島上的人獲得自由。如果雅典接受了，他將不會受到攻擊，但斯巴達的國際地位也將相對削弱，因爲斯巴達沒有徵求盟國的意見，準備犧牲他們的利益，放棄他們爲自由而戰[50]。綜觀上述，在同盟城邦裡，雅典還是最強大的城邦，他可以透過外交手段爲他贏得優勢，而狄摩西尼的勇敢也成爲雅典的中流砥柱。

在皮洛斯，雅典指揮官宣稱斯巴達破壞了和平條款，要把斯巴達艦隊限制在六十艘小船內，於是雙方又開始了敵對行動。雅典軍隊遇到了很大麻煩，因爲他沒地方可以停泊戰船，而海角上也幾乎沒有淡水。一些戰船每天在斯法克特利亞（Sphacteria）附近海域巡邏；晚上，在七十艘戰船的增援下，雅典艦隊駛離了島嶼[51]。儘管有雅典人的警戒，斯巴達小船和帶有皮袋的潛水員仍把食物帶給了島上的重裝步兵和其他士兵。

而此時的雅典，公民大會不贊成克里昂對斯巴達的不妥協，克里昂反駁了公民大會的想法，他指出，如果將領全是男子漢，他們就會很輕易地抓住斯巴達人，如果他親自指揮，也會這麼做[52]。克里昂的嘲弄是針對他的對手，公民大會現任資深將軍尼西亞斯，然而當尼西亞斯退休時，他把指揮權交給了克里昂，這項嘲弄便反回到他自己身上。

不久之後，克里昂到達皮洛斯，狄摩西尼也已做好戰爭的準備。此時偶然的一場火災被風越颱越旺，島上大部分的建築物燒掉了，這使狄摩西尼更清楚了斯巴達人的兵力布署。他在拂曉時登陸，派輕裝步兵去騷擾斯巴達人，使其重裝步兵不能兼顧。斯巴達人被大霧遮住視線，他們受到來自四面八方的標槍、箭和石頭的攻擊，最後他們撤到一個要塞上去，繼續英勇地戰鬥。但聚在一起的斯巴達人，也意識到最後時刻來臨，克里昂和狄摩西尼迫使斯巴達人投降。最後他帶著二百九十二名戰俘，其中一百二十人是斯巴達人，返回雅典[53]。他把他的勝利歸功於自己的魄力和狄摩西尼的才幹，由於斯巴達擔心他們被俘的貴族，因此願意與雅典談和，但在克里昂的影響下，雅典向斯巴達提出了其無法接受的條件，和談沒有成功。

雅典的勝利使斯巴達的士氣降到谷底。雅典人威脅如果有一個斯巴達人踏上阿提卡領土，他們將殺死所有戰俘，因而斯巴達停止進入阿提卡。斯巴達在喪失陸上主動權和艦隊後，進入了防禦階段。雅典人利用這種優勢，把美塞尼亞人從諾派克都遷到皮洛斯，以襲擊內陸。此外，把希洛人遷到了荒涼的地方。艦隊從皮洛斯駛往科基拉並擊敗了寡頭派。倖存者的命運交由雅典人民決定[54]。但雅典將領以寡頭派破壞協議爲由把他們交給了民主派，民主派極端殘忍地殺死每一個人。

西元前四二四年夏，雅典將領尼西亞斯成功地襲擊了拉科尼亞，占領了基西拉（Cythera）島，並在其上駐軍。雅典攔截從埃及和利比亞駛往拉科尼亞的戰船，尼西亞斯以一週時間進攻拉科尼亞海岸，未遇到強烈抵抗。夏末，雅典人占領麥迦拉，切斷伯羅奔尼撒、貝奧提亞與中部希臘的聯繫。另外，自戰爭爆發以來，麥加里德一年被洗劫二次，尼塞亞也被伯羅奔尼撒軍隊占領，並置於斯巴達指揮下，然而尼塞亞民主派領袖卻計畫著把城市獻給雅典。於是雅典的軍隊在夜裡從米諾亞開來，狄摩西尼率輕裝步兵，希波克拉特（Hippocrates）率領了六百名重裝步兵，在連接麥迦拉到尼塞亞的長城外設伏[55]。天剛破曉，同謀者打開長城的一扇門，狄摩西尼率軍蜂擁而入，切斷了麥迦拉與尼塞亞的聯繫。

雅典人進攻的消息傳來時，斯巴達人正解除了科林斯的包圍。於是斯巴達立即向貝奧提亞人傳達信息，他們計畫第二天黎明前，在麥加里德的特利波第卡斯會晤布拉西達斯，他在尼塞亞守軍投降後，帶著四千名重裝步兵晝夜兼程趕到集合地點，他到達麥迦拉城外，卻被拒入內，黎明時，貝奧提亞的二千二百名重裝步兵和六百騎兵趕到，布拉西達斯準備迎戰，但雅典將軍決定不進攻，因爲此時他們的軍隊處於劣勢，他們不敢冒重大損失的危險；雅典缺乏後備力量，而敵人的後備軍人卻無數[56]。當雅典人撤到尼塞亞時，麥迦拉向布拉西達斯打開城門。麥迦拉的寡頭派逮捕一百名民主派人士，以謀反的罪名對他們進行公審，並判處死刑。最後布拉西達斯也撤回到科林斯。雅典得以封鎖了科林斯海灣，如此伯羅奔尼撒聯盟的艦隊基本上就沒有什麼作用了。

在這個階段，雅典達成其勝利的頂峰。斯巴達的軍事和政治聲望被嚴重的動搖了，斯巴達人在斯法克特利亞投降，斯巴達的力量也被美塞尼亞和拉科尼亞的叛亂嚴重削弱了。他不能保護同盟中的城邦國家[57]。科林斯失去他在伊奧尼亞和愛琴海地區的所有殖民地，除萊夫卡斯和安布累喜阿以外，他只能靠軍隊來維持統治。

從西元前四三三年以來，科林斯耗費眾多的人力、物力，但卻一無所獲。麥迦拉此時也已貧困不堪，而且還受到占領尼塞亞的雅典人威脅。多數城邦都在戰爭摧毀的痛苦中掙扎。[58]伯羅奔尼撒艦隊已停止進攻，封鎖圈也撤除了，因爲雅典人在皮洛斯、錫西拉（Cythera）、墨色那、尼塞亞、米洛斯、特利安（Pteleum）和阿塔蘭特（Atalante）都有鞏固的陣地，他的艦隊在西部的紮金索斯、塞法倫尼亞、科基拉、諾派克都、阿卡納尼亞都擁有基地，且控制了伊尼亞第和安那克托里安。長期的戰爭分裂了斯巴達同盟，並且削弱了他們抵抗的能力。甚至貝奧提亞的一些民主派還邀請雅典人干預其內部事務。

然而，雅典也爲其勝利付出慘重的代價。瘟疫已使雅典喪失三分之一的人口。戰爭逐步蠶食他的軍事力量。西元前四三一年有一萬三千名一線重裝步兵，但到了西元前四二四年是否還有八千名仍值得懷疑。從作戰任務來看，重裝步兵的這個數目偏低了些。在另一方面，它的艦隊卻極爲強大，只損失少數戰船，部分船員從其附屬國召來。戰爭已改變了雅典階級的平衡。中、上階級處於少數，憲法控制在下層人民手中[59]。騎兵和重裝步兵首當其衝，他們在登陸和圍城戰中是先鋒，是故他們的階級受損最大。他們痛恨腐敗政權，因而希望接受斯巴達提出的有利條件，結束戰爭。

領導階層在戰爭中損害不大，他們不繳稅，接收國家俸祿，受到愛國主義的激勵，主張要透過戰爭擴張帝國。城邦裡的這二大陣營分離，爲雅典喜劇作家提供素材。西元前四二六年三月，在酒神狄奧尼索斯節日上，當盟國代表在場時，阿里斯托芬把雅典附屬國比作奴隸[60]，此舉也引發了盟國的不悅。

更甚的是，城邦利益上的隔閡也加深了人們對上層官員的不信任，這個時候，福爾米翁被控侵呑公款而受到懲罰，狄摩西尼也因爲在埃托利亞（Aetolia）的失敗而害怕面對人民。西元前四二四年夏，敘拉古在赫莫克拉特斯（Hermocrates）的勸說下，擺脫了雅典的干涉，並達成了與斯巴達和平協議。雅典軍隊返回後，二個將軍被放逐，一個受到罰款，因爲他們收受賄賂，而沒有削弱西西里的勢力[61]。因而即便雅典在那麼多戰場上獲得勝利，人民充滿萬丈雄心，但沒有得到勝利帶來的喜悅。

雅典的失敗和尼西阿斯和平

西元前四二四年夏，雅典軍隊從麥加里德回來時，雅典接受了貝奧提亞民主派的提議：幫助在貝奧提亞地區建立民主派政府。雅典計畫從三面進攻貝奧提亞。在北貝奧提亞地區，從奧科美那斯（Orchomenus）來的放逐者在福基斯人的幫助下，將奪取福基斯和貝奧提亞前線附近的喀羅尼亞。而狄摩西尼將率四十艘戰船駛向諾派克都，在內線的接應下占領貝奧提亞西南海岸的西菲

（Siphae）。最後，雅典軍隊的主力將占領貝奧提亞東南第力安（Delium）的阿波羅聖殿，並爲貝奧提亞起義者建立一個基地[62]。三面的進攻將在同一天發動，以擊潰貝奧提亞軍隊。十一月初計畫開始實施，但雅典人不知此計畫已經暴露。狄摩西尼提早抵達，時間上也出了漏洞，西菲內線還沒有開城接應，喀羅尼亞也悄無聲息。

於此同時，希波克拉底也帶著徵召的士兵和僱傭兵趕到第力安。他抵達後花了二天時間在阿波羅聖殿周圍修築臨時防禦工事，第三天，他把部隊派往阿提加，又爲駐軍和陣地做最後安排。同一天，貝奧提亞部隊，包括從西菲和喀羅尼亞回來的分遣隊在塔納格拉集結。當他們得知雅典人撤往阿提卡時，大部分貝奧提亞人不希望進攻，但從底比斯來的帕岡達（Pagondas）接到命令，決定進攻，並鼓勵其他人跟隨他們[63]。晚些時候，帕岡達的部隊包圍了在第力安的雅典人，他在山坡後整隊準備戰鬥。在七千名重裝步兵中，右翼的底比斯人排成二十五個人一列，其他是八人一列，兩側有一千名騎兵、五百名投槍手和超過一萬名輕裝步兵。

希波克拉底在知曉敵人的到來後，在第力安留下一部分駐軍和三百名騎兵，重新回到他的部隊。此時，雅典的輕裝步兵已踏上回程，但騎兵和重裝步兵的人數與貝奧提亞人相當。當帕岡達帶

圖 11-2 貝奧提亞青銅馬（700-600B.C） 劉庭芳攝

領軍隊爬上山坡時，發現希波克拉底在半山腰有八人一列的部隊，側翼有騎兵保護[64]。帕岡達立即利用坡度的優勢，在兩側溝壑的保護下衝下山。希波克拉底命令軍隊組成二列一組的密集陣形，以抵銷敵人的衝力[65]。而右翼的底比斯重裝步兵衝倒了雅典人，最後打破了他們的隊形，同時，左邊和中間的貝奧提亞人也被趕回去，但帕岡達從側面派出二支騎兵，在敵人看不見的山坡後通過，突然出現在雅典人面前，使他們陷入恐慌，雅典軍隊整個潰散。貝奧提亞騎兵和洛克里騎兵追趕雅典軍隊。

但夜幕的降臨讓他們躲過更大的災難。雖然，雅典人向第力安派去了援軍，但他很快被貝奧提亞、科林斯、麥迦拉、馬利亞、伯羅奔尼撒大軍所占領，二百名雅典人被俘，大部分的士兵在戰場上被殺死，其餘逃回他們的戰船上[66]。這是伯羅奔尼撒戰爭中唯一的一次雅典被全部殲滅的戰役。這場戰爭也許不是決定性的，因爲貝奧提亞損失五百名重裝步兵，他們的勝利歸功於帕岡達傑出的領導，而不是戰鬥素質優於雅典重裝步兵。但雅典在第力安的失敗卻是決定性的關鍵。雅典認識到伯利克里斯意見的正確性，他不能拿國家的資源在陸地上冒險。他的力量在海上，他必須從海上擊敗敵人[67]。對貝奧提亞和伯羅奔尼撒而言，既然他們在重裝步兵上擁有優勢，這種損失並不慘重。但對雅典來說，超過一千二百名重裝步兵的損失卻是致命的打擊，因爲他的兵源已損失殆盡。同時，馬其頓的布拉西達斯和斯巴達已在哈爾基季基和波提亞發動進攻，雅典已控制不住其屬國。

西元前四二四年夏，馬其頓的柏第卡斯和哈爾基季基的叛軍，由於害怕受到攻擊而向斯巴達統帥布拉西達斯求救。另一方面，因爲拉科尼亞和美塞尼亞暴亂的危險太大，斯巴達也急於改變戰略，以致於逼使斯巴達屠殺二千名希洛人，並派騎兵和弓箭手去警戒這些城邦，竭力阻止他們的進攻。因而斯巴達支持布拉西達斯率軍進入馬其頓[68]。他們提供布拉西達斯七百個希洛重裝步兵，和足夠的資金。另一方面，在特累啓斯的赫拉克里亞，一些色薩利支持者也加入他的軍隊，他率軍全速通過已與雅典結盟的色薩利，把半數的供養給了伯羅奔尼撒軍隊。此外，布拉西達斯拒絕參與對阿拉皮阿斯（Arrhabaeus）的戰爭，他和哈爾基季基人進入了東岸的重要城鎭阿堪修斯（Acanthus）。他沒有摧毀這個富饒的葡萄園，而是勸說阿堪修斯人反叛雅典。他以斯巴達的名義發誓尊重他們各方面的自由。很快地斯塔基拉斯（Stagirus）反叛了雅典，於是布拉西達斯與雅典盟邦阿吉拉斯人（Argilus）開始進行談判[69]。布拉西達斯的口號是「自由和自主」，隨後他與馬其頓的國王佩爾笛卡斯二世達成了一個同盟。馬其頓在雙方間維持中立。

在冬季一個大雪紛飛的夜晚，布拉西達斯從哈爾基季基出發，接受阿吉拉斯做爲盟國，強行通過斯特賴孟河上的橋梁。天剛破曉時，他的軍隊占領了安菲波利斯城牆東南面的鄉村，但城裡的內應未能打開城門。攸克利立即派人去傳喚修昔底得來幫忙。同時，布拉西達斯提出釋放戰俘、尊重市民財產、保證願意離開城市者的生命財產安全，藉此造成安菲波利斯的混亂[70]。在修昔底得率七艘戰船抵達斯特賴孟河口的愛昂前幾小時，布拉西達斯攻入安菲波利斯，然後進攻愛昂，可惜沒有成功，然而，斯特賴孟河東面的三個城市密星那斯（Myrcinus）、伽利普蘇斯（Galepsus）、伊西密（Oesyme）都站到他這一邊。

安菲波利斯的陷落影響極大，雅典從這個地區徵用的稅收和木材現在被布拉西達斯用來建造一支艦隊。愛琴海北岸的雅典附屬國和鄰近島嶼開始反叛。布拉西達斯的溫和與良好的修養，被認爲是典型的斯巴達式自由和解放的象徵[71]。雅典人將修昔底得當作代罪羔羊，他因拯救城市不力而被放逐。

冬季天氣有些轉暖時，雅典增援了他在各地的駐軍。但布拉西達斯還是摧毀了愛昂和哈爾基季基之間的一些小城鎮，並占領了托倫（Torone），更驅逐了雅典駐軍。同時，斯巴達拒絕布拉西達斯要求增援的請求，因爲斯巴達的目標是尋求和談的籌碼，而且還有一個妒嫉的指揮官[72]。西元前四二三年三月，斯巴達及其盟國與雅典簽署一年停戰協定，商定維持現狀和尋求和平。

協定簽署二天後，哈爾基季基的帕利尼（Pallene）海角上的賽翁尼（Scione）向布拉西達斯投降，那時他還不知道這個停戰協定，他把城邦納入同盟，自己也被市民冠以希臘救星的稱號。幾天後公布了停戰協定，雅典代表拒絕同意把賽翁尼作爲條件的受益人。駐紮在賽翁尼駐的布拉西達斯爲他的觀點爭辯，斯巴達願意將這件事提交仲裁[73]。雅典拒絕。克里昂計畫處死賽翁尼全部的市民，並準備遠征，於是雙方爲此又陷入戰爭泥沼。

西元前四二三年夏，柏第卡斯勸說布拉西達斯加入對阿拉皮阿斯的進攻，在經過最初的勝利之後，馬其頓軍隊在夜晚逃跑，因而把斯巴達統帥布拉西達斯留在內陸，而且暴露在阿拉皮阿斯及其伊利里亞盟國軍隊的進攻下。他靠其非凡的領導才能救出同盟軍隊，並把部隊組成方陣，自己親率一支精銳部隊。後來他的軍隊搶劫了柏第卡斯的輜重以爲報復，於是柏第卡斯與雅典結盟，並把一些波提亞的城市獻給雅典[74]。因此布拉西達斯的南方被切斷。之後，斯巴達派出了一支軍隊受柏第卡斯的阻擋，他們不能通過色薩利，只好返回。

西元前四二二年春，停戰協定終了，雅典並不打算繼續和談，在克里昂的嚴格監督下，雅典收到的貢金、資本課稅、稅賦接近一年二千泰倫。克里昂仍說服人民讓他指揮三百名騎兵、一千二百名裝甲兵和附屬城邦提供的軍隊。他迅速從海上出動，從西面強攻占領托倫，而此時布拉西達斯的援軍還在途中。然後，克里昂駛向愛昂，以疾風暴雨之勢占領斯塔基拉斯（Stagirus）和伽利普蘇斯，命令柏第卡斯和色雷斯王子波爾斯（Polles）進攻安非波利斯[75]。當他消極地在愛昂等待援軍到來時，他的軍隊對布拉西達斯的勇敢與克里昂的呆滯表現，表達出強烈的不滿。但雄心十足的克里昂依然堅持他的強硬政策。

在克里昂從南面接近安非波利斯時，四周靜悄悄地，城牆上沒人防守，城門緊閉。他的縱隊停止前進，左轉面對著東城牆，克里昂親自上前查看。城中布拉西達斯在東城後埋伏大量軍隊，主力由斯巴達的克利里達指揮，藏在北門後，克利里達又親自挑選一百五十名重裝步兵藏在南門後。雅典人能看見城裡：布拉西達斯在祭祀，這通常是戰爭的前奏，一些人看見馬蹄和門下無數的雙腳。克里昂查看後[76]，立即命令軍隊後退，他把左翼變成縱隊向南方愛昂方向撤走。後來擔心撤退速度太慢，他把所有左翼都變成縱隊南撤，右翼毫無保護地暴露在敵人面前。當雅典人烘亂地經過城門時，布拉西達斯指著晃動的長矛和人頭，使他的軍隊相信敵人已不戰自潰，於是打開城門，率軍衝入敵人縱隊中部。西元前四二二年克里昂死了，雅典在這場戰役中損失慘重[77]，斯巴達雖然占領了安菲波利斯，但它最優秀的將軍布拉西達斯也在這場戰役中陣亡。

在第力安和哈爾基季基，雅典損失重裝步兵的四分之一，它的國庫幾乎空虛。其附屬國在斯巴達的勝利鼓舞下紛紛造反。此時，斯巴達比雅典更急於和談。斯巴達把哈爾基季基的戰役看作是對雅典警告，而不是為自由而戰。他們在斯巴達面臨新的危險之前就召回軍隊[78]。之後，他們達成了所謂的尼西阿斯和平協議[79]。

雅典和斯巴達簽訂了五十年和平條約，並且每年續簽一次，雙方放棄戰爭的行為，斯巴達雖然反對雅典同盟，但同意把爭執提交仲裁。他們除了保證各城邦的人都可以自由前往他國聖廟朝聖，也保證保護德爾斐的阿波羅神殿和德爾斐城邦的獨立。斯巴達說服其盟國同意這些和平條件，同盟也大多數贊成，於是斯巴達及其盟國鄭重宣誓，保證和平。但貝奧提亞聯盟、麥迦拉、科林斯和愛麗斯拒絕這個結果，並拒簽條約[80]。而他們的行動等於退出斯巴達同盟。

這些叛逆行動引起斯巴達的擔心，因此他轉向雅典尋求結盟。很快地，斯巴達和雅典宣誓保持五十年的聯盟關係，並且每年續簽一次，聯合反對任何一個城邦入侵他國的領土，雅典也保證幫助斯巴達鎮壓希洛叛亂者[81]。

實際上，十年戰爭雖然結束了，但和平前景並不樂觀。雅典和斯巴達之間的聯盟是利益上的聯盟，雙方都發現了對方軍事上的弱點，但各自也都疲於採取進一步行動。等到他們恢復元氣和各自的盟國開始團結一致的時候，他們就會開戰[82]。

西元前四六七年，敘拉古的僭主相繼去世，被僭主驅逐的人又回到原來的家園。爲防止另一場暴政，敘拉古採納了與雅典的貝殼流放法類似的法律，即把名字寫在橄欖葉上，野心者將被放逐五年。大多數城邦建立了民主派機構。但上層社會仍然保留，享受著優惠的待遇[83]。

這時期西西里各城邦仍持續地繁榮，但他們在海上受到伊特

圖 11-3　德爾斐博物館　王惠玲攝

拉斯坎海軍的威脅，陸地上也受到原住民西塞爾（Sicele）的威脅。西元前四五三年，敘拉古在西塞爾的艦隊幫助下征服了厄爾巴，掃蕩了科西嘉，並對伊特拉斯坎海岸襲擊，伊特拉斯坎遭到了一次很大的損失。西塞爾領袖杜凱提黑斯（Ducetius）模仿希臘法律來管理人民[84]。他在西元前四五九至四五一年間建立了西塞爾城市，其中最堅固輝煌的建築是皇宮，並開始用希臘方式發行貨幣。之後，他與敘拉古合作，又籌建了西塞爾軍隊。

西元前四五一年，杜凱提黑斯開始染指希臘領土，占領了厄特那（Aetna），在進攻摩提亞（Motyum）時，錫拉丘茲和阿克累加斯（Acragas）開始反對他。起初他們被擊敗，摩提亞落入杜凱提黑斯手中。西元前四五〇年敘拉古軍隊擊敗了西庫爾，雙方都損失慘重，而後阿克累加斯軍隊占領了摩提亞[85]，杜凱提黑斯在夜裡逃往敘拉古，與懇求者在聖殿避難，敘拉古人將他送往科林斯，由於他的逃亡，西塞爾城邦就崩解了。

西元前四四〇年，杜凱提黑斯因病身亡，於是敘拉古征服了西庫爾，成爲西西里最大的城邦。敘拉古的財富足以維持一支騎兵和一百艘戰船的艦隊[86]。敘拉古的野心是統治整個西西里島。

西元前四五八年，雅典與塞傑斯諾、哈利賽伊（Halicyae）、萊昂蒂尼（Leontini）和利吉姆（Rhegium）結盟，雅典迫使自己站到敘拉古的對立面。此外，雅典在義大利南部殖民的城邦——圖里與斯巴達附屬城邦塔倫特對抗。尤其伯羅奔尼撒戰爭爆發後，敘拉古、塔倫特和他們的衛星城邦宣布站在斯巴達同盟一邊，並且簡化對伯羅奔尼撒糧食出口手續。這些新仇舊恨，很快就陷入戰爭的泥淖中[87]。由於敘拉古攻擊萊昂蒂尼，於是雅典在西元前四二七年派出二十艘戰船去幫助它，並得到西塞爾人的支持。最初敘拉古及其盟國，特別是義大利南部的洛克里和西西里的麥散那，遭到了一連串的失敗，但敘拉古很快就重整旗鼓，成功地在近海攻擊雅典戰船，並用鐵鉤掛上敵船，士兵們一舉登船撕殺一番。西元前四二四年，敘拉古的赫摩克拉底說服了西西里人與其和平共處，並齊心把雅典人從島上驅逐出去[88]。在西西里受到外國入侵者的威脅時，敘拉古再次證明自己的領導能力。

然而，西西里的統一並未完成，城邦與城邦之間的敵對仍然根深柢固，戰爭使貧富之間的關係更加惡化，且常導致內戰。在萊昂蒂尼，民主派要把土地獻給雅典，而寡頭派卻傾向於敘拉古，於是就像在科基拉一般，萊昂蒂尼被分裂爲二派，相互鬥爭。麥散那也在內戰中受到煎熬。西元前四二二年雅典派斐厄克斯出使義大利和西西里，以期聯合反對敘拉古，他在阿克累加斯、卡馬林那、洛克里和西西里的西塞爾人之處受到隆重接待，但在其他地區卻失敗了。他在尼西阿斯和談結束時返回雅典，同時，希臘各城邦的爭執使他們更易於受到鄰國的攻擊[89]。西元前四二一年，希臘在義大利的第一個殖民地，庫邁（Cumae）被摧毀，之後就被坎帕尼亞人（Campanians）占領。庫邁的希臘時期宣告結束。一些倖存的希臘人逃到了那不勒斯。

第十二章

伯羅奔尼撒戰爭的第二階段

動盪與和平

雅典和斯巴達對和平朝思暮想，但戰爭始終難以擺脫，勢均力敵的武裝力量令人望而生畏[1]。斯巴達同盟的很多成員都不忠實，例如，科林斯首先與阿哥斯進行接洽。阿哥斯是一個民主城邦，在戰爭期間保持中立因而免受封鎖。科林斯使節從斯巴達同盟議會返回，在他們的建議之下，從阿哥斯的公民會議選出了十二位代表，並授予他們全權，與雅典及斯巴達之外的希臘城邦建立祕密聯盟[2]。他們希望以犧牲斯巴達為代價，建立一個阿哥斯同盟。門丁尼亞（Mantinea）和愛麗斯（Elis）首先接受這一建議，因為它們在戰爭期間曾攻擊過鄰邦，斯巴達可能會對其採取報復。緊接著科林斯及卡爾西斯（Chalcidians）也加入阿哥斯同盟。科林斯與阿哥斯也與特格阿（Tegea）接洽，但遭到拒絕，因為特格阿正在與門丁尼亞打仗。麥迦拉和貝奧提亞也都拒絕邀請，因為其寡頭政府不信任阿哥斯的民主政府。

西元前四二一年夏，斯巴達已經意識到這一情勢的變化[3]，因此入侵帕累西亞（Parrhasia）並讓阿卡狄亞（Arcadia）南部地區脫離了門丁尼亞的統治。但斯巴達與雅典結盟這一事實卻阻礙著阿哥斯，使其充其量不過在門丁尼亞設置一支駐軍[4]。斯巴達盡了最大的努力來保持與雅典的聯盟，它釋放了雅典囚犯並將其軍隊從安菲波利斯、卡爾息狄斯（Chalcidice）和波提亞（Bottiaea）撤出，同時試圖與其不順從的同盟締結和平條約。雅典也釋放斯巴達戰俘，作為回報。但在安菲波利斯和巴那克敦依據條約重建期間，雅典並未歸還派勒斯（Pylus）。在斯巴達的進一步抗議之下，雅典將美塞尼亞人及希洛人從派勒斯撤走，並在該地部署一支雅典人組成的軍隊。但雅典不會再進一步採取任何行動，除非斯巴達迫使不順從的城邦簽署尼西阿斯條約[5]。雅典建議斯巴達對他們用兵，但這一舉動將會破壞斯巴達聯盟，而斯巴達當局並不準備這麼做。

西元前四二一至四二〇年冬季，雅典同盟有可能解體，當這一事實已明確時，斯巴達與科林斯及貝奧提亞聯盟舉行祕密會議，並制定以下方案：貝奧提亞聯盟將巴那克敦割讓給斯巴達以便用巴那克敦去交換派勒斯，而後貝奧提亞聯盟加入阿哥斯同盟，最後，科林斯與貝奧提亞聯盟將阿哥斯同盟轉為與斯巴達結盟而與雅典對立[6]。但這一計畫失敗，因為科林斯無法將此中的祕密向貝奧提亞聯盟透露。

西元前四二〇年二月，斯巴達又採取了第二方案：斯巴達與貝奧提亞聯盟結盟。由於實際上貝奧提亞與雅典仍處於戰爭狀態。因而斯巴達與雅典需共同維持和平關係，故斯巴達的行動必然會威脅著與雅典同盟這一關係。但斯巴達希望透過歸還巴那克敦及雅典戰俘，交換回派勒斯而挽救這一同盟。然而這一方案也未達到預期的效果[7]。因為貝奧提亞聯盟在將巴那克敦交給斯巴達之前，已將其夷為平地。斯巴達本身則被阿哥斯轉移了目標。阿哥斯擔心自己將不得不面對斯巴達、雅典和貝奧提亞聯盟，因而派送使者到斯巴達商討達成一個五十年休戰協定。

這時雅典也加入這場較勁。從西元前四二一年春天起，雅典一直在卡爾息狄斯作戰。賽翁尼（Scione）在被圍困二年之後，於西元前四二一年夏陷落，成年男子被屠殺，倖存者淪為奴隸。這一殘酷的行徑，使其他反叛城邦對雅典的抵抗更加強烈。例如卡爾息狄斯人甚至俘虜二支雅典的盟軍及一支雅典駐防的軍隊。但安菲波利斯仍堅決保持其獨立，對上述城邦的征討之後，雅典人愉快地接受了尼西阿斯條約，希望從此擺脫戰爭的負擔[8]。他們將尼西阿斯看做為幸運使者，但他們的願望並未實現；因為此時貝奧提亞、麥迦拉和科林斯名義上仍與雅典進行著戰爭，一些雅典人仍是敵人手中的俘虜。

即便如此，尼西阿斯仍然博得雅典人的敬愛。他個人具有所有的傳統美德。在戰場上，他是一位值得信賴的將軍，稱職、沉著、勇敢。他的正直與愛國是無庸置疑的，但是作爲一名政治家，他無法贏得多疑易變的雅典人的尊重。另一方面，激進的民主派由於克里昂的過激政策而遭受懷疑。克里昂和他的同僚憑藉言詞的力量奪取了權力。在雅典的民主過程中，戰爭幫助他們提高地位，戰爭也將一些人塑造成英雄形象，並製造出躁動的情感和殘酷的忿恨，而這些正爲那些著名的雄辯家創造了機會[9]；然而在和平時期，人們會排斥這類領袖。長江後浪推前浪，英雄出少年，他們的位置終將被一位年輕、富有、聰穎的貴族亞西比得（Alcibiades）所取代。

當阿哥斯使者在斯巴達議定五十年和平條約之時，斯巴達使者在雅典受到冷遇。因爲使者此行不僅將貝奧提亞聯盟釋放的人質交還，還向雅典報告巴克那敦被破壞的情況，並解釋他們與貝奧提亞聯盟的單獨協定。隨即亞西比得派人去阿哥斯，要求迅速派遣阿哥斯、門丁尼亞和愛麗斯的使者來探討與雅典結盟的事宜。此時阿哥斯也做好準備並停止與斯巴達的談判。但是，在阿哥斯派出的使者到來之前，三名斯巴達使者已急速趕到雅典，並通知公民會議他們前來全權處理爭端問題[10]。亞西比得擔心斯巴達使者到達公民會議後，將勸說人們堅持與斯巴達的聯盟。於是他向斯巴達的使者保證，如果他們不對公民會議提及他們的全權，他將把派勒斯割讓給斯巴達。

在公民會議上，斯巴達使者並未提及他們的全權，亞西比得卻故意與之翻臉，並猛烈抨擊斯巴達的反覆無常及二面行徑，因爲他們對公民會議所說的及對人民所講的截然不同。如果不是因爲發生地震，公民會議暫時解散，亞西比得的提米斯托克利式的計謀或許已經成功了。第二天公民會議再次集會。尼西阿斯與斯巴達使者同處狼狽不堪的境地，但他堅持與斯巴達調停的政策並贏得人民的贊同[11]。隨後他與其他人一起被派往斯巴達，要求斯巴達取消與貝奧提亞的同盟，除非貝奧提亞簽署尼西阿斯和平協定，歸還安菲波利斯，重建並歸還巴那克敦。儘管冒著與雅典進行交戰的危險，但斯巴達拒絕這些要求，斯巴達更願意與貝奧提亞同盟聯盟。

西元前四二〇年，尼西阿斯通報了斯巴達拒絕雅典的要求，雅典人被激怒。旋既雅典就與阿哥斯、門丁尼亞及愛麗斯結成同盟。同盟的條件是防禦性的，當有外敵入侵時同盟需相互協助支援。此外，條約禁止敵對城邦進入他們控制的領地，除非得到各方的同意。除科林斯外，上述有四個民主城邦聯合在一起，而科林斯不僅與阿哥斯結成防禦性的聯盟，而且封鎖了通往伊斯茅斯的道路[12]。斯巴達和雅典兩個陣營也沒有斷絕與另一方的聯盟關係。

斯巴達對此除了表示稍許不滿外，並未採取任何的行動。雖然他曾二次將軍隊集結在拉科尼亞邊界，但每次衝突都因傷亡過大而放棄攻擊行動。西元前四一九年冬，由於斯巴達僅派遣三百名士兵加強阿哥斯側翼埃皮達魯斯（Epidaurus）的駐防。因此貝奧提亞利用這個機會占領了特累啓斯的赫拉克里亞，並廢黜斯巴達的總督。

西元前四一九年，亞西比得當選爲將軍，他試圖挑起斯巴達與阿哥斯的爭端[13]。於是亞西比得將雅典軍隊帶入伯羅奔尼撒，並勸說阿哥斯攻打位於雅典與阿哥斯交通要道上的埃皮達魯斯。西元前四一八年，斯巴達促使麥迦拉和科林斯重新返回斯巴達同盟，因爲這幾個城邦並不信任雅典及阿哥斯。尤其阿哥斯對埃皮道魯斯所採取的行動，使這些城邦又重新投靠斯巴達尋求庇護。這時斯巴達精銳部隊集結在夫利阿斯，在修昔底得看來這支軍隊是空前的強大[14]。隊伍中包括斯巴提阿特人、庇里奧西人（Perioeci）、尼歐達蒙地人和希洛人，並處於最佳的狀態，共計六千重裝步兵，一千名輕裝步兵和四百名騎兵。在這些士兵中，正規軍有近五千重裝步兵，由斯巴達人和皮里阿西人組成。斯巴達人的數目我們無從知曉，但都是精銳的士兵，他們都經過特種訓練並由國家配給武器[15]。正規軍按營、連、排組成，編制分別為六百、一百五十和三十五人，且斯巴達人也與其他人混編在一起。命令自上而下由國王及其統帥下達至營、連、排各級指揮官。來自阿卡狄亞前線的賽克里替斯的重裝步兵，接受訓練專為在左翼進攻[16]。伯拉西達軍隊更加強了正規軍的力量[17]。

貝奧提亞聯盟的編制，由精選的三百名底比斯人率領五千重裝步兵、五百騎兵和五百輕裝步兵。科林斯的二千裝甲步兵，他們來自於麥迦拉、西錫安（Sicyon）、亞該亞（Achaea）的培林尼（Pellene）、夫利阿斯、埃皮道魯斯和阿卡狄亞（Arcadia）。提基亞（Tegea）的精壯步兵帶領阿卡狄亞軍隊[18]。由斯巴達阿基斯指揮重裝、輕裝及騎兵所組成的部隊。

另一方面，阿哥斯同盟部署六千名阿哥斯重裝步兵，由精選的一萬人部隊為先鋒，還有愛麗斯及門丁尼亞來的各三千重裝步兵及來自克里奧尼（Cleonae）和奧尼伊（Orneae）的軍隊。他們大約有一萬六千重裝步兵及更大數量的輕裝步兵，但沒有騎兵[19]。如果雅典可從其野戰軍隊中派出六千名重裝步兵和一千騎兵，阿哥斯同盟及雅典的聯合軍事力量將在數量上與斯巴達同盟不相上下。但在阿基斯從斯巴達出發前往夫利阿斯之時，還沒有任何雅典軍隊到達。

但當斯巴達軍隊向夫利阿斯前進時，中途卻被阿哥斯、愛麗斯和門丁尼亞的軍隊所阻攔。此時阿哥斯的將軍指揮失誤未能及時開戰，致使阿基斯在夜間潛行到夫利阿斯。阿哥斯的將軍於是命令軍隊占領尼米亞（Nemea）東部的狹小山谷，封鎖從夫利阿斯通往阿哥斯的主要道路[20]。對於抵禦前方的進攻而言，他們處於有利地勢，而且他們仍盼望著雅典的援軍。

值此，阿哥斯的一名將軍，在斯巴達利益的代理人陪同下，穿越平原要求與阿基斯會談。在其職權允許之內，提出與斯巴達商訂一個和平協定，並且將爭端交付仲裁。而阿基斯也接受了阿哥斯的提議並立即停戰。他的軍隊於是撤退到尼米亞並解散。然而阿基斯的盟友皆因敵人被從圈套中釋放而感到憤慨。但阿基斯不僅有軍事韜略，更在心中有其政治企圖[21]。他的目標是瓦解阿哥斯同盟，穩固與阿哥斯的停戰協定並孤立雅典。但其停戰決定還是遭到指責。而此時奧科美那斯的陷落更激起盟友對他極大的懷疑。旋即阿基斯又再次被派出指揮與阿哥斯作戰。

雙方在戰列步兵交戰之中，重裝步兵將盾牌拿在其左前方，因爲盾牌是由金屬鉔帶固定在其左臂肘下及腕上的。在進行中，重裝步兵都盡可能靠近他右側橫列中的士兵，以求保護沒有武裝掩護的右側身體[22]。在這種情況下，二方橫隊都以這種方式行進，以致每列橫隊的右翼陣線都遠遠超過對面側翼的部隊。

由於斯巴達軍隊人數眾多，其二列橫隊在阿哥斯左翼超過雅典的陣線而留下一個缺口。阿基斯命令在其左翼的賽克里替斯和尼歐達蒙第人再往左遷移，在其右翼的二個營移至尼歐達盟第人與隊伍中間形成的缺口中。賽克里替斯人和尼歐達蒙第人執行了命令，但二個斯巴達部隊卻沒有行動。他被分爲了二部分。在他們重新聚合之前，門丁尼亞人和一千名阿哥斯的精銳士兵已將賽克里替斯和尼歐達蒙第人逐回原地[23]。正如普拉蒂亞戰役一般，斯巴達軍隊出色的戰鬥力補救了戰略上的混亂。他們的中間和右翼軍隊，特別是在國王身邊作戰的三百名斯巴達人，秩序井然地橫掃敵軍。

這時斯巴達軍隊的勝利也引起極大的反響。因此，斯巴達與阿哥斯簽訂了和平條約並訂立五十年同盟條約。二方各自的同盟，無論是否在伯羅奔尼撒地區，都被邀請加入這一同盟，伯羅奔尼撒的和平條款則將雅典排除出伯羅奔尼撒事務，且將仲裁解決所有爭端的條款都制定出來[24]。門丁尼亞於是重新加入斯巴達同盟，並恢復其被占領城邦的自由。

西元前四一七年初，斯巴達加強了對西錫安和亞該亞執政者的控制。而後，精銳部隊中的一千名重裝步兵，顛覆阿哥斯的民主政權，建立寡頭政權。馬其頓的柏第卡斯（Perdiccas）和卡爾西斯城邦也接受了斯巴達和阿哥斯的邀請加入其同盟[25]。這樣，斯巴達在動盪的和平中取得勝利。儘管民主派在阿哥斯很快又執掌政權，在亞西比得的幫助下除去他們的敵手並傾向於雅典一方，但其他大陸上的軍事力量都堅決地站在斯巴達一方。

縱觀上述，雅典未能利用尼西阿斯和平條約這一失誤，是伯羅奔尼撒戰爭史上的轉折點。在伯利克里斯一開始提出這一戰略時，便已經預見到這一策略的後果。雅典已經贏得消耗戰的勝利並用外交手段分裂了斯巴達聯盟。但他未能執行最後一個步驟而且也未達到戰爭的目的：既摧毀斯巴達並在大陸擴張雅典的勢力[26]。雅典將目標轉向其他地區擴張領土。這樣一來它便放棄了伯利克里斯的戰略，忽略了西元前四一六年的形勢，此與西元前四三一年的形勢並未有根本的不同。斯巴達擁有西西里和馬其頓及卡爾息狄斯同盟，因而未受任何損傷。雅典雖然與阿哥斯仍保持著友好關係，立足於派勒斯，但是其自身的資源也已大爲減少，軍隊聲望有所降低，對城邦的領導權也已出現四分五裂的狀態[27]。

西西里遠征

雅典在伯羅奔尼撒政策上的失敗，引起人們對亞西比得的不信任，因此轉而支持尼西阿斯。二人政策上的分歧亦影響著國家的發展，亞西比得主張對斯巴達發動戰爭、擴張帝國和加強對附屬城邦的控制，他的野心是無止境的，他的支持者多來自喜歡冒險的下層階級，他們討厭伯利克里斯和尼西阿斯謹愼的戰略。而亞西比得他磁石般的個性以及英俊、有說服力的演說、極大的勇氣、精彩的思想，傾倒了社會各階層人士[28]。而尼西阿斯則希望與斯巴達和平共處，保持帝國的完整，溫和對待附屬城邦，維持現狀是他的願望，也是他爲雅典制定的計畫。他的計畫爲富人們支持。

意外的是，亞西比得與尼西阿斯卻聯合起來鼓動各自的支持者，反對民主鼓吹者海柏波拉斯，因爲他曾誹謗他們倆。而人民投票後海柏波拉斯卻成爲了被流放的犧牲品，此後貝殼流放法被廢止，因爲它已經失去崇高的目的[29]。

雅典決策的分裂使他付出極大的代價，在亞西比得的領導下，雅典公開進攻斯巴達、而他在伯羅奔尼撒的戰略，並未作出任何解釋就要與阿哥斯及其同盟結盟、試圖修建派特雷（Patrea）和賴昂姆（Rhium）的長城、鼓勵阿哥斯進攻埃皮達魯斯，且占領要塞，把希洛人趕到皮洛斯。但雅典沒有認眞執行這些政策[30]。西元前四一八年的將軍選舉中，亞西比得落選了，雅典推遲派出一支很小的部隊去幫助阿哥斯，他的優柔寡斷使自己承受與斯巴達開戰的危險。

西元前四一七年，尼西阿斯和亞西比得二人都被選爲將軍，尼西阿斯將在柏第卡斯的幫助下遠征哈爾基季基和安菲波利斯，但當柏第卡斯背叛後，這項計畫被迫放棄。在西元前四一七年冬，雅典艦隊開始封鎖馬其頓[31]。亞西比得在西元前四一六年初來到阿哥斯，放走大批政治囚犯，從而確

圖 12-1 義大利把手盤子（330-320B.C） 劉庭芳攝

定民主派的優勢，同一年雅典與科林斯開戰，雅典和皮洛斯的希洛人以斯巴達爲代價，獲得大量戰利品。另一次遠征是針對斯巴達的殖民地米洛斯，並要求他併入雅典帝國，這些行動加大了雅典與斯巴達及其同盟開戰的可能性。

雅典對米洛斯人的野心也警告了希臘各城邦。米洛斯在戰爭開始就宣布中立，雖給斯巴達許多物質支援但不提供軍隊。西元前四二六年雅典摧毀了米洛斯，西元前四二五年雅典讓米洛斯進貢十五泰倫，米洛斯仍維持中立[32]。西元前四一六年雅典不宣而戰，開進米洛斯，並派出三十艘戰船、希俄斯六艘、萊斯博斯二艘，在三千名士兵中有一半是雅典人，另一半是盟國軍隊。登陸後雅典將軍派使者去與米洛斯寡頭政府談判，使者宣稱雅典不會允許米洛斯保持中立，必須併入雅典帝國，否則一切後果自負。

米洛斯人要求國際正義的請求被駁回，在雅典使者的眼光中，國際正義只存在於實力相等的國家之間，強者可以用另一個原則來對待弱者，那就是征服。米洛斯人拒絕，在圍困中勇敢地進行戰鬥，最後於西元前四一六年冬被征服，他們的命運交給雅典人裁決[33]。在公民大會召開時，亞西比得支持一項計畫並很快付諸實施：殺死米洛斯所有成年男子，把婦女和兒童作爲奴隸，五百名雅典人占領該島。米洛斯人成爲了雅典政策的犧牲品，弱小和中立就意味著將被殘暴國家所毀滅。

同年冬雅典使者受其盟國塞傑斯塔（Segesta）之邀來到西西里，塞傑斯塔正在與麥迦拉的殖民地塞利努斯（Selinus）進行一場艱苦的戰爭。雅典使者在西元前四一五年春季返回時，帶回六泰倫白銀和一份錯誤的報告，塞傑斯塔有足夠的資金支付一支雅典遠征軍。於是雅典決定派出六十艘戰船，由亞西比得、尼西阿斯和拉馬卡斯（Lamachus）指揮，並再次集會決定出航事宜[34]。尼西阿斯利用這次機會再次陳述自己的政策，因爲他反對遠征，不願意擔任這次遠征的指揮官。尼西阿斯爭辯道：分散雅典力量是一項不明智的戰略，伯羅奔尼撒人和貝奧提亞人對雅典虎視眈眈、哈爾基季基人仍在叛亂、科林斯和柏第卡斯已與雅典開戰、阿哥斯需要幫助、雅典的財政資源消耗很大，西西里對雅典沒有威脅，即使雅典征服了西西里，也不能保住它，因爲它太遠，而且人口眾多，尼西阿斯也抨擊亞西比得，說他被野心沖昏了頭腦，生活腐化[35]。亞西比得反駁道：雄心和遠征對個人和國家來說是一種榮譽，他們已經爲雅典贏得一個帝國，還要給他增加新的土地。透過遠征，雅典不但能征服西西里，迫使整個希臘世界服從雅典，還能削弱西拉卡斯的力量。

尼西阿斯明白亞西比得在雅典人冒險精神的幫助下，正逐步取得勝利，他也無法以遠征軍所需的高額經費警告他們。此時公民大會已陷入非理性的狂熱西西里征服氛圍中，大多數人認爲一旦西西里成爲其附屬國，他們所得到的報酬將是長期的[36]。年輕一代歡迎這種冒險和刺激的行動，甚至老者和謹慎的人也認爲，適度的遠征將確保雅典的安全。那些心存疑慮的人，也不敢在那樣的氣氛中提出異議。最後尼西阿斯被迫參加遠征軍。雅典任命亞西比得、尼西阿斯、拉馬卡斯作爲最高指揮官並開始著手準備遠征事宜。

在難得的和平歲月中，雅典以驚人的速度從財政枯竭中恢復。雖然帝國收入仍然低於西元前四二五至四二一年的最高水準，但多於戰爭爆發時。由於貿易復甦，間接稅的提高，並隨著阿提卡的開發、礦業的發展，國民也變得富裕。幾項公共工程正在動工，而國家報酬仍停留在原有水準，例如審理官一天還是拿克里昂規定的三歐布[37]。雅典將以三千泰倫的經費準備這次遠征，富人也必須無償服務。

西元前四一五年六月，六十艘戰船、四十艘運兵船、一千五百名重裝步兵、七百名輕裝步兵、三十名騎兵和他們的親友聚集在比雷埃夫斯，他們祈禱完畢後，艦隊出海，先向阿基那，然後駛向科基拉，大部分從雅典附屬城邦徵召的部隊已在該地集合，包括三十四艘戰船、二千九百名重裝步兵、一千三百名弓箭手和輕裝步兵，艦隊以三路縱隊從科基拉出發，還帶著三十艘裝著糧食和技師的運輸船、一百艘服務小船，裝有隨軍人員的輔助船[38]。

自從波斯的薛西斯艦隊遠征後，在地中海還未出現這麼龐大的遠征隊伍。然而就在遠征隊伍仍停留在比雷埃夫斯時，雅典卻發生了一起褻瀆神靈的事件。在神廟前的石柱上大多數赫爾墨斯（Hermes）石像在夜裡被毀壞，這被普遍認爲是遠征的凶兆，也許是革命者所爲。國家懸賞任何提供這方面褻瀆事件情報的人，但沒有發現任何線索，有人舉報早些時候的兩起褻瀆事件，毀壞另一座神像，諷刺神聖的宗教儀式，亞西比得被懷疑是主謀者[39]。這項指控還對亞西比得及其同僚又加油添醋地描繪一番，說他放蕩、輕率和不信教等。這些事件顯示雅典民主的許多缺陷，公民大會對西西里知之甚少，他的大小或軍事實力，資訊都不詳細，儘管當時西拉卡斯及其盟國在阿基達馬斯（Archidamian）戰爭中取勝，又與赫謨克拉底（Hermocrates）形成了聯合陣線，但亞西比得還是宣稱西庫爾希臘人是一群烏合之眾，不懂得戰鬥、是戰爭低能兒。雅典派尼西阿斯遠征和他一起共事是愚蠢的，這是國內政治鬥爭妥協的產物[40]。而上述事件，不給亞西比得申辯機會就派他出征，對他是不公正的，也不利於遠征的指揮。

實際上，雅典的政治領袖除尼西阿斯以外，大都抱有私心，他們更關心自己的前途而不是國家利益。西元前四一五年，雅典民主的特點是有活力、機會主義、不擇手段、不穩定[41]。是故，雅典民主政治也蒙上了一層陰影。

此時，西拉卡斯的居民並不相信雅典會進攻的傳言，而敘拉古的將軍赫謨克拉底則建議採取主動進攻在義大利南部的雅典遠征軍。同時，在雅典的龐大艦隊也從科西拉駛向義大利南部[42]。但該地的希臘城邦都緊閉城門，當雅典艦隊在利吉姆停泊時未見到任何一支盟軍，雅典將軍認爲塞傑斯塔欺騙了他們，他僅給他們三十泰倫的經費。

很快地，雅典旗艦「薩拉明尼亞（Salaminia）」號，召回了亞西比得等人去審問，因爲當局對毀壞赫爾墨斯雕像的調查一直持續著，直到一個犯人招供並列了一串名單，雖然亞西比得的名字未在其中，但人們懷疑他，並要把他處死【43】。在返回途中，他逃到了圖里，最後到了伯羅奔尼撒，並向斯巴達提供了反對雅典最好的情報。

西元前四一五年，敘拉古和科林斯派遣特使爲西西里戰役尋求斯巴達支援時，亞西比得警告斯巴達，雅典計劃征服西西里和義大利，攻打迦太基，最後必定攻打伯羅奔尼撒。如果斯巴達想要制止雅典統治整個希臘，他建議，派遣一

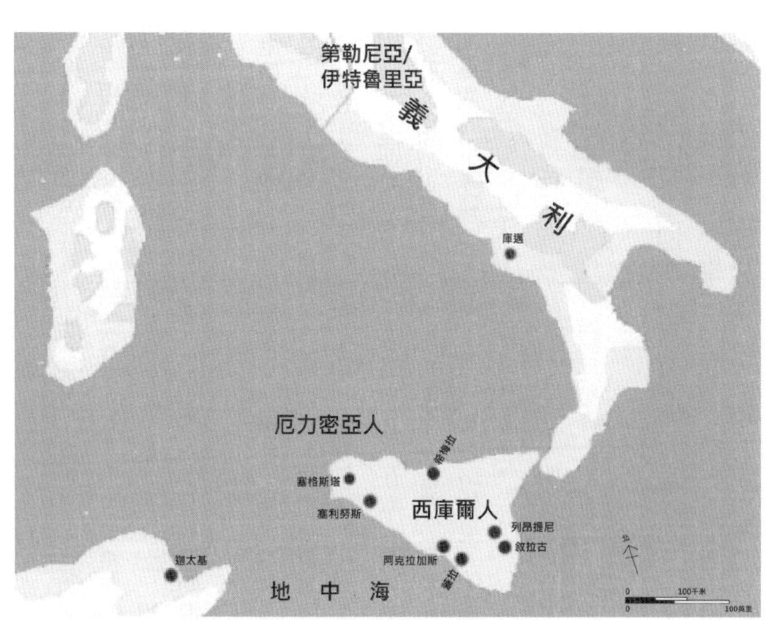

圖 12-2　義大利南部、西西里島、迦太基　葉景榕繪製

名斯巴達將軍前往西西里是必要的[44]。

雅典的兩名將軍尼西阿斯和拉馬卡斯現在全權負責指揮遠征軍。他們駛向島嶼北岸，他們從土著西堪尼亞人手中奪取一個小港口，將戰俘賣了一百二十泰倫，這些海盜般的做法損害了雅典的名譽，使西拉卡斯得以擴大他的聯盟。冬天來臨時，西拉卡斯軍隊得到塞利努斯、傑拉（Gela）和卡馬林那（Camarina）的增援，出發攻擊雅典在卡塔那（Catana）的基地。卡塔那人則鼓動他們進行攻擊，但同時又將計畫告知雅典[45]。

於是雅典艦隊在晚上出發，在西拉卡斯的港口登陸，他們選擇一個狹窄的陣地，強化工事以抵抗西拉卡斯騎兵的進攻。西拉卡斯人在接近卡塔那時才意識到雅典艦隊已經駛出，他們回防西拉卡斯並以十六名重裝步兵為一行，一千二百名騎兵和投槍手在右翼，尼西阿斯和拉馬卡斯把重裝步兵組成八人一行，另一半以方陣隊型緊隨其後，從而一方面可以增援前線，另一方面在敵人騎兵突破時可以進攻他們，在接下來的戰鬥中右翼的阿哥斯人和門丁尼亞人、中心的雅典人皆擊敗了敵人，但他們還是被西拉卡斯騎兵所阻擋，雅典的勝利為他的軍隊贏回了榮譽，但沒有戰略效果，因為冬季來臨他們撤回納克索斯和卡塔那，他們未能將麥散那和卡馬林那爭取到自己這邊[46]。

是故尼西阿斯和拉馬卡斯在第一次戰爭中幾乎未取得任何進展，他們在騎兵、盟軍和資金上都很缺乏，這些限制了他們陸地上的行動。他們要求雅典派援軍，特別是騎兵和資金，並尋求與非希臘人結盟，如西塞爾人、迦太基人和伊特拉斯坎人[47]。

西元前四一四年初，他們以外交和軍事手腕將西塞爾拉進同盟。他們收到雅典送來的三百泰倫和二百八十名士兵。再次自西拉卡斯登陸，封鎖或進攻城市的準備工作已完成，西拉卡斯人同時也從戰鬥中獲取經驗，冬季期間他們裝備和訓練十五名將軍，包括赫謨克拉底，並賦予他們全權，他們還派使者前往伯羅奔尼撒和科林斯並承諾會援助他們，且出使斯巴達以支持西拉卡斯使者，他們在那裡發現了亞西比得，他的演說激勵斯巴達公民大會採取行動，說明了雅典在西西里的目標，征服西西里、南義大利、迦太基，建造一支龐大艦隊，在西部配備一支僱傭軍，封鎖、進攻伯羅奔尼撒[48]。他建議斯巴達人派一個優越的將軍去保衛西拉卡斯，在阿提加的狄西里亞（Decelea）建立鞏固的陣地，以切斷雅典陸上的供應和聯繫，斯巴達最後決定根據亞西比得的建議任命吉利普斯（Gylippus）去保衛西拉卡斯，著手準備入侵阿提卡和在狄西里亞建立陣地。

西元前四一四年初夏，尼西阿斯和拉馬卡斯開始進攻西拉卡斯，但遇到頑強的抵抗。因爲在奧提吉亞（Ortygia）和大陸的城市都修建了城牆，這些城牆都連接起來形成單層工防禦事體系。靠人工堤與大陸相連的奧提吉亞島控制了兩個港口的大門，西拉卡斯艦隊藏在其後的小港並在海灘上放置尖木樁以阻止敵船登陸[49]。另一方面，阿克拉丁那的工事在冬季時還擴展到特門尼替斯，現已達到埃皮波萊（Epipolae），從那裡可以俯瞰全市。

雅典人只能從西面包圍西拉卡斯，因而，他們必須占領埃皮波萊，於是赫謨克拉底在通往埃皮波萊的道路上部署部隊。此時，在埃皮波萊南面的萊昂（Leon）登陸的雅典人已在整理他們的隊伍，然後他們趕到埃皮波萊，從西面的攸利伊拉斯（Euryelus）攀緣而上，在西拉卡斯人集合好以前就擊敗了他們[50]。隨後雅典人占領了埃皮波萊，並修建一個圓形堡壘，從該地開始攻打通往北面特洛基拉斯（Trogilus）的城牆，然後是南面通向大港的城牆，西拉卡斯設法阻止雅典人在南面的進展，他們修建了一座橫向的城牆，當他被雅典精選的三百名戰士攻占時，他們沿著坑道進入南方的沼澤地，進攻這些坑道是由拉馬卡斯指揮，埃皮波萊的圓形要塞由尼西阿斯帶著一群隨營人員把守，在二軍激戰中拉馬卡斯被殺，尼西阿斯靠焚燒木材的大火，才打退了敵人對圓形要塞的進

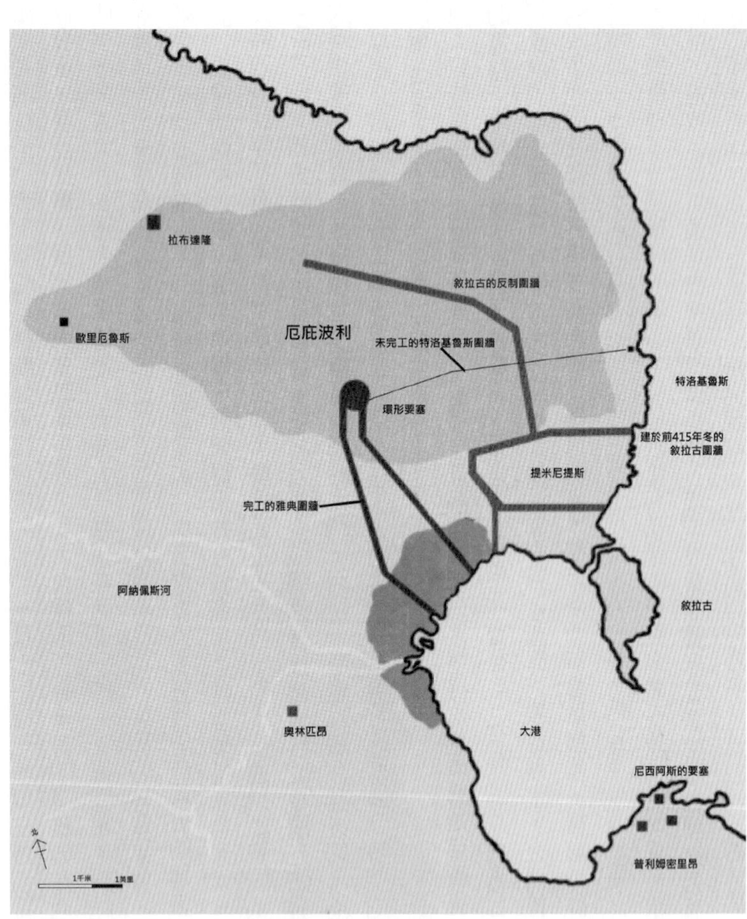

圖 12-3　西西里島的敘拉古城邦　葉景榕繪製

攻[51]。在此關鍵時刻，從塔普蘇斯（Thapsus）基地駛來的雅典艦隊出現在港口，於是西拉卡斯人撤回城市。現在完成包圍只是時間問題，城市已被封鎖。雅典人還收到義大利城邦的供應，估計很多西塞爾人也站到他們一邊，因而大受鼓舞。

此外，西拉卡斯人因科林斯人艦隊到來而士氣大振，北邊的城牆已接近完工，南邊的雙層城牆接近海邊。此外，從科林斯、萊夫卡斯和安布累喜阿來的艦隊正在途中，吉利普斯已在西西里。同時，吉利普斯率四艘戰船到了塔那斯，現正在駛往希梅拉（Himera）途中，還帶領著正在行軍的二千名士兵，包括伯羅奔尼撒人、塞利努斯人、希梅拉人、傑拉人和一些西塞爾人[52]。他們經過北面雅典人未完成的那部分城牆，與突圍出來的西拉卡斯人會合。雅典未能攔截住吉利普斯，尼西阿斯犯了一個嚴重的錯誤，低估了他們的重要性。

吉利普斯給西拉卡斯的防禦注入了新力量，他們開始修建從特門尼替斯到雅典未完成部分的交叉城牆，透過進攻雅典來保衛它。最後他組織起西拉卡斯騎兵擊敗了雅典軍隊，吉利普斯還占領了埃皮波萊北面的供應基地拉布達隆；此後尼西阿斯決定把他的主要基地向南移到大港口上的普利姆密里昂（Plemmyrium），並在當地修建了三個堡壘以保衛戰船和物資[53]。而此時西拉卡斯人卻占據了圓形要塞北面的出口，他們的騎兵控制了內陸，吉利普斯走遍西西里以獲得增援，十二艘戰船駛入小港，尼西阿斯曾設法攔截，卻沒成功，西拉卡斯艦隊開始在雅典艦隊眼皮底下訓練，而雅典艦隊卻苦於船員損耗太大和沒機會檢修船殼。

此時，尼西阿斯意識到圍城者有被圍的危險。所以他向雅典送了一封急電，初冬時送到，他坦率地陳述了自己現在的不利處境，他的雅典士兵不聽指揮，外國士兵偷懶，艦隊已失去對敵人的優勢。他靠義大利的城邦提供補給，而這些城邦也可能隨時改變立場。在即將來臨的春季，西拉卡斯人將受到西西里和伯羅奔尼撒增援，此後他們會完全控制局勢，尼西阿斯建議雅典或者召回遠征軍，或者派遣另一支遠征軍，其規模要與前一支一樣大，並且帶上充足的資金[54]。公民大會決定派遣另一支遠征軍，但並不打算解除尼西阿斯的職務，他們派了二個將軍與他會合。儘管自己後院起火的危險已變得越來越大，但雅典人也越來越深地陷入西西里戰爭的泥淖。而雅典錯誤的決定也註定了尼西阿斯無可挽救的災難。

西元前四一六至四一五年冬，雅典的軍隊開始摧毀馬其頓，此後迫使柏第卡斯加盟，西元前四一四年色雷斯大軍和雅典曾經對安菲波利斯進行一次進攻，但他更多的力量消耗在阿哥斯上，西元前四一四年阿哥斯人說服雅典三十艘戰船去劫掠拉科尼亞海岸，然而這是雅典和阿哥斯之間防禦性同盟所不允許的戰爭行爲，雅典破壞與斯巴達的同盟關係現已變得很清楚。再者，雅典拒絕了斯巴達把他們之間的分歧提交仲裁，因此科林斯及其殖民地西拉卡斯更急迫的要求斯巴達入侵阿提加[55]。前此，雅典入侵米洛斯和西西里曾給斯巴達盟國敲響警鐘，因而斯巴達及其盟國決定繼續進行抗戰，把一個更行之有效的戰略現在變爲可能。

西元前四三二年，斯巴達在阿提加占據一個陣地的計畫在醞釀著，但如果要在那裡守一年，並照常進攻阿提卡，伯羅奔尼撒和貝奧提亞人就必須擁有對雅典軍事的優勢。這種優勢第一次出現在西元前四二二年，當雅典陷入西西里的泥淖時，這種機會再次出現，根據亞西比得的建議，斯巴達命令其盟國爲狄西里亞的工事提供鐵、工具和石匠，並爲西西里希臘盟國召集部隊[56]。戰爭將在二個戰場上同時進行。

西元前四一三年初春，阿基斯侵入了阿提卡，並摧毀平原邊緣地帶，他們在雅典人視野內的狄西尼亞修築防禦工事，該地處在城市和貝奧提亞邊境之間，通向埃維亞的交通要道上[57]。同時，大

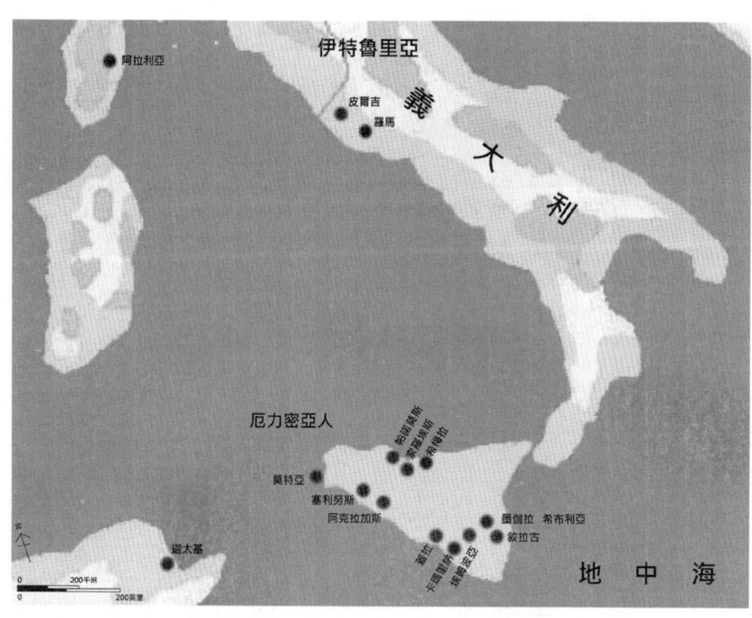

圖 12-4 西地中海的義大利半島和西西里島 葉景榕繪製

批重裝步兵乘坐戰船穿過公海駛向西西里，斯巴達也派出了六百名尼俄達摩得斯人（Neodamodeis）和希洛人，三百名貝奧提亞人、五百名科林斯人、二百名西錫安人的軍隊。

科林斯則以二十五艘戰船進攻在諾派克都的雅典分遣隊，以掩護他們的戰船離開。同時，二支雅典艦隊整裝待發，三十艘戰船將運載阿哥斯重裝步兵，以襲擊拉科尼亞海岸，六十五艘戰船在狄摩西尼指揮下，運送一千二百名的雅典重裝步兵[58]。二支艦隊將同時進攻拉科尼亞，狄摩西尼還修建了基西拉對面地峽的工事，然後前往西西里，雅典的實力也更爲擴大，他現在在海上至少擁有二百二十五艘戰船、四萬五千名士兵。

儘管如此，當雅典艦隊到達西西里時還是太遲了，吉利普斯和赫謨克拉底支援西拉卡斯人的艦隊並進攻。吉利普斯在夜裡親率部隊進入普利姆密里昂附近，西拉卡斯黎明時派出二支艦隊，一支以三十五艘戰船在大港進攻，另一支四十五艘從小港出發。雅典人迅速裝備六十艘戰船，在敵人二支艦隊會合前展開進攻，戰鬥異常慘烈，海軍碼頭上的人都聚集在海灘觀看，這時，吉利普斯突然發起猛攻，占領三座要塞，使敵人遭受重大傷亡，西拉卡斯人最初處於勝利形勢之下，但他們的戰船很快就相互碰撞，雅典人於是占了上風[59]。戰鬥結束時西拉卡斯損失十一艘戰船、雅典三艘。於是吉利普斯決定在七月雅典援軍到來以前再次發動進攻，西拉卡斯人以鐵鍊加強船身，從而使他們可以撞到雅典戰船。因爲雅典戰船船頭很薄弱，只是依靠它們的速度才撞到敵船側舷。

雖然在公海上這些戰術使他們取得勝利，但在當時的情況下，海戰將發生在大港的狹窄水域裡，此時西拉卡斯陸軍先向雅典的雙層城牆攻擊，一支從城裡出發，另一支從奧林匹昂（Olympieum）出發，然後他們八十艘戰船的艦隊駛向雅典的艦隊處[60]。在那一天和第二天平安無事，但在第三天，雅典艦隊首先發起進攻，此後西拉卡斯戰船衝破了敵方先鋒戰船，撞沉了七艘，也致使很多雅典戰船失去戰鬥力，同時，他們緊密方陣中的投槍手也殺死很多敵方水兵。

見此情況，尼西阿斯決定利用西拉卡斯人龐大艦隊所產生的混亂，轉移他的目標占領埃皮波萊，然而，他卻未能攻破吉利普斯修築的沿埃皮波萊向北的單層城牆，此後他在夜裡從西面狹窄處發起進攻，並震驚了敵人，他們占領了進出要道的堡壘，進攻平臺上三個工事營地，當西拉卡斯分遣隊開始反擊時，雅典軍隊正在混亂地向前猛衝[61]。而此時，大部分雅典軍隊不熟悉地形，在昏暗的月光中也分不清敵友，因而更加混亂，很快就四散潰逃。在這次行動中，雅典犧牲了許多士兵。軍事實力也大受考驗。

這場災難之後，狄摩西尼計畫從海上撤出全部雅典軍隊，更由於軍中疾病的流行，其軍事實力也已受到影響。他認爲這支部隊在進攻狄西里亞中將會更有用。這時雅典艦隊仍然控制著西西里海域，因此可以安全地撤退，但尼西阿斯則反對撤退，他說西拉卡斯人已處在崩潰邊緣，他們的財產資源耗盡，人民不滿[62]。是故，他寧願在西西里打戰，也不願意出現在雅典的人民法庭上受審。

由於和尼西阿斯意見不合，於是狄摩西尼和攸利密頓計畫撤到塔普蘇斯或卡塔那，在那裡軍隊可以得到供給，而海軍也能在寬闊的水域展開進攻；同時，如果尼西阿斯不願意，則將從雅典下達決定。但是尼西阿斯頑固地拒絕離開，雅典軍隊仍在原地徘徊，同時，隨著八月過去，吉利普斯的軍隊日益增加，從西西里開來了更多的部隊，並且還召集借道非洲海岸來到塞利努斯的伯羅奔尼撒人，當尼西阿斯獲悉他們的到來後，他妥協了，在一次不公開投票後公布了撤退的命令[63]。在出發的前一天晚上，即西元前四一三年八月二十七日，正是月圓時，發生月蝕，軍中預言家聲稱軍隊現在必須等「三十九」天。大多數雅典人接受預言家的判斷，尼西阿斯也順水推舟延後撤退時間。

當第二十七天到來之前，西拉卡斯卻發動一場進攻。他們攻擊雅典騎兵，此後又在狹窄水域繳獲十八艘雅典戰船。當西拉卡斯人開始以商船和小船做成的臨時橫江鐵索封鎖港口通道時，雅典將軍意識到他們將陷入被包圍之中，因此，他們給每艘戰船配備一百一十名水兵，甲板上盡可能多裝載部隊，激勵他們爲自己和拯救雅典而奮戰，同時全速衝向包圍圈的薄弱環節[64]。西拉卡斯人將他們的七十五艘戰船部分配置在狹窄地帶，部分環繞著港口的海灘，以便他們的戰船能從雅典艦隊的側面和正面不遺餘力地發動攻，從而抵銷自己在數量上的劣勢。最初雅典人試圖從右面進攻，試圖切斷敵人，卻未能成功，但此後西拉卡斯戰船從各個方向開始收縮，戰船連戰船，水兵大聲叫喊著，散兵投擲著他們的標槍，重裝步兵強行靠近失去戰鬥力的船隻，此時，岸上二支軍隊都在觀看著這場激烈的海戰。這場戰役中，雅典海軍遭到了空前的重創。

在西拉卡斯方面，人們以葡萄酒祭祀赫拉克勒斯來慶祝勝利。正值此時，雅典的四萬大軍開始全面的撤退，屍體也未掩埋，傷兵亦被遺棄。然而西拉卡斯人已經控制了通往卡塔那的要道，其騎兵和輕裝部隊在敵人強行通過平原時，不斷地進行騷擾，五天過去了，雅典人幾乎未取得任何進展，他們的供給已用盡，夜裡他們故意在一個方向上點火，卻往相反方向出發，不久之後，狄摩西尼和尼西阿斯的部隊相繼被包圍，最後他們以不殺死雅典人作爲投降條件。然而大多數人還是死在俘虜營中，尼西阿斯和狄摩西尼也被處死[65]。對雅典來說，西西里遠征已遠遠地超出了他們的能力，他是一場大災難。

於此同時，在雅典也感受到災難的來臨，戰爭的煙硝味似乎也已到達本土，此時狄西里亞的駐軍和從貝奧提亞來的海盜，掠奪了阿提卡的羊群、輜重、牲畜和可移動財產，雅典騎兵遭到了襲擊，城牆也不分晝夜派人把守。城市被封鎖，不得不以高價從海上進口糧食，爲了增加他們稀少的資源，雅典決定在帝國內所有進出口貿易上加百分之五的稅，從附屬國搜括更多的金錢[66]。這時期，他們不再依靠盟國，而是重用僱傭軍，但雅典僱傭軍的殘暴使雅典被一些城邦刻骨的仇恨，例如在貝奧提亞的密卡利蘇斯（Mycalessus），他們屠殺所有男人、女人和小孩。

此外，在科林斯灣的海戰中，雅典海軍被科林斯艦隊擊敗。而雅典在西拉卡斯的失敗更使他從此一蹶不振。雅典在這幾次慘敗中損失超過二百艘戰船，包括四萬名主要從附屬國徵召的水兵，四千名雅典騎兵、重裝步兵和輕裝步兵，從雅典附屬國、盟國徵召的部隊和僱傭軍，大量的金錢、武器和物質資源損失殆盡。所有擴張的希望都已煙消雲散，雅典人開始爲自己而戰，爲給雅典提供資源的帝國而戰[67]。然而，雅典在西西里遠征的災難也從此再也沒有恢復過來。

波斯參戰與寡頭派在雅典

雅典人在敘拉古的戰敗，帶給希臘世界很大的震驚，此不亞於他們從馬拉松凱旋歸來的驚喜。提洛同盟戰無不勝的海軍神話被粉碎了。雅典的武裝力量較西元前四三一年的規模減少了。令人難以置信的是，斯巴達人耗費整整八年的時間才讓雅典俯首稱臣[68]。

西元前四一三年冬，斯巴達開始著手準備最後的戰役，阿基斯從狄西里亞出發，向盟國和中立國徵集資金，斯巴達下令建造一百艘戰船，亞洲沿岸希臘人聚居地的二位波斯總督，提薩費尼斯（Tissaphernes）和法爾納巴佐斯（Pharnabazus）也答應提供援助[69]。由於雅典降將亞西比得獻策，於是和斯巴達指揮官卡爾息底阿斯率五艘戰船唆使希俄斯、埃利色雷、克拉佐曼納和米利都反叛雅典，然後，卡爾息底阿斯以斯巴達聯盟的名義與波斯大流士結盟，由此波斯帝國將提供金援給斯巴達，雙方共同用來對付雅典。但伯羅奔尼撒人對主動權非常遲緩，這時雅典人繼續備戰，建造戰船、精簡民主派內閣，加強防禦工事。

這個由十人組成的委員會，包括哈格濃（Hagnon）、詩人索福克勒斯等，被任命爲危機時期的顧問。西元前四一二年春，雅典在諾派克都停泊了二十七艘戰船，其中七艘來自希俄斯[70]。他的第一個目標是阻止敵人的艦隊集中，他成功地封鎖了埃皮達魯斯海岸的一支艦隊，但對從西西里駛向科林斯的另一支艦隊卻攔截失敗了。

另一方面，在東愛琴海地區，薩摩斯是最具戰略價值的島嶼，它位於希臘到愛奧尼亞的捷徑上。雅典一直保護薩摩斯免於被其他城邦入侵，在隨後的幾年，雅典在薩摩斯的戰船數增加到了五十多艘，於是一些人主張在薩摩斯採取暴力革命，推翻上層階級，讓民主派掌權，雅典承諾給薩摩斯充分自治，以期鼓勵其他附屬城邦的民主派對他保持忠誠。旋即雅典封鎖了米利都，重新占領米提勒和克拉佐曼納（Clazomenae），並劫掠了希俄斯島，因此與波斯吵翻，這是一個嚴重的外交錯誤[71]。波斯因此與斯巴達合作，雙方達成協議，斯巴達將小亞細亞退讓給波斯，作爲交換波斯每年向斯巴達付一定數量的經費。

在此關頭，伯羅奔尼撒艦隊抵達，它包括三十三艘伯羅奔尼撒戰船、二十二艘西拉卡斯和塞利努斯戰船。雅典指揮官福里尼卡斯（Phrynichus）謹慎地從米利都撤到薩摩斯，在那裡雅典人可以集中他們的艦隊。這時在米利都遭到重創的阿哥斯部隊沮喪地回國，之後阿哥斯也不那麼積極地參戰了。在冬季期間雙方艦隊都得到加強，此時，伯羅奔尼撒也從波斯接收金援以支付士兵薪水，並靠劫掠愛阿蘇斯（Iasus）和販賣人口爲提薩費尼斯來獲取資金[72]。由於感到實力漸增，他們拋出了與波斯的第二個協約，在協約裡波斯的需要被忽略了，金援的責任被突顯出來。然而，這項協議被斯巴達十一人委員會中的利卡斯（Lichas）所拒絕，在此期間，斯巴達贏得了重要的門戶羅德島，並切斷從埃及到雅典的商路。

雅典的困難，卻給了提洛同盟的同盟者機會，他們於西元前四一二年開始退出提洛同盟。另一方面，斯巴達利用波斯的金援終於建造了一支艦隊，這支艦隊在愛琴海很有成績，但它未能擊敗雅典的艦隊[73]。實際上，波斯與斯巴達達成的協議並不可靠，波斯希望在斯巴達與雅典之間的拉鋸戰中獲取利益。

此時，亞西比得在東愛琴海地區的進攻中起了積極作用，卻也招致了斯巴達人的不信任和阿基斯的仇恨，據說亞西比得勾引了斯巴達國王的妻子，所以他轉向了波斯。在與波斯國王提薩費尼斯的會見中[74]，他獻策讓希臘人自相殘殺，提供伯羅奔尼撒艦隊小部分的援助，不能讓斯巴達同時在陸軍和海軍都有優勢，凸顯出波斯的影響力，亞西比得給雙方都留下了這樣一個印象，他能左右他們的命運，因爲雅典和斯巴達現已認識到，誰擁有波斯的資金和腓尼基的艦隊，誰將贏得這場戰爭的勝利。所以，當亞西比得向薩摩斯的雅典將軍傳話，如果雅典建立寡頭派政府，他願意回到雅典，運用他與提薩費尼斯的友好關係爲雅典服務，於是在惡劣的局勢中，雅典欣然接受了亞西比得的意見，由此也發生了一場政變。

西元前四一一年，雅典的民主政治被推翻。不久之後，來山得一行人去面見提薩費尼斯，他們到那裡時卻大失所望，提薩費尼斯不願意把波斯對斯巴達的援助轉向雅典。所以他把波斯援助雅典的代價提得很高，以致於雅典使者中斷了談判。同年，提薩費尼斯更與斯巴達聯盟簽署第三個協議，結束與雅典的和平關係，兩大強國聯合作戰[75]。提薩費尼斯將提供資金給伯羅奔尼撒艦隊，直到腓尼基艦隊開始行動，但提薩費尼斯提供的金援屬於貸款，戰後斯巴達要予以償還，「在亞洲波斯的領土屬於波斯國王，他將以自己的意願決定自己的土地。」這個協議在戰爭結束前有效。由於它只是權宜之計，任何一方都不打算尊重協議。斯巴達曾答應犧牲小亞細亞的希臘城邦自由，然而這只是徒有其名，戰爭還是繼續進行，伯羅奔尼撒人也獲得波斯的金援。

西元前四一一年初夏，赫勒斯澎（阿卑多斯）背叛雅典，斯巴達官員得西利達（Dercyllidas）與法那培薩斯（Pharnabazus）合作，占領了阿卑多斯（Abydus）。希俄斯仍然還在提洛同盟內，從米利都到羅德島的大部分地區也都控制在斯巴達手中。阿斯泰奧卡斯指揮的伯羅奔尼撒艦隊亦未對雅典艦隊發動進攻[76]。另一方面，在雅典控制的薩摩斯則積極地策畫寡頭派上臺並控制了局勢。旋即薩摩斯寡頭派又投入戰爭中寡頭派政府的陰謀，並派密使去其他國家建立寡頭派政府，隨後來山得和其他人回到了雅典，並在回家沿途的城邦建立了寡頭派政府。

雅典民主派連續的失敗和在西拉卡斯巨大的災難，使各階層的人都批評民主制度，民主派的反對者主要來自中、上階層，他們承受了賦稅的重擔和西拉卡斯巨大的傷亡，很自然地他們仇恨那種在戰爭和外交上，他們幾乎沒有發言權的制度，他們形成二個派系，第一個派系，希望建立溫和政府，在這個政府裡富人將以經濟管理國家，這個派系並沒有形成嚴密的政治組織。因此它對建立「一個溫和的寡頭派政府」也沒有明確的計畫[77]。另一個派系，希望獲得作爲寡頭派領袖的權力，他們當中的一些人準備奪取寡頭派政府，並與斯巴達人合作。他們控制了祕密組織的政治社團，現在準備將其公開。起初這二個派系因爲都不喜歡民主派且希望和波斯結盟而團結起來。然而，絕大多數人仍然支持民主，故與波斯結盟只是權宜之計，他們可以容忍一次憲法改革。

當來山得說服公民大會接受對憲法作一些改變時，他就已經聯合政治社團協助他們推翻民主派。而他還在亞洲和薩摩斯時，雅典的年輕成員還暗殺了民主派領袖安德羅克勒斯（Androcles）及其同僚。現在公民大會控制在謀反者手中，他們支持自己的演說者和演說內容，他們所鼓吹的計畫是一個溫和的寡頭政府：報酬只付給作戰積極的軍隊，國家將由有能力管理財產和進行戰爭的人領導[78]。任何反對這個計畫的人，將遭到與安德羅克勒斯一樣的，民主派也早已被嚇得不知所措。

與此同時，來山得和其他人立即召集公民大會，他們沒有彙報與波斯結盟的失敗，而是提出選舉十個人起草憲法，並限定他們在規定的時間內向公民大會作出報告，最後公民大會任命的是二十個超過四十歲的人和十個年邁的政治家，他們被通知在起草新憲法時要特別注意克里斯提尼的憲法改革，這也意味著與來山得及其同僚的政策不一致，因爲這些起草者，實際上，就控制在擁有全權的十個成員手中[79]。

當時公民大會在城外的科倫納斯（Colonus）召開，此處在敵人進攻的範圍內，膽小者因而未參加，在擁有全權的十個起草者的支持下，民主的憲法被正式拋棄，在來山得的提議下，現任的官員被解職，他們組成一個臨時政府。這項人事任命是控制在核心小組手中。先選出五個主席，然後這五個主席又任命一百個官員，這一百人再各自任命三個官員。雅典「四百人議事會」被授予全權，並按他們的意志召開「五千人大會」，但「五千人大會」沒有被正式命名，人民同意戰爭期間，他們作爲憲法上新的主權實體[80]。沒人表示反對，此後公民大會被廢除，西元前四一一年雅典的民主政治被推翻，但雅典的命運仍然搖擺不定。

前述，自從斯巴達占領狄西里亞之後，雅典城牆上布防兵士，並處於整天戒備狀態，晚上才回來。一天夜晚謀反者和來山得從島上率領重裝步兵待在阿哥拉附近，旋即進入祕密議場，每個人都帶著短劍，沒人反抗，民主派議會成員魚貫離開了，他們得到各自應得的報酬[81]。來山得的出現對雅典的政治亦將產生重大的影響。

縱觀上述，實際上，雅典經歷了一場革命，「四百人議會」完全控制在叛亂組織者手中，即擁有特殊權力的十人小組。指揮了這次政變的是最具有影響力的律師安梯豐（Antiphon），他的主要幫手是來山得和弗尼里庫，他們的另一個成員是塞拉門尼斯（Theramenes），他的政府觀點比較溫和[82]。四百人議會先解除他們對手的職務，把一些人關進監獄或放逐，然後在狄西里亞開始與阿基斯進行和談。但他們對伯羅奔尼撒人並不示弱，當阿基斯的部隊接近城牆時，他們使他的部隊遭受一些傷亡，然後派出二組使團，一組去斯巴達進行正式談判，另一組去薩摩斯把他們的所做所爲吹噓得天花亂墜。

同時，他們在薩摩斯建立寡頭派政府的策略卻沒有成功，由沙拉西布洛斯（Thrasybulus）和色雷西拉斯（Thrasyllus）所率領的雅典軍隊站在薩摩斯民主派一邊，此後他們聽見關於四百人議會在雅典的暴行，因此，他們建立自己的民主派政府，選舉沙拉西布洛斯、色雷西拉斯和其他人爲將軍，並聲討四百人議會[83]。

西比亞德在薩摩斯島從寡頭派的陣營轉到民主派的陣營中，他成爲了民主派在薩摩斯島上的首領。當四百人議會得知亞西比得站在民主派一方時，他產生意料中的結果，由塞拉門尼斯和亞里斯多克拉底（Aristocrates）領導的溫和派受到鼓舞，更迫切地要求建立五千人大會，他們並不是爲了實現任何政治理想，而是認識到寡頭派政府已殘存不了幾日了，四百人議會的顛覆者在即將到來的日子裡，將可能成爲民主派的領袖，也因此極端民主派決定同意斯巴達提出的一切條件，但他們的第一批使者未能抵達斯巴達，因爲主力艦「巴拉洛斯」號的船員逮捕了他們，並把他們交給阿哥斯的民主派，此後他們又派出其他人，包括寡頭派領袖安梯豐、來山得、弗里尼庫等[84]。在他們不在雅典期間，極端民主派加緊修築亞提翁尼亞（Eëtionea）的防禦工事，一道扼住進入比雷埃夫斯咽喉的、一夫當關、萬夫莫敵的防波堤。

現在這座城市連接起來的工事被二支軍隊所占領，雅典控制在極端民主派手中，比雷埃夫斯則在溫和派手中，隨著敵人從陸地和海上靠近，於是執政官起草了一份五千人大會名單，二派都同意在狄俄尼索斯劇場舉行公民大會，並再次進行協調，此時一支伯羅奔尼撒艦隊正從麥迦拉沿薩拉米斯海岸駛來，於是人們湧向比雷埃夫斯以抵抗敵人的入侵[85]。當伯羅奔尼撒艦隊駛向修尼阿姆（Sunium）時，雅典人匆忙裝備他們的戰船，在埃維亞的船泊也已準備就緒，就在這個時候，埃雷特里亞人知道了雅典士兵已散開去找食物，他們立刻通知伯羅奔尼撒人，此時雅典的戰船分別停泊在間隔七英里的俄羅巴斯（Oropus）和埃雷特里亞的海域上。伯羅奔尼撒人在他們毫無準備的情況下發起進攻，他們摧毀了二十二艘雅典戰船，並因而激起了埃維亞的叛亂。

這些災難使雅典暴露在危險之中，這時伯羅奔尼撒人非常有可能占領比雷埃夫斯或迫使東愛琴海地區的雅典艦隊撤離，但他們卻讓這個機會溜走。因此雅典這次政變很快就又被取消了。幾個月後這四百人的議會就失去了它的權力，五千人的議會召開，民主制被恢復。西元前四一一年九月到四一〇年六月，五千人大會管理財政，他們通過一項提案，召回亞西比得和其他放逐者，與薩摩斯的民主派進行合作，並積極備戰[86]。對很多城邦來說，雅典革命沒有發生嚴重流血衝突和敵人的干涉，這不但歸功於如沙拉西布洛斯、亞西比得和色雷西拉斯之類的政治家，還歸功於雅典軍隊的溫和派和薩摩斯的海軍的支持。

在四百人議會統治下的雅典，起了一部爲四百人議會服務的憲法，但它從未生效。然而，它卻是極端民主派的目標，只在理論上作爲政治實體的五千人大會，他們從各部族超過三十歲的人中選出議員候選人，每一組四十個候選人，經過投票的形式，形成根據「克里斯提尼的改革經驗」的四百人議會。議會的權力很大。選擇十個將軍、任命法官、進行查帳、控制立法（除了國內法律），議員和將軍可以再次任命，而法官不行[87]。這個程序在四百人議會掌權時起草，在西元前四一一年九月危機時簽署，第一條：將軍是由五千人大會選出的官員，第二條：起草五千人大會的憲法。

在薩摩斯的城邦則由四百人議會的使者簽署，形成五千人大會正式憲法的基礎，並在四百人議會傾覆後得到認可。一百名官員將列出五千人的名單（十個人代表一族），他們都超過三十歲，屬於三個上層階級。這五千人被分成四個議會，其中一個作爲擁有立法權的執政機構，其他三個是諮詢機構，執行委員會每年都經過投票選舉。此外，這五千人大會要進行候選人初選，然後選出軍事、財政、行政官員，這些官員都從那一年的執行委員中選出[88]。少數官員將從其他三個機構中透過投票選出。執行委員會每隔五天召開一次，由九個執政官主持召開，缺席者如果未經議會允許將被罰款（一德拉克馬）。議會程式經過仔細審核，各將軍被賦予軍事決定權，五個主席負責蒐集選票。

上述的雅典民主政治，是借鑑於管理貝奧提亞同盟城邦的「擁有平等權利的寡頭派」的四個議會。它有修昔底得和亞里斯多德的背書，保存了財政資源、集中行政管理、確保政策執行到社會各個層面，為戰爭節省了人力、物力[89]。由於這五千人僅僅超過上層階級人口中到達年齡人的一半，所以，還需要在海外服務的人及時回來參與。用這樣的憲法，雅典也許可以避免被以後面臨的災難打垮。

在寡頭派統治雅典之時，薩摩斯的民主派還繼續執政，在衝突的關鍵時期，薩摩斯的艦隊沒有受到伯羅奔尼撒人的攻擊，這是由於阿斯泰奧卡斯的無能，他具有很多斯巴達海上將領膽小的性格，還由於波斯領袖提薩費尼斯的口是心非，扣住軍款，假裝要立即從潘菲利亞（Pamphylia）的阿斯澎都（Aspendus）基地派出一百四十七艘腓尼基戰船，再加上斯巴達盟國和米利都居民的反抗態度，他們的艦隊消極地停泊在那裡[90]。最後，阿斯泰奧卡斯被門達拉斯（Mindarus）所取代。此時，拜占庭開始叛亂，薩索斯也在圖謀叛亂，雅典艦隊主力在薩摩斯，一些停泊在萊斯博斯，一支十八艘戰船的分遣隊則停泊在赫勒斯澎的塞斯都斯[91]。

這個時後，由於門達拉斯控制了穿過赫勒斯澎的要道，沙拉西布洛斯和色雷西拉斯決定對伯羅奔尼撒艦隊進攻，在雅典艦隊以一路縱隊沿切爾松尼斯海岸駛向塞斯都斯時，伯羅奔尼撒艦隊也以同樣的陣形駛向達耳達諾斯[92]。當門達拉斯率領的伯羅奔尼撒艦隊經過沙拉西布洛斯指揮的雅典戰船尾部時，整個伯羅奔尼撒艦隊從縱隊變成橫隊，他們穿過狹窄的通道，當門達拉斯的戰船衝入沙拉西布洛斯的縱隊時，雅典人在公海有被切斷的危險，其側翼也受到威脅，沙拉西布洛斯散開他的隊形，圍住薄弱的中心環節，同時，色雷西拉斯在雅典先導部隊變成橫隊以前，也已經繞過塞諾西馬角，消失在視野之外，因此並不知道沙拉西布洛斯的軍事調動。

不久之後，伯羅奔尼撒的主力艦開始攻擊雅典主力艦，並把他們大部分的戰船趕回海灘，同時，雙方艦隊的側翼都在等待進攻的時機，但是，當伯羅奔尼撒艦隊在大勝的情況下隊形混亂時，沙拉西布洛斯突然發動攻擊，擊潰門達拉斯指揮的戰船，迫使其轉向，並且打敗伯羅奔尼撒主力艦，在雅典橫隊的左面當西拉卡斯人目睹其盟軍潰敗，並且開始逃跑時，色雷西拉斯由後方殺了上去，雖然伯羅奔尼撒人搶占了亞洲海岸後，雅典人不能再擴大戰果，但他們還是顯示了在對付強大艦隊方面戰鬥力的優勢[93]。

在塞諾西馬海戰中，雙方的損失旗鼓相當，伯羅奔尼撒損失二十一艘戰船，雅典十五艘戰船，但雅典人現在可以自由進出赫勒斯澎，他們占領了叛亂的西齊庫斯（Cyzicus），並俘虜了八艘拜占庭戰船[94]。

這是雅典在西拉卡斯災難後的第一次勝利。此外，埃維亞的五十艘戰船在增援赫勒斯澎的途中也被雅典完全殲滅，亞西比得亦阻止了波斯派遣的腓尼基艦隊進入愛琴海，並在科斯（Cos）設防，以將其作爲南方基地，且以二十二艘戰船占據薩摩斯。西元前四一〇年冬季，亞西比得與沙拉西布洛斯以及色雷西拉斯會合，他們贏得另一場勝利，繳獲三十艘敵船，色雷西拉斯返回雅典報告勝利並且要求增援，不久塞拉門尼斯指揮援軍趕到[95]。西元前四一〇年四月或五月，人數已超過伯羅奔尼撒人的雅典艦隊在距西齊庫斯不遠的海戰中取得決定性的勝利，亞西比得在天候很糟的情況下派出他的戰船，在港口以外進攻伯羅奔尼撒艦隊的六十艘戰船，並把他們趕上海灘後全部俘虜。

由於雅典在赫勒斯澎的勝利使民主派的東山再起已不可避免，實際上「五千人會議」政府也積極的備戰，在特拉門尼建議下，召回了被放逐的亞西比得和其他人，並且支持在薩摩斯的亞西比得和他的艦隊。另一方面，特拉門尼指揮的一支艦隊在愛琴海對伯羅奔尼撒艦隊展開進攻，而且他們還從襲擊敵人領土中搶劫金錢，且懲罰了寡頭派領導人，另一支艦隊在科農（Conon）的指揮下應科西拉民主派之請，駛向科基拉，干預他們的內戰，此後特拉門尼支持阿基勞斯（Archelaus）（馬其頓國王），並進攻彼得拉（Pydna），然後與沙拉西布洛斯會合，接受他的指揮。在西齊庫斯的大勝中，特拉門尼和沙拉西布洛斯各指揮一支分遣隊[96]。值得一提的是，西比亞德於西元前四○八年夏，他以勝利者的姿態凱旋雅典，雖然他曾經叛變雅典，逃到敵人那裡，這時他被選爲戰略家，獲得了海、陸軍指揮權。

然而，仇恨仍然存在，特別是雅典的下層階級，他們被剝奪政治權利和一年的國家薪金，民主派東山再起後的第一個行動就是讓每個公民發誓：「我將親手殺死每一個要推翻雅典民主的人，每一個非民主體制下任職的人，或每一個要建立暴政或與暴政合作的人[97]、我將把任何殺死那種人的行爲看成是在神和精神監督下的清潔行動。」雅典的政治惡鬥更造成了雅典的衰敗。

由於雅典和斯巴達長期的戰爭，使得雙方在愛琴海地區因缺乏資金而受到削弱，雅典熔掉神廟裡的白銀和黃金來發行應急貨幣，雙方同時向附屬城邦或盟國派遣總督和駐軍，並從那裡徵收戰爭稅。爲了戰爭費用亞西比得向經過博斯普魯斯海峽的船隻加收百分之十的稅。西元前四○九年色雷西拉斯襲擊了小亞細亞海岸並搶奪戰利品。西元前四○八年亞西比得又從卡爾西登（Chalcedon）和法爾納巴佐斯贏得大量戰利品和戰爭賠款，西元前四○七年，他襲擊卡里亞海岸並帶走一百泰倫[98]。然而這些無所不用其極的方法，最後終於也引起了波斯的疑慮。

西元前四〇七年春，亞西比得帶著價值一百泰倫的戰利品回到雅典，還偵察斯巴達在拉科尼亞的海軍基地賽阿姆。離開家鄉八年後，途中他聽到消息，他被選爲雅典的將軍，包括沙拉西布洛斯（他剛剛征服了薩索斯）和在「五千人會議」政府下任職的科農。在五月的一個節日裡，他的艦隊駛入了比雷埃夫斯港。人們都來觀看那個時代最能幹的雅典人，有些人帶著崇敬和愛戴的心情，但另一些人則抱著懷疑和憎惡的眼神看他。他毫無表情地站在甲板上，後來當他看見他的朋友在歡迎他時，就解除了心防並進入了城市[99]。他的鼓動性演說再次傾倒了議會和公民大會，他從對他的詛咒中解脫出來，並被授予雅典軍隊的最高指揮權，他的艦隊在從拜占庭環繞愛琴海的航行中所取得的勝利，恢復了雅典公民偉大帝國的夢想，雅典還賦於亞西比得率領遊行隊伍沿聖道到達埃萊夫西斯的榮譽。

這個時期，居魯士正祕密的進行征討雅典的計畫。在亞西比得出發前，新的斯巴達指揮官來山得已跨過羅德島抵達以弗所（Ephosus），在那裡他集合七十艘戰船，贏得居魯士的信任，並獲得資金以支付給僱傭軍，且報酬比雅典更高，然後從希俄斯調來增援部隊，裝備九十艘戰船，當萬事具備後，就等待時機的到來[100]。

此時雅典的主力艦隊停泊在諾丁姆，由亞西比得的副手安條克（Antiocgos）指揮，亞西比得則帶著重裝步兵前往福西亞與沙拉西布洛斯會合。他曾告訴安條克不要進攻來山得艦隊[101]，然而，安條克卻發動攻擊，他用十艘快船攻擊伯羅奔尼撒的軍營，但他的戰船卻被擊沉，來山得從逃兵那裡獲悉亞西比得不在艦隊裡，於是迅速的追擊雅典戰船，從而擊敗他們，雅典損失二十二艘戰船，這次海戰在西元前四〇六年初結束。

鑑於雅典損失二十二艘的戰船，科農把戰船數目減少到七十艘，以期提高它的效率。但他很快就面對著一個新的斯巴達海軍將領卡利克拉底（Callicratidas）。卡利克拉底拒絕靠奉承居魯士來獲得資金，他寧願從在小亞細亞希臘城邦那裡得到幫助。西元前四〇六年六月卡利克拉底率一百四十艘戰船擊敗科農的艦隊，將其趕進米提勒港口，繳獲三十艘運輸船，成員逃到岸上，其餘被封鎖在港口中，只有一艘戰船殺出重圍，並把消息帶到雅典[102]。很快地，另一個將軍戴奧密敦（Diomedon）趕來解救科農，卡利克拉底突然發動攻擊，戴奧密敦損失其十二艘戰船中的十艘。

現在雅典已到了生死關頭，公民大會決定發行應急金幣，授予大批外國人和奴隸公民權，此時，雅典更向正入侵西西里的迦太基人求援，在一個月裡，雅典召集了一百一十艘戰船，總數兵員爲二萬二千人。薩摩斯人貢獻十艘戰船，附屬城邦被要求在運輸船上服務。八月卡利克拉底獲悉雅典一百五十艘戰船的艦隊已接近他們海域，他留給厄特翁尼卡斯五十艘戰船繼續封鎖米提勒，自己率一百二十艘戰船駛向馬里阿角（Malea），在那裡他看見雅典艦隊在阿吉紐西島（Arginusae）上的火光，大約有十二里遠[103]。他果斷地決定午夜出發，以期黎明時突襲雅典艦隊，但一場強烈的暴風雨打亂了艦隊，黎明時他們仍在駛向島嶼的途中，經過一晚上休息的雅典艦隊立即出海，進行一場自西勃達戰役以來希臘人之間最激烈的海戰。

雅典艦隊的八個將軍認識到敵方艦隊在士兵素質和戰術上的優勢。爲了防止自己的隊列被突擊戰船突破和側舷受到撞擊，雅典人在側邊形成雙線，間接單線的隊形，以阿吉紐西島作爲天然屏障。卡利克拉底把自己的艦隊分成二個縱隊，進攻雅典人雙翼，他親自在右翼指揮十艘斯巴達戰船，結果一開始就戰死，九艘斯巴達戰船沉沒，整個右翼被擊潰，戰船向南逃去，左翼在底比斯將軍色雷松達斯（Thrasondas）指揮下繼續戰鬥，最後他們也逃走了[104]。

而雅典艦隊則有十三艘戰船沉沒，十二艘失去戰鬥力，但是伯羅奔尼撒艦隊損失更多，將近有七十五艘戰船沉沒。這時雅典指揮官把四十七艘戰船交給二位名將：塞拉門尼斯和沙拉西布洛斯。其他官員負責打撈倖存者和屍體[105]。塞拉門尼斯和沙拉西布洛斯駛向米提勒，以期抓住厄特翁尼卡斯和他的五十艘戰船，但是從北方吹來一陣狂風，他們不得不返回，厄特翁尼卡斯連夜逃往希俄斯。

然而卡利克拉底的英勇表現，雖未盡全功，但他的戰術卻被阿基斯所仿效。西元前四〇六年初，他試圖突破雅典人的防線，他以一萬四千名重裝步兵、一萬四千名輕裝步兵、一千二百名騎兵在夜裡發動攻擊，期望在突襲下得手，雅典軍隊傾巢而出，在接近城牆的地區進行戰鬥，他們不斷受到來自城牆上的攻擊，阿基斯在這種情況下不再進攻，而雅典人也停止前進，這次事件震動了雅典人民，軍隊也加強了夜間警戒[106]。

前述，雅典在阿吉紐西的勝利，卻被五千人傷亡的名單所掩蓋，戰報激起極大的憤怒，人民的不滿情緒爲民主派領袖阿基達馬斯所利用，他在人民聽證會上指責雅典將軍伊拉新尼德（Erasinides）在赫勒斯澎侵吞公款和盲目指揮。伊拉新尼德隨既被押入監獄，公民會議還決定逮捕其他將軍。有二個逃走了，但其餘五個被捕：亞里斯多克拉底（Aristocrates）、戴奧密敦、呂西阿斯（Lysias）、小伯利克里斯（伯利克里斯的兒子）、色雷西拉斯（他在西元前四一一年領導薩摩斯民主派），他們被帶到公民大會前受審。海軍將領塞拉門尼斯和沙拉西布洛斯和其他人亦指責他們，但是將軍們爲自己的辯護，而目擊者的證詞有可能會使他們無罪釋放[107]。但幾天過去了，在雅典人慶祝宗教節日時，戰死者的親屬爲死者痛哭流涕。在公民大會上再次召開時，人們也就對這些將軍的敵意更大，很多出席者穿著黑衣，表情悲痛。

在這次大會上要決定審判程式。卡利薛路斯（Callixenus）受塞拉門尼斯朋友的唆使，提議對將軍判決死刑與否進行表決，一些人表示這項建議是非法，卻被大聲喝止而不得不保持沉默，而一些議會成員也聲稱那是非法的而拒絕投票，但他們受到恐嚇而不得不順從，只有蘇格拉底堅持要依法律程序辦事[108]。最後判決結果，有六位將軍被判決有罪，立即處死。現在，在公開場合集會的雅典人，他們受到人們歇斯底里和假公濟私的影響，已經完全拋棄伯利克里斯把民主作爲希臘世界的一種典範，因爲戰爭的恐懼和失敗主義已腐蝕了雅典人的正直，扭曲了他們的感情。後來他們爲自己所做過的而感到後悔，他們組織了一次行動來反對那些欺騙他們的人，然補救已不可能，民主派的批評者現在擁有強大的基礎，他們受到有原則的人的支持[109]。雅典法院也不再被認爲是公正的，因爲富人成爲犧牲品。西元前四〇八年，皮洛斯失守，安尼圖斯將軍負有責任，但他賄賂了全部的陪審員，最後被判無罪。

在阿吉紐西戰爭後，斯巴達提出條件，他們計畫撤出狄西里亞，在維持現狀條件下保持和平，但克里豐領導的雅典卻堅持，只要斯巴達不從其占領的全部土地上撤走，就拒絕和談，於是戰爭又起，伯羅奔尼撒艦隊由來山得指揮，但由於他們的法律禁止二次將最高指揮權授予同一個人，他們採取了變通的步驟，任命海軍將領阿拉庫斯（Aracus）和來山得爲正副指揮統率艦隊[110]。

此時，居魯士慷慨的援助來山得，他指揮著一支二百艘戰船的艦隊，向赫勒斯澎進發，攻占了蘭薩庫斯（Lampsacus）並釋放了所有戰俘。八月科農和菲羅克勒斯率一百八十艘戰船向拉姆普薩卡斯對面的海灘伊哥斯波泰咪（Aegospotami）進發，該地的運河有二英里寬，雅典人急於立即發動攻擊，想開通一條從黑海向雅典的運糧道。連續四天他們在黎明時跨過運河，在拉姆普薩卡斯外的水域伺機攻擊敵艦，但來山得把他的艦隊停泊在港裡，等到每天下午雅典艦隊撤回伊哥斯波泰咪、當士兵在海灘上吃晚飯時，來山得都派出他的快船進行偵查，並命令其餘部隊備戰直到他們回來，到了第四天，亞西比得建議雅典將軍艦移到塞利都斯，卻沒被接受，亞西比得只好悻悻然的離開了，此時他在政治上也已完全失勢，來山得沒有了旗鼓相當的對手，第五天，雅典艦隊如往常一般行動，然而來山得的快船就在運河中部時桅杆上升起盾牌作爲信號，來山得率部全速穿過海峽，雅典人比西元前四一一年在俄羅巴斯還要吃驚，科農指揮八艘戰船和巴拉洛斯號成功地逃走，其他全空或半空的一百七十一艘戰船被繳獲，軍營也被伯羅奔尼撒人占領[111]。

於是來山得把成千上萬的戰俘集中起來，讓盟軍指揮官決定他們的命運，他們對雅典的殘暴仍然記憶猶新，最近菲羅克勒斯曾命令把二艘從科林斯和安得羅斯來的水兵扔下懸崖，公民大會曾命令其指揮官砍掉所有戰俘的右手。來山得接受盟國的決定，他處死大約三千名雅典戰俘，從那以後，每當來山得橫掃愛琴海地區時，他都把戰俘送回被圍城市，以此炫耀，他還恢復米洛斯（Melos）、阿基那和其他城邦被剝奪權利者的公民權[112]。此外，他的艦隊還封鎖了比雷埃夫斯，伯羅奔尼撒軍隊在斯巴達國王阿基斯和保薩尼阿斯（Pausanias）率領下在城外紮營。而雙方的形勢消長，似乎也已註定了雅典的命運。

西元前四〇五年，雙方在伊哥斯波泰咪（Battle of Aegospotami）進行一場海戰，斯巴達船隊使用偷襲戰術，攻擊摧毀擁有一百八十艘船艦的雅典艦隊，並乘勝進逼雅典。翌年，雅典投降[113]。

色諾芬（Xenophon）描繪了伊哥斯波泰咪（Battle of Aegospotami）戰役後的雅典：深夜「巴拉洛斯」號抵達報告了這場災難，每個人都把這個消息告訴他的鄰居，悲慟很快從比雷埃夫斯沿長城傳到雅典[114]。那天夜裡沒人睡覺，不僅爲死者悲哀，更爲他們自己，因爲他們預料伯羅奔尼撒人也會如他們對待米洛斯人、希斯提艾人（Histiaea）、賽翁尼人、托倫人、阿基那人和其他地方人民那樣對待他們。第二天他們在公民大會裡聚集，準備保衛城市，在封鎖開始時，公民大會決定對所有剝奪了公民權的人實行大赦，授予薩摩斯民主派雅典公民權，它是唯一沒有加盟斯巴達的國家。

十二月糧食供應開始短缺，人民尋求保留城牆和加盟斯巴達條件下的和平，但埃弗要求部分拆毀長城，然後克萊奧豐（Cleophon）頒布一條命令：將處死任何要接受那些條件的人，公民大會又任命塞拉門尼斯去與來山得談判，他一去就是三個月，在此期間很多人餓死，克萊奧豐被控企圖逃跑，指控來自寡頭派，當塞拉門尼斯返回時，他和其他九個人被授予全權安排投降條件[115]。他們出現在斯巴達同盟議會前。

科林斯、底比斯和其他國家的代表提議，一如雅典對待米洛斯和其他地方人民，處死成年男子，把婦女和孩子賣為奴隸。但斯巴達拒絕摧毀這座希波戰爭中勇敢的希臘城市。雅典人接受了斯巴達的條件：摧毀城牆和比雷埃夫斯防禦工事，艦隊除十二艘運輸船外，全部繳械，從帝國撤出，恢復放逐，在對外政策上一切服從斯巴達[116]。西元前四〇四年四月，來山得開進比雷埃夫斯，他的部隊在笛子伴奏下以極大的熱情開始摧毀城牆，「相信那一天是希臘自由的開始。」

雅典與斯巴達的戰爭以雅典的徹底失敗而告終。根據修昔底得的總結，戰敗應歸咎於雅典人及其領導人的自私和派系糾紛。他們擁有足夠的力量、勇氣和主動權，但缺乏團結、自我克制和能把他們引向勝利的紀律。斯巴達同盟的勝利不僅僅是因為雅典所犯的錯誤，同盟成員不論其大小，都不屈不撓地忍受著不幸，為自由戰鬥到性命的最後一刻，這種精神不是建立在物質性的自我利益之上，而是以愛國的理想主義為基礎[117]。

雖然斯巴達常常反應緩慢，戰略上也不富有想像力，但他擁有主控能力，能在勝利時保持清醒，失敗時不致於沉淪，從而使他能夠領導倔強的盟國，保持其軍事優勢。總之，在伯羅奔尼撒戰爭中希臘人得到的很少，失去的則太多。

第十三章

斯巴達的霸權

斯巴達制度的問題

斯巴達人戰死高貴而莊嚴。據我們了解，普魯塔克描述了斯巴達母親公開承認，如果自己的兒子在戰敗中倖存下來是犯錯，是令人失望的事情。西元前三七一年，色諾芬描述了斯巴達與底比斯戰後人們的心理狀態，斯巴達人表現出來的堅忍不屈、英勇剛毅的品質，他寫道：「翌日，**你會看到親戚戰死沙場的那些人出現在公共場合，臉上掛著燦爛幸福的表情**，而對於倖存下來那些人的親戚而言，很少看見他們；而那些在公共場合露面的人，走在路上也會為自己感到悲傷難過不已。」[1]然而，他們對待勝利的習慣做法則更加難以捉摸。

斯巴達在兩次大戰獲勝後，牢牢掌握了主動權。理論上，斯巴達可以重新採用以前受雅典壓制時的消極孤立政策，但實踐中則和以後的雅典、底比斯一樣，信奉勝者統治敗者，強者統治弱者的信條，修昔底得認為這種信條起源於人類的本性[2]。

西元前四〇四年，斯巴達勝利者面臨極為重要的問題，大部分希臘城邦被宗派和敵意分裂，許多像柯基拉（Corcyra）那樣，在精神、經濟上都被摧毀，要在希臘城邦中重新樹立信心需要真正的領導。修昔底得表達了這種願望，他說斯巴達在擊敗雅典後，可以擔當起領導責任，這樣斯巴達可以高枕無憂地存在下去，而整個希臘都將接受他基於美好意願而非武力之上的領導。相似的願望也可以寄託在敘拉古（Syracuse）上，由他領導西西里希臘走向統一[3]。

如果斯巴達和其他較強的城邦無法解決領導問題，就會容易受到攻擊。最壞的結果，是這些城邦採取親波斯主義和帝國主義的結合政策。但這並不全是他們的錯誤。因為其他城邦或是不實行他們制定的政策，或是從未認真嘗試聯邦的想法。長久以來，希臘城邦有種政治毛病，造成它們既無力互相領導，也不能追隨其一位領導者。這一時期城邦政體面臨了嚴峻考驗。當傳統的城邦國家無法滿足它們的精神、物質需要時，也就無法獲得它們衷心的擁護[4]。爲減輕這個問題，各方做出種種努力：政治理論上有柏拉圖和亞里斯多德的學說，政治實踐上有敘拉古、底比斯等城邦。

我們將討論的西元前四〇〇年這一時期，有時它被稱爲希臘衰落時期；在此我們還是讓事實來說話。希臘文化燦爛如昔，這個階段在政治、哲學、文學和藝術上都有輝煌的表現[5]。西元前四世紀的希臘文化，它溶合了馬其頓和羅馬等未開化民族的文化，固然這個文化的傳統容器——主權城邦國家，在內部新思潮的激盪和外在強大的壓力下開始瓦解，但透過它們，也影響了當代的希臘世界。

斯巴達以自由的名義進行伯羅奔尼撒戰爭，勝利的那一天被譽爲希臘自由的黎明。自由確實是個通俗而又易被接受的口號，但城邦間和城邦內的政治自由，卻是極複雜的關係，這一點在伯羅奔尼撒戰爭的最後幾年中已相當明顯[6]。斯巴達與波斯所簽訂的條約，出賣了小亞細亞希臘人的自由，以此獲取波斯的資金援助，最後擊敗了雅典。戰爭勝利後，斯巴達面臨著兩難選擇，如果履行與波斯的條約，就得撕下希臘人救星的面紗，它將失去希臘人的敬重；如果拒絕履約，就必須準備迎戰波斯，而爲了打仗，就必須保住在愛琴海的海軍力量和在小亞細亞的軍事基地。實際上，這時期的斯巴達，在領導統禦方面已經有力不從心感。

西元前四〇四年，斯巴達的統帥來山得（Lysander）解決了小亞細亞和愛琴海地區的問題。他能力出眾，雄心勃勃，並贏得「政治俱樂部」裡，那些愛琴海地區各城邦的忠心，戰後他頗有威望，在德爾斐，他建造了圓柱門廊以紀念伊哥斯波泰咪（Aegospotami）戰役，來山得的雕像被安置在其他統帥像之前，在諸神像的旁邊[7]。來山得親自題詞：「**是他爲這希臘的要塞，美麗的國**

度，不敗的斯巴達，戴上了勝利的桂冠。」在薩摩斯（Samos），西元前四〇四年他放逐了民主派後。十月他滿載勝利果實回到斯巴達，包括投降的雅典艦隊約二百艘戰船、四百塔倫特的白銀，大批掠奪物，以及一些城邦給他加冕的王冠。在事業的顛峰之後，來山得更醉心於掌握權力[8]。

與此同時，斯巴達必須考慮與盟國的關係。在內戰期間，貝奧提亞、科林斯、麥迦拉、敘拉古和其他城邦，都提供了大量兵源和艦隻，並遭受沉重損失。我們特別指出，這不是斯巴達一個國家，而是斯巴達同盟擊敗了雅典。同盟的形成除了斯巴達領導有方，還出自對雅典的恐懼與仇恨[9]。西元前四〇四年和平協議一簽定，就像西元前四二一年那樣，同盟便面臨瓦解的命運。

勝利帶給斯巴達唾手可得的海、陸霸權，他在希波戰爭中便已取得這種霸權，而西元前四七四年，亥托艾瑪瑞達斯（Hetoemaridas）又以這並非斯巴達利益所在爲由，建議斯巴達放棄雙重霸權。那麼斯巴達的國力眞是如此強大嗎？可以同時稱霸海、陸了嗎？資料顯示，西元前四〇四年，斯巴達的軍事力量已經達到最鼎盛時期，他的重裝步兵很有戰力，擁有許多優越的將領，如布拉西達斯（Brasidas）、阿吉斯（Agis）、吉利普斯（Gylippus）、克萊爾處斯（Clearchus）、凱利克拉提達斯（Callicratidas）和來山得等，他們在戰場上功勳卓著，贏得人們尊敬。另一方面，海外部隊，主要是派瑞歐埃西人（Perioeci）和奈歐達摩戴斯人（Neodamodeis），他們有非常好的戰技。他們的艦隊雖然小卻很靈活且善戰，在海戰中表現勇猛[10]。此外，斯巴達法律也享有很高地位，他是參戰國中少數幾個沒有黨派紛爭的國家。斯巴達的穩定和高效率，不僅讓追隨他的城邦羨慕不已，就連敵視他的城邦也心懷妒意。

但長期戰爭仍給斯巴達造成巨大壓力，西元前四七九年斯巴達重裝步兵約有五萬人，而西元前四〇四年只有三千多人，拉西第夢人（Lacedaemonian）軍隊中的斯巴達成員，原來占重裝步兵力量的一半，到了西元前三七一年只占約三分之一。戰爭中和戰爭後，斯巴達軍官時常濫用交給他們的權力。例如克萊爾處斯殘酷的統治拜占庭，吉利普斯涉及挪用公款，凱利比尤斯（Catlibius）公然在大街上襲擊雅典平民，而許多總督受同黨的腐蝕，對斯巴達的嚴謹紀律非常不滿。來山得則被懷疑有推翻斯巴達兩君主的企圖[11]。此外，斯巴達的憲法也有很大的缺陷。所有的政治、經濟大權都集中在六十多歲的國王蓋榮太斯（Gerontes）及每年改選一次的監察官手中。國王與國王及國王與監察官之間的不和導致國家政策不穩，蓋榮太斯又上了年紀，統治國家不力。

然而更嚴重的是斯巴達的制度問題。戰爭的勝利讓斯巴達應驗了德爾斐的神諭：「**一味貪財將毀滅斯巴達**。」斯巴達是以農立國的城邦，由於使用鐵製貨幣，外貿經濟被阻斷了，斯巴達主要還是依靠農奴來維持國內的經濟繁榮。而斯巴達人只要保住傳統領地（Kleroi）就足以讓他們繼續富裕。更甚者，戰爭的勝利使金、銀流入到斯巴達人手中[12]，很快打破了斯巴達人的平等。因而下階層無力償還債務或無力向宗教團體（Syssitia）捐獻的人，他們就被剝奪了政治權利。西元前三九八年，一名被剝奪了權利的斯巴達人——西奈棟（Cynadon）起義，他聯合賤民、派瑞歐埃西人、奈歐達摩戴斯人和希洛人反對上層的領主、貴族和斯巴達公民。監察官逮捕西奈棟和他的同夥，粉碎了陰謀。但他們並沒有調查賤民的比例；當許多公民戰死，五分之二的土地按照斯巴達繼承法，土地可以轉入子女手中，此時斯巴達公民因戰爭而驟減，便成爲突出的問題[13]。因此隨著斯巴達征戰越多，公民傷亡比例也往上攀升，而享有全部政治權力的公民也變的越少。

儘管斯巴達存在若干弊病，但仍然稱雄希臘世界近四十年，強大國力具有穩定的影響力，其政策也變得越來越強制性。在日益商業化、資本化的社會裡斯巴達支持單純農業經濟，然而文化在個人主義和學術複雜的年代則停滯不前。因此無法像伯利克里斯誇口聲稱，他的附庸無需因爲服從他的統治而臉紅[14]。換言之，斯巴達採取軍國主義的寡頭體制，並掌控了國家經濟，除了爲防範麥西尼亞人的反抗其統治外，地理上的孤立也是原因，斯巴達的東北邊與西邊都是山脈，不易與其他城邦文化交流，造成斯巴達文化的停滯不前，也沒有思想家或作家誕生，因此在希臘文化中並沒留下太多貢獻。

另一方面，斯巴達在勝利時刻也改變了雅典的地位。阿基那（Aegina）、麥洛斯（Melos）、西翁奈（Scione）等，曾被雅典吞併的領土又回到原主手中。被放逐的人又重返家園，提洛的巴波羅聖島也從雅典的占領中脫離了[15]。雅典送到諾派克土斯（Naupactus）和賽法倫尼亞（Cephallenia）的邁錫尼移民也被趕走，他們逃往西西里和昔蘭尼（Cyrene）。在獲得自由的各城邦中，因而開始有傾向寡頭政治的趨勢。

雅典起初也有建立獨裁政府的傾向，其最有影響力的政治家塞拉門尼斯（Theramenes），是和平協議的談判者，也是一個著名的溫和獨裁派。在失敗的痛苦中，人們傾向接受一個與勝利者權宜之計的獨裁政府，而且對被逮捕的民主派坐視不顧[16]。

西元前四〇四年夏，臨時政府正式成立，在來山得親自致詞的大會上，正式決定採用德拉貢提戴斯（Dracontides）的建議，即指定三十人起草「祖傳法律」，作爲雅典永久憲法的基礎，這三十人中的二十人很快由塞拉門尼斯和監察官指定，另十人由出席公民大會的人擔任，他們輪流選擇五百人擔任議員，另一些人擔任執事官——特別是比雷埃夫斯（Peiraeus）的十名總督及國家監獄的十一名督察，這些人是從指定的「一千人」的候選人名單裡挑出的[17]。爲了在表面上保持憲法程序，這三十人解散公民法庭，開始修改法令。他們擁有絕對權力，又起用三百名衛隊來執行他們的意願，且控制了全部行政權，是名副其實的「三十人」僭主。

前此到了西元前四〇四年和西元前四一一年的情況大致相似，獨裁份子來自兩大陣營。或是流亡歸來的放逐者，或是政治俱樂部成員，由克利提阿斯領導。他以身爲「四百人」成員之一著稱，並在色薩利流亡期間以支持民主聞名。他們的觀點和手段可用克利提阿斯的話概括：「**最好的憲法是斯巴達的憲法。**」以及「**要改變憲法就得流血。**」[18]他們將黨派利益置於國家利益之上。

西元前四〇四年十月，塞拉門尼斯反對不斷增加的死刑案件，他在五百人議會被克利提阿斯當眾彈劾。克利提阿斯將一刺殺小組安置在元老院之中，又將斯巴達軍人駐守在法庭前庭。此時塞拉門尼斯面對他的兩項指控，一是「兩隻腳都不合適的靴子」，二是他第二次背叛獨裁派。塞拉門尼斯大義凜然的反駁贏得了議員公開的支持。於是克利提阿斯命令督察薩提魯斯（Satyrus）將塞拉門尼斯扯下祭壇，逼他喝下致命的毒酒。塞拉門尼斯將酒杯擲到地上，嘲弄地向「公正的克利提阿斯」敬酒[19]；以他的死證明他不僅僅是一個應時代而生的政治家，也是這個時代的殉道者。

在之後的近八個月中，「三十人」僭主處死了大約一千五百名公民，放逐了五千人，被流放者後來在底比斯、麥迦拉、愛利斯（Elis）和阿哥斯（Argos）受到了庇護[20]。在底比斯領袖愛斯麥尼亞斯（Ismenias）和昂德羅克萊戴斯（Androcleides）的積極幫助下，他們計畫返回雅典。西元前四一一年薩摩斯的雅典民主派領袖，斯提瑞亞（Stiria）的特拉西布魯斯（Yhracybulus）和另外七十名流亡者一起從底比斯出發，奪取菲勒要塞（Phyle），該要塞座落在巴奈斯山脈（Mt. Banes）荒涼的山脊上，位於阿提加一側的貝奧提亞邊界[21]，他堅守陣地直到力量增至七百人，然後率領部隊下山，進入平原，黎明之前發動突擊，擊敗了斯巴達駐軍和雅典巡邏兵。

到了西元四〇三年五月，他們夜行軍進入了比雷埃夫斯（Peiraeus），克利提阿斯立即下令斯巴達駐軍和雅典騎兵，以及「三千人」的重裝步兵進攻蒙尼乞阿山（Munychia）上的民主派陣地。

克利提阿斯與其先頭部隊愚蠢地採用密集隊形，沿著羊腸小路向山上衝鋒，被對手以弓弩和石塊打得潰不成軍[22]。於是雅典民主派獲勝，他們的發言人用宏亮的聲音宣布，邀請所有的希臘人聯合起來，結束互相殘殺的內戰局面。

此時，克利提阿斯（Critias）也在比雷埃夫斯附近戰鬥中身亡，但「三十人」僭主卻拒絕這一邀請，他們指望斯巴達能夠出面干涉，但這使他們分裂成兩派。極端份子撤往埃留西斯（Eleusis）和薩拉米斯（Salamis），他們爲克利提阿斯及其手下撰寫的墓誌銘表現出死不悔改的決心；**「這裡長眠的勇士曾一度收拾了雅典那些該死的民主派。」**[23]溫和派將兵力集中在城中，那裡由斯巴達駐軍占領衛城。他們選擇了一個十人委員會作爲領導人，大家一起負責城防，與此同時，特拉斯布魯斯和民主派也控制了比雷埃夫斯。

西元前四〇三年夏，斯巴達按兵不動，特拉西布魯斯和手下搬來攻城器械，向城牆前進，其他城邦的同情者甚至幫忙招募了一些僱傭軍，埃留西斯和薩拉米斯的僭主再次向斯巴達求援，而此時來山得在那裡的威望已開始下降，他支持極端獨裁份子的政策遭到批評，他挑選的軍官克萊爾處斯和道拉克斯（Thorax）被發現犯有叛國罪和貪汙罪[24]。而他自己也是波斯、雅典不斷抱怨的對象。因此除了借款給「三十人」僭主，駐軍還可以保護衛城之外，沒有其他表示。

由於來山得的權力越來越大，迫使斯巴達兩位國王阿吉斯（Agis）和保薩尼阿斯（Pausanias）聯合起來反對他。他們說服了新選舉的監察官，又召集了斯巴達同盟。保薩尼阿斯親自掛帥，由兩名同情他觀點的監察官陪同，進入阿提加後，他立刻取代了來山得，在雅典騎兵的配合下，他們打敗了民主派[25]。接著他派人給特拉西布魯斯和其在亥伊拉埃尤斯的戰友送去密信，勸他們要求訂約。

當保薩尼阿斯於西元前四〇三年九月下旬離開時，民主派從比雷埃夫斯走到衛城，他們在那裡為雅典娜女神獻上祭品，以表示對城市獲救和重返家園的感激之情。內戰加上斯巴達的介入，使雅典家庭離散，城邦分裂，彼此滿懷深仇大恨，極端獨裁者的主要支持者是騎士，溫和派的則是富裕的「三千人」階層，民主派則在一無所有的平民百姓中找到追隨者[26]。溫和派與民主派合作執行保薩尼阿斯促使他們達成共處的協議。即尊重個人財產權利、依照法定程式審理刑事案件，如謀殺案件等。完成內戰中對所有罪犯的大赦。雅典的每一位公民都要來監督大赦，特拉西布魯斯訓誡他的屬下遵守法律，而溫和派的領袖阿乞努斯（Achinus）處死了企圖破壞大赦的人。雅典的溫和派與民主派召開聯合大會，選舉出由二十人組成的委員會，授權他們起草憲法條文並暫時根據梭倫和德拉貢（Draco）的法令來負責行政事務。

西元前四〇三—四〇二年，在埃尤克利戴斯（Euclides）掌權期間，埃菲阿爾戴斯（Ephialtes）和伯利克里斯的民主精髓再度發揚光大。民主法庭作出的有關財產及債務的判決維持它的效力。此外，要求父母雙方均為雅典人才能申請加入國籍的法令再度通過，雖然特拉西布魯斯試圖在內戰中給予外僑及奴隸政治權利，但他的努力終被阿乞努斯擊敗，另一方面，佛米西尤斯（Phomixius）想剝奪五千名無土地公民的政治權利也未獲成功，因此貧民階層的權利也得以再度的被確認。西元前四〇三年，瑞儂（Rhinon）當選十將軍之一，而雅典也在民主派協助之下償還拖欠的斯巴達債務[27]，不久之後，鑄模硬幣也開始發行，雅典度過經濟蕭條期，重新強大起來。

然而埃留西斯城邦在保薩尼阿斯協議條款的保護下，面臨更大困難。他們的領袖被排除在溫和派與民主派協議之外。雅典的「三十人」僭主及第一屆十人委員會，被認為應對過去所做所為負責；除非他們自首參加聽證會洗脫罪名，否則他們永遠沒有機會重返雅典，但這些人只要在二十天之內登記表達離開的意願，便可自由移居埃留西斯。阿乞努斯提前結束了這一期限，因而阻止了許多人加入獨裁派一方。兩城邦也彼此封閉，禁止往來，除非是埃留西斯的太陽神祕密慶典，才允許雅典公民參加[28]。此外，埃留西斯還必須償還欠下的斯巴達債務。

政治和解並未能消除人與人之間的敵意，在重建的民主體制中，人民對任何形式的獨裁統治的仇恨與恐懼如此強烈，以致於「獨裁」成爲雄辯家和律師掛在口頭的責難之辭。法庭忙於處理的案件當中，充斥著對某人在內戰中經歷的影射。而窮人的惶恐則使重建的民主制過於激烈[29]。隨後，「三十人」僭主垮臺，民主制恢復。克里底亞和查米迪斯也被處死。

西元前三九九年蘇格拉底被指控褻瀆神靈，依據柏拉圖《申辯篇》裡的審判記載，蘇格拉底的「罪行」開始於他的朋友凱勒豐（Chaerephon）在德爾斐的神諭處詢問是否有人比蘇格拉底更聰明，神諭處的回答則是否定的。蘇格拉底解釋這個答案是另一個謎題——要他開始尋找比他更聰明的人，他質問雅典人有關他們對於至善、美麗和美德的看法，發現他們以爲知道很多，實則根本一無所知[30]。蘇格拉底於是總結道：**他比其他人聰明的地方僅只在於他認識到他什麼也不知道**。被他質疑愚蠢的雅典政治人物，轉而對付他，導致了這場不敬神的審判。因爲他「不崇拜城邦供奉的諸神，宣揚宗教改革，腐蝕雅典青年思想。」

檢察官麥賴士斯（Meletus）建議判處蘇格拉底死刑，他得到了溫和派領袖阿尼士斯（Anytus）的支持。蘇格拉底的審判交由五百零一名陪審員組成的法庭行使職權，以多出六十票宣布蘇格拉底有罪，這時蘇格拉底刑罰有二種——繳交罰金或死刑。法庭得在兩個建議中選擇其一[31]。這回判他死刑的多數票上升，一個月後，當最後一縷陽光依依不捨地照在希邁士斯山（Mt. Hymettus）上時，鄙夷肉體死亡而自信靈魂超脫的蘇格拉底飲下毒藥酒。作爲人，他比任何人都要思想坦誠，光明磊落。作爲公民，他遵紀守法，但拒不服從掌權者的專制，不顧忌他們究竟是阿吉努薩埃戰役後審判將軍的人民代表，還是逮捕雅典的「三十僭主」當權者，公正地說，蘇格拉底是清白無辜的，但是按照阿提卡法律，他犯了被指控的罪行可以減刑，但他決然拒絕法律賦予他的減刑權利。他為自己信仰而殉道，即每個人都應在生活中聽自己理智的引導。他的犧牲鼓舞了古代最偉大的哲學家，在他們眼裡，他的死亡給雅典重建的民主制度蒙上恥辱[32]，但他的死亡，更多是由於人為制定的法律缺陷，而不是任何單一政體的制度。

斯巴達與波斯的戰爭

西元前四〇三年九月，斯巴達改變了來山得的寡頭政治體制，宣布支持傳統的憲法制度，意指溫和憲法而非民主憲法，此時斯巴達並未從雅典以前的附庸城邦撤軍，因而變化只是形式的。其目的未變，即繼續分裂阿提卡半島，並讓愛琴海諸邦附屬於他，雖然這些城邦並未獲准加入斯巴達同盟，但在外交政策中與斯巴達保持一致[33]。他們的地位與西元前五世紀下半葉雅典的「同盟國」一樣，實質是斯巴達帝國的隸屬國。

斯巴達同盟國在理論上是主權國家，他們與斯巴達的聯盟是自願、防衛、互惠的。每個盟國都在同盟議會中擁有一票。同盟議會有權否決斯巴達議會的任何建議，並提出自己的建議。往昔，斯巴達即使獲得了議會多數票，並取得同盟領袖支持，也一直謹慎從事。但西元前四〇四年斯巴達與雅典簽署和約，竟不顧及底比斯、科林斯和其他城邦的反對，自行其是[34]。西元前四〇三年保薩尼阿斯在底比斯、科林斯拒絕派兵以示反對的舉動之下，入侵阿提卡，這些很快就使同盟城邦產生對斯巴達霸權的懼怕。

原則上，斯巴達若想贏得議會多數票，必須是聯盟整體的政策，但他總可以透過對小城邦的親近或恫嚇達到目的。斯巴達越走向霸權，就越急於把大國分裂成若干小國，因而即使損害聯盟力量也在所不惜。西元前四〇〇年，斯巴達控制雅典和其他隸屬城邦，實力大增之後，決定拿愛麗斯殺一儆百。斯巴達要求愛麗斯允許他吞併一些小城邦，並承擔伯羅奔尼撒戰爭的部分費用。在愛麗斯斷然拒絕後，於是斯巴達向愛麗斯宣戰，阿吉斯率部侵入愛麗斯，此時卻發生了地震，被解釋爲凶兆，於是阿吉斯撤軍[35]。鑑於斯巴達對弱小城邦的侵略，希臘中部的貝奧提亞堅持反對斯巴達的帝國主義政策，西元前三九九年，阿埃托利亞（Aetolia）派出一千名重裝步兵增援愛麗斯，然而斯巴達的強硬外交政策更讓同盟城邦憂懼不已。

西元前四〇五年，波斯國王大流士二去世，阿爾塔薛西斯二世（Artaxerxes Mnemon）繼承王位，他的胞弟居魯士（Cyrus）任小亞細亞總督。而此時居魯士有意稱王。他有一支波斯軍隊，還有一支由一萬三千名希臘人組成的僱傭軍，主要從伯羅奔尼撒招募而來。雙方決戰地點在幼發拉底河和底格里斯河匯流處——庫納克薩（Cunaxa）[36]。左翼希臘僱傭軍，未損一兵一卒，但在中腹的居魯士卻戰死了，他的波斯軍隊潰逃，最後這場叛亂以失敗告終。

這時希臘僱傭軍發現自己處於孤立無援又地處敵國之中，在平原作戰中他們證明自己比波斯軍隊善戰，儘管他們的統帥不幸被俘，他們仍殺出一條血路，穿過了熱茲赫（Jezireh）、庫迪斯坦（Kurdistan）、亞美尼亞（Amenia）進入厄澤魯姆平原（Erzerum），那裡厚厚的積雪迫使他們折向黑海。由於當地嚮導領錯了路，他們在亞美尼亞的荒山裡迷失了方向，與敵對部落一路廝殺，才到達希臘特拉布宗的神山（Trapezus）（黑海南岸的土耳其）[37]。軍隊接近神山頂峰時，後衛指揮官色諾芬（Xenophon）聽到喊聲，於是衝上前去，他以爲又是一次敵人進攻，但其實是自己人喊道：「海！海！」（Thalassa，Thalassa），他們終於到達了黑海，在山頂上堆起巨大的圓錐形石堆，一周後在**特拉布宗**用牲畜祭祀，慶祝回到祖國。

色諾芬撰寫《遠征記》，廣泛傳揚了「萬人遠征」英勇動人的故事，因而加深了希臘人對波斯軍隊的鄙視，也造成對波斯國力錯誤的認識，最後導致了一場斯巴達與波斯的戰爭。希臘重裝步兵在方陣中確實無與倫比；但波斯的力量在於騎兵、國家財富，以及一旦需要便可投入作戰的艦隊。隨後，阿達克色塞斯下令總督梯薩弗奈斯（Tissaphernes）占領希臘城市，斯巴達接受了挑戰，並派部隊去保衛愛奧尼亞。

西元前四〇〇年，斯巴達與波斯之間的戰爭爆發，斯巴達同盟派出四千重裝步兵，其中有一千名拉科尼亞的奈歐達摩戴斯人，雅典民主派也派了三百名騎兵助戰[38]。還有一些小城邦也派兵支援斯巴達。西元前三九九年，斯巴達又招募六千名輕裝步兵和「一萬人」在戰爭中的倖存者，斯巴達的戰力不可小覷。

此時，斯巴達的督察，指示梯布榮（Thibron）和他的繼任者德西利達斯（Dercyllidas）侵入卡瑞亞，因爲奪取了卡瑞亞將迫使卡瑞亞人加入斯巴達一方，進而可以控制這個港口。這是顯而易見的策略，但督察嫉妒梯有榮和德西利達斯的權力，並未給他們足夠的兵力。如果要軍隊運補給沿卡瑞亞海岸的部隊，統一的領導將是關鍵所在，但督察任命不同的統帥，各將軍也無能爲力，他們領兵向北推進，燒殺搶掠[39]，既沒有能與波斯交戰，又因缺乏圍城器械，因而未能奪取任何大城市。

西元前三九七年督察同時下令德西利達斯和海軍統帥法拉克斯（Pharax），要他們務必進攻卡瑞亞。另一方面，在這個危急狀況下，波斯將領法納巴祖斯和梯薩弗奈斯立即聯合派軍保衛停泊在卡瑞亞考努斯（Caunus）考儂指揮的四十艘波斯戰艦。在此情況下，斯巴達的將領德西利達斯和法拉克斯也沒有聯合作戰，德西利達斯開進卡瑞亞不久，梯薩弗奈斯和法納巴祖斯也同時開向愛奧尼亞，引誘他離開卡瑞亞，在兩軍做最後對峙時，德西利達斯對波斯騎兵的恐懼不亞於波斯人對希臘步兵的恐懼，於是雙方停火，等候更高級別的談判【40】。與此同時法拉克斯率領一百二十艘艦艇封鎖了考努斯的考儂，但他沒有足夠兵力與援助考儂的波斯軍隊交戰，最後他無計可施，只好撤離到了羅德島。

西元前三九七年，斯巴達希望按德西利達斯和梯薩弗奈斯建議的條款上與波斯簽約，即波斯必須承認小亞細亞希臘城邦的獨立，而斯巴達將從那裡撤出總督及駐軍。實際上，斯巴達的海軍力量還是完好無損，而波斯艦隊在數量上與斯巴達相差甚遠【41】。雙方對決，波斯未必會勝出。此時斯巴達也已經鞏固了特拉乞斯的亥拉克萊亞（Heraclea），懲罰了伯羅奔尼撒的愛麗斯，挫敗了拉科尼亞西李棟的陰謀，西部他有敘拉古的僭主狄奧尼修斯作爲盟友，斯巴達似乎比任何時候都要強大。

然而由於各城邦的不滿，斯巴達實力損耗極大，此外，貝奧提亞和科林斯的桀驁不馴形成掣肘。西元前三九七年斯巴達處死了雅典派往波斯的使者，迫使愛琴海各島嶼和小亞細亞的希臘城邦也心懷他意，許多人在德西利達斯向卡瑞亞的進軍途中開小差【42】。西元前三九八年，斯巴達國王阿吉斯死後，斯巴達自身也出現嚴重危機，他的兒子李奧提乞達斯被指控是阿爾西比亞德斯（Alcibiades）的私生子，沒有資格繼承王位，因此，阿吉斯的瘸腿兄弟阿蓋西羅斯（Agesilaus）被選爲國王。

西元前三九七至三九六年冬，停泊在波斯佛埃尼西昂（Phoenician）港口的一艘商船上的敘拉古水手注意波斯的戰艦，以及建造中的許多艦隻。他乘機搭乘開往希臘的第一艘船，向斯巴達報告上述情事。斯巴達人認定波斯計畫使用這支艦隊駛入愛琴海，因而把他們趕出小亞細亞。而此時波斯國王也已終止梯薩弗奈斯提出的談判，並任命希臘船長考儂爲波斯艦隊指揮官。斯巴達和盟國決定全力以赴這場危機，他們要在波斯新艦隊尚未作好準備之前，便擊敗波斯[43]。這樣的決定主要是受來山得的鼓動，因爲他在亥萊斯邦特及愛奧尼亞的聯合作戰經驗無人能出其右，他相信希臘艦隊強大的實力，特別是此時波斯無法再動用埃及的兵力，希臘陸軍將創造比「萬人遠征」更偉大的奇蹟。

如果斯巴達仿效西蒙的戰略，在卡瑞亞和西利西亞投入龐大的艦隊和陸軍力量，必將擊敗波斯艦隊或將他封鎖在佛埃尼西昂水域。但現實上，斯巴達面臨的問題不是波斯的脆弱而是希臘的軍事實力，過去七年中，斯巴達眞心誠意的允諾捍衛小亞細亞希臘人的自由，盡是些空洞的大話[44]。這次行動由斯巴達國王阿蓋西羅斯統領陸軍，他有來山得爲首的三十名斯巴達人擔任幕僚，還有包括拉科尼亞的二千名奈歐達摩戴斯人，斯巴達同盟的六千重裝步兵，加上德西利達思的一萬名輕裝步兵及小亞細亞希臘城邦的軍隊[45]。

西元前三九六年春，出征的軍隊正在埃尤玻埃亞的熱拉埃斯土斯（Gelaestus）集結時，阿蓋西羅斯像阿卡曼農那樣在阿尤利斯（Aulis）祭祀，這時出現了一些貝奧提亞騎馬的人，以貝奧提亞人的名義要他停止祭祀，隨後啓航時，那些人竟將祭祀供品扔進海裡[46]。這些事情的發生，也讓出征的軍隊蒙上一層陰影。而雅典、底比斯、科林斯未派兵的事實，這裡表明了阿蓋西羅斯的後方，根本就沒有團結起來支持他，這樣的形勢似乎對他非常不利。

西元前三九六年冬，阿蓋西羅斯從小亞細亞的希臘城邦抽調騎兵，訓練了一支由重裝步兵、輕裝步兵、投槍兵和弓箭手組成的精銳部隊，西元前三九五年年初在派克妥路斯河（Pactolus）附近大勝波斯騎兵，在敵營裡繳獲價值七十塔倫特的戰利品。這次勝利使波斯總督梯薩弗奈斯喪命，他的繼任者梯特羅斯戴斯（Tithraustes），付給阿蓋西羅斯三十塔倫特，讓他進攻法納巴祖斯的行省，放過卡瑞亞。正當阿蓋西羅斯北進逼近西姆（Cyme）時接到斯巴達寡頭政府新命令，要他同時指揮海陸兩軍，並讓他自己任命海軍統帥，以便在戰略要地實施聯合作戰[47]。隨後，阿蓋西羅斯任命他的妹夫貝桑德（Peisander）爲海軍統帥，並命令島嶼及沿海城邦提供海軍增援，很快便有一百二十艘新戰艦到位，加強已在執行命令的軍艦。

西元前三九六年，雖然阿蓋西羅斯所採取的戰略，大受軍隊歡迎，但戰爭的結果卻是致命的。當他沒有侵擾卡瑞亞和西利西亞時，波斯艦隊由弱轉強。西元前三九六年，波斯艦隊可能由於希臘、西利西亞、西普瑞亞及佛埃尼西亞艦隊之間的不和，特別是佛埃尼西亞對任命考儂爲最高統帥大爲惱火，實力受到削弱。此時，波斯艦隊之間的不和已趨緩和，海軍戰力也大爲增強。

這時希臘的底比斯、愛斯麥尼亞斯、安德羅克萊戴斯（Androcleides）的反斯巴達領袖，在底比斯和貝奧提亞聯盟組織起強大的聯盟，西元前三九五年夏，他們在佛西斯和勞克瑞斯間挑起戰事，又說服貝奧提亞聯盟接受勞克瑞斯援助的要求。於是佛西斯人向斯巴達求援，督察命令貝奧提亞不得侵入佛西斯，將爭端交給斯巴達同盟調解[48]。在愛斯麥尼亞斯的的煽動下，貝奧提亞聯盟拒絕從命，西元前三九五年夏侵入佛西斯，在佛西斯燒殺搶掠。是故，斯巴達及其同盟調兵準備進攻貝奧提亞。但在貝奧提亞聯盟與斯巴達談判期間，波斯間諜通知雅典的反斯巴達領袖，波斯艦隊即將進攻的消息。他的消息點燃起底比斯和雅典的希望，這時期，雅典也分別與貝奧提亞聯盟及勞克瑞斯建立了「永久」防禦聯盟[49]。但聯盟締結不久，斯巴達便發動進攻。來山得從佛西斯出兵，保薩尼阿斯從伯羅奔尼撤出兵。但來山得已先期到達。他沒有等候保薩尼阿斯便進攻海利亞土斯（Haliartus），後來他被城市守軍和底比斯軍隊包圍，來山得與許多士兵戰死在城牆下，部隊主力撤到堅固陣地，隨後，他們打退了底比斯的進攻，但斯巴達大部分的盟軍則趁黑夜逃跑了。保薩尼阿斯從普拉塔埃亞（Plataea）率軍趕到時，發現雅典軍隊已到達並加入貝奧提亞聯軍，而他的騎兵數目遠遠低於對手[50]；他召集幕僚會議，他們更急於索回來山得及其部下的屍體，而非打一場白熱戰，貝奧提亞拒絕他們的請求，除非保薩尼阿斯撤軍，這時他表示同意斯巴達軍隊離開。

保薩尼阿斯回國後，因指揮不力受到指控，並被判處死刑，後來他逃到泰吉亞，在那裡過著流亡生活。西元前三九五年冬季，科林斯、阿哥斯、阿卡納尼亞、盧卡斯（Leucas）、阿姆布拉西亞、埃尤玻埃亞及卡爾西迪亞聯盟都加入反叛陣營。此時，在色薩利的法薩路斯（Pharsalus）的斯巴達駐軍被擊潰，另一方面，特拉乞斯的亥克萊亞被出賣給貝奧提亞人，他們殺死了斯巴達戰俘，將城市交給附近的城邦，在這些城邦的幫助下，貝奧提亞擊敗了佛西斯和斯巴達聯軍。在此情況之下，斯巴達聯盟軍隊準備要入侵伯羅奔尼撒，於是西元前三九四年年初召回阿蓋西羅斯及其大軍，但也因此解救小亞細亞希臘城邦的戰爭遭到擱置[51]。

綜合上述，斯巴達失敗有諸多原因，除了缺乏海陸聯合指揮外，梯有榮、德西利達斯、阿蓋西羅斯能力不夠以及斯巴達進行政治擴張，加上波斯嫻熟使用金錢引誘，和底比斯、科林斯、雅典及阿哥斯隨時準備對斯巴達作戰，這些因素足以讓斯巴達一蹶不振了。

斯巴達與波斯的戰爭，希臘人普遍的批判親波斯主義的人，他們絕對有充足的理由批判底比斯、科林斯、雅典和阿哥斯。誠然斯巴達與雅典由於伯羅奔尼撒戰爭你死我活的衝突，雙方都準備與波斯妥協。但西元前三九五年，斯巴達正為保有愛奧尼亞的獨立而戰時，這些親波斯的城邦從背後插了他一刀，這是可恥的[52]。然而斯巴達不也是如此對待雅典嗎？

科林斯戰爭

科林斯戰爭（西元前三九五年至三八七年）是一場發生於伯羅奔尼撒同盟與四國同盟（底比斯、雅典、科林斯、阿哥斯）之間的戰爭。戰爭之初，四國得到了波斯帝國的支持。這場戰爭的爆發是由於斯巴達在小亞細亞、希臘中部和北部的擴張而導致了這一區域的城邦對其不滿。斯巴達召集了門丁尼亞（Mantinea）和塔吉亞（Tegea）的軍隊，在西錫安集結兵力，而四國同盟仍在科林斯徘徊不進，爭論指揮權的大小和戰爭安排。斯巴達軍隊約二萬重裝步兵，從伯羅奔尼撒地區的所有城邦抽調組成，其中六千人是亞里斯多戴穆斯（Aristodemus）率領的斯巴達人[53]。這場毫無意義的戰爭引起後果就是貝桑德之死，他在戰鬥中被殺，於是斯巴達把阿蓋西羅斯從小亞細亞召回。與此同時，波斯在考儂的指揮下，海軍在小亞細亞南部的克尼多斯（西元前三九四

圖 13-1　科林斯混合碗碎片（580-570 B.C）　劉庭芳攝

年）打敗斯巴達，並取得了決定性的勝利[54]。

四國同盟的重裝步兵都傾向朝右前方偏斜地前進，每名士兵都極力將沒有盾牌護衛的右側盡量地向他旁邊的士兵靠攏，此時貝奧提亞人的行動，更加強了這一態勢，他們將人馬集結成罕見的十六人縱深隊列，向右前方移動，帶動整個戰線傾斜移動。左翼的雅典人擔心出現空隙，被迫與其他部隊一同移動[55]；斯巴達人迅速抓住戰機，向右側進攻，這樣他們在極右端的軍隊與雅典人交鋒，再進攻其後部和側翼，斯巴達似乎占了上風。

因此四國同盟被迫轉入了守勢（他們牢牢控制科林斯），準備在阿蓋西羅斯行軍經過希臘中部時發動進攻。阿蓋西羅斯留下四千名重裝步兵保衛亞洲的希臘城邦，在休整軍隊之後，繼而穿越色雷斯和馬其頓[56]，他在安菲波利斯得知斯巴達軍隊擊敗色薩利騎兵，這時他從特拉乞斯和福西斯抽調軍隊，又將奧喬邁努斯的斯巴達軍隊合併到奈歐達邁努斯人的軍隊裡。西元前三九四年八月十四日，當他準備入侵貝奧提亞時，出現了日偏蝕，當天阿蓋西羅斯聽聞貝桑德的艦隊在克尼杜斯（Cnydus）戰敗，貝桑德陣亡的消息，但阿蓋西羅斯卻向部下宣稱貝桑德的艦隊大獲全勝，然後帶兵進入貝奧提亞。而四國同盟，只有底比斯軍隊擁有一定的戰力，戰爭一開始底比斯他們便擊潰奧喬邁努斯部隊，一直追擊到他們的營地[57]，底比斯軍隊採取縱深隊形，將力量、武藝、精力發揮到極致，大軍最後突破了斯巴達人的包圍。

阿蓋西羅斯是斯巴達方面卓越的軍事統帥，他在市民和僱傭軍中大受歡迎，他精通避敵、埋伏及閃電戰術，從小亞細亞結束最後一次戰役歸國時，帶回價值一千塔倫特的戰利品，他多年統帥斯巴達軍隊，獲得豐富經驗和崇高地位，然而在希臘戰爭中，防禦戰術比進攻的戰術重要，科林斯和阿克羅考林斯（Acrocorinth）的厚城牆牢不可破。從科林斯，沿科林斯灣抵達勒查埃尤姆

（Lechaeum）的雙層平行城牆阻斷了通往科林斯地峽的道路，但科林斯的獨裁主義同情者出賣了這一城牆（西元前三九二年）。雖然斯巴達軍隊開進城牆後，發動反攻，摧毀城牆，並在科林斯北部的西杜斯（Cidus）和克羅密翁（Cromeon）駐軍。但不久之後，雅典軍隊重新奪回城牆並加以修復[58]。到了西元前三九一年，阿蓋西羅斯又一次破壞了城牆，西元前三九〇年他還進犯科林斯西北部地區。

在這些軍事行動中，斯巴達調動了相當規模的僱傭軍，一方面是他希望保全軍隊，但主要的是僱傭軍更有使用價值，因爲在開闊的平原戰中，重甲護衛的重裝步兵行動緩慢笨拙，相反地，手執長矛、短劍和匕首的輕裝僱傭軍比重裝步兵更爲靈活善戰。然而僱傭軍的忠誠與否則是戰爭成敗的關鍵。

另一方面，雅典僱傭軍長官愛菲克拉戴斯（Iphicrates）改進了輕裝僱傭軍的裝備，他加長長矛，把匕首改成短劍以便於肉搏。過去重裝步兵如果在沒有其他種類步兵協同的作戰情況下，總在輕裝步兵或散兵的進攻中傷亡慘重，例如在阿埃托利亞（Aetolia）、斯法克泰瑞亞（Sphacteria）及阿提加的戰爭中。一支斯巴達重裝步兵在返回查勒埃尤姆途中，將先鋒騎兵拋在後面，這時輕裝步兵蜂擁而上，將他們包圍並打擊他們的側翼，一旦敵軍進攻，他們便後撤，並投擲長矛，最後殺死了二百五十名敵人的重裝步兵[59]。此外，阿蓋西羅斯率領的一支軍隊在阿卡納尼亞也遭到阿卡納尼亞輕裝步兵的重創，從此以後，斯巴達只在大戰中才使用重裝步兵。

四國同盟一方，科林斯和阿哥斯承擔大部分作戰任務，傷亡也最爲慘重，貝奧提亞人在奈邁亞戰役和考榮奈亞戰役後極少參戰，而重裝步兵在奈邁亞損失巨大的雅典只提供愛菲克拉戴斯指揮的輕裝僱傭軍，這些輕裝步兵不僅打贏了斯巴達，還成功襲擊了阿卡迪亞的部分地區，進攻西錫翁和弗利尤絲，但在西元前三九〇年（雅典已經在新築的「長牆」保衛之下），他們也被調到海外服役[60]。而科林斯也面臨著戰爭的壓力。

西元前三九四年八月克呂杜斯決戰中，四國同盟艦隊與波斯海軍一起投入了戰鬥，最後擊敗斯巴達艦隊，貝桑德在他的旗艦上被殺，伯羅奔尼撒的艦隻逃往克尼杜斯，八十五艘三層槳戰艦，除了三十五艘逃脫，其餘的或降或沉。這又一次如同卡利克拉提達斯（Callicratidas）在戴塞賴昂戰爭所說的那般，波斯幫助希臘人消滅希臘人。

波斯的艦隊自從米加勒（Mycale）戰役後，首次安全地在愛琴海航行[61]。法奈巴祖斯和考儂巡視愛琴海東部的島嶼和沿海地區，驅逐斯巴達總督和駐軍，在考儂的建議下，尊重希臘各城邦的自主權利。波斯使用這種政治宣傳和選擇性地使用黃金拉攏希臘各邦，意在遙控希臘各城邦，並防止任何希臘強國的崛起，消除統一的希臘、對抗波斯的潛在力量，波斯能達到這種反面目標便已滿足，他並不想直接控制桀驁不馴的希臘各邦[62]。就如美國不希望台灣與大陸統一，因為統一的中國當然是對抗美國的潛在力量。

返回希臘途中，阿蓋西羅斯派遣德西利達斯從安菲波利斯前往亥萊斯邦特保衛斯巴達的利益，德西利達斯將斯巴達及同盟的所有兵力集中在控制穿過亥萊斯邦特最短路線的塞斯士斯（Sestus）和阿比杜斯（Abydus），他們獲得守衛海峽的市民支持，挺住了考儂指揮的四十艘戰艦及法納巴祖斯陸軍發動的進攻[63]。當時考儂和法納巴祖斯從埃弗索斯（Ephessus）出發進犯阿比杜斯，法納巴祖斯的目的不是率軍渡過海峽，而是打擊斯巴達，他在西元前三九三年春轉而進攻愛琴海西部，他和考儂用希臘僱傭軍裝配一支艦隊之後啓航，經過西克拉戴斯（Cyclades）到達並占領米洛斯島（Melos），把它作爲前進基地。

隨後，法納巴祖斯在拉科尼亞和美塞尼亞海岸四處強掠，並奪取基西拉島（Cythera），在島上扶植一名雅典總督，繼續向愛斯穆斯航行，他鼓勵那裡的同盟份子向國王表白忠心，並賜給他們的首領大量獎賞。法納巴祖斯歸國後，慫恿考儂打著波斯的旗幟，駛入貝拉埃尤斯，他慷慨地使用波斯的金錢，僱用他的八十艘戰艦上的水手，修復貝拉尤斯的工事，重建「長牆」，西元前三九一年，這些巨型工程在貝奧提亞及其他盟國的幫助之下終於完成[64]。

西元前三九二年波斯的援助發揮了作用，底比斯發行一種金銀合幣，正面是嬰兒時期的海克力斯和巨蟒，反面是貝奧提亞盾牌，這些圖案宣布了貝奧提亞同盟的原則，他們和羅德島、克尼杜斯、愛亞蘇斯（Iasus）、薩摩斯、埃弗索斯以及拜占庭這幾個城邦結盟，並發行統一貨幣，拉姆普薩庫斯（Lampsacus）、西齊庫斯（Cyzicus）、紮辛道斯（Zacynthos）和克洛頓（Croton）紛紛效法。在底比斯領導下貝奧提亞同盟享有崇高聲望，同盟同時也鼓舞了愛琴海的城邦反抗雅典復活的帝國主義[65]。此時，科林斯利用波斯的援助武裝了一支艦隊，並與斯巴達爭奪科林斯灣的控制權。

西元前三九二年底，斯巴達派使者安塔爾西達斯（Antalcidas）與波斯談判議和事宜，安塔爾西達斯提出的條件是割讓小亞細亞的希臘城邦給波斯，波斯則擔保其他希臘城邦的自主權益。在此情況之下，雅典也趕緊派出了使者，同時貝奧提亞、科林斯和阿哥斯也應雅典的要求派遣了代表。談判會議由波斯的將領提瑞巴祖斯主持，各國代表怒氣沖沖，除了斯巴達以外，他們都反對自主原則，因爲那將意味著雅典失去三個克勞儒克領地，底比斯解散貝奧提亞聯盟，阿哥斯放棄對科林斯的控制[66]。在會議中提瑞巴祖斯明顯偏向斯巴達，他提供給安塔爾西達斯金錢援助，以使斯巴達可以在海上與雅典一決雌雄，但他的政策並未得到親雅典的波斯總督斯特魯達斯（Strouthas）的首肯。

斯巴達由於未能取得波斯的幫助，西元前三九二年冬，又試圖單獨與波斯議和，他提議所有的城邦都應保持自主，但雅典可以保留萊姆諾斯、安布洛斯和西羅斯，同時承認貝奧提亞同盟，另外讓奧喬邁努斯維持獨立[67]。這是一個狡詐的企圖，意在拆散敵人的同盟，因爲如果底比斯和雅典贊成的話，阿哥斯或交出科林斯，或單獨作戰。

西元前四〇三年，雅典恢復民主體制後，溫和派在公民大會裡有很強的影響力，例如西元前三九七年阿尼士斯（Anytus）阻止了民主派領袖，將雅典捲入與斯巴達的戰爭。另一方面，斯提瑞亞（Stiria）的特拉西布魯斯（Thracybuluc）是底比斯的朋友，也是西元前四〇三年民主派的領袖，在反抗斯巴達，爭取城邦自由的戰爭中，他可能獲得大部分黨派的支持，這種支持至少持續到西元前三九二年底。在他的推動下，雅典採用與貝奧提亞結盟的大膽政策[68]。雅典在愛琴海地區執行溫和策略，與埃瑞特瑞亞以平等條件結盟，沒有任何城邦能與他爭奪對萊姆諾斯、安布洛斯、西羅斯的所有權。

西元前三九二年斯巴達向雅典求和時，富有階層支持溫和派接受斯巴達的條件，但占城邦大多數的平民則建議奪回含松奈斯、克勞儒克領地。此外，在伯羅奔尼撒戰爭中的民主派領袖，即特拉西布魯斯、塞法路斯及埃庇克拉戴斯也與他們意見一致[69]。這時愛琴海局勢十分有利於雅典，波斯對雅典非常友好，埃瓦高拉斯、斯特魯達斯、法奈巴祖斯都樂意幫忙，在羅德島、薩摩斯、埃弗索斯、米提萊奈（Mitylene）掌權的民主派也傾向雅典。

西元前三九一年，斯巴達清楚自己面臨的危險，因此繼續其在愛奧尼亞進攻波斯的計畫，藉此獲得了東部許多希臘城邦的支持。梯有榮和狄弗瑞達斯（Diphridas）兩位將軍，奪回埃弗索斯作爲行動基地，又透過襲擊內陸，強掠財物以解決財產問題[70]。海軍將軍泰萊尤提亞斯擊敗薩摩斯，切斷羅德島民主派的對外聯繫，並俘獲了十艘開往塞普勒斯的埃瓦高拉斯方向的雅典艦隻，此時斯巴達與波斯雙方劍拔弩張，戰事一觸即發。

西元前三九〇年春，雅典派出特拉西布魯斯指揮的四十艘戰艦，發動海上進攻，他攻打北愛琴海，未遇到抵抗，因而獲得一連串的勝利。由於埃尤玻埃亞、貝奧提亞、色薩利都很友好，他的供應交通線也有了保證，他與達索斯（Thasos）、特拉西的兩位國王阿瑪道庫斯（Amadocus）、塞尤戴斯（Seutes）以及薩摩特拉斯結盟[71]。這樣再加上在萊姆諾斯、安布洛斯及西羅斯的領地，他得以控制通往亥萊斯邦特的東北線路。

特拉西布魯斯沒有理會位於側翼，駐守阿比杜斯的德西利達斯，他與小亞細亞的查爾塞棟（Chalcedon）建立了友好關係，如今他有歐洲海岸上的特拉西國王及亞洲海岸上的法納巴祖斯兩個盟友，成爲鮑斯玻魯斯和普羅邦提斯的主人。但他還是未能將頑強不屈的德西利達斯從其在亥萊斯邦特、塞斯土斯和阿比杜斯的基地趕走[72]。實際上，雅典不願意使用自身國力支援特拉西布魯斯的艦隊，於是仿效雅典帝國後期的作法，向來自黑海的商品徵收百分之十的稅，向進出口商品徵收百分之五的稅，同時雅典以每年稅收用於國家開支。

另一方面，特拉西布魯斯在一些盟國裡駐軍，他們宣傳支持民主政府，這些步驟向波斯和愛琴海國家清楚表明，雅典企圖建立一個新的雅典帝國。西元前三九〇年底，特拉西布魯斯從亥萊斯邦特南進，萊斯博斯島（Lesbos）的大部分城市，除了米提萊奈以外，都由斯巴達占領，斯巴達擊敗其中一些城市，又從奪下的城市掠奪足夠的財物，交付軍隊軍餉[73]。他在米提萊奈和乞歐斯補助兵力後，斯巴達採用恫嚇或襲擊的手段徵集金錢，最遠達到埃尤瑞邁棟河（Eurimedon）邊的阿斯奔杜斯（Aspendus）。

從西元前三八九年到西元前三八八年，斯巴達和雅典的小規模艦隊在亥萊斯邦特、羅德島、薩羅尼加灣展開拉鋸戰。駐紮在阿基那（Aegina）的斯巴達人沉重打擊了雅典艦隊，雙方都使用僱傭兵，都急需資金，透過掠奪籌款。雅典人未能表現出先前的海上優勢，又派遣艦隊前往阿卡納尼亞的歐埃尼亞達埃（Oeniadae），分散兵力；斯巴達方面則戰績不凡，例如喬高帕斯（Gorgopas）和泰萊埃提亞斯對貝拉埃尤斯成功地發動夜襲和黎明襲擊[74]。

圖 13-2　科林斯裝橄欖油的陶罐（620-590 B.C）
劉庭芳攝

圖 13-3　科林斯水灌（640-625 B.C）　劉庭芳攝

由於雙方在陸戰、海戰都陷入僵局，斯巴達再次努力，試圖將波斯拉到自己一邊。西元前三八八年，斯巴達再次派出海軍統帥安塔爾西達斯前去談判，此時阿塔色西斯有充足的理由改變政策，因爲西元前三九一年埃瓦高拉斯占領大部西魯斯後發動暴亂，並與埃及聯合封鎖亞洲海岸，同年波斯支持的雅典派出十艘軍艦組織的中隊前去幫助埃瓦高拉斯，卻被斯巴達劫持[75]。在其決策猶豫之際，雅典拒絕接受阿塔色西斯的和平條件，於是波斯與斯巴達又一次結盟，在特瑞巴祖斯的支持和財政援助下，安塔爾西達斯進軍阿比杜斯，將雅典艦隊指揮官誘入了亥萊斯邦特，在此他們聚集一支由八十艘戰艦組成的艦隊，其中二十艘是狄奧尼修斯從西西里和義大利派來的，另外的艦隻則是在波斯總督的幫助下配置的水手，因此他全面控制了亥萊斯邦特。

隨後，他的第二支艦隊又將雅典封鎖在阿基那之外，西元前三八七年秋，提瑞巴祖斯召集了希臘各邦使者，聆聽阿塔色西斯提出的解決希臘事務的條件：所有位於亞洲城邦，包括克拉佐邁納埃（Clazomene）和塞普勒斯兩島劃歸波斯，其餘的希臘城邦不分大小，都一律實行自主，但萊姆諾斯、安布洛斯、西羅斯歸屬雅典[76]。提瑞巴祖斯隨後宣讀阿塔色西斯的最後通牒，聲稱波斯在任何願意接受這些條件的城邦幫助下，先「從海上和陸上，投入艦隻和金錢」來進攻任何拒不服從的國家。

使者們返回希臘各邦後，向人民各自匯報這些條件，除了底比斯要求代表貝奧提亞聯盟簽約以外，其他城邦都接受了波斯的建議。但阿蓋西羅斯拒絕了底比斯的要求，並於西元前三八六年調集斯巴達同盟的聯軍，威脅底比斯讓步，這樣所有希臘城邦，包括科林斯以及貝奧提亞的每個城邦都發誓遵守國王和平協議。科林斯召回流亡中的獨裁份子，重新加入斯巴達聯盟。第三次希臘內戰結束，雅典再度失去領袖的地位，斯巴達又再次獲勝[77]。這時期，斯巴達的統治延伸到希臘半島及各島嶼上，這些城邦被多年的戰亂和內部不和弄的精疲力盡，四分五裂。斯巴達的成功並非由於他的強大，而是由於波斯的支持，而波斯才是這場戰爭中的眞正勝利者；換言之，斯巴達在科林斯附近進行幾年戰爭之後——斯巴達人使波斯相信，雅典的振興比他們純粹是陸上的霸全更爲危險。

第十四章

斯巴達的獨裁統治

斯巴達帝國的顚峰期

前述在科林斯戰爭中，希臘各城邦大都推行親波斯政策，四國同盟軍隊借用波斯的力量迫使斯巴達放棄愛奧尼亞戰爭，在此過程中斯巴達無法繼續保護愛奧尼亞人。希臘人悲嘆希臘的分裂及強國的背信棄義，尤其是造成希臘人打希臘人，因而讓波斯成爲希臘事務仲裁人。斯巴達政客並沒有意識到親波斯政策的危險性。有一則財閥統治集團的軼事反映了這種立場，一名希臘人評論安塔爾西達斯和平協議時說：「當我們發現斯巴達投靠波斯時，希臘完蛋了。」阿蓋西羅斯反駁道：「瞎扯！還不如說米提亞人（Medes）乾脆俐落呢！」斯巴達將愛奧尼亞拱手送給波斯的同時，又自封爲希臘城邦的領袖，自詡是最自主獨立的國家，這當然是造成斯巴達受其他城邦的冷淡，但主要的原因是他對希臘城邦表現出侵略好戰的帝國主義[1]。這種情景在近代中國似乎又重現了，民國初年軍閥割劇，每一個軍閥背後都 有外國勢力存在，中國四分五裂。一九四九年中國分裂，台灣與中國大陸。台灣全盤依附於美國。實際上，如同古希臘人的評論：「我們完蛋了！」

這時期，阿蓋西羅斯渴望統治希臘，他的政策是徹底的帝國主義，出於對底比斯的刻骨仇恨和對民主體制的不信任，他如同克賴歐邁奈斯（Cleomenes）一樣野心勃勃，像來山得一般殘忍無情，卻比兩者更受斯巴達人民的愛戴，十年的征戰可以看出他是一個愛國主義者，他是英勇無畏的武士和廣受擁戴的統帥[2]。他的好鬥性格更迎合了斯巴達的軍國主義思想，雖然他推行的政策也遭到阿蓋西波利斯和克賴歐姆布羅士斯（Cleombrotus）的反對，但最後也無濟於事。

西元前三八二年，斯巴達爲統治希臘，隨著軍事行動的日益增多，斯巴達加強軍事機器，以鎭壓各地的反抗，斯巴達勸說同盟議會提供金錢，而不是兵員（比例是騎兵一天一個德拉克馬，重裝步兵半個德拉克馬），盟國提供軍隊，如果出現逃兵便須繳納罰款，斯巴達用這些錢來徵招僱傭軍，由斯巴達直接指揮，不受政治羈絆[3]。斯巴達更對各城邦進行政治干預，他以國王和平協議的名義，將科林斯和其他城邦流亡的獨裁派重新扶植上臺，在他們把持政權之後，就立刻處死反對者。然後他們再以城邦的名義，在同盟議會裡按照斯巴達的旨意投票，但這些方法不是一貫有效，一些城邦拒不服從，斯巴達決定在他們聯合起來反對他之前，就先發制人，並一一懲戒他們。

西元前三八五年，伯羅奔尼撒的門丁尼亞（Mantinea）和弗利尤斯（Phlius）執意要推行民主制度，因此斯巴達就要求門丁尼亞拆毀城牆，藉口是因他在科林斯戰爭中逃避責任，但門丁尼亞拒絕，他向推行民主制度的阿哥斯、雅典求助，但未獲回應。西元前三八四年，斯巴達圍攻門丁尼亞，洪水又沖毀了部分土牆，最後門丁尼亞只好接受斯巴達提出的條件，拆毀了所有的防禦設施，門丁尼亞也被分解成五個自治村落，當然這些村落都加入了斯巴達同盟，民主派領袖被允許離開，於是獨裁派奪權[4]。因而斯巴達又要求弗利尤斯接納流亡的獨裁份子歸國，弗利尤斯被迫接受，獨裁份子重獲充公的財產，所有爭端都交給仲裁機構解決，但西元前三八一年秋，獨裁份子來到斯巴達，抱怨他們沒有得到公正待遇。阿蓋西羅斯是他們中間一些人的朋友，他毫不考慮弗利尤斯民主派的建議，反而要求他們交出防禦高地，遭到拒絕後，他就圍困了這座城市[5]。實際上，國際政治是現實的，弱勢城邦只有聽命的分，大國之間才有談判的空間。

斯巴達最危險的對手是底比斯和雅典，兩城邦都謹慎從事，不給斯巴達留下任何干涉的把柄。但斯巴達急於削弱在科林斯戰爭中支持底比斯與雅典的城邦，西元前三八二年，斯巴達藉口進攻其中之一的查爾西迪斯聯盟，該聯盟早在伯羅奔尼撒戰爭期間便已建立，在反對雅典和馬其頓的戰爭中得以鞏固[6]。因此，查爾西迪斯聯盟與馬其頓國王阿明達斯（Amyntas）建立防禦聯盟，當馬其頓受到伊利里亞人入侵時，它將一些城市託管給查爾西迪斯聯盟。包括戴斯（These）和培拉（Pella）在內的其他城邦也就成爲聯盟成員，而事後聯盟則拒絕將交還給馬其頓，後者便向斯巴達求助。

與此同時，聯盟又試圖迫使兩個希臘城邦阿肯士斯（Acanthus）和阿波羅尼亞（Apollonia）加入聯盟，因此他們也向斯巴達求援。是故在外交上，查爾西迪斯聯盟必須靠攏底比斯、雅典。當阿肯士斯和阿波羅尼亞使者來到斯巴達，聲稱查爾西迪斯聯盟已經決定與雅典結盟時，斯巴達督察警覺起來，他們讓使者在斯巴達公民大會和同盟議會上陳述各自的原委，兩會都投票贊成對聯盟中影響最廣的奧林土斯開戰[7]。西元前三八二年當斯巴達第一支遠征軍在北進途中駐紮在底比斯城外時，獨裁派領袖李翁提亞戴斯接近佛埃庇達斯（Phoebidas），表示願將防禦高地出賣給他，佛埃庇達斯接受他的交易，他們在卡德邁亞駐軍，並逮捕愛斯邁尼亞斯，於是親斯巴達的獨裁派奪權，三百名愛斯邁尼亞斯的支持者逃往雅典。

此時斯巴達督察及公民大會不滿佛埃庇達斯的主動行爲，但阿蓋爾西羅斯則以合乎時宜爲由，爲他在和平時期進攻盟國的行爲辯護[8]。然而斯巴達法庭還是判處了佛埃庇達斯罰款，但並未兌現。這時愛斯邁尼亞斯在斯巴達同盟國法庭上受審，被控與波斯勾結，最後被處以死刑。

西元前三七九年的斯巴達帝國是一個強大的國家，斯巴達很少對俯首貼耳的聯盟議會諮詢，多數城邦由親斯巴達的獨裁派統治，愛麗斯、門丁尼亞、弗利尤斯被削弱，貝奧提亞聯盟和查爾西迪斯聯盟則分崩離兮，伯羅奔尼撒地區的阿哥斯也陷於孤立，斯巴達在希臘中部普拉達埃亞（Plataea）、底比斯、戴斯庇埃亞（Thespiae）及亥拉克賴亞駐軍，在更靠北的地方又有色薩利和馬其頓，以及埃皮魯斯（Epirus）、摩羅西亞爲盟。斯巴達和盟國的海上力量無可匹敵，西部敘拉古的狄奧尼修斯是斯巴達的朋友，東部斯巴達至少又有波斯名義上的支援。然而，斯巴達的統治仍然建立在一定的恐懼上[9]，他推行自私自利的政策，使他喪失任何可以獲得他國尊重的資本，他對誓言遵守國王和平協議的「希臘城邦自決」的解釋，正好用來山得的話來概括：**「我們用骰子哄小孩，用誓言騙大人。」**

在西西里島方面，老狄奧尼修斯（Dionysius the Elder），是西西里島敘拉古的僭主（西元前四〇五年至西元前三六七年在位），他曾占領西西里島和南部義大利地區，成爲古希臘西部最強大的城邦。早年他是一個僱傭軍隊長，後在反抗迦太基的作戰中成名。西元前四〇五年他擊敗迦太基人成爲敘拉古的統治者[10]。隨後他又取得西西里島和南部義大利地區。最後由於民怨沸騰而爲迦太基所敗，被迫割地賠款。

西元前四一三年，敘拉古擊敗雅典的遠征軍，由此建立了在西西里的威信，但是戰爭也耗費了敘拉古的物質資源，且破壞了它的政治統一。隨後敘拉古公民大會爭論如何對待雅典俘虜，一如雅典公民大會爭論如何處置米提賴奈亞（Mitylenea）俘虜一樣。功臣赫摩克拉底斯（Hermocrates）認爲「勝利後寬宏大度比勝利要偉大」，力主採取溫和措施，而極端民主派領袖狄歐克賴斯（Diocles）建議將俘虜送往採石場，最後他的意見被採納，然而敘拉古的對手除了雅典還有強大的迦太基與羅馬[11]。

西元前五世紀，迦太基派僱傭軍前往保衛塞蓋斯塔城（Segesta），當盟國塞利努斯被這些軍隊擊敗後，於是敘拉古向迦太基挑戰。西元前四〇九年迦太基著手集結軍隊，包括迦太基部隊、利比亞土人（Libyan），以及歐洲僱傭軍，由漢尼拔（Hannibal）指揮（不同於西元前二一七年第二次布匿戰爭的漢尼拔）。漢尼拔是西元前四八〇年在希邁拉（Himera）之戰中陣亡的海米爾卡

（Hamilcar）的孫子，西元前四〇八年春漢尼拔在利利巴埃尤姆（Lilybaeum）登陸，會合他在西西里的希臘城邦及土著盟軍，襲擊塞利努斯後，又屠殺百姓[12]。他比敘拉古將領狄奧克賴斯又計高一籌，不僅奪取希邁拉，更為了給海米爾卡之死復仇，他百般的折磨並處死了三千名俘虜。

迦太基在輕取塞利努斯和希邁拉後，就決心征服整個西西里。漢尼拔和希密爾高（Himilco）兩位將軍已與雅典接觸，希望雅典能夠阻止斯巴達和科林斯援助敘拉古。為了加強迦太基人和非洲人的聯軍，迦太基又在西班牙、巴厘阿里克群島（Balearic Isles）、卡姆帕尼亞（Campania）大量招募僱傭軍，在希邁拉廢墟附近，建造新城特瑪埃（Thermae），作為未來軍事行動的基地[13]。

西元前四〇六年，迦太基的十二萬大軍向阿克拉加斯（Acragas）出發，而此時迦太基的面積、財富僅次於敘拉古，國富民強。然而，阿克拉加斯人在斯巴達人戴克西普斯（Dexippus）指揮的希臘僱傭軍及卡姆帕尼亞僱傭軍的支持下，竟然頂住了迦太基軍隊的進攻。後來，一支由三萬名步兵、五千名騎兵及三十艘戰艦組成的軍隊，成功地為阿克拉加斯解圍，這支軍隊是從敘拉古、蓋臘（Gela）、加瑪希奈（Gamahina）、邁薩奈（Messana）及南義大利徵集的，由敘拉古的達夫那埃尤斯（Daphnaeus）將軍統轄[14]。

這時迦太基的漢尼拔死於溫疫，希密爾高的軍隊被包圍，但由於希臘軍官的疏忽大意，希密爾高截獲一支運糧船隊，最後擊敗了卡姆帕尼亞的僱傭軍，封鎖了阿克拉加斯，此也導致了來自南義大利的部隊憤然而歸，西元前四〇六年十二月，達夫那埃尤斯和他的戰友突然下令夜間撤離阿克拉加斯城，黎明時迦太基人開進城市，進而屠城，西元前四〇五年希密爾高將阿克拉加斯夷為平地[15]。

戰爭讓流離失所敘拉古的百姓寄居在里翁提尼（Leontini）的廢墟裡，以及敘拉古和其他城市的邊緣地帶，在他們中間流傳著自己被出賣的民謠，講述著迦太基人的戰爭暴行，在這種絕望猜疑的氣氛裡，狄奧尼修斯憑藉勇氣和才幹開始嶄露頭角。他裝扮成民主派煽動者，挑起民眾對將軍的痛恨情緒，把他們趕下臺，自己被選爲接替的將軍之一[16]。但他城府很深，並不一味依賴群眾的喜好心理，他召回以前的親朋好友，赫摩克拉底斯的支持者，又挑選一支僱傭軍，和他們一起馳往恐懼和分裂籠罩之下的蓋臘。他在蓋臘又一次成爲民眾領袖的角色，沒收富人的財產，並用這些收入付給僱傭兵軍餉，由於他付錢及時可靠，僱傭軍也對他唯命是從。

他回到敘拉古後，指責官員按兵不動，只有他積極活動，因此，控訴他們叛國，於是人民選舉他爲全權的將軍（Strategos Autokrator）。此時迦太基的屠殺男丁迫在眉睫，人們想起了在希邁拉挽救了西西里的獨裁者蓋羅（Gelo），這也給予了狄奧尼修斯一個機會，他立刻發給僱傭兵加倍的軍餉，徵募一千名難民組成他的私人衛隊，任命他的親信擔任軍事指揮職務，解除斯巴達人戴克西普斯的職位，且打發他回家，接著他與同樣出身顯貴之家的赫摩克拉底斯之女結婚，又說服人民處死達夫那埃尤斯和其他領導人[17]。西元前四〇五年四月迦太基的希密爾高包圍蓋臘之際，狄奧尼修斯已經是敘拉古的主人。

西元前三九七年至三九二年，狄奧尼修斯與迦太基打了一場成敗參半的戰爭，他的目標是要把迦太基趕出西西里，他的野心是在有生之年能統治迦太基三分之一的土地。在這場戰爭中，他放棄將迦太基人阻擋在蓋臘之外的計畫，因而發動協同作戰，並進攻迦太基的營地，但他未能夠協調軍隊的行動。雖然來自南義的盟軍、敘拉古人和蓋臘人投入了戰爭，但狄奧尼修斯和他的僱傭軍卻根本沒有出現；潰敗的軍隊退入蓋臘城內，此也導致敘拉古騎兵計畫在撤往敘拉古途中殺死狄奧尼修斯，但狄奧尼修斯有僱傭兵護衛，於是他們回到敘拉古之後，既奪取了狄奧尼修斯在該地總部，且虐待他的妻子，並煽動群眾反對他[18]。這時狄奧尼修斯正安排從卡瑪瑞奈（Camarina）撤軍，聽到此一消息後，他帶領七百名精選出的僱傭兵急行軍十五英里，在午夜之時，他摧毀了阿乞拉迪奈（Achradina）的城門，並殺死城中大部分敵人，天亮時他的僱傭軍主力和西西里軍隊趕到，發覺狄奧尼修斯已全面控制了局勢。

這時迦太基軍中瘟疫流行，一半士兵死亡，於是迦太基使者來到敘拉古談判，對狄奧尼修斯而言這是求之不得的機會，雙方和約中迦太基人占領包括埃利密（Elymi）和西桑斯（Sicans）在內的西西里西部，塞利尤斯、希邁拉、阿克拉加斯、蓋臘和卡瑪瑞納不得設防，並向迦太基納貢。里翁提尼、邁薩納及所有西塞爾村落維持獨立[19]。處在內憂外患之中的狄奧尼修斯也因此可以再重整軍備，爲下一次的擴張作準備。

狄奧尼修斯統治敘拉古達三十八年之久，戰時他作爲軍隊統帥，擁有無限權力，他和他的兄弟賴普提奈斯（Lepyines）、特亞瑞達斯（Thearidas）及妹夫波利克塞努斯（Polyxenus），以後還有他的兒子們，成爲國家首腦，外國勢力與他們談判，政府官員、議會和將領在外交檔中加上自己的誓言，但他們不過是僭主意願的執行者。狄奧尼修斯在敘拉古的權力基礎來自於駐守奧提吉亞（Prtygia）要塞的僱傭軍之上，他在該地備有軍火，又控制港口中六十艘軍艦；他僱用大量希臘和蠻族人的士兵、水手，又用戰利品慷慨地賞賜他們，並將老兵安置在希臘城市之中，如卡塔納（Catana）。由於他最危險的敵人是迦太基的僱傭軍，他試圖以高薪收買他們[20]，但他將在迦太基軍隊中的希臘僱傭軍俘虜全部釘死在十字架上，因此除非敘拉古人民必須在迦太基和狄奧尼修斯的暴政中作出選擇時，他才能獲得人民的信任。西元前四〇四年，敘拉古人民在派薩納和熱吉尤姆（Rhegium）城邦的支持下起義，當人們將他困在奧提吉亞時，他假裝同意撤退，使他們放鬆了警惕，之後他控制了局勢。

前此，迦太基人提出的條件，意圖孤立敘拉古，迦太基保證西塞爾（Sicels）、里翁提尼及控制海峽的邁薩納的自主權利。當瘟疫在北非肆虐之際，狄奧尼修斯不必提防迦太基攻擊，因此他進攻西塞爾的城市赫伯蘇斯（Herbessus）和赫庇塔（Herbita），又使詐奪得查爾西迪斯的納克蘇斯（Naxux）和卡塔納這兩座結盟反對他的城邦，還迫使里翁提尼投降，他爲被征服的民族採取不同政策，西塞爾人饒勇善戰，通常是納貢人或盟軍，查爾西迪斯人則被賣到奴隸市場，里翁提尼的混合人口遷往敘拉古，並剝奪其公民權[21]。被吞併的城市中的防禦工事由一支六萬名公民組成的勞動大軍擴建加強，防禦體系還包括埃庇玻拉艾（Epipolae），又在俄瑞埃路斯（Euryelus）建造了堅固的堡壘，因此敘拉古有兩個雅典那麼大，而且更爲牢不可破。

在承平時期，狄奧尼修斯既著手生產武器裝備，他的軍隊核心是希臘人和蠻族組成的僱傭軍，人數視情況而定，約一萬或二萬人，他們組成騎兵、重裝步兵、輕裝步兵等，戰時他會召集希臘和西西里東部西塞爾各城邦的武裝力量，他的武器工匠們幫士兵製造合適的器械，還在奧提吉亞修造了武器庫[22]，機械師發明了「彈射器」（katapeltes）或大型機動弓弩，發出的弓箭可以刺穿輕盾（Peltes）或在二百碼之內射穿皮製屏障，他們還發明了各種攻城器械。

另一方面，雖然迦太基遭到瘟疫的打擊，但仍然是地中海上的強國，其最精銳的部隊是迦太基和非洲附屬國的步兵、騎兵，還有他在西班牙和薩丁尼亞（Sardinia）的附庸聯軍及從地中海西部招募的僱傭軍，其艦隊歷史悠久，若是全部動員，數量超過狄奧尼修斯的艦隊[23]。迦太基的財政收入，來自於稅收和貿易的年收入，這使他能維持龐大的陸軍及艦隊而又不影響國民經濟，漢尼拔和希密爾高的赫赫戰績又鼓舞了士氣，而且他的國民比狄奧尼修斯的臣民更爲堅韌不拔。

西元前三九八年狄奧尼修斯向迦太基發出最後通牒，要求迦太基撤出所有西西里的希臘城市，否則敘拉古便向他宣戰。迦太基加以拒絕，並著手武裝軍隊，狄奧尼修斯的計畫是趁迦太基缺乏準備之際，以一年的時間攻下西西里，占領西部港口；此時在迦太基統治下的希臘人聽到他的政治宣傳後群情振奮，並紛紛起義反抗統治者。狄奧尼修斯率領八萬名步兵、三千名騎兵和近二百艘戰船抵達摩提亞（Motya），當時的摩提亞城擁有堅固的工事，它座落在一個小島上，與西西里西海岸間有淺水隔開[24]，這時狄奧尼修斯將艦隊和供給船隊停泊在摩提亞海灣中，並著手修建通向島嶼的道路，與此同時他開始進攻忠於迦太基的五座城邦，但並未奏效，因而未能奪取任何城市。而此時通往摩提亞的道路也尚未完工，希密爾高乘機從迦太基發動兩次的海上進攻，他的目標是摧毀狄奧尼修斯所仰仗供給的商船，但並沒有摧毀狄奧尼修斯艦隊。

不久之後，通往摩提亞的道路竣工，狄奧尼修斯使用擂木攻城，這是一種兩頭包裹青銅，由士兵扛在肩上的長形木頭，士兵一邊用擂木撞擊環形城牆的磚石，一邊又使用石弩、弓箭、投石器將守城士兵趕下城牆。另一方面，投石手、弓箭手都從六層高的塔樓（以輪子向前移動）向外射去，守軍反擊，他們從城牆向外投擲長矛，又向木塔上扔燃燒的火把，環形城牆最後被攻破，但這只是第一道防線，此時，迦太基封鎖了狹窄的通道，並多次擊退敵軍，他們更從可移動式的木塔延伸出的通道上發起進攻[25]，但未能一舉消滅敵人。而此時希臘人的精銳部隊又發動夜襲，他們以雲梯搭在倒塌房屋的廢墟之上，最後攻入內城，並憑數量優勢打垮了迦太基人，這次戰役著時替敘拉古打了一劑強心針。

西元前三九七年，希密爾高以優勢的兵力再次發動海陸反攻，這使狄奧尼修斯得之不易的戰果損失殆盡。此時希密爾高重新奪取埃瑞克斯和米提亞，又把西卡人（Sicans）拉攏過來，並繼續沿北邊海岸進軍，他還派出強大的艦隊作爲先發部隊去奪取邁薩納。這時狄奧尼修斯因爲他的補給線處於危險之中，不得不從蓋斯那附近的前進基地退出，在他撤往敘拉古途中，西塞爾人倒戈加入了迦太基[26]。狄奧尼修斯在敘拉古只徵集了三萬名步兵，三千名騎兵和一百八十艘戰艦，其中的六十艘由解放的奴隸來充當水手，他將軍隊從敘拉古移至那塔納，當希密爾高的軍隊向正在噴發的埃特納火山進軍時，希臘艦隊引誘迦太基艦隊出戰，同時狄奧尼修斯的軍隊在岸上擺開陣式。在此關鍵時刻，賴普提奈斯海軍將領卻愚蠢地將希臘艦隊化整爲零，投入戰鬥，此也導致了他自己的中隊很快遭到被包圍的命運，迦太基人採取有利的登船戰術，經過一番撕殺後，有一百多艘希臘戰艦遭到重創，二萬多個軍人陣亡[27]。這場海戰讓原本有利於敘拉古的局勢全然改觀。

西元前三九六年斯巴達應狄奧尼修斯援助的請求，派海軍將領法拉西達斯從伯羅奔尼撒和南義大利徵集三十艘戰艦抵達西西里。然而經過一番敗戰之後，敘拉古人民怨聲載道，有些市民開始策劃暴動，但僱傭軍支持僭主統治，斯巴達將領法拉西達斯宣布他受命幫助狄奧尼修斯抵抗迦太基，而不是幫助敘拉古反對狄奧尼修斯，這樣的說辭讓市民大爲感動，因而統一了民心。

在另一方面，這個節骨眼上，致命的瘟疫肆虐了迦太基營地，士兵患病後，無藥可治，一般在六天之內便痛苦地死去[28]。希臘人認爲這場瘟疫是因爲希密爾高毀壞神廟之故，這是神所發出的詛咒，希臘人的士氣大爲振奮，於是狄奧尼修斯發動了海陸進攻，並摧毀了迦太基大部分艦隻，進而奪取達斯空和波利乞納城堡；但希密爾高的營地防衛森嚴，而且他們仍控制普賴密瑞尤姆城堡，也控制了大港的出口；幾天後，希臘人停止了向營地發動猛攻，希密爾高乘機率領部隊搭乘四十艘戰艦趁夜逃離，西塞爾人則逃向山區，剩下的人或俘或降，狄奧尼修斯從中又招募了一些愛伯瑞亞（Iberian）僱傭軍，餘下的其他人則賣爲奴隸[29]。

希密爾高的逃離，致使狄奧尼修斯的政敵找到機會，他們攻訐希密爾高送給狄奧尼修斯三十塔倫特作爲放走迦太基人的交換條件，這種說法可以確定不是眞實的，因爲控制了大港出口的希密爾高可以借夜色爲掩護，隨時逃走，而且他有多項理由不信任狡詐的狄奧尼修斯，因此他只會掩蓋自己的逃跑計畫，不會將它和盤托出[30]。狄奧尼修斯的政敵認爲敘拉古人民服從僭主統治是出於對迦太基的恐懼，因而狄奧尼修斯不願將迦太基逐出西西里，但這種理論毫無根據，因爲西元前四〇五年、西元前四〇四年和西元前三九六年迦太基人煽動敘拉古人反抗狄奧尼修斯，而且西元前三九八年狄奧尼修斯已盡全力要將迦太基逐出了西西里，他不可能將希密爾高逃走作爲戰爭結束的條件。

尤甚者，希密爾高逃跑時，竟將利比亞軍隊拋在腦後，因而引起利比亞人大規模暴動，他們憤而奪取了突尼斯，包圍了迦太基，但起義者未曾從希臘方面得到幫助，因此很快被鎮壓下來。但這次暴動加上迦太基在敘拉古的損失，暫時使迦太基收斂了氣燄。另一方面，戰爭也嚴重消耗了狄奧尼修斯的實力，他的船隻、設備、人員損失情況更爲嚴重，他耗盡了金庫，又缺乏大國的財政儲備，他使用解放的奴隸取代大批傭傭軍以節省開支，使他手下的傭傭軍更心懷不滿[31]。尤其他未能保護在他的煽動下起義的希臘人，因而失去了人們對他的好感，更糟的是，西塞爾人與迦太基的結盟，以致與改變了雙方的均衡力量；西塞爾人驍勇善戰，他們的山城又控制了貫穿西西里的道路，敘拉古此時又多出了一個敵對城邦。

此外，在狄奧尼修斯與迦太基的最近戰役中，雙方都試圖在各自的運輸線上尋找堅固的設防基地，迦太基人在摩提亞附近的利利巴埃尤姆（Lilybaeum）、希邁拉附近的特瑪埃（Thermae）、納克蘇斯附近的托羅邁尼尤姆（Tauromenium）建立起城堡，其中托羅邁尼尤姆是西塞爾抵抗希臘人的中心[32]。狄奧尼修斯在昂戴拉（Entella）、阿德拉努姆（Adranum）、阿埃特納設立定居地，將一萬名傭傭兵安置在里翁提尼，在邁薩納也建立起勞克瑞亞城堡，又將希臘來的麥塞邁亞難民安置在勞克瑞亞附近的提尼達瑞斯（Tyndaris），另外把一些小國納爲附庸，且與剩下小邦結盟，主要有阿吉瑞尤姆（Agyrium）的僭主阿吉瑞斯（Agyris），但他未能在冬天發起的進攻中奪取托羅邁尼尤姆。

西元前三九三年，狄奧尼修斯終於可以騰出手對付死敵熱吉尤姆，熱吉尤姆不僅允許敘拉古的流亡者上岸，還爭奪對海峽的控制權，於是他就進攻熱吉尤姆，因爲義大利希臘人城邦結盟保衛城邦自由，因而狄奧尼修斯遭到失敗。西元前三九〇年狄奧尼修斯再度出擊，但被義大利希臘人擊退，於是他與內地的路卡尼亞人（Licanians）結盟，派遣艦隊支援他們，義大利希臘城邦兩面受敵，西元前三八七年，狄奧尼修斯擊敗了南部義大利希臘部分城邦[33]。這時狄奧尼修斯提出慷慨的條款，釋放一萬名俘虜作爲善意的象徵，義大利的塔倫托城邦立刻陷入了孤立。隨後，他與熱吉奈斯（Rhgines）議和，後者支付三百塔倫特，又交出七十艘船組成的艦隊；對於考羅尼亞（Caulonia）和希波尼尤姆（Hipponium）二個城邦，他採取了激烈手段，摧毀了城邦，並將兩城的居民送往敘拉古，其領土則被分給勞克瑞（Locri）。

至此，狄奧尼修斯掌控了默西拿海峽的兩岸，他的艦隊在愛奧尼亞海更所向無敵，此時磨羅西（Molossi）流亡國王阿爾塞塔斯（Alcetas）在他宮廷中避難。後來阿爾塞塔斯又重登王位之後，他開放了埃皮魯斯港口，狄奧尼修斯的艦隊也可以進港[34]。另外，狄奧尼修斯在更北的地區有伊利瑞亞盟友，他在大陸上的利蘇斯（Lissus）則建立一處定居地，又有帕瑞亞人（Parians）一同在法羅斯島（Pharos）和愛薩島（Issa）上殖民，此外，還派出居民定居海德瑞亞（Hadria）（這座城市可能在波河河口）。

狄奧尼修斯的目標是要控制從希臘通往義大利海上交通，和從地中海通向亞德里亞海的商路，過去這是科林斯的殖民地，考西拉控制，雖然狄奧尼修斯在義大利的殖民不多，但他可能用近乎海盜的方式，徵集年稅收入，同時他保護進入亞德里亞海的西西里商人[35]。

西元前三八三年，狄奧尼修斯的財力恢復後，他試圖挑動西西里西部的城邦叛亂，因而又激怒了迦太基，於是雙方又開始宣戰，此時迦太基人對西西里和義大利同時發動進攻，並與義大利希臘人結盟。最後狄奧尼修斯在卡巴拉（Cabala）大獲全勝，他要求迦太基完全撤出西西里，並且賠償戰爭費用[36]。但被拒絕，於是迦太基人開始反攻，在決戰中擊敗西西里希臘人，一萬四千多名希臘人陣亡，包括賴普提奈斯在內，這次迦太基沒有留下任何俘虜，狄奧尼修斯損失慘重。

西元前三七八年雙方再次簽訂和平協議，狄奧尼修斯賠償一千塔倫特，迦太基將領土擴張到海利庫斯河（Halycus），如此一來特瑪埃和阿克拉加斯的部分領土就被併入了迦太基的版圖。與此同時狄奧尼修斯在義大利的第二前沿陣地與高盧人（Gaul）結盟，高盧人在義大利中部、南部四面出擊，並向狄奧尼修斯提供精良的僱傭軍[37]，狄奧尼修斯好戰性格在此時也表露無遺。

狄奧尼修斯的事業顯示了在一個資本主義發展的時代裡，獨裁者可取得一定的成果，他在六年之內，透過向東西西里各邦巧取豪奪，徵收重稅，建立起了最強大的武裝力量，在他幾乎耗盡了資源之後，又用類似的手段在南義大利另闢財源，在危機時刻他更掠奪神廟裡的珍寶，並推行沉重的資本徵集（Eispharai），且還將他發行的貨幣貶值，但一旦權力得以鞏固，他就鼓勵商業活動，使敘拉古成爲西西里和義大利南部的貿易國家[38]。

在他統治的最後階段，敘拉古處於物質繁榮的顚峰期，當時他在西西里的統治很像雅典在西元前五世紀在愛琴海地區統治，只是規模小些，敘拉古是帝國中心，該帝國包括三分之二的西西里及義大利的尖端部分，敘拉古又處於進入地中海西部的商路上，是希臘、義大利和迦太基的商業往來中心，其銀幣，以及西元前三八七年之後的金、銀合金幣是西部最強勢的貨幣[39]。敘拉古還是希臘土地上防衛最爲森嚴的城市，人口超過五十萬，其艦隊擁有三百艘至四百艘艦隻，控制西西里海，並保護敘拉古在愛奧尼亞海和亞德里亞海的商人。

但敘拉古的繁榮，並未改變狄奧尼修斯是軍事獨裁者這一事實，僱傭軍不僅是僭主的進攻部隊和海軍將士，還是員警和衛隊，對他的統治來說僱傭軍是不可分割的，爲了使僱傭軍效忠於他，他在西元前四〇六年發行金幣，以後又發行質地優良的十德拉克馬銀幣[40]。在高報酬之下僱傭軍效忠於他也是理所當然。

爲和迦太基競爭，他採用流行的迦太基徽記、棕櫚樹和奔馬，而迦太基則發行他十德拉克馬銀幣的翻版。戰時狄奧尼修斯擅於調度僱傭軍，他率領他們衝鋒陷陣，勇氣過人，戰鬥中數次負傷，他堅忍不拔，老謀深算，但不是卓越的將才，他是聯合作戰的出類拔粹的組織者，又是希臘人中在製造圍城器械、建立海軍、協調不同兵種作戰方面的先驅[41]。在那個戰火頻仍的世紀裡，他超越了任何希臘本土的出色的僱傭軍將領。

雖然狄奧尼修斯創建了宏偉的城市，強大的陸海軍及具有相當規模的帝國，但他未能建立統一的國家。他將大批混合人口遷入敘拉古，破壞了敘拉古作爲城邦的統一性，他以政治關係取代了血緣關係，雖然他竭盡全力爲使自己的地位合法化，標榜自己是救星，保存一些憲法形式，在西西里徽章（Triskeles）和他的貨幣上，刻上敘拉古的名字，但敘拉古的希臘人和隸屬國的人民並不甘心失去政治自由，帝國的統一靠的是他打造來操縱人員和金錢的鐵鐐[42]。

他的成功是個人成功，他的顧問、朋友寥寥無幾，且整日擔心被人出賣，他剝奪其兄弟賴普提奈斯的職位，又放逐支持他的歷史學家菲利斯土斯（Philistus），他爲了鞏固統治，向斯巴達尋求幫助，當他的海軍力量恢復後，又尋求與雅典結盟。他在希臘試圖成爲一名悲劇作家的夢想遭到他的敵人嘲弄，在西元前三八四年的奧林匹克節上，他的詩作被公開嘲笑，一位詩人在他的宮廷上將他描寫成「悲劇性的」人物[43]；但最後雅典人民了卻他的心願，他們授予他公民的稱號，又在西元前三六七年的酒神節日（Dionysiac）上授予他詩人桂冠。無論他的悲劇作品有多麼優越的表現，人們似乎興趣缺缺，因爲他的政治影響力已遠遠超過他的文學成就了。當柏拉圖和亞瑞斯提普斯（Aristippus）來到敘拉古研究這個專制典範的政府時，他們都受到他的粗暴對待[44]。他的評價兩極化，西元前三八四年利西亞斯（Lysias）在奧林匹克節上督促希臘人團結起來解救西西里，愛索克拉底斯更將他譽爲希臘主義的救星，督促他聯合希臘反對波斯。

縱觀前述，狄奧尼修斯的長處便是在大多數希臘城邦都失敗的情況下，他將西西里的希臘從迦太基征服的命運裡解救出來。但他也絕非信奉希臘主義的理想主義者，他毫無顧忌地利用西塞爾人、路卡尼亞人和伊利里亞人來摧毀希臘城市，並使用卡姆巴尼亞、愛伯瑞亞、高盧的傭兵軍警備帝國，而希臘人和迦太基人之間的敵意只是他利用來追求個人權力的矛盾之一，他挑動窮人反對富人、奴隸反對奴隸主、傭兵軍反對市民，甚至到了強迫妻子嫁給其軍官的程度。此外，他還利用道瑞亞人和查爾西迪斯人、希臘人與西塞爾人或國與國之間的仇恨，從中獲益，他支持暴亂，遷移人口，不僅摧毀無數城邦的物質基礎，也粉碎了道德觀念。最後的悲劇是他的兒子慫恿他的醫師毒害了這個僭主[45]。

雅典和第二次海上同盟

西元前三七九年十一月底的一個夜晚，七名底比斯流亡者夾雜在一群勞工中，混入底比斯大門，未被發現，他們的領袖邁隆（Melon）已經與底比斯三名執政官的秘書菲利達斯（Philidas）密謀好，那一晚執政官以酒宴慶祝一年任期的結束，興致正酣之際，菲利達斯向他們介紹喬裝成婦女的七位流亡者，邁隆與其同伴立即刺殺了執政官，夜間他們發動突襲，殺死李翁提亞達斯和其他親斯巴達領袖，黎明到來之前，他們在城中的支持者武裝起來，他們趕走了斯巴達的衛戍部隊，由於擔心引起戰爭，奪權者意欲加入了雅典同盟[46]。

另一方面，在伯羅奔尼撒戰爭中，斯巴達以希臘人的自由爲名義下贏得了勝利。雅典又再次遭受了重大的打擊，毫無疑問，如果不是斯佛德瑞亞斯和他的部隊於黎明之際突然出現在埃勒西斯（Eleusis）和特瑞亞西亞平原（Thriasian plain），搶掠民宅，雅典便會對底比斯的命運聽之任之[47]。斯巴達將領斯佛德瑞亞斯更乘勝追擊，準備要奪取比雷埃夫斯（Peiraeus）以威嚇雅典，當時人們認爲或是克萊歐姆布羅土斯慫恿他，或是底比斯的領袖賄賂了他，但也可能是斯佛德瑞亞斯在個人野心的驅使下做了這個冒險行動，雅典對底比斯的政局也只好袖手旁觀了。

圖 14-1　雅典盛酒容器（550-525 B.C）　劉庭芳攝

而底比斯的政變，則迫使斯巴達決定進一步打擊底比斯，斯巴達派阿蓋西羅斯爲指輝官，他意識到阻止底比斯軍國主義復甦的重要性，他希望打敗底比斯以孤立、戰勝雅典。爲了這關鍵一戰，他重新組織了以斯巴達同盟爲基礎的軍事評估系統，畫分十個區域，每個區域負責一支部隊。阿卡迪亞有兩個區域，拉塞達埃摩尼亞、愛麗斯、阿卡埃亞、科林斯、麥迦拉、伯羅奔尼撒東北部的小邦、阿卡納尼亞、佛西斯、勞克瑞斯，最後還有查爾西迪斯的諸邦各有一個區域[48]。每個區域如果願意，也可以出錢而不出兵員，斯巴達以這筆資金僱用特別優秀的僱傭兵。

底比斯軍隊一面避免與入侵的大軍正面交鋒，一面逐漸對貝奧提亞的斯巴達駐軍構成優勢，例如西元前三七八年冬，他們擊敗戴斯庇亞埃的軍隊，殺死佛埃庇達斯，擊潰他的僱傭軍。西元前三七五年，底比斯由三百名精選出的重裝步兵組成的「神聖兵團」在泰吉拉（Tegyra）大獲全勝[49]。而這之精兵「神聖兵團」，幾乎百戰百勝，此時，他們正遭遇一支正返回奧喬邁努斯基地的兩個斯巴達部隊，儘管敵眾我寡，他們採用密集隊形，強行在敵陣中殺開血路，在混戰中將其擊潰，希臘戰爭史上，斯巴達重裝步兵第一次敗在人數少的底比斯重裝步兵手下。

貝奧提亞的力量源泉來自於希臘的同盟制度，在伯羅奔尼撒戰爭中，貝奧提亞有由貝奧提亞代表組成的四個議會，因而聯邦體制更爲緊密，聯邦政府變成六百六十名成員的單一議會，位於底比斯的卡德邁亞。聯邦的十一個區劃中選出議員，任期一年，每一區劃包含六十名議員，如此建立了均衡代表的政府，每一區劃的選舉權和軍事力量都是相等的。底比斯及其附屬國有四個郡，占貝奧提亞選區的十一分之四，因爲如普拉達埃亞（Plataea）這樣的城邦都隸屬於他[50]。他以議會統治給聯盟帶上獨裁性質，成員國當時也實行獨裁統治，因爲當時政治選舉權僅限於擁有一定財產的人。

西元前三七八年冬，當底比斯被貝奧提亞的斯巴達駐軍牽制之時，雅典與底比斯爲共同對抗斯巴達，他們開始組織第二雅典同盟。西元前三八六年至西元前三八〇年，雅典採用新政策，視盟國爲平等國家，而不是作爲附屬國[51]。另一方面，斯巴達和波斯代表帝國主義，兩國都無心打擊海盜，保衛鄰海貿易。雙方都爲下一場戰爭做準備。

西元前三七七年三月，雅典向希臘城邦宣布第二次雅典同盟的憲章，他保存在一塊重要的石碑上，邀請書如下：**「任何希臘或非希臘國家，只要不是波斯的附庸，便可在自由和自主的基礎上成爲雅典及其盟國的盟友。可保留其所選擇的政體，毋需接受駐軍或總督，毋需繳納貢品，享受與希俄斯、比贊提尤姆及其他盟國相同的條款。」** 聯盟對斯巴達的敵意也表現得一清二楚：「……**斯巴達不能對希臘城邦進行侵擾，保證他們享有自主、獨立權利，保證它們領土安全。」** 雅典由於意在破壞斯巴達和波斯的關係，而非挑起與波斯的爭端，因此，他們又進一步確任聯盟的目標，「……**希臘各城邦與波斯發誓，雙方共同維護的和平與友誼將萬年長存。」**[52]

聯盟名爲「雅典和盟國」，其體制仿效一個世紀之前的第一次雅典同盟，聯盟政策由雅典和聯盟議會決定，兩者相對獨立，將各自的決議通過雅典議會交給對方，雅典在自己的公民大會中進行審議，除非公民大會將權力交給雅典議會[53]。座落在雅典的同盟議會由各國代表組成，每次會議之初他們從中選出主席，各盟國不論面積大小都擁有一票，選議採用較多數通過原則，對所有盟國有效。決議通過後，由執行權力機關，對執行機構的權力做了仔細規定，包括最高統帥權，召集艦隻、人員、財產權及戰場上初步談判權。託付給雅典的執行權力主要由雅典的將軍行使，但聯盟憲章條款（例如，將軍無權在盟國領土上駐軍，除非同盟議會做出正式批准）及盟國有權透過同盟議會尋求補救的措施限制了將軍的權力[54]。

同盟財政收入從兩實體抽取，雅典從自身資源中分配授予物，這些授予物比其他任何盟國貢獻出的都要多得多，同盟議會評估各盟國應繳納的金錢或艦隻，以適應情況需要。金額被稱爲「貢獻物」（Syntaxeis），與惡名昭彰的「貢品」一詞形成對照。但對於過去的雅典帝國和當時的斯巴達帝國而言，貢品是很正常的義務[55]。「貢獻物」繳納後歸入同盟金庫，由同盟議會自行分配，盟國供給的艦隻可以有自己的船長，但由盟主雅典指揮。

聯盟還提供法官代表，審問那些要求廢除或更改聯盟條款的人，這個聯合法庭有權判處死刑或放逐犯人。雅典議會可以單獨審判在同盟國獲取財產的雅典人，對於這種案件的刑罰，是由議會將他們的財產充公[56]。

在與列強的關係中，聯盟將統一行動，如有一國不僅希望與聯盟結盟而且希望加入聯盟，他必須得到雅典和同盟議會的同意，入盟國家還必須宣誓遵守聯盟一切的規定，並放棄宣戰、議和的權力。雅典同盟不是聯邦體制，既無聯邦國籍，也無聯邦政府，它是軍事同盟，主要目的是打敗斯巴達，並保衛自由與獨立，如同西元前三九五年至西元前三八七年間，科林斯戰爭中的軍事同盟，他需要組織計畫，這從他持續存在的角度看，盟憲章規可稱之爲憲法，鑒於前一次失敗的教訓，雅典此次表示尊重盟邦的地位和主權[57]。

西元前三七七年至西元前三七四年，聯盟迅速發展，在提洛設置了宗教中心，雅典祭司掌管神廟但尊重提洛的宗教自主權利。第一批新成員是優卑亞島上（Euboea）的幾個城邦、派帕熱道斯（Peparethos）、西亞道斯（Sciathos）、色雷斯的瑪羅奈亞（Moronea）及普羅邦提斯（Propontis）的派林土斯（Perinthus），他位於通向里海的糧道上，對雅典及當時的底比斯而言至爲重要[58]。西元前三七六年，由於斯巴達無法進入貝奧提亞轉而進攻雅典，斯巴達駐守阿基那的六十艘戰艦封鎖了通向薩羅尼加灣的路徑，但西元前三七六年九月被更大規模的雅典艦隊在納克索斯外海徹底擊敗，愛琴海南部的基克拉澤斯群島（Cyclades）大部分城邦都加入了同盟。

從整體上而言，第二次海上同盟比第一次海上同盟成功，此得益於重建的貝奧提亞聯盟，防止了雅典被斯巴達侵略，使得雅典可以集中全力進行海戰，斯巴達的暴虐政策引起小邦的極大恐懼與仇恨，只有很少國家，如希斯提亞埃亞（Histiaea）仍效忠於他，其他城邦中的民主派日益活躍，他們傾向比貝奧提亞聯盟，以及更能提供直接保護的雅典同盟。雅典再次成爲盟主的寶座，他在貝奧提亞直接幫助底比斯抵抗斯巴達，又在優卑亞島上作戰，吸引斯巴達去進攻西線，這也間接的幫助了底比斯，雅典也全力遵守同盟憲章規定的義務[59]。雅典的將軍能力卓越，凱利斯特拉土斯是制定同盟憲章的政治家，查布瑞亞斯和愛菲克拉戴斯則是附有經驗和作爲的僱傭軍首領，還有考儂的兒子，年輕有爲的梯摩戴尤斯，更是一位傑出的人物。

然而，同盟的戰爭也給雅典帶來沉重的財政壓力，西元前三七八年，爲更快籌集資金，國家按重裝步兵階層最低層的資產爲限，估量私人財產，按該計畫可徵資本總額約六千塔倫特，資金所有者劃爲一百組，稱爲分配集團（Symmories），每組約有六十塔倫特。當國家索取資金的一部分作爲稅收（eisphora）時，每個分配集團都負責提供自己的貢獻品[60]。西元前三七四年，爲加快籌資，每個分配集團中最富有的人，可提前支付作爲先期付款，以後他們可從同伴納稅人中索回。

西元前三七五年底底比斯作好準備轉爲攻勢，這時貝奧提亞城，除了奧喬邁努斯以外，都加入了貝奧提亞聯盟或成爲底比斯附庸，底比斯的重裝步兵又在泰吉拉打敗了斯巴達，時機看來對底比斯在希臘中部擴張有利。這時希臘北部有新的力量崛起，費拉埃（Pherae）的僭主賈森（Jason）擁有強悍的騎兵力量和六千精選僱傭兵，他作爲底比斯的盟友，與斯巴達交戰，以保護優卑亞的希斯亞埃亞，在斯巴達入侵貝奧提亞時，他又向底比斯送去糧食，西元前三七五年底，他欲合併色薩利，而唯一的障礙就是斯巴達[61]。隨後，底比斯降服了整個貝奧提亞地區，並重新組成了他的聯邦。

上述希臘中部的形勢發展既驚動了斯巴達，也震動了雅典，由於底比斯不再向聯盟議會繳納貢獻物，此已經影響了雅典與底比斯的關係，而貝奧提亞聯盟的建議，兼併普拉蒂亞，攻打佛西斯都與雅典傳統政策相抵觸，當時底比斯確爲雅典盟友，但雅典不在意其鄰國成爲同盟中的主導夥伴[62]。雅典戰爭中的目標已經達到，其海軍力量無可匹敵，需要間歇補充財力，因此雅典開始與斯巴達議和，而底比斯若希望從和平協議中獲利，必須是作爲同盟一員，西元前三七一年，底比斯退出了和平狀態，因爲他要求以貝奧提亞人的名義來保證和平。這就等於是要強迫其他國家承認他的聯邦。

推翻斯巴達

和平爲時短暫，傾向民主的勢力日益增長，這震撼著雅典，驚動了斯巴達，當雅典將領梯摩特尤斯被召回國之際，在愛奧尼亞海的紮辛道斯島（Zacynthos）留下一些民主派移民，他們在當地的海岸上建立堅固工事，又進而攻打獨裁派，因而，斯巴達向雅典提出抗議，但雅典公民大會決定支持紮辛道斯民主派[63]。這個決定對剛剛建立的勢力均衡是致命打擊，雅典故意選擇好戰的道路，希冀稱霸希臘，斯巴達別無選擇只好繼續作戰。

西元前三七四年冬春兩季，斯巴達派遣艦隊前往紮辛道斯和科西拉，雅典無錢裝備艦隊爲這兩座城市解圍，於是派出六百名輕裝步兵進入埃皮魯斯，從該地再乘渡輪趁夜前往科基拉，梯摩戴尤斯則受命在愛琴海爲同盟徵集新兵和貢品。他擊敗當時色薩利的統治者賈森，那時賈森號稱擁有八千騎兵，二萬重裝步兵及輕裝步兵，實際數目是這些數字的一半[64]。此時，馬其頓的阿明達斯（Amyntas）與雅典結盟，許多城邦也都加入了雅典聯盟，但這仍未解決雅典的財政問題。雅典暴露出來的弱點，是其財力不足以支撐爭奪霸權，而他的干涉鄰邦政治及理財不當又損害了與盟國的關係，他與底比斯的關係也每況愈下。

西元前三七三年，儘管底比斯向梯摩戴尤斯的艦隊提供一支分隊，一名底比斯人當選聯盟議會主席，底比斯摧毀了普拉蒂亞，剝奪了戴斯庇亞埃的政治獨立地位，雅典歡迎普拉蒂亞難民，並用互惠法令頒給他們平等權利，這樣進一步激怒底比斯，幾年之前底比斯就因雅典奪取奧羅普斯（Oropus）而氣惱，此時賈森退出雅典同盟但仍與底比斯結盟，這也使雅典驚恐[65]，這樣的舉動很快便喚起了雅典人的不安，迫使雅典與斯巴達靠攏，雅典領袖凱利特拉士斯說服人民與斯巴達議和，並事先通知底比斯他們的意圖，這個節骨眼上波斯國王再度介入希臘政治，此時他仍在努力撲滅埃及的暴亂，需要希臘的僱傭兵。

西元前三七一年夏，和平協議在斯巴達召開，交戰國派代表參加，波斯國王的使節也出席[66]。斯巴達提出下列意見，希臘各城邦將都成爲獨立國家，所有駐軍一律撤走，如果一國違反建議條款，和平協議的其他簽字國可以不依據誓言加以干涉，但各城邦可自願幫助友邦，他國不能干涉，和平協議的簽訂，波斯、雅典都予以支持，上數這些條款也獲得批准，官員被指定監督撤軍，斯巴達及盟友發誓遵守和平協定，雅典及其同盟盟友包括底比斯在內，逐一發誓遵守協議規範，接下去是諸邦一一宣誓[67]，這項程序暗示波斯作爲和平協議的主要擔保人，波斯承認了斯巴達同盟和雅典聯盟。

宣誓後的第二天，底比斯代表提出將和平協議中的「底比斯」改成「貝奧提亞」，目的是使貝奧提亞聯盟得以承認協議內容。而斯巴達在建議使用「底比斯」一詞時可能與雅典密謀過，因為兩國都同情普拉蒂亞、戴斯庇亞埃和福西斯，都害怕貝奧提亞聯盟的崛起[68]。因此斯巴達發言人阿蓋西羅斯拒絕了底比斯的建議，他表示：「**底比斯必須遵守他已發誓的協議**。」隨之，埃帕米儂達斯率領的底比斯代表團要求除名，因此底比斯退出雅典同盟。

會議之後，雅典遵守條約，斯巴達和雅典都撤走駐軍和武裝力量，只有指揮斯巴達駐紮佛西斯軍隊的布羅士斯，仍保留職位，布羅士斯（Prothous）建議解散軍隊，向德爾菲的阿波羅神廟進貢，使和平協議神聖化，以後若有國家拒絕承認其他國家的自主權，便應對其採取軍事行動[69]。

對底比斯而言，西元前三七一年的國王協議只是西元前三八六年國王協議的翻版，若輕蔑該協議它的後果則更加危險，因為斯巴達同盟可能聯合雅典同盟強行解散貝奧提亞聯盟。由於斯巴達公民大會的魯莽決定，這種聯合造成的危險一時並未迫近，因為克萊歐姆布羅士斯在福西斯的軍隊，可以在賈森能夠干涉或貝奧提亞聯盟能夠全面徵兵之前行動，所以公民大會的決定是基於形勢可帶來直接戰術優勢的考慮[70]。和平協議簽署後三周之內，布羅士斯途經科林斯灣的克熱尤西斯（Creusis）到達勒克特拉（Leuctra）平原，距離底比斯十英里，這時他們已經被貝奧提亞人（六百騎兵和六千名重裝步兵）包圍住，布羅士斯在堅固陣地上紮營後，中午指揮部隊進入平原，並將士兵布署成常規戰鬥隊形，他及參謀和斯巴達人，大約二千餘士兵把守右翼，盟軍占據中腹和左翼，騎兵在隊形前列成屏障。戰爭一打響，貝奧提亞騎兵就擊潰對手，斯巴達騎兵亂成一團退入陣列，隨後是派羅庇達斯率領的兩倍於布羅士斯及其幕僚的步兵，向正朝右翼延伸對列以包圍對手的敵軍投擲密集的長矛，布羅士斯受傷，但在第一輪肉搏戰中，他的軍官們掩護他，然後斯巴達軍隊右翼被埃帕米儂達斯親自指揮的重裝步兵擊潰，半數斯巴達軍隊戰死，其餘士兵潰散，與根本未參戰的中腹及右翼軍一起逃往營地，倖存的斯巴達人不願認輸，希望繼續作戰，但盟軍表示不滿，因此雙方決定停火殮屍[71]。貝奧提亞人在戰場上豎起勝利紀念碑，埃帕米儂達斯以這次戰役證明了他的軍事理論，即如果毒蛇的頭被砍掉，身體便毫無用處，而貝奧提亞人則顯示出在他的指揮下是希臘最棒的重裝步兵。

吉姆諾帕埃迪亞節（Festival of Gymnopaediae）的最後一天，災難的消息傳到斯巴達，督政官下令節日照常進行，通知死難者家屬，禁止任何哀悼活動。第二天所有六十歲以下的男人都被徵召入伍。之後，阿乞達穆斯（Achidamus）向北進軍，並徵集盟國泰吉亞（Tegea）、門丁尼亞、科林斯、西錫翁、阿查埃亞（Achaea）及其他國家的軍隊[72]。與此同時，頭戴花冠的底比斯使節向雅典議會通報勝利的消息，請求雅典的援助，議員毫不掩飾他們的懊惱，底比斯使節退下，雅典沒有回復他們的請求[73]。底比斯同時也向盟友賈森求助，賈森同意助其一臂之力。他快速行軍，帶領騎兵和僱傭軍穿過敵國福西斯的領土，但拒絕與貝奧提亞人聯合進攻勒克特拉斯巴達的軍營，他無意過份壯大貝奧提亞，相反地，他商議停火以便斯巴達軍隊撤離[74]。此時，斯巴達軍隊夜間急行軍到達克熱尤西斯，從那裡沿海岸小路到達阿埃高斯戴納（Aegosthena），阿乞達穆斯面對士氣低落的戰爭倖存者，對眾多斯巴達將士陣列亡，他感到震驚，於是他撤向科林斯，解散軍隊，貝奧提亞聯盟終於勝利地維護了他的獨立。

西元前三七一年冬，希臘諸邦紛紛自我調整，以適應新的形勢，於是雅典召集和平協議的國家開會，他建議使雅典聯盟成爲和平協議的主要擔保人，邀請所有城邦加入和平協議，與雅典同盟建立防禦聯盟，戰時追隨雅典聯盟的決定[75]，雅典在該建議中並不邀請內陸國家加入雅典同盟，他的意圖是在波斯幫助下，成爲希臘城邦全面和平的監督者。

斯巴達如今嚐到了失敗的苦果，泰吉亞、門丁尼亞，可能還有科林斯、麥迦拉、西錫翁和弗利尤斯、菲加利亞（Phigalia）的民主派起義反抗親斯巴達獨裁者，雖然有些起義失敗，但西元前三七〇年春，門丁尼亞又成爲民主政府領導下城邦，並幫助泰吉亞民主派奪取政權，組成阿卡迪亞聯盟，且很快與愛麗斯和阿哥斯結盟，因此伯羅奔尼撒地區分裂成兩派勢力[76]，在此關鍵時刻，斯巴達人民向年邁的阿蓋西羅斯尋求指引，授權他改革政體，但阿蓋西羅斯沒有進行任何改革，他只暫停了將戰敗者降爲庶民的法律，且沒有處罰勒克特拉的倖存斯巴達人，尤甚者，對於人口問題，他完全沒有採取任何補救斯的措施，是故，他的保守主義作風，讓斯巴達達失去了希臘的統治地位。

然而斯巴達的衰弱，卻代表有新興強權取而代之，此既色薩利，這時期色薩利僭主賈森進攻了福西斯的一座城市，又在勞克瑞斯炫耀武力，奪取了斯巴達的殖民地亥拉克賴亞，將其領土分給馬利亞人（Malians）和歐埃達埃亞人（Oetaeans）。並擴張到從馬其頓和埃皮魯斯，一直到特摩庇拉埃（Thermopylae）的希臘之門的廣大地區[77]。馬其頓阿明達斯和阿爾塞達斯在威脅之下與色薩利結盟，西元前三七〇年夏，賈森有意主持的德爾菲的庇迪亞運動會（Pythian Games），因此下令調遣武裝部隊，以保證無人反對他的主席職位，他精選的僱傭軍便有六千人，色薩利騎兵超過三千人，他還可以從盟國徵集大量步兵。另一方面，他的對手，底比斯擁有優越的統帥貝洛比達斯（Pelopidas）和埃巴米農達斯（Eparminodas），在他們領導之下的軍隊是一支強悍的精兵[78]。此時，他們集中力量對付兩個敵對的地區，既北部的色薩利和西南部的伯羅奔尼撒。

這時期希臘非常混亂，各城邦之間爾虞我詐，合縱連橫，你爭我奪，他們極欲拉攏波斯帝國，無所不用其極。底比斯對伯羅奔尼撒的敵意，更加使其動盪不安。另一方面，阿哥斯發生內亂，國力受損，一群民主派暴徒以大頭短棒殺死了一千二百名反對者，民主派接著又加入了愛麗斯支持阿卡迪亞聯盟反對斯巴達[79]。當時被聯盟放逐泰吉亞其他派別的領導人從而又建立起來，這也就激怒了斯巴達，乃派遣了阿蓋西羅斯率軍出征阿哥斯，一場混戰於是展開。

西元前三七〇年，底比斯執政官埃巴米農達斯和貝洛比達斯指揮的大軍，包括約四萬五百名重裝步兵以及幾乎同等兵力的輕裝步兵，他們進入拉塞達埃蒙河谷（Lacedaemon），沿漲潮的埃羅達斯河（Eurotas）左岸進軍，一直推進到與斯巴達隔河相望的地方[80]。不久之後，埃巴米農達斯引兵南進，在阿米克拉埃（Amyclae）渡過厄羅達斯河，他的騎兵進攻失利，於是他便南撤，一路燒殺搶掠直至斯巴達海軍基地吉戴尤姆（Gytheum），這次進攻爲時三月之久，期間科林斯、弗利尤斯、西錫翁、埃皮道魯斯、特羅埃贊（Troezen）、赫密歐奈（Hermione）、海利埃伊斯（Halieis）和阿查埃亞的派賴奈的援軍趕到斯巴達相助，此時，伯羅奔尼撒人攜帶戰利品潛逃，因而造成底比斯軍隊人數下降[81]。

但令人訝異的是，斯巴達將領克雷翁布奧多所率的重裝步兵，最後竟然被埃巴米農達斯消滅，此既粉碎了斯巴達戰無不勝的聲譽，埃帕米儂達斯解放美塞尼亞並在那裡構築設防城市，這次戰役摧毀了斯巴達的經濟基礎，底比斯入侵拉科尼亞致使許多希洛人和派瑞歐埃西人（Perioeci）得以逃亡，然而伯羅奔尼撒同盟的軍隊，採取了劫掠戰術，這又使解放後的城邦處境比以前艱難。

綜上所述，開明帝國主義有眾多優點。但西元前四世紀的斯巴達帝國主義卻無一具備，斯巴達長久以往要領導希臘的聲明，在同時代人聽來更是虛情假意，如果斯巴達造就了一個伯羅奔尼撒和平（Pax Peloponnesiaca），這不是由於人民的心悅誠服，他是採取了鎮壓、欺騙及暴政的手段帶來的和平，斯巴達禁止在其領土上宣傳希臘城邦繁榮力量的民主、同盟主義的文章，此外，他踐踏各邦自主獨立的原則，且鼓吹黨派糾紛，又以少數派挾持多數人施行專制統治[82]。尤其政客或和將領在戰爭或和平時期採用極其卑劣的手段。斯巴達在各地區的總督更是貪得無厭、殘忍無情、背信棄義，他們在附屬國的統治是建立在政治專制和僱傭兵的基礎上。

西元前三七一年，斯巴達在貝奧提亞的留克特拉戰役（Battle of Leuctra）被底比斯殲滅，這是第一次，也是最後一次，斯巴達的步兵碰上了比他們更強大的對手，此後斯巴達再也沒有重新振作起來[83]。斯巴達帝國瓦解後，留下仇恨與怨憤，而也只有開明的治國領袖才能緩解希臘人的矛盾關係。

第十五章

群強的衰敗

底比斯的霸權地位

西元前三七一年，底比斯城邦聯合其他各邦，在留克特拉一舉擊敗斯巴達的精銳步兵。此時的底比斯以一中等城邦，由於埃帕米儂達斯能征善戰，遂登上希臘霸主寶座，擔任伯羅奔尼撒聯盟的盟軍領袖。這個霸權維持了九年時間，他們賴以稱雄的是一支比斯巴達戰士更英武的「神聖軍團」[1]。

另一方面，雅典聯盟終於讓斯巴達崩潰，如果雅典可以維護海上各城邦自由，而讓伯羅奔尼撒的各城邦自救，就可以獲得愛琴海各個城邦的支持，這也給自己和這些城邦帶來繁榮，因爲其聯盟究竟符合小城邦的願望。實際上，雅典聯盟最大的成功也是由於斯巴達四面樹敵所致。但雅典不僅要控制愛琴海，且對近鄰底比斯的崛起更激起他的嫉妒和恐懼，因此控制希臘世界的野心成爲了雅典的政策。西元前三七四年，雅典對紮辛陀斯（Zacynthos）的政治干涉和西元前三七一年試圖將所有希臘城邦納入聯盟的努力，都暴露了他的野心[2]。

西元前三六八年，雅典、斯巴達及盟軍，包括三千名狄奧尼修斯派出的愛伯瑞昂（Iberian）和塞爾提克（Celtic）傭兵，根本不是底比斯的埃帕米儂達斯軍隊的對手。埃帕

圖 15-1　底比斯　王惠玲攝

米儂達斯率軍突擊斯巴達軍隊右翼，一路追殺，終於贏得勝利。然而他也爲自己的身先士卒付出了代價，身負重傷，他的原定接班人，底比斯人的領袖伊奧萊達斯與達伊凡圖斯也戰死沙場，彌留之際，埃帕米儂達斯得知其繼任者的死訊，只好命令已然獲勝的底比斯人主動求和。埃帕米儂達斯的無力領導，致使底比斯人奪取希臘世界的霸權無望，而再次戰敗的斯巴達人更是無力在短期內恢復元氣[3]。因此，這場戰役的最後結局是希臘霸主底比斯和斯巴達兩敗俱傷，此爲日後的馬其頓人坐收漁翁之利，並爲他們征服希臘世界掃除了障礙。

在大陸希臘方面，他們把底比斯尊爲救星，他的民主體制也與他們的相似，因爲民主像變色龍，根據背景改變色彩，而大陸城邦是農業經濟而非商品經濟，但最重要的是，底比斯代表了一種新型強大的政治組織形式，即民主基礎上的緊密聯邦制[4]。在埃帕米儂達斯的領導與激勵下，底比斯的貝奧提亞聯盟取得成功。底比斯是貝奧提亞聯盟的典範，也許還有埃帕米儂達斯的激勵，鼓舞了埃托利亞聯盟（Aetolian League）的高效組織，其突出特點是一個具有主權的公民大會，一個執政議會和爲選舉及軍事目的設置的行政區系統。與此同時，西勞克瑞昂斯聯盟（Western Locrians）也建立起來，再往西一些阿卡納尼亞聯盟（Acarnanian League），從西元前五世紀起便以鬆散的部落聯盟存在，在抵抗阿蓋西羅斯進攻時他已發展成更爲緊密的組織，阿卡納尼亞聯盟在留克卓大捷後，中止與雅典的聯盟，而與貝奧提亞結盟，並加入對伯羅奔尼撒的侵略[5]。

在埃帕米儂達斯的指導下，阿卡納尼亞聯盟得以鞏固，其聯邦大會（koine synodos）被稱爲「千人大會」，擁有主權，議會是執政機構，輪流在泰吉亞（Tegea），可能還在門丁尼亞（Mantinea）和邁加羅波利斯（Megalopolis）輪流開會[6]。成員國採用民主憲法，而阿卡迪亞聯盟也帶有民主色彩，儘管其聯盟大會的命名是按財產多少來限制民主權利。

留克卓戰役之後，底比斯在防禦聯盟的基礎上建起聯盟——埃利利亞、阿卡納尼亞、福西斯（Phocis）、東勞克瑞昂斯、西勞克瑞昂斯、亥拉克利亞（Heraclea）、邁利斯（Malis），一度還有阿卡迪亞。聯盟可能在德爾菲設有執行中心，該組織的細節尚不清楚，但盟國代表有權透過從結盟的領土上驅逐人犯的法令。貝奧提亞聯盟決定開戰，最高統帥權或執行統帥權交付給底比斯，盟國分遣部隊在戰場上必須服從底比斯執政官[7]。北部色薩利的賈森是底比斯名義上的盟友，他死後色薩利的騎兵和輕裝步兵在埃帕米儂達斯指揮下參加對伯羅奔尼撒的第一次入侵。這個時候，埃帕米儂達斯派羅庇達斯組織了色薩利聯盟，按貝奧提亞模式設有大會，由四官史掌權的分區制，及一些聯邦執事，包括在議會代表色薩利的代表（hieromnemones）。聯盟主席擁有從色薩利統治者繼承而來的權力，色薩利聯盟又布署了強大騎兵、步兵成爲貝奧提亞聯盟的一部分[8]。

在底比斯方面，由於實力的穩定增長，日益強大的底比斯也促使斯巴達和雅典派遣使者前往波斯，希冀獲得波斯的積極支持，因爲斯巴達已經用盡菲利斯庫斯提供的軍餉，如果得不到更多財政援助，打敗阿卡迪亞就沒有希望。而雅典方面，讓他感到驚恐的是在伯羅奔尼撒打擊貝奧提亞未獲進展，這是因爲雅典聯盟成員國不斷增長的不滿情緒[9]。然而，雅典試圖奪取安菲波利斯的舉動，使人想起西元前五世紀雅典顯示的帝國主義，而查爾西狄斯聯盟退出了雅典聯盟，雅典與大陸上卑鄙嗜血的費哈伊的亞歷山大僭主結盟（非亞歷山大大帝），甚至把他當作恩人建立起他的雕像，西元前三六七年，他又與「狄奧尼修斯及其子孫」結盟，把自己的信仰與敘拉古的僭主連在一起。

除了斯巴達使者出使波斯外，還有來自雅典、貝奧提亞、阿卡迪亞、愛麗斯和阿哥斯的使者，在一次蘇薩的酒會上，六國使者向波斯國王致詞，波斯國王並不掩飾對貝奧提亞使者派羅庇達斯的偏愛，然後國王命令手下向眾使者宣布詔書：自主、自由基礎上的和平協定將議定。特別是波斯國王要求斯巴達必須承認美塞尼亞的獨立，雅典則必須承認安菲波利斯的獨立；另外，雅典還必須召回艦隊，將其停泊岸邊[10]。波斯對希臘各城邦的仲裁儼然成爲希臘共主。斯巴達向波斯得靠攏的行爲，實際上，也自食惡果。其使者安塔爾西達斯也以自殺收場，而雅典使者梯摩高哈斯（Timagoras）回去後也立即被處死，這個和平，後來也就被稱爲「派羅庇達斯和平」。

西元前三六六年春，底比斯邀請希臘各邦與會，會上波斯國王的使節宣讀了他的命令，底比斯的敵人拒絕這道命令，斯巴達派阿蓋西羅斯去爲小亞細亞的阿瑞歐巴紮奈斯（Ariobarzanes）服務，以便獲取經濟援助。而雅典對底比斯要求他的艦隊泊岸的命令十分驚恐，因此派僱傭軍進入科林斯，以抵抗底比斯的霸權主義[11]。西元前三六六年，歐若帕斯的流放者奪取了城池，並將他獻給底比斯，雅典喪失去了歐若帕斯（Oropus），因而更爲震怒，而雅典的同盟，無一願意協助他奪回歐若帕斯城池。至此，雅典在蘇薩談判的失敗，又在伯羅奔尼撒的徒勞無功，雅典已經難以力挽狂瀾。

由於底比斯的崛起，因此雅典將軍卡利斯特哈達斯（Callistratus）和沙布希阿斯（Chabrias）主張與斯巴達議和，旋既底比斯占領了奧羅普斯，因此他們被控賣國，但在一篇觸動德摩斯提尼的演說詞中他們成功爲自己辯護[12]。最後雖然被赦免，但也預示了雅典政策的改變。

西元前三七八年，雅典就接連不斷的戰爭而人心渙散，雅典人民不再信任他們的領袖，並爲公民大會採取的政策懲罰他們，人們排拒納稅來幫助斯巴達或阿卡迪亞[13]；因而迫使波斯國王發出最後通牒，此舉更引起人們的恐慌，因爲波斯和底比斯會利用雅典聯盟成員的不滿情緒，使他們反叛雅典。

西元前三六六年雅典重新任命底摩特斯（Timotheus）爲統帥，交給他由八千名輕裝步兵及三十艘戰艦組成的軍隊，命令他支援發動暴亂的總督阿瑞歐巴紮奈斯，但不要斷絕與波斯的關係。雅典接納阿瑞歐巴紮奈斯爲公民，可能從他那裡得到金錢，但底摩特斯只進攻波斯被保護國，西普羅塞密斯（Cyprothemis）控制的薩摩斯，在十個月的封鎖期間，底摩特斯靠掠奪供給軍餉，十個月之後，薩摩斯終於陷落，最富饒的土地被克列儒克占領，接著底摩特斯奪取切爾松尼斯（Chersones）的塞斯特斯（Sestus）和克瑞托特（Crithote），並派克列儒克前往占領這兩個城市[14]。在馬其頓國王拜赫迪加斯（Perdicas）的幫助下，他又奪取波第達伊亞（Potidaea）、托龍尼（Torone）及卡爾西迪斯的其他城市，並利用拜赫迪加斯的援助奪取了馬其頓海岸邊的庇德納（Pydna）和邁松奈（Methone）。

西元前三七八年，底比斯忙於戰事，由於他只擁有一支很小的艦隊，因此他的財政壓力比雅典要輕些，但人民經過長期的戰爭也已精疲力盡，這種壓力表現在貝奧提亞大會對其領導人的態度改變上。西元前三六九年埃帕米儂達斯和派羅庇達斯被指控在第一次入侵伯羅奔尼撒期間，職務超過任期而被彈劾，但最後被赦免，底比斯在二度入侵伯羅奔尼撒後，西元前三六七年，埃帕米儂達斯在執政官的選舉上落選了，人們不滿埃帕米儂達斯的原因，可能是由於他採用開明政策，不奪取土地也不強行駐軍，他未對西賽昂進行政治干涉，而讓獨裁者繼續掌權[15]。

西元前三六六年年初，當組織新艦隊的準備工作正在進行時，埃帕米儂達斯作爲執政官率軍侵入伯羅奔尼撒，他與阿哥斯聯合行動，衝破伊斯特姆（科林斯）地峽（Isthmus）由斯巴達和雅典控制的南部防線，與他在伯羅奔尼撒的盟軍——阿哥斯、阿卡迪亞、麥西尼、西塞昂及愛麗斯會合[16]，之後，他進軍阿卡伊亞，強迫阿卡伊亞加入貝奧提亞海岸同盟，因此底比斯控制了科林斯海灣兩岸，掃清了進入伯羅奔尼撒的海上通道。

另一方面，埃帕米儂達斯在西塞昂作的安排，也在聯盟阿卡迪亞和阿哥斯的默許下被廢止，埃帕米儂達斯讓獨裁者留在臺上，但野心勃勃的獨裁者埃尤普洪（Euphon），在說服阿卡迪亞和阿卡斯的軍隊到場的情況下，宣布在西塞昂實行民主，然後他黃袍加身，當選爲新選將軍之一，他的兒子被任命爲城邦僱傭軍統帥，他奪取了神廟珍寶和私人財產，他僱用更多僱傭軍，殺死或放逐其他將軍，自己成爲僭主[17]。底比斯將這種局勢作爲既成事實加以接受，但貝奧提亞聯盟仍在西塞昂任命了軍官，駐紮了軍隊。

這時候，埃尤普洪配合底比斯將領進攻弗利尤斯，但計畫流產，阿卡迪亞人不信任埃尤普洪，企圖把他趕出西塞昂，可是埃尤普洪的僱傭軍占領了西塞昂港口並與斯巴達結盟。雅典提供給他更多的僱傭軍，他奪取了城市但未占領城防高地，後者仍被底比斯駐軍控制。埃尤普洪決定採用冒險政策，前往底比斯，試圖重新加入貝奧提亞海岸同盟，但正當他向卡德摩斯（Cadmea）的貝奧提亞聯盟議會陳詞之際，一路跟蹤他的敵人刺殺了他，然而貝奧提亞聯盟議會卻赦免了刺客，於是底比斯以此藉口奪回了西塞昂港口，但底比斯領袖不聽從埃帕米儂達斯的忠告，在巴卡伊亞和西塞昂採取的政策使底比斯失去了信任，底比斯在這一點上步入了斯巴達及雅典的後塵[18]。

西元前三六五年，雅典和底比斯均未出兵伯羅奔尼撒，西元前三六四年，底比斯應色薩利的請求，援助他反擊雅典的盟友，費哈伊的亞歷山大。六月十三日當派羅庇達斯正準備率領七千名底比斯重裝步兵出征時，出現了日蝕，由於這被視爲凶兆，底比斯部隊沒有出發，但派羅庇達斯率三百名志願騎兵加入了擁有強大騎兵的色薩利軍隊，決戰是在西諾斯塞發拉伊（Cynoscephalae）進行的，亞歷山大將他更爲精良的重裝步兵布署在丘陵高地上，派羅庇達斯命令步兵出擊，在他們前進途中，親自率領騎兵進攻，在平原擊敗了敵方騎兵[19]。

於是派羅庇達斯指揮騎兵前進，準備進攻敵人步兵的側翼和後部，但他的步兵丟失陣地，而亞歷山大的步兵也要重新集結，對付派羅庇達斯的騎兵進攻，因此派羅庇達斯集合步兵，指揮他們進攻由亞歷山大指揮精選的僱傭軍組成的右翼[20]。派羅庇達斯衝鋒在前，獨自衝殺，在勝利的那一刻受到致命一擊，但他的騎兵衝散了敵軍陣線，在長距離的追擊中，殺死三千多名敵軍。

派羅庇達斯之死，使底比斯損失了最受歡迎的領袖，他是精明強悍的外交官，埃帕米儂達斯忠實的支持者，嫻熟步兵指揮官、騎兵聯合作戰的司令，神聖兵團和色薩利騎兵統帥，爲表達對他的哀思，剪下了馬鬃，色薩利聯盟在德爾菲豎起他的塑像。西元前三六四年，七百騎兵和七千重裝步兵組成的底比斯軍隊，包圍了費哈伊的亞歷山大，迫使他接受貝奧提亞聯盟命令，並聽從命令供給兵源，以此爲派羅庇達斯之死復仇[21]。底比斯這時主宰了希臘中部，德爾菲認可他的地位，並於西元前三六三年授予他優先占卜的權利。

西元前三六三年夏，埃帕米儂達斯向雅典發動海上進攻，底比斯的小型艦隊增加了一百艘（用馬其頓和色薩利的木材製作的三層槳戰艦），他事先與雅典聯盟裡擁有強大海軍的拜占庭、希俄斯和羅德西亞談判，因此，埃帕米儂達斯從博斯普魯斯（Bosporus）啓航，對雅典而言這是通向黑海糧道的關鍵之處，雅典艦隊避免交戰，埃帕米儂達斯的一百艘戰艦到達拜占庭，這時查爾西頓，也許還有波羅邦提斯（Propontis）和赫勒斯滂（Hellespont）的其他城邦發動暴亂反對雅典，他們加入了拜占庭一方，進攻雅典運糧的船隻[22]。此外，賽歐斯（Ceos）也發生暴動，與優卑亞的希斯提阿伊亞（Histiaea）建立緊密的互惠的政策，埃帕米儂達斯所率領的軍隊壓鏡，這也憾動了雅典的自信與威望。

然而當埃帕米儂達斯離開期間，這些底比斯流亡者和三百名奧爾考曼納斯領袖，他們企圖推翻底比斯民主制的陰謀敗露，因此貝奧提亞聯盟大會決定採取懲處叛亂者，所有的男人都被處死，婦女兒童都淪爲奴隸，城市被夷爲平地，埃帕米儂達斯返回後，反對他同胞的殘酷行爲[23]，而這種屠戮的暴行也足以說明何以底比斯的霸權乃曇花一現。

西元前三六五年，伯羅奔尼撒陷於動盪不安，愛麗斯與阿卡迪亞爲爭奪特瑞菲利亞（Triphylia）而開戰，愛麗斯獨裁者得到阿卡伊亞和斯巴達的幫助，阿卡迪亞則從民主城邦麥西尼、阿哥斯、底比斯，甚至雅典得到援助[24]。西元前三六四年七月，阿卡迪亞在阿哥斯和雅典支援下，其武裝部隊占領了奧林匹克，使皮薩坦（Pisatan）得以主持奧林匹克節慶，此時，阿卡迪亞的首領占用了一些神廟的錢財，用以支付組成阿卡迪亞聯盟常規軍的五千埃帕瑞突瓦人（Eparitoi）薪餉，並以此慶賀勝利。

這種褻瀆神靈的行爲致使阿卡迪亞聯盟分成了兩派，由泰吉亞爲首的一派，包括許多瀆神的首領。另外，門丁尼亞爲首的領袖則反對這種行爲。此外，軍官士兵也把支付薪餉一事視作政治較量，因爲民主派要求得到薪餉，以確定他們自己獲得平等機會，而獨裁派因同樣的原因持有異議，由於泰吉亞人支持底比斯，門丁尼亞支持斯巴達人，於是爭論惡化[25]。

西元前三六三年，阿卡迪亞聯盟大會譴責占用神廟錢財的行爲，取消付給埃帕瑞突瓦人的薪餉，指示底比斯不要派兵前往阿卡迪亞，除非得到邀請，同時與愛麗斯停火，作爲和平談判的準備[26]。門丁尼亞一派控制了阿卡迪亞聯盟，而其他派系，包括一名在泰吉亞指揮三百名貝奧提亞重裝步兵的底比斯軍官在內，都立即宣誓遵守停火，晚上在底比斯軍官的配合下，泰吉亞首領逮捕了他們能找到的所有反對者，但第二天這名軍官喪失了勇氣，釋放了那些反對者，他撤回底比斯，阿卡迪亞對此非常的不滿。

埃帕米儂達斯答覆說，阿卡迪亞聯盟與愛麗斯單獨議和違反了與貝奧提亞的條約，他還宣布將派兵進入阿卡迪亞以維護底比斯的利益，他的說詞最後分裂了阿卡迪亞聯盟。泰吉亞、邁高羅波利斯及其他城邦宣布追隨埃帕米儂達斯，但門丁尼亞和他的支持者也獲得了愛麗斯、阿卡伊亞、雅典和斯巴達的幫助，當門丁尼亞海岸聯盟成員正在商議各城邦是否應在本國領土上擁有最高指揮權時，埃帕米儂達斯既抽調軍隊通過了伊斯特姆（科林斯）（Isthmus）地峽，進入伯羅奔尼撒，那裡阿哥斯和西錫翁兩盟國的軍隊正等待與他會師[27]。西元前三六二年交戰之初，埃帕米儂達斯在戰役中始終保持主動，當敵手仍四處分散時，他盡力一一擊破，他在納麥阿（Nemea）設下伏兵，以防雅典軍隊從陸上進軍，但雅典人選擇了海路，埃帕米儂達斯在泰吉亞挑選阿卡迪亞和麥西昂分隊，貯藏物質，將這次設防的城市當作游擊戰的基地[28]。如今埃帕米儂達斯的軍隊位於門丁尼亞和斯巴達之間，而已經到達門丁尼亞的軍隊此時占據了堅固防守位置，因此當他得知阿蓋西羅斯指揮的斯巴達主力正在派賴尼（Pellene）向門丁尼亞進軍時，埃帕米儂達斯決定進攻缺乏防衛的斯巴達。

埃帕米儂達斯的機動分隊，夜間行軍約三十五英里，翻過派賴尼東邊的山脈，黎明剛過便向斯巴達發動攻擊，但由於逃兵的告密，使得阿蓋西羅斯迅速抽調一部分軍隊進入城市，兩軍作殊死戰，巷戰一直持續到阿蓋西羅斯的主力部隊開進城中[29]。埃帕米儂達斯預計斯巴達的前鋒還在門丁尼亞，故在中午撤回了軍隊，此時斯巴達的盟軍也取道阿塞亞（Asea）和派賴尼前往援助斯巴達，埃帕米儂達斯下令連夜翻山越嶺回師泰吉亞，並派出騎兵試圖奇襲當時缺乏防備的門丁尼亞。

不久之後，門丁尼亞、斯巴達、雅典、愛麗斯和阿卡伊亞的軍隊終於在門丁尼亞完成集結，在平原僅一英里狹窄處，二萬名重裝步兵組成十二人縱深的堅固防線，側翼則有陡峭的山崖作爲屏障，門丁尼亞士兵占據右翼，斯巴達人僅挨著他們，部隊占領了通向門丁尼亞的道路，這條路提供了最佳撤退路線。雅典士兵占據左翼，背靠山谷沒有出口，部隊若解散，進入身後的樹林，便可利用遮蔽六月驕陽的樹蔭，二千精銳騎兵被布防在側翼步兵之前[30]；雅典陣地選擇得很好，他切斷了埃帕米儂達斯北進路線，任何一翼都不可能受到攻擊，而埃帕米儂達斯的三萬重裝步兵，三千騎兵若沿隊列發動正面進攻則無法奏效。

此時，埃帕米儂達斯計畫大舉進攻敵軍最強點，右翼，在敵左翼保持移動，如進攻得手則可切斷通向門丁尼亞的退路，打散敵軍陣列，將其趕到雅典士兵一翼後側的山谷[31]；實施這項計畫主要問題是要避開敵軍監視，否則敵軍會加強右翼力量，早晨埃帕米儂達斯引兵進入平原，全軍暴露在敵軍眼前，騎兵的頭盔和步兵磨光的盾牌在陽光裡閃閃發亮，隊列右翼是底比斯士兵，左翼是阿爾吉伍斯（Argiues）士兵，向左列成縱隊，向西朝山腳進發，前鋒放下武器，後續部隊縱深排列其後，中午時分，隊列前，來回調動的騎兵騰起大片塵埃掩護了埃帕米儂達斯步兵的集結。門丁尼亞和斯巴達士兵沒有料到當天會有進攻，他們解散之後退至樹蔭去吃午飯，這時埃帕米儂達斯發起進攻，呈船頭形的左翼部隊壓向匆忙集結的敵軍右翼，一千六百名騎兵呈楔形排列，夾雜輕裝投石器士兵和標槍兵，他們衝進以六行排列與步兵混合的敵方騎兵陣營，騎兵後則是大批由埃帕米儂達斯領軍的底比斯重裝步兵[32]。此時，埃帕米儂達斯右側餘下的隊列正成梯形隊形行進，右翼距敵軍依然很遠，平原的另一邊戰鬥已經打響，因爲埃帕米儂達斯已經派出輕裝步和騎兵去與雅典交戰，同時又派出一支輕裝、重裝混合步兵去奪取一些矮丘，以阻止雅典步兵的任何行動，此時底比斯騎兵擊潰雅典騎兵，又以騷擾戰術牽制住雅典步兵，這些軍事行動使敵軍無法加強右翼，因而在底比斯騎兵的強大攻勢下，一支愛麗斯騎兵被派去支援雅典人。

與此同時，底比斯先後打垮了門丁尼亞和斯巴達的騎兵、步兵，敵軍潰敗逃散，底比斯的騎兵、步兵部隊混合起來，衝破敵陣，並揮師右進，封鎖了敵軍剩餘部隊，但底比斯未能一舉殲滅敵軍，因而本來可以在戰爭中起決定性作用的勝利時刻也成了泡影。隨後貝奧提亞聯盟解體，各國可能與貝奧提亞聯盟贏家單獨訂約，而雅典能否繼續領導同盟也很值得懷疑。另一方面，底比斯在這場戰役中因爲埃帕米儂達斯的戰死，也致使底比斯的霸權面臨崩解的境地，他的去世也帶走了底比斯的希望[33]。戰爭以和平協議做爲結束，但色諾芬說，和平協議的簽訂也預示著「希臘世界更爲動盪不安」的時代來臨。

埃帕米儂達斯在他最後一戰中充分顯示了他的軍事天賦，他將幾個城邦的軍隊完美地結合起來，在調度軍隊的技巧速度方面，在戰術布署方法上，在協調騎兵、步兵和輕裝部隊方面，他都超越了前輩，能與他相比的只有馬其頓的將領，他們也像他那樣在敵人心臟部分發動進攻，不僅是爲了獲得戰略優勢，還爲了取得全勝的效果[34]。

對埃帕米儂達斯的政治天賦眾說紛紜，一些人攻擊他摧毀斯巴達聯盟，動搖雅典聯盟，但在西元前四世紀時期，沒有一個政治家能夠不攻擊這兩個帝國便改變國際形勢，如果他活到摘取軍事勝利果實的那一刻，就會像查伊若奈阿（Chaeronea）之戰後的馬其頓菲力那樣，公布他對希臘各邦的安排，僅該計畫就顯示了埃帕米儂達斯的偉大之處，但由於他的去世，他的計畫也就煙消雲散[35]，在他的墓誌銘尚存部分的記述說：**「斯巴達的榮譽被我的戰略奪去，神聖的麥西尼亞亦奪回他的孩子；邁加洛波利斯因底比斯的協助建成圍牆並受到保護，而全希臘更贏得了獨立與自由。」**但這與其說是有關他精神的記錄，不如說是寫他的功績，在他眼裡，眞正的聯邦是開明崇高的，因此他批評對奧爾考曼納斯用兵，因而仍讓獨裁者統治阿卡伊亞，赦免了那些他俘虜的貝奧提亞流亡者，他的政策不是斯巴達及雅典的那種分而治之，而是統一領導[36]；他將貝奧提亞聯盟、阿卡迪亞聯盟、埃托利亞聯盟、西勞克瑞昂斯聯盟、色薩利聯盟及阿卡伊亞聯盟作爲自治實體，這些聯盟也許抵制他的領導，但當他們在接受領導時，要比單個聯邦的集合體強大。

埃帕米儂達斯的英雄性格更吸引了眾多的傳記作家爲他作傳，他的思想較傾向於畢達哥拉斯哲學，有人說他虔誠、慷慨、無私，但從歷史的角度來看，他又毫無疑問是名政治家，他也許比伯利克里斯更具國際政治眼光，但缺乏伯利克里斯的權威，最爲重要的是，他缺乏資源[37]。雖說貝奧提亞擁有優良的士兵，但他們無法把握他的政策實質性；相反地，他們摧毀了奧爾考曼納斯，敵視阿卡伊亞聯盟，這也顯示了由於缺少文化因而延生許多殘暴情事。當埃帕米儂達斯「把雅典的朝門搬到卡德摩斯的前庭中來」時，他大概意識到文化的不足，但他也沒有辦法加以改善。

古羅馬政治家西塞羅稱埃帕米儂達斯爲希臘第一人，然而他在今天的評價並不佳。埃帕米儂達斯爲希臘所創造的政治秩序維持不久，底比斯的霸權與其創立的同盟也迅速消亡，在他死後二十七年，底比斯便被亞歷山大大帝消滅[38]。雖然埃帕米儂達斯在其時代被認爲是一位理想主義者與解放者，但在今天，人們大多只記得其十年戰事（西元前三七一年至三六二年），儘管任何事情都尚未確定，但他確實削弱了希臘的元氣，致使希臘在後來無法抵抗馬其頓的進攻，並且終被其征服。

總之，門丁尼亞戰役是底比斯勢力的頂峰，但也是他的勢力衰弱的開始，底比斯強盛在於斯巴達和雅典的軍隊已經解體的情況下，他還有一支相當穩定的軍隊，但這支軍隊在十年的激烈爭霸戰爭中消耗很大。因此，底比斯勢力隨著埃帕米儂達斯之死而衰弱了[39]。

底比斯及雅典的衰敗

門丁尼亞戰爭的僵持其直接後果是，面臨上戰場的士兵如今都得救了，儘管事情都尚未確定，但士兵在這段時間不再在戰場上廝殺。西元前三六二年冬，戰爭形勢突然轉變，希臘大陸紛紛成立了城邦聯盟，除了拒絕承認麥西尼亞獨立的斯巴達以外，每個城邦都宣誓遵守「全面和平及結盟」，互相結爲一體，透過協商解決爭端，並一致抵抗侵略，聯盟旨在結束成員國之間的戰爭，使各國都可以繁榮昌盛，並在外交事務中團結一致[40]。爲貫徹憲章，聯盟需要一個現實的組織，可惜我們並不了解細節，他有一個代表組成的議會，一國一票，可能在固定的時間開會，初始階段議會的建議，他對成員國沒有約束力。此外，聯邦法庭也建立了起來，並設立了聯邦金庫。

聯盟決議中只有一個保留至今，他是有關一些城邦總督的起草，請求希臘加入他們反對波斯侵略的邀請書，聯盟在回覆中，強調其團結一致並宣布中立，並補充說他對任何侵略都一致行動，不管是波斯國王還是其他什麼人，但也顯示了聯盟的侷限性，因爲他缺乏力量去進攻波斯[41]，因此聯盟保持靜止狀態，而非動態，成員國只對保住自己擁有的東西感興趣，而不願幫助被剝奪者。

儘管如此，擁有這樣一部憲章的聯盟，如果其中最強大的成員國能進行強有力的領導，依然是很有力量的，若他們再結成派系集團，那麼聯盟的壽命則屈指可數。西元前三六一年，唯獨雅典有能力領導聯盟對抗波斯，但那一年，雅典組織了兩個聯盟，一是與阿卡迪亞、阿卡伊亞、愛麗斯及弗利尤斯的聯盟，另一個是與色薩利的聯盟，他以此削弱底比斯力量並擴張自己的勢力，於是底比斯派兵進入阿卡迪亞，以保住對麥加羅波利斯的控制[42]，若從實用政治的角度來說，城邦聯盟的誕生悄無聲息，但從政治角度而言，他的誕生具有絕對重要的意義。

底比斯與雅典

隨後聯盟的解體，他意味著的雅典與底比斯之間的鬥爭仍未解決，底比斯除了控制麥加羅波利斯的伯羅奔尼撒以外，他的國力已顯疲憊，也無力發動進攻，且在希臘中部不斷的失利。西元前三五七年，在親底比斯的埃尤波伊亞發生叛亂，底比斯和雅典都派兵到島上。最後，底比斯人被趕走，雅典取得全部的控制權，這個挫折更使底比斯擔心福西斯（Phocis）屆時也會離開希臘中部的貝奧提亞聯盟[43]，底比斯的前景堪慮。西元前三六二年，福西斯以他與貝奧提亞的聯盟僅限於防禦性質爲由與底比斯漸形漸遠，到了西元前三五七年，菲洛麥盧斯（Philomelus）和其他福西斯人（Phocians）傾向雅典，但西元前三五七年夏，雅典因社會革命的爆發而元氣大傷，底比斯趁機活動色薩利，西元前三五六年四月，又透過安菲克提歐尼克議會作出的決議，向斯巴達索取卡德摩斯，而先前底比斯就要求斯巴達賠償，同時要求菲洛麥盧斯和其他人交罰金，因爲他們開墾了聖地[44]；於是福西斯選舉菲洛麥盧斯出來應付緊急情況[45]。

起初，底比斯只是對付菲洛麥盧斯一個人，但整個夏天，部隊都沒有動靜，到了冬季，菲洛麥盧斯不僅獲得福西斯大會的支持，還與斯巴達、雅典，可能還與阿卡伊亞結盟，然而雅典一承認自己失敗，底比斯便將菲洛麥盧斯視爲福西斯城邦的代表來對付，底比斯自信能獲得色薩利各族支持，西元前三五五年十月，在底比斯的提議下，安菲克提歐尼克議會正式向福西斯宣布「聖戰」，即代表德爾菲諸神的戰爭，戰爭期間不留戰俘，對戰敗一方不存仁慈[46]，這種條件意味著一場殊死戰。但由於菲洛麥盧斯占用了德爾菲神廟錢財，又徵集了一萬多名僱傭兵，並擊敗底比斯和洛克瑞斯的軍隊，西元前三五四年春又打敗六千名士兵組成的色薩利軍隊，因此色薩利不再支持底比斯，貝奧提亞聯盟也就完全瓦解，於是底比斯在對抗僱傭軍的戰爭中失利。

西元前三六二年雅典聯盟面臨抉擇，雖然底比斯的埃帕米儂達斯沒有再次發動海軍進攻，但雅典已經暴露了他的海軍力量不足，以及雅典同盟的不滿情緒。儘管如此，雅典並未改變政策，西元前三六二年初，他強迫以低於憲章條款的條件重入聯盟，即向盧利斯（Lulis）強加親雅典民主政府，放逐反雅典黨派，雅典軍官可「用任何他們覺得合適的方法」徵集貢品，如有雅典人捲入的案件，若與超過一百塔倫特的金額有關，則交給雅典法庭審理[47]；這些條款使盟國清楚意識到，雅典要把聯盟變成帝國，因爲他們還未忘記西元前四五四年和西元前三九〇年雅典採用的手段。

西元前三六二年，雅典聯盟的創始人凱利斯特拉士斯被處以死刑。鼓吹與底比斯和解的阿利斯托分（Aristophon）也受到審判，以兩票之差逃脫了死刑。此外，雅典聯盟與伯羅奔尼撒的反底比斯集團也結成了同盟。然而財政問題使雅典的末日也已爲期不遠了，西元前四五四年，雅典隨意調用提洛的大筆財富，而現在他是眞正得一文不名了，西元前三六二年，一位艦隊的船長說，當水手得知「錢包空空如也，金庫短缺，聯盟破產，將軍腐化」時，紛紛開小差[48]。這種情況下的公民如凱利斯特拉士斯描述的賭徒：「贏一次便加倍買籌碼，但大多數情況一貧如洗收場。」

到了西元前三六二年至西元前三五八年，由於底比斯國力的衰竭，因而形勢又對雅典頗爲有利，此時雅典擁有伯羅奔尼撒的盟國及色薩利聯盟的合作來反對底比斯，但費哈伊的亞歷山大破壞泰諾斯（Tenos）和派帕雷普托斯城邦（Peparethos），又襲擊了比雷埃夫斯港（Peiraeus）的貿易市場，他們不斷製造麻煩，雅典將軍李奧斯典奈斯（Leosthenes）未能擊敗他，想到要受懲處，於是像凱利斯特拉士斯那樣逃往馬其頓，他的繼任者查瑞斯（Chares），民主派領袖，「避免與敵軍交鋒，虐待盟友」[49]。西元前三五八年費哈伊的亞歷山大被妻子殺死，與此同時查瑞斯到達科基拉，干涉黨派政治，並在屠殺中支持獨裁者，因此導致了科基拉（Corcyra）退出雅典同盟，摧毀了雅典在西部的影響力，查瑞斯使雅典又一次陷入了危機。

北愛琴海是雅典貿易關鍵的地區，梯摩塞尤斯未能奪取那裡的安菲波利斯，該城受查爾西迪斯聯盟及馬其頓的伯狄卡斯（Perdicas）支持。接替梯摩塞尤利斯的凱利典奈斯也沒有夠奪取安菲波利斯，因而被雅典處以死刑，而後梯摩塞尤斯再度攻打安菲波利斯但還是失敗，西元前三六〇年，爲免落入敵手，他不得不在斯蒂盟河（Stryman）上焚燬他的艦隊[50]。然而更爲緊迫的仍是博斯普魯斯和亥萊斯邦特（Hellespont）的局勢，西元前三六二年查爾西頓（Chalcedon）和西齊庫斯（Cyzicus）襲擊由黑海開來的雅典糧食船，同時西元前三六〇年，色雷斯國王考提斯（Cotys）奪取塞斯土斯（Sestus），威脅到雅典在切爾松尼斯（Chersonese）的最後基石克瑞托特（Crithote）和艾拉埃尤斯（Elaeus），但西元前三五九年考提斯遭暗殺，雅典支持企圖篡奪考提斯之子色塞布萊普泰斯（Cersebleptes），因此導致色雷斯王國被貝瑞薩戴斯（Berisades）、阿瑪道庫斯（Amadocus）和色塞布萊普泰斯瓜分，此後雖然色塞布萊普泰斯同意將塞斯土斯交還雅典但並未履行諾言[51]。

雅典與亥萊斯邦特小亞細亞一側的阿瑞歐巴紮奈斯（Aricobarzanes）總督關係良好，並授予他公民權，西元前三五九年，阿塔色西斯（Artaxerxes Mnemon）去世，愛奧尼亞和亥萊斯邦提奈（Hellespontine Phrygia）總督，以及奧容戴斯（Orontes）及阿達巴祖斯（Artabazus）總督起義反對他的繼任者阿爾塔色西斯（Artaxerxes Ochus）[52]。但卡瑞阿（Caria）總督仍忠於阿爾塔色西斯，並與羅德島及雅典同盟友好。在此紛亂之際，西元前三五七年，優卑亞危機事件又爆發，從底比斯分裂出來的優卑亞，請求雅典幫助，優卑亞各邦加入雅典聯盟並分別派出代表進入聯盟議會，春天優卑亞的戰事剛結束，安菲波利斯和馬其頓的使者便來到雅典，安菲波利斯因受到菲利進攻，主動要求併入雅典，而馬其頓使者帶來菲利的信，表達與雅典結好的願望，並建議把安菲波利斯交給雅典[53]。最後雅典的第二次海上帝國與希俄斯、羅德島、科斯島、拜占庭所結成的盟邦發生戰爭，結果雅典戰敗，第二次海上同盟也就瓦解。

這次戰爭被稱爲同盟者戰爭（Social War）（西元前三五七—三五五年），初始查瑞斯指揮雅典艦隊快速行動，他攔截了邦聯主義者提供希俄斯的援助，然後在陸地、海上封鎖希俄斯。仲夏雅典艦隊在決戰中失利，統帥查布瑞阿斯（Chabrias）戰死，查瑞斯退入亥萊斯邦特，並與貝林蘇斯（Perinthus）和塞利姆布瑞阿（Selymbria）支持的拜占庭作戰[54]，秋季菲利奪取安菲波利斯，讓他獨立，並煽動其政府放逐一些親雅典公民。

西元前五六年當查瑞斯率六十艘戰艦堅守切爾松尼斯之際，叛亂者乘一百隻帆船，在雅典的萊姆諾斯（Lemnos）島和安布洛斯（Imbros）島燒殺搶掠，他們被民主的仇恨沖昏了頭，進攻了一些本來可能加入叛亂的島嶼，接著他們包圍了薩摩斯，這裡有克列儒克人守衛[55]。

雅典在西克拉戴斯（Cyclades）的這些島上設置了總督和駐軍，但他們行動遲緩，船在那裡（西元前三五七—三五六年雅典有二百八十三艘船登記在冊），但既沒有資金，又沒有人手來武裝，雅典在西元前三五七年便在三層槳戰艦上採用徵稅系統，以加速裝備各艦隊，但即使如此，直到夏天，才另外裝備了六十艘戰艦。一百二十艘戰艦組成的艦隊由查瑞斯、梯摩塞尤斯和愛菲克拉戴斯（Iphricrates）指揮，在希俄斯和大陸間的海峽與安巴塔（Embata）的叛亂份子對峙，正值暴風雨天氣，梯摩塞尤斯和愛菲克拉戴斯拒絕出戰，查瑞斯單獨發動進攻（西元前三五六年八月），結果被擊敗，但他把責任推給了同僚的制肘，於是愛菲克拉戴斯被彈劾[56]，儘管伊菲克拉特斯最後被釋放，但被罰了一筆很大的罰金。

不願認輸的雅典孤注一擲，計畫是加入發動暴動的總督阿達巴祖斯（Artabazus），從他那裡掙錢來付薪金給雅典僱傭軍，然後請求波斯國王召回在愛琴海地區作戰的摩索路斯以獲雅典中立。這個巧妙計畫的第一部分成功了，雅典僱傭軍爲阿達巴祖斯贏得一次大捷，他支付豐厚的資金，查瑞斯向雅典報告他贏得了「第二次馬拉松戰役」，但計畫的第二部分失敗，阿爾塔色西斯·奧喬斯要求雅典軍隊從亞洲撤走，如他的要求遭到拒絕，腓尼基艦隊將駛進愛琴海，支持摩索路斯和他的盟友[57]；雅典立即從亞洲撤軍，雖然一些演說家鼓動繼續戰爭，但明智的政治家顧問，如埃尤布魯斯（Eubulus）占了上風，西元前三五五年夏雅典與叛亂份子修好，承認他們獨立。

因此，雅典建立大帝國、主宰希臘的再度努力以失敗和國力枯竭告終，雅典聯盟的廢墟裡僅剩下優卑亞、西卡拉戴斯以及北愛琴海的這些島嶼和大陸港口，一年付捐獻金約四十五塔倫特，國庫破產不得不關閉民眾法庭（Heliaea）[58]。雅典這個國名，正如一位演說家所說，不是與希臘光榮的領導權連在一起。

西西里的無政府傾向

貝奧提亞和雅典聯盟的瓦解導致雅典的衰弱，但還不像西部敘拉古的狄奧尼修斯帝國的解體那樣災難重重，與這位鐵腕人物相比，他的兒子則顯得軟弱無能，狄奧尼修斯二世性格溫和且充滿幻想，他熱中於哲學思想，渴望和平的生活，實際上，他也頗受人們的歡迎，他的個性也很難維持軍事獨裁，登基時他大赦犯人，減免稅金，很快與卡薩吉和盧卡尼昂（Lucanians）修好，並重建兩座他父親摧毀的城市雷吉尤姆（Rhegium）和納克索斯；他在阿布利阿（Apulia）設置兩個軍事哨所，保衛進入亞德里亞海的通道，防止海盜侵擾[59]。西元前三六六年他繼承父親的政策，派兵幫助斯巴達和雅典，但為期不長。如果狄奧尼修斯二世能夠獨立執掌政權，並有大臣進諫忠言，他也許會使帝國和平昌盛，但由於他性格仁慈，缺少經驗，使他面臨家庭內部的紛爭，而他父親的一夫多妻更使問題複雜化，狄奧尼修斯二世有兩個同父異母兄弟，辛巴瑞奴斯（Hipparinus）和尼薩埃尤斯（Nysaeus），他繼母的叔叔狄昂（Dion）同時也是他的妹夫，成為他三個妹妹「美德」、「正義」和「謹慎」中大妹的第二個丈夫。狄昂在狄奧尼修斯一世手下擔任執行官吏和軍隊統帥，掌握權力，他瞧不起年輕的狄奧尼修斯二世[60]；狄昂認為應該提高一下年輕的國王威望，狄昂勸服狄奧尼修斯二世邀請柏拉圖到訪。

西元前三八九年柏拉圖首訪敘拉古期間，他與狄昂結下親密友情，他推崇狄昂的智慧、品格和經驗，西元前三六六年他接受狄奧尼修斯二世的邀請，也許是受狄昂的影響，柏拉圖想把他的哲學觀念用於政治實踐，讓年輕的僭主變成哲學家般的國王。對柏拉圖學園而言這是個勇敢的決定，他知道全希臘世界都會關注「智慧對強權」的作用[61]。起初一切進展順利，狄奧尼修斯溫馴地接受柏拉圖做他的政治哲學顧問，因為這位哲人並不在政治與哲學之間劃上清晰的分界線，但狄奧尼修斯二世的大臣深感驚恐，他們召回一意支持僭主政治的菲利斯士斯（Philistus），來抵制柏拉圖和狄昂的影響，並保持軍事獨裁體制繼續運作，他們堅信狄昂是利用柏拉圖作掩護，或者讓狄奧尼修斯二世退位，或者逢迎狄奧尼修斯二世以達到自己掌權的目的。

是故，在反對者的影響下，敘拉古歷史學家菲利斯士斯協助迪奧尼修斯放逐了狄昂，並完全掌握了政權。沒有了狄昂之後，迪奧尼修斯二世的統治也變得越來越不受歡迎，因為他是不稱職的僭主。而狄昂一走，就沒有人反對柏拉圖留在王國，此時柏拉圖已不再忙於每日的政事，一心要薰陶狄奧尼修斯的思想，且試圖讓狄奧尼修斯二世與狄昂和好，但沒有效果，於是便返回了雅典，不過他已獲得狄奧尼修斯二世的好感，以後的五年間狄奧尼修斯二世按自己的方法，學習以鐵腕統治，決心應付不斷增加的反對者[62]。西元前三六一年，柏拉圖被狄昂和其他人勸服，接受狄奧尼修斯二世的再度邀請，重返敘拉古，他發現僭主在哲學領域不再那樣易受影響，一方面是由於阿瑞斯提普斯和其他智者派宣揚他們的學說，另外由於柏拉圖想促使召回狄昂使狄奧尼修斯二世對他的動機更爲疑竇叢生。

陪同柏拉圖訪問的同伴中有狄昂的密友，哲學家斯柏西普斯（Speusippus），他利用僭主的好客來試探反對派的力量，斯柏西普斯返回後力勸狄昂以武力完成哲學家做不成的事情，了解內情的柏拉圖既不通知狄奧尼修斯二世，也不鼓勵狄昂[63]。西元前三五七年八月，狄昂率一千五百名傭軍，直接渡過西西里海峽，民主派首領亥拉克利戴斯（Heraclides）率軍增援，他在卡薩吉尼昂的米諾阿（Heraclea Minoa）登陸，他與當地統帥是好友，這時狄奧尼修斯二世在義大利，並命令掌管海軍的菲利斯士斯駛離義大利海岸前往攔截任何沿海岸航行的船隻。

隨後，狄奧尼修斯二世返回奧提吉阿，付給傭軍高薪，以保住他們的忠心，他們在城市搶掠，又攔截從海上運來的城市給養，此時亥拉克利戴斯率艦隊獲得海戰勝利，將狄奧尼修斯困在奧提吉阿（西元前三五六年春）。然而狄昂偏愛獨裁政府，他在極端民主份子影響深遠的敘拉古不再受人歡迎，這時亥拉克利戴斯嫉妒狄昂，他與民主派合夥將狄昂趕出敘拉古，在這個節骨眼上，溜出奧提吉阿的狄奧尼修斯二世派遣了一支卡姆巴尼亞（Campanian）傭軍進城去，接連二日燒殺搶掠，直到狄昂返回才控制了局勢，這次他被任命爲掌管大權的將軍[64]，狄昂又處理了亥拉克利戴斯及斯巴達冒險家法拉克斯（Pharax）之間的矛盾，西元前三五五年，他占領了奧提吉阿，而傭軍則依照條約撤走，狄奧尼修斯二世也終於被推翻，結束了僭主統治的敘拉古。

由於敘拉古有兩年的時間呈無政府的狀態，黨派紛爭以及僱傭軍之間的戰爭也越演越烈，因而實力也大爲削減，人們懷疑狄昂將實行獨夫統治，他派人謀殺亥拉克利戴斯，這樣後者就無法繼續針對他的獨裁陰謀。西元前三五四年狄昂正試圖建立獨裁憲制時，被凱利普斯（Callipus）謀殺，西元前三五二年，狄昂的外甥，也是狄奧尼修斯二世的同父異母兄弟辛巴瑞奴斯（Hipparinus）奪取了敘拉古政權，他死後又由兄弟尼桀埃尤斯（Nysaeus）繼位[65]。西元前三四六年，狄奧尼修斯二世又重返君位，不久即爲古希臘將領提莫萊昂所擊敗，他被迫再次退位並歸隱科林斯。

實際上，在敘拉古的其他城邦也出現這種亂局，解放意味著組織嚴密的政府的終結。此外，黨派鬥爭、獨裁統治、無政府主義深植在西西里諸邦；一些冒險家僱用蠻族當僱傭軍，他們占領許多大城市，又進攻鄰邦擴張勢力。柏拉圖在信中描述西西里災難的惡性循環，「**那裡永無終結，看上去像是個結尾卻又連接新的開始**，就這樣衝突的循環很可能將全面摧毀對立雙方，獨裁派和民主派，而希臘城邦將在西西里絕跡，不是成爲迦太基的一省，就是義大利的一部分。」[66]而西西里最後也成爲羅馬的一部分。

在義大利南部，過去狄奧尼修斯統一了希臘各邦，趕走了蠻族，但如今帝國的崩潰，好戰的義大利各族向西西里的冒險家提供了大批僱傭軍，並開始進攻希臘殖民地占據的富饒的海岸地區。西元前三五六年，泰瑞納（Terina）城被盧卡尼昂部落（Lucanian）中的布魯提伊人（Brutii）摧毀，這是個兇猛的民族，以農業爲生，爲戰爭目的結成部落聯盟[67]，以後西巴瑞斯（Sybaris）、辛波尼尤姆（Hipporium）及其他城市也在他們的進攻下一一消亡。

敘拉古五十年的僭主政治是導制西西里的希臘城邦衰敗的原因，這削減了政黨責任，混雜的人口，解除了希臘人的武裝，又引進蠻族僱傭軍，腐敗的結果便是無政府主義橫行，政客的爭鬥也致使道德淪喪[68]。而狄昂所推動的獨裁體制也瓦解了，雖然他的主張得到公開支持，除了是柏拉圖還有學院裡的先鋒人物都支持他，但狄昂本人卻缺乏才幹把西西里從無政府的狀態解救出來，從哲學上看他的動機是值得敬佩的，但他卻是個頑固的學術和政治獨裁的鼓吹者，殘暴無情，鄙視無產者，他與希臘的關係既虛弱又是兩面刃。

至於柏拉圖在西西里動盪中所扮演的角色，人們僅有一些批評，對他最嚴重的攻擊莫過於他看錯了狄昂這個人，把他當作一名政治家，柏拉圖與狄奧尼修斯的關係並未帶來實際後果，前十年狄奧尼修斯的統治或許受到柏拉圖的影響，也許會符合人道思想；但柏拉圖對狄昂的態度，雖說從個人忠誠角度來說是值得敬佩，但從政治後果而言卻是不負責任的[69]。

政治動盪的年代

西元前三五五年，色諾芬撰寫的著作《歲收》，埃索克拉底斯撰寫《和平》一書時，他們都建議雅典與希臘各城邦議約，並領導和平運動，色諾芬建議雅典不僅在城邦與城邦之間，以及在個別城邦的不同派系之間，要充當調解人，這種政策是明智的，但卻意味著要犧牲雅典的眼前利益，相對的底比斯反而有利[70]。正像修昔底得認爲的那樣，帝國必須在軍事和財政方面擁有相當大的優勢。西元前四世紀，斯巴達、雅典和底比斯都做不到這一點，斯巴達的重裝步兵需與僱傭兵作戰，以後又遇上密集訓練的底比斯重裝步兵，甚至在海上，雅典也遇上貝奧提亞同盟、色薩利和卡瑞亞這樣的對手，而陸上底比斯又受到色薩利、阿卡迪亞，甚至弗西斯的挑戰[71]，原因並非是斯巴達、雅典、底比斯不如他們在西元前五世紀那樣強大。實際上，這是因爲其他希臘城邦比過去強大。

這個時期希臘海上貿易方興未艾，建立在商業和資本上的財富，也影響到希臘的殖民地地區，且達到西班牙、西西里、亞德里亞海沿岸、巴爾幹半島及俄羅斯南部，麥西利亞、克里米亞（Crimea）、卡瑞亞及塞普勒斯，並促進整個地中海地區的繁榮[72]。希臘重要的城邦與遠方的列強也都有外交關係，例如底比斯與迦太基、波斯都很友好。在文化方面也與各殖民城邦進行著廣泛的交流，例如：厄瑞庇戴斯（Euripides）的戲劇在西西里盛演不衰，他在馬其頓上演了酒神巴克斯《Bacchae》，在他去世之後，馬其頓也成立了希臘社團，他的戲劇在哪裡也頗爲流行。過去哲學家和智者派都前往雅典講學，那裡的學者可以互相交換新思想，西元前四世紀，他們的足跡遍及了希臘世界，且來到伯羅奔尼撒的每座城邦，智者派傳播新思想，這樣爲一種更爲統一的文化穩固地發展起來[73]。

此時，阿提卡地區的商業法和資本主義在各城邦發展迅速，由二十四個字母組成的阿提卡字母表（西元前四〇三年雅典借鑒米利都字母表）及阿提卡書面語，經過色諾芬和泰克梯庫斯（Aeneas Tacticus）的改進後，後來成爲希臘世界的語言。同一時期，希臘各邦的城市布局也更合乎標準，阿伊奈阿斯撰寫《論設防城市防禦術》，他主張中等規模的城市都需有一個劇場、一個公共廣場中心及用於運動競技的運動場，城市精心布局並有堅固的城牆保衛，舉例來說，摩索路斯仿照羅德島的半圓的城市規劃。在海列卡納蘇斯（Hallcanassus）以海港和市場爲中心。奧林蘇斯（Olythus）的新城部分則採用了西元前五世紀辛波大穆斯（Hippodamus）在米利都、蘇瑞伊（Thurii）及貝拉埃尤斯（Peiraeus）使用的格狀結構計畫[74]；這是西元前四世紀中葉的「時髦樣式」[75]。阿哥拉的公共廣場是城市心臟部分，公民的行政、社會及政治生活都在這裡進行，神殿、祭台、噴泉和花園也近在咫尺，商店及特殊市集的貨攤也設在這裡，還可以觀看節慶遊行，聆聽演說，實際上，阿哥拉參考了雅典城市布局的範例。

例如：像曼塞納和邁加波利斯的城市規模，必定在國家富裕繁榮時期才能進行這樣的建設，梯摩塞尤斯（Timotheus）和梅第亞斯（Meidias）建造的住宅被稱爲「塔樓」或「蓋了帽子的房屋」，而奧林蘇斯的有錢人則建起寬敞房屋的住宅區；「富人」有「精良的武器裝備、優良的馬匹、華麗的住宅、「貴婦」有昂貴的服裝和首飾。雅典的梅第亞斯因爲有「許多女僕」而聲名遠播。柏拉圖評論說城邦的富人家中都至少有五十個奴隸。新財富並不集中在一兩個城邦，而是廣泛分散在各城邦中，諸如色薩利貴族波利戴馬斯可以自掏腰包填補公共歲金虧空，敘拉古的狄昂錢財充裕，流放期間也可籌集遠征的資金[76]。在聖戰前，一個福西斯人有一千多名的奴隸，而一名僑民則在阿基那修建一個市場，是故也唯有富足的社會才有上述這番風貌。

繁榮的浪潮引起希臘土地上奴隸數量的增加，奴隸是財富的組成部分，奴隸數量主要是地域和貿易的問題，奴隸制是希臘特有現象，斯巴達、阿哥斯和其他多利安城邦，他們將先前的居民淪爲奴隸，但其他地區奴隸大多依靠進口，作爲私人動產，非多利安城邦的富裕公民，也擁有早期留下的奴隸[77]，例如：貝奧提亞耕種自己土地的小農場主。此外，在希臘殖民地區也經常得到大批的奴隸，如敘拉古、科西拉及拜占庭人都使用奴隸來耕種田地，而富裕的希俄斯其奴隸數量與市民數量之比例，也僅次於斯巴達的十：一。西元前四世紀希臘各城邦的奴隸數量龐大。埃索克拉底表示，奴性是野蠻族的本能，而不屬於希臘人。是故，奴隸幾乎總是野蠻族。柏拉圖在其《法律》一書中談到城邦需有充足的奴隸從事各種工作[78]。亞里斯多德認爲「城邦必定擁有大量奴隸及異族居民與外國人」，在他的理想城邦中，他建議由奴隸從事所有的農業勞動，奴隸可以歸城邦擁有，或個人所有。

但西元前四世紀的繁榮並未帶來希臘城邦和平，繁榮和富裕使得各城邦以驚人的速度恢復了國力，並投入另一場戰爭。色諾芬表示：「**在所有城邦中，雅典最適於在和平時期增加財富。**」其他城邦也是這樣，從西元前四三一年到三五一年，戰爭幾乎沒有停息地席捲希臘各地，在城邦與城邦之間，和每個城邦的不同派別之間，戰爭削減了希臘整體力量，這時期，波斯占領了愛奧尼亞，摩索路斯又占領了一些愛琴海島嶼，色塞布萊普泰斯（Cersebleptes）則奪取了切爾松尼斯，馬其頓的菲利奪取色雷斯的一些城邦，布魯提伊奪取南義部分地區，迦太基奪取大部分西西里的希臘殖民地[79]，而希臘各城邦間的動盪不安，主要是由於城邦只是一種政治形式，但他卻無法滿足於公民各方面的需求，以致於爭端四起。

伯羅奔尼撒戰爭即將結束時，雅典的民主政治與學術理論已開始不和，西元前三九九年，蘇格拉底被判死刑，更加速了民主政治與學術的分裂，而他的弟子也形成許多學派，儘管他們互相對立，各執一端，但都自稱是蘇格拉底的繼承者，因此他們的思想路線是一致的[80]。西元前四世紀的哲學家牢記蘇格拉底在辯詞中提出的控訴：**「眞正爲權利而戰的人，如果他希望還能活上一小段時間，應有個人生活而非公衆生活」**。此時，蘇格拉底的弟子柏拉圖是敘拉古狄奧尼修斯顧問而不是雅典的顧問，柏拉圖的政治思想在雅典是行不通的，而當時的知識份子不是雅典民主制度的擁護者，他們多是批評者。西元前四世紀的文學、藝術的發展，他們更多從個人取得靈感而不是從國家那裡獲得創造潛能[81]。

一個城邦一旦失去它的吸引力，公民就會變得更加的自私自利，艾斯基尼斯（Aeschines）對雅典人說：「**你們在召開公民大會時，沒有在認眞地思考，而是像股東似地分紅**」。一般而言，在希臘城邦中有產階層和無產階層之間存在尖銳的利益差別，兩者衝突也經常引發革命[82]。

如果勞動階層或工薪階層包括數量衆多的奴隸，那麼有產階層和無產階層之間的鴻溝更爲巨大。西元前四世紀，富裕和貧窮意味資本的擁有或欠缺，而非賺取高薪、低薪的能力，甚至擁有資本量極小的人也鄙視那些從事世俗職業的工薪公民，擁有資本給人們帶來休閒等娛樂活動，亞里斯多德說：「**人需要休閒，以自我完善及參與政治**，誰沒有資本，誰就沒有休閒，誰就是個技術奴隸般地靠薪金生活的人，屬於勞動階層。」柏拉圖和亞里斯多德在他們的理想城邦中，提供所有公民兩種資本形式土地和奴隸，使他們脫離勞動階層[83]，雅典試圖向在本土缺乏足夠資本的克列儒克人提供土地，克列儒克制失敗後，民主派領袖付給窮人國家補助，亞里斯多德批評這種做法，因爲國家補助不足以使窮人擺脫工薪階層，相反地，「**盈餘的國家年收入應大筆分給窮人，……這樣他們可以購置一塊土地或用經營貿易或農業的資本……以使他們享有長久的財富。**」[84]

由於這些原因，城邦作爲政治形式不再適用，無法喚起更加開明市民的忠誠，無法統一各階層，無法提供經濟安全保障，城邦的不足之處引起內在的黨派紛爭和外在的戰爭；爲暫時解決這個問題，敘拉古的狄奧尼修斯將若干城邦聯成世界性國家，麥迦拉保持中立，其他人則打著聯盟的幌子使用帝國體制的故技，但沒有任何一個城邦或城邦集團爲希臘帶來持久的穩定[85]。到了西元前三五四年敘拉古王國、雅典聯盟和希臘中部的貝奧提亞聯盟都分崩離析。

雅典仍在文化上和局勢穩定上領導著希臘世界，比任何其他城邦都要幸運，因爲在和平時期它是希臘，甚至世界貿易中心。估算其公民人口，在繁榮時期，如西元前三七〇—三六五年，富裕階層約有一千二百人，重裝步兵階層約一萬五千人，貧民階層約二萬人，因此成年男性公民總數接近四萬人。西元前三九四年人口數目「超過三萬人」，西元前三二二年約爲三萬一千人，這些相對較小的數字是由於戰爭和移民造成的人口損失[86]。

此外，和平時期雅典的歲收來自貿易及其副產品，雅典向經過派拉尤斯的貨物徵收百分之二的稅金，並向僑民、奴隸和妓女徵稅，雅典還向公有財產收取租金，包括向勞瑞尤姆（Laurium）銀礦徵收百分之四，另外還有法庭強制收取的罰款與沒收的財產，和平時期年歲收入進大於出，於是根本不向市民直接徵稅，西元前三五五年色諾芬向雅典建議如何提高地位時，提出同樣的手段：吸引更多的僑民、外國人和船主，建造更多的城邦住宅，向每個公民賣三名奴隸，用這十二萬名奴隸去擴大銀礦開採規模，或出租去採礦，他準確地闡明只要雅典維持和平，就有足夠的金錢來救濟窮苦公民、修復港口、城牆、廟宇、積累儲備[87]。戰時情況極劇變化，三個上層階層要交付資本稅並服兵役，最富裕人還要另付大筆資金去建造戰艦，配置騎兵，支付先期賦稅等等。

然而，平民無論在和平還是戰爭時期都分文不出，戰時還獲得在艦隊搖槳的報酬，參戰對他們而言沒有財政上的損失。平民構成民主體制下公民的大多數，因此他們頻繁地選擇戰爭，並力圖使雅典聯盟變成帝國。是故富人與窮人間的利益差別，改變了雅典憲法的精神與運用，人民一意按照自己的意願行事，並用政令而不是法律統治，也削弱了對法律的敬畏，濫用指控某人「非法」因而也不再具有力量，據說阿里斯托芬就曾被指控「非法」七十五次，但每次都安然逃脫[88]。同時，行政權力也不斷衰弱，議會喪失了執行權，不能審理叛國罪，不能依據自己的調查而否決公職候選人，公民大會或亥利阿伊亞對這些事物有決定權；另一方面，議會進行外交談判及處理財政事務的權力被削弱，而這樣的結果，對公民大會則很有利[89]，人們不再信任資深執政官，許多官員遭亥利阿伊亞法庭處死、流放或罰款，人民對執政官更顯冷酷無情。例如：凱利斯特拉土斯因「未能盡力服務人民」被指控「叛國」，後來他逃走了，西元前三五五年，他返回雅典到十二神祭壇贖罪，隨後，被當局處以死刑。

亞里斯多德寫道：「**人民把自己當成一切事情的主人，所有行政事務都按照公民大會制定的政令及人民至高無上的法庭決定處理。**」在這樣人民直接管理的政府中，政治領導者最爲重要，伯利克里斯身兼數職，既是演說家又是金融家、將軍，在他的繼任者中，卻很少有多才多藝的政客，例如：將軍是專職，如果在國內不受歡迎，無人僱用則到海外擔任僱傭軍軍官，金融家也是精通某一項重要的專題，演說家擅長在公民大會和法庭勸說別人接受自己的觀點，其中最忝不知恥的是詭辯派，能把黑的說成白的，並且可以爲任何的主子效命[90]。

阿里斯托芬筆下一個人物對「財富」說道：「**不用懷疑，你一人要承擔失敗和成功的責任，甚至在戰爭裡，只有那些擁有你的人，才會取得勝利。**」金錢意味著可以擁有僱傭軍，而所有城邦，甚至斯巴達也使用僱傭軍在戰鬥中替代城邦軍隊，雅典是個大主顧，擁有七千或八千名僱傭兵，僅在社會戰爭中就花費掉一千塔倫特，雅典重裝步兵只願在鄰近地區服役，他們的訓練和紀律都比僱傭軍要次，騎兵雖由自己提供坐騎的雅典人組成，但一年也要花費城邦四十塔倫特，堡壘、艦隊、碼頭、軍械也要花掉大筆年歲，而且每年都建造新艦隻[91]。

西元前三七八年，雅典選舉九名執政官，每月一個，新的安排，無疑是爲了提高辦事效率，最重要的是對財政的改革，即分配集團（Symmories）與徵稅，後來又與三層槳戰艦計畫及海軍將領委員會有關，財政方面的協調機構是議會，西元前三五四年，公共基金的官員需監督其他部門和窮人的開支[92]，使他們能參加城邦節日及公共事務。西元前五世紀到四世紀，雅典政府一直是以救濟的一種形式出現在人民面前。公共基金的委員長是精明強悍的政治家埃尤布魯斯（Eubulus），他在西元前三五五年提出和平意向，他和他的繼任者執行了富有遠見的財政政策，並以在他任期（西元前三五四—三五〇年）內通過的法律爲主要支柱，要求所有節餘年歲必須進入公共基金，這條法律維護了和平的財政利益；換言之，如果雅典發動戰爭，則節慶資金無法進入公共資金，而不得不流向軍事基金[93]。

此外，這個時期雅典的民主，被批評爲「極端民主」的典範，修昔底得和阿里斯托芬的繼承人是柏拉圖、埃索克拉底、色諾芬、西奧邦普斯（Theopompus）和亞里斯多德，他們批判公民大會以及亥利阿斯提克法庭（Heliastic Court）的愚蠢[94]。但雅典城也有許多優越之處，他提供公民在政治、言論、教育、法律和商業方面的自由，他供養窮人並給他們以自尊，在處理日常生活的各種關係中，以人道主義對待僑民和奴隸，他們被各種形式的家庭和城邦接納，並受法律保護，尤其他在文化、商業和資本主義方面領導希臘世界，他的憲法有許多溫和派的因素，議員和法官都是三十歲以上的公民，軍隊裡的重裝步兵，更吸引了不同階層的人，而參加公民大會的人則大多是有錢有閒的人，雅典只有在財政危機時，平民階層才有機會擔任法官或占據了統治者地位，而關鍵時刻平民階層參加公民大會，他們有足夠人數取得控制大會的優勢[95]，代代相傳的經驗及嚴格的法定程式，使雅典在西元前四世紀，仍是其他國家處理事務的楷模。

第十六章

馬其頓的崛起

馬其頓的向外擴張

根據希羅多德的觀點，馬其頓第一位國王伯迪卡斯（Perdicass）得到這樣的承諾，即這片土地會在太陽照耀下成爲他的王國。但實際情況並不是這樣，在馬其頓國王長期統治的王國是非常動蕩不安，他們的王國常常名不副其實，在南部夾在色薩利之間，在東部有色雷斯和卡爾西迪斯同盟（Chalcidian），北部有貝奧尼亞（Paeonia），西部有伊里利亞和伊庇魯斯，馬其頓國王不得不奮起抵禦外敵入侵。與此同時，他們還要竭力控制各地的世襲君主，並維持其至高無上的權威，這些世襲君主的統治也形成馬其頓王國的諸侯國[1]。

馬其頓在地理上可畫分爲兩部分，包括下馬其頓和上馬其頓，前者

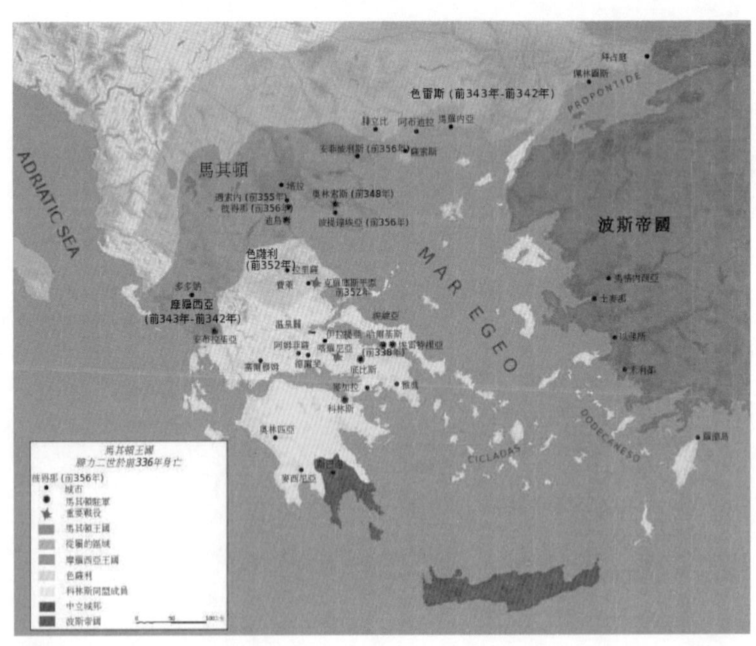

圖 16-1　馬其頓王國

包含沿海平原的阿克西尤斯河（Axius）及海利阿克蒙河（Haliacmon），它們橫穿流進特邁克灣（Thermaic Gulf），除了東邊以外，平原被丘陵所圍繞，山後是上馬其頓的廣闊原野，有高大的群山環繞四周，只在東邊留下缺口，山巒被巴爾幹山脈（Balkan range）和配貢山（Mt. Paikon）之間的通道隔斷，在配貢山脈和色西奈山（Mt.Cercine）之間，兩條通道都指向帕埃歐尼亞（Paeonia），因此除了斯特瑞蒙河（Strymon）這第一條持續的分界所在東側以外，上馬其頓受到環山的良好防禦[2]。下馬其頓有肥沃的農業土地和平坦的海岸，上馬其頓則主要是田園，有廣闊肥沃的可耕地區，兩者都是大陸性氣候，合起來的面積遠遠超過任何希臘州、郡，甚至超過色薩利，人口加上查爾西迪斯的人口有一百一十四萬人，而此時貝奧提亞只有十萬六千人。

下馬其頓是四條州際道路交會的中心，一條向南延伸，穿過大路上的坦普合谷（Vale of Temple），通往伊斯特姆（科林斯）地峽（Isthmus）和伯羅奔尼撒半島。向北阿克西尤斯河谷通向多瑙河（Danube）中部盆地，而西邊巴爾幹山脈在林蘇斯（Lyncus）的缺口則提供了前往伊利里亞（Illyria）和亞德里亞海岸的途徑，埃庇達姆努斯（Epidamnus）和阿波羅尼亞（Apollonia）是兩個希臘殖民地[3]。此外，東邊查爾西迪斯半島與色西奈山之間的陷落地帶，它們通向斯特瑞蒙河，當地有路穿過色雷斯到達博斯普魯斯的拜占庭，是故來自帕埃歐尼亞（Paeonia）、伊利里亞及色雷斯的民族常順著後三條通道入侵馬其頓。

馬其頓人民混雜了許多民族，今天所說的「馬其頓語」是以在南斯拉夫馬其頓地區的保加利亞語爲基礎的一種特殊方言，馬其頓人體格比南部的希臘人強壯，他們是艱苦的農民，而高山的自然生活更鑄造了他們嚴肅剛毅的性格[4]。

如今山脈上仍殘存著原始森林，而古代森林面積更大，當時各種木材是重要的出口物產，平原上遍布沼澤，爲大群的牛、羊、馬匹提供了草場，廣大的沖積土壤出產足夠的穀物，自給自足，可供出口，果園、葡萄園和玫瑰圓點綴在納烏薩（Naoussa）的山脊上，被譽爲密達斯（Midas）的花園，利迪亞斯河（Lydias）至今仍能淘出黃金，馬其頓的北部和西部還曾經開採過銅礦[5]。古代捕魚最好的港口在查爾西迪斯半島，諸如庇德納（Pydna）有一個港口，麥道尼（Methone）和特瑪（Therma）也有錨地，培拉（Pella）離海岸十五英里，有河流和湖泊相通，現在河流與湖泊早已淤塞了。

古代馬其頓包容不同出身的人，青銅時代末期，幾支希臘部落的遺民留在馬其頓南部，可能在西元前七世紀時，這幾個部落中的一支，即「馬其頓」，占領亞該亞（Aegae），再擴張到下馬其頓的海岸平原，建立馬其頓王國，他們的子孫是古典時代的馬其頓人，崇拜希臘神祇，特別是宙斯與海克力斯（Heracles）[6]。其他希臘部落在上馬其頓與伊利里亞人、帕埃尼昂人、色雷斯人融合。色雷斯人有自己狂熱的信仰，這可以從奠祭酒神（Bacchae）的描寫中得知。

南部希臘人在查爾西迪斯半島和馬其頓海岸上建立一些城邦，西元前五世紀初期，馬其頓王室泰邁尼達埃（Temenidae）家族被奧林匹克運動會的主席認可爲希臘人，這個裁決是決定性的。由此很清楚他們的國王，何以將自己當作宙斯之子，海克力斯的子孫，以及成爲希臘人一員的優越感，例如上馬其頓的林蘇斯王室既自稱是西元前六五一年左右，從科林斯出逃的巴乞阿達埃（Bac-chiadae）的後代[7]，他被僭主推翻後，傳說他們的子孫分別到斯巴達，敘拉古，伊特魯里亞避難。

馬其頓王室宣稱對上馬其頓有傳統宗主權，正如斯巴達國王聲稱世代擁有拉科尼亞（Lacedae-monia）一樣，西元前五世紀，這種宗主權是荷馬式的，也就是鬆散控制各單獨存在的部落，這些部落有自己的王室，戰時作爲馬其頓名義上的附庸跟隨他作戰，但修昔底得以此認爲上馬其頓和下馬其頓是一個王國：「馬其頓」。王權是「擁有特權的世襲王權」，與「英雄時期」邁錫尼希臘的王權類似[8]。馬其頓的泰邁尼德（Temenid）王室採用世襲制，每位繼承人都由馬其頓人民選出，他是國家的象徵，姓名標在外交檔案和希波戰爭中第一次鑄造的貨幣上，他擁有馬其頓的所有土地，戰爭中他是最高統帥，又是法官、祭司和司庫。

西元前四世紀，馬其頓的制度更接近埃皮魯斯的莫洛西亞人（Molossia）以及伊利里亞人、帕埃歐尼亞人及色雷斯人，而並不與希臘城邦相似，馬其頓國王吸收了希臘文化，透過與希臘城邦的貿易往來發展他自身的經濟，但他們的王國並不受希臘政治制度的影響，馬其頓的中產階層作爲一個新團體而開始崛起，並從中左右「底層夥伴」（Pezetairoi），服侍國王，享受僅次於「夥伴」的榮譽[9]。隨著村落變成城鎮，培拉變成馬其頓最大的城市，城市中心仍是國王統治下行政單位，而沒有成爲獨立的政治實體。

馬其頓的軍事組織是幾位能幹君王的功勞，阿徹羅斯（Archelaus）（西元前四一三—三九九年）修建了筆直的大道，並沿路構築堅固的堡壘，軍隊主力是國王及其夥伴指揮的重裝騎兵，騎兵身穿護腿甲，坐騎比希臘一般的馬匹強壯，軍隊在戰役中能看出比色雷斯人訓練精良。阿徹羅斯著手建立重裝步兵，但在他死後的王朝陷於一片的動盪中，此時步兵似乎不再重要[10]。阿明達斯（西元前三九三—三七〇年）統治期間，馬其頓的弱點在他與鄰國的關係中暴露出來，他繼位後不久，國家便被伊利里亞人征服，他割讓部分領土給強大的查爾西迪斯聯盟以獲取他的中立，最後他在在色薩利的幫助下很快重登王位，並與查爾西迪斯聯盟建立防禦聯盟，這使雙方在對待鄰國的問題上採取一致的政策。

可能是老阿明達斯之子老亞歷山大（西元前三七〇—三六八年）建立了「底層夥伴」。因此馬其頓常規重裝步兵的建立，也顯示了該國的經濟與社會進步，老亞歷山大被老托勒密（Ptolemy）（西元前三六八—三六五年）刺殺後，底比斯與雅典開始爭奪在馬其頓的勢力，老阿明達斯倖存的長子伯迪卡斯（Perdiccas）（西元前三六五—三五九年）取代托勒密後，雅典人梯摩塞尤斯（Timotheus）奪取了馬其頓海岸上的麥道奈和庇德納，迫使伯迪卡斯結盟反對查爾西迪斯聯盟及安菲波利斯[11]，這時梯摩塞尤斯從查爾西迪斯聯盟奪取了多倫奈（Torone）和波提迪亞（Potidaea），但他當時未能奪取安菲波利斯，以後也沒有成功。

西元前三五九年夏，馬其頓人民選舉伯迪卡斯尚在繦褓中的兒子小阿明達斯爲國王，並將伯迪卡斯二十二歲的兄弟菲利選爲攝政，菲利於西元前三六七—三六四年在底比斯被扣爲人質期間，結識了埃帕米儂達斯和派羅庇達斯，他熟知外交手段與軍事技巧，他當時要挑起面臨被支解危險的國家重擔[12]。此時林庫斯早已經陷入伊利里亞手中，相接的培拉高尼亞省（Pelagonia）新近又與雅典結盟。西元前三六二年，該地區的流亡王子麥奈羅斯（Menelaus）被雅典收容並接受爲公民。從埃皮道魯斯神殿的神聖使者（Theorodokoi）的記錄顯示，馬其頓的庇德納、麥道奈、海岸邊的阿埃奈亞、密格道尼亞（Mygdonia）的凱林道埃亞（Calindoea）（由一個名叫保薩尼阿斯的人代表）、通向安菲波利斯道路之上的阿波羅尼亞（Apollonia）和阿吉魯斯（Agilus）等地區，這些都不歸伯迪卡斯統治[13]。凱林道埃亞的保薩尼阿斯，可能就是西元前三五九年覬覦王位的那個保薩尼阿斯，由於他獲得西色雷斯國王拜瑞薩戴斯（Berisades）的支持，因而與菲利衝突。

菲利迅速出擊以孤立敵人，他收買了拜瑞薩戴斯，後者殺死了保薩尼阿斯，他派人刺殺阿徹羅斯，後者的兄弟之後在查爾西迪斯聯盟避難。隨後，菲利向派埃歐尼亞支付稅金（danegeld），以防止他們入侵，進而從容地從安菲波利斯撤軍，他運用在底比斯學到的軍事來訓練步兵。西元前三五九年夏末，阿加埃尤斯率領了三千名雅典僱傭軍從麥道奈開進內陸，同時雅典一支艦隊停泊在特邁克灣。菲利沒有阻止他到達阿埃加埃（弗吉納 Vergina），因爲他知道老百姓仍會效忠於他，而他想向雅典證明這一事實，當阿加埃尤斯後撤時，菲利既發動進攻，並擊敗他的軍隊，把倖存者圍困在山上[14]。於是阿加埃尤斯向馬其頓人投降，這時後菲利未收取贖金便釋放了其他人，並且還派使者前往雅典取消他對安菲波利斯的任何領土要求，且請求締結和平協議。

這時期，馬其頓在海上不會受到攻擊，馬其頓沒有了後顧之憂，西元前三五八年，菲利開始侵入派埃歐尼亞，並獲得大勝，且將派埃歐尼亞淪爲隸屬國，然後菲利轉向伊利里亞這個馬其頓及派埃歐尼亞共同的敵人，他率領六百騎兵與一萬步兵進入林庫斯；西元前三五九年，伊利里亞國王巴迪利斯（Baedylis）打敗了馬其頓，因此占有馬其頓土地，於是菲利決定攻擊布署在開闊平原上的伊利里亞五百騎兵及一萬精銳步兵。此時，巴迪利斯的騎兵處於劣勢，因而將步兵列成方陣，而菲利採用底比斯著名將領的戰術，親自率領他最優秀的步兵進攻，讓中腹和右翼部隊稍緩前進，命令他右側的騎兵衝鋒，有缺口出現便進攻敵人的側翼和後部[15]，這時他的前鋒部隊開始痛擊伊利里亞方陣左半部，且還衝入敵陣，並在敵陣的側翼和後部造成混亂，而騎兵則衝上前去，這種重點的攻擊粉碎了伊利里亞軍隊方陣的左半部，迫使他們的大軍在廣闊的原野上四處逃竄，馬其頓騎兵窮追不捨，最後伊利里亞士兵傷亡了七千多人，巴迪利斯只好求和。

對伊皮魯斯而言，伊利里亞的戰敗著實也減輕了他的壓力，莫洛尼亞王室爲表達感激之情，將里奧托勒穆斯（Leoptolemus）之女，奧琳比婭絲（Olympias）公主嫁給菲利，並成爲菲利的王后，在當時馬其頓人已經廢黜了還是孩子的小阿明達斯，他們選擇了菲利爲國王，此即馬其頓的菲利二世[16]。

西元前三五七年春，菲利又開始包圍安菲波利斯，因爲此時雅典正在優卑亞作戰，而他們在切爾松尼斯的利益遠比在安菲波利斯的更爲重要，因此當安菲波利斯要求歸屬雅典以獲得一支精良部隊時，菲利獲知後，向雅典建議，用安菲波利斯交換雅典在馬其頓海岸上的盟國庇德納，雅典權衡得失於是接受了菲利的建議，兩國因此簽訂了一個祕密協議。而菲利與雅典之間存在的默契，進一步更阻止了查爾西迪斯聯盟進攻菲利，因爲查爾西迪斯害怕雅典在波提狄亞（Potidaea）和多倫奈的軍事基地進攻他的海岸線[17]，此也讓菲利有所緩頰。另一方面，當雅典在希俄斯戰敗後，轉而集中力量進攻亥萊斯邦提奈（Hellespontine）地區的叛亂時，菲利趁其無暇他顧圍攻了安菲波利斯。

西元前三五七年，拉瑞薩（Larisa）的阿萊烏阿達埃（Aleuadea）向菲利求援，以反對統治者費哈伊的老亞歷山大，菲利歡迎這個保衛自由、對抗暴政的機會，他派出足夠的兵力支援拉瑞薩，也贏得了拉瑞薩的感激[18]。菲利還一度得到了雅典失去的色薩利聯盟，但西元前三五六年，底比斯又占了上風，並將整個色薩利拉到自己一邊，且還通過了反對福西斯的德爾菲宗教聯盟（Amphicty-onic）判決[19]。

西元前三七九年，雅典實力逐漸恢復，此時也他正處於勢力鼎盛時期，而查爾西迪斯聯盟則保住了安菲波利斯的獨立，且只丟失波提狄亞和多倫奈，在雅典對安菲波利斯的屢次進攻中，查爾西迪斯成爲對馬其頓、帕埃歐尼亞和西色雷斯的主要出口國，他的城市開始富裕起來，他的武裝力量和馬其頓的一樣有名（一千騎兵和一萬重裝步兵），他的艦隻在雅典的支援下可以封鎖特邁克灣，他與內陸城邦結盟以對抗菲利，並迅速進攻他的首都，並從安典穆斯（Anthemus）切斷菲利與安菲波利斯的聯繫[20]。

此外，爲拉攏查爾西迪斯聯盟，馬其頓菲利將米格道尼亞（Mygdonia）的肥沃土地送給查爾西迪斯聯盟，並許諾幫助他從雅典手中解放波提狄亞，於是馬其頓和查爾西迪斯聯盟建立了共同防禦聯盟，他們到德爾菲問神諭，阿波羅預言該條約將使雙方都獲益。換言之，菲利透過安撫查爾西迪斯聯盟，得以越過安菲波利斯以攻擊色雷斯人的克賴尼戴斯城（Crenides），在此狀態下，菲利在城市構築工事，並向那裡移民以加強城防，且將城市重新命名爲菲利庇（Philippi），並繼續發行貨幣，他還控制了加埃尤姆山（Mt. Pangaeum）的金、銀等礦[21]。

但菲利的這次進軍，卻更加惹惱了色雷斯國王塞特瑞波利斯（Cetripolis）。西元前三五六年七月，他和派埃歐尼亞（Paeonia）國王李派尤斯（Lyppeus）、伊利里亞國王格拉布斯（Grabus）一起和雅典結盟，以對抗菲利，並從他手中奪取克賴尼戴斯和其他地區。實際上，上述城邦，如果沒有雅典或查爾西迪斯聯盟的幫助，菲利可以輕而易舉的打敗他們；西元前三五六年八月，菲利一天之內接到三個好消息：他的將軍帕邁尼歐（Paemenio）擊敗了伊利里亞人、奧琳比亞斯產下一個男嬰亞歷山大[22]，另外他的賽馬在奧林匹克運動會上贏了一場比賽，他還打垮了塞特瑞波利斯的力量。西元前三五五年底，他已經占領了色雷斯海岸上的阿布戴拉（Abdera）和馬容奈阿（Maronea）的領土，而他的事業也正處於方興未艾之中。

西元前三五九—三五四年，菲利贏得了馬其頓軍隊的衷心愛戴，他率軍進攻巴迪利斯、圍攻麥松奈，他的右眼在後一次戰役中被敵箭射瞎，他的軍隊驍勇善戰，戰爭的勝利也驗證馬其頓軍隊是一支很有戰力的勁旅，因此當希臘各邦依賴僱傭軍時，馬其頓卻誕生了一支強大的軍隊[23]。而在外交方面菲利也勝過敵手，他既果斷又大膽，利用雅典對抗查爾西迪斯聯盟，又利用查爾西迪斯聯盟對抗雅典，就這樣保持其他強敵的互相對立，以此來發展自己的勢力，他讓安菲波利斯和菲利庇保持獨立自主，對兩城居民慷慨仁慈，既合縱又連橫。

西元前三五四年，菲利與查爾西迪斯聯盟結盟，而且也已經解放了馬其頓，但在他統治範圍之內還遠談不上鞏固，上馬其頓地區有很長的獨立傳統，經濟上遠遠落後於下馬其頓，菲利的目標是將整個馬其頓統一成一個王國。爲了與埃利密亞（Elimia）王室聯姻，他娶了王室成員之一的菲拉（Phila），他的政策是將各區貴族納入他的夥伴中，爲達到這個目的，他挑選年輕貴族到他的宮廷擔任侍從[24]。他像阿徹羅斯那樣也修築了軍用道路，他還興建一些城市，如亥拉克萊亞·林西（Heraclea Lynci）以紀念他在巴迪利斯的勝利，又加強了菲利庇等一些城市。

他利用軍事道路，不僅可以透過快速調配兵力，並可以使用位於巴爾幹中部的戰略要地，這條公路及周圍的城市，本身便爲貿易提供了便利。此時，培拉已經是個繁忙的港口[25]。馬其頓與查爾西迪斯聯盟的結盟關係對雙方產生巨大的經濟利益，且加速了上馬其頓的發展，更重要的是，潘加埃尤姆山的金銀礦每年有一千塔倫特的收入。

在菲利之前的馬其頓國王，有時奪得土地，有時失去土地，而菲利則建立永恆的王國，隨著他征服的土地漸漸增多，他以武力獲得的馬其頓小邦領土也併入馬其頓，他又在這些土地上設置封地，有時賜給當地的名門，有時賜給他想納入手下的希臘人，由此就產生了新的馬其頓公民，例如麥松奈的土地就這樣被分割了，而城市及其自主傳統也被摧毀了，他以這種方法，發展所謂同一民族的國家——馬其頓，與希臘城邦不同，他可以透過合併擴張領土，接納新公民[26]。對兼併時機尚未成熟的遠方地區，他保留了王室權力。例如，安菲波利斯和菲利庇則保持自主，派埃歐尼亞的李拜尤斯及西色雷斯的塞特瑞波利斯仍是諸侯，菲利並沒有完全的吞併這些城邦，還是留給他們迴旋的空間。

西元前三五一年，德摩斯提尼警告雅典的公民說：「**除非有人反抗他，他是不會罷休的，我可**

以當著神祇發誓，我認爲菲利正在爲自已累累的功勛而忘乎所以」。而懷有這種擔憂的希臘人並非只有他一個人。菲利自從就位馬其頓國王之後，即已鞏固了他的邊疆領地，控制色薩利，打通了進入色雷斯的通道[27]，菲利欲統一希臘世界也指日可待。

菲利二世與希臘城邦之間的戰爭

西元前三五四年，由於色薩利重要城邦費哈伊與福西斯人結盟，於是菲利包圍費哈伊的港口帕加薩埃（Pagasae）。西元前三五四年八月，雅典派出了海軍前去解圍，但菲利又一次搶在雅典人之前，他攻克帕加薩埃，控制了泰姆普（Tempe）和歐洛奧松（Oloösson）的通道，因而費哈伊完全陷於孤立之中[28]。

與此同時，福西斯將領菲洛麥魯斯（Philomelus）搜刮了德爾斐阿波羅神殿的寶藏，他以此來付給傭傭軍的費用，藉此建立了一支強大的軍隊，但他這個誇張的行爲卻造成其他希臘城邦強烈的反感。西元前三五六年冬，近鄰同盟會議以底比斯人爲首正式向福西斯發動神聖戰爭，並在福西斯的尼翁（Neon）擊敗並殺死菲洛麥魯斯，於是大批福西斯人和他們的傭傭軍逃到帕納蘇斯（Parnassus）的小山丘上，不幸的是福西斯城中又爆發派系的鬥爭[29]。西元前三五三年年初，底比斯決定派帕邁奈斯（Pammenese）將軍率五千士兵幫助叛亂總督阿達巴祖斯，底比斯自信等山上的積雪消融後，他的軍隊仍能給予福西斯最後的一擊。西元前三五三年春，帕邁奈斯途經色雷斯的馬容奈亞

（Maronea）的時後，他會晤了菲利，這時東色雷斯國王色塞布萊普戴斯正受到菲利和雅典的雙重壓力，於是帕邁奈斯在菲利與色塞布萊浦戴斯間斡旋，最後締結了非武力協議，並確認了底比斯與菲利的友誼，帕邁奈斯則獲得穿過色雷斯前往小亞細亞的通路，不久以後雅典與中色雷斯國王阿瑪道庫斯（Amadocus）結盟，以待雙方之間的衝突。

西元前三五三年春，底比斯發現福西斯難以征服，便處死「聖戰」中所有的俘虜，但這行爲也將福西斯人逼上梁山，於是他們團結在卓越領袖奧諾瑪楚斯（Onomachus）麾下，奧諾瑪楚斯僱用更多的顧傭軍，並援助國外友人，還邀請友善城邦派代表前往德爾菲，作爲「重修神殿的監察員」[30]。雅典、勞克瑞斯、麥迦拉、埃皮道魯斯、斯巴達、科林斯及福西斯都捐款給修復被毀壞的神殿，他們參與具有濃厚的政治意義。實際上，奧諾瑪楚斯擁有足夠兵力奪取特羅尼尤姆（Thronium）以威脅安菲薩（Amphissa），並能擊敗底比斯，於是便以此逼迫東勞克瑞斯和西勞克瑞斯聽命於他。

在色薩利，奧諾瑪楚斯使用了行賄的手段，只要他得到色薩利各邦的支持，他就可以在安菲克提歐尼克議會和戰場上，贏得對底比斯的壓倒性優勢。另一方面，色薩利卻尋求菲利的幫助，以抵抗費哈伊及克拉儂（Crannon）的僭主，菲力因此率軍進入色薩利地區，可能就是要攻擊費哈伊人，費哈伊的呂克弗隆（Lycophron）隨即依照盟約要求福西斯人前來救援，於是奧諾瑪楚斯派遣他的兄弟法伊路司（Phallyos）帶著七千人支援[31]，腓力在這支援軍與費萊軍隊會合前，就先擊潰了這支部隊，但奧諾瑪楚斯在夏季仍率全軍北進，最後他擊敗了菲利與色薩利的聯軍，菲利的馬其頓軍隊傷亡慘重，自己則被逐出色薩利。隨後，奧諾瑪楚斯又在回師福西斯的途中擊敗底比斯軍隊，奪取考若奈亞（Coronea）。

如前所述，福西斯的軍事獨裁者奧諾瑪楚斯的力量，是建立在德爾菲的金庫、僱傭軍及同盟的親善之上，他擁有對從奧林匹克山（Mt.Olympus）到科林斯海灣之間廣大地區的絕對統治權，並揚言要夷平底比斯，西元前三五三年，福西斯的盟友也各有勝利，斯巴達在奧奈阿埃（Orneae）擊敗了阿哥斯並建議希臘所有的土地都應歸還原主，那樣福西斯就可以保住德爾菲，斯巴達還可以收回麥西亞，而雅典則奪回奧若普斯。至於底比斯則失去對奧喬邁努斯、戴斯庇亞埃（Thespiae）及普拉達埃亞（Plataea）的控制[32]，最後雅典在切爾松尼斯奪得了立足點，查瑞斯還奪取了切爾松尼斯的塞斯土斯（Sestus），並殺死所有成年男性，將剩餘人口賣爲奴隸，他更強迫色塞布萊普泰斯與雅典結盟，並放棄卡迪亞以外的所有切爾松尼斯城市。

西元前三五二年，菲利的戰略是：「像擂木一般，去碰更硬的」。他包圍費哈伊，於是費哈伊的僭主向福西斯和雅典求援，菲利則說服色薩利聯盟將其軍隊置於他的指揮之下。春季，奧諾瑪楚斯和查瑞斯抵達底比斯（Phthiotic Thebes）東面的矮丘，雅典軍隊可在那裡下船，聯軍可越過山巒密布的國家，會合費哈伊精良的騎兵和僱傭軍，他們再次與敵軍交鋒[33]，這時菲利已經在費哈伊城外集結了由三千名騎兵和二萬名步兵，他們分別由馬其頓和色薩利軍隊組成，並計畫在奧諾瑪楚斯與盟軍會合之前便出兵，當菲利得知奧諾瑪楚斯大軍逼近的消息後，就趁夜離開費哈伊，可能讓守城軍隊誤信黎明將發動攻擊，因而他們急行軍進入底比斯南部平原，在海岸附近卻出其不意地遭遇奧諾瑪楚斯，雅典軍隊還不及下船，菲利便向奧諾瑪楚斯發動進攻，步兵隊列剛一交鋒，色薩利和馬其頓騎兵便進攻敵軍的側翼，把他們趕到海岸上，其中許多人脫掉盔甲，游到雅典船上，這次戰役的結果，總共有六千名福西斯士兵在這場戰爭中喪生，包含福西斯主帥奧諾瑪楚斯在內有三千名士兵被俘[34]。福西斯的戰敗，也因此遭受馬其頓的報復，作爲對掠奪神殿的處罰，奧諾馬爾庫斯俘虜要不是被絞死就是釘死在十字架上，而其他的俘虜則是被淹死；通過這場戰爭，腓力把自己塑造成是一個虔誠的阿波羅復仇者，他處罰了福基斯對德爾菲神靈的褻瀆。

歷史上稱這場戰役爲「克洛庫斯戰役」（Crocus Field）。而勝利的後果是費哈伊和其他城市的有條件投降，菲利開始幫助色薩利聯盟整頓秩序，同時法加頓（Phaecadon）和特瑞加（Tricca）也被菲利擊敗，而前者更是全面的被摧毀，色薩利西部平原局勢趨於穩定。在色薩利西部平原還有一個通道指向安布拉西亞灣（Gulf of Ambracia）的貢菲（Gomphi），後來被重新命名爲菲利庇，並接受了一部分馬其頓的移民[35]。

此外，菲利也在派哈埃庇亞（Perrhaebia）和馬格奈西亞（Magnesia）奪得一些據點，並加強了他對泰姆普和奧洛奥松通道的控制，他還在帕加薩埃駐軍以保衛費哈伊的自由，而色薩利聯盟藝接受了菲利爲軍隊的統帥，並給他國家的市場、港口費[36]，菲利的實力也大增。

克羅庫斯戰役後，奧諾瑪楚斯兄弟法伊路斯（Phayllus）取代了他，此時法伊路斯金援同盟城邦以獲取他們的支持，各個城邦也紛紛派兵支持法伊路斯斯，而斯巴達就派了一千人士兵，阿查埃亞派出了二千人，色薩利僭主所派的二千僱傭軍也直接投奔到他手下。當菲利進軍特摩庇拉埃，將他的兵力引到北部之前，他在底比斯吃了幾場敗仗，之後雅典也派出四百騎兵和五千重裝步兵，從海上而來幫助保衛特摩庇拉埃，以防止菲利與底比斯軍事力量會合[37]。面對福西斯聯盟的軍隊，於是菲利決定後撤，他沒有繼續進攻福西斯陣地，或耗費他作爲阿波羅冠軍的名聲，但他也沒有懈怠，仍然厲兵秣馬，準備下一次的戰爭。

菲利撤軍後，「聖戰」降級爲希臘中部的游擊戰，摧毀了東勞瑞斯、福西斯、北貝奧提亞地區，西元前三五一年，法伊路斯病倒，法拉埃庫斯（Phalaecus）繼位。旋既，他派兵進入伯羅奔尼撒。此時，斯巴達已進攻邁加羅波利斯，挑起大戰，斯巴達從流亡的費哈伊僭主處得到三百騎兵，從法拉埃庫斯處得到三千步兵，而麥加羅波利斯也有阿哥斯、西錫翁和麥西尼亞的全部兵力，以後又有底比斯的五百騎兵及四千步兵[38]，軍隊實力大增。

西元前三五五年到西元前三五一年，雅典在外交政策上採取少有的克制立場，他沒有趁底比斯虛弱之際發動進攻、也沒有煽動羅德島僭主對抗波斯、或干涉中色雷斯、加入伯羅奔尼撒交戰國的任何一方。此時，雅典的遠征軍被派往幫助麥松奈、奈阿波利斯（Neapolis）、帕加薩埃，協助反抗色薩利和特摩庇拉埃，且還搶奪了切爾松尼斯[39]。此外，盟國也加入了雅典的幾場戰爭，包括與福西斯和費哈伊僭主、中色雷斯的阿瑪道庫斯，以及東色雷斯的色塞布萊普戴斯的作戰。雅典與勞克瑞斯，還試圖與查爾西迪斯聯盟結盟。

在公共基金委員長埃尤布魯斯以及演說家埃斯奇尼斯（Aeschines）的影響下，雅典制定了他的政策，他的目標明確的顯示了所謂的主次關係，首先是財政的復甦、其次抵抗菲利、進而控制切爾松尼斯和在其他地區採取的態勢；雅典的政局不在動盪，埃尤布魯斯的助手狄奧仿士斯（Diophantus）也提出了要保衛特摩庇拉埃的建議，埃尤布魯斯則恰適當的處理了與查爾西迪斯的談判，他的穩定政策，又恢復了雅典的貿易和財政盛況[40]。西元前三四七年，年歲收入在上升至四百塔倫特，盟國的捐獻從西元前三五四年的四十五塔倫特提升至六十塔倫特，大多數盈餘都用於修建三層槳戰艦和改善碼頭和堡壘；西元前三五三年，雅典海軍名錄上有三百四十九艘戰艦，到了西元前三四九年，近期的軍備花費了一千五百塔倫特，於是私人財富大爲激增，礦藏也更大規模地開採[41]。

這時期，德摩斯提尼（Demosthenes）（公元前三八四—三二二年）開始了他的政治家生涯，他已經是一名爐火純青的演說家，他起訴了揮霍他遺產的監護人，西元前三五五年和西元前三五四年，他參加了兩宗政治事件，西元前三五四年，他所做的第一篇公開演講中，他反對打擊波斯，一如公民大會的主張那樣，當時雅典正處於經濟蕭條期，此時波斯卻在大規模徵兵，德摩斯提尼認爲雅典缺乏發動軍事行動的本錢，雅典應做好準備迎戰目前的敵人[42]，他抓住機會施行政經改革，他籌建三層槳戰艦，建議採用分級徵稅的手段，並提供方法使裝備戰艦的效率提高。

針對麥加羅波利斯及羅德島的政策，他絲毫沒有考慮到馬其頓的威脅，對此可以有兩種解釋，或者他才智有限，無法預見這個威脅，或者是他故意不予以考慮以推銷自己的政策，而後一種更有可能，他的目的是要將反對他政策的埃尤布魯斯趕下臺，自己主導雅典政局，且將雅典捲入新的一場戰爭。政治是非常的現實，一個政治家如果要獲得名望，他就得攻擊得勢派，而攻擊時就要採用符合雅典過去傳統的辦法和政策[43]，藉此批判對手。

西元前三五二年夏，德摩斯提尼與埃尤布魯斯的對立，前者的立場在法庭上所做的有關色雷斯政策的演講中，已清楚地表現出來，他建議與色雷斯勢力單薄的王子結盟，分裂色雷斯，雅典則可取得勢力均衡，但他的這種政策極不現實，既低估了菲利的實力，也高估了雅典在內陸山區用兵的能力[44]。埃尤布魯斯因爲其在財政政策中堅持雅典中立的理念，故他對馬其頓的的菲利行動採取姑息遷就的態度，也因而受到德摩斯提尼的堅決抵制。顯然地，埃尤布魯斯的策略又比德摩斯提尼更高一著。

馬其頓和雅典的衝突

西元前三五七年同盟戰爭，當菲利占領了安菲波利斯，庇得那（Pydna），梅多那，馬其頓也因此獲取了通往海洋的門戶；菲利的新圍攻手法突破安菲波利斯防線，馬其頓的作戰效率讓雅典驚覺菲利的野心[45]，並正式開始反對馬其頓國王。西元前三五二年，德摩斯提尼評論：菲利是希臘城邦裡最壞的敵人，並警告說，他和波斯國王一樣危險。西元前三五〇年，德摩斯提尼在一場辯論中發表《第一個菲利》的演說，他精闢地分析菲利的力量與實力的恢復，將他比喻不夠靈敏的拳擊手，他催促雅典在菲利未進攻阿提卡之前便進攻馬其頓的菲利[46]，問題是如何進攻，德摩斯提尼建議保持一支由二百名騎兵、二千名步兵、十艘戰艦及一些交通工具組成的機動部隊，布署在萊姆諾斯、達索斯（Thasos）和西阿索斯（Sciathos），進攻馬其頓海岸，封鎖菲利的港口，這項行動每年耗費約九十塔倫特，但實際上，這種進攻手段並不能奏效，因爲雅典在特邁克灣沒有基地，而馬其頓也並不依賴進口，因此他建議準備一些戰艦，組織約一萬人的雅典部隊，可以在短時間內從派拉埃尤斯（Peiraeus）啓航[47]。

德摩斯提尼在他的《第一奧林底亞克》（First Olynthiac）講演中，催促雅典立即派軍前往保衛查爾西迪斯，另派進攻部隊騷擾馬其頓，以此進攻強大的敵人。他暗示，但沒有明確建議修改指揮公共基金的法律，把所有的盈餘基金都轉入軍備基金，準備一場大戰。另一名演說家德瑪戴斯（Demades）反對他的政策[48]，最後公民大會作出了雅典與查爾西迪斯結盟的決定，向奧林士斯派出二千輕裝步兵和三十八艘戰艦，由查瑞戴穆斯指揮。

菲利挑釁雅典的時間是在冬季十一月或十二月，航海條件惡劣，雅典根本無法增援兵力，因此有一些查爾西迪斯城市被出賣，一些則毀於暴風雨，這時帕賴奈（Pallene）被馬其頓軍隊占領，西元前三四八年一月，菲利又前往費哈伊，他趕走了僭主拜道羅斯，月末按菲利計畫，優卑亞掀起對抗親雅典的埃瑞特里亞（Eretria）的僭主葡魯達處斯（Plutarchus），於是僭主向雅典求援，雅典派佛西翁（Phocion）率領士兵趕來參加防禦，隨著叛亂的擴大和馬其頓僱傭軍從色薩利的進入，雙方激戰之後，雅典總算保住了埃瑞特里亞[49]。

冬季，馬其頓軍隊繼續在查爾西迪斯挺進，同盟再次求援，一百五十名騎兵組成的中隊從優卑亞開拔，四月密西亞總督奧容戴斯，率四千輕裝步兵和十八艘三層槳戰艦從切爾松尼斯出發支援查爾西迪斯。夏季菲利在兩次戰役中都擊敗了奧林士斯人（Olynthian），包圍城市，七月奧林士斯第三次求援要求增派雅典軍隊，而非僱傭軍[50]。雅典調遣了包括三百騎兵、二千重裝步兵、十八艘三層槳戰艦及必要的交通工具，八月地中海季風耽擱了遠征，菲利迫使敵軍出戰，戰鬥中奧林士斯騎兵統帥拋棄了他的五百名部下逃逸，在雅典艦隊到達前城市就已經陷落了。

這幾次軍事行動中，菲利在時機上把握準確無誤，進攻前他等待壞天氣，然後又煽動優卑亞暴動以分散敵軍，又搶在地中海刮起季風之前全面出擊，他抓住雅典急不可耐的心理，利用查爾西迪斯與城邦間或同一城邦不同派別之間的嫉恨矛盾關係，又在使用武力的同時行賄，將一些城邦拉到自己一邊[51]。因此對雅典而言，此時，他面臨了災難性的後果，事實上，他已經失去了打擊馬其頓的最後一次機會，也失去了優卑亞，特摩庇拉埃的通道陷入他手，菲利可以藉此奪取通向貝奧提亞的捷徑。

雅典緊接著開始提訴將領，最後一支援軍的查瑞斯離開，另一名將領埃尤布魯斯的外甥亥善西賴歐斯（Hegesileos）受很重的罰金。德摩斯提尼指責反菲利戰爭的軍事指揮，他認爲雅典行動太慢，又被轉移目標向優卑亞派兵，當時只有他反對這一政策，他的第一項指責合情合理，第二項卻不盡然，因爲如果查爾西迪斯是進攻的戰略要地，優卑亞則是防禦要地，而且如果優卑亞陷入敵手，與查爾西迪斯的聯繫就會受到威脅[52]，查爾西迪斯的陷落，不是缺少軍隊，更多是由查爾西迪斯內，特別是奧林士斯的背信棄義，還有雅典僱傭軍首領的無能，查爾西迪斯聯盟有一千騎兵和一萬重裝步兵，雅典總共派遣六千或一萬名僱傭兵，二千或四千名重裝步兵，四百五十名雅典騎兵，五十或七十艘三層槳戰艦，總共超過二萬人，有些到得晚，大部分士兵幾乎沒有參加戰鬥，由此也可以看出雅典沒有一戰的決心[53]。

縱觀上述，從西元前三五五年開始，中希臘城邦混戰，馬其頓國王腓力藉機南下，控制了希臘中北部地區。西元前三四九年，腓力圍攻查爾西迪斯半島上的奧林士斯城邦，在是否需要派兵救援的問題上，雅典國內展開了辯論，反馬其頓的代表德摩斯提尼發表了多次措詞激烈而又極富感染力的反腓力演說，唇亡齒寒的道理終於促使公民大會決定兵援奧林士斯，但因出兵遲緩無力，腓力已先行洗

圖 16-2　貝奧提亞陶制瓶蓋——四匹馬（700-600 B.C）　劉庭芳攝

劫了奧林土斯[54]。之後，又迫使雅典簽訂了一個承認馬其頓霸權的條約。

德摩斯提尼贏得聲名，他曾呼籲雅典要先行攻擊馬其頓，並預見了雅典兩個戰場上失敗的危險，但現在無論對埃尤布魯斯和埃斯奇斯，或者是對他而言，雅典當前的唯一政策只能是向菲利求和，脫離「聖戰」。因此暫時地，他與埃尤布魯斯等人持同一立場[55]。西元前三四八年的夏季和秋季，菲利表示要與雅典議和，埃尤布魯斯的支持者菲羅克拉底（Philocrtes）建議，鼓勵菲利派使者到雅典來，而在冬季審理這項建議動機是否純正時，德摩斯提尼爲菲羅克拉底辯護，作爲西元前三四七年的議員，德摩斯提尼建議授予阿里斯多戴穆斯（Aristodemus）桂冠以示對他提出菲利不僅想和雅典和解，甚至希望與他結盟的報導之獎勵。

西元前三四六年二月，雅典、斯巴達的福西斯祕密協定，於是斯巴達國王阿乞達穆斯指揮的一千重裝步兵，雅典的普羅克塞努斯（Proxenus）指揮的五十艘三層槳艦隊，他們接管了特摩庇拉埃附近的工事，並希望給底比斯最後的一擊，以避免菲利捲入這場戰爭[56]，但最後一刻計畫失敗，因爲北福西斯的法拉埃庫斯又重掌大權，他拒絕放棄工事，因此斯巴達和雅典除了撤退別無選擇，他們想把菲利拒之門外的意圖暴露。十名雅典人組成的代表團在菲羅克拉底的建議下，包括德摩斯提尼和埃斯奇尼斯，趕忙前往馬其頓解釋這一事件。

幸運地，當時菲利對雅典的算盤一無所知，奧林土斯陷落後，他可以利用雅典的衰竭和孤立強奪特摩庇拉埃通道，或以優卑亞爲橋梁，與他的盟國貝奧提亞攜手擊敗福西斯，然後領導他們打擊共同的敵人雅典。但從西元前三四八年夏至西元前三四六年二月，他所做的卻是向雅典求和，要求結盟，並只向底比斯提供最低限度的幫助，而菲利的色薩利盟友原先便加入「聖戰」，站在底比斯一邊[57]。菲利之所以沒有行動有兩種可能：或者他眞心誠意想和雅典結盟，願在「聖戰」中扮演仲裁人而非參與者的角色，或者他想使雅典誤信自己平安無事，在沒有雅典干預的情況下結束「聖戰」，再攻擊雅典。雅典使者北上途中，路過海路斯（Halus）此地由馬其頓將軍帕麥尼歐（Parmenio）駐守，菲利在培拉友善地接見他們，並交給他們一份書面聲明，表示如果雅典與他談和而且求盟，他將使雅典受益，他還保證在談判期間不入侵切爾松尼斯。

第一天的辯論中宗教聯合會首先建議與菲利議和，延期三個月生效，這期間希臘任何城邦都可以作爲雅典盟國簽字，德摩斯提尼和埃斯奇尼斯支持這個建議，但菲羅克拉底提出相反意見，即在菲利和雅典聯盟之間簽署和平結盟協議，協議注明不含福西斯及海路斯，當天晚上菲利的使者說明不接受宗教會議的建議，第二天菲羅克拉底再次提出他的意見，強調底比斯和麥迦拉對雅典的敵意，埃斯奇尼斯可能發言支持他，阿里斯托芬（Aristophon）主張中斷任何談判，在一次白熱化的會議結束之際，埃尤布魯斯指出除了菲羅克拉底建議之外只剩下戰爭一種選擇，那將意味令公共基金投入戰備基金，資本徵集及個人服役[58]。在這種情況下意爲同意和談結盟的建議，德摩斯提尼這位著名的反對菲利者卻沉默不語。

五月雅典使者到達培拉，當時菲利在色雷斯，他征服了不是和平協議簽字者的色塞布萊普戴斯，但他信守諾言沒有進犯切爾松尼斯。六月他歸來見到雅典、底比斯、福西斯和斯巴達的使者，他仍可以在希臘城邦中作出選擇，不僅是在希臘中部，還可以在伯羅奔尼撒，那裡底比斯的盟友阿哥斯、麥加羅波利斯和麥西尼亞請求他的幫助反抗斯巴達[59]，但七月菲利以自己和盟國的名義在費哈伊宣誓遵守與雅典結盟協議，而他的武裝力量則正在費哈伊集結。

於是使者趕緊回國，議會會議上，德摩斯提尼指責他的多位同事處事不當，菲利致信公民大會重申他將使雅典受益，埃斯奇尼斯認爲菲利是出於眞心，德摩斯提尼則不同意，當菲羅克拉底插話道：「德摩斯提尼喝水，我飲酒。」時，大家笑話德摩斯提尼的悲觀論調[60]。公民大會決議延長與菲利的聯盟，一直到他的後世子孫，並表示隨時進攻任何不交出德爾菲的福西斯人。

此時，菲利派使者請求雅典出兵特摩庇拉埃，加入他的部隊結束「聖戰」，德摩斯提尼和亥蓋西布斯認為菲利是想將雅典軍隊扣作人質，因此菲利的建議遭到拒絕。於是使者向菲利報告結果，七月十七日法拉埃庫斯投降，雅典陷入恐慌之中，居民從阿提加撤離，城堡設防，因為如果德摩斯提尼估計正確，菲利的目標是率領大軍和底比斯部隊進攻阿提卡[61]。於是，雅典再度派使團到馬其頓，試圖彌補尷尬境地，果然菲利抗議雅典不友善的態度，召集安菲克提歐尼克議會開會，並強迫福西斯接受條件。

議會會議上奧埃塔埃昂斯（Oetaeans）代表建議殺死福西斯所有男性，其餘的貶為奴隸，這項建議與「聖戰」中雙方行徑一致，底比斯就是如此處置了奧喬邁努斯及考容奈斯的百姓，雅典代表埃斯奇尼斯認為應將福西斯人民與領袖分開，寬宏處理[62]。菲利控制了擁有議會大多數票的色薩利聯盟，因此決定權在他，於是福西斯被分解成村落，收繳了武器，賠款六十塔倫特，每年付給神殿一筆資金。

圖 16-3　德爾菲劇場　王惠玲攝

西元前三四六年，菲洛麥努斯授予雅典的優先占卜特權轉給菲利，議會還做出了神殿日後的安排，勾勒了維持安菲克提歐尼克成員國間和平的計畫，選舉菲利爲即將舉行的庇提昂運動會主席。雅典得知安菲克提歐尼克的決定後，拒絕派代表參加庇提昂運動會，於是安菲克尼歐尼克議會使者攜帶菲利的信件，要求雅典道歉，派出使節[63]，在激烈的辯論後，雅典決定道歉並派出代表，菲利主持庇提昂運動會後回到馬其頓，菲利透過這些協議表明了他的政策，雖然他有力量屠殺福西斯人並領導色薩利、底比斯和麥迦拉對抗雅典，但他仍希望以最少的流血結束衝突，遵守與雅典的聯盟協議，減輕「聖戰」參與國之間的仇恨[64]。

他的行爲表明他是眞心誠意地解放德爾菲阿波羅神殿，並在他的領導下解決希臘問題，最重要的是他尋求與雅典而非底比斯結盟，雅典的菲洛克拉底與埃斯奇尼斯的政策是與菲利合作，他們在談判當中預見準確，即菲利將仁慈地對待福西斯，並不會與底比斯結盟反對雅典，是故他們兩人的動機或許有野心，但同樣愛國。如果他們的政策繼續在雅典執行，他們會成爲領袖，德摩斯提尼也明白西元前三四八—三四六年與菲利的戰爭將是致命的，因此他希望和平但非結盟，他也正確地分析了菲利的意圖，他關注同盟協議的動向，即使冒著提供給菲利開戰藉口的風險，他還是相信菲利是不會動手的[65]。然而，西元前三四六—三四三年間，腓力不時插手各城邦的騷亂，不經交戰就已滲入希臘各地區。

第十七章

馬其頓控制希臘各邦

外交鬥爭

菲利正要干預「聖戰」之際，埃索克拉底發表了他的小冊子《菲利》（Philippus），他意識到這位馬其頓領袖的力量，認爲他有文化有思想，催促他統一希臘各邦，領導他們反抗波斯[1]。埃索克拉是從希臘事務的角度進行寫作，他認識到希臘城邦中領導力量的衰微，以及他們之間進一步衝突將帶來的社會經濟危險，他請求菲利作爲海力克斯的後代，顯示慷慨與善意，帶領城邦走向統一和諧，以證明自己是希臘的恩人，埃索克拉底的終極目標是希臘國家的統一和諧。

另一方面，德摩斯提尼在他的演說《論和平》（On the Peace）中，暗示向公民大會提建議的那些人腐化無能，又指控埃斯奇尼斯處事不當，他使梯瑪楚斯當多位使節面前，接受審查控告。西元前三四五年，當埃斯奇尼斯再次控訴梯瑪楚斯道德敗壞導致他被剝奪公民權，這時德摩斯提尼卻沒有爲他辯護，而埃斯奇尼斯又重申他對菲利諾言的信任[2]。

這時雅典抱怨菲利從色塞布萊普戴斯手中奪走了一些城市，雅典請求菲利歸還這些城市，菲利回答說他奪取這些城市是在與雅典結盟之前，這與雅典無關，他表達他的善意，並提供爲雅典利益，在切爾松尼斯咽喉處挖一條運河，作爲他的善意，但遭到拒絕[3]。德摩斯提尼繼續指責菲利在色塞布萊普戴斯事務上不講信義，他的指責也贏得了群眾的贊同。

德摩斯提尼發表《第二菲利》（Second Philippic）作爲對菲利抗議的回答，他宣布菲利是雅典的敵人，重申安菲波利斯和波提狄亞的所有權，將福西斯的陷落歸罪於菲利對雅典使節的腐蝕[4]。緊接著菲洛克拉底和普羅克塞努斯（Proxenus）受到審判，菲洛克拉底逃走，普羅克塞努斯被處以重罰。

西元前三四三年夏，德摩斯提尼指控埃斯奇尼斯在西元前三四六年的出使中失誤，他面對一千五百名陪審員發表四篇演講《論出使失誤》（On false Legation）極大扭曲了出使中有關談判的事實[5]。埃斯奇尼斯因三十票逃離死刑，其中埃尤布魯斯和弗西翁的支持是重要因素，此時德摩斯提尼進行粗俗下流的攻擊致使陪審員打斷他的發言。

當埃斯奇尼斯與德摩斯提尼的鬥爭日益尖銳時，雅典人明白危險迫在眉睫，不管戰爭是德摩斯提尼挑起的，或是菲利宣布的戰爭的來臨只是時間的問題。優卑亞、底比斯和麥迦拉對雅典相當不友善，雅典不僅在陸地上被孤立，海上又不堪一擊，雅典開始備戰，此時擔任公共基金委員長的塞菲索封（Cephisophon）緊縮銀根，將大筆資金撥入軍備基金，由任期四年的司庫長管[6]。

西元前三四六—四三五年，雅典的公民人數有極大變動，許多人被剝奪政治權利，財產充公，大量金錢用於海軍，海軍兵工廠建在塞亞（Zea），西元前三四三年三百艘三層槳戰艦全副武裝待命[7]。這時德摩斯提尼又陳述菲利的間諜無孔不入，激起恐懼，這是德摩斯提尼用來反對普羅克塞努斯和其他人的政治鬥爭。

與此同時菲利渡過阿西尤斯河流域，侵入多瑙河（Danube）流域地區，加強了在巴爾幹中部的統治地位，然後入侵伊利里亞，還一路征服了斯高拉（Scdra）平原。在追擊伊利里亞國王普勒拉土斯（Pleuratus）時，他與一百五十名騎兵在激烈的交戰中受傷，實際上，馬其頓騎兵對菲利的統一也起了很大的作用[8]。菲利在奪取查爾西迪斯後，他大量發行著名的「菲利」金幣，其上刻有查爾西迪斯標記，即阿波羅頭像，反面是兩匹馬拉的戰車，貨幣的流通範圍遍及地中海地區及中歐，以後又到達大不列顛。

西元前三四四年秋，菲利進入色薩利，他驅逐了一些僭主（如拉瑞薩的西穆斯），因爲他們試圖將鄰近的城邦淪爲附庸，菲利在其中一些城邦裡設立了十人統治委員會[9]。西元前三四二年，他恢復了色薩利先前的行政區，即「行省」，這樣聯盟的地方行政不是由城邦而是由地區掌管，透過這種方法菲利收拾了聯盟中的幾個雄心勃勃的城邦，且要求他們停止發行自己的貨幣，城邦被組織成一個實體，使用馬其頓貨幣。

西元前三四三年，菲利進入埃皮魯斯，趕走阿瑞巴斯，因爲也拒絕將摩羅西亞王位交給菲利的妹夫亞歷山大。隨後，他又兼併潘道西亞（Pandosia）、布徹塔（Boucheta）和埃拉特瑞亞（Elatria），擴大了馬其頓疆域，同時他加強了摩羅西亞國王對埃皮魯斯中部和北部部落的控制，執行與馬其頓相同的政策，但他的行動同時也震撼了希臘城邦安布雷西亞（Ambracia）和勒卡斯（Leucas），於是他們的宗主國科林斯向雅典求援，隨著科林斯和雅典的協助下，他們逃脫了菲利的併吞，但仍然被迫接受馬其頓的駐軍[10]。這時柏拉圖的雅典學園繼承人斯伯西普斯（Speusippus）寫信祝賀菲利勝利，並引用海克力斯生活中的事件，作爲他的子孫占領安布雷西亞的正當理由。

此時，德摩斯提尼聲稱色薩利和底比斯支持菲利純粹出於私利，推斷情況改變時私利也會使他們分裂。在底比斯身上他看不到與雅典修好（rapprochement）的希望，他毫不顧忌地謾罵底比斯人殘酷愚蠢，鼓動雅典接受貝奧提亞和福西斯難民[11]。此時兩國關係十分緊張，雅典在西元前三四三年進一步的加強了貝奧提亞邊境上的駐軍，這是由於德摩斯提尼對城邦政治的深刻理解，因爲他預見了希臘許多城邦中，反抗菲利力量勢必不斷地增長。

隨後，菲利從安布雷西亞撤軍，他立刻向雅典提出修好條約，並交由仲裁人解決任何分歧。但雅典的強硬派亥蓋西普斯在《論海羅奈斯》（On the Halonnese）中表示：希臘的救星雅典必須永不按照「培拉暴發戶」的要求，將權力交給仲裁人。在條約裡菲利願將他剛剛清除海盜的小島海羅奈斯（Halonnesos）交給雅典，這是種侮辱，菲利必須「歸還」一直屬於雅典的領土[12]；此時這樣的論調占了上風，西元前三四二年年初談判破裂，菲利爲下一步行動做準備。

在此之前，雅典從未使用相當規模的軍隊對抗菲利，這時雅典也沒有因同胞流血而激起個人仇恨，因此菲利仍然希望雅典的領袖在間接壓力下會改變想法，所以他計畫奪取博斯普魯斯，切斷黑海對雅典的糧食供應，爲此他在色雷斯進行一場戰役，同時波斯的局勢變化，也使他急於鞏固在西色雷斯的勢力[13]。

西元前三四五年，波斯的阿塔薛西斯平定佛埃尼西亞叛亂後，於西元前三四三年率領包括底比斯、阿哥斯和愛奧尼亞的一萬名希臘軍隊侵入埃及，奈克塔奈波（Nectanebo）的埃及軍隊，雖然有二萬希臘傭傭軍加強兵力，仍全軍覆沒，奈克塔奈波逃往埃塞俄比亞（Ethiopia）。另一方面，西元前三四二年，波斯傭傭軍統帥，羅德島的曼托（Mentor）被派往小亞細亞就任總督，整治秩序，在小亞細亞地區，阿塔奈尤斯（Atarneus）的統治者赫密阿斯（Hermias）建立起自己的王國並與萊斯博斯（Lespos）特羅德（Troad）等城邦和菲利關係密切[14]。

西元前三四二年，菲利在色雷斯內陸作戰，色雷斯的一個城邦蓋達埃（Getae）國王色塞布萊普戴斯去世，色雷斯的殖民地泰瑞斯（Teres）投降，另一殖民地奧德瑞西昂（Odrysian）王國也完全置於馬其頓控制之下[15]。

此時，色雷斯統治下的達努比的蓋達埃（Getae）國王將女兒嫁給菲利，並給他豐厚的嫁妝，菲利在他的新領土上建立起軍事基地，修築道路。西元前三四二年，普羅夫迪夫（Plovdiv）被菲利二世征服，並按照其個人的喜好將其改名爲「菲利波利斯」（Philippopolis），他控制著上赫布魯斯（Hebrus）的廣大平原，卡庇勒（Cabyle，希臘人稱作波奈羅波利斯〔Poneropolis〕）控制通向達努比盆地的商路[16]。而商路盡頭的希臘城市即黑海邊緣的阿波羅尼亞和奧戴蘇斯（Odessus）以及愛琴海岸的阿埃努斯（Aenus）也與菲利結盟，最後整個地區終於脫離色雷斯殖民。這時菲利在色雷斯的勝利卻也驚動了他的盟國拜占庭。

在此之後，拜占庭的雅典僱傭軍首領狄奧貝戴斯（Diopeithes），再次入侵馬其頓控制下的色雷斯境內，西元前三四二年春，他進攻切爾松尼斯（加利波利半島，位於土耳其歐洲部分）狹窄咽喉處的菲利盟國卡迪亞，後者向菲利請求並得到馬其頓駐軍保護，當狄奧貝戴斯攻擊升級，扣留菲利的使節，索取九塔倫特贖金時，西元前三四一年年初，菲利向雅典提出抗議，並表示接受一切有關卡迪亞事務的仲裁[17]。値此，德摩斯提尼在公民大會發表兩篇演說《論切爾松尼斯》（On the Chersonese）和《第三菲利庇克》（Third Philippic），表明他決意讓雅典做出開戰決定，他抨擊菲利是雅典的挑釁者和敵人，聲稱狄奧貝戴斯是在「保衛」色雷斯，鼓動群眾以棍棒打死任何鼓吹和平的人，於是雙方進入備戰的狀態。

西元前三四〇年夏，大約是地中海季風開始的六月，菲利沿亥萊斯邦特航行，在切爾松尼斯海岸停泊載有攻城器具的艦隊，旋即他在派林蘇斯登陸，並包圍城市，儘管他的盟友拒絕在色雷斯與他合作。波斯總督按照阿塔色西斯的命令派出僱傭軍及補給進入派林蘇斯，拜占庭也派出了最好的部隊。不久之後，馬其頓士兵發射石弩進攻守軍，並運來擂木，以及一百二十英呎高的塔及雲梯，還在水下開挖隧道，他們很快攻入城內，但在密集的住宅區中進行的激烈巷戰後又被趕了出去[18]；於是菲利分散部隊，並增兵到三萬人，同時進攻雅典盟國拜占庭。

儘管菲利認爲攻打拜占庭並未違反他與雅典的和平協議，因爲拜占庭並非西元前三四六年雅典一方的簽字國，菲利選擇此刻致信雅典結束這尷尬的和平，信中他宣布決定對雅典違反和平及聯盟條約、狄奧貝戴斯掠奪色雷斯奴隸、拷打馬其頓使者、將駛往馬其頓的商人賣爲奴隸、搶劫色薩利海岸、與波斯談判結盟對抗馬其頓、拒絕一切仲裁建議等等，進行報復[19]。於是雅典公民大會決定撕毀條約文件，「裝備艦隊，使用一切的戰爭手段」；這些民主派終於打定了主意，菲利則利用他們的拖延，又一次採取了主動，馬其頓艦隊駛入雅典的海域，包圍派林蘇斯和拜占庭。

西元前三四〇年九月，大約有二百三十艘商船在雅典保護下集結穿越海峽，馬其頓艦隻突然駛入，俘虜所有敵艦，放走其他船隻，雅典命令查瑞斯率領他的四十艘船艦組成的方陣爲拜占庭解圍，但拜占庭人不信任查瑞斯和他的僱傭軍，拒絕接納他，秋末富裕的雅典人，包括德摩斯提尼及希派瑞戴斯在內，自己出錢組織的另一中隊由佛西翁和塞菲索芬（Cephisophon）指揮下開拔，拜占庭人交給佛西翁一部分城防任務，雅典聯盟提供軍隊，希俄斯、羅德島、高斯和波斯資助拜占庭，派往波斯的使者埃菲阿爾戴斯（Ephialtes）帶著波斯的盟約和大筆戰費返回雅典[20]。

菲利不願意拜占庭落入波斯手中，於是和拜占庭和解。再轉而進攻西錫安人，並取得決定性勝利。此時，雅典人歡慶菲利從拜占庭撤軍，城邦在德摩斯提尼的領導下戰備有了起色，雅典最富裕的三百公民負責三層槳戰艦費用的建議被採納，他自己被任命爲「艦隊司令」[21]。西元前四三九年夏，他勸服了群眾將所有的歲入盈餘，從公共基金撥歸戰爭基金，他的支持者李庫古斯（Lycurgus）任委員長，但菲利計畫從陸上而非海上進攻雅典，他已在德爾菲施展影響力以分裂希臘陸軍的力量。

西元前三三九年四月，安菲克提歐尼克會議上，西勞克瑞斯代表建議罰雅典五十塔倫特，以懲罰他重新分配「當波斯和底比斯打擊希臘時」，從「波斯和底比斯」奪取的戰利品程式不當，該建議將雅典置於兩難境地，若是拒絕會意味著對底比斯更大的侮辱，可能會引起針對雅典的「聖戰」，而接受罰款將是對雅典的極大恥辱[22]。雅典民眾代表推舉埃斯奇尼斯答覆，他發言時，一名勞克瑞斯代表嚷嚷道應剝奪雅典在上次「聖戰」中的份額，埃斯奇尼斯反駁道，安菲薩（Amphissa）的勞克瑞斯人最近開墾聖地，又在德爾菲的港口西赫哈（Cirrha）徵稅，犯了瀆神罪。

埃斯奇尼斯已全力避免了侮辱底比斯，但他和其他人都無力防止菲利在安菲克提歐尼克議會上，動用他對大多數城邦的影響力，特別會議上向安菲薩斯的勞克瑞斯宣布「聖戰」，底比斯沒有參加這次會議，雅典按照德摩斯提尼的建議也沒有派出代表，兩國也為參與對付安菲薩的軍事行動做準備[23]。另外菲利對西錫安的戰役中，底比斯趕走了尼卡埃亞（Nicaea）馬其頓駐軍，當菲利率領馬其頓及色薩利軍隊與西元前三三九年十一月南進時，這些分歧正在談判之中。

此時菲利正在艾拉戴亞，他離阿提卡只有兩天路程，於是這個消息在雅典引發了恐慌。隨即雅典公民大會在普尼克斯（Pnyx）召開，德摩斯提尼首先起立發言，他說雅典可用慷慨的條件加上機動部隊的意願，來獲得與底比斯的結盟，因而雅典派德摩斯提尼前往底比斯，但他們發現底比斯對菲利的安菲克提歐尼克盟國使者就尼卡埃亞問題支吾其詞，由菲利的代表組成的使團又要在貝奧提亞聯盟大會上發言，而第二個使團又要求貝奧提亞聯盟作為菲利的盟國及安菲克提歐尼克聯盟的成員，或者與菲利的軍隊一同行動，或者提供進入阿提卡的自由通道[24]。這些情況，雅典使節請求貝奧提亞與雅典結盟對抗菲利，提出將軍隊指揮權交給貝奧提亞，分配一部分海軍指揮權給貝奧提亞，雅典願意承擔三分之二的開支並支付貝奧提亞聯盟在所有貝奧提亞城市的權威。最後他們達成了協議。

此時貝奧提亞和雅典聯軍防守福西斯，特別是帕拉波塔密伊（Parapotami）的入口，雅典派出一萬僱傭軍由查瑞斯指揮，在貝奧提亞執政統轄下行動，控制從安菲薩通往西提尼尤姆（Cytinium）的通道。在菲利方面，他在艾拉埃亞、西提尼尤姆、特摩庇拉建立反攻工事，冬季雖有一些摩擦，但雙方都採取防禦戰略，且都派使者前往其他國家說服他們加入自己的陣營[25]。阿卡伊亞、科林斯、麥迦拉、優卑亞、阿卡納尼亞、勒尤卡斯（Leucas）和科基拉先後加入貝奧提亞和雅典聯盟，而其他城邦則保持中立。

西元前三三八年夏，菲利利用希臘主力部隊在安菲薩和帕拉波塔密伊間兩天路程的縫隙，他讓安菲薩的僱傭軍首領得到誤傳，說色雷斯的暴亂使菲利撤走了部分軍隊，然後他從西提尼尤姆撤軍，希臘統帥認爲菲利不會愚蠢到故技重施的地步，使用他從黑海撤走艦隊的伎倆，因而放鬆了對通道的戒備，是時菲利率大軍夜間穿過通道，擊潰一萬僱傭軍，並奪取安菲薩[26]。希臘聯軍的戰略位置改變，當馬其頓軍隊穿過德爾菲，洗劫勒巴戴亞（Lebadea）附近的貝奧提亞平原時，希臘軍隊慌忙從帕拉波塔密伊撤至切爾松尼斯。

實際上，馬其頓軍隊是歐洲最有經驗、訓練強度最大的軍隊，「夥伴們」指揮的重裝騎兵這次又有色薩利騎兵補充兵力，身披保衛盔甲，手持盾牌、劍及近距離作戰的長矛（Sarissa），每一中隊使用菲利發明的楔形隊列，輕騎兵身披較輕的盔甲，裝備與多數希臘騎兵相同，有兩柄梭鏢或散兵作戰用的短劍，以及一把長劍，步兵及「基層夥伴」的裝備也與希臘重裝步兵相同，但攜帶相當重裝步兵用的梭鏢兩倍長的投鏢或長矛，步兵作戰隊形「方陣」比希臘重裝步兵陣線要開闊，縱深也要長些，前排每名士兵至少有三英呎活動半徑，一行十人，可靈活調度，前幾排士兵的梭鏢可能長短不一，最長的達十三英呎，所有每一行都至少可向敵軍的第一行士兵投擲三柄梭鏢，輕裝步兵和輕盾士兵是掩護方陣的機動部隊，菲利在切爾松尼斯至少有二千騎兵和三萬步兵[27]。

此時，三萬五千左右希臘步兵選擇了堅固陣地，從塞菲蘇斯河（Cephissus）岸邊一直延伸到沙厄羅埃亞（Chaeroea）城牆防衛的高地東側的小山丘。貝奧提亞約一萬二千名重裝步兵組成右翼，「神聖兵團」位於最右端，一萬名雅典重裝步兵守住左翼，盟國重裝步兵加上五千名僱傭軍占據中腹陣線長達二英里，傾斜地列在平原上[28]。如果菲利的軍隊進入開闊地廣大的楔形地域並被擊敗，雅典軍隊可以衝進平原，將敵軍逐至塞菲蘇斯。同樣地，如果希臘陣列被打垮，大部分部隊可經克拉塔（Kerata）通道逃向勒巴戴亞（Lebadea）。希臘戰線排列堅固，除了最右端神聖兵團採取密集隊形以外，都是八人縱深，左翼由輕裝部隊和沙厄羅奈亞的堅固堡壘聯接起來，希臘騎兵人數上約與馬其頓騎兵相當，留作後備。

菲利清楚貝奧提亞的軍隊是季節兵，而雅典軍隊在過去的二十四年中只有一個月的常規作戰，因此十分缺乏經驗。戰術問題是在希臘陣列中打開缺口以便重裝騎兵進攻，因爲他們無法進攻長矛士兵組成的堅固防線。黎明的時候，菲利任命亞歷山大和他的軍官指揮方陣最左端的重甲騎兵，在右翼布署一支輕裝部隊，他自己站在國王陣隊「持盾者」的最前面，率領方陣最右端首先推進，這樣他的陣線也是傾斜態勢，與希臘隊列吻合[29]。持盾者於是在其他部隊尚未移至與希臘軍隊的右翼、中腹作戰距離前便到達雅典陣地，然後他「步步後撤」，指揮持盾人向右後移動，直至到達平原微微隆起的部分，後撤過程中「方陣右翼收攏，士兵由長劍組成的藩籬保護」，方陣的其他部分及騎兵繼續前進，雅典認爲勝券在握，不假思索地前進追擊菲利的右翼，整個希臘戰線左移以保持聯繫，只有神聖兵團採用密集隊形，站在塞菲蘇斯岸邊沒有移動，這就不可避免地在重裝步兵和右翼末端出現缺口，而亞歷山大率領「夥伴」騎兵，一馬當先衝入缺口，他們將底比斯人和雅典人打得四處潰逃，在雅典軍隊一方，偉大的演說家德摩斯提尼據說丟掉盔甲並逃之夭夭，以此而令己蒙羞[30]。

底比斯迅速投降，貝奧提亞聯盟解散，馬其頓駐軍占領卡德邁亞（Cadmea），底比斯戰俘如果未被贖回都被賣為奴隸，親屬被迫買回陣亡將士的屍體，底比斯下場悽慘。換言之，菲利徹底的摧毀了底比斯，因爲底比斯長期以來就與波斯共謀，也同樣因爲他是馬其頓在希臘中部和北部的敵人[31]。但菲利對雅典則是極大的寬宥，因爲雅典人的支持對長期安撫希臘是必不可少的，且要占領城市就要開展一場艱鉅的圍城戰[32]。雅典只失去了加里波利半島（Chersonese）和他的同盟，他保住了他的領土和屬地。

菲利遇刺

德摩斯提尼論斷菲利要「摧毀」雅典被證明是錯的，菲利希望與雅典合作，從戰爭勝利者的角度來說是合適的，雅典人出於感激，授予菲利及亞歷山大公民權，並決定在阿高拉建立菲利的雕像，同時德摩斯提尼被選中爲陣亡將士致悼詞。戰役之後過了一週，埃索克拉底致信菲利，稱之爲拯救希臘的「紫羅蘭花冠」，他催促菲利「結束希臘城邦間的瘋狂與帝國主義（Pleonexia），讓他們彼此和解，向波斯宣戰」[33]；他慶賀自己高壽（當時他已九十八歲），因爲他相信他的希臘統一的夢想就要成眞，但他沒有活到那一天。

在希臘中部菲利安排安菲克提歐尼克議會將弗西斯的罰款由每年六十塔倫特減至十塔倫特，並寬宏對待最近一次「聖戰」的犧牲品安菲薩，安菲薩人感激不盡，也在德爾菲建立了菲利的雕像。菲利從希臘中部進入伯羅奔尼撒，他受到所有城邦的歡迎，只有斯巴達拒絕接納他，他穿過拉科尼亞，行軍抵達吉戴尤姆（Gytheum），一如埃帕儂達斯的做法[34]，他將斯巴達的部分領土賜給阿哥斯、麥西尼亞和他剛重建的阿卡迪亞聯盟，他仲裁其他領土爭端後，邀請其他城邦都參加秋末的會議，除了斯巴達以外，其他城邦都予以接受，各代表收到菲利的公開聲明，其中列出他擴大希臘利益的提綱。

西元前三三七年春，希臘城邦的安排「近鄰同盟」，如今所稱的「科林斯同盟」終於在科林斯大會上通過，每個城邦都對他宣誓。此外，奧林普斯以南除斯巴達以外的大陸城邦與許多島國成爲聯邦國家的成員，根據集體安全法，監督廣泛和平，尊重現存憲法下各成員國的獨立自主，憲法只能按法律程式更動，禁止沒收、重新分配財產及其他違反法律顛覆行爲，肅清土匪海盜[35]，協議旨在結束國際戰爭及各邦的內部衝突，聯邦的政府機構是「希臘議會」，成員在各邦選舉，按軍事力量分配名額。

成員國名單作爲憲章的附錄保存下來，一些是城邦，其餘的是部落聯盟，城邦和部落聯盟握有的票數有一百張，議會決定獲多數票通過後，對全體成員國具有約束力，議會負責一切聯盟事務部門，宣戰議和、徵兵、徵集供給、徵稅、審理違背聯邦條約的被告，從聯盟領土驅逐人犯的權力、任命仲裁人調解爭端和任命執行官員監督和平[36]。議會在希臘宗教中心德爾菲、奧林匹克、奈邁亞（Nemea）和伊斯特姆（科林斯）地峽（Isthmus）開會，每屆會員的五位主席從議員中選舉產生。

如上所述，菲利推動了伊索克拉底的泛希臘主義（panheelnism），他想被人看作是希臘人的合法領袖。西元前三三八年，他小心謹慎地扮演了「近鄰同盟」盟主的角色。菲利提出了總體和約，諸城邦誓言不採取行動反對馬其頓[37]。

西元前三三七年夏，聯盟在第一次例行會議上與馬其頓即「菲利及其後世子孫」建立永久防禦和進攻聯盟，然後聯合對波斯宣戰，報復薛西斯（Xerxes）破壞希臘神殿的瀆神行爲，一致選舉菲利爲「盟主」，統帥聯盟的海陸軍事力量[38]，菲利的頭銜是「擁有廣泛權力的戰略家」。

宣戰後菲利取得批准，在底比斯、查爾西迪斯、安菲布雷西亞和科林斯駐軍，並向希臘城邦徵兵。西元前三三六年春帕邁尼歐（Parmenio）和阿塔路斯（Attalus）率領至少一萬名先發部隊在艦隊的護衛下，穿過亥萊斯邦特，主力部隊將由菲利率領於秋季開拔[39]。此時，波斯小亞細亞總督曼托死去，他的兄弟邁姆儂（Memnon）只繼承他的軍事力量，西元前三三六年六月，蘇薩宮廷衛隊長巴高亞斯（Bagoas）毒死了國王阿塔色西斯，之後扶植了他的兒子阿塞斯（Arses），西元前三三六年，阿塞斯又被巴高亞斯毒死。於是巴高亞斯立旁系繼承人大流士三世即位，大流士三世採取的第一個命令就是逼巴高亞斯服毒自殺，波斯陷入一片混亂之中。

遠征軍沒遇到什麼抵抗，受到西齊庫斯（Cyzicus）和其他希臘城邦的歡迎，愛奧尼亞人再次發動叛亂，反抗波斯，埃費西昂人（Ephesians）在阿蒂密斯（Artemis）神廟豎起菲利的塑像，卡瑞亞總都庇克索達魯（Pixodarus）將女兒嫁給菲利的兒子阿瑞達埃尤斯（Arrhidaeus）[40]。

馬其頓君主多妻制是傳統習慣，菲利的父親阿明達斯結過兩次婚，至少有六個兒子，因此王室內有繼承人，菲利有六個妻子，但只有二個兒子，長子是奧琳庇婭絲的兒子亞歷山大，另一個兒子阿瑞達埃尤斯是菲莉娜所生，有癲癎的毛病[41]。有希臘王室血統的奧琳庇婭絲是王后，亞歷山大被指定爲繼承人，如果菲利和亞歷山大在即將開始的亞洲戰役中戰死，無論是阿瑞達埃尤斯還是菲利任攝政時的國王伯迪卡斯之子小阿明達斯都沒有能力繼承王位。

西元前三三七年，菲利可能爲了再有一個兒子，於是與馬其頓貴族阿塔路斯的姪女克莉奧帕特拉成婚，但婚姻使他疏遠了奧琳庇婭絲和亞歷山大。隨後，亞歷山大也離開了宮廷，西元前三三六年，亞歷山大被菲利召回，爲了表示和解，奧琳庇婭絲的女兒克莉奧派特拉嫁給摩羅西亞的亞歷山大，當時菲利沒有皇家衛隊護衛，當他步入阿埃加艾劇場時，被不存任何政治動機，但心懷個人怨恨的年輕貴族保薩尼阿斯（Pausanias）刺殺身亡[42]；菲利去世時年四十六歲，他的遺體安葬在馬其頓王家墓園中。旋既，他的兒子亞歷山大被人民擁戴爲「馬其頓國王」。

菲利的軍事及外交成就奠定了馬其頓強大的國家基礎，馬其頓從弱小的城邦走向歐洲歷史上從未有過的強大帝國，埃索克拉底認爲，與這種成就相比，征服波斯的困難要小得多。歷史學家底歐波姆普斯（Theopompus）活到了征服波斯的那一天，他寫道：歐洲從未出現過像阿明達斯之子菲利這樣的人。如果菲利繼續執行他的策略，那麼整個歐洲都將屬於他。批評他併吞希臘的人並不否認他在巴爾幹半島的成功，他在該地築起堡壘工事，抵抗歐洲北部的諾馬迪克（Nomadic）民族（遊牧民族），該工事據守了達幾個世紀之久，他創造了偉大的馬其頓帝國，他沒有更改馬其頓的制度，也沒有耗盡馬其頓的人力，他透過加強與擴展這兩個因素，在南起亞德里亞海，北至黑海，東起多瑙河，西至拉科尼亞，建立起他的強權統治[43]。雖然馬其頓帝國快速的擴張，但仍有足夠的國力支持亞歷山大在亞洲的戰爭，並保持在巴爾幹半島的中央集權地位。

馬其頓的軍隊絕對的對國王效忠，菲利在早年執政時期，他隨意使用僱傭軍，但後來只用於特殊的分隊。「夥伴」組成的幕僚參謀和重裝騎兵，在效率和勇氣方面無出其右。從國家各單位行政區徵集的中隊，在效忠故土方面互相比試，戰士個人因卓越的戰績受到嘉獎，被提升到幕僚或皇家衛隊的特權地位[44]。「基層夥伴」組成方隊的重裝步兵，組織形式相似；國王自己的近衛軍，持盾人，組成精英集團，輕騎兵的輔助分隊，與騎兵混合作戰的步兵、輕盾步兵、投矛手、投石手、機械師、工程兵、糧草兵和偵查兵都是進行巴爾幹半島山地戰及攻打城防堅固的城市的戰鬥的行家。

據說菲利私下認爲自己的外交成就大於軍事成就，他和其同時代的人一樣使用欺騙和行賄手段，但比他們更爲得心應手。戰爭中，他既像底比斯或雅典對付奧喬邁努斯或塞斯士斯一樣殘忍地處死奧諾瑪處斯的僱傭軍，毀滅奧林土斯，又向福西斯和安菲薩及雅典顯示更爲人道、慷慨的一面[45]，他的策略是恩威並施，二面手法。他的政治家的造詣不僅表現在他治理自己的帝國方面，還表現在他處理與近鄰希臘和野蠻人的關係上。

當馬其頓的菲利吞併了里乞尼杜斯湖（Lychnidus）及奈斯士斯河之間的土地後，他讓諸侯統治伊利里亞和色雷斯並建立殖民地，增強他們的實力。他在埃皮魯斯鞏固模羅西亞王國，並擴張他的版圖，但國家之間的聯繫只是透過通婚，用以維持雙邊的關係；而具有馬其頓相同文明的色薩利，更選舉他爲聯盟的領袖，但色薩利又不同於馬其頓，他加入了希臘同盟，因此兩國之間平等的政治聯繫也是重點之一[46]。

菲利是一人擔任多種職務：馬其頓國王、巴爾幹半島諸侯之上的國王、色薩利聯盟的領袖、安菲克提歐尼克議會的主席及戰時希臘聯盟的盟主[47]。因此菲利的人品和野心具有重大的歷史意義。菲利的是非功過，不同立場的人，評論自不相同，當代人物，德摩斯提尼、埃斯奇尼斯、底歐波姆普斯和埃索克拉底對此各有解釋，但每個人都用希臘人評判希臘人那樣評判他。

馬其頓君主與邁錫尼（Mycenaeas）國王有許多共同處，他們都是「宙斯的子孫」。菲利自稱是宙斯之子海克力斯的後代，他在早期鑄造的貨幣上刻上海克力斯的頭像，將他最先創立的城市命名爲海拉克利。他崇拜狄尤姆（Dium）的宙斯，向奧林匹克的宙斯進貢，保衛德爾菲的阿波羅神殿，在貨幣鑄上阿波羅和宙斯的頭像[48]。埃索克拉底請求菲利作爲海克力斯的子孫將整個希臘作爲他的故國。是故，泛希臘主義確實對菲利產生很大的影響。

西元前四世紀的希臘西部狀況

西元前四〇〇—三四八年，義大利地區發生了巨變，後來影響了西部的希臘城市。歐洲中部的部落民族衝擊希臘西南部，他可能造成伊利里亞、帕埃歐尼亞、色雷斯、蓋塔埃、西錫安人向巴爾幹半島定居，且致使高盧人越過阿爾卑斯山，在西元前四世紀到達波河以北地區【49】。高盧人占領了伊特魯立亞（Etruria）及威奈提（Veneti）之間的領土，並向義大利中部進軍，最後將伊特拉斯坎人（Etruscan）趕回亞平寧山脈（Apennines）的小山丘及翁布利亞（Umbria）的亞德里亞海岸。此時，羅馬抓住了伊特拉斯坎人的窘境並奪取威伊城（西元前三九六年），又在西元前三九一年占領伊特魯立亞的南端，羅馬進攻威伊之

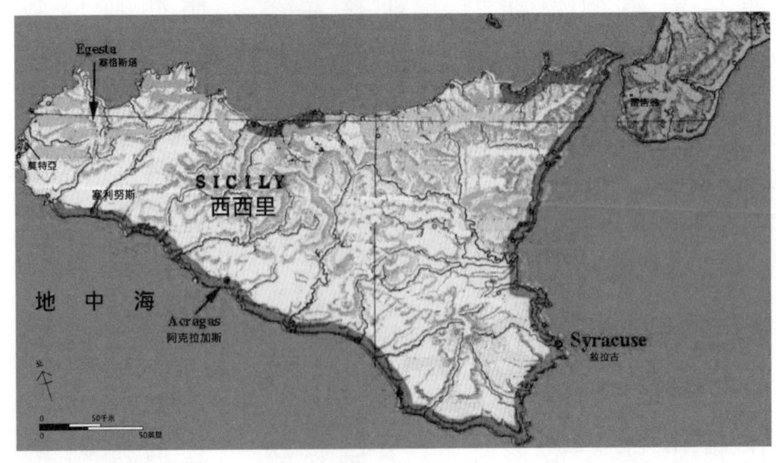

圖 17-1　西西里島

前，派使者前往希臘德爾菲占卜，然後向德爾菲供奉一隻金碗，放置在與他關係友好的馬西利亞（馬賽）（Massilia）的金庫之中。

當義大利半島戰事頻仍的時期開始，羅馬捷報頻傳，西元前三五八年，他大敗高盧人，強迫阿埃濟（Aegui）和赫尼西（Hernici）與他結盟，將沃爾西（Volsci）逐出沿海平原。西元前三五四年又強迫一些拒不從命的國家加入拉丁同盟，並與薩謨奈（Samnites）結盟，西元前三五一年，他兼併南伊特魯立亞，並透過與塔濟尼伊（Targuini）和法賴瑞伊（Falerii）簽訂和平條約並加以確認[50]。羅馬的征伐引起迦太基的注意，西元前三四八年，羅馬與迦太基簽訂友好條約，規定在雙方控制的海域進行貿易活動，迦太基人不得進入羅馬及其盟國領土，只允許在羅馬進行貿易活動，羅馬及其盟國不得進入迦太基所屬的西西里地區進行貿易活動。

同一時期迦太基在西西里建立殖民地，他在當地的貿易競爭對手是希臘在馬西利亞（馬賽）建立的殖民地。西元前三四八年，迦太基與羅馬簽約時的主要目標是征服希臘西西里，控制麥西納（Messana）海峽，爲達到這一目標占領敘拉古至關重要[51]。因此，當敘拉古的希塞塔斯（Hicetas）邀請迦太基幫助他從奧提吉亞（Ortygia）驅逐狄奧尼修斯時，迦太基人便處心積慮要占領敘拉古。

敘拉古在與迦太基的長期鬥爭中，雙方互有勝負，西元前四世紀初，敘拉古一度控制了西西里島的大部分地區和義大利南部的許多地方。西元前三六七年，狄奧尼修斯（西元前三六七年至三五四年）的長子繼任僭主，史稱小狄奧尼修斯（西元前三五四年至三四三年），曾經一度被放逐。西元前三四三年，母邦科林斯梯摩賴翁將軍（Timoleon）渡海占領敘拉古，結束了狄奧尼修斯父子的僭主政治[52]。

西元前三四三年春，迦太基控制了西西里周圍海域之後，派遣馬高（Mago）率領大軍和一百五十艘戰艦去攻打敘拉古，他從海陸封鎖奧提吉亞，在南義大利駐紮中隊以攔截任何來自希臘的援助，梯摩賴翁成功地在暴風雨中以小漁船向奧提吉亞運送補給，而馬高和希塞塔斯則出發去進攻他在卡塔納的基地[53]。但他們動身後，奈翁出擊，奪取阿乞拉迪納（Achradia），奈翁和梯摩賴翁浴血奮戰，堅守鎮地，直至科林斯派出的十艘戰艦和二千名重裝步兵，躲過南義大利的迦太基軍隊，卡塔納的加入使梯摩賴翁實力大增，他得以奪取對迦太基親善的邁西納（Messana），這時馬高與希塞塔斯發生爭執，當馬高聽說希塞塔斯的希臘僱傭軍與奈翁的僱傭軍在停火時互相交談，更是火上加油，最後梯摩賴翁控制了全面的局勢。

梯摩賴翁在敘拉古過了近兩年的太平日子，沒有受到迦太基的進犯，這期間他沒有肅清西塞里歐特（Siceliote）城市中的僭主，但召回了流亡者，並吸引一些定居者，且改革政體，以鞏固敘拉古，他與希塞塔斯達成協議，在迦太基再度進攻之前，從希塞塔斯處借用僱傭軍[54]。另一方面，迦太基派出了包括由迦太基最優秀的「神聖軍團」在內的約七萬名士兵，一支戰車分隊和駐守里利巴埃尤姆（Lilybaeum）的龐大艦隊，很清楚這次遠征的目的在於吞併西西里的希臘部分。

此時，梯摩賴翁率領一萬二千名僱傭軍，向西進入西西里島南岸的塞利農特（Selinus），並獲得了決定性的勝利；這場勝利使敘拉古從迦太基多年的威脅之下解脫出來[55]。

當梯摩賴翁擊敗迦太基後，希塞塔斯、瑪摩庫斯以及其他僭主組成的聯盟，也取得了首次補充大量希臘僱傭軍的迦太基的幫助，對抗梯摩賴翁；西元前三三九年，梯摩賴翁與迦太基議和，他接受海利庫斯河（Halicus）作爲國界，迦太基撤回派往僭主的援兵，雙方都使用僱傭軍的戰爭一直持續到西元前三三七年。旋既，梯摩賴翁鎮壓了最後一名僭主，驅逐了阿埃特納（Aetna）的卡姆巴瑞亞僱傭軍，戰事才告終結[56]。爲標誌西西里戰爭的結束，希塞塔斯、瑪沬庫斯及其他落入梯摩賴翁手中的僭主亦被公開處死。

西元前三四二年至西元前三三六年，梯摩賴翁從希臘、義大利和西西里遷來移民，補充城市人口，敘拉古至少接納了四萬人，阿吉瑞尤姆（Agririum）爲一萬名，並互相授予公民稱號。此外，蓋拉、阿克拉加斯和其他城市從廢墟中崛起，加上家屬約幾十萬人的西塞里歐特居民，他證明了希臘人口的流動性對希臘城邦的價值[57]。

梯摩賴翁完成解放的使命後，從公眾生活中退隱，後來他又雙目失明，幾年後便在敘拉古去世，當地市民將他的骨灰安放在阿高拉（Agora），並舉辦運動競賽來紀念他。而埃帕米儂達斯對敘拉古的影響也很深，他是支持城邦民主傳統的眞誠的理想主義者，他是僱傭軍的卓越統帥，使用欺騙和暴力手段以獲取比他的對手更爲高尚的目的，他擊敗西西里希臘城邦的僭主和迦太基，使西西里免除了政黨鬥爭的自我毀滅或是被外強吞併的命運，他建立的政體和同盟存在保衛西西里日後的和平，但他們只有改變西塞利歐人的精神及西塞利歐城市的社會條件後才能夠奏效，因爲鄰近的列強並不指望西塞利歐的合作，而是企圖將他兼併[58]。

在南義大利塔拉斯受到路卡尼亞人（Lucanian）和麥薩庇亞人（Messapians）的侵擾，因而逼迫塔拉斯（Taras）向母國斯巴達求援，西元前三四三年，斯巴達派出軍隊和艦隻，由阿蓋西羅斯之子，國王阿基達馬斯指揮。一度十分強盛的塔拉斯，由於公民的奢侈與懶惰而國力衰微，最後他僅能依賴僱傭軍對抗義大利部落。

西元前三三八年阿基達馬斯在沙厄羅埃亞戰役中陣亡，塔榮提奈斯（Tarentines）拒絕爲他安葬，可能是他收了德爾菲福西斯的賄賂[59]。但斯巴達則在奧林匹克爲他建立雕像。西元前三三四年，塔拉斯向摩羅西亞的亞歷山大求援，摩羅西亞國王在菲利的幫助下擴大了摩羅西亞領導，獲得盟國支持，戰時由他擔任統帥，「摩羅西亞人」一如「馬其頓人」，可能祖先都是希臘人，他們的王室自稱是阿基里斯（Achilles）之子奈歐普托賴穆斯（Neoptolemus）的後代。摩羅西亞的領土擴張到安布雷西亞灣，當地卡索庇亞（Cassopia）的小城歸屬亞歷山大統治。摩羅西亞的埃皮魯斯則提供精良軍隊。實際上，摩羅西亞人口又比任何城邦都要多[60]。此時他在希臘大陸上沒有擴張的機會，但征服南義大利則可做爲其殖民地，還可阻擋進入亞德里亞海的蠻族入侵。

羅馬與迦太基訂約後，面臨拉丁國家的叛亂，西元前三四〇年，羅馬擊敗最後一批叛亂者後，他採用新政策，很快成爲義大利中部最強大的國家。以前他領導拉丁同盟是軍事性的，很像斯巴達一度領導的伯羅奔尼撒各邦的方式，但是如今他解散拉丁同盟，與各個國家單獨結盟，通常使用寬大的條約，他授予一些城邦完全的羅馬公民權，因此擴大了人口，同時它加強對拉提尤姆和卡姆巴尼亞的控制，並建立若干軍事基地，當亞歷山大逼近卡姆巴尼亞時，羅馬顯示了他的國勢，他與亞歷山大簽訂友好協議，根據協議，亞歷山大不得進犯卡姆巴尼亞，羅馬則不派艦隻進入塔拉斯海灣[61]。

亞歷山大以閃電戰擊敗路卡尼亞和薩姆尼戴斯，並扣留公民作人質，將他們送往埃皮魯斯，他的勢力擴展到義大利南部，可能還與敘拉古結盟，他的軍隊已證明比義大利一些最強悍的部落還要善戰[62]。

義大利和西西里的希臘城邦道德逐漸腐化，戰爭和黨派鬥爭削弱了他們的經濟也擾亂了他們的計畫，而西塞爾人（Sicel）及僱傭軍的湧入帶來了民族融合，這種情況並不因爲從故國遷來大批人口而改變。梯摩賴翁、亞歷山大將這些城邦聯合起來後，他們強大的軍事和充足的財政資源使他們可以輕取迦太基和義大利，但他們又一次因爲政治分裂白白放棄了這一優勢[63]。與此同時希臘文明的影響波及到義大利，不僅像西元前幾個世紀那樣影響了伊特魯立亞的藝術，而且使義大利意識到另一種政治和軍事組織的形式。

第十八章

亞歷山大征服波斯

亞歷山大在希臘確立統治地位

西元前四世紀，位於最北部的馬其頓驟然崛起。在這裡，誕生了一個雄心勃勃，妄圖征服世界的軍事天才——亞歷山大。他在短暫一生中，他率領馬其頓軍隊征服了當時所知的地區，也把希臘文明帶到了世界各個角落[1]。

我們對亞歷山大生平的了解源自他死後四五百年之間的四位作家，他們引用的史料已無從考證，但其中三人所用材料源自亞歷山大的部下之手，其中普盧搭克和阿利安史料留存至今[2]。

二十歲時亞歷山大的行政、打獵和戰爭才幹已被馬其頓人民知曉，此外他還擔任王室侍從、國王代表、查埃榮奈亞（Chaeronea）的「夥伴」騎兵統帥以及赴雅典的首席使節代表，也接受儲君的訓練。西元前三四〇年，他與色雷斯人及伊利里亞人作戰；在色雷斯，他建立了第一座以他的名字命名的城市「亞歷山大里亞」（Alexandria），菲利遇刺身亡之後，亞歷山大旋即繼位，支持者團結在他周圍。不久之後，馬其頓選舉國王，刺客被處死，其他三名王位繼承的競爭者，被控參與謀殺，也在國葬後被處死，三人中兩人是馬其頓王室的子弟，一人是伯迪卡斯之子小阿明達斯，而菲利過去曾經當過伯迪卡斯的攝政[3]。而後，亞歷山大之母奧琳庇婭絲，她殺死了克賴歐派特拉爲菲利所生的兩個孩子，逼迫這位母親自盡，但奧琳庇婭絲這麼做並未事先告知亞歷山大，此事引起他的非常不滿。

菲利被謀殺後，亞歷山大向在場的希臘使節講話，請他們記住馬其頓的善意及與希臘同盟的聯盟條約，菲利遇刺的消息使他的反對者心中暗喜，搶先一步得到消息的德摩斯提尼托詞宙斯和雅典娜在他夢中顯靈，預言了某件愉快的事件，消息傳開後，他戴上花冠，而公民大會投票授予刺客桂冠，雅典宣布全國慶祝一天。大家都認爲，覬覦王位者會群起爭位，而內戰將把馬其頓帶入萬劫不復之境。雅典還與在小亞細亞的馬其頓將領阿塔路斯（Attalus）以及若干反馬其頓黨派勢力結合[4]。一支色薩利軍隊封鎖了泰姆普（Tempe）的狹窄山谷，安布雷西亞趕走了馬其頓駐軍，成爲民主國家，底比斯和其他國家宣稱要廢除希臘同盟。

不過對亞歷山大而言，幸運的是，他的對手阿塔路斯和帕米尼奧（parmenio）所率的前鋒部隊都遠在愛奧尼亞，這時亞歷山大快速行動，他說服馬其頓軍隊擁其爲王，並在其勢力範圍內殺掉他所有的潛在對手，亞歷山大意識到，他必須立即證明他作爲一個將軍的卓越才能，他由此率軍南下鎮壓希臘的叛亂，叛軍守衛著進入色薩利的重重關卡，但他在歐薩山（Mt.Ossa）的峭壁上鑿出臺階，領兵翻過山嶺開進色薩利，改變了色薩利人的戰略優勢，色薩利聯盟屈服，選舉他爲終身執政官（Archon）[5]此外，特摩庇拉埃（Thermopylae）的安菲克提歐尼克議會記下其意願，即亞歷山大成爲希臘同盟軍隊的盟主（Hegemon），安菲布雷西亞則接受他的赦免。色薩利的迅速投降讓底比斯人猛然驚覺到，亞歷山大已在底比斯城外紮營。

他在底比斯外紮營時雅典人在城牆後避難，於是他們派出一隊使節前去致歉，然而在使節到達前，底比斯即被攻破。之後，底比斯被徹底摧毀了。由於底比斯人在魯克特拉（Leuctra）之戰以後，曾經毀滅了好幾個希臘城邦，所以一些人對於亞歷山大的暴力行爲，反而認爲是一種公正的報應[6]。隨即亞歷山大接受了雅典的致歉，召開希臘同盟議會，宣布將繼續他父親的政策，議會於是選舉他爲同盟軍隊的盟主，繼續與波斯的戰爭，並確定他提出的規則，雅典及其他國家授予他種種榮譽，並接受希臘同盟所規定的義務派兵[7]。當亞歷山大率軍返回之時，阿塔路斯即派人刺殺他，此時阿塔路斯與德摩斯提尼的密謀早已洩露，是故亞歷山大渡海前往小亞細亞洲之前，即將阿塔路斯家族之中所有的男性，按馬其頓律法的叛國罪名，全都被處死；這時馬其頓已無人再陰謀反對國王。

第一次戰役

西元前三三五年春，亞歷山大指揮軍隊展開第一次戰役，他的目的是在巴爾幹半島重建馬其頓威望，並且著意懲罰在西元前三三九年的大戰中進攻菲利的特瑞巴厘（Triballi）。另外，他將安提派特（Antipater）和帕邁尼歐分別留在馬其頓和亞洲，而他們都曾在菲利麾下作戰過，是地區的將才。馬其頓的軍隊包括有最精銳的重裝步兵、輕裝騎兵、弓箭手騎兵等，其中希帕斯庇人分成三營，每營一千人，營長是「國王的步兵警衛」（Agema），還有一些方陣（Phalanx）營，每營約一千五百人，一營阿格瑞阿尼亞（Agriania）輕裝步兵，一營阿格瑞阿尼亞弓箭手，都約一千人一營，一些散兵，兩中隊的「夥伴」騎兵，各約二百人馬，以及由上馬其頓和隸屬的人民組成的二千名輕裝騎兵。他們快速行軍，穿過菲利波波利斯（Philippopolis），直插海埃穆斯山（Mt. Haemus），那裡他發現一支護衛商品篷車的色雷斯大軍，於是他們在阿埃努斯（Aenus）通向多瑙河口的商路上的卡加尼（Kajan）山間狹路，擋住了他的去路[8]。

旋即馬其頓大軍開進海埃穆斯山和多瑙河之間的特瑞巴厘城邦，迫使特瑞巴厘國王逃到河中的島上，但同時他也派遣軍隊切斷亞歷山大的交通線，亞歷山大順原路折返，發現敵軍守衛著狹谷口的堅固陣地，他派出弓箭手和投石手侵擾特瑞巴厘，敵軍出擊報復時，弓箭手和投石手撤退，誘敵進入開闊的平原地帶，此時馬其頓騎兵向敵軍兩翼發起進攻，正面則有方陣支持騎兵進攻[9]；而馬其頓重裝騎兵，都受過直立用蹄進攻的訓練，這也使得一些部落居民驚恐萬分，最後有三千名特瑞巴厘人戰死，倖存者逃亡到其他城邦。

亞歷山大的勝利在多瑙河下游一帶確立了他的威望，中立的部落向他俯首稱臣，在維奈提（Veneti）和多瑙河中游的塞爾特人派來使者與馬其頓建立友好同盟。在與此同時，亞歷山大在河岸上祭祀宙斯和海克力斯及河神「愛斯特」（Ister），然後繼續西進[10]。實際上，菲利和亞歷山大對色雷斯人、西斯人（Scyths）、蓋塔埃人和特瑞巴厘的戰役，一如馬略（Marius）和凱撒（Caesar）的征服戰役，他們都打擊了中歐民族，並保存了文明發展。

在亞歷山大穿過希普卡（Shipka）的山間小路，通向阿格瑞阿尼亞和帕埃歐尼亞（Paeonia）的行軍途中，他得知巴迪利斯（Bardylis）之子，克賴伊士斯（Cleitus）國王統治的伊利里亞人暴動，而更西邊的托蘭提伊（Taulantii）和北部的奧塔瑞阿塔埃（Autariatae）也計畫參加暴亂，於是亞歷山大派出阿格瑞阿尼亞國王前往進犯奧塔瑞阿塔埃領土，西元前三五三年，亞歷山大襲擊了派利尤姆（Pelium）的克賴伊士斯，這是座被森林和群山環抱的城市，工事堅固[11]。此時山中大雪仍然深積，亞歷山大追逐敵對部落進入內陸並跨過多瑙河。

在亞歷山大離開馬其頓期間，沒有音信，因此謠言傳說他在戰鬥中被殺，這鼓舞了希臘國家中的反對派的起義。於是德摩斯提尼從波斯大流士（Darius）那裡取得三百塔倫特，並以這筆錢幫助一些滯留雅典的底比斯流亡者，讓他們攜帶黃金購買武器回到底比斯，這些流亡者出其不意地捉住並殺死兩名馬其頓軍官，然後通知底比斯公民大會，說亞歷山大死了，於是底比斯人包圍卡德邁亞[12]。這時雅典公民投票決定派兵前往支援底比斯，並爲艦隊配置了水手，還派使者去尋求與波斯結盟，而底比斯可能也派了使節，同時底比斯人建好了柵欄，並封鎖卡德邁亞的駐軍，並在城牆外設置工事。

此時，亞歷山大結束北方行軍後，並率軍直返底比斯，一部分馬其頓步兵設法衝破了這些工事，此時亞歷山大也將阿格瑞阿尼亞人和弓箭手投入對底比斯的戰爭，底比斯也投入更多的部隊，抗戰就在亞歷山大率領大軍全力進攻底比斯的時候[13]，底比斯軍隊開始逃跑，馬其頓士兵也緊跟敵人進入城內，開始激烈的巷戰，令人驚訝的是支持亞歷山大的希臘人屠殺他們的宿敵底比斯人比馬其頓人還要怵目驚心。

西元前三三六年，亞歷山大在希臘同盟運動的影響下赦免了底比斯、安布雷西亞和其他國家，西元前三三五年，他仍可以徹底毀滅這些城邦，但他此時只想殺一儆百，但底比斯的不從使他遭到被屠殺的命運。換言之，軍事主義者可以解釋底比斯三度背叛馬其頓後，理所當然應受西元前四世紀的習慣懲罰，而且如果保留底比斯，那麼馬其頓軍隊身處亞洲時，希臘城邦起事可能會威脅馬其頓的安全[14]。但這番爭論並沒有說服力，因爲斯巴達對待門丁尼亞、菲利對待福西斯的例子，說明可以用輕一些的手段削弱一個國家。而馬其頓在一天之內攻破斯巴達多年未能攻取的城市，並殺死底比斯六千名男人，將另外三萬名底比斯人賣爲奴隸。勸說無效後就轉用暴力，這就是亞歷山大的政策，此時，他已充分向希臘各城邦顯示了他的武力。

西元前三三五年後，希臘各邦並不把希臘同盟視爲希臘各邦與馬其頓聯合的政治組織，而是視之爲亞歷山大的統治工具，而亞歷山大控制著俯首稱臣的國家，他們並不是出於忠心，而是出於對馬其頓的恐懼，因此對波斯的遠征不再是眞正意義上的聯盟行動，也不再能維護希臘國家的榮譽，因爲馬其頓發動戰爭時，讓後方國家更心存不滿。因此希臘史上，毀滅底比斯將被證明是比摧毀波斯波里斯（Persepolis）更重要的事件[15]。這次事件日後使亞歷山大抱憾，但希臘人對此漠不關心；希臘諸邦投票支持摧毀底比斯，顯示希臘人缺乏原則和人道，從西元前四世紀開始這就是他們的政治特徵。

另一方面，此時雅典抵抗的精神崩潰，戴瑪戴斯（Demades）爲首的使團帶給亞歷山大一封信（據說亞歷山大惱怒地將信扔了），祝賀他擊敗底比斯，旋即，亞歷山大要求雅典交出支持底比斯的人，包括德摩斯提尼和李克固斯。雅典公民大會決定派出佛西翁（Phocion）爲首的第二支使節團，建議亞歷山大轉而對付波斯，而不是希臘，說服他放逐查瑞戴穆斯（Charidemus）將軍（他後來爲波斯效力）[16]。但阿卡迪亞聯盟則處死了建議派兵前往底比斯的人，並且按照希臘同盟的條件，接受流亡者回國。

西元前三三五年冬季，亞歷山大留在馬其頓時，希臘同盟的成員國爲入侵波斯派出部隊，雅典否決了德摩斯提尼的反對意見，雅典對除效忠於他的色薩利以外國家的要求並不高，他從其他國家徵集七千名重裝步兵，計畫擔任責任稍輕的任務，另有一些騎兵和一百六十艘三層槳戰艦的海軍力量，而他們的出現，則增加了亞歷山大聲明的可信度，即馬其頓和希臘要進入一場聖戰，以報復薛西斯（Xerxes）犯下的褻瀆他們共同崇拜的神祇的罪行[17]。

小亞細亞的戰役

西元前三三七年，終於爆發了波斯與馬其頓的戰爭，波斯總督未能攻破馬其頓（Parmenio）對小亞細亞的控制，而達瑞尤斯也沒有武裝腓尼基（Phoenician）的艦隊去支援愛奧尼亞總督，以及鼓勵雅典參與底比斯的暴動。達瑞尤斯的短視讓亞歷山大有了主動出擊機會，波斯的部隊是騎兵，訓練精良驃悍，馬匹強壯，但裝備並不合適，即使是最精銳的騎兵，身披鎖子甲，使用短劍，在近距離作戰中卻依賴短彎刀，普通波斯部隊頭裹頭巾，身穿夾層短袖束腰外衣和褲子[18]。而馬其頓人頭戴頭盔，身披護胸甲，波斯部隊以短劍和彎刀對抗馬其頓重裝部隊的劍和柙木長矛以及長矛兵的長矛。因此，在武器裝備上波斯就已經略遜一著。

在小亞細亞開戰的軍隊，其大致數量如下：馬其頓重裝騎兵包括一千八百名「夥伴」和一千八百名色薩利人，前者由帕邁尼歐之子菲羅達斯（Philotas）指揮，包括克賴伊士斯手下的皇家中隊，共三百人以及七個中隊，每個中隊一百五十至二百人，另有來自上馬其頓、帕埃歐尼亞和色雷斯的長矛隊與輕裝騎兵，約一千四百人，還有五百名希臘同盟和希臘僱傭騎兵，騎兵總數略超過五千人，重裝騎兵爲二萬四千人，半數馬其頓人，半數爲希臘人，軍隊各按傳統慣例裝備[19]。

此外亞歷山大的部將尼加諾（Nicanor）指揮三營希帕斯普人，每營一千人，又指揮六個地方營，各一千五百人。希臘同盟的重裝步兵可能有七千人，希臘僱傭重裝步兵五千人，附屬分隊共約八千人，包括阿格瑞阿亞標槍手、弓箭手、輕盾步兵、投石手、偵察兵、工兵和攻城兵，這些兵源主要從馬其頓的巴爾幹半島隸屬國徵調，但也包括希臘僱傭兵[20]。戰時卡迪亞的厄邁奈斯（Eumenes）的秘書處保管每日記錄（ephemerides），並處理日常行政和情報工作，希臘醫生指導醫療事務，糧秣員需供應大約四萬名人員和六千匹戰馬的供給和攻城牽引車的運輸。

此外，亞歷山大在海上擁有一支小型馬其頓艦隊，大概駐紮在馬其頓海岸和亥萊斯邦特地區，主要的艦隊由希臘同盟提供，包括一百六十艘三層槳戰艦，其中二十艘是雅典的，艦隊還包括補給船和運輸船[21]。

在波斯方面，他可從塞普勒斯、佛埃尼西亞、埃及和其他沿海國家徵集三倍大的艦隊，但在西元前三三四年春，波斯在愛琴海中沒有大型艦隊，故在海軍上稍遜一些。但波斯金錢富足，可以支撐整個戰爭的經費。亞歷山大雖然手頭現金不多，但他控制下的礦場產量很高，他的貨幣成色最足，他放棄查爾西迪斯度量衡，使用阿提卡的銀幣標準，他一如菲利鑄造金弊，將他的經濟與愛琴海世界聯繫起來，新鑄的「亞歷山大」金幣，正面爲雅典娜頭像，反面是勝利女神與海軍桅桿，銀幣正面是海克力斯，反面是奧林匹克的宙斯，強調馬其頓和希臘對抗波斯，以及勝利的預言，希臘同盟也有聯邦金庫以應付海軍開支[22]。

馬其頓的遠征軍從培拉出發，到達塞斯土斯用了二十天，而薛西斯走這段路卻用了三個多月時間，帕邁尼歐組織從亥萊斯邦特渡海時，亞歷山大正在普羅戴西羅斯的阿基里斯陵墓祭祀希臘聯軍遠征中倒下的英雄，登船後又祭祀奈熱伊德（Nereids）和海神波賽頓（Poseidon），祂們的發怒曾使阿卡曼儂的軍隊損失慘重，登上小細亞土地後，他祭祀宙斯、雅典娜和海克力斯[23]。同時祭奠阿基里斯之子涅俄普托勒摩斯（Neoptolemus），他殺死了特洛伊國王普瑞姆（Priam），用以安撫特洛伊女神維納斯和普瑞姆國王。亞歷山大和朋友赫費斯提翁（Hephaestion）在阿奚里斯和派特羅克路斯（Patroclus）的墳墓上放置花環，他將其盔甲供奉在雅典娜神廟，並從神廟取走盾牌，這是特洛伊戰爭留下的聖物，此後亞歷山大的幕僚拿著它參加戰爭，亞歷山大以此標明了這是個人和國家的一場聖戰，對他而言，聖戰更帶有一些宗教的狂熱[24]。

亞歷山大明白波斯騎兵可能會在開闊地帶展開進攻，因此行軍時，隊伍就已作好戰鬥準備，他的部隊的前鋒之後是長矛隊和五百名輕裝步兵，然後是方陣，縱深爲普通深度的二倍，重裝騎兵中隊列在兩翼，緊隨其後的是給養牽引車[25]；而波斯卻在戈蘭尼庫斯（Granicus）河的對岸建起防禦工事，地勢陡峭，河邊有一條狹窄的岸坡，騎兵把守河岸最高處，約二萬名步兵排成陣列，位於他們身後的平地上。

號角吹響後，蘇格拉底中隊率先衝進河中，然後是帕埃歐尼亞騎兵、長矛隊及相連的希帕斯普營，他們採用密集隊形開始過河，保持向右的傾斜移動，否則即將入水的右翼其餘分隊會在最右端被包圍，當蘇格拉底中隊和他左邊的騎兵接近對岸時，波斯騎兵從對岸山頂投擲標槍，邁姆儂指揮一些騎兵衝下到達岸灘上，許多先頭騎兵在奮力搶占岸灘時戰死或受傷，但亞歷山大和「夥伴」騎兵已經到達並強行登陸[26]。

戰鬥雙方距離很近，馬其頓騎兵用密集隊形向前衝，他們的粗長矛與防護盔甲發生效力，亞歷山大向前衝殺，把達瑞尤斯的女婿米什拉達特（Mithridates）掀落馬下，但自己也差點被砍死，他厚實的頭盔及克賴伊土斯趕來救了他[27]。戰爭之後，亞歷山大探視傷兵，聆聽他們的戰績，他放走了部分底比斯戰俘，但以背叛希臘同盟的罪名判處其他人苦役，他向雅典女神雅典娜獻上三百套全副甲胄，並附言「菲利之子亞歷山大和斯巴達除外的希臘人從亞洲野蠻人手中奪得甲胄」[28]。這次勝利打開了進入小亞細亞的通道，亞歷山大揮師穿過海岸地區，派遣部隊前去占領薩迪斯和其他投靠他的城市，把埃弗索斯的親波斯獨裁者換成民主人士，他下令禁止屠殺反對派。

不久之後，他抵達了波斯大道終點站蘇薩（Susa），但他迫在眉睫的要務是對付逼近米利都的波斯海軍。旋即亞歷山大到達米利都，他的艦隊封鎖了港口入口，他發動猛攻奪取了該城市，當時波斯艦隊停泊在密卡萊灣（Cape Micale）外的海面，而亞歷山大卻解散了大部分希臘艦隊，宣布他要奪取波斯艦隊陸上基地，並在岸上打敗波斯海軍；但由於亞歷山大無力派兵守衛島嶼，於是波斯艦隊占領了薩摩斯，然後是希俄斯。值此之際，亞歷山大用他仍然擁有的船隻，包括二十艘雅典三層槳戰艦，運送他的攻城牽引車，前往海利卡納蘇斯（Halicarnassus）[29]。此處已由邁姆儂和波斯艦隊先到一步，到了西元前三三四年，亞歷山大終於從波斯人手中奪得此地。

西元前三三六年帕邁尼歐和阿格路斯的軍隊曾以馬其頓和希臘同盟的名義侵入小亞細亞，從波斯的統治下解放希臘城市，他們已驅逐了波斯統治的代理人，即是來自希俄斯、萊斯博斯和埃弗索斯的僭主或獨裁份子[30]。

西元前三三四年，亞歷山大再度占領埃弗索斯時，驅逐獨裁者，下令阿爾西瑪處斯（Alcimachus）在阿埃歐利亞和愛奧尼亞的城市裡，廢黜獨裁派，扶植民主派，恢復他們的法律，免除過去交給波斯的貢品（phoros），他在普瑞埃奈（Priene）建起一座雅典娜神廟，一封來自「亞歷山大」的信件強調了給予普瑞埃奈人民的「自主和主權」，島嶼和大陸上解放了的國家可發行貨幣，並像主權國家一般簽約，不過他們的自由有一定限度，因爲亞歷山大不允許埃弗索斯和其他地區的民主派屠殺他們的反對者；西元前三三二年，萊斯博斯、埃熱蘇斯（Eresus）的民主派，他們對一些僭主的判決也得經過亞歷山大的認可，亞歷山大的目的是要這些城邦服從與合作（homonoia）[31]。但他也沒有到處扶植民主派，因而羅德島的獨裁者就保留了權力，可能因爲該城並不是積極的親波斯派。

此時，愛琴海的島國亦成爲了希臘同盟的成員國，與「亞歷山大和」訂立盟約，因此他們也有責任爲戰爭作出貢獻，西元前三三二年，希俄斯就向「希臘艦隊」派出二十艘戰船，並把叛徒送交給希臘同盟審判。沒有足夠證據確定亞洲大陸上的希臘國家是否加入了希臘同盟，可能他們沒有入盟，否則高效率的同盟議會會變得困難，他們的數目也會使議會變得難以控制，因而他們的問題也與同盟沒有司法權的相鄰地區連在一起，有些城市和村落還是希臘和野蠻人的混合血統[32]。因此。小亞細亞也已成民族混合的地區。

此外，亞洲大陸上的希臘國家不管怎樣，都得爲戰爭捐獻，除非亞歷山大免去某座城市的義務，如普瑞埃奈，如有城市行動失當，他便採用嚴厲政策，如埃弗索斯便受命將送給國王的供品捐給阿特米斯神廟，而阿斯潘杜斯（Aspendus）不僅要付賠償，還得像非希臘國家那樣向馬其頓「納貢」（phoros）[33]。亞歷山大在波斯本土則繼承波斯的行政制度，但做了微小重要的改變，國王的土地變成馬其頓國王亞歷山大的土地。他聲明對土地的擁有權是以他自己和他的國家馬其頓的名義，不是以希臘同盟的名義，當地人將過去應繳納給大流士的供品（phoros）交給他，並成爲亞歷山大和總督的屬民，卡瑞亞的太后阿達（Ada）收亞歷山大爲養子，他封她爲總督[34]。

在其他地方，他從「夥伴」階層的馬其頓人挑選官員，但至少一次他將原先按照波斯體制集中在一人手中的權力分割開來，呂底亞首府薩迪斯的統治者掌管市政，還指揮一支小型部隊，一名官員負責所有財政事務，另有一名官員統領要塞中的駐軍。此外，他奪取了波斯的財寶，在拉姆普薩庫斯（Lampsacus）和薩迪斯建起的金庫，以及後來又在塔蘇斯（Tarsus）和密賴士斯建起的金庫，都由他自己的財政官員掌管[35]。

在處理希臘城市與當地人民關係時，亞歷山大沒有詢問亞里斯多德是否把野蠻人當作奴隸或牛羊對待，他沒有讓希臘城邦擴張領土，除非他們受之無愧，他也沒有把更多的外族變成希臘統治的附庸，他是兩派之間公平的仲裁者。例如，他仲裁法塞利斯（Phaselis）和阿斯潘杜斯的爭執，他鼓勵科羅豐（Colophon）修築城牆，在埃瑞特拉埃（Erythrae）計畫開鑿一條運河，他命令重修士麥那（Smyrna）的公路並派出色雷斯軍隊去修建一條大道，他建設小亞細亞是爲了希臘和野蠻人的雙方利益[36]。

在征戰中，有一天亞歷山大在高迪尤姆（Gordium）見到弗瑞吉亞（Phrygian）國王高迪尤斯（Gordius）的戰車，人們告訴他一個預言，說任何解開軛上栓在桿上的結的人將統治亞洲，亞歷山大匆匆用劍砍斷繩索，因此難倒當地人的「結」，亞歷山大卻成功了，但當時實現預言成功的成功性仍很渺茫[37]。這時大流士授權優越的將領邁姆儂守衛海岸地區，他麾下的波斯艦隊占領了希俄斯，並封鎖了米利都，不久之後邁姆儂因病去世，大流士顧問之間產生了分歧。接替他的將領法納巴祖斯奪取米利都和泰奈道斯（Tenedos），並派出艦隻最遠到達西克拉戴斯（Cyclades）的西夫諾斯（Siphnos），他運用波斯的金錢和希臘僱傭軍以及希臘城市中的奸細，從中慫恿希臘暴動，但他背棄米利都，又扶植僭主，他的政策與亞歷山大的相比遜色很多，以致於愛琴海地區極少有人支持他，而大流士又很不聰明地重新召集在愛琴海的希臘僱傭軍去亞洲服役。此時，大流士似乎已放棄了愛琴海。

征服敘利亞和埃及

亞歷山大繼續進軍，期間他在一座冰湖中以避暑熱，結果受寒而渾身抽搐，他的朋友菲利前來相救，病癒後，他攻陷部分西利西亞（Cilicia），並在索利（Soli）舉行競技會。此外，他還制止了瑪路斯（Mallus）的內戰，將該城當作希臘城市一樣對待，免除他們的貢品，他在當地得知大流士的軍隊位於敘利亞北部（靠近阿萊波〔Aleppo〕），他繞過愛蘇斯灣（Gulf of Issus）。因此，亞歷山大進軍敘利亞北部，他很無奈的留下傷兵，然後率部前往密里安德魯斯（Myriandrus）（愛斯坎德爾安〔Iskanderus〕）[38]。但此時一場暴風雨卻阻止他向南跨越安提阿（Antioch）附近的小路，這條路是通往敘利亞的捷徑。接著他驚訝地得知大流士放棄了具有優勢的敘利亞寬廣平原，且沿內陸小道下山抵達海灣岬部，因此大流士便處在亞歷山大來自西利西亞的道路上。

在波斯軍隊布署方面，大流士將騎兵和輕裝步兵派到陣前組成屏障，以掩護大約三萬名希臘重裝步兵組成的中腹，而希臘人兩側的波斯輕盾步兵排列在河床北岸，並用柵欄加強河岸，大流士位居中間，騎兵分隊位於兩翼，左側稍次的波斯步兵列成一線，前線繞過山丘，如果亞歷山大發動正面攻擊，他們便可進攻他的側翼[39]。

這種戰略布署，實質上，是波斯又一次將主動權拱手讓給亞歷山大，他的軍隊向前推進，就像是在閱兵場上一般。此時希帕斯普人打頭陣列隊方陣位於右翼，接近山丘，帕邁尼歐指揮左翼，靠近海岸，地勢非常開闊，亞歷山大知道大流士很可能用最好的步兵把守中腹，於是便開始調度在方陣後行進的騎兵，他把希臘騎兵派給帕邁尼歐，其餘的他組成密集隊形，以輕裝騎兵和弓箭手在前面作屏障，置於右翼，他還在他的陣線靠右一點的地方安排了阿格瑞阿亞軍隊、弓箭手和騎兵，這些部隊稍後前進，將山丘的波斯軍隊逼向後方，因此亞歷山大作好了在右側發動攻勢的調度，這種戰法，和戈蘭尼庫斯河戰役一樣[40]，他完全可以從容地作戰。

這時大流士召回他的騎兵和步兵屏障，騎兵馳向兩側，但因左翼地方狹小，大部騎兵密集安排在左翼，正對帕邁尼歐，大流士的戰車與隨員位於中央，亞歷山大位於其中腹右側，彼此都能看清對方部署，亞歷山大立刻明白大流士打算在岸邊衝破陣線，將馬其頓人逐向山丘，於是他派遣色薩利騎兵去增援帕邁尼歐，同時下令騎兵從方陣後經過，不得被對方察覺，否則大流士會改變安排，因而他又派出騎兵前往亞歷山大的左翼，此時他發現他的右翼前進時有被包圍的危險，於是他撤下三百名「夥伴」騎兵離開他的縱深隊形，並避開了大流士的耳目。另一方面，替下側翼護衛阿格瑞阿亞人、弓箭手和騎兵，迅速將他們前移，正好在與敵軍交鋒時加長了右翼，而大流士亦沒有做相應變化，仍然保持軍隊靜止不動[41]。

亞歷山大爲了保持隊形，緩慢推進，直到進入波斯弓箭手的射擊範圍，接著他率領步兵進攻，騎兵跟在右側，希帕斯普人和部分方陣也跟在右側，但馬其頓方陣中央爲了和右側保持聯繫，因此裂開了缺口，給予了波斯中腹的希臘僱傭軍進攻的良機，同時左邊河岸旁的波斯重裝騎兵也發動進攻，但亞歷山大右翼和右部中央的軍隊穩住了陣式，方陣在左翼攔住希臘僱傭軍最後將其消滅，見此情況，大流士竟然率先逃跑，於是亞歷山大將騎兵調過戰場到達左翼，波斯大軍全部崩潰，並迅速逃跑，他們排成一字隊形騎行，以防被包圍。追擊一直到夜晚到來，此時大流士早已丟下戰車、武器逃走了，而他的母親、妻子和兒子卻在帳篷中被俘，後來帕邁尼歐又繳獲了給養車和大馬士革的財寶[42]。

愛蘇斯戰役是馬其頓和波斯勢均力敵的較量，波斯的希臘僱傭軍，懷著對馬其頓人的種族仇恨，他們一舉衝破了敵陣，一萬人全體突圍，他們中二千人又重新加入大流士陣營，其餘的乘船從敘利亞特波利斯出發加入法納巴祖斯的艦隊，此時峰迴路轉的波斯重裝騎兵幾乎再次衝破敵陣，只是由於亞歷山大最後做出的戰鬥命令改變，「夥伴」騎兵的速度及高強武藝和側翼護衛的效率，才使這場戰役取得決定性的勝利[43]。這場戰役之後大部分希臘僱傭軍不再爲波斯服務，幾千人在冬天渡海回到希臘，大流士在最後一次戰役中只能指揮一小部分希臘僱傭軍。

這時期黎巴嫩（Lebanon）海岸上的佛埃尼亞等城邦都歡迎亞歷山大，只有提爾（Tyre）除外，提爾的要塞被認爲是不可攻破的，該國的艦隊稱霸海上，提爾人向亞歷山大表示友好，但不願歸順亞歷山大一邊，亞歷山大的看法則是合作或戰爭，亞歷山大仿傚菲利對阿戴亞斯（Ateas）國王的做法，爲考驗他們的友誼，亞歷山大請求進入提爾祭祀海克力斯，希臘人將海克力斯等同於提爾的守護神美刻爾（Melcart），但提爾人拒絕了，於是亞歷山大包圍提爾，他起初試圖建造地道通向城內，但受到來自城牆上和戰船上的襲擊，此外他在地道西端放置的塔樓，也被摧毀[44]。

於是亞歷山大決定在西頓（Sidon）徵集艦隊，他在愛蘇斯的捷報及佛埃尼西亞的投降消息已使法納巴祖斯的艦隊分裂。佛埃尼西亞、羅德島、里西亞、西利西亞和塞普勒斯的艦隊投奔亞歷山大，亞歷山大又用二百二十艘戰艦控制了岸邊水域，封鎖了提爾港的入口，圍困期間，大流士表示願意割讓幼發拉底河以西的所有領土，支付一萬塔倫特，只要亞歷山大放回王室婦女，迎娶他的女兒，並簽訂友好與聯盟條約，當這項條約宣讀時，據說帕邁尼歐說道：「如果我是亞歷山大一世，我便接受，不再冒險。」亞歷山大回答說：「如果我是帕邁尼歐一世，我便接受，但是作爲亞歷山大，我將作如下答覆。」於是他拒絕接受任何條件，除非交給他整個波斯帝國[45]。但不少人支持帕邁尼歐的建議，是否繼續征戰，仍爭論不休，當時亞歷山大只征服了幼發拉底河以西地區，此時小亞細亞統帥安提高努斯則保證運輸線暢通，並在這些領土安置希臘多餘的人口，並繁榮巴爾幹半島的經濟。然而當時希臘也並不十分穩定安全，愛蘇斯戰役後，雅典和斯巴達派往大流士的使者被亞歷山大攔下並被扣留，雅典開始對青年進行軍事訓練，法奈巴祖斯也提供斯巴達國王阿吉斯（Agis）金錢、船隻及八千名僱傭兵，以迫使克里特歸順波斯。換言之，帕邁尼歐的顧忌是正確的。

亞歷山大不僅與波斯爲敵，希臘城邦也陽奉陰違尋機脫離馬其頓統治。此時，亞歷山大切斷了希臘和提爾之間的海上運輸線，亞歷山大從提爾南進，接受了巴勒斯坦（Palesrine）正式的歸屬，並包圍迦薩（Gaza），歷時達兩個月，迦薩守城戰至最後一人，婦女、兒童被賣爲奴隸[46]。一週後，當大軍、艦隊到達派魯西尤姆時，埃及的波斯總督不戰而降，埃及人歡迎亞歷山大，把他當作救星，他給予他們宗教自由，向他們的神祭祀，祭司將亞歷山大他加冕爲埃及法老（西元前三三二年十一月）。

他在尼羅河的西岸河口建起新城亞歷山大（Alexandria），城市有兩個港口，將成爲地中海與埃及的商業中心，他與希臘建築師共同設計城市，按照希臘特點，建起希臘諸神的聖殿、城牆、議會大廈、廣場以及制度等；在相鄰的當地城鎮拉高提斯（Rhacotis）他建起愛西斯（Isis）神廟，作爲他對埃及宗教信仰的象徵[47]。他也在孟菲斯（Memphis）祭祀希臘和埃及的神祇，亞歷山大入境隨俗，他接受了埃及宗教的信仰也祭祀希臘的神祇。

亞歷山大創造了歷史上第一次，以馬賴亞灣（Malea）到西熱奈的東地中海沿岸地區由一人統治的國度。此時，無論是雅典的海上力量還是波斯的海陸力量都不敵亞歷山大的精銳精兵，但這遠不光是武力的成果，亞歷山大旨在給予不同民族、宗教、社會與和平，帶來經濟好處和共同的利益，以實現統一[48]。許多尚不適應政治自由的民族，更珍視他帶來的宗教自由，在亞歷山大的事業裡人們看到他們信仰的神祇的影子——如耶和華、**美刻爾**或瑞神；澤查瑞亞（Zechariah），在提爾淪陷時寫道：「提爾確實爲自己修建了要塞，但就像是塵土一般，而堆積的黃金就像是街道上的淤泥。」

亞歷山大在提爾勝利之後，爲東地中海做了最後的安排，他指定一名高級財政官員到佛埃尼西亞，另一名到小亞細亞，讓哈帕路斯（Harpalus）掌管他的財寶，更換了一些總督。隨後，馬其頓克熱特將軍開始對付里西利亞海的海盜，他分給佛埃尼西亞和西普瑞亞艦隻，作爲對馬其頓和希臘海軍的補充，此外幾個希臘城邦的要求也得以應允。例如，戈蘭尼庫斯戰役中的雅典戰俘被釋放，馬其頓駐軍從羅德島和希俄斯撤走，而島上的大多數僭主也都接受審判，但他將希俄斯的僭主留在埃及，並派人看守[49]。另一方面，馬其頓的安提派特，從南愛琴海的馬其頓艦隊統帥處，得到金錢援助，以防斯巴達在伯羅奔尼撒東山再起。這時期亞歷山大仿效了希臘舉行奧林匹克運動會，又召開戲劇節，再向海克力斯祭祀後，繼續領兵前往美索不達米亞，這是他在波斯最後一場戰爭[50]。

擊敗波斯

大流士爲保衛波斯帝國，雖不再擁有希臘僱傭兵的特權，但他仍擁有相當數量的僱傭兵，大約六千人。因此，他只能用波斯皇家衛隊來補充兵員，皇家衛隊大約有一萬人，近似薛西斯的「不朽者」，他們都受過重裝步兵戰鬥的訓練，他從卡帕多奇亞（Capadocia）和巴克特瑞亞（Bacteria）間的山地國家補充騎兵，又從西迪亞（Scythian）盟友薩卡埃（Sacae）處得到支援。波斯的重裝騎兵尤爲強悍，因此波斯騎兵力量便彌補了他重裝步兵的不足，即使在愛蘇斯擁擠的地形下，他們也幾乎擊垮色薩利騎兵，波斯國王又從戈蘭尼庫斯和愛蘇斯中汲取經驗，引入長矛、長劍，抗衡馬其頓人的武器，他召集起的精良輕裝騎兵甚至比以往還要多，同時他也有新武器，即裝有長柄大鐮刀的戰車，用來攻破敵軍隊形，打開缺口讓他的重裝騎兵廝殺[51]。

大流士率領四萬名騎兵，大約一萬六千名重裝步兵及大批輕裝步兵向尼奈伍埃（Neneveh）（摩斯尤爾〔Mosul〕）以東的高加邁拉（Gaugamela）挺進，當地北部的山丘與底格里斯河（Tigris）附近起伏的地勢包圍了七英里寬的平原，他選擇戰鬥的陣地前，平坦的土地適於戰車作戰[52]。

另一方面，亞歷山大徵集希臘僱傭騎兵、步兵，又從馬其頓補充兵力，將步兵力量保持在四萬人，騎兵增至七千人，都是一線部隊，他依靠騎兵分隊的戰術技巧來對抗敵軍的優勢兵力，色薩利人按菱形隊形調度，如此一來無論是調頭還是採取突襲戰術都同樣快速，例如在愛蘇斯色薩利重裝騎兵的調遣避免了一場災難[53]。大軍從提爾出發，帕邁尼歐率領先鋒開始在塔普薩庫斯（Thapsacus）處的幼發拉底河上架橋，亞歷山大到達後，瑪紮埃尤斯撤退，亞歷山大大軍從兩座橋上渡河，未受阻擋經過北邁索波泰咪亞（Mesopotamia），攜帶補給車列涉水穿過湍急的底格里斯河（靠近阿布·瓦吉納姆〔Abu Wajnam〕），在尼奈伍埃附近停留四天休整。

西元前三三一年十月一日，亞歷山大在距敵約三百英里處集結軍隊，向色雷斯步兵交待保衛給養車列和看管俘虜的細節，包括皇室婦女俘虜。亞歷山大關鍵的任務是將重裝步兵移過平原，到達敵陣撕殺，他爲了防止大批波斯騎兵包圍開闊平地的馬其頓步兵，於是採用既可成矩形又可延伸成線的戰鬥隊形。方陣與其右側的希帕斯普人組成中腹，隔開一定距離之後是稀疏的步兵線，如果需要他們可四面轉動，左手的色薩利及盟國騎兵以及右手的「夥伴」騎兵繼續延伸方陣的陣線[54]。

亞歷山大在大流士的隊列前，排好了陣線，便開始向波斯軍隊靠隴，右側先進，左側延後，這樣戰線便傾斜移動，他還指揮他那一部分士兵向他的右前方移動，直指底格里斯河附近的起伏地區，他的目的是牽引波斯人離開他們準備要當戰線的地點，再用他這一部分戰線的強大部隊，「夥伴」騎兵和希帕斯普人進攻敵軍左部中央[55]；危險的是波斯騎兵可以包圍兩端側翼，在希帕斯普人尚未到達進攻敵軍中腹的範圍之內，便阻止他前進。

而波斯中腹前方是五十輛戰車和精良的騎兵，他們之後是坐在戰車上的大流士，另有皇家衛隊騎兵、他的隨從、波斯衛隊步兵、希臘僱傭軍和瑪迪亞弓箭手，大流士身後是素質較次的騎兵、步兵，右前方還有五十輛戰車，左前方有一百輛，兩翼實力雄厚，都有第一流的騎兵，瑪紮埃尤斯指揮右翼，左側還有先進一步的西迪亞和巴克特瑞亞騎兵以及增援的巴克特瑞亞和其他騎兵，和波斯騎兵、步兵。大流士的計畫是用戰車衝破馬其頓方陣，用西翼的強大騎兵包圍方陣，而他的中腹則只作爲西翼進發的基準，因此他計畫用包圍取勝，而亞歷山大則想用集中兵力取勝[56]。

此時，亞歷山大的陣線傾斜有進軍包圍波斯左翼的可能，因而大流士開始移動他的大軍，保持陣線筆直，向他的左前方進發，同時他推進左翼以便調轉包圍並阻止馬其頓人。雙方步兵線仍相隔一定距離時，先進一步的西迪亞和巴克特瑞亞騎兵開始包圍亞歷山大的右翼，他命令希臘僱傭軍騎兵進攻敵方側翼，當敵軍擊退希臘人後，他將帕埃歐尼亞騎兵和增援的希臘僱傭軍投入戰鬥，他們逐回了西迪亞和巴克特瑞亞騎兵[57]，這時方陣穩步前進，此時貝蘇斯（Bessus）指揮的巴克特瑞亞主力也加入戰鬥，把帕埃歐尼亞和僱傭軍推到主戰線側翼，儘管他們沒有波斯人那樣的重型裝備，但集合起來，以突襲戰術和密集隊形擊退巴克特瑞亞騎兵和西迪亞騎兵，這時當馬其頓人尚未完全退出平地，大流士便下令戰車出擊，一些戰車上的長柄鐮刀造成慘重傷亡，但多數戰車被亞歷山大的長矛手和阿格瑞阿亞人攔截，一些戰車在方陣中打開缺口，例如在斯希普卡處，並繼續前進。

這時波斯軍隊右翼的重裝騎兵終於進攻帕邁尼歐指揮的色薩利人，阻止了左翼前進，第五和第六方陣頑強據守保衛色薩利人側翼，因此當其他方陣隨亞歷山大行動時便出現了大裂口，波斯軍隊中央的引度騎兵和波斯騎兵衝進缺口，撕開步兵組成的第二戰線，衝進給養車列，進攻色雷斯步兵，試圖解救王室婦女，因而出現了四個戰場，給養車列、左右翼和波斯軍隊中腹，煙塵滾滾，遮蔽了戰場；亞歷山大對波斯左中腹的進攻和步兵對中央的進攻是決定性的，重裝騎兵深深切入敵方側翼，逼向大流士，方陣密集如林，士兵的長矛直指波斯人的臉部[58]。

這時，波斯國王與皇家衛隊騎兵開始逃到了邁迪亞，後來雖然還有一部分巴克特瑞亞騎兵、一些皇家衛隊步兵以及二千名希臘僱傭軍到來助陣，但其餘的軍隊損失慘重，大批士兵被俘，波斯天下無敵的軍隊終於被徹底打敗[59]。亞歷山大的損失也不小，特別是戰馬損失嚴重。此時他繼續向巴比倫進軍，並從瑪紮埃尤斯手中接收城市，亞歷山大被奉爲巴比倫王，他祭祀巴比倫馬爾杜克神（Marduk），下令重建薛西斯毀滅的馬爾杜克神廟，他任命瑪紮埃尤斯掌管行政，讓馬其頓人統領軍隊，負責財政。

由於亞歷山大遠離了希臘大陸，因而色雷斯的奧德瑞西亞國王，先是在馬其頓一名不忠的將軍幫助下發動叛亂，雅典也支持他，於是安提派特帶兵進入色雷斯，這次暴動加上亞歷山大又正在東方，在接受了波斯援助的斯巴達國王阿吉斯看來，是稱霸伯羅奔尼撒的好機會，更乘基擺脫馬其頓的控制，他向雅典求援，於是雅典人展開辯論，《論與亞歷山大的條約》這篇現存的演說可能就是當時發表的，文中稱亞歷山大背叛希臘同盟憲章條款[60]。德摩斯提尼支持阿吉斯，公共基金委員長戴瑪戴斯反駁說戰爭意味著犧牲所有公共基金，因而德摩斯提尼沒有獲得支持。

此時，亞歷山大正從蘇薩深入波斯，他使用兩個機動縱隊擊敗尤克西伊（Uxii）。他的部隊在夜間行軍，繞過敵人側翼，奪取「波斯大門」和伯塞波利斯、帕薩加達埃（Pasagardae），以後又占領埃克巴塔納（Ecbatana）（西元前三三〇年夏）。最後他放火焚燒波斯波利斯薛西斯的宮殿，重酬色薩利人和其他希臘同盟軍隊，並讓他們回家，他這樣的作爲也標誌了這場復仇聖戰的結束[61]。希臘同盟得知此消息後，擁立他爲終身盟主，但他沒有要求同盟再派兵與他會師。

儘管亞歷山大一再安撫雅典，雅典人民仍動搖不定，政客們在法庭上鬥來鬥去，西元前三三〇年李克固斯控訴李歐克拉戴斯（Leocrates）在喀羅尼亞戰役（Chaeronea）後離開雅典，他的演說《反對李歐克拉戴斯》表露他那一派對馬其頓的態度，他這樣描述在喀羅尼亞戰役倒下的將士：

「全希臘只有他們骨子裡保持著希臘的自由，他們陣亡，希臘淪爲奴隸，希臘的自由和他們的屍體一同被埋葬，而李歐克拉戴斯毫髮之差，倖免於難[62]。」

前述喀羅尼亞戰役，是發生於西元前三三八年波奧蒂亞境內喀羅尼亞附近，是馬其頓國王菲利二世稱霸希臘的決定性的戰役[63]。菲利二世領導色薩利、伊庇魯斯、埃托利亞、北福基斯、羅克里斯聯軍，擊敗雅典和底比斯聯軍，馬其頓的大獲全勝確定了馬其頓崛起，也開始馬其頓在希臘的霸權序幕；然而在馬其頓崛起的背後，希臘各城邦還是依然故我，爾虞我詐，亞歷山大雖然被擁立爲希臘盟主，但一旦馬其頓內部開始變化，那麼希臘諸邦脫離馬其頓乃是必然之事，此後要等待一個更強大的霸權（羅馬），希臘才完全的被征服。

第十九章

亞歷山大東征

呑併東方諸國

亞歷山大既已奪取波斯帝國的大城市，奪取十八萬塔倫特的珍寶（價値幾億歐元甚至還要更多），他可以做幾種選擇，或撤到幼發拉底河一線，留下滿目瘡痍的波斯帝國，或停止戰爭，像以後的圖拉眞一樣（Trajan），滿足於控制富庶的美索不達米亞平原，或繼續東進征服餘下的波斯疆域[1]。最後亞歷山大選擇了第三種，他早已否決了第一種，而他明白第二個選擇將無法提供易於防守的邊疆地區。

波斯則與馬其頓帝國類似，其富饒的平原暴露在北部驃悍山民的進攻之下，而最邊遠的省份則形成攔截好戰的遊牧民族的屛障。在圍攻提爾時亞歷山大確實被尊爲「亞洲王」和「大流士財產的主人」，亞歷山大並不僅僅將這種稱呼當作玩笑，在阿拜拉，他被宣布爲「亞洲王」時，這個稱號便確定下來，以後他又在送給林杜斯（Lindus）的雅典娜的供品刻上「亞洲的主人」，他對波斯王室婦女的禮貌既出於政策，也出於騎士精神，亞歷山大向太后西西加姆庇絲（Sisigambis）說話時，似乎她是他的養母，他還允諾她饒恕了尤克西伊[2]。

亞歷山大以「亞洲王」的名義收取附庸國的貢品，但他仍是馬其頓國王，不過他不再以這個名義向過去在小亞細亞城邦收取貢品；亞歷山大將波斯金條改制成貨幣，西元前三三一年，亞歷山大的貨幣上印有波斯怪獸作爲徽章；西元前三二九年，在巴比倫的一個大金庫，鑄造的亞歷山大金幣上刻有「國王」字樣，即「亞洲王」（不是馬其頓國王，因爲在馬其頓貨幣上沒有這一頭銜）[3]。他作爲「亞洲王」，任命巴紮埃尤斯爲巴比倫總督，他計畫利用波斯統治階級來幫助他治理帝國，因爲與希臘諸邦的合作並不是馬上就唾手可得，而此時馬其頓的人力資源已負擔沉重。

亞歷山大對亞洲的征服，速度比當年的大流士和岡比西斯（Cambyses）要快，他使用相似的手段，也就是騎兵和步兵協同作戰以及對被征服國家的宗教包容政策。因此，當他深入內陸時，波斯國力的核心也就立刻搗毀了。西元前三三〇年夏至西元前三二七年春，馬其頓士兵在他的親自統帥下，從夏到冬，征戰不息，他們穿過的多山地區，是前所未有的，即使是巴爾幹中部地區他們也很少遇到這樣的高山峻嶺[4]。亞歷山大對大流士窮追不捨，以致於他的精銳部隊十一天行軍四百英里，最後一夜竟然行軍五十英里，當他們快追上大流士的時後，卻發現貝蘇斯已經刺殺了大流士，且篡奪了王位，當時一名馬其頓人正在餵大流士喝水，但未及亞歷山大趕到他便死了（西元前三三〇年七月），他沒有在征服者手中蒙辱，亞歷山大也表現了他的寬懷大度一面，在波斯波里斯爲他舉行了皇家葬禮，並在蘇薩教育他的兒子，可能是打算讓他成爲波斯的統治者。

西元前三三〇年，在謀殺大流士三世之後，貝蘇斯自立爲阿爾塔薛西斯四世，並試圖對抗亞歷山大。此時，貝蘇斯僅統領巴克特里亞和東部一些省份，當亞歷山大對巴克特里亞步步逼近時，貝蘇斯既開始逃亡[5]。根據托勒密一世的自述，是托勒密親自逮捕了貝蘇斯，但當代的其他史料卻不是這一回事。貝蘇斯被捕後，亞歷山大依波斯傳統上對反叛者的刑罰，割下貝蘇斯的鼻子和耳朵，他在巴克特里亞處死了貝蘇斯。但懲處貝蘇斯並沒有完全結束戰爭，因爲另一個反叛者斯庇達邁奈斯掀起更大規模的暴亂，此後他被逐入他盟友的地盤中，其盟友瑪薩蓋塔埃（Massagetae）砍下他的頭顱，送給了亞歷山大，並歸順他的統治（西元前三二八年），但叛亂者仍控制帕拉埃塔塞奈（Paraetacene），於是亞歷山大在仲冬的大雪中包圍了索格迪亞（Sogdian）領袖之一奧克西阿戴斯（Oxyantes）的要塞，這座要塞被譽爲「索格迪亞的岩石」，牢不可破，亞歷山大召集志願者，有三百名馬其頓人站了出來，這些山區居民以繩索和鐵釘攀登一面絕壁，有三十人不幸跌落摔死，但當其餘人出現在堡壘上方的山頂時，守軍就投降了[6]。

這時亞歷山大愛上俘虜之一的羅克珊娜（Roxane），她是奧克西阿戴斯之女，亞歷山大宣布要娶她的意圖，於是奧克西阿戴斯投降，亞歷山大和羅克珊娜的婚禮在另一個敵人喬瑞奈斯（Chorienes）的城堡舉行，這時候馬其頓人又一次登上絕壁威懾喬瑞奈斯，並使他喪膽而投降[7]。

西元前三三〇年，亞歷山大首次遭到了軍中的官兵反對，他們渴望回家，但亞歷山大決意征服波斯帝國的山區省份，而他的部下則慶祝大流士的死亡是戰爭的結束，他們都是馬其頓的子弟兵，因此亞歷山大召集他們開會討論，最後他們同意繼續戰鬥[8]。

亞歷山大的波斯政策在他的「夥伴」中引起嚴重的反對意見，他任命波斯人擔任官職，並以「亞洲王」的身份要求他們效忠，他以東方方式處理波斯問題，大流士去世時，他穿起波斯葬禮時所著的樸素波斯服裝，後來他又按波斯習俗審判、處死貝蘇斯，波斯人羅克珊娜則成爲他的王后[9]。波斯王國最關鍵的一面是國王與波斯貴族的「親屬關係」，因而波斯貴族也順理成章作爲他的「親戚」，並成爲他的隨從，從他那裡接受土地和權力，他們審判叛徒，加入皇家衛隊騎兵爲他作戰，並擔任法官、總督、將軍爲他服務。

理論上馬其頓「夥伴」們可以理解亞歷山大的政策，因爲波斯與馬其頓的體制十分相近，馬其頓的貴族是國王的「親屬」，從他那裡接受土地和權力並以相似的名義爲他效命；而馬其頓公民大會審判叛徒，按照馬其頓的傳統，但馬其頓人卻只看見「區別」，看不到相同點，尤其是在「夥伴」和軍隊中服務的希臘人，格外強調那些「區別」，他們始終將波斯國王視爲希臘政治、宗教自由的對立面，特別對跪拜禮（Proskynesis）有誤解，因爲對希臘人，可能對馬其頓人，也暗示著在敬神[10]。

亞歷山大努力消除「夥伴」中潛在的異議，因而他陳述事實：**即他是馬其頓人，出於政策目的採用的波斯習俗並沒有影響他是馬其頓人的感情。他與馬其頓子弟兵一起行軍穿過皚皚白雪的群山和乾旱貧瘠的沙漠，他在巴克特瑞亞兩度負傷，他和他的「夥伴」一同狩獵飲酒，一如在歐洲時，馬其頓的年輕貴族被帶來加入侍從隊，一定時間後成爲他的「夥伴」，他向「夥伴」議會諮詢，在馬其頓公民大會上講話，並在馬其頓國家檔上使用馬其頓印，在他的內心信仰上，他是個純粹的馬其頓人，諸如：競技、祭祀、宗教禮拜都按「祖宗習俗」進行，亞歷山大的馬其頓法庭也沒有受到埃及、巴比倫、波斯的影響，馬其頓國王是宙斯的後代，是王室的創始人，他在高加邁拉戰役中曾大聲向宙斯祈求幫助，他總是隨身攜帶《伊利亞得》，他是「聖子」，禁欲主義者；而東方祭司、貴族的禮節對海克力斯和阿基里斯的後代而言，並無宗教的意義**[11]。雖然如此的告白，但終究沒有改變人們心中的不滿。

尤其軍中的異議似乎更削弱了一些「禁衛騎兵」的忠誠，這促使亞歷山大開始對人不信任，但也帶來了災難性的後果。西元前三三〇年，有人向帕麥尼歐之子，「夥伴」騎兵統帥菲羅達斯（Philotas）報告了一起陰謀，但他保持緘默，亞歷山大從其他管道得知此事。隨後，這個陰謀被粉碎，亞歷山大將菲羅達斯和其他人送上馬其頓公民大會，只有菲羅達斯被判有罪，並處以死刑。根據馬其頓法律有關背叛罪的規定，連誅他的男性家屬，但帕邁尼歐效忠菲利和亞歷山大，功勳卓著，在亞歷山大的幾場戰役中，他還失去了其他兩個兒子，他如今統領著一支強大的馬其頓軍團，控制著亞歷山大的運輸線，如果不按法律赦免帕邁尼歐，似乎太過危險，因爲他可能挑起軍中的叛亂[12]。爲了解決帕邁尼歐問題，亞歷山大派人騎著駱駝，以最直接的道路越過沙漠，趁著在帕邁尼歐尚未得知菲羅達斯已死的消息前，先通知帕麥尼歐統領下的將領們，要他們接信後立即刺殺帕麥尼歐，於是帕邁尼歐遭到了株連，並於埃克巴坦那被處死。

西元前三二八年秋，在撒馬爾干（Samarcand），亞歷山大正與他的「禁衛騎兵」在宴會上飲酒，曾在戈蘭尼庫斯救過他性命的克賴伊士斯取笑亞歷山大的波斯式做法，克賴伊士斯是長輩，與菲利二世同年（菲利二世若未死也有五十三歲了），他又代表那些最不同意年輕國王政策的人，當克賴伊士斯嘲笑亞歷山大是「阿蒙的兒子」「不是菲利二世的兒子」，身披波斯人的白袍在亞歷山大面前跪拜逗樂時，亞歷山大大發雷霆，伸手拿匕首，但是發現衛兵已將匕首移開，當他用馬其頓方言呼喚衛兵時，沒有人回應，於是亞歷山大從一名衛兵手裡奪過長矛，這時克賴伊士斯的朋友已把他擁出房間，但克賴伊士斯從另一扇門又走了進來，亞歷山大狂叫：「克賴伊士斯！」，他大聲回答：「克賴伊士斯在此，亞歷山大。」亞歷山大的長矛刺穿了他，他立刻死去，事情發生之後，亞歷山大懊悔不已，接連三日不起，飲食不進，拒絕他人的照料，直到他的「禁衛騎兵」破門而入，使他重新擔負起責任[13]。

西元前三二七年春，亞歷山大試圖彌合馬其頓人和波斯人之間的裂痕，大流士死後，他任命大流士的一名兄弟擔任馬其頓「夥伴」，此人是波斯「親屬」的領袖，如今他建議馬其頓「禁衛騎兵」應在國王隨從邁迪亞和波斯「親屬」在場時下跪，亞歷山大最親密的朋友亥法埃斯提翁（**Hephaestion**）率先跪下，馬其頓人仿傚，但希臘血統的記錄員奧林士斯人，卡利斯戴奈斯（**Callisthenes**）拒絕服從，亞歷山大沒有再強求，但發現卡利斯戴奈斯教授的一些侍從蘊釀陰謀時，他對卡利斯戴奈斯的敵意爆發，年輕侍從們認罪，馬其頓公民大會審理他們後，按傳統方式，以亂石砸死，同時以同謀罪名逮捕的卡利斯戴奈斯，後來他也被處死，他無辜或是有罪不得而知，但亞里斯多德逍遙學派學院中的領袖們（卡利斯戴奈斯也是學院成員），後來寫到亞歷山大時，以德摩斯提尼攻擊菲利二世一般的惡毒言語攻擊他〔14〕。此時亞歷山大已經徹底失去對人的信任。此時亞歷山大已經徹底失去對人的信任。

亞歷山大以菲利二世的軍隊爲基礎，贏得一次又一次大勝，當奪取米利都時，亞歷山大發現在米利都等城邦補充希臘僱傭軍是可行的，而波斯的大流士二死，僱傭軍便成爲馬其頓軍隊得主力；此時，僱傭軍中有，伊利里亞人、奧德瑞西亞人和色雷斯人、帕埃歐尼亞人、巴格瑞阿亞人等，他們一同在愛蘇斯、高加邁拉作戰，且也參加了伊朗（Iranian）山區的戰役，但軍隊的來源複雜，也因此軍隊也成爲對立的來源〔15〕。

見此情形，亞歷山大也積極的在軍隊的組織上作了一些變革，以適應西元前三三〇—三二七年的山地戰要求。他把「夥伴」騎兵中隊分成兩隊「夥伴」，各一百人，此時菲羅達斯和克賴伊土斯的相繼去世，致使「夥伴」騎兵的領導發生了變化，最後由亞歷山大和亥法埃斯提翁直接指揮〔16〕。騎馬的標槍手和弓箭手分隊，則由波斯人組成，他們大量使用山地戰，又由騎馬的士兵組成新分隊，他們受到騎兵和重裝步兵的雙重訓練，原來軍中的馬其頓人仍是精英，但他們不再像過去那樣幾乎是軍隊的全部力量。

由於亞歷山大的官僚組織沒有中央政府機構，因此在亞歷山大離開時，主持行政工作落到將軍手裡。實際上，馬其頓除了組成議會的將軍外，總督和「夥伴」都是下屬機構。亞歷山大處理大批信件，信件往返於奧林姆庇婭絲和安提派特、總督等，並和埃及、烏茲別克（Uzbek）、土耳其斯坦（Turkestan）之間的統帥都有信件往來，他也給希臘城邦去信，而他的一些法令刻在當地的石塊上，至今尚留著他的石劑。此外，他鑄造成色充足的貨幣，建造通向內地的道路，不只爲軍事用途，也爲經濟目的建造新城鎮，這些措施亦完成了亞歷山大帝國的經濟任務〔17〕。亞歷山大所興建的城市，例如阿瑞亞的亥拉特（Herat）、阿拉喬西亞的戈哈茲尼（Ghazni）、瑪吉阿奈（Margiane）的邁爾伍（Merv）、索格迪亞的喬得簡德（Chodjend）等，全都按希臘式城市來布局，並採取了希臘式的城邦制度。

入侵印度

戴歐波姆普斯在菲利庇加（Philippica）中寫道：**「歐洲、亞洲、利比亞，是海洋環繞的島嶼」**，這是當時人們對世界的認識，不管世界是平坦的桌子還是一個圓球，他以可居住的地區被分割成了這三塊大陸，塔納伊斯河（Tanaïs）（德翁〔Don〕）、尼羅河、加德斯海峽（Straits of Gades）（直布羅陀〔Gibrattar〕）把三塊大陸分開。西元前五世紀時期，希羅多德（Herodotus）斷言地中海、加德斯海峽外的大西洋、「紅海」（我們所稱的波斯灣）是一片汪洋，是環繞海洋的一部分，他報告說利比亞被水包圍，又說希臘船長西臘克斯（Scylax）受命於大流士順印度河而下，航行二年六個月才到達阿拉伯灣（我們所稱的紅海）[18]。

這三個大陸的邊緣無人知曉，亥卡塔埃尤斯（Hecataeus）相信整個大地是圓形的，但亞里斯多德則認為它是橢圓形的，長對寬的比例是五比三，外在土地被認為是沙漠或草原，只有遊牧民族才能居住，或者根本就沒有人煙，所以利比亞南部為沙漠地區，西部（在摩洛哥〔Moroco〕）則為遊牧民族[19]。歐洲的北部是遊牧民族西迪亞人及其他民族，亞洲北部是遊牧民族西迪亞人或蓋塔埃人，東部和南部是沙漠。歐洲的兩條大河塔戴蘇斯河（Tartessus）和埃斯特河（Ister）（多瑙河），人們認為是源自「比利尼」（Prene）（我們稱為庇利牛斯山脈〔Pyrenees〕），關於地理的知識人們對利比亞的情況存有疑問，尼羅河究竟是從西邊還是從東發源以及塔納伊斯河上游的源頭也無人了解。

戴歐波姆普斯認為多瑙河接近歐洲的邊緣，多瑙河以外是遊牧部落和平原，亞歷山大到達多瑙河時，「強烈的欲望驅使他渡河」，蓋塔埃人從河邊逃走，進入「沙漠」地區。而當亞歷山大渡過奧克蘇斯河（Oxus）之後，到達賈克薩戴斯河，他認為這可能是塔納伊斯河上游，西迪亞兩支居住在塔納伊斯河兩岸的部落派出使節晉見他[20]；該河的一邊是「亞洲」，一邊是「歐洲」，他發現埃斯查特是「有朝一日入侵西迪亞」的基地，於是派使者前去結盟，並偷窺歐洲西迪亞的土地，這些使者和西迪亞使者一同返回，西迪亞使者給予亞歷山大「友誼和聯盟」，並要將國王的女兒嫁給他，亞歷山大同意結盟，但沒有允婚。

實際上過去曾有一支馬其頓軍隊渡過多瑙河進入西迪亞領土，但被擊敗，亞歷山大認為他到達賈克薩戴斯河時便接近了「大洋」，而如果賈克薩戴斯河是塔納伊斯河的上游，它便流入里海，在西部作戰便可實現的，但人們並不知道里海的範圍，而且亞歷山大可能聽說過出產鹹水鯛的鹹海（Sea of Aral），人們認為奧克蘇斯河或者賈克薩戴斯河的一條支流流入里海（正如奧克蘇斯河某時可能在卡拉·波加茲流入里海那樣）[21]，那麼塔納伊斯河可能重新又流入里海進入瑪埃歐提德湖（Maeotid Lake）（即亞速海），也有可能里海是大洋的一部分。

上述亞歷山大對歐洲和亞洲的錯誤了解，解釋了他為何要入侵印度，並隨軍攜帶水手和造船工，如果印度向東伸入大洋，那麼他既可向北轉，在「大洋」上乘船前往歐洲邊緣，甚至進入里海，或者向南在亞洲邊緣探索一條通路。由於他認爲印度和阿拉伯半島（他知道南巴勒斯坦是沙漠）是相對較小的半島，是故，他對法拉斯瑪奈斯的允諾是眞心誠意的，因爲他一旦控制印度他便成爲全亞洲的主人[22]。這種篤信，或者是大流士曾對印度的傳統看法，因而也激勵了亞歷山大前去征服印度，同時也是一種探險，他還認爲可以爲他的帝國打通海上交通線。

西元前三二七年夏，開拔的軍隊包括許多亞洲民族組成的隊伍，但由馬其頓和巴爾幹部隊帶頭，在這次戰役和其他戰役中，亞歷山大身邊跟隨一些幕僚和科學家。此外，還有大批的軍妓隨行。亞歷山大將巴克特瑞亞基地交給馬其頓總督以及三千五百名騎兵和一萬名步兵防守。隨後，他翻越了綿延高聳的帕羅帕密蘇斯山脈（即興都庫什山脈）並逼近印度河的支流喀布耳河（Cabul），且得到了峽谷統治者塔克西勒斯（Taxiles）的幫助，他兵分兩路，派遣亥法埃斯提翁與塔克西勒斯帶上補給車通過契伯（Khyber）小路，又在印度河上架起一座木橋，西元前三二七年十一月，他正式出發去征服印度北部的部落[23]。

西元前三二七年四月的時候，亞歷山大進入了該地區勢力最強的波魯斯王的王國，波魯斯率領一支大軍和許多戰象抵達旁遮普省的希達斯派斯河（Hydaspes）（即吉赫魯姆〔Jhelum〕）的對岸，當亞歷山大軍隊在六月抵達希達斯派斯河時，一條一英里寬的洪流呈現眼前，它封住了唯一可過人的河灘，而波魯斯在洪流的另一邊。於是亞歷山大從印度河調來船隻，製作用塡滿乾草的皮革製成的筏子，黎明時，在高出河流的地方率領部分軍隊大膽渡河[24]。由於大象驚嚇戰馬，因此只有當河岸上的戰象都被消滅之後，克拉特魯斯（Craterus）才准率領部分僱傭騎兵渡河，此時亞歷山大率領包括五千名騎兵和六千名步兵，一舉擊敗了波魯斯之子指揮的印度騎兵和戰車，是時波魯斯留下了一些戰象以阻止克拉特魯斯渡河，他們在沙土平原上集結軍隊，前列是二百頭大象，後面是三萬名步兵組成的戰線，比象列要長，兩翼共有三百輛戰車和四千名騎兵。

隨後，印度騎兵從左邊出列與之對抗，但遭到考埃努斯的進攻。隨之，他們又組成了第二道防線，此時亞歷山大開始進攻，但波魯斯已下令騎兵從其右側調轉，將戰象和步兵列成縱隊向左邊進軍，並逼近了亞歷山大的騎兵，這時候色賴尤庫斯指揮的馬其頓步兵也已投入戰場，並深入印度軍隊中的裂縫，使印度軍隊左翼進一步陷入混亂。而在阿格瑞阿亞人幫助下的馬其頓步兵亦擊敗了波魯斯的戰象。此時，亞歷山大的騎兵移向後部，擊潰從右翼來的印度騎兵，也把他們逐入混戰之中，受過踩踏、頂抵、挑死敵人訓練的戰象，殺死了不少馬其頓步兵，但最後他們的驅象人被殺死，受傷的大象像「船」一樣衝進印度軍中，這時期，亞歷山大作戰計畫的第一階段開始奏效[25]。

在這次戰役中，他心愛的戰馬布塞法拉斯（Bucephalas）受傷死掉了，隨後，亞歷山大以牠的名字命名一座城市，於是布塞法拉斯城在希達斯派斯河的兩岸建起。征伐印度勝利之後，軍隊就舉行競技比賽並祭祀神靈，亞歷山大親自祭祀太陽神亥利尤斯（Helius），他認爲他正接近太陽升起的地方，他率領部分軍隊向「印度的邊緣」急行軍，在雨季中他艱困地渡過兩條河流，並與桑加拉（Sangala）的卡達埃伊族（Cathaei）展開殊死戰，損失慘重。最後，他們到達了第三條河流希法西斯河（Hyphasis）（即畢茲河〔Beas〕），河流另一邊的土地不是沙漠。相反地，土壤非常肥沃，人們說另一條大河「恆河」位於東方，亞歷山大準備繼續進軍。然而，這時軍隊卻發生了兵變，經過長途爬涉士兵身心交悴，他們年復一年地行軍作戰，如今在「印度」這個大象、武士越來越多的遠東國度不斷延伸作戰，似乎沒有盡頭，而亞歷山大滔滔不絕的演說，但絲毫不起任何作用，於是他在帳篷裡待了三天，此時整個營地一片死寂，到了第四天他舉行了一項祭祀，但預兆顯示渡河不利，於是他下令班師，印度遠征至此結束[26]。

在班師回朝之際，軍隊在河岸上建起十二座祭壇，向照應他們的勝利女神敬獻祭品，亞歷山大在回師希達斯派斯時將他的新領地交給了波魯斯治理，同時他也接受阿庇薩熱斯的投降，並決定這兩個諸侯王應該繳納的貢品數目。一些退役的印度人定居在阿塞西奈斯（Acesines）的亞歷山大城，此時希達斯派斯河岸上的亞歷山大城、布塞法拉城也已竣工。換言之，他每到一地就興建一座亞歷山大城。他在到達印度河谷時曾發現鱷魚和埃及類型的鳥類，亞歷山大以爲印度河是尼羅河的上游，西部的大河與北部的塔納伊斯河是同一條河流[27]。後來他得知印度河流入海洋，他認爲這海洋一定是「大洋」，於是亞歷山大建造了一千艘船隻，並親自祭祀河神、馬其頓神、海神和奧塞阿努斯（Oceanus），班師向南進發，他在印度河上游河谷與印歐人打交道，但南進途中卻遇到了婆羅門教狂熱的信徒，他們鼓動德拉維迪亞（Dravidian）頑強抵抗，亞歷山大決意掃清印度河入海的通道，只要有部落不願服從他，他便採用殘酷的屠殺及淪爲奴隸的方法來對待敵人[28]。此時，馬其頓人在一路上摧毀一切東西。由此，他們沿印度河而下的征程最後成了一連串的大屠殺。

亞歷山大的班師與豐功偉業

西元前三二五年七月，遠征軍抵達位於印度河三角洲頂端的帕塔拉（Pattala），亞歷山大下令軍隊修建碼頭，他自信可以找到抵達「紅海」（即波斯灣）的出路，將波斯與印度連接起來。他所征服的印度已組成新領土，幾座亞歷山大城竣工並進住了居民，他的諸侯國對東方而言是個緩衝國。克拉特魯斯率領的部分軍隊攜帶補給車順內地道路西進，亞歷山大航行入海，祭祀海神，並將祭祀用的金杯扔入波濤中[29]。九月，奈阿處斯（Nearchus）率艦隊從另一座亞歷山大城（喀拉蚩〔Karachi〕）出發，他的任務是沿著海岸探險繪圖，如此可爲未來建立固定的航線，亞歷山大率領餘下的軍隊沿海岸行軍，並一路征服土著民族，爲艦隊設置軍需品集散地，當時艦隊因逆風而延誤了航程，他在奧拉（Ora）又建立一座亞歷山大城，留下李歐奈士斯（Leonatus）和部分軍隊，而他帶領大約一萬名士兵和許多軍妓繼續前進。而亞歷山大的遠征，也致使許多馬其頓人死在印度，包括羅克珊娜在戰爭期間爲他生的尚在繈褓中的兒子赫克勒斯，軍隊的歸心似箭是迫使他不得不班師回朝的主要原因。

亞歷山大到達托邁魯斯河之後（Tomenus）（即印高河〔Hingol〕），他被迫轉入內陸，很快進入寸草不生的蓋德羅西亞沙漠（Gedrosian），此時嚮導迷了路，馱重的牲畜不得不殺了吃，軍隊只能在酷熱消散後的夜間行軍，掉隊的官兵留下死去，亞歷山大下馬與他的部下一起步行，他把自己的行李包裹全部丟棄，他還拒絕飲水，除非所有人都有水喝[30]。最後大多數士兵都到達普拉（Pura）修整，但許多軍妓則死在沙漠裡。

而另一方面，奈阿處斯的艦隊在沿海航行的路上也因缺水和食物而飽受折磨，他們在海上遇到鯨魚群，在登陸一塊陸地時，他們發現了食人魚，並和以鯨魚骨做棚屋的土人激烈的奮戰，最後他們到達「紅海」（即波斯灣）海口，在海上航行八十天後，他們於阿瑪尼斯河（Amanis）灣拋錨。隨後，奈阿處斯又從該地進入內陸尋找亞歷山大，兩人會面後，奈阿處斯報告亞歷山大艦隊平安的消息。此時，亞歷山大終於忍不住哭了，他感謝希臘的宙斯和利比亞的阿蒙神，因爲當他開始感到失去希望時，卻得到平安的消息[31]。於是軍隊舉行盛大宴會，慶祝陸軍和艦隊的會師，然後進軍到波斯灣口，他們順著底格里斯河溯流而上抵達蘇薩（西元前三二四年）。

由於亞歷山大長期不在波斯，一些總督和將軍便濫用職權，於是他逮捕並處死了四名波斯總督和三名將軍，並下令所有總督解散他們徵集的傭軍，任命馬其頓人填補總督的空缺，其中擔任波斯和蘇西阿納（Susiana）總督的伯塞斯塔斯（Peucestas），穿起波斯服裝，贏得了波斯人民的愛戴[32]。

這時候，揮霍亞歷山大的財寶，過著奢侈生活的哈帕路斯，趕緊率領艦隊和六千名傭軍，席捲五千塔倫特逃到愛琴海。雅典聽從德摩斯提尼的意見，拒絕讓他進入派拉埃尤斯，但西元前三二四年夏，雅典准許他帶著兩艘三層槳船登陸，但隨後逮捕並拘禁了他，然而他也很快地逃走了[33]。

儘管這些濫用職權的行爲令人沮喪，但後來亞歷山大在東部轄地所採用的強硬政策，也終於制止了這些行爲，並且顯示出他要維護附屬國利益的決心。西元前三二四年餘下的時光裡，亞歷山大致力於組織他的東方帝國，儘管他知道自己的政策在馬其頓軍中不得人心，但他決心融合波斯貴族的精英和馬其頓「夥伴」，並從帝國好戰的民族中徵募一支軍隊[34]。在蘇薩，亞歷山大和他的八十名「夥伴」與波斯、邁迪亞貴族的女兒按波斯習俗舉行集體婚禮，亞歷山大挑選大流士的長女芭西奈（Barsine）作他的二房，亥法埃斯提翁則娶了芭西奈的妹妹德瑞派蒂絲（Drypetis）。

西元前三二四年夏，他在奧庇斯（Opis）集合他的馬其頓軍隊，宣布凡是因年老傷病不適合服役的士兵便可退伍，他已經償還全軍將士的個人債務，現在他將付給他們豐厚的酬金，幫助他們返回馬其頓，但士兵們不領情並怒吼起來，他們的自尊心受了傷害，以爲亞歷山大想打發他們，使用亞洲人，一些人叫道亞歷山大應該解散全軍，「和他的父親一起去打仗」，父親指得是利比亞的阿蒙神。此時亞歷山大和他的軍官迅速衝進人群，他們抓住了十三名帶頭的人，強迫他們離開，亞歷山大在一片寂靜中又重新登上平臺，他向馬其頓人提起菲利二世和他對國家做出的貢獻，提起他的辛勞，他的傷痛和他送給他們的禮物，以及在他的一生中，無論是戰爭還是和平時期，與他們打成一片的心願，他在沉寂中離開他們，在宮殿裡待了兩天，不願接見任何人，也不讓人探視，然後他派人叫來波斯的領袖，交給他們軍事指揮權，允許那些他宣布爲他「親屬」的波斯人親吻他[35]；於是軍隊的躁動情緒也漸平息下來。

亞歷山大在奧庇斯舉辦和解宴會，有九千人參加，既有馬其頓人，也有波斯人，都是憑地位或優點挑選出的，並有希臘占卜者和波斯祭司舉行宗教儀式，他們用輪飲大酒杯喝酒，斟同樣的酒，亞歷山大爲馬其頓人和波斯人的和諧以及他們這個帝國祈禱，宴會後所有不適合服役並希望回家的馬其頓人收到亞歷山大的賞賜品，留下他們的亞洲妻子所生的兒子，他們將以亞歷山大的金錢受馬其頓式的訓練，時機到來之時加入軍隊。大約一萬名離隊軍人由即將接管馬其頓的克拉戴尤斯率領下開拔，安提派特受命從馬其頓派出補充兵力，同時亞歷山大將用波斯人補充馬其頓部隊中出現的各級空缺，包括皇家衛隊步兵等[36]。

亞歷山大計畫用規模較小的軍隊控制他的東方領土，其中可能二千名騎兵和一萬三千名步兵爲歐洲人。西元前三二三年春，黎巴嫩的木材和塞普勒斯的船具被運送到達普薩庫斯（Thapsacus），並在當地建造戰船，且順幼發拉底河駛到巴比倫，巴比倫則正爲一千艘船隻開挖港灣，碼頭也已建好，此時佛埃尼西亞和敘利亞的水手也在東方艦隊上服役[37]。部分海軍力量將打開通往印度的海上通道，並在波斯灣的海岸和島嶼上開拓殖民地，亞歷山大希望把這塊地區變成第二個佛埃尼西亞，作爲印度和美索不達米亞間的商場。

經驗顯示，亞歷山大不可能依賴希臘城邦的合作以統治東方，甚至他使用的希臘僱傭軍忠誠都有問題，例如他在巴克特瑞亞的希臘僱傭軍想家，因此總督按照他的命令解雇了僱傭軍，並於西元前三二四年返回了希臘。此時哈帕路斯也已帶領六千士兵並到達希臘（西元前三二四年他被殺），僱傭軍的問題也顯示了希臘國家政黨的糾紛，而菲利二世和亞歷山大則希望透過希臘同盟以平息內部糾紛[38]，城邦內部糾紛問題，多數是流亡者造成，一些流亡者在小亞細亞尋求避難，例如雅典爲了在薩摩斯安排雅典的克列儒克人，竟將薩密亞人驅逐，因此這些流亡者著實威脅希臘內外的和平，亞歷山大決定他們應全部返回故土，除非是罪犯和希臘同盟驅逐的底比斯人。

西元前三二四年，大概在召回流亡者之後，亞歷山大要求希臘城邦向他致以「神祇般的尊敬」，他希望強調他對希臘和希臘神祇的貢獻，因爲他爲希臘向波斯復仇。此外，西元前四七九年，希臘人曾誓言要重修普拉蒂亞的神殿，於是他又拿出一萬塔倫特重修希臘神殿，他將希臘神祇的崇拜帶到賈克薩戴斯河和印度河的兩岸以及南部「大洋」，爲希臘贏得大片殖民地，在他建立的新城中修築希臘神殿，帶給希臘城邦一段和平安定的時期，這只有西元前四四六—四三一年「三十年協議」後出現的和平期可與之相比[39]。如今他要求他的貢獻得到承認，但並未規定「神祇般的尊敬」以何種特殊形式。

德摩斯提尼取笑他說：「如果他願意，就讓他當宙斯和海神的兒子。」戴瑪斯戴因建議稱亞歷山大爲「神」，被罰款十塔倫特。斯巴達通過措詞簡潔的法令「既然亞歷山大要當神，就讓他當神」[40]。雅典和斯巴達是馬其頓最頑強的死敵，他們的反應是可以預料得到的，但許多城邦，許多人真心感謝亞歷山大的遠征帶來的和平、繁榮和希望，正如大多數城邦歡迎召回流亡者一般，西元前三二三年希臘諸邦派出頭戴花冠的使者（神聖使節的標誌）向亞歷山大致敬，猶如向神頂禮膜拜。

有些人認爲亞歷山大想借「神化」來達到政治目的，在希臘建立他在埃及作爲法老一樣的神聖王權統治，這種觀點並不可靠，亞歷山大根本不要求成爲特定的神，因爲他在埃及的獨裁不僅基於長期的傳統，也沒有跡象顯現他利用了德爾菲或奧林匹克神祇成爲對亞歷山大的崇拜服務，他甚至沒有在錢幣上刻上頭像，亞歷山大只想得到希臘人向他表達的神聖敬意，如同他們過去對萊桑德和狄翁一般的敬意[41]。

在不迷信的人看來，這種尊敬只是一種感激，而對迷信的人而言，他們感激神祇激勵凡人對人類做出卓越的貢獻；爲表示感激，埃佛埃西亞人（Ephesians）興起信仰「宙斯・菲利庇奧斯」（Zeuz Philippios），而敘拉古人則紀念梯摩賴翁，跟隨亞歷山大的歷史學家卡利斯戴奈斯（Callisthenes）撰寫《亞歷山大大帝的功績》，他曾試圖煽起對亞歷山大神一般的崇拜，他說亞歷山大在帕姆非利亞時，海水從他面前退去，密賴士斯的預言說他爲宙斯所生，宙斯・阿蒙的祭司稱他爲「宙斯之子」，但這只是一位似乎對國王毫無影響力的隨從的諂媚之詞，當然亞歷山大利用了埃及、巴比倫、波斯、印度和其他國家的宗教，他也不反對他在希臘政治的地位是希臘同盟的盟主，而他對神聖敬意的要求源自他自己的信仰，而不是任何的政治企圖[42]。

西元前三二四年春，亞歷山大從印度返回的第二年，他主要從事組織他的帝國、改組軍隊、發展海軍，並與印度和埃及建立沿海貿易關係，調整希臘事務的耗大工作以及許多其他雜物，他的生活方式則沒有改變，一股「強烈的欲望」驅使他駛入波斯灣，途中他移走底格里斯河上的人工低壩，改進了航海條件[43]。以後他又泛舟幼發拉底河，計畫改良美索不達米亞平原的灌溉系統，還計畫了其他重要工作，例如排乾貝奧提亞的考帕伊斯河（Copaïs），他還視察了尼薩（Nisa）的平原，該地出產波斯騎兵的馬匹，又安排將印度牛送到馬其頓，改良歐洲牲畜，並發動對四處搶劫的哥薩埃（Cossaei）的冬季戰役。

西元前三二三年亞歷山大率部從埃克巴塔納開赴巴比倫，他不顧加爾底亞（Chaldaean）祭司的不要入城的警告（因爲他懷疑他們的動機），並制定海軍探險計畫，在巴比倫集結陸海軍，爲下一次戰爭做準備，這時頭戴花冠的使者來到巴比倫，報告了宙斯·阿蒙的神諭，並舉行了亥法埃斯提翁的葬禮。在大軍開拔前夜，亞歷山大安排陸海軍部隊舉行祭祀儀式，他照傳統習慣祭神，當天晚上他與他的「夥伴」們一起歡宴，次日早晨他發燒病倒，但他仍爲開拔做準備，下達行軍命令，每日被抬出舉行祭祀，儘管他高燒不退，終於他病得太厲害，無法再被搬動，軍官們來到宮殿，他無法和他們交談，四十八小時後他仍不能開口，接著士兵們開始魚貫通過他的房間，他困難地轉動頭部向每個人致意，並用眼神道別，他的「夥伴」們整夜守候在他身邊，不久之後，亞歷山大病逝，時間是西元前三二三年六月十三日[44]。

生病期間，亞歷山大考慮著對他最重要的事，戰爭和宗教信仰，作爲武士、艦長、將軍，他無可匹敵，歷史學家阿利安（Arrian）說：「戰爭領域中沒有什麼能超越亞歷山大的力量。」如果他計畫將地中海開化的邊緣併入他的帝國（可能他也這樣打算），這樣的計畫遠非不切實際。這位年僅三十二歲的男子打敗了從亞德里亞海到印度河他遇到的每個民族，他本還可以征服迦太基和羅馬，誠然他所設想的地球住人的區域比實際的要小，因而他可能還設想到過「世界帝國」[45]。如果他再活三十年，他可以建立以馬其頓和印度爲中心而不是邊緣的帝國。不管如何，他不會停止征戰和探索「大洋」的四海，正如阿利安所言，他的征服欲望永無止境。

他的治國之才同樣無出其右，歷史上無人能像他那樣統治廣闊的征服地區，同時又有力量使他們融合成和平統一的國度。他有崇高的理想，帶給附屬國宗教自由、種族寬容、政治和諧、經濟繁榮和生活的和平條件。總體而言，他的戰爭手段與他的同時代人相較是最人道的，但偶爾也與他們一樣殘暴，在底比斯、提爾、加紮和印度的婆羅門（Brahman）地區，因爲根據他當時的判斷，爲達到目的「屠殺」這種方式是必要的[46]。他超越了埃索克拉底和亞歷山大的民族主義，他尊重宗教活動、社會習俗和他王國中所有人的政治權利，只要他們承認亞歷山大爲帝王，任何總督都無權審判任何人。

帝國的行政中心是亞歷山大，本尊爲完成任務，他要求他的「夥伴」和親屬，包括馬其頓人、希臘人、波斯人的效忠，並調動他們爲帝國服務。菲利二世和亞歷山大曾訓練馬其頓人擔任皇家侍從、「夥伴」騎兵、將軍、財政官員和行政官員，而在亞歷山大的宮中、在馬其頓和新興城市中亞歷山大又訓練了一批新人[47]。

在他去世之後，許多「夥伴」亦顯示他們意志的力量和他們的統帥才華，但在他在世時期，他們都受他的意志控制；他迅速捕捉到統治帝國的要素，而羅馬帝國要經歷了幾代人的流血才認識到這些關鍵之處[48]。對被征服民族負責、尊重他們的制度、在省區管理中亞歷山大實行民事、軍事和財政權的分離、在政府和軍隊中他吸納了其他民族、並鎭壓海盜和搶劫活動，此外他還制止了內戰，用包括其他民族附屬軍隊的分隊保衛邊疆，他們或作爲平行支隊，或者加入帝國軍隊的基層骨幹，他還制定海外貿易的經濟計畫，以及各附屬國向亞歷山大申訴的權利。

他擁有許多官職，並集若干民族統治於一身，他是希臘同盟的終身盟主，接受「神般的榮譽」，馬其頓的世襲國王，向馬其頓公民大會負責，他還是埃及的法老，阿蒙之子，阿胡拉·馬茲達庇護的巴比倫國王，如居魯士一般的「亞洲王」，伊利里亞到伊朗一帶的諸侯國的宗主，西熱奈、西普瑞亞國王、法拉斯瑪奈斯和其他許多人的盟友[49]。由於亞歷山大充滿魅力的人品，這些職位都統一起來，與羅馬帝國的奧古斯都相比他的作用似乎更爲重要。

亞歷山大與他的父親在品格方面有眾多相似之處：個人勇氣、將才、決策的敏捷、智慧的預見和宗教篤信，他又從母親奧琳庇婭絲處繼承了比菲利二世更爲強烈的權力欲和更爲熱情奔放的天性[50]。

亞歷山大生前許多亞洲人以爲他是地球上的神，他死後，他們對他神聖出身以及英雄品格的信仰促使「亞歷山大浪漫主義」誕生，其影響仍存在於伊斯蘭英雄「伊斯堪德·德胡爾卡奈因」（Iskander Dhulcarnein）身上（雙角亞歷山大〔Alexander of Two Horns〕），以及阿爾巴尼亞貨幣上的亞歷山大像中。他一生的悲劇在於幾乎沒有馬其頓人贊同他的政治理想，他的勝利則是他的意志力量迫使他們跟隨[51]，他的智力是希臘式的，他熱愛希臘文化，勇於冒險，多才多藝，這可能是他十五歲時亞里斯多德對他的教育結果，但他很快便超越了老師的教誨。

他的性格是馬其頓式的，奔放豪邁，易被「強烈的欲望」操縱，他力量的源泉是來自希臘和馬其頓的宗教信仰，無論身體健康還是疾病纏身之時，他都祭祀希臘和馬其頓的神祇，他自信是雙方神祇的後代，宙斯之子海克力斯與忒提斯（Thetis）之子阿基里斯是他的祖先，這種信仰可能在宙斯·阿蒙的神殿得以確認，他的朋友見他此後對該神殿特別敬畏，認爲他願意被安葬在那裡，而不是馬其頓的阿埃加埃[52]。

他一生中曾兩度昭示他的宗教信仰，在高加邁拉戰役中他向部下講話時，他向天空舉起右臂，向神祈禱，如果他眞是宙斯的後代，諸神將援助、支持希臘人，他相信神祇在那時和以後都應允了他的祈禱[53]。當他在奧庇斯舉行合解宴會時，他懇求馬其頓和波斯的領袖，將有人居住的地球作爲他們的祖國，把善良的人們當作他們的父老鄉親，因爲他說自己是神祇派來在世界上擔任統治者和調解人的，他是來融合人類的生活和制度，如同在酒宴用的輪飲杯中混酒一般，他的信仰就與「像父親一樣對待黎民百姓的奧德賽（Odysseus）」一樣，這種信仰是永存不滅的。

從古到今，學者們在亞歷山大對帝國未來的規劃問題上意見分歧，從亞歷山大執政歷程可以清楚地發現，他的獨裁傾向越來越明顯，最具代表性的是頒布法令讓流放者返回各城邦，以及要求神化他本人的行爲，沒有明確的證據揭示亞歷山大可能如何預見那種獨裁的行式，或預見他期望帝國不同民族的人民在期間發揮什麼樣的作用[54]。因此，從眞正意義來說亞歷山大的政策是消極的[55]。

第二十章

馬其頓帝國的分裂

繼位者的第一次戰爭

亞歷山大好像是爲了戰爭而生的，和平生活似乎不適合他，他的早逝使他的帝國未及鞏固便曇花一現般的崩潰了，他的部將們雄踞一方，相互混戰[1]。

當亞歷山大意識到他的疾病致命時，他已經無力言語，他所能做的只是將戒指交給伯迪卡斯。他去世後的第二天，國王最親近的「夥伴」和統帥們召集會議，伯迪卡斯當面將戒指放在寶座上，伯迪卡斯建議，由於羅克珊娜即將分娩，如果是個男嬰，就應當立他爲王，目前他們應該等待，但是決定要由代表馬其頓人民的馬其頓士兵作出，他們聽說建議後，騎兵支持伯迪卡斯，步兵則反對他，他們不要波斯女人的孩子，而要菲利二世的兒子阿爾希達埃尤斯，當時已更名爲菲利・阿爾希達埃尤斯。此時，軍隊幾乎發生械鬥，騎兵站在伯迪卡斯一邊，步兵則站在邁賴阿戈（Meleager）一方[2]；最後埃尤邁奈斯（Eumenes）制止了這場流血事件，雙方妥協，即菲利稱帝，羅克珊娜的孩子如果是個男孩，應該分享帝位（西元前三二三年八月證明是個男嬰）。

在馬其頓帝國裡，亞歷山大和他的馬其頓部下享有崇高的地位，是故亞洲民族沒有發動暴亂，但亞歷山大去世後留下幾十萬作戰經驗豐富的軍隊，包括馬其頓人、希臘人和亞洲人，許多有能力又雄心勃勃的將領，以及帝國不同部分的大量珍寶，這些都是帝國分裂的原因[3]。當時伯迪卡斯大權在握，因爲他統領著代表馬其頓人民的軍隊，他還控制著國王菲利三世的活動，他的首要任務是制止在巴克特瑞亞集結後向家鄉進軍的希臘僱傭軍，這支部隊約有三千名騎兵和二萬名步兵，一支馬其頓軍隊攔截了他們，馬其頓和亞洲騎兵的優勢兵力迫使他們投降，後來他們遭到馬其頓人卑鄙地屠殺，但也暫時平定了這股暗潮湧動的叛亂。

然而帝國最脆弱的部分卻是在小亞細亞，當亞歷山大去世後，不知何時阿瑞亞拉戴斯一世已經使用國王頭銜，並征服卡塔俄尼亞（Cataonia）擴張疆土。西元前前三二二年，伯迪卡斯指派歐邁尼斯為卡帕多奇亞總督，阿瑞亞拉戴斯一世拒絕聽從歐邁尼斯的命令，於是伯迪卡斯率領軍隊進攻阿瑞亞拉戴斯一世，並在戰場上打敗他，阿瑞亞拉戴斯一世因此被俘[4]，當時阿瑞亞拉戴斯已經八十二歲高齡了，最後他和他的親屬全都被釘死在十字架上。在他死後，歐邁尼斯成為卡帕多奇亞的統治者，然而阿瑞亞拉戴斯一世的養子阿瑞亞拉戴斯二世則逃到亞美尼亞境內，並準備東山再起。

另一方面，伯迪卡斯的敵人開始聯合起來對付他，這時拉密亞戰爭已經結束，安提派特和克拉特魯斯指揮著四萬人馬，且由安提高努斯接管安提派特的部分艦隊，在卡瑞亞登陸，而埃及總督托勒密也擁有強大的海軍，他們分合進擊伯迪卡斯。因此伯迪卡斯需分兵作戰，此時埃尤邁奈斯的軍隊引開克拉特魯斯，並在小亞細亞擊敗他，而安提派特則向南進軍，前去援助托勒密，伯迪卡斯搶先率領軍隊和兩位國王到達埃及，但他未能渡過尼羅河，他的許多部下死在河中，於是軍隊叛變，在帳篷中殺死伯迪卡斯，並要將他的位子交給托勒密（西元前三二一年六月）[5]，但托勒密卻加以回絕，於是全軍將士支持菲利的將軍，帕邁尼歐的同事安提派特，他以強大的武力和旺盛的精力維繫帝國，直到西元前三一九年初去世，馬其頓帝國亦不可挽回地最終分裂了。

是故，托勒密比其他任何將軍都要了解當時的局勢，他從伯迪卡斯手中取得埃及，鏟除克賴歐邁奈斯，兼併西熱奈，並吸收馬其頓人和希臘人為他服役。西元前三二二年，當亞歷山大的遺體從巴比倫運往馬其頓時，托勒密使遺體改送至敘利亞的大馬士革（Damascus），並轉往埃及，他在亞歷山大城建起了宏偉的陵墓，並強調托勒密和阿蓋阿達埃（Argeadae）的親屬關係[6]。

拉密亞戰爭

拉密亞戰爭（Lamian War）又稱希臘戰爭（Hellenic War）（西元前三二三年－三二二年），是雅典與希臘盟邦埃托利亞人、福基斯人、洛克利斯人等，聯合反抗馬其頓帝國統治及馬其頓歐洲統帥安提派特的一場戰爭，這是雅典最後一場擔任重要角色的戰爭，雅典在戰敗後同時也失去了獨立自主權[7]。

在認識亞歷山大的所有人之中，大陸上的希臘人最不為他人品的魅力所動，在他們眼中，他是個馬其頓人，劫掠底比斯的罪魁禍首，一位權力被能幹但無法無天的安提派特所利用的國王，他們從未真心誠意地在戰役中與亞歷山大合作，也根本未曾考慮過希臘——馬其頓文明。但也有許多人感謝馬其頓帶來的和平以及馬其頓勢力擴張後的經濟利益，而重返故國的流亡者和來到巴比倫的使者更表達了感激之情[8]。或許亞歷山大在希臘，再加上他的慷慨和對希臘軍事的興趣，可能會安撫民心，但事態的發展正好相反，而一些將軍的爭權奪利似乎為擺脫攝政王安提派特的權勢提供了契機。

雅典不將亞歷山大的力量放在眼裡，只是在苦口婆心的勸說後，他們才向亞歷山大致以神聖的敬意，並同意讓流亡者歸國，德摩斯提尼和戴瑪戴斯起初反對，西元前三二四年，德摩斯提尼被任命為派往奧林匹克節慶的使節團團長，但當他仔細觀察形勢之後，他建議接受亞歷山大提議，此時戴瑪戴斯也改變了主意，但希派瑞戴斯（Hyperides）仍持相反立場[9]。實際上，雅典的二派力量都抵制亞歷山大的統治，換言之，他們內心深處仍認為馬其頓是蠻夷之邦。

亞歷山大去世前，雅典最高法院向公民大會報告，哈帕路斯丟失的一部分財產可能流入了德摩斯提尼、戴瑪戴斯和其他人的口袋，公民大會指定十名演說家，以希派瑞戴斯爲首，審訊被指控的人，在審訊中，德摩斯提尼被發現接受二十塔倫特，他也因此入獄，直到交出罰款五十塔倫特爲止。另外，戴瑪戴斯也被剝奪政治權利，但仍爲自由民[10]。雖然德摩斯提尼的罪行無庸置疑，他更可能是出於公共動機，而不是個人動機（如西元前三三六—三三五年），即使人們相信他的動機是純正的，但如果被偷錢財的主人亞歷山大依然在世時，德摩斯提尼也無法逃脫刑罰。上述的事件迫使他越獄逃跑，並在卡羅瑞亞（Calauria）定居下來，他無望地申訴，期盼當局能豁免他的罪刑。

在雅典，一名在僱傭軍中服役的雅典人李奧斯戴奈斯較早得知亞歷山大的死訊，他在南拉科尼亞統領著從亞洲逃走的八千名僱傭軍。李奧斯戴奈斯在雅典與議會祕密談判，議會撥給他五十塔倫特以及一些武器，並派出使者前往阿埃托利亞，當亞歷山大的死訊確認無疑後，希派瑞戴斯在公民大會提議組織反對馬其頓的起義，德摩斯提尼也從卡羅瑞亞捎來同樣效應的資訊，富裕階層和謹慎的佛西翁卻反對這項提議，但窮人卻群情激昂地決定捍衛「希臘全面的自由」，趕走所有馬其頓駐軍[11]。雅典財務官李克固斯（西元前三二四年去世）已經使國家的財力達到比西元前四三一年還要高的水準，年歲收入爲一千二百塔倫特，儲備基金積累達到一萬八千塔倫特，艦隊的名單上的力量爲四百艘船隻，年輕人也開始接受軍事訓練，雅典的富裕使人們的意見更爲分歧。

雅典的決定並未得到所有階層的支持，因爲雅典並沒有聽從亞里斯多德的意見，他未能改善窮苦階層的生活，且可能使貧富差距更進一步擴大，富人有更多的閒暇時間從事腦力工作，而窮人的物價卻高漲[12]。西元前三三六年通過的法令宣布，任何雅典公民或阿熱歐帕固斯議會成員，如果支持獨裁或暴政推翻民主制度，將受到嚴厲懲處，此可見窮人的焦慮之情。

雅典階級的矛盾，使軍事政變成爲可能，查埃容埃亞戰役打擊了雅典的士氣，而僱傭軍首領或馬其頓奸細更使雅典政權隨時倒台。同時自從西元前三三八年起，公民大會中赤貧階級組成的多數人數開始下降，因爲許多窮人多數前往埃及尋找工作，到了西元前三二五年，還有一些人去亞德里亞海岸拓展殖民地[13]。正如後來事實證明，雅典沒有足夠的人力武裝二百四十艘戰船。此時，雅典黨派情緒激昂，民主派領袖號召開戰，他們經常這樣做，而不仔細估算成功的機率有多少，雅典派系的爾虞我詐。因此，包括亞里斯多德在內的一些雅典人和外僑被控同情馬其頓，他們或被治罪，或逃離阿提卡。

西元前三二三年十月李奧斯戴奈斯率領僱傭軍前往阿埃托利亞，從阿埃托利亞聯盟得到七千人馬，又與福西斯和勞克瑞斯的軍隊會師，接著他占領溫泉關（Thermopylae），雅典軍隊開拔加入他的部隊，但被一些馬其頓人和優卑亞人支持的貝奧提亞士兵擋住去路，李奧斯戴奈斯只好派援軍幫助雅典軍隊突圍[14]。與此同時，雅典使節周遊希臘各邦尋求結盟，安提派特由於派出大量補充兵力加入亞歷山大軍隊，實力虛弱，他向弗瑞吉亞（Phrygia）總督李奧納士斯緊急求援。

而此時聯盟軍隊未及擴大實力，安提派特率領六百名騎兵和一萬三千名步兵南進，召集色薩利的軍隊，可能還有一百一十艘返回馬其頓執行護航任務的艦隻支援；但當他們接近溫泉關時，色薩利騎兵開了小差，在色薩利的幫助下，李奧斯戴奈斯指揮的二萬五千人士兵擊敗了安提派特，並將他趕到拉密亞；希臘中部的大多數山地部落、勒卡斯（Leucas）、卡瑞斯士斯（Carystus）加入聯盟但雅典艦隊未能擊敗優卑亞的其餘軍隊，也未能切斷馬其頓和亞洲的聯繫，阿哥斯、佛西翁、伯羅奔尼撒和一些島嶼也沒有積極的參與[15]。

聯盟宣稱這場戰爭爲「希臘戰爭」，他們建立指揮部，每支部隊有自己的指揮官，他們接受李奧斯戴奈斯爲軍隊統帥，李奧斯戴奈斯占據了陸上優勢，但他仍未能攻克拉密亞，於是他決定封鎖城市。見此情況，安提派特提出談判條件，李奧斯戴奈斯要求無條件投降，安提派特加以拒絕，冬季到來時，阿埃托利亞人回國處理一些政治事務，他們離開之際，李奧斯戴奈斯在一場戰役中身亡，接替他統帥職務的雅典人安提菲路斯（Antiphilus），能力欠缺，無法團結盟軍，這時雅典海上依然失利，馬其頓襲擊了阿提卡海岸上的拉姆努斯（Rhamnus），佛西翁亦逐走敵軍，雅典艦隊駛入亥萊斯邦特，但沒有獲得盟友幫助[16]。雖然奧德瑞西亞人的起義牽制了色雷斯的馬其頓統帥李西瑪處斯（Lysimachus），但對來自東方的援軍，道路依舊暢通。

西元前三二二年春，李奧納士斯率軍渡過海峽，在馬其頓，他將兵力擴充到二千五百名騎兵和二萬名步兵，並進軍到色薩利。安提菲路斯仍在拉密亞外駐軍，阿埃托利亞人還沒有與他會合，他的兵力爲三千五百名騎兵和二萬二千名步兵，最後他決定放棄攻城，轉而在平原中襲擊李奧納士斯的孤軍，進而使用他的優勢兵力擊敗李奧納士斯的軍隊，並殺死李奧納士斯，但馬其頓士兵擅長山地迂迴，安提派特的軍隊很快與他們會師，並撤到馬其頓[17]。此時克賴伊士斯率領的一支馬其頓艦隊在阿庇杜斯外海取得決定性勝利，控制海峽，且與安提派特的艦隊會合，至此雅典一百七十艘船的艦隊便寡不敵眾了。

西元前三二二年夏，艦隊在阿摩高斯（Amorgos）作戰失利，海戰實際上也宣告結束，雅典受到封鎖的威脅，九月，克拉特魯斯會合安提派特，安提派特統領聯軍，包括五千騎兵、四萬名重裝步兵和三千名輕裝步兵，其中還有一千名是波斯人。希臘軍隊由於不斷有分隊回國，人數持續下降，在色薩利的克拉儂（Crannon）決戰時，有三千五百名騎兵置於步兵隊列前，但是騎兵戰一開始安提派特就立即指揮方陣出擊，將希臘步兵隊列趕到騎兵無法支援的陡峭地區，雙方都沒有大的損失，但希臘軍隊沒有迴旋之地，他們可以依賴山地進行陣地防禦，但卻無法離開[18]。馬其頓在步兵方面具有壓倒性的優勢，聯軍遭到擊退，儘管損失不大，但這場戰爭勝負已分，聯軍統帥不得不向安提派特議和。

阿埃托利亞人返鄉保衛祖國後，雅典發現海陸力量都敵我懸殊，因此陷入了絕望，他的處境比西元前三三八年或西元前三三五年夏更糟糕，因爲他不是和希望與雅典合作的菲利二世、亞歷山大打交道，而是對付一個決意要瓦解雅典抵抗力量的馬其頓將軍。此時，安提派特在貝奧提亞集中兵力，雅典也恢復了戴瑪戴斯的政治權利，並指派他與佛西翁和其他人前去馬其頓懇求和平，安提派特提出：如果雅典無條件投降，將不入侵阿提卡，於是公民大會接受了他的條件[19]。

西元前三二二年九月中旬，在埃勒西尼亞節（Eleusinian Mysteries）開始之際，馬其頓駐軍穿過城市占領穆尼乞亞（Munychia）。雅典將奧羅普斯（Oropus）交給貝奧提亞決定薩摩斯的前途，他趕走雅典的克列儒克人，讓薩摩斯人歸國，雅典被迫支付戰爭賠款，安提派特扶植獨裁政府，該政府規定只限擁有二十塔倫特之人擁有政治權利，這一部分人只有九千人，餘下的二萬二千人則失去所有政治權利。此外，建議雅典開戰的演說家們需交給安提派特審判[20]。

安提派特離開雅典之後，前往親馬其頓派系掌權的伯羅奔尼撒地區，雅典的演說家狄納處斯（Dinarchus）在科林斯被任命爲馬其頓總督，統治伯羅奔尼撒，他的溫和作風受到人們歡迎，但他的出現標誌著馬其頓保護制度的建立[21]。希臘的另一個城邦阿埃托利亞則比雅典抵抗得更爲頑強，他們一萬名的部隊撤入山中，打敗三倍於己的軍隊，西元前三二二年冬，安提派特計畫將他們圍困在山中，使他們陷入饑荒而離開山地，最後，阿埃托利亞仍然脫離不了被擊敗的命運。

綜觀前述，當亞歷山大死於巴比倫的消息傳到希臘後，雅典爆發反馬其頓運動，他們和其他希臘諸邦決定反抗馬其頓霸權。在戰爭初期希臘聯軍占上風，並把安提派特的軍隊逼到色薩利拉密亞城，安提派特在那裡被希臘聯軍圍困了數月之久。後來列昂納托所率領的馬其頓援軍前來支援，但他卻在與希臘聯軍的交戰中陣亡，然而安提派特卻趁這個機會從拉米亞脫逃出來，安然退回馬其頓本土，使戰局逐漸逆轉。當安提派特得到克拉特魯斯另一批部隊增援之後，他在西元前三二二年在色薩利克拉農戰役中進攻希臘聯軍，並得到全面勝利[22]。戰爭的結果是希臘城邦的反抗受到鎮壓，希臘城邦被剝奪一些權利，一些城邦還受到親馬其頓寡頭和僭主統治。是故，後亞歷山大時期，馬其頓的將領仍牢牢抓住希臘各邦的掌控權。

對自由的不同見解

人們頭腦或靈魂中，個人自由或許是理所當然，因爲它建立在自尊之上。但基於政治自我表達意見之上的公民自由，則與其他公民的需要及利益相關，而以自治爲基礎的國家自由，又與其他國家的需要和權利相聯。西元前四〇四年，雅典公民享受到了政治自由，且一直到拉密亞戰爭結束。而馬其頓人享受的政治自由，也一直到西元前一九七年，但在羅馬強加條約予馬其頓之後，這種政治自由便消失了[23]。

西元前三三八年，希臘強國將國際政治中的自由解釋爲：強國透過傀儡政府、駐軍、索取貢品，並在極端情況下，採取在征服後，殺死所有成年男人和販賣婦女和兒童到奴隸市場（andrapodismos）以統治弱國。斯巴達、雅典和底比斯不關心自治，他們更關心控制其他國家的「霸權」[24]。

但與此同時，對自由的另一種觀念也在發展，即國家自由合作，不強加或接受傀儡政府、駐軍、貢品以處理各自事務；西元前三六二年，大的聯邦國家，也就是第二次雅典同盟以及的城邦同盟在更為廣大的背景之下認識到這一新思想。

西元前三三五年底比斯聲明較早的自由形式，即支配貝奧提亞和其他國家的權利，由於他堅持這項聲明，他的「貝奧提亞執政官」拒絕亞歷山大的條件。隨後的希臘同盟議會，特別是其中那些過去深受底比斯自由所傷害的城邦，他們投票決定對底比斯施行征服後殺死所有成年男人和販賣婦女為奴的慘暴政策。拉密亞戰爭中，雅典和阿埃托利亞聲稱為「希臘諸邦的自由而戰」，也許他們得到廣泛協助，馬其頓將軍被認為決意拋棄菲利二世和亞歷山大的政策，而雅典和阿埃托利亞則被認為尊重城邦間彼此合作的自由，但事實上很少國家有所行動，他們記住薩摩斯的例子，害怕雅典重新施行先前的自由形式，他們更熱愛菲利二世和亞歷山大給予他們合作的自由[25]。

歷史學家推崇的民主形式，是重視軍事力量、人道手段、經濟繁榮、藝術天才、社會公平或綏靖主義、「民主制度」或聯邦主義等思想的民主。但現實上，政治家一定會面臨緊迫、實際的任務，在包容其他國家的世界裡，還要保持他的祖國昌盛，這不僅需要對昌盛定義的理解，也需要對其他國家的理解[26]。西元前三三五年，底比斯領袖顯然錯估了亞歷山大的實力，可能也誤判了希臘城邦的情緒。

西元前三三八年─三二三年，雅典政治家存在意見分歧，佛西翁和一些人認為當時雅典的繁榮昌盛有賴於與希臘同盟及馬其頓合作；而德摩斯提尼、希派瑞戴斯和一些人則渴求雅典獲得早期的自由形式，即統治其他國家，他們認為城邦世界為當時的形勢提供了成功適當條件，西元前三二三年，他們的算計失敗，他們的事業沒有獲得廣大的支持，又錯估了自己的力量，雅典人內部不和，戰爭時軍隊紀律鬆懈，依賴的僱傭軍又急於認輸，因此使得他們遠遠不及馬其頓人[27]。是故，我們很難認爲西元前三三八年—三二二年德摩斯提尼是比佛西翁出色的政治家。

此外，雅典在危機時刻，他的民主制度也就常常造就誇大實力的領袖，德摩斯提尼在他的政治生涯中，便是這樣一位領袖，野心不斷地膨脹、積怨深厚難平、對他人冷嘲熱諷、爲自己的權利叫囂不止，他富有藝術天才和智慧，但缺乏戰鬥勇氣，他更相信「好運氣」而不是實力，一意實行雅典的傳統「自由」，隨時準備自己接受，並強迫他人接受爲達到目的所需的任何犧牲，他的早期演說清楚暴露了他爲雅典設想的自由觀，在當時的世界中看起來是現實的[28]。

西元前三三八年至西元前三二二年之間，馬其頓的實力不容置疑，德摩斯提尼因而面臨一個新世界，選擇只有兩個，或者在希臘同盟的自由中爲征服波斯而合作，或者抗拒希臘同盟和馬其頓而招致最嚴重的災難[29]。西元前三三五年，德摩斯提尼建議底比斯領袖們和雅典人民選擇抵抗，但隨即緊接著底比斯就被毀滅，而雅典在當時及後來都一再受「善意」的庇護，德摩斯提尼仍建議抵抗，起初他讓那些消息不如他靈通的追隨者要小心一些，但他最後還是與那些人一樣魯莽、蠻幹，這次德摩斯提尼和雅典沒有得到「善意」。另一方面，安提派特將馬其頓的勝利和馬其頓的自由理解爲西元前四〇四年斯巴達的所做所爲，但即使這樣，也不及雅典對邁羅斯（Melos）、塞斯土斯（Sestus）或薩摩斯的做法，希臘各城邦之間的征伐和殺戮，著實給了馬其頓一個大好機會，進而統一希臘各邦。

這段時期，比雅典的自由更爲重要的事，是菲利二世引入自由的新概念。他以自治、合作爲原則，在希臘國家中加以推廣，後來亞歷山大也尋求在東方建立這種自由理念。在他們政策的初期，一些軍事活動是必要的，因爲新思想、新方法不可能立刻改變世界，但菲利二世和亞歷山大都在接近成功時不幸去世[30]。他們以自治、合作爲原則而自由觀念也因他們的去世也就嘎然而止了。但希臘和馬其頓是血脈相連、文化同宗，如果他們在馬其頓國王、希臘同盟盟主菲利二世的領導下聯合起來，希臘——馬其頓時代便會成爲現實，而不是歷史學家的時髦名詞。

假使亞歷山大沒有早逝，馬其頓和亞洲的合作將會開花結果，他的天才甚至還可能實現馬其頓和希臘的合作，這將抵禦住羅馬的進攻。但現實恰恰相反，西元前三二二年，馬其頓將軍們拋棄了菲利與亞歷山大的政策，他不將同盟議會放在眼裡，聯盟也就此結束。安提派特在伯羅奔尼撒地區設置馬其頓總督，它標誌著希臘民族享受了一千多年自由的結束[31]。

總之，亞歷山大去世後，他的帝國被他的部下們迅速瓜分。開始還保持了帝國形式上的統一，不久統治各塊領地的將領們陷入公開的爭鬥，稱之爲「繼承者戰爭」。最後，弗里吉亞的伊浦蘇斯之役結束了各方的爭執。亞歷山大帝國，最初被分割爲四大部分，卡山得統治希臘，萊西馬庫斯占據色雷斯，被稱爲「勝利者」的塞琉古一世得到了美索不達米亞和伊朗，而托勒密一世分得黎凡特（指地中海東部諸國）和埃及[32]。安提柯一世在小亞細亞和敘利亞建立了短暫的統治（柏加曼王國），但很快就被另外四個將領擊敗。而亞歷山大對印度領土的控制也只是曇花一現，當塞琉古一世被旃陀羅笈多（即月護王，印度孔雀王朝的第一個統治者）擊敗時占領印度即歸於結束。

結 論

希臘地處巴爾幹半島南端。首都雅典，他位在阿提卡半島上，伯羅奔尼撒半島和愛琴海上的三千餘座島嶼組成了現在的希臘共和國。自古以來希臘就是連接歐亞非三洲的交通要道，在北部分別與阿爾巴尼亞、馬其頓、保加利亞相鄰，東北的色雷斯平源與土耳其接壤。希臘海岸線曲折多港灣，瀕臨地中海之愛琴海與伊奧尼亞海。

歐洲文明起源於希臘，希臘文明則起源於愛琴海島嶼，是故希臘是西方文明的搖籃不爲過。希臘的歷史可以上溯到西元前二十二世紀，當時的羅馬帝國還處在蠻荒時期。我們熟知的西方哲學、奧林匹克運動會、西方文學、歷史學、民主制度、科學和數學、戲劇等都起源於希臘。亞歷山大征服歐、亞、非、三洲之後，其推行的希臘化運動促希臘文化在地中海的四周都鑲嵌上了希臘文化。隨後，羅馬帝國更把希臘文化傳播到帝國各角落。現代的希臘歷史，則是從一八三三年左右開始算起，這一年希臘獨立戰爭戰勝鄂圖曼土耳其，希臘王國建立。

愛琴海文明包括兩大文明：米諾斯文明及邁錫尼文明。西元前十二世紀，這兩大文明隨之消失，希臘進入所謂的黑暗時期，一直到西元前八世紀，希臘文明才開始復興。西元前八世紀到六世紀，希臘各城邦在地中海沿岸殖民時期，並且二次抵禦波斯帝國的入侵，於是希臘文化開始了他輝煌的篇章。

城邦是指古希臘的一種國家形態，他一般以一個城市爲中心，包括其周邊的農村構成。斯巴達和雅典是最大的城邦；西元前五世紀希波戰爭後，希臘城邦進入繁榮階段，經濟貿易興盛，文化成就卓越，伯羅奔尼撒戰爭後，走向衰落。西元前四世紀希臘半島終於被馬其頓王國征服。西元前二世紀希臘歸羅馬統治。

城邦主要特徵是小國寡民，各邦長期獨立自治，每個城邦都是獨立自主的主權國家，各邦之間一般是平等的鄰邦關係。城邦政體畫分為若干類型，其中貴族制和民主制在古希臘城邦中最為流行。除了貴族制和民主制外，古希臘城邦還存在君主制，寡頭制和僭主制。古希臘城邦實行的公民政治，使城邦公民享有較充分的政治權利，尤其是雅典的民主制為後世提供了寶貴的借鑒經驗。希臘有一千多個城邦，希臘人認為五千人到三千人是城邦最適當的人口數目，雅典和斯巴達則是人口最多的城邦，但其公民人數亦不過二十萬人。

古代希臘基本上他並不是一個國家，希臘也只是一個地理名詞。到了馬其頓的亞歷山大時期，他征服了波斯帝國，此時希臘也統一在馬其頓底下，希臘文化也傳播到小亞細亞、埃及、中東和中亞地區，史稱希臘化時代。西元前一六八年，羅馬征服了希臘，但希臘文化卻征服了羅馬；羅馬人言必稱希臘，希臘文化繼續主宰著整個東地中海地區，西元三九五年，羅馬帝國被分裂成兩部分；此時，東羅馬帝國仍是希臘文化的天下。一四五三年，鄂圖曼土耳其攻陷君士坦丁堡，從此土耳其逐漸控制了整個希臘。

一八二一年，希臘人宣布脫離鄂圖曼土耳其的統治，一八二八年，希臘獨立戰爭結束後，並在一八三三年建立了君主政權。從十九世紀到二十世紀初，希臘就不斷地擴張領土，到了一九四七年時期，希臘已將鄂圖曼土耳其講希臘語的地區全納入其版圖，形成了今天的希臘。

第二次世界大戰爆發之後，希臘曾經短暫被德國佔領，戰爭結束之後，又發生了內戰，而後，希臘加入北約組織，一九六七年四月二十一日，希臘發生軍事政變，國王被廢黜，一九七四年七月，希臘軍政府垮台，康斯坦丁二世返國，但是他並未恢復王位，十一月舉行議會選舉，新民主黨獲勝並執政。十二月舉行公民投票，有百分之六十九的民眾贊成終止君主制度，確立國家政體爲共和制，希臘王國至此宣告結束，走入歷史。此後由新民主黨和泛希臘社會主義運動輪流執政。此時，希臘政局也趨於穩定，一九八一年，希臘亦加入了歐洲共同體，二〇〇四年，希臘首都雅典成功舉辦第二十八屆世界現代奧林匹克競賽。

希臘總統作爲國家虛位元首，實行內閣制。總統、總理任期四年，由議會選舉產生，可以連任一次，議會是一院制，議員由比例代表制選舉產生，任期爲四年，小黨被壓縮。因此，即使在最大黨沒過半數的席次，但仍然可以控制議會。

希臘畫分爲十三個大區，下分爲五十四個州。還有一個自治區（阿索斯山修道院州）。伯羅奔尼撒半島是希臘大陸主體，愛琴海上，包含克里特島、羅德島及其他島嶼星羅棋布。希臘海岸線有一萬四千八百八十公里，陸地邊界有一千一百六十公里，百分之八十都是山地，僅有百分之二十八是可耕地，中部是海拔二千六百五十公尺的山區，奧林匹克山海拔二千九百一七公尺，是希臘最高的山脈。

希臘的旅遊業是其支柱產業，占希臘 GDP 以及外匯收入的百分之十五，他受歐盟援助的資金占總 GDP 的百分之三．三，但長期失業率的居高不下，以及國有企業的私有化，社會保障體系、稅收體系，官僚系統的缺失等，都是政府急迫解決的問題。二〇〇二年一月一日，希臘與「歐元區」會員國，同步採用歐元取代舊制希幣。

目前的希臘人主要居住於本土希臘、愛琴海諸島及塞普勒斯，和世界各地。希臘是個悠閒的國家，生活就是享受，所以所有的商舖到下午二點鐘就可以打烊，到晚上又可以出來活動，過五彩的夜生活。希臘人善交際，喜歡熱鬧，尤其喜好在餐館同朋友一起聚餐，希臘人喜吃冷食，能歌善舞，音樂一響，便眼睛發光，手舞足蹈。他們的作息時間一般是上午九點到下午四點，中午有很短的休息，四點後人們要睡覺，到晚上八點以後，大街開始熱鬧起來，人們或去娛樂，或去餐館吃飯，直到後半夜才會安靜下來。

二〇一五年，歐盟要求希臘撙節度日，許多人認爲希臘欠錢，還不出錢本就應該節省開銷，但對一個國家而言，要挽救他的財政，撙節絕對不是一個好的方式，因爲希臘的負債很大比例是來自於貿易赤字，而非完全是社福支出。

是故，說希臘人懶散是完全不正確的指責，事實上，希臘二〇〇一到二〇〇七年的社福支出占GDP的百分之二十・六，但同時期德國是百分之二十六・七，法國是百分之二十八・七。此外，希臘人的勞動生產力提升速度也高於德國，且希臘將此收獲還諸於民，使人民收入增加，而不像德國的勞工薪資受到壓抑。

換言之，希臘經濟成長的速度比德國快，但卻要因爲太成功而被懲罰。如果希臘要向德國買商品與服務，超過德國向希臘購買的總額，他們必須賣金融資產或借貸，無論政府預算是否平衡，都會產生外債，相反地，如果是德國向希臘進口的總額比出口多，那德國就需要出售金融資產或向希臘借貸。

進口與國家收入息息相關，一個經濟擴張的國家，進口會逐漸增加，反之則下滑，但是歐洲現在面臨一個系統性的問題，貿易赤字必須靠賣金融資產或借貸來支付出口國債務，只能透過貿易順差來解除。

歐元區系統缺乏減少貿易赤字的自動化機制。如果每個國家都有自己的貨幣，貿易赤字會壓低貨幣匯率，讓商品與服務更有競爭力。如果希臘使用的還是舊貨幣德拉克馬，而不是歐元，與德國之間的貿易赤字就可以讓德克拉瑪大貶，貿易赤字降低，外債積累速度也可以獲得減緩。但是，現在每個國家的貨幣都一樣，所以貿易赤字理論上會一直持續下去。

而以上造就了一個自我毀滅的公式，經濟成長導致貿易赤字，最後讓外債無限增長。這就是希臘現在遭遇的困境。

自從希臘二〇〇二年加入歐元區到二〇〇八年間，希臘實質 GDP 成長平均達百分之三．六，同時期德國只有百分之一．三，希臘進口速度快於德國，同時快速累積外債，最後導致現在的危機。因此，希臘會變成現在這樣，絕對不是因為外界指責希臘人懶散、無能、靠退休金與失業補償金過奢華生活，而是因爲他們加入歐元區後，因爲經濟擴張速度、生產力與收入成長都比德國快而導致。

但諷刺的是，在這樣的系統下，撙節做爲解決方式一點都不合理。撙節長久下來會讓希臘人買不起進口商品與服務，一旦他們夠窮了，進口就會低於出口，產生貿易順差，然後拿去還債，但是貧窮的希臘，對希臘自己或對貿易國都不是一件好事，只會凸顯歐元區系統是多麼糟糕。

歐洲現在眞正需要的不是指揮希臘勒緊褲帶，而是找到能夠解決因貿易失衡導致赤字國家停止支出的方法，且要順差國家開始花錢，這樣如德拉克馬貶值效應才會出現。

希臘人的確懶散且貪腐，但頂多與德國、瑞士、法國、義大利等國家程度差不多而已。希臘債務危機的問題決不在此，希臘人的問題出在他們當初太過渴望能夠享有歐元區成員的榮耀，而忘記評估加入歐元區對他們國家而言是不是有好處。

這不是一場好人與壞人的戰爭，而是凸顯歐元區這個系統原本就存在的漏洞，如此而已。然而無論外債或是內債，外債高的國家本就應該透過控制內債來平衡開支。此外，希臘社福支出占比雖然不比西歐與北歐國家，但公務員過多，加上退休金存在分配正義的問題，都仍需解決，因此對希臘問題的解釋可能必須更全面性的思考。

註 釋

第一章 黑暗時代之後的希臘

【1】M. Cary, The Geographic Background of Greek and Roman History, p. 8.

【2】任禮，古希臘，頁３３。

【3】M. Cary, The Geographic Background of Greek and Roman History, p. 12.

【4】Idem, p. 17.

【5】Idem, p. 19.

【6】A. E, Samecel, The Mycenaeans in History, p. 37.

【7】Castleden, Rodney, The Mycenaeans, p. 25.

【8】Idem, p. 76.

【9】E. Vermeule, Greece in the Bronze Age, p. 52.

【10】C. D. Buck, The Greek Dialects, p. 66.

【11】E. Vermeule, Greece in the Bronze Age, p. 41.

【12】M. Cary, The Geographic Background of Greek and Roman History, pp. 65-74.

【13】V. Ehrenberg, The Greek State, pp. 27-32.

【14】Idem, pp. 75-85.

【15】Idem, pp. 88-124.

【16】Idem, pp. 55-72.

【17】Idem, pp. 112-119.

【18】Idem, pp. 142-154.

【19】M. Cary, The Geographic Background of Greek and Roman History, pp. 28-44.

【20】Homer, The Iliad, Translated by Fitzgerald Robert, pp. 129-140.

【21】葉淑燕譯，古希臘，頁２０。

【22】王寶泉譯，英雄的勝利—希臘羅馬神話，頁１１５。

【23】Andrews, Philochoros on Phratries, J. H. S. 81, 1961, pp. 1-15.

【24】Andrews, Phratries in Homer, Hermes 89, 1961, pp. 129-140.

【25】Homer, The Iliad, Translated by Fitzgerald, Robert, Oxford: Oxford University Press, 1984, pp. 1. 54-305.

【26】Idem, pp. 40-237.

【27】Xenophon, Hellenica, pp. 5. 27.

【28】Homer, The Iliad, Translated by Fitzgerald Robert, pp. 69-74.

【29】陳恆，古希臘，頁２９。

【30】Homer, The Odyssey, p. 26-27.

【31】任禮，古希臘，頁３９。

【32】L. H, Jeffery, The Local Scripts of Archaic Greece, pp. 55-77.

【33】Idem, pp. 112-124.

【34】F. Jacoby, The Dote of Archilochos, CQ35, 1941, p. 97.

【35】Idem.

【36】George Chapman, The Works of Hesiod, pp. 79-96.

【37】N. O, Brown, Introduction to Hesiod: Theogony, pp. 91-130.

【38】A. M, Snodgrass, The Hoplite Reform and History, JHS, 85, 1965, pp. 110-122.

【39】H. L, Lorimer, The Hoplite Phalanx, ABSA 42, 1947, pp. 76-138.

【40】Idem.

【41】A. M, Snodgrass, The Hoplite Reform and History, JHS, 85, 1965, pp. 110-122.

【42】R. M, Cook, Zonia and Greece in the Eighth and Seventh Centuries B. C, THS 66, 1946, pp. 67-98.

【43】A. T, Graham, Colory and Mother City in Ancient Greece, pp. 75-98.

【44】Idem.

【45】Idem.

【46】J. Boardman, Early Eubolan Pottery and History, ABSA 52, 1957, pp. 1-29.

【47】Idem.

【48】R. M, Cook, Zonia and Greece in the Eighth and Seventh Centuries B. C, THS66, 1946, pp. 55-68.

【49】Thucydides 1. 15. 3.

【50】Thucydides 1. 11. 2.

【51】E. Will, Recharches sur Histoire et la Civilization de Orinthe des Origins aux Guerres Médigues, pp. 391-404.

【52】Herodotus, History, 1. 14-148.

【53】Nick Fisher, Aeschines: Against Timarchos, “Introduction”, p. 22.

【54】W. G, Forrest, Delphi’s Rise, Historia 6, 1957, pp. 160-175.

【55】S. Raphael, A History of the Greek City States, pp. 45-78.

【56】Idem.

第一章 伯羅奔尼撒早期的僭主政治

【1】R. Drews, The First Tyrants in Greece, Historia 21, 1972, pp. 129-144.

【2】Idem.

【3】任禮，古希臘，頁38。

【4】Forrest, The Origin of Tyranny, pp. 65-78.

【5】A. Andrewes, The Corintlian Actaeon and Pheidon of Argos, CQ43, 1949, pp. 70-78.

【6】Idem.

【7】Idem.

【8】Idem.
【9】Xenophon, Greek History, 3. 2. 31; 7. 4. 28.
【10】Thucydides, History of the Peloponnesian War, 1. 18. 1.
【11】A. Andrewes, The Corintlian Actaeon and Pheidon of Argos, CQ43, 1949, pp. 70-78.
【12】A. Andrewes, Ephorus Book Ⅰ and the king of Argos, Q. N. S., 1951, pp. 39-45.
【13】Hadas Moses, A History of Greek Literature, pp. 85-92.
【14】Herodotus, History, 5. 92a. 1.
【15】Idem.
【16】Idem.
【17】Forrest, The Origin of Tyranny, pp. 80-85.
【18】Idem.
【19】傅潔瑩等譯，古希臘、政治、社會和文化史，頁１２６。
【20】庫普賽羅斯，是西元前六五七年至西元前六二七年科林斯的僭主，因出生後藏於櫃子內（kypsels），而躲過了巴齊雅達伊王族的迫害。他後來推翻了這個王朝，並成爲人民領袖。
【21】Forrest, The Origin of Tyranny, pp. 1-12.
【22】Idem.
【23】Herodotus History, 5. 80-81.
【24】Idem, pp. 363-440.
【25】E. Will, Korintniaka, Recherches sur Historie et la Civilization de Corinthe des Origins aux Guerres Medigues, pp. 363-440.
【26】Idem.
【27】Idem.
【28】任禮，古希臘，頁３８。
【29】楊共樂，璀璨的古希臘羅馬文明，頁４１。
【30】M. S, F. Hood, Diolkos, Archaeological Reports 1956, JHS 77, 1957, p. 7.
【31】Herodotus the History, 5. 92a. 1.
【32】A. Anderewes, The Greek Tyrants, pp. 78-94.
【33】Idem.
【34】Herodotus, The History, 5. 92a. 1.
【35】Idem.
【36】C. W, Blegen, Corinth in Prehistoric Times, American Journal of Archaeology 24(1), 1920, pp. 1-13.
【37】R. Drews, The First Tyrants in Greece, Historia 21, 1972, pp. 129-144.
【38】Idem.
【39】Herodotus, The History, 1. 6-58 ； 1. 69-81.
【40】Plutarch, Concerning the Malignity of Tlerodotus, 21.
【41】H. T, Wade-Gery, Essays in Greek History, pp. 122-1135.
【42】Idem.
【43】A. Anderewes, Probouleusis, pp. 77-85.

【44】Herodotus, The History, 1. 6-58；1. 69-81.

【45】T. J, Dunbabin, The Early History of Corinth, The Journal of Hellenic Studies 68, 1948, pp. 59-69.

【46】Idem.

【47】A. Anderewes, The Greek Tyrants, pp. 55-68.

【48】Idem.

第三章　早期的斯巴達歷史

【1】傅潔瑩等譯，古希臘、政治、社會和文化史，頁150。

【2】郭小淩等譯，劍橋插圖古希臘史，頁68。

【3】任禮，古希臘，頁60。

【4】阿里斯托梅尼，西元前七世紀麥西尼亞戰爭英雄，因抵抗斯巴達而導致第二次麥西尼亞戰爭（西元前六六〇年），最後敗於阿卡狄亞人背信棄義，亡命羅德島。

【5】楊共樂，璀璨的古希臘羅馬文明，頁48。

【6】G. L, Huxley, Early Sparta, pp. 126-135.

【7】Idem.

【8】A. H. M, Tones, Sparta, pp. 75-81.

【9】普拉提亞戰役是波斯第二次入侵希臘戰爭中的最後一場戰役。時值西元前四七九年，發生於普拉提亞城（希臘維奧蒂亞地區的一個城市）附近，對陣雙方分別是希臘城邦聯軍，包括斯巴達、雅典、科林斯及麥迦拉對抗薛西斯一世帶領的波斯帝國。

【10】W. G, Forest, A History of Sparta 950-192 B. C, pp. 115-130.

【11】Idem.

【12】H. T, Wade-Gery, The Rhianos Hypotlesis, AH3. 537-538.

【13】F. Jocaby, General History of Greece,　Ⅲ a(Comment) pp. 112-119.

【14】Idem.

【15】A. Andrewes, The Greek Tyrants, Chicago: Hutchinson University Library Press, 1958, pp. 122-135.

【16】Idem.

【17】G. Dickins, The Growth of Spartan Policy, J. H. S. 32, 1912, pp. 1-42.

【18】劉景輝，古代希臘史與羅馬共和史，頁27。

【19】任禮，古希臘，頁62。

【20】G. L Huxley, Early Sparta, pp. 37-52.

【21】Idem.

【22】Xenophon, Hellenica 2. 4. 32.

【23】Plutarch, Translator's Introduction, The Parallel Lives, Loeb Classical Library Edition, 1914.

【24】來庫古是古希臘的一位政治人物，傳說中斯巴達政治改革、教育制度以及軍事培訓的創始人。

【25】Plutarch, Translator's Introduction, The Parallel Lives (Vol. I ed.), Loeb Classical Library Edition, 1914.

【26】斯巴達波呂多洛斯（Polydorus）（西元前七四一—六六五年）。

【27】鐵奧彭波斯（西元前七二〇—六七五年）爲斯巴達埃烏呂彭家族君主，第一次麥西尼亞戰爭（西元前七三五—七一五年）統帥。他可能設立了監察官制度，或與之更多的權力。

【28】Ed Meyer, Die Lykurgis chen Rhetren Forschungen Zur alen Geschichte Ⅰ, pp. 261-275.

【29】Idem.

【30】Idem.

【31】L. H, Jeffery, The Pact of the First Settles at Cyrene, pp. 139-147.

【32】Idem.

【33】Idem.

【34】G. L, Huxley, Early Sparta, pp. 37-55.

【35】A. H. M, Jones, The Rhianos-Hypothesis, pp. 165-177.

【36】Sealey, Probouleusis and the Sovereign Assembly, CSCA 2, 1969, pp. 247-269.

【37】G. L, Huxley, Early Sparta, pp. 37-52.

【38】Wade Gery, The Spartan Rhetra in Plutarch, Lycurgus Ⅳ, Q3, 1943, pp. 62-77.

【39】Idem.

【40】里納埃是在麥西尼亞和拉哥尼亞之間。

【41】米克拉埃是一個位於拉哥尼亞村落。

【42】米索亞是最早斯巴達五個村落之一。

【43】H. Swoboda, Griechische Staatskunde Ⅱ, pp. 695-705.

【44】Idem.

【45】Idem.

【46】Idem.

【47】A. J. Beattie, An Early Laconian, Law Sacra, CQ. N. S. 1, 1951, pp. 46-58.

【48】Idem.

【49】Idem.

【50】Forrest, A History of Sparta 950-192 B. C, pp. 45-49.

【51】D. M, Leahy, The Bones of Tesamenus, Histotia 4, 1955, pp. 26-38.

【52】Idem.

【53】Idem.

【54】Wade. Gery, the Tegean War, C. A. H. 3. 565-569.

【55】T. A. O, Larsen, The Constitution of the Peloponnesian League, CD28, 1933, 257-276.

【56】Thucydides, 1. 119-125.

【57】Idem.

【58】Wade. Gery, the Peloponnesian Leagne, C. A. H. 3. 575-589.

【59】Idem.

【60】Wade. Gery, the Tegean War, C. A. H. 3. 565-569.
【61】Idem.
【62】楊共樂，璀璨的古希臘羅馬文明，頁59。
【63】Forrest, A History of Sparta 950-192 B. C, pp. 55-59.
【64】Herodotus, Histories, 6. 46. 1.
【65】Idem.
【66】Idem.
【67】T. A. O, Larsen, The Constitution of the Peloponnesian League, CD28, 1933, pp. 277-288.
【68】呂底亞王國的都城。
【69】T. A. O, Larsen, The Constitution of the Peloponnesian League, CD28, 1933, p. 29.
【70】Herodotus, The History, 6. 46. 1, Translated by David Grene, University of Chicago Press, 1987.
【71】Idem.
【72】Idem.
【73】Gentleman of Cambridge, The History of Periander, King of Corinth, Gale ECCO Press, 2010, pp. 15-30.

第四章　雅典城邦

【1】Donald W, Bradeen, The Fifth Century Archon, List Hesperia 32, 1963, pp. 187-208.
【2】Nicholas F, Jones, Ancient Greece: State and Society, pp. 58-79.
【3】F, Jacoby, Atthis, pp. 85-97.
【4】克里門尼丹戰爭（西元前二六七—二六一年）希臘同盟反對馬其頓統治。
【5】F, Jacoby, Atthis, pp. 85-97.
【6】Idem.
【7】M. Chambers, Aristotle on Solon's Reform of Coinage and Weights, CSCA6, 1973, pp. 1-16.
【8】Idem.
【9】Idem.
【10】P. J, Rhodes, a Commentary on the Aristotelian Athenaion Politeia, pp. 35-87.
【11】Idem.
【12】B, Jordan, Herodotus 5. 71. 2, Naukraroi of Athens, CSCA 3, 1970, pp. 153-175.
【13】Idem.
【14】J. Toepffer, Attische Genealogie, pp. 296-297.
【15】F. Jacoby, Atthis: the Local Chronicles of Ancient Athens, pp. 88-90.
【16】世界歷史編委會編著，古希臘，頁56。
【17】這一時期陶器上的圖案是幾何圖形。
【18】F. Jacoby, Atthis: the Local Chronicles of Ancient Athens, pp.

82-86.

【19】世界歷史編委會編著，古希臘，頁５６。

【20】F. Jacoby, Atthis: the Local Chronicles of Ancient Athens, pp. 82-86.

【21】Pelling, Christopher: Plutarch and History, pp. 286-287.

【22】Woodford, Susan, The Art of Greece and Rome, p. 40.

【23】Boardman. J, Early Greek Vase Painting: 11th-6th Centuries BC, pp. 78-85.

【24】G. E, Mylonas, Eleusis and the Eleusinian Mysteries, pp. 59-62.

【25】F. Jacoby, Atthis: the Local Chronicles of Ancient Athens, pp. 82-86.

【26】Idem.

【27】Idem.

【28】Idem.

【29】Thomas Curtis, The London Encyclopaedia, Volume 2, p. 647.

【30】Idem.

【31】John Mason Good, Olinthus Gregory, Pantologia, Newton Bosworth, p. 565.

【32】Idem.

【33】Fine, John V. A, The Ancient Greeks: Critical History, pp. 78-85.

【34】世界歷史編委會編著，古希臘，頁６２。

【35】M. Lang, Kylonian Conspiracy, pp. 243-249.

【36】Idem.

【37】Idem.

【38】Thucydides, History of the Peloponnesian War, 1. 126. 3-13.

【39】世界歷史編委會編著，古希臘，頁６５。

【40】Aristotle, Athenian Constitution, 7. 1.

【41】Idem.

【42】Idem.

【43】Plutarch, Life of Solon, Translation by Stewart.

【44】Aristotle, Constitution, 4.

【45】Tacitus Annals 3. 18.

【46】B. Jordan, Herodotus 5. 71. 2, Naukraroi of Athens, CSCA 3. 1970, pp. 153-175.

【47】Idem.

【48】K. T, Beloch, Griechislhe Geschichte Ⅰ, pp. 258-262.

【49】M. Gagarin, Drakon and Early Athonian Homicide Law, pp. 58-64.

【50】R. Sealey, The Athenian courts for Homicide, pp. 275-296.

【51】Idem.

第五章 梭倫的改革

【1】Andrewes, The Greeks, pp. 104-108.

【2】楊共樂，璀璨古希臘羅馬文明，頁66。

【3】Andrewes, The Greeks, pp. 122-127.

【4】A. French, The Economic Background to Solon's Reforms, pp. 11-25.

【5】Idem.

【6】Idem.

【7】Idem.

【8】W. J. Woodhouse, Solon the Liberator, Vol. 35, No. 8, The Classical Association of the Middle West and South, 1940, pp. 494-497.

【9】安德羅提恩，雅典政治家，伊索克拉底門徒，反對德摩斯提尼及埃烏布盧斯與波斯結盟抵禦馬其頓的觀點。同盟戰爭期間，他出使卡里亞，拜謁馬烏所盧斯王；西元前三五五年，在攻打波斯的備戰委員會任職。西元前三五四年至西元前三五三年，他因違憲提案而被控，後被流放到麥迦拉。

【10】W. J. Woodhouse, Solon the Liberator, Vol. 35, No. 8, 1940 The Classical Association of the Middle West and South, pp. 494-497.

【11】Idem.

【12】W. J. Woodhouse, Solon the Liberator, Vol. 35, No. 8, 1940, The Classical Association of the Middle West and South, pp. 491-493.

【13】Idem.

【14】Idem, pp. 387-390.

【15】Idem.

【16】Andrews. A, Greek Society, pp. 191-197.

【17】Idem.

【18】P. Rhodes, A History of the Greek City States, Los Angeles: Berkeley University press, 1976, pp. 87-89.

【19】Idem.

【20】亞略巴古是「阿瑞斯的岩石」，位於雅典衛城的西北，在古典時期作爲雅典刑事和民事案件的高等上訴法院。據稱阿瑞斯因爲殺死波塞頓的兒子哈利羅提奧斯，就是在此接受希臘眾神的審判。其名字的由來並不清楚。在希臘語中，pagos 指大塊岩石。

【21】Magill, Frank. N(ed), The Ancient World: Dictionary of World Biography-Solon, Salem Press, 1998, p. 1057.

【22】I. M. Linforth, Solon the Athenian, University of California Press, 1919, p. 308.

【23】Idem.

【24】Idem.

【25】阿爾克馬埃翁家族是雅典主要的貴族家族之一，政治地位顯赫。其早期成員麥加克勒斯，在西元前六三〇年衛城圍困庫倫時功不可沒，卻因瀆神而受後世詛咒。在雅典，一旦出現政治紛爭，這種詛咒便會直指這一家族。

【26】Hignett. C, A History of the Athenian Constitution to the End of the Fifth Century B. C, pp. 56-65.

【27】Idem.

【28】Idem.

【29】Idem.

【30】Andrewes, The Greeks, pp. 104-108.

【31】Idem.

【32】Forrest, W. G, The Emergence of Greek Democracy, pp. 173-178.

【33】Aristotle, The Athenian Constitution, pp. 104-109.

【34】Finley, Moses, Ancient Slavery and Modern Ideology, pp. 250-258.

【35】Raaflaub, Kurt Josiah Ober, The Origins of Democracy in Ancient Greece, pp. 45-52.

【36】Finley, Moses, Ancient Slavery and Modern Ideology, pp. 250-258.

【37】Aristotle, The Athenian Constitution, pp. 104-109.

【38】Idem.

【39】Idem.

【40】Balot, Ryan, Greek Political Thought, pp. 12-15.

【41】Idem, pp. 47-51.

【42】Idem, pp. 71-78.

【43】Plutarch, Lives of Themistocles, Aristides, Cimon and Pericles, In The Rise and Fall of Athens, pp. 174-179.

【44】Idem.

【45】Balot, Ryan, Greek Political Thought, pp. 52-55.

【46】Idem.

【47】世界歷史編委會編著，古希臘，頁67。

【48】French, Solon's Reform and Economic Background, Q. N. s6, 1956, pp. 11-25.

【49】菲羅基普洛斯是塞普勒斯的僭主，梭倫的朋友。

【50】French, Solon's Reform and Economic Background, Q. N. s6, 1956, pp. 11-25.

【51】達馬西亞斯雅典執政官。

【52】W. J. Wood house, Liberator Solon, pp. 36-39.

【53】Plutarch, Solon, 10. 3.

【54】雅典主要的貴族家族之一，政治地位顯赫。他改革雅典政體，卻遭僭主希比阿斯的流放，西元前五一〇年返回雅典。

【55】French, Solon's Reform and Economic Background, Q. N. s6, 1956, pp. 11-25.

【56】Plutarch, Solon, 14. 3.

【57】尼塞亞是古希臘麥迦拉的主要港口。

【58】世界歷史編委會編著，古希臘，頁71。

【59】Keyt, David; Miller, Fred D, a Companion to Aristotles, Politics, 9965-77.

【60】Princeton Encyclopedia of Classical Sites: Brauron (Vraona) Attica, Greece, pp. 145-147.

【61】P. J. Rhodes, Aristole, the Athenian Constitution, pp. 87-95.

【62】Idem.

【63】Shanaysha M. Furlow Sauls, The Concept ofInstability and the Theory of Democracy in the "Federalist", pp. 77-88.

【64】Idem.

【65】Idem.

【66】French. A, The Party of Peisistratos, Greece and Rome Vol. 6, No. 1, 1959. 45-57.

【67】Idem.

【68】Idem.

【69】F. E, Adock, Peisistratus Exile, Q18, 1924, pp. 174-181.

【70】Idem.

【71】Idem.

【72】任禮，古希臘，頁35。

第六章　庇西特拉圖和克里斯提尼的改革

【1】Herodotus 1. 59-64；5. 55-65.

【2】Aristotle, Politics, Ap. 13-19.

【3】Idem.

【4】Herodotus, 1. 59-64；5. 55-65.

【5】H. S. Jones, J. E. Powell, Thucydidis Historiae.

【6】Aristotle, Athenaion Politeia, 23.

【7】米太亞得，古代雅典人，他曾領導希臘人贏得馬拉松戰役，擊退大流士一世的軍隊。在西元前五一六年，他在攻下位於色雷斯切爾松尼斯切索尼斯的希臘殖民地之後，成爲此地的僭主。他的兒子西門，曾任雅典十將軍，創立了提洛同盟，是雅典城邦中極重要的政治人物。

【8】Herodotus, Histories, 1. 59. 4.

【9】Aristotle, The Athenian Constitution, Part 18.

【10】Thucydides, Histories, 6. 59. 3.

【11】Herodotus, Histories, 1. 59. 4.

【12】Herodotus, The Histories, 1. 60.

【13】French, A, The Party of Peisistratos, Greece and Rome, Vol. 6, No. 1, 1959, pp. 45-57.

【14】阿那克列昂，生於小亞細亞沿岸的愛奧尼亞城邦提奧

斯，希臘著名詩人，以飲酒詩與哀歌聞名。

【15】拉索司，古希臘赫爾莫伊內的早期抒情詩人與音樂家。他在希帕爾科斯（僭主希庇亞斯的兄弟）的幫助下從事創作。

【16】西蒙尼戴斯，古希臘科奧斯的抒情詩人之一，作爲詩人，他的創作遍及希臘各個城邦的宮廷。

【17】J. A. Davison, Notes on the Panathenaea, JHS 78, 1958, pp. 23-42.

【18】M. L. West, Early Greek Philosophy, p. 75.

【19】Carnes Lord, Introduction to The Politics by Aristotle, pp. 64-75.

【20】Idem.

【21】D. W. Bradeen, Hesperia, 32, 1963, p. 194.

【22】Herodotus, lib vi. c. 10.

【23】Herodotus, lib vi. c. 38.

【24】Plutarch, Solon 8.

【25】Plutarch, Lives, Life of Cimon, University of Calgary, Wikisource.

【26】任禮，古希臘，頁36。

【27】楊共樂，璀璨的古希臘羅馬文明，頁74。

【28】Herodotus, 1. 59-64.

【29】Herodotus, 5. 55-65.

【30】佩里安德是科林斯的第二任僭主，在位期間，他所統治的城邦獲得了極大的繁榮，他改革了科林斯的商業和工業，修築了道路，開鑿了運河，他是一位偉大的政治家，熱心於科學和藝術。佩里安德也是古希臘七賢之一。

【31】Herodotus, 5. 55-65.

【32】Thucydides, 6. 59. 3.

【33】French, A, The Party of Peisistratos, Greece and Rome, Vol. 6, No. 1, 1959, pp. 45-57.

【34】Werner Jaeger, Paideia, La Formation de l'Homme Grec, p. 272.

【35】Hérodote, Histoires V, 92, 6.

【36】D. M, Leahy, Sparta Embassy in Lygdamis, J. H. S 77, 1957, pp. 272-275.

【37】克列歐美涅斯是古希臘斯巴達國王，西元前五二〇—四八八年在位。在他統治時間，斯巴達積極開拓疆土，影響力逐步擴大，並正式成立伯羅奔尼撒聯盟。他也曾經強烈幹預雅典事務。

【38】D. M, Leahy, Sparta Embassy in Lygdamis, J. H. S 77, 1957, pp. 272-275.

【39】Herodotus, Histories 1. 1. 0.

【40】Herodotus, 2. 143.

【41】Herodotus, 6. 137.

【42】哈爾摩狄奧斯是古希臘的兩位「弑僭者」（即弑殺僭主

的人），刺殺了當時的雅典僭主希帕爾科斯。

【43】Thucydides, History of the Peloponnesian War, 1. 117.

【44】Idem.

【45】Thucydides, 4. 105. 1.

【46】Herodotus, 2. 143.

【47】Thucydides, 4. 108. 1-7.

【48】Herodotus, Histories, 6. 46. 1.

【49】D. M. Lewis, Cleisthenes and Attica, Historia, 1963, on12, pp. 22-40.

【50】Idem.

【51】D. M. Lewis, Cleisthenes and the Creation of the Ten Phylai, Phoenix, 1958, Section 22, pp. 3-17.

【52】王瓊淑譯，雅典的民主，頁４７。

【53】A. G. Woodhead, Lsegoria and the Council of 500, Historia, 1967, on 16, pp. 129-140.

【54】Idem.

【55】Idem.

【56】A. E. Ranbitschek, Dedications from the Athenian Akropolis, pp. 467-478.

【57】Idem.

【58】王瓊淑譯，雅典的民主，頁２８。

【59】A. G. Woodhead, Lsegoria and the Council of 500, Historia, 1967, on 16, pp. 129-140.

【60】H. Last, The Senian Reforms, JRS, 1945, on 35, pp. 30-48.

【61】A. E. Ranbitschek, Dedications from the Athenian Akropolis, pp. 467-478.

【62】Idem, pp. 480-487.

【63】Aristote, Politique, III, 6, 1278b31.

【64】D. Kagan, The Enfran Chisement of A Liens by Cleisthenes, Historia, 1963, pp. 41-46.

【65】Idem.

【66】A. G. Woodhead, Lsegoria and the Council of 500, Historia, 1967, on 16, pp. 129-140.

【67】Idem.

【68】Idem.

【69】Idem.

【70】Thorley, J, Athenian Democracy, pp. 58-59.

【71】Aristotle, Constitution of Athens 4. 3, 46. 1, 62. 3.

【72】Thorley, J, Athenian Democracy, p. 65.

【73】Aristotle, Constitution of Athens, 4. 3, 46. 1, 62. 3.

【74】任禮，古希臘，頁３９。

【75】Rhodes, P. J, The Athenian Boule, pp. 27-31.

【76】Idem.

【77】Jones, A. H. M, Athenian Democracy, 1957.

【78】Idem.

【79】Beck, H,. A Companion to Ancient Greek Government, p.

199.

【80】楊共樂，璀璨的古希臘羅馬文明，頁82。

【81】黃俊傑，古代希臘城邦與民主政治，頁129。

【82】Beck, H, A Companion to Ancient Greek Government, p. 201.

第七章　波斯帝國

【1】任禮，古希臘，頁46。

【2】Myers, Allen C. Chaldea, The Eerdmans Bible Dictionary, Wm. B. Eerdmans, 1987.

【3】楊共樂，璀璨的古希臘羅馬文明，頁83。

【4】Roger D. Woodard, Greek Dialects, The Ancient Languages of Europe, p. 51.

【5】Connor, J. J, Robertson, E. F, Thales of Miletus, Mactutor History of Mathematics Archive, University of St. Andrews, Scotland, 2013.

【6】Idem.

【7】David Brooks Dodd, Christopher A, Faraone, Initiation in Ancient Greek Rituals and Narratives, p. 121.

【8】Idem.

【9】David Sansone, Ancient Greek Civilization, pp. 79-85.

【10】Mary White, The Duration of the Samian Tyranny, THS, on 74, 1954, pp. 36-43.

【11】Idem.

【12】John P. Barron, The Sixth-century Tyranny at Samos, QNS, on 14, 1964, pp. 210-229.

【13】Idem.

【14】Idem.

【15】Sealey, Herodotus, Thucydides and the Causes of War, CQNS, No 7, 1957, pp. 1-12.

【16】Idem.

【17】A. T. Olmstead, History of Persia, p. 168.

【18】Herodotus, Histories, 5. 28-6. 33.

【19】A. T. Olmstead, History of Persia, p. 168.

【20】Herodotus, Histories, 5. 28-6. 33.

【21】A. T. Olmstead, History of Persia, pp. 171-178.

【22】Idem.

【23】Idem.

【24】Idem, pp. 185-189.

【25】Idem.

【26】K. J. Beloch, Griechische Geschichte II 2, 1, Strassbury, 1914, p. 40.

【27】Idem.

【28】Sealey, Herodotus, Thucydides and the Causes of War, CQNS, No. 7, 1957, pp. 1-12.

【29】Idem.
【30】Idem.
【31】Idem.
【32】Herodotus, Histories, 6. 42-45.
【33】Idem.
【34】Herodotus, Histories, 5. 11.
【35】Herodotus, Histories, 5. 23-24.
【36】Mabel lany, Herodotus and the Ionian Revolt, Historia, on 17, 1968, pp. 24-36.
【37】Idem.
【38】Idem.
【39】Herodotus, Histories, 4. 87-88.
【40】Idem.
【41】Herodotus, Histories, 6. 94-120.
【42】Idem.
【43】Idem.
【44】Herodotus, Histories, 4. 87-88.
【45】Idem.
【46】WK Pritchett, Marathon, Volume 4, Book II, 1960, pp. 137-190.
【47】任禮，古希臘，頁４８。
【48】WK Pritchett, Marathon, Volume 4, Book II, 1960, pp. 137-190.
【49】Idem.
【50】Idem.
【51】A. T. Olmstead, History of Persia, p. 175.
【52】E. Vanderpool, Lex Sacra, A Lex Sacra of the Attica Deme Phrearrioi, pp. 47-53.
【53】Demetrias, Antiochus Ⅲ , CAH 8, pp. 207-208.
【54】Krentz, Peter, The Battle of Marathon, p. 98.
【55】Herodotus, Histories, 1. 1. 0.
【56】Aubrey de Selincourt, Herodotus: The Histories, Penguin Classics, 1972, p. 41.
【57】Herodotus, Histories, 6. 94-120.
【58】A. Andrewes, Athens and Aegina 510-480 BC, ABSA, on 37, 1936, p. 1-7.
【59】Idem.
【60】Idem.
【61】Herodotus Book 5: Terpsichore, 105.
【62】Cicero, On the Laws I, 5.
【63】Thucydides, History of the Peloponnesian War, I, 22.
【64】Herodotus V, 97.
【65】Thucydides, History of the Peloponnesian War, I, 22.
【66】Green, Peter, The Greco-Persian Wars, 1996.
【67】Davis, Paul, 100 Decisive Battles, p. 17.
【68】Herodotus, The Histories, 6. 87-93.

【69】Herodotus, The Histories, 5. 89.

【70】Holland, Tom, Persian Fire: The First World Empire and the Battle for the West, p. 12.

【71】Green, Peter, The Greco-Persian Wars, p. 25.

【72】Lacey, The First Clash: The Miraculous Greek Victory at Marathon and Its Impact on Western Civilization, p. 35.

【73】Idem.

【74】Lazenby, J. F, The Defence of Greece 490-479 BC, pp. 59-59.

【75】Lloyd, The Crucial Battle That Created Western Democracy, Souvenir Press, 2004.

【76】Idem.

【77】Davis, Paul, 100 Decisive Battles, pp. 36-39.

【78】Idem.

【79】Idem.

【80】Herodotus, The Histories, 1. 15. 3.

【81】Fuller, J. F. C, A Military History of the Western World, pp. 47-52.

【82】Davis, Paul, 100 Decisive Battles, pp. 13-15.

【83】Idem.

【84】Idem.

【85】Marie-Françoise, Baslez, Histoire Politique du Monde Grec Antique, pp. 45-74.

【86】Pierre Briant, Histoire de l'Empire Perse, pp. 112-131.

【87】Idem.

【88】Idem.

【89】Patrice Brun, La Bataille de MarathonParis, p. 223.

【90】Marie Françoise Baslez, Histoire Politique du Monde Grec Antique, pp. 36-42.

【91】任禮，古希臘，頁４８。

第八章　希臘同盟

【1】Herodotus, Histories, 7. 20-25.

【2】Herodotus, Histories, 7. 33-36.

【3】Herodotus, Histories, 1. 141. 4.

【4】Herodotus, Histories, 1. 152-153.

【5】Thucydides, History of the Peloponnesian War, 3. 89. 2-5.

【6】J. B. Bury, History of Greece, p. 252.

【7】Herodotus, Histories, 1. 152-153.

【8】Herodotus, Histories, 3. 39-567.

【9】Herodotus, Histories, 6. 115.

【10】Thucydides, History of the Peloponnesian War, I, 22.

【11】Idem.

【12】Green, Greek History 480-431 BC, pp. 1-13.

【13】Herodotus, Histories, IX, 119.

【14】Thucydides, History of the Peloponnesian War, I, 104.

【15】Thucydides, History of the Peloponnesian War, I, 96.

【16】Donald Kagan, The Speeches in Thucydides and the Mytilene Debate, Yale Classical Studies, 1975, 24: 71-94.

【17】Ernst Badian, Thucydides and the Outbreak of the Peloponnesian War, pp. 46-91.

【18】Strassler, Robert B, The Landmark Thucydides: A Comprehensive Guide to the Peloponnesian War, pp. 25-29.

【19】Thucydides, History of the Peloponnesian War, 3. 89. 2-5.

【20】Idem.

【21】Idem.

【22】Herodotus, Histories, 6. 132-136.

【23】J. B. Bury, History of Greece, 4th, p. 252.

【24】W. P. Wallace, Kleomenes ′ Marathon ′ the Helots and Arkadia, JHS 74, 1954, pp. 32-35.

【25】J. B. Bury, History of Greece, p. 259.

【26】A. D. Fitton Brown, Hermes, 86 Period, 1958, pp. 379-380.

【27】Idem.

【28】Rood, Tim, Thucydides: Narrative and Explanation, pp. 12-15.

【29】Strassler, Robert B, The Landmark Thucydides: A Comprehensive Guide to the Peloponnesian War, 1996.

【30】Thucydides, History of the Peloponnesian War, 3. 89. 2-5.

【31】P. A. Brunt, The Hellenic League Against Bersia, 1953, pp. 135-163.

【32】Idem.

【33】Marie Claire Amouretti, Le Monde Grec Antique, pp. 66-75.

【34】Glatre, Salamine et les Guerres Médiques, pp. 21-25.

【35】P. Lévèque, L'Aventure Grecque, pp. 55-62.

【36】Henri Pigaillem, Salamine et les Guerres Médiques, Economica, 2004, pp. 55-59.

【37】É. Will, Le Monde Grec et l'Orient, pp. 45-76.

【38】Herodotus, Histories, 7. 175-8. 21.

【39】Idem.

【40】Idem.

【41】Butler, Howard, The Story of Athens, pp. 26-29.

【42】JAS Ewans, Notes on Thermopylae and Artemisium, Historia, 8, 1969, pp. 389-406.

【43】Idem.

【44】Frost, Frank. J, Plutarch's Themistocles, An Historical Commentary, 1980, pp. 78-85.

【45】Idem.

【46】Holland, Persian Fire, pp. 23-25.

【47】Idem.

【48】Green, Peter, Alexander the Great and the Hellenistic Age, p. 112-118.

【49】Lazenby, J. F, The Defence of Greece 490-479 BC, pp. 121-

130.

【50】W. K. Pritehett, New Light on Thermopylae, AJA64, 1958, pp. 203-213.

【51】WK Pritehett, The Battle of Artemision in 480 BC, the Ancient Greek Studies the Terrain, the Second Part of the Battlefield, University of California Press, Classical Studies Series, Volume IV, 1969, pp. 12-18.

【52】Idem.

【53】傅潔瑩等譯，古希臘、政治、社會和文化史，頁213。

【54】Herodotus, VII, 210.

【55】Plutarch, Apophthegmata Laconica, Section "Leonidas, Son of Anaxandridas", Saying 11.

【56】Herodotus, VII, 210.

【57】Herodotus, VII, 186.

【58】徐慶平等著，光榮屬於希臘，長沙：湖南美術出版社，一九九八年，頁53。

【59】Cawkwell, George, The Greco-Persian Wars, Oxford University Press, 2006, p. 99.

【60】Green, Peter, The Greco-Persian Wars, University of California Press, 1996, pp. 90-98.

【61】Green Peter, Greek History 480-431 B. C, the Alternative Version, p. 59.

【62】Holland, Persian Fire, pp. 122-126.

【63】Idem.

【64】Lazenby, J. F, The Defence of Greece 490-479 BC, pp. 42-48.

【65】Herodotus, VII, 208.

【66】Herodotus, VII, 223.

【67】Cawkwell, George, The Greco-Persian Wars, pp. 123-126.

【68】Robinson, C. E, Hellas, A Short History of Ancient Greece, pp. 66-69.

【69】Herodotus, VII, 211.

【70】Herodotus, VII, 204.

【71】傅潔瑩等譯，古希臘、政治、社會和文化史，頁222。

【72】Herodotus, VII, 212.

【73】Herodotus, VII, 213.

【74】傅潔瑩等譯，古希臘、政治、社會和文化史，頁222。

【75】Burn, A. R, Persia and the Greeks in The Cambridge History of Iran, Volume 2: The Median and Achaemenid Periods, Ilya Gershevitch, 1985.

【76】傅潔瑩等譯，古希臘、政治、社會和文化史，頁223。

【77】Herodotus, VII, 213.

【78】Idem.

【79】Green, Peter, The Year of Salamis, 480-479 BC, pp. 48-57.
【80】Idem.
【81】Hanson, Victor Davis, Carnage and Culture: Landmark Battles in the Rise of Western Power, pp. 77-85.
【82】Herodotus, VIII, 100.
【83】Holland, Persian Fire, pp. 75-79.
【84】Lazenby, J. F, The Defence of Greece 490-479 BC, pp. 130-132.
【85】Idem.
【86】Lee, Felicia R, A Layered Look Reveals Ancient Greek Texts The New York Times, 27, 2006.
【87】Herodotus, VIII, 97.
【88】Herodotus, VIII, 130.
【89】Herodotus, VIII, 90.
【90】Herodotus, VIII, 95.
【91】Herodotus, VIII, 91.
【92】Herodotus, VIII, 87.
【93】傅潔瑩等譯，古希臘、政治、社會和文化史，頁２２３。
【94】Herodotus, VII, 184.
【95】Herodotus, VIII, 86.
【96】Herodotus, VII, 184.
【97】Herodotus, VIII, 87.
【98】Herodotus, 8, 40-96.
【99】徐慶平等著，光榮屬於希臘，頁５５。
【100】Herodotus, 8, 40-96.
【101】傅潔瑩等譯，古希臘、政治、社會和文化史，頁２２３。
【102】Herodotus, VIII, 92.
【103】Idem.
【104】與亞歷山大大帝同名。
【105】Lazenby, J. F, The Defence of Greece 490-479 BC, pp. 130-132.
【106】Hérodote, VIII, 25.
【107】Hérodote, VIII, 24.
【108】Nicolas Corvisier, Guerre et Société dans les Mondes Grecs, pp. 42-48.
【109】F. Maurice, The Zize of the Army of Xerxes in the Invasion of Greece 480 B. C, Journal of Hellenic Studies, n50, 1930, pp. 230-235.
【110】N. G. L, Hammond, The Expedition of Xerxes, pp. 532-534.
【111】Jean Malye, La Véritable Histoire de Sparte et de la Bataille des Thermopyles, pp. 65-69.
【112】Luc Mary, Les Thermopyles: la Bataille la plus Célèbre de l'Antiquité, pp. 65-71.
【113】Idem.

【114】Sacks, Kenneth. S, "Herodotus and the Dating of the Battle of Thermopylae". The Classical Quarterly, 1976, 26(2), pp. 232-248.

【115】Idem.

【116】Idem.

【117】Morris, Ian Macgregor, "To Make a New Thermopylae: Hellenism, Greek Liberation, and the Battle of Thermopylae" Greece and Rome 47(2), 2000, pp. 211-230.

【118】傅潔瑩等譯，古希臘、政治、社會和文化史，頁223。

【119】K. S. Sacks, Herodotus and the Dating of the Battle of Thermopylae, CQNS26, 1976, pp. 232-248.

【120】Finley, Moses, "Introduction", Thucydides, History of the Peloponnesian War (Translated by Rex Warner), Penguin, 1792.

【121】Holland, Persian Fire, pp. 11-16.

【122】Green, Peter, The Greco-Persian Wars, pp. 22-25.

【123】Lazenby, J. F, The Defence of Greece 490-479 BC, 1993, pp. 56-59.

【124】Fehling, D, Herodotus and His "Sources": Citation, Invention and Narrative Art, Translated by J. G. Howie, Arca Classical and Medieval Texts, Papers and Monographs, 21, Leeds: Francis Cairns, 1989.

【125】Herodotus, VI, 44.

【126】Herodotus, IX, 7.

【127】Herodotus, IX, 97.

【128】Herodotus, IX, 98.

【129】Herodotus, IX, 99.

【130】Herodotus, IX, 104.

【131】Holland, Persian Fire, pp. 34-38.

【132】Idem.

第九章　雅典帝國主義

【1】Thorley, J, Athenian Democracy, Routledge, 2005, p. 74.

【2】Idem.

【3】Raaflaub, Kurt A, The Breakthrough of Demokratia in Mid-Fifth-Century Athens, p. 112.

【4】Xenophon, Anabasis, 4. 4. 15.

【5】Clarke, P. B. and Foweraker, Encyclopedia of Democratic, p. 196.

【6】Thorley, J, Athenian Democracy, p. 10.

【7】Idem.

【8】Farrar, C, The Origins of Democratic Thinking: The Invention of Politics in Classical Athens, CUP Archive, 1989, p. 21.

【9】Édouard Will, Le Monde Grec et l'Orient, Le Ve siècle (510-

403 B. C), p. 65.

【10】Pierre Lévêque, L'Aventure Grecque, pp. 186-187.

【11】Idem, p. 188.

【12】Édouard Will, Le Monde Grec et l'Orient, Le Ve Siècle (510-403 B. C), PUF, 1972, pp. 69-74.

【13】Idem, pp. 73-74.

【14】Idem, pp. 78-79.

【15】Idem, PP80-81.

【16】Moses Finley, Démocratie Antique et Démocratie Moderne, PP87-89.

【17】M. H. Hansen, La Démocratie Athénienne à l'Époque de Démosthène, pp. 77-79.

【18】傅潔瑩等譯，古希臘、政治、社會和文化史，頁２３８。

【19】Édouard Will, Le Monde Grec et l'Orient, Le Ve Siècle (510-403 B. C), pp. 85-88.

【20】Idem.

【21】Robert Flacelière, La Vie Quotidienne en Grèce au Temps de Périclès, pp. 282-283.

【22】Édouard Will, Claude Mossé, Paul Goukowsky, Le Monde Grec et l'Orient, Le IVe Siècle et l'Époque Hellénistique, p. 352.

【23】Sinclair, R. K, Democracy and Participation in Athens, pp. 65-69.

【24】Cargill, Jack, The Second Athenian League: Empire or Free Alliance?, pp. 23-25.

【25】Rhodes, P. J, A History of the Classical Greek World 478-323BC, pp. 55-58.

【26】Marcel Detienne Parle du «Traité établissant la Seconde Confédération Athénienne en 377» dans Les Savoirs de l'Écriture: en Grèce Ancienne p. 51, Septentrion Presses Universitaires, 1998.

【27】Herodotus, The Histories, 8. 55.

【28】Plutarch, Themistocles Them. 19.

【29】傅潔瑩等譯，古希臘、政治、社會和文化史，頁２３９。

【30】Lambert Schneider and Christoph Hoecker, Die Akropolis von Athen, pp. 62-63.

【31】Idem.

【32】Morgan, Lewis H., Ancient Society, pp. 228-229.

【33】Idem.

【34】Idem.

【35】Édouard Will, Le Monde Grec et l'Orien, 510-403 B. C, p. 102.

【36】Moses Finley, Démocratie Antique et Démocratie Moderne, pp. 45-49.

【37】S. Price, O. Murray, La Cité Grecque d'Homère à Alexandre, pp. 87-89.

【38】Cornelius Castoriadis, Ce qui fait la Grèce, tome 2: La Cité et les Lois.

【39】Jack Martin Balcer, Studien Zum Attischen Seebund, pp. 21-33.

【40】Ryan Balot, The Freedom to Rule, Athenian Imperialism and Democratic Masculinity, In: David Edward Tabachnick-Toivo Koivukoski (eds.), Enduring Empire, Ancient Lessons for Global Politics, pp. 54-68.

【41】Christian Meier, Athen, Ein Neubeginn der Weltgeschichte, pp. 15-18.

【42】Russell Meiggs, The Athenian Empire, pp. 24-26.

【43】P. J. Rhodes, The Athenian Empire, pp. 15-16.

【44】Wolfgang Schuller, Die Herrschaft der Athener im Ersten Attischen Seebund, pp. 33-35.

【45】Martin, Thomas, Ancient Greece: From Prehistoric to Hellenistic Times, pp. 45-48.

【46】Eric D. Nelson, The Complete Idiot's Guide to Ancient Greece, p. 197.

【47】傅潔瑩等譯，古希臘，政治，社會和文化史，頁２３８。

【48】Badian, E, The Peace of Callias, Journal of Hellenic Studies(The Society for the Promotion of Hellenic Studies) 107: 1-39.

【49】S. Hornblower, The Greek World, 479-323 BC, pp. 33-34.

【50】Fornara-Samons, Athens from Cleisthenes to Pericles, pp. 24-25.

【51】Idem, 67-73.

【52】D. Kagan, The Outbreak of the Peloponnesian War, p. 79.

【53】P. J. Rhodes, A History of the Classical Greek World, p. 44.

【54】A. J. Podlecki, Perikles and his Circle, p. 44.

【55】H. Aird, Pericles, The Rise and Fall of Athenian Democracy, p. 52.

【56】J. Fine, The Ancient Greeks, pp. 359-361.

【57】E. Badian, The Peace of Callias, p. 39.

【58】D. Kagan, The Outbreak of the Peloponnesian War, p. 108.

【59】Wade-Grey, The Question of Tribute in 449 BC, p. 212.

【60】T. Buckley, Aspects of Greek History 750-323 BC, p. 206.

【61】Thucydides, 1. 112 and Plutarch, Pericles, XXI.

【62】Plutarch, Pericles, XIX.

【63】Fine, The Ancient Greeks, pp. 368-69.

【64】Thucydides, 2. 21 and Aristophanes, The Acharnians, 832.

【65】T. Buckley, Aspects of Greek History 750-323 BC, p. 196.

【66】H. Butler, The Story of Athens, p. 195.

【67】D. Kagan, The Outbreak of the Peloponnesian War, p. 98.

【68】傅潔瑩等譯，古希臘、政治、社會和文化史，頁240。

【69】T. Buckley, Aspects of Greek History 750-323 BC, p. 204.

【70】R. Sealey, A History of the Greek City States, 700-338 BC, p. 275.

【71】Roisman, J. Ancient Greece from Homer to Alexander, p. 26.

【72】S. Hornblower, The Greek World 479-323 BC, p. 120.

【73】J. M. Hurwit, The Acropolis in the Age of Pericles, p. 87.

【74】Thucydides, 1. 115.

【75】Plutarch, Pericles, XXXI.

【76】N. Loraux, Aspasie, l'Étrangère, l'Intellectuelle, pp. 133-164.

【77】Idem.

【78】M. Henry, Prisoner of History, pp. 138-139.

【79】T. Buckley, Aspects of Greek History 750-323 BC, p. 322.

【80】Thucydides, 1. 127.

【81】A. G. Platias, C. Koliopoulos, Thucydides on Strategy, pp. 100-103.

【82】J. Ober, The Athenian Revolution, pp. 72-85.

【83】Thucydides, 2. 16.

【84】D. Kagan, The Peloponnesian War, p. 69.

【85】Thucydides, 2. 18 and Xenophon, Constitution of Athens, 2.

【86】Thucydides, 2. 35-46.

【87】M. F. McGregor, Government in Athens, pp. 122-123.

【88】J. S. Morrison, A. W. Gomme, Pericles Monarchos, pp. 76-77.

【89】A. G. Platias, C. Koliopoulos, Thucydides on Strategy, p. 105.

【90】Idem, pp. 98-99.

【91】D. Kagan, The Outbreak of the Peloponnesian War, p. 83.

【92】A. G. Platias, C. Koliopoulos, Thucydides on Strategy, pp. 119-120.

第十章　十五年和平

【1】K. Brodersen und H. H, Historische Griechische Inschriften in Übersetzung. Bd, 1 (Die archaische und klassische Zeit), Darmstadt 1992.

【2】Victor Davis Hanson, A War Like No Other, How the Athenians and Spartans Fought the Peloponnesian War, pp. 205-213.

【3】Donald Kagan, The Peloponnesian War, pp. 17-19.

【4】Donald Kagan, The Archidamian War, pp. 45-49.

【5】Donald Kagan, The Peace of Nicias and the Sicilian Expedition, pp. 16-19.

【6】Donald Kagan, The Fall of the Athenian Empire, pp. 22-26.

【7】Geoffrey de Ste Croix, The Origins of the Peloponnesian War, pp. 13-14.

【8】Thucydide, Athènes et Olivier Battistini(dir.), Histoire de la

Guerre du Péloponnèse, Ellipses, coll, Les Textes fondateurs, 2002.

〔9〕Jacqueline de Romilly, Thucydide et l'Impérialisme Athénien, La Pensée de l'Historien et la Genèse de l'œuvre, Les Belles Lettres, 1961.

〔10〕Jacqueline de Romilly, Histoire et Raison chez Thucydide, Les Belles Lettres, coll, Études Anciennes, 2005.

〔11〕Marie-Françoise Baslez, Histoire Politique du Monde Grec Antique, Paris: Broché, 2004, pp. 22-24.

〔12〕Claude Orrieux et Pauline Schmitt, Pantel, Histoire Grecque, Paris: PUF, 1995.

〔13〕Xénophon, IV, 20.

〔14〕Plutarque, p. XVIII.

〔15〕Stéphane Ratti, Antiquité et Citoyenneté, actes du Colloque International, Tenu à Besançon les 3, 4 et 5 Novembre 1999, Presses Univ, Franche-Comté, 2002.

〔16〕Bagnall, Nigel, The Peloponnesian War, Athens, Sparta, and The Struggle For Greece,, pp. 7-15.

〔17〕Cawkwell, George, Thucydides and the Peloponnesian War, pp. 12-17.

〔18〕Hanson, Victor Davis, A War Like No Other, How the Athenians and Spartans Fought the Peloponnesian War, pp. 25-26.

〔19〕Heftner, Herbert, Der Oligarchische Umsturz des Jahres 411 v. Chr. und die Herrschaft der Vierhundert in Athen, Quellenkritische und Historische Untersuchungen, Frankfurt am Main: Peter Lang, 2001.

〔20〕Hutchinson, Godfrey Attrition, Aspects of Command in the Peloponnesian War, pp. 16-17.

〔21〕Idem.

〔22〕Idem.

〔23〕Idem.

〔24〕Idem.

〔25〕Kallet, Lisa, Money and the Corrosion of Power in Thucydides, The Sicilian Expedition and its Aftermath, pp. 15-17.

〔26〕Krentz, Peter, The Thirty at Athens, pp. 32-39.

〔27〕Robert B. Strassler, The Landmark Thucydides, A Comprehensive Guide to the Peloponnesian War, 1996, pp. 46-47.

〔28〕Ryan Balot, The Freedom to Rule, Athenian Imperialism and Democratic Masculinity, pp. 54-68.

〔29〕Idem.

〔30〕Russell Meiggs, The Athenian Empire, pp. 1-5.

〔31〕P. J. Rhodes, The Athenian Empire, pp. 32-35.

〔32〕Wolfgang Schuller, Die Herrschaft der Athener im Ersten

Attischen Seebund, pp. 11-13.

【33】Jack Martin Balcer, Studien zum Attischen Seebund, pp. 21-23.

【34】Martin, Thomas, Ancient Greece, From Prehistoric to Hellenistic Times, pp. 77-78.

【35】Eric D. Nelson, The Complete Idiot's Guide to Ancient Greece, pp. 197-198.

【36】Mary Stanton, Streams of Civilization, Earliest Times to the Discovery of the New World, p. 125.

【37】Peter John Rhodes, A history of the Classical Greek world, 478-323 BC, pp. 37-38.

【38】Eva C. Keuls, The Reign of the Phallus, Sexual Politics in Ancient Athens, p. 18.

【39】Thucydides, I, 96.

【40】Holland, Persian Fire, pp. 147-151.

【41】Herodotus V, 35.

【42】Aristophane, Les Cavaliers, v. 1308.

【43】Holland, Persian Fire, pp. 183-186.

【44】Aird, Hamish, The Rise and Fall of Athenian Democracy, pp. 25-26.

【45】Badian, E, The Peace of Callias, Journal of Hellenic Studies, The Society for the Promotion of Hellenic Studies, 107, pp. 1-39.

【46】Beloch, K. J, Die Attische Politik seit Perikles, pp. 5-12.

【47】Idem.

【48】Blois de, Lukas, An Introduction to the Ancient World, pp. 35-37.

【49】Buckley, Terry, Aspects of Greek History 750-323 BC, pp. 55-74.

【50】Butler, Howard, The Story of Athens, pp. 77-79.

【51】Cawkwell, George, Thucydides and the Peloponnesian War, pp. 112-125.

【52】Idem.

【53】Davis, John Kenyon, Athenian Propertied Families, 600-300 BC, pp. 88-89.

【54】Delbrück, Hans, History of the Art of War, pp. 46-49.

【55】Dobson, J. F, Pericles as an Orator, The Greek Orators, pp. 21-26.

【56】Encyclopaedic Dictionary, The Helios, Volume VIII, Article: The Funeral Speech over the Fallen, Volume XV, Article: Pericles, in Greek.

【57】Ehrenberg, Victor L, From Solon to Socrates, pp. 55-59.

【58】Fine, John V. A, The Ancient Greeks, pp. 15-19.

【59】Fornara Charles W, Athens from Cleisthenes to Pericles, pp. 78-79.

【60】Idem.

【61】Idem.

【62】Hanson, Victor Davis, How the Athenians and Spartans fought the Peloponnesian War, pp. 166-168.

【63】Bagnall, Nigel, The Peloponnesian War: Athens, Sparta, And The Struggle For Greece, pp. 90-93.

【64】Cawkwell, George, Thucydides and the Peloponnesian War, pp. 136-137.

【65】Idem.

【66】任禮，古希臘，頁55。

第十一章 伯羅奔尼撒戰爭

【1】楊宗翰譯，古典希臘，頁118。

【2】傅潔瑩等譯，古希臘政治、社會和文化史，頁323。

【3】任禮，古希臘，頁52。

【4】Krentz, Peter, The Thirty at Athens, pp. 22-25.

【5】Idem.

【6】Idem.

【7】Kallet, Lisa, Money and the Corrosion of Power in Thucydides: The Sicilian Expedition and its Aftermath, 2001.

【8】Kagan, Donald, The Peloponnesian War, pp. 55-58.

【9】Kagan, Donald, The Fall of the Athenian Empire, pp. 20-23.

【10】Kagan, Donald, The Peace of Nicias and the Sicilian Expedition, pp. 78-81.

【11】Kagan, Donald, The Fall of the Athenian Empire, pp. 26-29.

【12】Idem.

【13】Hutchinson, Godfrey, Attrition, Aspects of Command in the Peloponnesian War, pp. 66-67.

【14】楊共樂，璀璨的古希臘羅馬文明，頁123。

【15】Heftner, Herbert, Der Oligarchische Umsturz des Jahres 411 v. Chr. und die Herrschaft der Vierhundert in Athen, Quellenkritische und Historische Untersuchungen, pp. 1-15.

【16】Kagan, The Peloponnesian War, p. 8.

【17】Fine, The Ancient Greeks, p. 371.

【18】Thucydides, History of the Peloponnesian War, 1. 23.

【19】Fine, The Ancient Greeks, pp. 528-33.

【20】Kagan, The Peloponnesian War, p. 488.

【21】Idem, p. 16-18.

【22】Thucydides, The Peloponnesian War, 1. 103.

【23】Idem, 1. 102.

【24】Idem, 1. 92. 1.

【25】Idem, 1. 89-93.

【26】Xenophon, Hellenica, 2. 2. 20, 404/3.

【27】Kagan, The Peloponnesian War, p. 45.

【28】Thucydides, The Peloponnesian War, 1. 73-75.

【29】Idem, 1. 67-71.

【30】Fine, The Ancient Greeks, pp. 454-456.

【31】Idem.

【32】Thucydides, History of the Peloponnesian War, 1. 56.

【33】Idem.

【34】Idem.

【35】Xénophon, I, IV, 20.

【36】Plutarque, p. XVIII.

【37】Kallet, Lisa, Money and the Corrosion of Power in Thucydides, The Sicilian Expedition and its Aftermath, pp. 5-12.

【38】Idem.

【39】Hutchinson, Aspects of Command in the Peloponnesian War, pp. 25-29.

【40】Fine, The Ancient Greeks, p. 371.

【41】Idem.

【42】Marie-Françoise Baslez, Histoire Politique du Monde Grec Antique, pp. 55-59.

【43】Jacqueline de Romilly, La Construction de la Vérité Chez Thucydide, Julliard/Conférences, Essais et Leçons du Collège de France, 1999.

【44】Jacqueline de Romilly, Thucydide et l'Impérialisme Athénien: La Pensée de l'Historien et la Genèse de l'œuvre, pp. 78-82.

【45】Jacquelinede Romilly, Histoire et Raison Chez Thucye, pp. 33-38.

【46】Charles Freeman, Greece and Rome, pp. 45-46.

【47】Paul MacKendrick, The Greek Stones Speak, The Story of Archaeology in Greek Lands, pp. 66-69.

【48】Colin Hynson, Ancient Greece, pp. 112-123.

【49】Pomeroy, Sarah B, Ancient Greece, a Political, Social and Cultural History, pp. 27-35.

【50】Hall Jonathan M, A History of the Archaic Greek World, pp. 47-49.

【51】Jack Martin Balcer, Studien Zum Attischen Seebund, pp. 88-89.

【52】Ryan Balot, The Freedom to Rule, Athenian Imperialism and Democratic Masculinity, pp. 54-68.

【53】Idem.

【54】Russell Meiggs, The Athenian Empire, pp. 33-36.

【55】P. J, Rhodes, The Athenian Empire, pp. 77-78.

【56】Wolfgang Schuller, Die Herrschaft der Athener im Ersten Attischen Seebund, p. 74.

【57】Martin, Thomas, Ancient Greece, From Prehistoric to Hellenistic Times, pp. 69-75.

【58】Eva C. Keuls, The Reign of the Phallus, Sexual Politics in Ancient Athens, pp. 87-92.

【59】Thucydides, I, 96.

【60】Herodotus, V, 35.
【61】Thucydides, 101.
【62】Rhodes P. J, A History of the Classical Greek World, 478-323BC, pp. 111-113.
【63】Jack Cargill, The Second Athenian League, Empire or Free Alliance, pp. 115-116.
【64】Idem.
【65】Idem.
【66】Rhodes P. J, A History of the Classical Greek World, 478-323 BC, pp. 37-39.
【67】Xenophon, Hellenica, 5. 1. 31.
【68】Durant, The Life of Greece, p. 461.
【69】Idem.
【70】Fine, John V. A, The Ancient Greeks, pp. 5-8.
【71】Idem.
【72】Bagnall, Nigel, The Peloponnesian War, Athens, Sparta, And The Struggle For Greece, pp. 77-82.
【73】Kagan, The Peloponnesian War, pp. 16-18.
【74】Idem, 488.
【75】Idem.
【76】Cawkwell, George, Thucydides and the Peloponnesian War, pp. 65-69.
【77】Hanson, Victor Davis, A War Like No Other, How the Athenians and Spartans Fought the Peloponnesian War, pp. 26-29.
【78】Thucydides, The Peloponnesian War, 1. 103.
【79】由於這個和平條約是由尼西阿斯談判得成的，因此被稱爲尼西阿斯和平。
【80】Idem.
【81】Idem.
【82】Krentz, Peter, The Thirty at Athens, pp. 77-79.
【83】Jack Martin Balcer, Studien zum Attischen Seebund, pp. 115-116.
【84】Ryan Balot, The Freedom to Rule, Athenian Imperialism and Democratic Masculinity, pp. 54-68.
【85】Thucydides, I, 96.
【86】Holland, pp. 155-157.
【87】Herodotus, IX, 114.
【88】Kagan, Donald, The Outbreak of the Peloponnesian War, pp. 65-68.
【89】Idem.

第十二章　伯羅奔尼撒戰爭的第二階段

【1】傅潔瑩等譯，古希臘政治、社會和文化史，頁329。
【2】Kagan, The Peloponnesian War, p. 488.

【3】 Fine, The Ancient Greeks, p. 528-33.

【4】 Idem.

【5】 Kagan, The Peloponnesian War, 16-18.

【6】 Thucydides, The Peloponnesian War, 1. 103.

【7】 Idem, 1. 102.

【8】 Idem, 1. 92. 1.

【9】 Idem, 1. 89-93.

【10】 Kagan, The Peloponnesian War, 8.

【11】 Fine, The Ancient Greeks, p. 371.

【12】 Thucydides, History of the Peloponnesian War, 1. 23.

【13】 Xenophon, Hellenica, 2. 2. 20, 404/3.

【14】 Bagnall, Nigel, The Peloponnesian War, Athens, Sparta, And The Struggle For Greece, pp. 55-59.

【15】 Cawkwell, George, Thucydides and the Peloponnesian War, pp. 5-12.

【16】 Thucydides, The Peloponnesian War, 1. 73-75.

【17】 即由伯拉西達訓練的希洛人軍隊。

【18】 Idem, 1. 67-71.

【19】 Idem.

【20】 Fine, The Ancient Greeks, pp. 454-456.

【21】 Thucydides, History of the Peloponnesian War, 1. 56.

【22】 Idem.

【23】 Kagan, The Peloponnesian War, pp. 23-24.

【24】 Idem.

【25】 Krentz, Peter, The Thirty at Athens, pp. 88-91.

【26】 Idem.

【27】 Kagan, The Peloponnesian War, pp. 16-18.

【28】 Fine, The Ancient Greeks, pp. 476-8.

【29】 Thucydides, The Peloponnesian War, 3. 86.

【30】 Fine, The Ancient Greeks, p. 476.

【31】 Thucydides, The Peloponnesian War, 3. 86.

【32】 Kagan, The Archidamian War, p. 265.

【33】 Idem.

【34】 Idem.

【35】 Thucydides, The Peloponnesian War, 6. 8.

【36】 Idem, 6. 6.

【37】 Idem, 5. 4.

【38】 Idem, 5. 4.

【39】 Kagan, The Peace of Nicias and the Sicilian Expedition, p. 146.

【40】 Idem, 143.

【41】 Idem, 133.

【42】 Thucydides, The Peloponnesian War, 4. 65.

【43】 Idem, 4. 1-9.

【44】 傅潔瑩等譯，古希臘政治、社會和文化史，頁346。

【45】 Thucydides, The Peloponnesian War, 4. 65.

【46】Idem.

【47】Victor Davis Hanson, La Guerre du Péloponnèse, pp. 45-48.

【48】Edmond Lévy, La Grèce au Ve siècle de Clisthène à Socrate, pp. 78-79.

【49】T. E. Wick, Athens and the West in the Fifth Century, pp. 16-18.

【50】Fine, The Ancient Greeks, pp. 476-477.

【51】Kagan, The Archidamian War, pp. 265-266.

【52】Thucydides, History of the Peloponnesian War, 6. 46.

【53】Donald Kagan, The Peace of Nicias and the Sicilian Expedition, pp. 23-25.

【54】Nancy Demand, A History of Ancient Greece, pp. 48-49.

【55】Thucydides, The Peloponnesian War, 6. 46.

【56】Idem, 6. 9.

【57】Idem, 6. 10-14.

【58】Idem, 6. 16-18.

【59】Idem, 6. 20-24.

【60】Idem, 6. 25-26.

【61】Kagan, The Peace of Nicias and the Sicilian Expedition, pp. 170-171.

【62】Thucydides, The Peloponnesian War, 6. 47.

【63】Idem, 6. 48.

【64】Idem, 6. 49.

【65】Idem, 6. 42.

【66】Idem, 6. 43.

【67】Idem, 4. 1-9.

【68】傅潔瑩等譯，古希臘政治、社會和文化史，頁３４９。

【69】Thucydides, History of the Peloponnesian War, 5. 13-24.

【70】Donald Kagan, The Peloponnesian War, pp. 197-209.

【71】Stéphane Ratti, Antiquité et Citoyenneté, Actes du Colloque International, Tenu à Besançon les 3, 4 et 5 Novembre 1999, Presses Univ, Franche-Comté, 2002.

【72】Lysias, p. 72-75.

【73】Xénophon, II. 2. 20.

【74】Plutarque, p. XVIII.

【75】Victor Davis Hanson, La Guerre du Péloponnèse, pp. 36-37.

【76】Xénophon, I. IV. 20.

【77】Jacqueline de Romilly, Thucydide et l'Impérialisme Athénien: La Pensée de l'Historien et la Genèse de l'œuvre, pp. 55-57.

【78】Idem, pp. 68-69.

【79】Idem.

【80】Claude Orrieux, Pauline Schmitt Pantel, Histoire Grecque, pp. 88-89.

【81】Fine, The Ancient Greeks, pp. 528-533.

【82】Kagan, The Peloponnesian War, p. 488.

【83】Idem.

【84】Idem.
【85】Idem.
【86】Kagan, The Peloponnesian War, p. 488.
【87】Fine, The Ancient Greeks, pp. 528-533.
【88】Kagan, The Peloponnesian War, pp. 23-24.
【89】Thucydides, History of the Peloponnesian War, 1. 23.
【90】Fine, The Ancient Greeks, p. 371.
【91】Kagan, The Peloponnesian War, 8.
【92】Thucydides, The Peloponnesian War, 1. 89-93.
【93】Idem, 1. 92. 1.
【94】Idem, 1. 103.
【95】Kagan, The Peloponnesian War, pp. 16-18.
【96】Idem, pp. 23-24.
【97】Thucydides, I, 49-50.
【98】Idem, 1. 56.
【99】Fine, The Ancient Greeks, pp. 454-456.
【100】Idem.
【101】Thucydides, 1. 67-71.
【102】Idem, 1. 73-75.
【103】Kagan, The Peloponnesian War, p. 45.
【104】Xenophon, Hellenica, 2. 2. 20, 404/3.
【105】Idem.
【106】Idem.
【107】Idem.
【108】Victor Davis Hanson, A War Like No Other, How the Athenians and Spartans Fought the Peloponnesian War, pp. 77-79.
【109】Donald Kagan, The Peloponnesian War, pp. 66-69.
【110】Donald Kagan, The Outbreak of the Peloponnesian War, pp. 87-88.
【111】Donald Kagan, The Archidamian War, 44-45.
【112】Donald Kagan, The Peace of Nicias and the Sicilian Expedition, pp. 87-88.
【113】Donald Kagan, The Fall of the Athenian Empire, pp. 11-14.
【114】Russell Meiggs, The Athenian Empire, pp. 124-125.
【115】Raimund Schulz, Athen und Sparta, pp. 22-25.
【116】Geoffrey de Ste Croix, The Origins of the Peloponnesian War, pp. 77-79.
【117】Idem.

第十三章　斯巴達的霸權

【1】傅潔瑩等譯，古希臘，政治，社會和文化史，頁374。
【2】Wilson, Nigel Guy, Encyclopedia Of Ancient Greece, pp. 214-215.

【3】Idem.

【4】Idem.

【5】Egbert J, A Companion to the Ancient Greek Language, p. 223.

【6】Idem.

【7】Thompson, Mycenaean Greek, pp. 55-56.

【8】Idem.

【9】Idem.

【10】Idem.

【11】Pausanias, Description of Greece, ＩＩＩ. 1. 2.

【12】Thucydides, I. 10.

【13】Herodot, I, 56. 3.

【14】Idem.

【15】Idem.

【16】Matthew Bennett, Dictionary of Ancient and Medieval Warfare, p. 86.

【17】Idem.

【18】David Cartwright, A Historical Commentary on Thucydides, p. 176.

【19】Idem.

【20】Matthew Bennett, Dictionary of Ancient and Medieval Warfare, p. 88.

【21】Idem.

【22】Fine, The Ancient Greeks, pp. 556-559.

【23】Diodorus, World History, p. 17.

【24】Idem.

【25】Michell, Humfrey, Sparta, p. 175.

【26】Idem.

【27】Idem.

【28】Idem.

【29】Herodotus, IX, 28-29.

【30】Xenophon, Hellenica, III, 3, 5.

【31】Idem.

【32】Adcock, F. E, The Greek and Macedonian Art of War, pp. 77-79.

【33】Ehrenberg, Victor, From Solon to Socrates, Greek History and Civilization During the 6th and 5th Centuries BC, pp. 99-100.

【34】Cicero, On the Laws I, 5.

【35】Thucydides, History of the Peloponnesian War, I, 22.

【36】Idem.

【37】Idem.

【38】Green, Greek History 480-431 BC, pp. 1-13.

【39】Idem.

【40】Idem.

【41】Idem.

【42】Herodotus, I, 142.

【43】Idem.
【44】Idem.
【45】Idem.
【46】Burn, A. R, Persia and the Greeks, In Ilya Gershevitch, The Cambridge History of Iran, Volume 2: The Median and Achaemenid Periods The Cambridge Ancient History, vol. 5. Cambridge University Press, 1985.
【47】Souza, Philip, The Greek and Persian Wars 499-386BC, pp. 115-118.
【48】Farrokh, Keveh, Shadows in the Desert, Ancient Persia at War, pp. 21-28.
【49】Fine, John Van Antwerp, The Ancient Greeks, a Critical History. Harvard University Press.
【50】Finley, Moses, Introduction, Thucydides, History of the Peloponnesian War, (Translated by Rex Warner), Penguin, 1972, pp. 1-5.
【51】Xenophon, Hellenica III, 2-4.
【52】Xenophon, Hellenica V, I.
【53】Idem.
【54】傅潔瑩等譯，古希臘、政治、社會和文化史，頁376。
【55】Xenophon, Hellenica V, I.
【56】Hornblower, Corinthian War, 391.
【57】Fine, The Ancient Greeks, pp. 556-559.
【58】Idem.
【59】Hornblower, Corinthian War, p. 391.
【60】Fine, The Ancient Greeks, pp. 556-559.
【61】Idem, 547.
【62】Xenophon, Hellenica, 3. 2. 25.
【63】Pausanias, Description of Greece, 3. 9. 2-4.
【64】Xenophon, Hellenica, 3. 4. 25-29.
【65】Idem, 3. 5. 3-5.
【66】Fine, The Ancient Greeks, p. 548-549.
【67】Xenophon, Hellenica, 3. 5. 6-7.
【68】Idem.
【69】Idem.
【70】Idem.
【71】Idem, 4. 2. 1-8.
【72】Idem, 14. 83. 1-2.
【73】Idem, 3. 4. 27-29.
【74】Fine, The Ancient Greeks, pp. 546-547.
【75】Idem.
【76】Xenophon, Hellenica, 4. 8. 7-10.
【77】Fine, The Ancient Greeks, p. 551.

第十四章 斯巴達的獨裁統治

【1】Héorodote, Histoires, IX, 10.

【2】Idem, VII, 234.

【3】Aristote, Elire en Ligne, 1270a 36f.

【4】Idem.

【5】Idem.

【6】Thucydide, I, 10, 2.

【7】Idem.

【8】Idem.

【9】Idem.

【10】West, M. L, Greek Lyric Poetry, pp. 5-12.

【11】Idem.

【12】Thucydides, M. I, Finley, Rex Warner, History of the Peloponnesian War, pp. 66-69.

【13】Thompson, F. Hugh, The Archaeology of Greek and Roman Slavery, 13-19.

【14】Plutarch, Richard J. A, Talbert, On Sparta, pp. 21-23.

【15】Idem.

【16】Powell, Anton, Athens and Sparta, Constructing Greek Political and Social History from 478 BC, pp. 47-49.

【17】Pomeroy, Sarah B, Spartan Women, pp. 26-27.

【18】Idem.

【19】Adcock, F. E, The Greek and Macedonian Art of War, pp. 66-69.

【20】Autenrieth, Georg, A Homeric Dictionary for Schools and Colleges, p. 5.

【21】Bradford, Ernle, Thermopylae, The Battle for the West, pp. 27-28.

【22】Buxton, Richard, From Myth to Reason?Studies in the Development of Greek Thought, pp. 33-35.

【23】Cartledge, Paul, Sparta and Lakonia, A Regional History 1300-362 BC, pp. 14-17.

【24】Idem.

【25】Idem, pp. 164-179.

【26】Cartledge, Paul, SpawforthAntony, Hellenistic and Roman Sparta, pp. 15-16.

【27】Ehrenberg, Victor, From Solon to Socrates, Greek History and Civilisation Between the 6th and 5th Centuries BC, pp. 58-59.

【28】Forrest, W. G, A History of Sparta, 950-192 B. C, pp. 89-94.

【29】Green, Peter, The Greco-Persian Wars, pp. 16-19.

【30】Idem.

【31】Morris, Death-Ritual and Social Structure in Classical Antiquity, pp. 55-59.

【32】Pomeroy, Sarah B, Spartan Women, pp. 1-10.

【33】 Powell, Anton, Athens and Sparta, Constructing Greek Political and Social History from 478 BC, pp. 1-15.
【34】 Idem.
【35】 Idem.
【36】 Idem.
【37】 Richard J. A. Talbert: Plutarch, On Sparta, pp. 55-56.
【38】 Idem.
【39】 Thompson, F. Hugh, The Archaeology of Greek and Roman Slavery, pp. 22-26.
【40】 M. I. Finley, Rex Warner: Thucydides, History of the Peloponnesian War, pp. 55-56.
【41】 West, M. L, Greek Lyric Poetry, pp. 46-47.
【42】 Idem.
【43】 Michell, Humfrey, Sparta, p. 175.
【44】 Idem.
【45】 West, M. L, Greek Lyric Poetry, pp. 55-58.
【46】 Idem.
【47】 Idem.
【48】 Herodotus, IX, 28-29.
【49】 Idem.
【50】 Idem.
【51】 Thucydides, the Greek is Ambiguous, IV, 80.
【52】 Idem.
【53】 Sarah B. Pomeroy, Ancient Greece, p. 79.
【54】 Herodotus, IX, 28-29.
【55】 Xenophon, Hellenica, III, 3. 5.
【56】 Thucydides, the Greek is Ambiguous, IV, 80.
【57】 楊共樂，璀璨的古希臘羅馬文明，頁142。
【58】 Sarah B. Pomeroy, Ancient Greece, p. 79.
【59】 Idem.
【60】 Thucydides, the Greek is Ambiguous, IV, 80.
【61】 Idem, VII, 27.
【62】 Thomas Figueira, Population Patterns in Late Archaic and Classical Sparta, Transactions of the American Philological Association 116, 1986, p. 165-213.
【63】 Idem.
【64】 Paul Cartledges, Discussion of Property in Sparta in "Sparta and Lakonia", pp. 142-144.
【65】 Idem.
【66】 Idem.
【67】 Idem.
【68】 Paul Cartledge, Sparta and Lakonia, pp. 154-159.
【69】 Idem.
【70】 Conrad Stibbe, Das Andere Sparta, pp. 111-127.
【71】 Idem.
【72】 Idem.

【73】Idem.

【74】A. H. M. Jones, Sparta, pp. 40-43.

【75】Stephen Hodkinson, Property and Wealth in Classical Sparta, pp. 21-26.

【76】Idem.

【77】Paul Cartledge, Sparta and Lakonia, p. 84.

【78】Idem.

【79】Idem.

【80】Xenophon, Spartan Society, 2.

【81】Idem.

【82】Paul Cartledge, Sparta and Lakonia, pp. 91-105.

【83】Idem, 88.

第十五章　群強的衰敗

【1】任禮，古希臘，頁53。

【2】Hans van, Wees Greek Warfare, Myths and Realities, p. 136.

【3】Trtile, Lawrence A, The Greek World In The Fourth Century, p. 138.

【4】Pausanias, Description of Greece, IX. 13. 2-12.

【5】Plutarch, Pelopidas, 20-23.

【6】Diodorus Siculus, Bibliother Historica, XV. 53-56.

【7】Xenophon, Hellenica, VI. 4. 3-15.

【8】Idem, VI. 4. 8.

【9】Idem.

【10】Plutarch, Pelopidas, pp. 20-23.

【11】Idem.

【12】Grinin L. E, Early State in the Classical World, pp. 25-29.

【13】Idem.

【14】Hadas, Moses, A History of Greek Literature, p. 327.

【15】Idem.

【16】Idem.

【17】Michael Kerrigan, Ancient Rome and the Roman Empire, p. 12.

【18】Idem, pp. 46-49.

【19】Idem.

【20】Idem.

【21】Idem.

【22】Hadas, Moses, A History of Greek Literature, p. 327.

【23】Idm.

【24】Idm.

【25】Grinin L. E, Early State in the Classical World, Statehood and Ancient Democracy, pp. 77-79.

【26】Idem.

【27】Martin, Thomas, Ancient Greece, From Prehistoric to Hellenistic Times, pp. 28-29.

【28】Idem.

【29】Martin, ThomasAncient Greece, From Prehistoric to Hellenistic Times, pp. 78-79.

【30】Idem.

【31】Eric D. Nelson, The Complete Idiot's Guide to Ancient Greece, p. 197.

【32】Martin, ThomasAncient Greece, From Prehistoric to Hellenistic Times, pp. 78-79.

【33】Mary Stanton, Albert Hyma Streams of Civilization, Earliest Times to the Discovery of the New World, p. 125.

【34】Peter John Rhodes, A history of the Classical Greek world 478-323 BC, p. 18.

【35】Eva C. Keuls, The Reign of the Phallus, Sexual Politics in Ancient Athens, p. 21.

【36】Thucydides, I. 96.

【37】Holland, Tom, Persian Fire, pp. 147-151.

【38】Idem.

【39】楊共樂，璀璨的古希臘羅馬文明，頁１４４。

【40】Herodotus V, 35.

【41】Holland, Holland, Tom, Persian Fire, pp. 155-157.

【42】Idem, p. 160-162.

【43】Idem, pp. 175-177.

【44】Idem, pp. 183-186.

【45】Idem, pp. 187-194.

【46】Idem, pp. 202-203.

【47】Rhodes, P. J, A History of the Classical Greek World, 478-323BC, pp. 45-46.

【48】Cargill, Jack, The Second Athenian League, Empire or Free Alliance?pp. 26-28.

【49】P. J, Rhodes, A History of the Classical Greek World 478-323BC, pp. 33-36.

【50】Idem.

【51】Idem.

【52】Francis Vian, Les Origines de Thèbes, Cadmos et les Spartes, pp. 66-69.

【53】Fine, The Ancient Greeks, p. 550.

【54】Idem, p. 551.

【55】Xenophon, Hellenica, 4. 2. 1-8.

【56】Idem.

【57】Idem, 3. 5. 17-25.

【58】Idem, 3. 5. 6-7.

【59】Fine, The Ancient Greeks, p. 548-549.

【60】Xenophon, Hellenica, 3. 5. 3-5.

【61】Idem, 3. 4. 25-29.

【62】Pausanias, Description of Greece, 3. 9. 2-4.

【63】Xenophon, Hellenica, 3. 2. 25.

【64】Fine, The Ancient Greeks, p. 547.

【65】Fine, The Ancient Greeks, pp. 556-559.

【66】Idem.

【67】Idem.

【68】Perlman, S, The Causes and the Outbreak of the Corinthian War, pp. 64-81.

【69】Hornblower, Simon Corinthian War, p. 391.

【70】Fornis, César, Grecia Exhausta, Ensayo Sobre la Guerra de Corinto, pp. 15-19.

【71】Josiah Ober, Democracy and knowledge, Innovation and Learning in Classical Athens, p. 40.

【72】Idem.

【73】Xenophon, Mem, III. 6. 14.

【74】Thucydides, 2. 41. 1.

【75】Fine, John V. A, The Ancient Greeks, A Critical History, pp. 66-67.

【76】Idem.

【77】Herodotus, Histories, 5. 22.

【78】Idem.

【79】Kagan, Donald, Inroduction to Ancient Greek History, 16-18.

【80】李楓，古希臘文化，廣州：廣東人民出版社，二〇〇四年，頁47。

【81】Edward M. Anson, Why Study Ancient Macedonia and What this Companion is About, p. 5.

【82】Idem, pp. 723-724.

【83】Herodotus, Histories, 1. 56. 3.

【84】Idem.

【85】Herodotus, Histories, 5. 22.

【86】Idem.

【87】Fine, John Van Antwerp, The Ancient Greeks, A Critical History, pp. 79-86.

【88】Hall, Jonathan M, Ethnic Identity in Greek Antiquity, pp. 77-79.

【89】Idem.

【90】Hammond, Nicholas Geoffrey Lemprière, The Macedonian State, pp. 22-26.

【91】Idem.

【92】Cawkwell, George, Philip of Macedon, pp. 58-59.

【93】Bryant, Joseph M, Moral Codes and Social Structure in Ancient Greece, A Sociology of Greek Ethics from Homer to the Epicureans and Stoics, Albany, New York: State University of New York Press, pp. 15-16.

【94】Bard, Katheryn A, Encyclopaedia of the Archaeology of Ancient Egypt, pp. 69-72.

【95】Autenrieth, Georg, A Homeric Dictionary for Schools and Colleges, pp. 75-79.

第十六章　馬其頓的崛起

【1】傅潔瑩等譯，古希臘政治、社會和文化歷史，頁419。

【2】Roisman Worthington, Macedonians and Greeksp, p. 92.

【3】Simon Hornblower, Greek Identity in the Archaic and Classical Periods, pp. 55-58.

【4】M. M. Austin, The Hellenistic World from Alexander to the Roman Conques, pp. 3-7.

【5】Idem.

【6】Idem.

【7】Nigel Guy Wilson, Encyclopedia of Ancient Greece, p. 439.

【8】Beekes, Robert, Etymological Dictionary of Greek II, p. 894.

【9】Idem.

【10】Idem.

【11】Herodotus, Histories, 5. 22.

【12】Justin, Epitome of the Philippic History of Pompeius Trogus, 7. 1.

【13】Herodotus, Histories, 1. 56. 3.

【14】Idem.

【15】Edward M. Anson, Why Study Ancient Macedonia and What this Companion is About, p. 5.

【16】Kagan, Donald, Introduction to Ancient Greek History, pp. 66-68.

【17】Idem.

【18】Idem.

【19】近鄰同盟——是一個由雅典、色薩利等十二個相互毗鄰的城邦構成的宗教性組織。

【20】Herodotus, Histories, 5. 22.

【21】Idem.

【22】Autenrieth, Georg, A Homeric Dictionary for Schools and Colleges, pp. 12-16.

【23】Bard, Katheryn A, Encyclopaedia of the Archaeology of Ancient Egypt, pp. 64-69.

【24】Bryant, Joseph M, Moral Codes and Social Structure in Ancient Greece, A Sociology of Greek Ethics from Homer to the Epicureans and Stoics, pp. 26-28.

【25】Idem.

【26】Cawkwell, George, Philip of Macedon, pp. 25-29.

【27】老安譯，民主的曙光，濟南：山東畫報出版社，二〇〇三年，頁130。

【28】Chamoux, François, Hellenistic Civilization, pp. 48-49.

【29】Errington, Robert M, A History of Macedonia, pp. 66-68.

【30】Errington, Robert M, Macedonian Royal Style and Its Historical Significance, "The Journal of Hellenic Studies 94",

1974, p. 20-37.

【31】Fine, John Van Antwerp, The Ancient Greeks, A Critical History, pp. 65-68.

【32】Fox, Robin Lane, Alexander the Great, pp. 67-69.

【33】Hall, Jonathan M, Ethnic Identity in Greek Antiquity, pp. 68-69.

【34】Hamilton, J. R, Alexander the Great, pp. 12-18.

【35】Idem.

【36】Idem.

【37】Idem.

【38】Jones, Archer, The Art of War in the Western World, pp. 115-118.

【39】Idem.

【40】Idem.

【41】Idem.

【42】O'Brien, John Maxwell, Alexander the Great, pp. 28-31.

【43】Osborne, Robin, Greek History, pp. 64-68.

【44】Perlman, Samuel, Philip and Athens, pp. 25-26.

【45】傅潔瑩等譯，古希臘政治，社會和文化歷史，頁430。

【46】Roisman, Joseph, Worthington, A Companion to Ancient Macedonia, pp. 66-67.

【47】Starr, Chester G, A History of the Ancient World, pp. 21-25.

【48】Toynbee, Arnold Joseph, The Greeks and Their Heritages, pp. 94-96.

【49】Wilcken, Ulrich, Alexander the Great, pp. 86-89.

【50】Worthington, Philip II of Macedonia, pp. 27-29.

【51】Idem.

【52】Zacharia, Katerina, Hellenisms, Culture, Identity, and Ethnicity from Antiquity to Modernity, pp. 69-75.

【53】Borza, Eugene N, Before Alexander: Constructing Early Macedonia, pp. 33-35.

【54】Idem.

【55】N. G. L, Hammond, The Macedonian State, pp. 58-64.

【56】M. Hatzopoulos, L'Organisation de l'Armée Macédonienne sous les Antigonides, Meletimata 30, Athènes, 2001, pp. 55-58.

【57】M. Hatzopoulos, Macedonian Institutions Under the Kings, Meletimata 22, Athènes, 1996, pp. 77-79.

【58】Édouard Will, Histoire Politique du Monde Hellénistique 323-30 av. J-C, pp. 67-69.

【59】*Idem.*

【60】Idem.

【61】L. Dubois, Une Tablette de Malédiction de Pella: s'Agit-il du Premier Texte Macédonien?Revue des Études Grecques, 108, 1995, p. 190-197.

【62】E. Voutiras, À Propos d'une Tablette de Malédiction de Pella, REG 109, 1996, pp. 678-682.

【63】M. Hatzopoulos, Le Parler des Anciens Macédoniens, La Macédoine, Géographie Historique, Langue, Cultes et Croyances, Institutions, De Boccard, Paris, 2006, p. 35-51.

【64】Idem.

【65】M. Hatzopoulos, L'État Macédonien Antique, un Nouveau Visage, Comptes Rendus des Séances de l'Académie des Inscriptions et Belles-Lettres, 141e année, n°1, 1997.

第十七章　馬其頓控制希臘各邦

【1】Connolly, P, Greece and Rome at War. Macdonald Phoebus, London, pp. 64-70.

【2】Eugene N. Borza, Before Alexander, Constructing Early Macedonia, p. 89.

【3】Robin Lane Fox, Alexander the Great, pp. 45-48.

【4】Nicholas G. L. Hammond, The Macedonian State, pp. 23-25.

【5】Joseph Roisman, A Companion to Ancient Macedonia, pp. 66-69.

【6】L. Dubois, Une Tablette de Maléiction de Pella, s'agit-il du Premier Texte Macéonien, Revue des Éudes Grecques, 108, 1995, pp. 190-197.

【7】E. Voutiras, Propos d'une Tablette de Maléiction de Pella, REG 109, 1996, pp. 678-682.

【8】M. Hatzopoulos, Le Parler des Anciens Macéoniens, La Macéoine, Gégraphie Historique, Langue, Cultes et Croyances, pp. 35-51.

【9】Idem.

【10】Idem, pp. 1-16.

【11】N. G. L. Hammond Etalii, A History of Macedonia, pp. 28-35.

【12】Idem.

【13】M. Hatzopoulos, Macedonian Institutions Under the Kings, Meletimata 22, Athèes, 1996, pp. 36-39.

【14】Idem.

【15】Éouard Will, Histoire Politique du Monde Hellèistique 323-30 av. J-C, pp. 75-78.

【16】Idem.

【17】Austin, Michel. M, The Hellenistic World from Alexander to the Roman Conquest, pp. 39-45.

【18】Simon Hornblower, Greek Identity in the Archaic and Classical Periods, pp. 55-58.

【19】Idem.

【20】Idem.

【21】Bard, Katheryn A, Encyclopaedia of the Archaeology of Ancient Egypt, pp. 59-64.

【22】Bryant, Joseph M, Moral Codes and Social Structure in Ancient Greece, A Sociology of Greek Ethics from Homer to the Epicureans and Stoics, pp. 66-69.

【23】Buckler, John, Philip II and the Sacred War, pp. 21-25.

【24】Idem.

【25】Cawkwell, George Philip of Macedon, p. 12.

【26】Chamoux, Françis, Hellenistic Civilization, pp. 68-71.

【27】Ellis, J. R, Macedon and North-west Greece, pp. 723-759.

【28】Errington, Robert Malcolm, A History of Macedonia, pp. 16-19.

【29】Idem.

【30】Fox, Robin Lane, The Search for Alexander, pp. 88-96.

【31】Idem.

【32】傅潔瑩等譯，古希臘政治、社會和文化歷史，頁436。

【33】Green, Peter, Alexander the Great and the Hellenistic Age, pp. 5-9.

【34】Idem.

【35】Hall, Jonathan M, Ethnic Identity in Greek Antiquity, pp. 26-29.

【36】Hamilton, J. R, Alexander the Great, pp. 36-39.

【37】Idem.

【38】Idem.

【39】Idem.

【40】Hornblower, Simon, The Greek World, 479-323 BC, pp. 88-91.

【41】Jones, Archer, The Art of War in the Western World, pp. 77-79.

【42】Idem.

【43】Levinson, David, Encyclopedia of World Cultures, pp. 66-69.

【44】Idem.

【45】McCarty, Nick, Alexander the Great, The Real-life Story of the World's Greatest Warrior King, pp. 92-95.

【46】Idem.

【47】Osborne, Robin, Greek History, pp. 69-75.

【48】Perlman, Samuel, Philip and Athens, pp. 87-88.

【49】Roisman, Joseph, A Companion to Ancient Macedonia, pp. 64-67.

【50】Roy, J, Thebes in the 360 B. C, pp. 187-208.

【51】Seager, Robin, The Corinthian War, pp. 97-119.

【52】Seager, Robin, The King's Peace and the Second Athenian Confederacy, pp. 156-186.

【53】Sealey, Raphael, A History of the Greek City-States700-338 B. C., pp. 55-58.

【54】Starr, Chester G, A History of the Ancient World, pp. 68-75.

【55】Toynbee, Arnold Joseph, The Greeks and Their Heritages, pp.

1-15.

【56】Wilcken, Ulrich, Alexander the Great, pp. 5-6.

【57】Worthington, Philip II of Macedonia, pp. 22-25.

【58】Idem.

【59】Zacharia, Katerina, Hellenisms, Culture, Identity and Ethnicity from Antiquity to Modernity, pp. 36-39.

【60】N. G. L. Hammond, A History of Macedonia, pp. 66-68.

【61】Idem.

【62】M. Hatzopoulos, Macedonian Institutions Under the Kings, pp. 14-18.

【63】Idem.

第十八章　亞歷山大征服波斯

【1】任禮，古希臘，頁８８。

【2】曹博譯，希臘的回聲，頁９８。

【3】Pseudo-Kallisthenes, Historia Alexandri Magni, 1. 15. 1-4.

【4】Idem.

【5】Idem.

【6】王任光主編，古代希臘史研究論集，臺北：成文出版社，一九七九年，頁３５７。

【7】Ashrafian, H, The death of Alexander the Great—a Spinal Twist of Fate, J. Hist Neurosci 13. 2: 138-42.

【8】Sbarounis, CN, Did Alexander the Great die of Acute Pancreatitis?J. Clin Gastroenterol 24. 4: 294-96.

【9】Idem.

【10】Sbarounis, CN, Did Alexander the Great die of Acute Pancreatitis?J. Clin Gastroenterol 24. 4: 294-96.

【11】Idem.

【12】Ashrafian, H, The Death of Alexander the Great—a Spinal Twist of Fate, J. Hist Neurosci 13. 2: 138-42.

【13】Sbarounis, CN, Did Alexander the Great Die of Acute Pancreatitis? J. Clin Gastroenterol 24. 4: 294-96.

【14】Bosworth, AB, Conquest and Empire, The Reign of Alexander the Great, pp. 26-28.

【15】Idem.

【16】Idem.

【17】Durant, Will, The Story of Civilization, The Life of Greece, pp. 65-68.

【18】Idem.

【19】Idem.

【20】Bose, Partha, Alexander the Great's Art of Strategy, pp. 22-26.

【21】Idem.

【22】Cawthorne, Nigel, Alexander the Great, p. 88.

【23】Chamoux, François, Hellenistic Civilization, pp. 77-79.

【24】Connerney, RD, The Upside-down Tree, India's Changing Culture, p. 214.

【25】Curtis. J, Tallis, Forgotten Empire, the World of Ancient Persia, p. 272.

【26】Idem.

【27】Danforth, Loring M, The Macedonian Conflict, Ethnic Nationalism in a Transnational World, pp. 69-71.

【28】Idem.

【29】Connerney, RD, The Upside-down Tree, India's Changing Culture, p. 214.

【30】Idem.

【31】Fox, Robin Lane, The Search for Alexander, pp. 35-37.

【32】Idem.

【33】Dahmen, Karsten, The Legend of Alexander the Great on Greek and Roman Coins, pp. 22-26.

【34】Idem.

【35】Idem.

【36】Dillon, John M, Morality and Custom in Ancient Greece, pp. 33-39.

【37】Goldsworthy, A, The Fall of Carthage, p. 8.

【38】Idem.

【39】Green, Peter, Alexander the Great and the Hellenistic Age, pp. 91-95.

【40】Grimal, Nicolas, A History of Ancient Egypt, pp. 38-39.

【41】Gunther, John Alexander the Great, pp. 24-26.

【42】Hammond, NGL, Sources for Alexander the Great, pp. 77-78.

【43】Harrison, EF, A History of Greece to 323 BC, pp. 515-516.

【44】Idem.

【45】Holt, Frank Lee, Alexander the Great and The Mystery of the Elephant Medallions, pp. 25-29.

【46】Idem.

【47】Idem.

【48】Idem.

【49】McCarty, Nick, Alexander the Great, pp. 1-20.

【50】Idem.

【51】McKechnie, Paul, Outsiders in the Greek Cities in the Fourth Century BC, p. 54.

【52】Morkot, Robert, The Penguin Historical Atlas of Ancient Greece, p. 55.

【53】Narain, AK, Alexander the Great, Greece and Rome, p. 45.

【54】Tritle, Lawrence A, Alexander the Great, p. 66.

【55】Pingree, D, History of Mathematical Astronomy in India, Dictionary of Scientific Biography 15, 1978, pp. 533-633.

【56】Idem.

【57】Renault, Mary, The Nature of Alexander the Great, pp. 21-26.

【58】Idem.

【59】Roisman, Joseph, A Companion to Ancient Macedonia, pp. 26-29.

【60】Sabin, P, The Cambridge History of Greek and Roman Warfare, Greece, the Hellenistic World and the Rise of Rome, p. 68.

【61】Sacks, David, Encyclopedia of the Ancient Greek World, pp. 46-51.

【62】Stoneman, Richard, Alexander the Great, pp. 22-23.

【63】Idem.

第十九章　亞歷山大東征

【1】Wood, Michael, In the Footsteps of Alexander the Great, A Journey from Greece to Asia, pp. 77-79.

【2】Worthington, Alexander the Great, p. 332.

【3】Yenne, Bill, Alexander the Great, Lessons From History's Undefeated General, pp. 5-20.

【4】Badian, Ernst, Alexander the Great and the Unity of Mankind, Historia 7, 1958, 425-444.

【5】Beazley, JD, Ashmole. B, Greek Sculpture and Painting, pp. 1-8.

【6】Bowra, Maurice, The Greek Experience, pp. 13-15.

【7】Burn, AR, Alexander the Great and the Hellenistic Empire, pp. 15-19.

【8】Idem.

【9】Cartledge, Paul, Alexander the Great, pp. 25-26.

【10】Doherty, Paul, The Death of Alexander the Great, pp. 5-8.

【11】Engels, Donald W, Alexander the Great and the Logistics of the Macedonian Army, pp. 61-62.

【12】Idem.

【13】Fuller, JFC, The Generalship of Alexander the Great, pp. 26-27.

【14】Green, Peter, Alexander of Macedon: 356-323 BC, pp. 88-89.

【15】Greene, Robert, The Laws of Power, p. 351.

【16】Hammond, NGL, The Macedonian State, pp. 91-92.

【17】Idem.

【18】Idem.

【19】Mercer, Charles, The Way of Alexander the Great, pp. 1-5.

【20】Idem.

【21】Idem.

【22】Idem.

【23】O'Brien, John Maxwell, Alexander the Great, The Invisible Enemy, pp. 11-12.

【24】Pomeroy, S, Ancient Greece, A Political, Social, and Cultural History, pp. 8-12.

【25】Idem.

【26】Roisman, Joseph, Alexander the Great Ancient and Modern Perspectives, pp. 15-17.

【27】Savill, Agnes, Alexander the Great and His Time, pp. 61-63.

【28】Singh, Kirpal, Kambojas Through the Ages, p. 134.

【29】Stewart, Andrew, Faces of Power, Alexander's Image and Hellenistic Politics, Hellenistic Culture and Society 11, Berkeley: University of California Press, 1993.

【30】Stoneman, Richard, Alexander the Great, A Life in Legend, pp. 69-71.

【31】Tarn, WW, Alexander the Great, pp. 58-59.

【32】Idem.

【33】Wilcken, Ulrich, Alexander the Great, pp. 5-7.

【34】Idem.

【35】Idem.

【36】Jean-Claude Aubert, Alexandre le Grand, le Roi Malade, pp. 35-39.

【37】Janick Auberger, Historiens d'Alexandre, pp. 86-87.

【38】Gérard Colin, Alexandre le Grand, pp. 1-8.

【39】Idem.

【40】Johann Gustav Droysen, Alexandre le Grand, pp. 15-21.

【41】Idem.

【42】Idem.

【43】Jean-Marc Héroult, La fin de l'Empire d'Alexandre le Grand, pp. 6-9.

【44】Jean-Claude Perrier, Alexandre le Grand, pp. 32-33.

【45】Nikos Kalampalikis, Les Grecs et le Mythe d'Alexandre, pp. 44-45.

【46】Dominique Joly, La Fabuleuse Histoire d'Alexandre le Grand, pp. 5-6.

【47】Pierre Jouguet, L'Impérialisme Macédonien et l'Hellénisation de l'Orient, pp. 3-4.

【48】Paul Goukowsky, Alexandre et la Conquête de l'Orient dans Le Monde Grec et l'Orient, p. 8.

【49】Jean Delorme, Le Monde Hellénistique, p. 28.

【50】Johann Chapoutot, Le Nazisme et l'Antiquité, p. 97.

【51】Pierre Carlier, Le IV siècle Grec jusqu à la Mort d'Alexandre, p. 56.

【52】Jacques Lacarrière, La légende d'Alexandre, pp. 7-21.

【53】Idem.

【54】Johann Gustav Droysen, Alexandre le Grand, pp. 55-58.

【55】傅潔瑩等譯，古希臘政治、社會和文化歷史，頁476。

第二十章　馬其頓帝國的分裂

【1】任禮，古希臘，頁93。

【2】An Shaw, The Exploring Ancient Egypt, pp. 96-97.

【3】Aline Tallet-Bonvalot, Le Roman d'Alexandre, pp. 68-71.

【4】Idem.

【5】Jean-Marc Héroult, La Fin de l'Empire d'Alexandre le Grand, pp. 28-37.

【6】Jean-Claude Perrier, Alexandre le Grand, pp. 28-31.

【7】Nikos Kalampalikis, Les Grecs et le Mythe d'Alexandre, pp. 78-85.

【8】Idem.

【9】Paul Faure, Alexandre, p. 58.

【10】Pierre Jouguet, L'Impérialisme Macédonien et l'Hellénisation de l'Orient, p. 25.

【11】Paul Goukowsky, Alexandre et la Conquête de l'Orient dans, Le Monde Grec et l'Orient, p. 28.

【12】Jean Delorme, Le Monde Hellénistique, p. 78.

【13】Johann Chapoutot, Le Nazisme et l'Antiquité, pp. 56-66.

【14】Idem.

【15】Idem.

【16】Idem.

【17】Pierre Briant, De la Grèce à l'Orient, Alexandre le Grand, p. 58-63.

【18】Idem.

【19】Johann Gustav Droysen, Alexandre le Grand, p. 21.

【20】Idem.

【21】Gérard Colin, Alexandre le Grand, p. 69.

【22】Janick Auberger, Historiens d'Alexandre, p. 62.

【23】Jean-Claude Aubert, Alexandre le Grand, le Roi Malade, p. 48.

【24】Idem.

【25】Idem.

【26】Elizabeth Carney, Olympias, Mother of Alexander the Great, p. 240.

【27】Pierre Cabanes, L'Épire de la Mort de Pyrrhos à la Conquête Romaine (272-167 av. J. C.), p. 644.

【28】Idem.

【29】Joyce E, Salisbury, Encyclopedia of Women in the Ancient World, p. 385.

【30】Encyclopædia Universalis, Article Alexandre le Grand, Tome 1, 1989 p. 744-748.

【31】Werner Jaeger, Aristote, Fondements pour une Histoire de son Évolution, p. 120-121.

【32】Pierre Briant, Alexandre le Grand, p. 57

參考書目

一、西文部分

（一）專書

1. Arnold Joseph Toynbee, The Greeks and Their Heritages, Oxford University Press, 1981.
2. Agnes Savill, Alexander the Great and His Time, Dorset Press, 1959.
3. Aristole, The Athenian Constitution, Merchant Books Press, 2009.
4. Aristotle, Carnes Lord (Translator), Politics, Chicago University Press, 1985.
5. Anton Powell, Athens and Sparta, Constructing Greek Political and Social History from 478 BC, Routledge Press, 2001.
5. A. T. Olmstead, History of Persia Empire, University of Chicago Press, 1948.
6. Alan Lloyd, Marathon: The Crucial Battle That Created Western Democracy, Souvenir Press, 2005.
7. Archer Jones, The Art of War in the Western World, University of Illinois Press, 2012.
8. A H. M. Jones, Athenian Democracy, Nabu Press, 2011.
9. Adrian Goldsworthy, The Fall of Carthage: The Punic Wars 265-146BC, Cassell Press, 2007.
10. A. J. Graham, Colony and Mother City in Ancient Greece, Manchester University Press, 1999.
11. Anderews, A. The Greek Tyrants, Igor Bates Press, 1956.
12. Andrews. A, Greek Society, Penguin Press, 1967.
13. Aird, H. Pericles: The Rise and Fall of Athenian Democracy, The Rosen Press, 2004.
14. Aristophane, Les Cavaliers, L'An 425 Avant, J.C., Londres Press, 1907.
15. Adcock, F. E, The Greek and Macedonian Art of War, University Of California Press, 1967.
16. Autenrieth, Georg, A Homeric Dictionary for Schools and Colleges, Harper and Brothersp.
17. Austin, M. M. The Hellenistic World from Alexander to the Roman Conques: A Selection of Ancient Sources in Translation, Cambridge University Press, 1981.

18. AnShaw, The Exploring Ancient Egypt, Oxford University Press, 2003.

19. Aline Tallet-Bonvalot, Le Roman d'Alexandre, Flammarion Press, 1994.

20. Buckley, T. Aspects of Greek History 750-323 BC: A Source-Based Approach, Routledge, 1996.

20. Butler, Howard Crosby, The Story of Athens, a Record of the Life and Art of the City of the Violet Crown Read in its Ruins and in the Lives of Great Athenians, 1902.

21. Burn, A. R. Persia and the Greeks, In Ilya Gershevitch, The Cambridge History of Iran, Volume 2: The Median and Achaemenid Periods The Cambridge Ancient History, vol. 5 Cambridge University Press, 1985.

22. Brunt, P. A. The Hellenic League Against Persia, Franz Steiner Verlag Press, 1953.

23. Bill Yenne, Alexander the Great, Lessons From History's Undefeated General, Palgrave Macmillan Trade Press, 2010.

24. Bosworth, AB, Conquest and Empire: The Reign of Alexander the Great, Cambridge University Press, 1993.

25. Bernard Ashmole, Greek Sculpture and Painting, Cambridge University Press, 1966.

26. Buck, C. D. The Greek Dialects, New york Ginn and Company Press, 1955.

27. C. Hignett, A History of the Athenian Constitution to the End of the Fifth Century B.C, Oxford University Press, 1952.

28. Christopher Pelling, Plutarch and History: Eighteen Studies Plutarch and History, Classical Press of Wales, 2011.

29. Christian Meier, Athen, Ein Neubeginn der Weltgeschichte, Siedler, 2004.

30. Cornelius Castoriadis, La Cité et les Lois.Ce qui fait la Grèce. tome 2, Semminaires, Seuil Press, 1983-1984.

31. Chester G Starr, A History of the Ancient World, Oxford University Press, 2010.

32. Conrad Stibbe, Das Andere Sparta, Zabern Press, 1996.

33. Claude Orrieux, A History of Ancient Greece, Blackwell Press, 1999.

34. C. E. Robinson, Hellas, A Short History of Ancient Greece, Robinson Press, 2007.

35. Cicero, On the Republic.On the Laws: Translated by Clinton W. Keyes.Loeb Classical Library 213. Cambridge, MA: Harvard University Press, 1928.

36. Charles Freeman, Egypt, Greece and Rome: Civilizations of the Ancient Mediterranean, Oxford University Press, 2004.

37. Colin Hynson, Find Out About: Ancient Greece, Wayland Press,

2006.

38. Cary, M. The Geographic Background of Greek and Roman History, Clarendon Press, 1950.
39. Charles W. Fornara, Athens from Cleisthenes to Pericles, University of California Press, 1991.
40. César Fornis, Grecia Exhausta: Ensayo Sobre la Guerra de Corinto, Vandenhoeck & Ruprecht GmbH and Co KG Press, 2008.
41. Davison, J. A. Notes on the Panathenaea, JHS 78, 1958.
42. David Brooks Dodd, Initiation in Ancient Greek Rituals and Narratives, Psychology Press, 2003.
43. David Sansone, Ancient Greek Civilization, Wiley Blackwell Press, 2009.
44. David Levinson, Encyclopedia of World Cultures, Vol. 1: North America Macmillan Press, 1991.
45. Donald Kagan, Studies in the Greek Historians, Yale Classical Studies (No. 24), Cambridge University Press, 1975.
46. Donald Kagan, The Peace of Nicias and the Sicilian Expedition, Cornell University Press, 1991.
47. Donald Kagan, The Fall of the Athenian Empire, Cornell University Press, 1992.
48. Donald Kagan, The Outbreak of the Peloponnesian War, Cornell University Press, 1989.
49. Donald Kagan, The Archidamian War, Cornell University Press, 1990.
50. Davis, John Kenyon, Athenian Propertied Families, 600-300 BC, Oxford University Press, 1971.
51. Dominique Joly, La Fabuleuse Histoire d'Alexandre le Grand, Tourbillon Press, 2005.
52. David Cartwright, A Historical Commentary on Thucydides, University of Michigan Press, 2012.
53. Diodorus Siculus, Library of History, Volume III, Loeb Classical Library press, 1939.
54. Donald W. Engels, Alexander the Great and the Logistics of the Macedonian Army, University of California Pres, 1980.
55. David Keyt, Fred D. Miller, a Companion to Aristotles, Politics, University of Chicago Press. 1993.
56. David Noel Freedman, The Eerdmans Bible Dictionary, Wm.B. Eerdman's Press, 1987.
57. David Sacks, Encyclopedia of the Ancient Greek World, Infobase Press, 2009.
58. Egbert J. Bakker, A Companion to the Ancient Greek Language, Wiley Black, 2010.
59. Eric D. Nelson, The Complete Idiot's Guide to Ancient Greece, Alpha Press, 2005.

60. Eva C. Keuls, The Reign of the Phallus, Sexual Politics in Ancient Athens, University of California Press, 1993.
61. Edouard Will, Le Monde Grec et l'Orient: le IVe Siècle et l'époque Hellénistique, Presses Universitaires de France, 1990.
62. Edward M. Anson, Why Study Ancient Macedonia and What this Companion is About, Wiley-Blackwell, 2010.
63. Eugene N. Borza, Before Alexander: Constructing Early Macedonia, Regina Books Press, 1999.
64. Édouard Will, Histoire Politique du Monde Hellénistique 323-30 av. J.-C, Seuil, 2003.
65. Ernle Dusgate Selby Bradford, Thermopylae: The Battle for the West, Da Capo Press, 1980.
66. Elizabeth Carney, Olympias: Mother of Alexander the Great, Routledge, 2006.
67. Eric D. Nelson, The Complete Idiot's Guide to Ancient Greece, Alpha Press, 2005.
68. Edmond Lévy, Nouvelle Histoire de l'Antiquité: Tome 2, La Grèce au Ve siècle, De Clisthène à Socrate, Seuil Press, 1997.
69. François Chamoux, Hellenistic Civilization, Wiley-Blackwell Press, 2002.
70. Frederick Hugh Thompson, The Archaeology of Greek and Roman Slavery, Duckworth Press, 2003.
71. Frank J. Frost, Plutarch's Themistocles, An Historical Commentary, Johns Hopkins University Press, 1980.
72. Frank L. Holt, Alexander the Great and The Mystery of the Elephant Medallions, University of California Press, 2005.
73. Finley, Démocratie Antique et Démocratie Moderne, Payot Press, 2003.
74. Frank N. Magill, The Ancient World, Salem Press, 1998.
75. George E. Mylonas, Eleusis and the Eleusinian Mysteries, Cyceon Tales Press, 1962.
76. Gentleman of Cambridge, The History of Periander, King of Corinth, Gale ECCO press, 2010.
77. Glatre Eric, Salamine, 480 avant Jésus Christ et les Guerres Médiques, La Bois a Livres, 1990.
78. G. E. M. de Ste. Croix, The Origins of the Peloponnesian War, Bristol Classical Press, 1989.
79. George Cawkwell, Thucydides and the Peloponnesian War, Routledge, 1997.
80. George Cawkwell, Philip of Macedon, Classical Association of Canada Press, 1979.
81. George Cawkwell, The Greek Wars, The Failure of Persia, Oxford University Press, 2006.
82. Gérard Colin, Alexandre le Grand, Pygmalion, 2007.

83. Hans van Wees, Greek Warfare: Myths and Realities, Bristol Classical Press, 2004.
84. Godfrey Hutchinson, Attrition: Aspects of Command in the Peloponnesian War, Spellmount Press, 2006.
85. Hans Delbruck, The Barbarian Invasions: History of the Art of War, Volume II, Nebraska University Press, 1990.
86. H. Humfrey Michell, Sparta: To Krypton Tes Politeias Ton Lakedaimonion, Greenwood Press, 1985.
87. Herodotus, Translated by George Rawlinson, Herodotus 440 B.C, Harvard University Press, 1920.
88. Huxley, G. L, Early Sparta, Irish Academic Press.
89. Homer, Translated by Samuel Butler, The Iliad and The Odyssey 800 B. C, Buki Press, 2009.
90. Henri Pigaillem, Salamine et les Guerres Médiques: 480 Avant Jésus-Christ, Economica Press, 2004.
91. Heftner, Herbert, Der Oligarchische Umsturz des Jahres 411 v. Chr. und die Herrschaft der Vierhundert.
92. Hans Beck, A Companion to Ancient Greek Government, Wiley-Blackwel, 2013.
93. Ivan Mortimer Linforth, Solon the Athenian, University of California Press, 1919.
94. Ian Morris, Death-Ritual and Social Structure in Classical Antiquity, Cambridge University Press, 1992.
95. J M O'Brien O'Brien, John Maxwell, Alexander the Great, Routledge Press, 1994.
96. J. R. Hamilton, Alexander the Great, University of Pittsburgh Press, 1974.
97. John Francis Lazenby, The Defence of Greece 490-479 B.C, Aris and Phillips, 1993.
98. Jean-Nicolas Corvisier, Guerre et Société dans les Mondes Grecs, Armand Colin Press, 1999.
99. Joseph Roisman, A Companion to Ancient Macedonia, John Wiley and Sons Press, 2010.
100. Jean Malye, La Véritable histoire de Sparte et de la bataille des Thermopyles, Les Belles Lettres Press, 2007.
101. John Curtis, Forgotten Empire, the World of Ancient Persia, Material, 2005.
102. Jack Cargill, The Second Athenian League, Johns Hopkins University Press 1983.
103. Jacquelinede Romilly, Histoire et Raison Chez Thucye, Les Belles Lettres Press, 2005.
104. Jack Cargill, The Second Athenian League: Empire or Free Alliance, Johns Hopkins University Press, 1983.
105. John Francis Lazenby, The Defence of Greece 490-479 BC, Aris

and Phillips Press, 1993.

106. Josiah Ober, Democracy and knowledge: Innovation and Learning in Classical Athens, Princeton University Press, 2008.

107. John Boardman, Early Greek Vase Painting, 11th-6th Centuries BC: A Handbook (World of Art), Thames and Hudson Press, 1998.

108. John M Dillon, Salt and Olives: Morality and Custom in Ancient Greece, Edinburgh University Press, 2004.

109. J. Toepffer, Attische Genealogie (Greek History Series) Arno Press, 1974.

110. J. F. C. Fuller, The Generalship Of Alexander The Great, Da Capo Press, 2004.

111. Jonathan M. Hall, Ethnic Identity in Greek Antiquity, Cambridge University Press, 2000.

112. Jean-Claude Aubert, Alexandre le Grand, le Roi Malade, Persée Press, 2011.

113. Janick Auberger, Historiens d'Alexandre, Les Belles Lettres Press, 2001.

114. Johann Gustav Droysen, Alexandre le Grand, Famot Press, 1976.

115. Jean-Marc Héroult, La fin de l'Empire d'Alexandre le Grand: vu au Travers du Personnage d'Eumène de Cardia, Larousse Press, 2010.

116. Jean-Claude Perrier, Alexandre le Grand, Hermann Press, 2008.

117. Jean-Claude Perrier, Alexandre le Grand, Hermann Press, 2008.

118. Joseph M Bryant, Moral Codes & Soc Struct ANC Greec: A Sociology of Greek Ethics from Homer to the Epicureans and Stoics, State University of New York Press, 1996.

119. John V. A. Fine, The Ancient Greeks: A Critical History, Belknap Press, 1985.

120. J. F. C. Fuller, A Military History of the Western World: From the Earliest Times to the Battle of Lepanto, Da Capo Press, 1987.

121. John Gunther, Alexander the Great, Sterling, 2007.

122. John Bagnell Bury, History of Greece to the Death of Alexander the Great, Macmillan, 1975.

123. Janick Auberger, Historiens d'Alexandre, l'Université d'Ottawa, 1991.

124. Jean-Claude Aubert, Alexandre le Grand, le Roi Malade, Persée, 2011.

125. Karsten Dahmen, The Legend of Alexander the Great on Greek and Roman Coins, Routledge Prrss, 2006.

126. Kaveh Farrokh, Shadows in the Desert, Ancient Persia at War, Osprey Press, 2007.

127. K. Pierre Cabanes, L'Épire de la Mort de Pyrrhos à la Conquête

Romaine, Presses Univ. Franche-Comté, 1976.
128. Kathryn A. Bard, Encyclopedia of the Archaeology of Ancient Egypt, Routledge Press, 1998.
129. Kurt A. Raaflaub, The Origins of Democracy in Ancient Greece, University of California Press, 2008.
130. Katerina Zacharia, Hellenisms: Culture, Identity and Ethnicity from Antiquity to Modernity, Ashgate Press, 2008.
131. Lan Worthington, Philip II of Macedonia, Yale University Press, 2010.
132. Loring M. Danforth, The Macedonian Conflict: Ethnic Nationalism in a Transnational World, Princeton University Press, 1996.
133. L. H. Jeffery, The Local Scripts of Archaic Greece, Oxford University Press, 1961.
134. Lukas de Blois, An Introduction to the Ancient World, Materil Press, 2008.
135. Luc Mary, Les Thermopyles: la Bataille la plus Célèbre de l'Antiquité, Larousse Press, 2011.
136. Lisa Kallet, Money and the Corrosion of Power in Thucydides, University of California Press, 2001.
137. M. L West, Early Greek Philosophy, Oxford University Press, 2001.
138. Michael Wood, In the Footsteps of Alexander the Great, A Journey from Greece to Asia, University of California Press, 1997.
139. Marie-Françoise Baslez, Histoire Politique du Monde Grec Antique, Armand Colin Press, 2004.
140. Mary Stanton, Streams of Civilization, Earliest Times to the Discovery of the New World, Christian Liberty Press, 1992.
141. Matthew Bennett, The Hutchinson Dictionary of Ancient and Medieval Warfare, Fitzroy Dearborn Press, 1998.
142. Charles Mercer, The Way of Alexander the Great, Ibooks Incorporated Press, 2004.
143. Michael Kerrigan, Ancient Rome and the Roman Empire, BBC Worldwide Ltd Press, 2001.
144. Mary Stanton, Albert Hyma Streams of Civilization, Earliest Times to the Discovery of the New World, Christian Liberty Press, 1992.
145. Mary Renault, The Nature of Alexander the Great, Pantheon Press, 1979.
146. Mogens Herman Hansen, La Démocratie Athénienne à l'époque de Démosthène: Structure, Principes et Idéologie, Les Belles Lettres Press, 2003.
147. Moses I. Finley, Ancient Slavery and Modern Ideology, Markus Weiner Publishers, 1998.
148. Moses Hadas, A History of Greek Literature, Columbia Univer-

sity Press, 1950.

149. Marie Claire Amouretti, Le Monde Grec Antique, Hachette Éducation, 2011.

150. Nancy Demand, A History of Ancient Greece, McGraw-Hill Humanities Press, 1996 Nikos Kalampalikis, Les Grecs et le Mythe d'Alexandre, pp. 44-45.

151. Nikos Kalampalikis, Les Grecs et le Mythe d'Alexandre: Etude Psychosociale d'un Conflit Symbolique à Propos de la Macédoine, L'Harmattan Press, 2007.

152. N. G. L, Hammond, The Expedition of Xerxes Volume 4: Persia, Greece and the Western Mediterranean, c.525 to 479 BC, Cambridge University Press, 1988.

153. Nigel Guy Wilson, Encyclopedia of Ancient Greece, Psychology Press, 2006.

154. Nigel, Bagnall, The Peloponnesian War: Athens, Sparta, And The Struggle For Greece, Macmillan Press, 2006.

155. Nick McCarty, Alexander the Great, Gramercy Press, 2004.

156. Nigel Cawthorne, Alexander the Great, Endeavour Press, 2004.

157. N. G. L. Hammond, The Macedonian State, Clarendon Paperbacks Press, 1993.

158. N. G. L. Hammond, Sources for Alexander the Great: An Analysis of Plutarch's 'Life' and Arrian's 'Anabasis Alexandrou, Cambridge University Press, 1993.

159. Nicholas F.Jones, Ancient Greece: State and Society, Pearson Press, 1996.

160. Josiah Ober, The Athenian Revolution: Essays on Ancient Greek Democracy and Political Theory, Princeton University Press, 1999.

161. Pierre Briant, Alexandre le Grand, Universitaires de France Press, 2011.

162. Partha Bose, Alexander the Great's Art of Strategy, Not Avail Press, 2004.

163. Peter Krentz, The Thirty at Athens, Univesity Press, 1982.

164. Peter Green, The Greco-Persian Wars, University of California Press, 1996.

165. Peter Green, Alexander the Great and the Hellenistic Age: A Short History, Phoenix, 2008.

166. Pierre Jouguet, L'Impérialisme Macédonien et l'Hellénisation de l'Orient, A.MichelPress, 1972.

167. Pierre Briant, De la Grèce à l'Orient, Alexandre le Grand, Découvertes Gallimard Press, 2005.

168. Plutarch, Plutarch's Lives, Life of Solon, Translation by Aubrey Stewart, George Bell Press, 1906.

169. Princeton Encyclopedia of Classical Sites: Brauron (Vraona) At-

tica, Greece, pp. 145-147.

170. Pierre. Lévèque, L'Aventure Ggrecque, Armand Colin Press, 1964.

171. Samuel Perlman, Philip and Athens, Heffer Press, 1973.

172. Pierre Briant, Histoire de l'Empire Perse, Fayard Press, 1996.

173. Paul MacKendrick, The Greek Stones Speak: The Story of Archaeology in Greek Lands, W. W. Norton and Company Press, T1983.

174. Plutarch, On Sparta, Penguin Classics Press, 2005.

175. Peter John Rhodes, A History of the Classical Greek world 478-323 BC, Blackwill, 2006.

176. Peter Connolly, Greece and Rome at War. Macdonald Phoebus, Pedia Press, 1981.

177. Paul Cartledge, Alexander the Great, Vintage Press, 2005.

178. Paul Cartledge, Sparta and Lakonia: A Regional History 1300 to 362 BC, Chicago University Press, 2003.

179. Paul K. Davis, 100 Decisive Battles: From Ancient Times to the Present, Oxford University Press, 2001.

180. Paul Doherty, The Death of Alexander the Great: What-or Who-Really Killed the Young Conqueror of the Known World? Carroll & Graf, Press 2004.

181. Paul McKechnie, Outsiders in the Greek Cities in the Fourth Oentury BC, Routledge, 1989.

182. Paul Cartledge, Sparta and Lakonia, University of Chicago Press, 2003.

183. Pausanias, Description of Greece, London: W.Heinemann Press, 1963.

184. P. J. Rhodes, a Commentary on the Aristotelian Athenaion Politeia, Trinity College Dublin Press, 19831.

185. P. J. Rhodes, The Greek City States: A Source BookA History of the Greek City States, Cambridge University Press, 1986.

186. Peter Krentz, The Thirty at Athens, Univesity Press, 1982.

187. Philip Souza, The Greek and Persian Wars 499-386BC, Routledge Press, 2003.

188. R. K. Sinclair, Democracy and Participation in Athens, Cambridge University Press, 1991.

189. Roger D. Woodard, Greek Dialects, The Ancient Languages of Europe, Cambridge University Press.

190. Russell Meiggs, The Athenian Empire, OUP Oxford Press, 1979.

191. Robert Flacelière, La Grèce au siècle de Périclès, Hachette Littératures, 2008.

192. Rhodes P. J. The Athenian Empire, Edinburgh University Press, 1993.

193. Robert Greene, The 48 Laws of Power, Penguin Books, 2000.

194. R Malcolm Errington, A History of Macedonia, Barnes Noble Press, 1994

195. Robin Lane Fox, The Search for Alexander, Little Brown and Compay Press, 1980.

196. Robin Lane Fox, Alexander the Great, Penguin, 2013.

197. Robin Osborne, Greek History, Routledge Press, 2014.

198. Robert Morkot, The Penguin Historical Atlas of Ancient Greece, Penguin Books Press, 1997.

199. Russell Meiggs, The Athenian Empire, Oxford University Press, 1979.

200. Raimund Schulz, Athen und Sparta: Geschichte kompakt-Antike, Broschiert Press, 1996.

201. Rodney Castleden, The Mycenaeans (Peoples of the Ancient World), Routledge Press, 2005.

202. Ryan K. Balot, A Companion to Greek and Roman Political Thought, Wiley-Blackwell Press, 2009.

203. Richard Buxton, From Myth to Reason? Studies in the Development of Greek Thought, Oxford University Press, 1986.

204. Robert S. P. Beekes, Etymological Dictionary of Greek, Brill Press, 2009.

205. Raphael, S. A History of the Greek City States, University of California Press, 1976.

206. Sarah B. Pomeroy, Ancient Greece: A Political, Social and Cultural History, Oxford University Press, 2011.

207. Richard Stoneman, Alexander the Great, Yale University Press, 2012.

208. Robin Seager, The Corinthian War Volume 6: The Fourth Century BC, Cambridge University Press, 2008.

209. Simon Hornblower, The Greek World 479-323 BC, Psychology Press, 2002.

210. Stephen Hodkinson, Property and Wealth in Classical Sparta, Classical Press of Wales, 2000.

211. Susan Woodford, The Art of Greece and Rome, Cambridge University Press, 1982.

212. Thomas, Martin, Thomas, Ancient Greece, From Prehistoric to Hellenistic Times, Yale University Press, 2008.

213. Thucydides, Translator by Robert B. Strassler, The Landmark Thucydides: A Comprehensive Guide to the Peloponnesian War, Free Press, 1996.

214. Tim Rood, Thucydides: Narrative and Explanation, Oxford University Press, 2004.

215. Thucydides, Translated by Richard Crawley, History of the Peloponnesian War, Adelaide, 1903.

216. John Thorley, Athenian Democracy, Routledge Press, 2005.

217. Tom Holland, Persian Fire: The First World Empire and the Battle for the West, Anchor Press, 2007.
218. John Thorley, Athenian Democracy, Routledge Press, 2004.
219. Lawrence A. Tritle, Alexander the Great, Wiley-Blackwell Press, 2009.
220. W. W. Tarn, Alexander the Great, Date Published, 1979.
221. Vermeule, E. Greece in the Bronze Age, Chicago University Press, 1972.
222. .Victor Hanson, A War Like No Other: How the Athenians and Spartans Fought the Peloponnesian War, Random House Trade Paperbacks Press, 2006.
223. Victor L. Ehrenberg, From Solon to Socrates: Greek History and Civilization During the 6th and 5th Centuries BC, Routledge Chapman Hall Press, 2010.
224. Victor L. Ehrenberg, The Greek State, W. W. Norton and Company Press, 1964.
225. Ulrich Wilcken, Alexander the Great, W. W. Norton and Company Press, 1967.
226. Wade-Gery, H. T, Essays in Greek History, Blackwell press, 1958.
227. Werner Jaeger, Traduction by André et Simonne Devyver, Paideia: La formation de l'Homme Grec, Gallimard Press, 1988.
228. M. L West, Greek Lyric Poetry, Oxford University Press, 2008.
229. Will Durant, The Story of Civilization, Part II: The Life of Greece, Simon & Schuster Press, 1939.
230. Will Durant, The Life of Greece: The Story of Civilization, Volume 2 (The Story of Civilization series), Blackstone Audio Press, 2013.
231. William George Grieve Forrest, The Origins of Greek Tyranny, Cambridge Press, 1922.
232. William George Grieve Forrest, A History of Sparta, 950-192 B.C, pp. 89-94, Norton and Company Press, 1969.
233. William George Grieve Forrest, The Emergence of Greek Democracy, 800-400 B.C, McGraw-Hill, 1966.
234. Wolfgang Schuller, Die Herrschaft der Athener im Ersten Attischen Seebund, De Gruyter Press, 1974.

（二）論文

1. Andrewes, A. Ephoros Book I and the Kings of Argos, CQ n.s, 1, 1951.
2. Andrewes, A. The Corinthian Actaeon and Pheidon of Argos, CQ 43, 1949.
3. Andrewes, A. Philochorus on Phratries. JHS 81, 1961.
4. Andrewes, A. Phratries in Homer, Hermes 89, 1961.

5. Adcock, F. E. The Exiles of Peisistratus, Classical Quarterly 18 (3-4), 1924.
6. Bradeen, D. W. Hesperia, 32, 1964.
7. Blegen, C. W. Corinth in Prehistoric Times, American Journal of Archaeology 24, 1, 1920.
8. Blakeway, A. Prolegomena to the Study of Greek Commerce with Italy, Sicily and France in the Eighth and Seventh Centuries B.C., ABSA 33.
9. Beattie, A. J. An Early Laconian, Lex Sacra, CQ.N.S.1, 1958.
10. Badian, E, The Peace of Callias, Journal of Hellenic Studies(The Society for the Promotion of Hellenic Studies) 107: 1.
11. Boardman, J. Early Eubolan Pottery and History, ABSA 52, 1957.
12. Cook, R. M. Zonia and Greece in the Eighth and Seventh Centuries, BC, THS 66, 1946.
13. Richard N. Frye, Iranian Studies, Vol.20, No.1, 1987.
14. Thomas, C. G. Alexander the Great and the Unity of Mankind, The Classical Journal, Vol. 63, No. 6, 1968.
15. Donald, W. Bradeen. The Fifth Century Archon, List Hesperia 32, 1963.
16. Drews, R. The First Tyrants in Greece, Historia 21, 1972.
17. Dunbabin, T. J. The Early History of Corinth, The Journal of Hellenic Studies 68, 1948.
18. Drews, R. The First Tyrants in Greece, Historia 21, 1972.
19. Dickins, G. The Growth of Spartan Policy, J.H.S.32, 1912.
20. Edouard Will, Claude Mossé, Paul Goukowski, Le Monde Grec et l'Orient. II. Le IVe siècle et l'Époque Hellénistique, Piérart Marcel, L'Antiquité Classique, Volume 47, Numéro 47-2, 1978, pp. 683-684.
21. French. .A, The Party of Peisistratos, Greece and Rome Vol. 6, No. 1, 1959.
22. F. Maurice, The Size of the Army of Xerxes in the Invasion of Greece, 480 B.C, Journal ofHellenic Studies 50, no.2, 1930.
23. Hatzopoulos, M. L'État Macédonien Antique, un Nouveau Visage, Comptes Rendus des Séances de l'Académie des Inscriptions et Belles-Lettres, Volume 141, n° 1, 1997.
24. Hood, M. S, F. Diolkos, Archaeological Reports 1956, JHS 77, 1957.
25. Leahy, D. M, Sparta Embassy in Lygdamis, J.H.S 77, 1957.
26. James Day, Mortimer Chambers, Aristotle's History of Athenian Democracy: University of California Publications in History, V73, 2011.
27. Jacoby, F. The Dote of Archilochos, CQ35, 1941.
28. Jeffery, L. H, The Pact of the First Settles at Cyrene, Historia 10, 1961.

29. John P. Barron, The Sixth-Century Tyranny at Samos, QNS, on 14, 1964.
30. Lorimer, H. L, The Hoplite Phalanx, ABSA 42, 1947.
31. Morris, Ian Macgregor, To Make a New Thermopylae: Hellenism, Greek Liberation and the Battle of Thermopylae, Greece and Rome 47(2), 2000.
32. Mary White, The Duration of the Samian Tyranny, THS, on 74, 1954.
33. T. E. Wick, Athens and the West in the fifth Century B.C, Thesis (Ph. D.)--Indiana University, 1971.
34. Wade Gery, The Spartan Rhetra in Plutarch, Lycurgus IV, Q3, 1943.
35. Wallace, W. P. Kleomenes，Marathon，the Helots and Arkadia, JHS 74.
36. Snodgrass, A. M, The Hoplite Reform and History, JHS, 85, 1965.

二、中文部分

1. 王寶泉譯，英雄的勝利—希臘羅馬神話，北京：中國青年出版社，二〇〇三年。
2. 王瓊淑譯，雅典的民主，上海：上海譯文出版社，二〇〇一年。
3. 王任光主編，古代希臘史研究論集，台北：成文出版社，一九七九年。
4. 世界歷史編委會 編著，古希臘，台北：西北國際文化有限公司，二〇〇九年。
5. 任禮著，古希臘，北京：世界知識出版社，二〇〇三年。
6. 徐慶平等著，光榮屬於希臘，長沙：湖南美術出版社，一九九八年。
7. 葉淑燕譯，古希臘，台北：正傳出版社，一九九三年。
8. 陳恆著，古希臘，香港：三聯書局，二〇〇一年。
9. 傅潔瑩等譯，古希臘、政治、社會和文化史，上海：三聯書店，二〇一〇年。
10. 楊共樂著，璀璨的古希臘羅馬文明，北京：中國青年出版社，一九九九年。
11. 郭小凌等譯，劍橋插圖古希臘史，濟南：山東畫報出版社，二〇〇五年。
12. 劉景輝著，古代希臘史與羅馬共和史，台北：學生書局，一九八九年。
13. 曹博譯，希臘的回聲，北京：華夏出版社，二〇一二年。
14. 楊宗翰譯，古典希臘，香港：時代公司，一九七九年。
15. 傅潔瑩等譯，古希臘、政治、社會和文化史，上海：三聯書局，二〇一〇年。
16. 黃俊傑著，古代希臘城邦與民主政治，台北：學生書局，一九八一年。

博雅文庫 147

西方文明之初——古希臘城邦

作　　者　劉增泉
發 行 人　楊榮川
總 編 輯　王翠華
主　　編　陳姿穎
責任編輯　邱紫綾
封面設計　羅秀玉
出　　版　五南圖書出版股份有限公司
地　　址　106台北市大安區和平東路二段339號4樓
電　　話　(02) 2705-5066
傳　　真　(02) 2706-6100
劃撥帳號　01068953
戶　　名　五南圖書出版股份有限公司
網　　址　http://www.wunan.com.tw/
電子郵件　wunan@wunan.com.tw
法律顧問　林勝安律師事務所　林勝安律師
出版日期　2015年11月初版
定　　價　新臺幣580元

國家圖書館出版品預行編目資料

西方文明之初——古希臘城邦／劉增泉著. --
初版. -- 臺北市：
五南, 2015.11
面；　公分. --（博雅文庫 ; RH33）
ISBN 978-957-11-8272-8（平裝）
1.古希臘史　2.希臘史
740.212　　　　104016282